Für Isolde und Jürgen

zur [illegible] [illegible]

von Ulrich

FRANKFURTER BEITRÄGE ZUR GERMANISTIK

Herausgegeben von

Norbert Altenhofer

und

Klaus von See

Band 15

DIETRICH NAUMANN

POLITIK UND MORAL

Studien zur Utopie der deutschen Aufklärung

DIETRICH NAUMANN

POLITIK UND MORAL

Studien zur Utopie der deutschen Aufklärung

HEIDELBERG 1977
CARL WINTER · UNIVERSITÄTSVERLAG

CIP-Kurztitelaufnahme der Deutschen Bibliothek

Naumann, Dietrich

Politik und Moral / Studien zur Utopie d. dt. Aufklärung. – Heidelberg / Winter, 1977.

(Frankfurter Beiträge zur Germanistik; Bd. 15)

ISBN 3-533-02456-3 kart.

ISBN 3 533 02457 1 Lw.

D. 30

ISBN 3-533-02456-3 kart.

ISBN 3-533-02457-1 Lw.

Imprimé en Allemagne, printed in Germany
Satz und Druck: Druckerei und Verlagsanstalt Konstanz Universitäts-Druckerei GmbH
Konstanz Am Fischmarkt

Meinen Eltern

INHALTSVERZEICHNIS

EINLEITUNG

Üblicherweise ist es die Aufgabe einer Einleitung, Gegenstand und Methode des Vorhabens bündig darzutun. Was nun den Gegenstand der literarischen Utopie angeht, so ergeben sich bei der Festlegung auch nur eines Arbeitsbegriffs über die generelle Problematik von Definitionen und zumal solchen historischer Gegenstände hinaus spezifische Schwierigkeiten. Diese beruhen vor allem darauf, daß der Utopiebegriff nicht nur, wie etwa der Begriff des Romans, historische Gegenstände klassifiziert, sondern zugleich ein theoretischer Begriff (geworden) ist, der zu dem fiktionalen in einem spezifischen Spannungsverhältnis steht. Die theoretische Utopiediskussion hat mit den fiktionalen Utopien kaum mehr zu tun, was von einer Diskussion der Theorie des Romans wohl schwerlich vorstellbar ist. Das ist zunächst am aktuellen Sprachgebrauch zu verdeutlichen.

Bekanntlich spielt in der Theoriedebatte der Linken und vor allem in der sozusagen „metatheoretischen" Debatte über den Wert von Theoriedebatten der Utopiebegriff eine mehr oder weniger deutlich artikulierte Rolle. Die von der Parteiführung des Utopismus geziehenen Jusos etwa werden andrerseits von den Resten der ehemals antiautoritären Linken des Reformismus, wenn nicht der Handlangerdienste für den Imperialismus, beschuldigt. Konträre, oder jedenfalls in diesem Fall als konträr verstandene, Begriffe werden demselben politischen Programm appliziert. Die Begriffe sind zu Worthülsen geworden, Etiketten, die dem jeweiligen politischen Gegner aufgeklebt werden. Die in jüngster Zeit geführte „theoretische" Debatte hat durch ihren Verlauf und ihre Ergebnisse deutlich gemacht, daß der Begriff der Utopie und seine Korrelatbegriffe über ihre Historizität hinaus politische Kampfbegriffe sind.[1] Aus Kampfbegriffen werden dann nur allzu leicht Denunziationsbegriffe. Ähnlich verhält es sich im übrigen mit den vor allem in den außenpolitischen Auseinandersetzungen zwischen der Sowjetunion und China virulenten Vorwürfen des Revisionismus bzw. des Sektierertums. Mögen derartige umstandslose Klassifizierungen aktuell ein Indiz politischer Erstarrung sein, so sind sie zugleich in der Geschichte der Begriffe selbst begründet, die für die ökonomischen und politischen Auseinandersetzungen der Neuzeit, vor allem seit der Französischen Revolution, zentral sind. Der theoretische Begriff der Utopie bezeichnet, abgekürzt gesagt, heute keinen bestimmten Inhalt, sondern eine Intention.[2]

Dies ist, wie gesagt, selbst Ausdruck einer historischen Entwicklung. Indem die mit wissenschaftlichem Anspruch auftretende materialistische Geschichtsphilosophie die fiktionale Utopie quasi aufgesogen hat – ein Prozeß, auf den ich im

[1] Vgl. Arnhelm Neusüss: Schwierigkeiten einer Soziologie des utopischen Denkens. In: A. N. (Hrsg.): Utopie, Neuwied und Berlin 1968, S. 30

[2] Vgl. ebd., S. 30 ff.

letzten Kapitel näher eingehen werde –, treten auch deren historische Manifestationen ins Kraftfeld politischer Auseinandersetzungen. Bekanntlich haben Marx und Engels im „Kommunistischen Manifest" den „kritisch-utopistischen Sozialismus", St. Simon, Fourier, Owen, zugleich gewürdigt und kritisiert.[3] Als der „ersten, unentwickelten Periode des Kampfs zwischen Proletariat und Bourgeoisie" entsprungen, wird sein Subjektivismus, seine mangelnde Berücksichtigung der revolutionären Rolle des Proletariats gerügt, zugleich jedoch seine kritische, aufklärerische Funktion hervorgehoben.[4] Maßstab der Kritik ist die historische Entfaltung der Klassengegensätze. Daher werden denn auch die Schüler der utopischen Sozialisten angesichts deren vermeintlich fortgeschrittener Entwicklung als reaktionäre Sektierer abqualifiziert. Utopie wird in ihnen zur Ideologie.

Diese Marx-Engelssche Auseinandersetzung mit dem utopischen Sozialismus nun wurde in der Folgezeit unter wechselnden historischen Konstellationen ihrerseits jeweils neu interpretiert. Je mehr der szientifische und prognostische Anspruch der Marxschen politischen Ökonomie in der Folge problematisch wurde, desto mehr trat die verschwiegene utopische Intention des historischen Materialismus wieder hervor. Gegenüber dem der vordergründigen Integration des Proletariats in das Wilhelminische Kaiserreich entsprechenden „Fatalismus" des sozialdemokratischen Scheinradikalismus, der den Objektivismus der Marxschen Philosophie zur Vorstellung historischer Zwangsläufigkeit verabsolutierte und so seinen Pragmatismus indirekt rechtfertigte, haben Lukács und Bloch aus der revolutionären Situation der Zeit nach dem Ersten Weltkrieg heraus den subjektiven Faktor betont, Lukács vor allem durch die Interpretation der Marxschen Theorie als „revolutionärer Lehre", Bloch durch die Aufarbeitung des utopischen Materials der Vergangenheit.[5] Wenn ferner Adorno im Vorwort zu Fouriers „Theorie der vier Bewegungen und der allgemeinen Bestimmungen" dessen Phantastik rechtfertigt, so resultiert dies aus der Erfahrung des die herrschende Praxis selbst bloß verschleiernden Ostblock-Diamat.

Der Begriff der utopischen Intention wird mit dem der Kritik synonym und vermag dann auch die Marxsche Philosophie selbst einzubegreifen. Der utopisch motivierte Historismus, wie ihn Bloch pflegt, und die bestimmte Negation der Frankfurter Schule sind zwei Seiten derselben Medaille. Beides entspringt der Aporie angesichts der Konsolidierung des Kapitalismus einerseits, der Bürokratisierung des Sozialismus und seiner Theorie andrerseits. Hinter den Begriff der utopischen Intention zurückzugehen, würde daher dem aktuellen Diskussionsstand keine Rechnung tragen.

Aus der Ausweitung des theoretischen Utopiebegriffs ergibt sich jedoch noch

[3] Karl Marx/Friedrich Engels: Manifest der Kommunistischen Partei. In: K. M.: Frühe Schriften, Darmstadt 1971, Bd. 2, S. 853

[4] Ebd.

[5] Kurt Lenk: Problemgeschichtliche Einleitung. In: K. L. (Hrsg.): Ideologie, Neuwied und Berlin 1970, S. 40

eine weitere Schwierigkeit. Bekanntlich hat sie, von einer Theorie der Kunst als utopischen Potentials ausgehend, zu einer seinerzeit inflationären Verwendung des Utopiebegriffs in ästhetischen Debatten geführt. Wenn, wie etwa Marcuse und Adorno ausführen und wie es einmal linker Konsensus war, das Kunstwerk *als* Kunstwerk, unabhängig von seinem Inhalt, bereits utopisch ist oder sich doch in ihm affirmative und utopische Momente jeweils anders zueinander verhalten, so wird der theoretische Utopiebegriff jedenfalls für die negative Eingrenzung des Materials vollends unbrauchbar. Denn gemessen an der objektiven utopischen Intention müßte etwa Goethes „Werther" eher behandelt werden als die Romane Knigges, die vom üblichen Familienroman kaum divergieren. Gleichzeitig jedoch ist, wie sich ebenfalls aus dem Ausgeführten ergibt, der aktuelle Utopiebegriff, auch und gerade in seiner Ausweitung auf Kunst überhaupt, für die *Interpretation* der Gegenstände von grundlegender Bedeutung. Zwar vermag er nicht das Material bereitzustellen, wohl aber dessen historische Qualifizierung zu strukturieren. Insofern inhaltliche utopische Entwürfe sich in die Form des Romans umsetzen, ergibt die jeweilige Konstellation beider erst den historisch bestimmbaren Gehalt. So werden etwa, um ein extremes Beispiel zu nennen, in Wielands „Goldenem Spiegel" die verschiedenen Reformmodelle bereits durch die formale Organisation des Romans vielfach gebrochen und in einen allgemeinen ironischen Spielraum aufgehoben. Die inhaltliche utopische Intention wird von der ästhetischen quasi überholt, und beider Spannungsverhältnis erst macht den historischen Stellenwert aus.

Vermag so die theoretische Utopiedebatte zunächst nur ein Interpretationsschema zu liefern, so sieht man sich für die Eingrenzung des Gegenstandsbereichs auf die gängigen Definitionen zurückverwiesen. Die generelle Problemlage ist zunächst an einigen Beispielen zu veranschaulichen. Der theoretische Utopiebegriff ist zwar nicht in der Lage, einen kohärenten Gegenstandsbereich zu definieren, wie oben ausgeführt wurde, wohl aber, die von historischen Gegenständen abstrahierenden Merkmaldefinitionen zu problematisieren. Insofern ist das oben Gesagte zu modifizieren. Die Definition der Utopie als „das literarische Idealbild einer imaginären Staatsordnung" etwa qualifiziert zum Beispiel Merciers die Gegenwartstendenzen aufklärerisch verlängernden Roman „L'an 2440" als Utopie, nicht aber Novalis' Aufsatz „Die Christenheit oder Europa", nach der gemachten Voraussetzung durchaus zu Recht (man würde zwar eher auf den „Heinrich von Ofterdingen" verfallen, der aber ebenfalls unter das Verdikt fiele).[6] Nun ist die Novalissche Geschichtsphilosophie, wie sie sich in seinen Aphorismen, seinen Aufsätzen und seinem Roman niederschlägt, zweifellos wesentlich radikaler als die anspruchslose Aufklärungsutopie Merciers, gemäß dem oben skizzierten theoretischen Utopiebegriff also auch „utopischer", „idealer". Daß Novalis jedoch überhaupt erwähnt wird, zeigt, wie sich der theoretische Utopiebegriff gegenüber dem klassifikatori-

[6] Hubertus Schulte-Herbrüggen: Utopie und Anti-Utopie, Bochum-Langendreer 1960, S. 7

schen unbewußt durchsetzt. Den meisten historischen Darstellungen, die von einer Variante des letzteren ausgehen, ist es denn auch gemeinsam, daß sie mehr von dem handeln, was nicht unter den Begriff fällt, als von dem, was sich darunter subsumieren läßt. Merkmaldefinitionen können nur einen heuristischen Sinn haben.

Ebenso verhält es sich mit den verschiedenen Versuchen, die Utopien zu unterteilen. Dafür einige Beispiele aus der älteren Literatur. Des Staatsrechtlers Robert von Mohl Abhandlung „Die Staatsromane", die lange Zeit als die erste historische Darstellung von Utopien galt, unterscheidet zwischen „Schilderungen ganz imaginärer gesellschaftlicher oder staatlicher Einrichtungen" und solchen Werken, „welche zwar auch die Unvollkommenheiten der Wirklichkeit durch das Bild eines vollkommenen Zustandes hervortreten lassen wollen, diesen Zweck aber schon durch die blose Idealisierung bestehender Einrichtungen oder Persönlichkeiten zu erreichen glauben."[7] Diese Mehr-oder-weniger-Definitionen werden von Mohls Nachfolger in der Behandlung literarischer Utopien, Fritz Kleinwächter, mit Recht kritisiert.[8] Nur ist Kleinwächters Einteilung in politische und volkswirtschaftliche Staatsromane demselben Einwand ausgesetzt. Zwar geht etwa Morus' „Utopia" von dem ökonomischen Faktum der Abschaffung des Privateigentums aus, entwirft aber ansonsten detaillierte staatliche Organisationsformen bis hin zum Heer und außenpolitischen Aktivitäten. Umgekehrt spielt in Hallers „Usong" auch die Verwaltung der Wirtschaft eine zentrale Rolle. Ähnliche Kritik läßt sich auch an der Unterscheidung zwischen archistischen und anarchistischen Utopien, die Voigt vornimmt,[9] üben sowie an Brüggemanns Diagramm, das, die Voigtsche Einteilung modifizierend, in rein politische, politisch-kulturelle und rein kulturelle Utopien gliedert.[10] Die Pedanterie des „Anarchisten" Fourier beim Entwerfen von Organisationsmodellen übertrifft die des „Archisten" Morus bei weitem; ohnehin muß

[7] Robert von Mohl: Die Geschichte und Literatur der Staatswissenschaften, Erlangen 1855, Bd. 1, S. 203. – Die erste Abhandlung über Utopien, deren Wiederentdeckung Wolfgang Biesterfeld zu danken ist, ist offenbar Heinrich von Ahlefeldts Dissertation „Disputatio philosophica de fictis rebuspublicis" (vgl. Wolfgang Biesterfeld: Ein früher Beitrag zu Begriff und Geschichte der Utopie. Heinrich von Ahlefeldts „Disputatio philosophica de fictis rebuspublicis". In: Archiv für Begriffsgeschichte 16, 1972). Ahlefeldt zählt nach einer einleitenden Unterscheidung zwischen Naturzustand, den er mit der Zeit vor dem Sündenfall identifiziert, und Gesellschaftszustand eine Reihe von Utopien von Homer und Vergil (!) bis zur „Geschichte der Sevaramben" auf, die sich angeblich alle den zuvor skizzierten Naturzustand zur Richtschnur nehmen. Dabei beschäftigt er sich allerdings mehr mit der Klärung von Nebenfragen (Vorrang Homers oder Vergils; Warum ist die Terra Australis incognita, wenn man doch weiß, daß sie im Süden liegt? etc.) als mit der Darstellung der utopischen Entwürfe. Der Ständestaat ist für Ahlefeldt ohnehin gottgewollt, und von daher mag das Hervortreten der gelehrten Kontroversen gegenüber den inhaltlichen Ansprüchen der Utopien verständlich sein.

[8] Vgl. Fritz Kleinwächter: Die Staatsromane, Wien 1891, S. 6 f.

[9] Vgl. Andreas Voigt: Die sozialen Utopien, Leipzig o. J., S. 20

[10] Vgl. Fritz Brüggemann: Utopie und Robinsonade, Weimar 1914, S. 12

für den „Anarchismus" etwa der „Geschichte der Sevaramben" die breit ausgemalte poetische Einkleidung herhalten, die mit dem Inhalt der Utopie nicht viel zu tun hat; generell ist es die Absicht der meisten Utopien, durch die Organisation der Gesellschaft auf der Basis der primären Bedürfnisbefriedigung Freiheit überhaupt erst herzustellen. Wenn Brüggemann anarchistische Utopien solche nennt, die die Entwicklung des Menschen, nicht die Organisation des Staates zum Inhalt haben, und dann die „Insel Felsenburg" als anarchistische Utopie bestimmt, so werden Entwicklung und Verhalten, Verlauf und Zustand verwechselt.[11] Zudem hat die Konzeption eines Staates als patriarchalische Großfamilie im Deutschland des frühen 18. Jahrhunderts einen bestimmten politischen Sinn, wie noch auszuführen sein wird. Die Negation der Politik ist selbst politisch. Dieser hier zunächst nur behauptete Befund macht die allgemeine Problematik derartiger Unterteilungen deutlich. Stets sind sie in Gefahr, die historische Betrachtung des Gegenstandes durch Typologie zu verstellen. So muß Brüggemann denn auch, um einerseits seine Typologie aufrecht erhalten, andrerseits Schnabel der kulturellen Entwicklung einordnen zu können, Politik und Kultur abstrakt trennen.[12] Allgemein zielen die mit dem Anspruch der Wissenschaftlichkeit auftretenden Klassifikationen, deren jüngste und plausibelste in Jürgen Mittelstraß' „Neuzeit und Aufklärung" zu finden ist, am aktuellen und praktischen Interesse, das der Begriff der Utopie qua Utopie von vornherein aufruft, vorbei. Für dieses ist etwa das weitgehend nur kumulierende Verfahren Blochs, bei dem das Unmaß der utopischen Intention jegliche Theorie hinter sich läßt, von Klassifikationen ganz zu schweigen, relevanter als noch so bündig scheinende Definitionsversuche.

Werden so die Typologien nur allzu leicht ahistorisch, so schlägt sich in ihnen,

[11] Der „Verlauf" des Romans zielt denn auch auf striktere staatliche Strukturierung, die vom Altvater testamentarisch verfügt wird.

[12] Vgl. Brüggemann: Utopie und Robinsonade, S. 13 f. – Das soll nicht heißen, daß es zwischen beiden nicht Disparitäten und Ungleichzeitigkeiten geben könnte, wie gerade Schnabel zeigt. Das jedoch setzt ihre Vermittlung bereits voraus. Auf deren Idee zu verzichten, isolierte Traditionsstränge zu konstruieren oder sogar dieses sich zu versagen, macht die Geschichte zum Panorama isolierter Einzelphänomene. Insofern Wissenschaft generell mit wechselseitiger Erklärung zu tun haben sollte, ergibt sich von selbst die zum mindesten heuristische Prämisse, Geschichte als Gesamtprozeß zu verstehen, ohne daß dabei ein ontologisches Fundierungsverhältnis einer Geschichte gegenüber einer anderen – etwa der Sozialgeschichte gegenüber der Literaturgeschichte – angenommen werden müßte. Die marxistische Widerspiegelungstheorie, die ein solches unterstellt, ist permanent gezwungen, die Abhängigkeit des literarischen Überbaus von der materiellen Basis im Sinne des gesunden Menschenverstandes als dialektische Wechselbeziehung zu reformulieren. Daß jedoch Formulierungen wie die, daß das Bewußtsein das Sein als Dialektik von Sein und Bewußtsein spiegele (eine Fülle solcher Differenzierungen liefert Hans Jörg Sandkühler: Praxis und Geschichtsbewußtsein, Frankfurt 1973), dadurch, daß sie die zwei Fliegen mit einer Klappe schlagen wollen, die Aporie nur verschleiern, ist evident. Ganz abgesehen davon, daß sie, wie die obige, stets in Gefahr sind, mit Äquivokationen zu operieren (oben z. B. mit einem doppelten Begriff sowohl des Seins als auch des Bewußtseins), haben sie als Gesetzesaussagen keinerlei Erklärungsgehalt mehr.

wie in den verschiedenen Definitionen der Utopie, gleichwohl ein theoretisches Moment nieder. So reflektieren die Einteilungen Mohls und Kleinwächters die theoretische Dialektik von Utopie und Reform, und die Differenzierung Alfred Dorens in „Wunschräume" und „Wunschzeiten" leitet mit der Einbeziehung des Chiliasmus bereits zum Begriff der utopischen Intention über.[13] Generell sind die Definitionen wie die Einteilungen über ihren klassifikatorischen Sinn hinaus bereits theoriehaltig. Insofern erscheint es gerechtfertigt, einen klassifikatorischen Utopiebegriff, etwa im Sinne einer inhaltlich ausgeführten räumlichen oder zeitlichen Projektion eines wünschenswerten politischen Verhaltens oder Zustands, zwar zur Eingrenzung des Materials zugrundezulegen, gleichwohl aber sozusagen an den Rändern Ausweitungen vorzunehmen. Solche Ausweitungen werden zudem durch die im folgenden zu beschreibende historische Entwicklung geradezu geboten.[14]

Hauptgegenstand werden die romanhaften Utopien der deutschen Aufklärung sein. Insofern nun deren zentrales Thema die moralische Kritik am Absolutismus ist, erscheint es zweckmäßig, zunächst den Gegenstand dieser Kritik an Hand literarischer Zeugnisse selbst zu exponieren. Ich gehe daher vom Barockroman aus, der den Angriffspunkt der Aufklärungsutopien, den absolutistischen Staat, in bestimmter und noch zu beschreibender Weise ideal überhöht. Die obere historische Grenze wird das Aufgehen der aufklärerischen Utopie in der idealistischen Geschichtsphilosophie bilden. Diese ist daher abschließend zu thematisieren.

Die Methode ergibt sich aus der im vorhergehenden skizzierten Problematik des Gegenstandes. Interpretationsansatz wird das im geschichtlichen Gehalt resultierende Verhältnis von inhaltlicher Utopie und romanhafter Darstellung sein. Die jeweiligen Konstellationen dieser beiden Elemente sind in ihrer historischen Entfaltung darzulegen. Dabei wird der nähere Bezugsrahmen die allgemeine geistesgeschichtliche Entwicklung, insbesondere die der politischen Theorie, sein, der weitere die soziale und politische Geschichte des 17. und 18. Jahrhunderts. Beide sind als Möglichkeiten zu nutzen, bestimmte Problemsituationen und Problemlösungen der behandelten Utopien und Staatsromane zu erklären. Das hauptsächliche Gewicht jedoch wird auf der gehaltlichen Analyse und wechselseitigen Erläuterung der angezogenen Texte liegen.

[13] Alfred Doren: Wunschräume und Wunschzeiten. In: Vorträge der Bibliothek Warburg 1924/25, Berlin 1927, S. 158 ff.

[14] Der hier vorgeschlagene Arbeitsbegriff begreift also sowohl die Utopien im Sinne eines durchgeführten Gegenmodells als auch die Staatsromane im engeren Sinne eines Fürstenspiegels ein, der ja von vornherein mit der institutionellen Hypothek des monarchischen Regiments belastet ist und insofern vor allem auf die Moralität der jeweiligen Herrscherfigur abhebt. Natürlich sind die Übergänge zwischen beiden Gattungen vor allem vom Fürstenspiegel her fließend. Denn offenbar kann auch der Staatsroman in diesem engeren Sinne durchaus in institutionellen Modellen kulminieren, die die zeitgenössische Praxis jedenfalls im reformistischen Sinne transzendieren.

1. Kapitel

Utopie und Absolutismus

Vom 18. Jahrhundert her betrachtet, scheinen monarchischer Absolutismus und Utopie einander auszuschließen. Ich halte es daher, bevor ich deren Polarität selbst näher erörtere und an Hand von Barclay und Grimmelshausen dokumentiere, für zweckmäßig, die Vorgeschichte dieser Problemsituation ihrerseits kurz zu skizzieren. Ich stütze mich dabei vor allem auf die einschlägigen Arbeiten von Borkenau, Macpherson, Kofler, Koselleck und Habermas.

Ernst Bloch hat zwischen Rechts- und Sozialutopie unterschieden.[1] Die Sozialutopie ist fiktiv, das die Rechtsutopie fundierende Naturrecht deduktiv, die Sozialutopie zielt auf das Glück, das Naturrecht auf die Würde des Menschen.[2] Wenn man von dieser Unterscheidung ausgeht, so wird sich, dem Thema der Arbeit, der Aufklärungsutopie, entsprechend, die folgende einleitende Skizze vor allem mit der Funktion des Naturrechts befassen, um so die Ausgangsproblematik des aufklärerischen Staatsromans ihrerseits zu exponieren; denn wie noch im Detail zu zeigen sein wird, sind die Utopien der Aufklärung zumeist dem Genre der „Rechtsutopie" zu subsumieren, und analog ist die Theorie des Absolutismus durch eine bestimmte Konstellation von Politik und Moral bzw. Recht gekennzeichnet, auf die die Aufklärung dann reagiert.

Bekanntlich hat es im Mittelalter, von der von Zeit zu Zeit an die Oberfläche tretenden chiliastischen Unterstromung abgesehen, kaum utopische Konzeptionen

[1] Vgl. Ernst Bloch: Naturrecht und menschliche Würde, Frankfurt 1961. – Dabei handelt es sich selbstverständlich nur um Grenzbegriffe. Die politische Interpretation des Postulats der Gleichheit soll natürlich via „Chancengleichheit" auch soziale Konsequenzen haben, und umgekehrt impliziert dessen (weitergehende) sozialutopische Umsetzung eine Reihe rechtlicher Regelungen, die die Stabilität dieser fiktiven Gleichheit absichern. Die geschichtsphilosophische Auflösung der Rechtsutopie in die Sozialutopie ist erst Resultat der Marxschen Theorie.

[2] Vgl. ebd., S. 234. – Auch diese unterschiedlichen Qualifizierungen sind ebenso wie die Unterscheidung in Rechts- und Sozialutopie selbst natürlich nur für heuristische Zwecke brauchbar. Die Kennzeichnung der Sozialutopie als fiktiv bezieht sich auf deren literarische Erscheinungsform, die des Naturrechts als deduktiv auf dessen inhaltliches Begründungsverfahren. Die beiden Bestimmungen liegen also auf verschiedenen Ebenen. Ferner ist das deduktive Verfahren des Naturrechts tatsächlich zirkulär bzw. dogmatisch, wie vor allem Ernst Topitsch in verschiedenen Arbeiten gezeigt hat. Und schließlich lassen sich selbstverständlich auch die Inhalte der Sozialutopie naturrechtlich begründen.

gegeben.[3] Die augustinische Dichotomie von Gott und Welt, civitas Dei und civitas terrena ließ für innerweltliche Letztformen ohnehin keinen Raum. Und umgekehrt bewirkte die thomistische Integration des Naturrechts, des ius naturae in die lex naturae, daß das kritische Potential des ersteren im Hintergrund blieb.[4]

Der hochscholastische Gradualismus, der jeglichen Gegensätzen ihren Platz in einer dem feudalen Ständestaat entsprechenden hierarchisch abgestuften Seinsordnung anwies, löste sich auf im der frühneuzeitlichen Konkurrenz analogen Nominalismus des 14. und 15. Jahrhunderts.[5] Zunächst jedoch ging es weniger um die Rechte des Individuums, wie sie die naturrechtlichen Lehren des Nominalismus postuliert hatten, als um die „elementare Lebenserhaltung", um die Beseitigung der wechselseitigen Vernichtung einerseits, des Hungers andrerseits.[6] Die einzelnen Stände werden, aus der etablierten und, wie angedeutet, transzendent verankerten Lebensordnung herausgerissen, zu Klassen, die für die jeweiligen Probleme „technische Lösungen" suchen.[7] Der Finalismus der thomistischen Philosophie wird zur kausalen Deduktion aus erfahrungswissenschaftlichen anthropologischen Grundlagen einerseits, zum technischen Konstruktivismus andrerseits. Dabei drückt sich sowohl in der Staatstheorie als auch in der Utopie die aktuelle Unmöglichkeit einer pragmatischen Verbindung von Moral und Politik aus. Schon die Form der Utopie macht dies evident. Wie der Chiliasmus die innerweltliche Harmonie nur von einer endzeitlich gesehenen Zukunft erwartete, vermochte die Utopie sie nur innerhalb eines abgeschlossenen fernen Raums zu konstruieren.[8] Die individuelle

[3] Vgl. Wolfgang Biesterfeld: Die literarische Utopie, Stuttgart 1974, S. 18 f.

[4] Gemeinhin wird der Unterschied zwischen klassischem und neuzeitlichem Naturrecht dahingehend zusammengefaßt, daß das erstere eine Lehre von den Pflichten, das letztere von den Rechten des Menschen sei. So ist auch bei Thomas vom ius naturae nirgends die Rede (vgl. Franz Borkenau: Der Übergang vom feudalen zum bürgerlichen Weltbild. Studien zur Geschichte der Philosophie der Manufakturperiode, Paris 1934, S. 35). Dies aber nur deshalb nicht, weil eben das ius naturae bereits in der lex naturae enthalten ist.

[5] Trieb und Vernunft, Wille und Gesetz etwa, deren Gegensätzlichkeit sich z. B. in der vom Subjekt ausgehenden Kantischen Ethik allenfalls unendlich approximativ ausgleichen läßt, sind bei Thomas sozusagen apriorische Momente einer objektiven Begriffshierarchie. Die fundamentalontologische Rechtfertigung dieses Verfahrens liegt in der gradualistischen Differenzierung der frühscholastischen Dichotomie von Gott und Welt. – Diese Differenzierung zeitigt z. T. skurrile Konsequenzen. So dehnt sich etwa die hierarchische Stufung auch auf das Paradies aus. Auch im Stande der Unschuld gibt es Menschen, die durch „Weisheit und Gerechtigkeit" hervorragen und infolgedessen eine zumindest pädagogische Suprematie über die anderen Menschen beanspruchen dürfen (Thomas von Aquin: Die Herkunft der Herrschaft. In: Gerhard Möbus (Hrsg.): Die politischen Theorien von der Antike bis zur Renaissance, Köln und Opladen 1964, S. 195).

[6] Jürgen Habermas: Die klassische Lehre von der Politik in ihrem Verhältnis zur Sozialphilosophie. In: J. H.: Theorie und Praxis. Sozialphilosophische Studien, Neuwied und Berlin 1969, S. 22

[7] Ebd.

[8] Das gilt natürlich nur in einem sehr allgemeinen Sinn. Für gewisse chiliastische Strömungen ist es geradezu charakteristisch, daß sie Endzeitvisionen mit durchaus handfesten Forderungen (Wiederherstellung der alten Rechte!) verbinden.

Moral tritt hinter der unmittelbaren Bedürfnisbefriedigung zurück, sie ist nicht deren Voraussetzung, sondern ihre Folge.[9] Die Rahmengespräche der Morusschen Utopie geben dafür eine Begründung. Da diese über ihren Charakter als Selbstrechtfertigung der Utopie hinaus auch für den allgemeinen Bezugsrahmen von Utopie und Reform von Bedeutung ist, möchte ich sie im folgenden etwas ausführlicher referieren.

Anknüpfend an das Beispiel der Makarenser, deren König niemals mehr als tausend Pfund Gold in der Schatzkammer haben darf und so zwar über ausreichende Mittel verfügt, um sich gegen innere und äußere Feinde zu verteidigen, nicht aber, um Angriffskriege zu führen, diskutieren Raphael Hythlodeus und der Erzähler die Möglichkeit von, wie man sagen könnte, systemimmanenten Reformen. Der Erzähler fordert den Hythlodeus nämlich auf, Ratgeber der Fürsten zu werden, um, was er nicht zum Guten wenden könne, wenigstens „möglichst wenig schlecht ausfallen zu lassen".[10] Dabei unterscheidet er zwischen Schulphilosophie, philosophia scholastica, und weltläufigerer Philosophie, philosophia civilior; zwar nicht die erstere, wohl aber die letztere sei einem Fürstendiener angemessen. Insofern nimmt der Erzähler die aristotelische Unterscheidung von theoretischer und praktischer Philosophie wieder auf. Bekanntlich hatte Aristoteles, und in seiner Nachfolge Cicero, theoretische und praktische Philosophie bereits durch den jeweiligen Gegenstandsbereich voneinander unterschieden. Die theoretische Philosophie hat das vom Menschen unabhängig Existierende, mathematische und logische Gesetze, Natur, Gott, zum Untersuchungsobjekt, die praktische Philosophie das vom Menschen Geschaffene, d. h. vor allen Dingen Gesellschaft und Staat sowie die Geschichte; infolgedessen ist das Ziel der ersteren „Erkenntnis", das der letzteren „Handeln".[11] Entsprechend unterschiedlich ist der Wahrheitsanspruch. Für Aristoteles (und später für Vico) ist es klar, daß in der Sphäre der Politik niemals die theoretische Wahrheit, sondern nur die praktische Wahrscheinlichkeit Regulativ des Handelns sein kann. Diese akzentuierende Unterscheidung nun, von der der Erzähler ausgeht, lehnt Hythlodeus ab. Eine zivile Philosophie im skizzierten Sinn ist für ihn lediglich Ausdruck des Opportunismus, ja der Korruption. Sobald man sich mit den Königen und ihren Ratgebern einlasse, werde man „selbst verdorben" oder decke doch, wenn man „anständig" bleibe, deren „Bösartigkeit und Dummheit" zu.[12] Dem entsprechend fallen auf der theoretischen Ebene die Begriffe „wahr" (vera) und „geschickt" (commode) auseinander.[13] Was nicht „gut gemacht werden kann", kann auch nicht „geschickt behandelt" werden.[14] Die als bloß in-

[9] Vgl. Habermas: Die klassische Lehre, S. 25 f.

[10] Thomas Morus: Utopia. In: Klaus J. Heinisch (Hrsg.): Der utopische Staat, Hamburg 1968, S. 42

[11] Aristoteles: Nikomachische Ethik, Frankfurt und Hamburg 1957, S. 27. Vgl. dazu Wilhelm Hennis: Politik und praktische Philosophie, Neuwied und Berlin 1963, S. 36 ff.

[12] Morus: Utopia, S. 43 f.

[13] Ebd., S. 42 f.

[14] Ebd., S. 43

strumentelle Geschicklichkeit interpretierte Politik wird dem universalen Wahrheitsanspruch der Philosophie konfrontiert.[15] Zwischen Wahrheit und Falschheit gibt es für Hythlodeus kein Drittes.[16] Indem die politische Geschicklichkeit die Übel lediglich perpetuiert, bleibt als Lösung nur der totale Gegenentwurf, der sie an ihrer Wurzel, in diesem Fall am privaten Eigentum, ausrottet.[17] Die Diskrepanz zwischen brennendem aktuellen Anlaß, dem der bis in ökonomische Details gehende erste Teil der „Utopia" gewidmet ist, und moralischem Anspruch kann nur noch durch die Konstruktion eines Gegenmodells, d. h. objektiv aufgelöst werden.

Führte so die Sehnsucht nach diesseitiger harmonischer Ordnung, soweit sie seitens oder im Namen der entwurzelten und unterdrückten Schichten geäußert wurde, zum Utopismus, der das Problem der Realisierung aussparte, so lag es zunächst auch nicht im Interesse der aufsteigenden Handels- und Manufakturbourgeoisie, das Ideal des sittlichen Lebens strikt auf den öffentlichen Bereich zu beziehen. Ausdruck dessen sind sowohl der Protestantismus, speziell das Luthertum, als auch die Theorien von der staatlichen Souveränität.

Das klassische Naturrecht der Hochscholastik hatte die Differenz zwischen den Zuständen vor und nach dem Sündenfall heruntergespielt. Indem Luther die Sündhaftigkeit der Welt radikalisierte und gleichzeitig im Gefolge des Nominalismus den göttlichen Voluntarismus betonte, konnte er auch die tyrannische Form der weltlichen Obrigkeit als der schlechten Welt adäquate Zuchtrute Gottes rechtfertigen, weshalb er denn auch ein Widerstandsrecht gegen staatliche Maßnahmen nur dann zuließ, wenn diese sich gegen die neue, d. h. seine eigene Lehre richteten. Da Luther Innen und Außen trennt, Nachdruck allein auf die subjektive Innerlichkeit des Glaubens legt, die legitime Beziehung zur Außenwelt vorwiegend negativ, als Leiden, bestimmt, wird der Staat quasi freigelassen.[18] So rechtfertigte bereits die

15 Bereits bei Erasmus wird die philosophia scholastica durchaus ambivalent bewertet. Einerseits werden unter ihr in Antithese zum gesunden Menschenverstand „scholastische" Spitzfindigkeiten verstanden. Andrerseits muß das Realitätsprinzip nicht immer Recht haben, und für Herrscher und ihre Schmeichler liegt es nur allzu nahe, diejenigen etwa, die sie von der Sinnlosigkeit des Krieges überzeugen oder generell zu guten Taten anspornen wollen, als scholastici oder scholasticuli zu verspotten (vgl. die Nachweise in: Thomas Morus: The Complete Works, New Haven and London 1965, Bd. 4, S. 371).

16 Vgl. Morus: Utopia, S. 42 f.

17 Dabei kommt es zwar zu Inkonsequenzen; so zieht etwa Hythlodeus den Vergleich mit der Heilung eines kranken Körpers und meint, daß durch einzelne Hilfsmittel zwar keine volle Heilung eintreten, die Krankheit jedoch gemildert werden könne; doch kehrt er sehr schnell auf den Weg nach Utopia zurück, indem er gleich anschließend jede partielle Besserung als nutzlos bezeichnet, da die Heilung der einen Wunde nur die Öffnung einer anderen zur Folge habe. D. h. es bleibt letzten Endes doch nur die Radikalkur übrig.

18 Das ist natürlich ziemlich verkürzt. Immerhin ordnet Luther am Schluß seiner Schrift „Von weltlicher Obrigkeit, wie weit man ihr Gehorsam schuldig sei" das positive Recht dem Naturrecht unter, und allerdings soll auch der Fürst ein wahrer Christ sein. Jedoch: Luther fällt es offenkundig schwer, diesem Postulat einen positiven Inhalt zu geben, weshalb er den Fürsten an das Gebet zurückverweist. Der Fürst soll sich weder auf tote Bücher noch auf lebendige Köpfe verlassen, „sondernn sich bloß an Gott hallten, yhm

Lutherische Staatstheorie die Konstituierung einer politischen Sondersphäre, die, unabhängig von traditionellen institutionellen, d. h. ständischen, Schranken, die Bedingungen für die ungefährdete Entfaltung des „Besitzindividualismus" schaffen sollte.[19]

Das gilt in abgewandelter Form auch für den Calvinismus. Zwar hat dieser unter dem Druck der staatlich geförderten Gegenreformation das Widerstandsrecht der magistrats inférieurs betont, sobald die Obrigkeit zur Tyrannis entarte. Und im Gegensatz zur thomistischen lex naturalis spricht die monarchomachische Schrift „Vindiciae contra tyrannos" explizit vom ius naturale, das die Verteidigung von Leben und Freiheit gegen die Tyrannei gebiete. Festgemacht jedoch wird dies vor allem am historischen Widerstandsrecht der Stände, das vom Naturrecht des Widerstands nicht klar geschieden wird. Darin dokumentiert sich die rein defensive Funktion des Widerstandsrechts. Das mit dem historischen Recht zusammengehende Naturrecht hatte noch nicht, wie dann später in der Aufklärung proklamiert, die Aufgabe, das Staatsrecht positiv zu strukturieren, sondern nur die, „die Auswirkung des individuellen Egoismus" einzuschränken.[20] Insofern steht auch der Calvinismus wie das Luthertum auf dem Standpunkt des Dogmas von der bösen Welt.[21]

Der weitgehend formale, bloß einschränkende Charakter des Rechts läßt, wiederum im Gegensatz zum Hochmittelalter, einen Raum frei, der nicht rechtlich normiert ist. Daher auch die Wiederaufnahme der zuerst im Nominalismus entwickelten Vertragstheorien im 16. und 17. Jahrhundert. Bei aller Unterschiedlichkeit im einzelnen haben diese die gemeinsame Tendenz, das inhaltliche Naturrecht zu for-

ynn den oren ligen unnd bitten umb rechten verstandt uber alle buecher und meyster, seyn unterthan weyßlich zuo regirn" (Luther: Von weltlicher Obrigkeit, wie weit man ihr Gehorsam schuldig sei. In: Luther: Werke, Leipzig und Wien o. J., Bd. 2, S. 104). Zudem: die neutestamentarische Liebesethik, die den wahren Christen auszeichnet, darf und muß jedenfalls als universelles Gesetz um der allgemeinen Ordnung willen durchaus suspendiert werden. Denn nur durch einen argumentativen Trick gelingt es Luther, Liebes- und Strafgebot einigermaßen zu harmonisieren. Zwar bedarf der Christ der strafenden Obrigkeit nicht, wohl aber sein „Nächster", der damit implizit als sündhaft vorausgesetzt wird. Um dieses Nächsten willen muß daher auch der Christ das Schwert ergreifen. Der Widerspruch zwischen dem innerlichen Gottesreich des wahren Christen und dem äußerlichen Weltreich läßt sich also nur unter der sich widersprechenden Prämisse auflösen, daß der Nächste immer der sündige Nächste ist, also der universellen und permanenten Sündhaftigkeit der Welt. Eine moralische Läuterung kommt jedenfalls an dieser Stelle gar nicht erst in den Blick (vgl. ebd., S. 75 ff.). Das macht die Differenz des christlichen Fürsten lutherischer Provenienz vom moralischen Fürsten der Aufklärungsutopie aus.

19 Die egalitären Konsequenzen der lutherischen Verinnerlichung sind evident: „Denn volkomenheyt unnd unvolkomenheyt steht nicht ynn wercken, macht auch keynen sondern eusserlichen standt unter den Christen, sondern steht ym hertzen, ym glawben und liebe, das, wer mehr glewbt unnd liebt, der ist volkomen, er sey eußerlich eyn man odder weyb, furst odder baur, muench odder leye" (Luther: Von weltlicher Obrigkeit, S. 72).

20 Borkenau: Übergang, S. 109

21 Vgl. ebd., S. 112

malisieren. Heilig ist nicht der Inhalt der einzelnen Rechte, sondern das ihnen zugrunde liegende Vertragsverhältnis.[22]

Diese Positivierung des Rechts seitens der bürgerlichen Vertragstheorie tritt natürlich bei den eigentlichen Theoretikern der staatlichen Souveränität verstärkt in Erscheinung. Dafür als Beispiel die Theorie von Hobbes als die letzte und radikalste Lehre von der staatlichen Souveränität. Bekanntlich hat Hobbes aus der Erfahrung des konfessionellen Bürgerkriegs heraus das Ziel des Staates von jeglichem naturrechtlichen Inhalt befreit und diesen zum autonomen politischen Entscheidungszentrum gemacht. Ihre Legitimität bezieht diese Autonomie aus einer Radikalisierung der Vertragstheorie. Der Herrschaftsvertrag des Volkes mit dem Herrscher, wie ihn die Monarchomachen konzipiert hatten, wird zum Gesellschaftsvertrag aller mit allen, aus dem, da es in ihm nicht um rechtlich fixierbare Bedingungen geht, sondern er der Sicherung des nackten Lebens dienen soll, die absolute Souveränität entspringt. Das Naturrecht wird letztlich physiologisch begründet. Das Glück der belebten Materie Mensch besteht in der ununterbrochenen Bewegung. Die radikalste Unterbrechung aber ist der Tod. Daher:

> Unter dem Naturrecht, von den Gelehrten gewöhnlich ius naturale genannt, versteht man die Freiheit jedes Menschen, seine Kräfte nach seinem eigenen Ermessen zu gebrauchen, um für seine Selbsterhaltung, d. h. für die Sicherung seines Lebens zu sorgen – und folglich auch die Freiheit, alles zu tun, was ihn seinem Urteil und seinen Überlegungen zufolge dieses Ziel am besten erreichen läßt.[22a]

Entsprechend bilden das Naturgesetz (lex naturalis) „die Vorschriften oder allgemeinen Richtlinien, die sich auf die Vernunft gründen und die dem Menschen verbieten, irgend etwas zu tun, was zur Zerstörung seines Lebens führt – oder was ihm jene Mittel raubt, die ihm zur Erhaltung seines Lebens dienlich sind".[23] Dem kausal-mechanisch begründeten Naturrecht der Lebenssicherung entspricht das rein instrumentelle Naturgesetz der richtigen Wahl der Mittel, die diesem Zweck dienen können, womit die äußerste Gegenposition zum inhaltlichen Naturrecht sowohl der Stoa als auch der Hochscholastik erreicht ist.[24] Das einzige Instru-

[22] „Der prägnanteste Satz des Grotiusschen Naturrechts ist bekanntlich, daß man auch seine Freiheit vertraglich bindend aufgeben kann" (ebd., S. 144 f.).

[22a] Thomas Hobbes: Leviathan, Hamburg 1969, S. 102

[23] Ebd.

[24] Macpherson hat die Abhängigkeit dieser Konstruktion von dem Modell der Eigentumsmarktgesellschaft gezeigt: „In Hobbes' Modell ... ist ein jeder dem Diktat eines wettbewerbsabhängigen Machtmarktes unterworfen. Hobbes sah genau, daß in seiner Eigentumsmarktgesellschaft in der Tat alle Werte und Anrechte durch Vorgänge des Marktes begründet werden und alle Moral auf eine Moral des Marktes hinausläuft. Diese Gesellschaft begründet tatsächlich Rechte durch Fakten ... Falls die Marktbedingtheit der Werte und Rechte von allen Mitgliedern der Gesellschaft als gerecht akzeptiert wird, gibt es eine ausreichende Basis für eine rationale Verpflichtung, die alle Menschen bindet, gegenüber einer das Marktsystem aufrecht erhaltenden und garantierenden höchsten Gewalt" (C. B. Macpherson: Die politische Theorie des Besitzindividualismus. Von Hobbes bis Locke, Frankfurt/Main 1967, S. 102 f.).

ment der Friedenssicherung nun ist der an keine apriorischen Gesetzesinhalte gebundene Staat. „Auctoritas, non veritas facit legem." Die „Wahrheit", die eo ipso nicht feststellbar ist, wird als politisch unverbindlich, den Freiraum zweckmäßiger Entscheidung beeinträchtigend in den privaten Innenraum verwiesen: „Die privaten Gesinnungen finden im Staatsrecht von Hobbes keine Anwendung auf die Gesetze, die Gesetze finden keine Anwendung auf den Souverän", der als Schöpfer der Gesetze diesen natürlich übergeordnet ist.[25] Die Partialgewalten, deren Abstufung das mittelalterliche Naturrecht inhaltlich legitimierte, werden gegenüber der absoluten Gewalt des Souveräns tendenziell gleich. Die Machtkonkurrenz, die das Leben der Gesellschaft prägt, erfaßt den gesamtgesellschaftlichen Raum, nicht nur dessen einzelne Sektoren, mit Ausnahme natürlich des diesen Prozeß regelnden Souveräns. Diese egalitär-absolutistische Tendenz der Hobbesschen Theorie bringt die Schutzfunktion des Absolutismus gegenüber dem sich entwickelnden Kapitalismus auf den Begriff.[26] Voraussetzung dessen ist die Spaltung des Menschen „in eine private und eine öffentliche Hälfte: Handlungen und Taten unterliegen restlos dem Staatsgesetz, die Gesinnung ist frei, ‚in secret free'".[27] Hatte der mittelalterliche Gradualismus durch die Verbindung von Gott und Natur, göttlichem und natürlichem Recht auch öffentliche und private Sphäre verknüpft, so reißt Hobbes' rationales Naturrecht beides auseinander. Der diesem entspringende Rechtspositivismus erstreckt sich auch auf die Religion; daher die Forderung nach einer Staatsreligion.[28] Der Glaube wird vom Bekenntnis, die individuelle Moral vom staatlichen Gesetz getrennt. Die Staatsromane der Aufklärung werden dann versuchen, diese Trennung zu revidieren. Die inhaltliche Argumentationsbasis dieser Revision und ihre ästhetische Umsetzung werden der Hauptgegenstand der nächsten Kapitel sein.

Für Utopie und Staatsroman des 17. Jahrhunderts nun ergeben sich aus der skizzierten Problementwicklung besondere Schwierigkeiten. Geht man davon aus, daß der monarchische Absolutismus die historische Mission zu erfüllen hatte, durch die Unterwerfung der feudalen Partikulargewalten unter die Zentralgewalt die für eine Entwicklung des Kapitalismus notwendigen Voraussetzungen zu schaffen, und stellt man in Rechnung, daß der Dezisionismus und Rechtspositivismus seiner Theoretiker von dieser Aufgabe her durchaus legitim erschien, so ist es evident, daß die utopische Kritik, die ja eines naturrechtlichen Fundaments kaum entraten kann, nur in eigentümlich gebrochener Form in Erscheinung treten konnte. Die Art dieser Brechungen werde ich im zweiten Abschnitt dieses Kapitels am Beispiel Grimmelshausens sowie am Kapitelschluß erörtern. Den Konzessionen der Utopie

[25] Reinhart Koselleck: Kritik und Krise, München 1959, S. 23

[26] Auf das Verhältnis dieser rationalen Begründung des Absolutismus zur Anschauung vom herrscherlichen Gottesgnadentum, wie es in England von den Tudors und Stuarts sowie in Frankreich von den Bourbonen gepflegt wurde, komme ich im folgenden zurück.

[27] Koselleck: Kritik und Krise, S. 29

[28] Vgl. Hobbes: Leviathan, S. 284

an den Absolutismus entsprechen auf der anderen Seite Konzessionen des Absolutismus an den Staatsroman. Nicht zu Unrecht hat man daher auch in bezug auf den heroisch-galanten Roman des Barock von utopischen Gehalten gesprochen. Denn natürlich war auch der rational begründete Absolutismus der stilisierenden Überhöhung fähig und bedürftig, wie ja das neuzeitliche Gottesgnadentum der englischen und französischen Könige, das Otto Brunner im Gegensatz zum mittelalterlichen Gottesgnadentum als letzte Steigerung der Lehre von der Souveränität beschrieben hat, nichts anderes als eine solche Überhöhung ist.[29] Und natürlich erforderte auch die Ausfüllung des politischen Freiraums eine Reihe praktischer Tugenden, deren herrscherliche Inkarnation durchaus Gegenstand eines idealisierenden Staatsromans werden konnte. Auch stand im Fürstenspiegel, der ja schon in seiner Bindung an bestimmte Herrscherpersönlichkeiten jedenfalls der institutionellen Phantasie der Utopien relative Grenzen setzte und insofern von vornherein einen größeren Realitätskontakt ermöglichte, die Gattung bereit, die unter der Voraussetzung moralischer Entschlackung durchaus dazu taugte, auch Propagandafunktionen für den monarchischen Absolutismus zu übernehmen. Die näheren Implikate der beschriebenen Konstellation möchte ich nun im folgenden an Hand von John Barclays „Argenis" besprechen, die man geradezu als absolutistischen Propagandaroman bezeichnen könnte.

I. John Barclays „Argenis"

In dem Abschnitt über Barclays „Argenis" erörtere ich zunächst im ersten Unterabschnitt, ausgehend vom biographischen Hintergrund Barclays sowie von der in der „Argenis" gesprächsweise entwickelten Poetik, das Motiv des Bürgerkriegs. Dabei knüpfe ich jeweils an einzelne, bestimmte politische Probleme thematisierende, Gespräche an, an denen der Roman reich ist. Ich untersuche sodann die Umsetzung der dort verfochtenen Thesen in exemplarische Handlungssituationen. Im zweiten Unterabschnitt lege ich dar, welche Konsequenzen die zuvor beschriebene Relation von innerem und äußerem Krieg für das Verhältnis von privater und öffentlicher Sphäre hat. Auch hierbei gehe ich zunächst von gesprächsweisen Erörterungen des Problems aus, um seine „Lösung" sodann an Hand beispielhafter Handlungssituationen zu illustrieren. Schließlich soll im letzten Unterabschnitt, ebenfalls an Hand von Gesprächen und Handlungssituationen, die politische Thematik in einen allgemeinen Bezugsrahmen gestellt werden, wie sehr dieser auch, wie zu zeigen sein wird, durch die Politik selbst definiert sein mag. Am Schluß

[29] Vgl. Otto Brunner: Vom Gottesgnadentum zum monarchischen Prinzip. In: Hanns Hubert Hofmann (Hrsg.): Die Entstehung des modernen souveränen Staates, Köln und Berlin 1967, S. 125

dieses Unterabschnitts gehe ich dann noch, zum Grimmelshausenabschnitt sowie zu den nächsten Kapiteln über- und weiterleitend, auf die über die Idealisierung des Herrschers hinausgreifende Utopieproblematik ein.

1. Bürgerkrieg und Außenpolitik

Lebensschicksal und Schriften John Barclays wie auch seines Vaters William Barclay bieten ein Beispiel dafür, wie die Propagierung der absoluten Souveränität des Fürsten unmittelbar aus der Auseinandersetzung mit der Tatsache der konfessionellen Bürgerkriege erwächst.[30] William Barclay, altem schottischen Adel entstammend, verließ, als Katholik, nach der Gefangensetzung der Maria Stuart seine Heimat, um dann im katholischen Frankreich Professor der Rechte zu werden. Diese konfessionelle Motivation sowie auch seine Verpflichtungen gegenüber den Jesuiten hinderten ihn jedoch nicht daran, in verschiedenen Streitschriften die Souveränität des Königs sowohl gegen die Protestanten als auch gegen die Katholiken zu verfechten. 1600 erschien die Heinrich IV. gewidmete Schrift „De regno et regali potestate adversus Buchananum, Brutum et Boucherium et reliquos Monarchomachos libri sex". 1609 gab John Barclay die nachgelassene Schrift seines Vaters „De potestate Papae, an et quatenus in reges et principes seculares ius et imperium habet" heraus, in der dieser die Unabhängigkeit der weltlichen Macht von der geistlichen verfochten hatte. Diese doppelte Stoßrichtung der Argumentation findet sich auch bei John Barclay. Nach einer Erwiderung auf die letztgenannte Schrift und einer erneuten Verteidigung seines Vaters durch Barclay gipfelte die kirchliche Polemik schließlich in der Behauptung, „Barclay habe sich am englischen Hof zum Protestantismus bekannt, oder wenigstens als Protestant gegolten; das Buch seines Vaters habe er auf den ausdrücklichen Wunsch König Jakobs veröffentlicht".[31] Bekanntlich hat der Anglikaner Jakob das Gottesgnadentum sowohl gegen Papisten als auch besonders scharf gegen die Puritaner verfochten. Die Propagierung der monarchischen Souveränität überspielt persönliche Verpflichtung und persönlichen Glauben. Barclay war Geheimsekretär Jakobs I. und wurde von diesem trotz seines Katholizismus mit Gesandtschaften nach Deutschland, Ungarn und Savoyen betraut. Umgekehrt hielt er sich später am päpstlichen Hof auf und genoß dort trotz seiner Streitschrift offizielle Förderung. Seine „Paraenesis ad Sectarios" jedoch, die dem Papst gewidmet war, verteidigt die katholische Kirche gegen die „Sekten" mit ähnlichen Argumenten wie die „Argenis" die absolute Monarchie gegen die Parteien des Bürgerkriegs. Die Frage nach der Wahrheit wird

[30] Die Daten für die folgende Darstellung habe ich dem Aufsatz von Philipp August Becker: Johann Barclay 1582–1621. In: Zeitschr. f. vergl. Literaturgesch., N. F. 15, 1904 entnommen.

[31] Ebd., S. 70

kurzweg abgeschnitten. Alle Sekten können sich auf irgendeine Autorität, Bibel, Aristoteles, Papinian oder Ulpian, stützen. Um die Glaubensanarchie zu verhindern, muß es jedoch eine Instanz geben, die „die richtige Erklärung der Schrift festsetzt".[32] Dieser Dezisionismus ist vom Hobbesschen „auctoritas, non veritas facit legem" nicht weit entfernt. So dringt die Argumentationsweise der Souveränitätslehre auch in die päpstliche Apologetik selbst ein.

Die Jugend Barclays wurde bestimmt durch den Bürgerkrieg unter Heinrich III., die Kämpfe zwischen Liguisten und Hugenotten. Bekanntlich ist entsprechend der Versuch gemacht worden, das Personal der „Argenis" aufzuschlüsseln. Bereits in der Ausgabe von 1626 findet sich ein ausgearbeiteter Schlüssel, der die einzelnen Personen bestimmten historischen Persönlichkeiten aus der Zeit der französischen Konfessionskriege zuweist. Gegen ein derartiges Zurechnungsverfahren ist wiederum bereits sehr früh polemisiert worden, und Becker führt es, jedenfalls was die *Ereignisse* des Romans anlangt, ad absurdum, kann jedoch selbst nicht umhin, nunmehr am englischen Hof nach bestimmten Parallelen zu fahnden.[33] Wie dem auch sei, ob nun mit Meleander Heinrich III. oder Jakob I. gemeint ist usw., die Tendenz des Romans bleibt davon unberührt.

Zudem hat Barclay sein Verfahren innerhalb des Romans selbst beschrieben. Bezeichnenderweise knüpft die Erörterung an das Faktum des ausgebrochenen Bürgerkriegs an. Im Gespräch mit Freunden, insbesondere dem Priester Antenorius, klagt der Dichter Nicopompus sowohl das Schicksal (fortuna) als auch den König Meleander sowie den Rebellenführer Lycogenes an. (Ausdrücklich wird neben dem Schicksal die Verantwortlichkeit der Menschen für das Geschehen hervorgehoben, worauf ich noch zurückkomme.) Die „Wissenschaft" (litterae) soll Wunden schlagen, die durch keine Macht der Welt verhindert werden und die die Jahrhunderte nicht heilen können.[34] Voraussetzung allerdings ist, daß sie „modus" und „veritas" wahrt. Gegen diese Propagierung der unmittelbaren Kritik setzt der Priester Antenorius eine genaue Reflexion ihrer möglichen Wirkung. Dem König kann die Kritik nicht nutzen, sondern ihn, da sie von einem Freunde kommt, nur weiter in Mißkredit bringen; die Rebellen sind zu hartgesotten, um sich davon beeindrucken zu lassen. Es bleiben die Neider und die „humiles in scholis", und die kommen nicht in Betracht. Von vornherein wird vom allgemeinen Publikum abstrahiert, die Kritik vielmehr auf den Raum zugeschnitten, in dem die politischen Entscheidungen fallen. Politik und litterae sind in der den absolutistischen Staat charakterisierenden einheitlichen politischen Sondersphäre angesiedelt, nicht im Raum öffentlicher Diskussion, wie dann später in der Aufklärung. Auf die Einwände des Antenorius hin entwickelt dann Nicopompus sein Programm. Er polemisiert gegen die „intempestiva censura" der Schriftsteller, die ihre Fürsten angreifen und die mit

[32] Becker: Barclay, S. 87
[33] Vgl. ebd., S. 92 ff.
[34] John Barclay: Argenis. Übers. von Gustav Waltz, München 1891, S. 192

Recht mit dem Tode bestraft werden, und empfiehlt dagegen die Verschlüsselung der Kritik. Nur so ist es möglich, die relevanten Personen überhaupt zu erreichen. Im Verlauf der Darlegung nun findet eine bezeichnende Verlagerung der Argumentation statt. Sie geht aus von der erwähnten Verdammung der offenen Kritik am Fürsten und begründet damit die Notwendigkeit der Verschlüsselung, durch die dann die Rebellen unbewußt bekehrt werden sollen. Die Explikation der Wirkung beschränkt sich allein auf diese, der König dient nur als Ausgangspunkt. Dieser wird somit auch aus der indirekten Attacke ausgespart. Das bezeichnet die Schwierigkeit eines derartigen Unternehmens. Die absolute Sanktionsgewalt des Königs soll propagiert werden, also auch sein Enthobensein von Kritik, aber um das zu tun, ist es nötig, den König zu kritisieren. Daher sowohl die Notwendigkeit der Verschlüsselung als auch innerhalb dieser die unterschiedliche Akzentuierung der Angriffspunkte. Entsprechend wird in der Klage des Nicopompus über den Bürgerkrieg, die der ästhetischen Diskussion vorhergeht, dem König nur ganz allgemein vorgeworfen, daß er Fehler gemacht habe, wogegen die Rebellen frontal attackiert werden.

Die Instrumentalisierung der Literatur führt zu der Konzeption einer „fabula historiae instar", eines Romans, der der Geschichte ähnlich ist. Zugesetzt werden „wunderbare Begebenheiten".[35] „Krieg, Ehebündnisse, Blutvergießen, heitere Scenen" sollen bunt gemischt werden.[36] Ein praktisches Beispiel für diese Mischung ist etwa der Kontext der die programmatischen Darlegungen einleitenden politischen Polemik. Es geht da um den Tod eines Hündchens Aldine, dem Nicopompus zudem noch einige kunstvolle Distichen nachsendet. Als Gelanorus sich darüber wundert und meint, dann könne es mit den „Kriegswirren und bürgerlichen Tollheiten" ja nicht so schlimm stehen, erhält er zur Antwort, daß man auf solche Art das Schicksal leichter bewältige.[37] Dadurch leitet das Gespräch zwanglos auf die aktuellen Ereignisse des Bürgerkriegs über. So wie sich hier die Personen selbst „Waffenruhe" schaffen, schafft sie der Autor durch die geschickte Gruppierung der einzelnen Handlungselemente für den Adressaten, um ihn desto sicherer politisch zu indoktrinieren.[38] Zugleich erzeugt diese bewußt gehandhabte artistische Technik ein quasi liberales Klima, das die „Argenis" von der manchmal monotonen Kausalität, wie sie sich in anderen Barockromanen findet, unterscheidet und den besonderen ästhetischen Reiz des Romans ausmacht.[39]

[35] Barclay: Argenis, S. 194

[36] Ebd.

[37] Ebd., S. 191

[38] Ebd.

[39] Lugowski hat darauf hingewiesen, daß etwa in der „Syrischen Aramena" die einzelnen Episoden der Handlung mit Motivationen geradezu gepanzert seien (vgl. Clemens Lugowski: Die märchenhafte Enträtselung der Wirklichkeit im heroisch-galanten Roman. In: Deutsche Barockforschung, Köln und Berlin 1965, S. 387 ff.). Zwar wird auch in der „Argenis" sorgfältig verzahnt. Dafür ein Beispiel. Gelanorus ist von Poliarch unter anderem deswegen ausgeschickt worden, um nach dem Verbleib von dessen Hausrat zu

Vergleicht man etwa Birkens Vorrede zur „Syrischen Aramena", so werden dort die sogenannten Geschichtschriften von vornherein als Theodizee verstanden. Unter den Oberbegriff „Geschichtschriften" fallen Geschichtsschreibung, Gedichtgeschichtschriften und Geschichtgedichtschriften, die sich nur graduell, durch ihre Wahrheit oder bloße Wahrscheinlichkeit bzw. ihren mehr oder weniger großen didaktischen Gehalt unterscheiden. Was bei Barclay das zentrale Motiv der ästhetischen Programmatik ist, daß man eben in der Geschichtsschreibung nicht immer die Wahrheit sagen darf, wird hier zum Akzidens der dritten Gattung, unter deren Beispielen im übrigen auch die „Argenis" aufgezählt wird. Die politische Intention ist zwar noch vorhanden, wird jedoch einerseits in ein apriorisches metaphysisches Schema eingeordnet, andrerseits auf eine Gattung unter anderen beschränkt. Dagegen führt bei Barclay der Vorrang des bestimmten politischen Ziels, geeignete Vorkehrungen gegen den Bürgerkrieg zu propagieren, zur ästhetischen Instrumentalisierung.

Der Individualismus, der sich darin ausspricht – in den poetologischen Darlegungen des Nicopompus ist das die Apparatur des Romans konstruierende Ich das Subjekt fast jeden Satzes –, hat sein inhaltliches Gegenstück in der Betonung der radikalen Verantwortlichkeit des Königs.[40] Diese wird bereits in der Widmung an Ludwig XIII. besonders akzentuiert. Nach einer allgemeinen Empfehlung des Romaninhalts wird als einziger Lehrinhalt die Behandlung der Bürgerkriegssituation erwähnt. Diese und ihre Bewältigung werden dann im Preis der außenpolitischen Verdienste Ludwigs noch einmal breit aufgenommen. Demgegenüber treten die Friedenstaten zurück. Zwar heißt es einleitend:

> Sie waren nicht besorgter um Ihre Krone, als um das Wohl eines jeden Ihrer Unterthanen.[41]

Konkretisiert wird das jedoch lediglich am Verbot des Duells, also quasi des privaten Bürgerkriegs. In den Staatsromanen der Aufklärung werden dann später Außenpolitik und Innenpolitik in scharfen Gegensatz treten, indem außenpolitische Abstinenz zur Bedingung vernünftiger Innenpolitik wird. Dagegen hat hier die Außenpolitik ein besonderes Gewicht – auf dieses Problem und seine ästheti-

forschen und dann daraus die Gesinnung des Königs gegen ihn abzuleiten. So kommt ihm die Klage des Hieroleander um den Verlust des Hündchens gerade recht, denn er kann sie zum Anlaß nehmen, nach dem weiteren Eigentum des Poliarch zu fragen. Zudem zeigt ihm der Schmerz der Argenis um das Hündchen, von dem Hieroleander berichtet, ihr Verhältnis zu dessen Herrn an. So wird auch der beiläufigste Sachverhalt in das Motivgeflecht eingebaut. Zugleich jedoch wird dieses gerade dadurch, daß seine Beiläufigkeit durch das Gedicht des Nicopompus, das nicht das einzige auf den Tod des Hündchens ist, ironisch akzentuiert wird, quasi ästhetisch liberalisiert. Die humanistische Tradition, die als unterschwellige Ironie in den Roman hineinragt, schafft einen ästhetischen Freiraum, der dem politischen korrespondiert bzw. dessen Vorbedingung ist. Darauf komme ich unten noch zurück.

[40] Vgl. Koselleck: Kritik und Krise, S. 14

[41] Barclay: Argenis, S. X

schen Konsequenzen komme ich noch ausführlich zurück –, und die Innenpolitik wird allein unter dem Aspekt der – öffentlichen und privaten – Friedenssicherung gesehen. Ähnlich rangiert die „religionis cura" vor dem privaten „cultus numinis". Wichtig ist die religiöse Pazifizierung des Landes, nicht die individuelle Religiosität. Die Sorge für „Religion" und „Königtum" ist identisch (quoscunque Religionum aut Regum cura tangit...).[42] Besonders aufschlußreich der Schluß der Widmung:

> Aber dies Büchlein darf sich auf Ihre besondere fürstliche Huld Rechnung machen, weil die sanften Musen es mit der mannigfaltigsten Mischung königlicher Liebe, königlichen Hasses und durchweg königlichem Geist erfüllt haben.[43]

Die Attribute von Liebe und Haß bezeichnen deren Träger, sind also gewissermaßen neutral. Dagegen hat „königlich" in „königlicher Geist" a priori einen positiven Akzent. Liebe und Haß sind Inhalte des Romans und bilden sozusagen die Sphäre des Schicksals. Dagegen durchwaltet der königliche Geist den Roman als ganzen und überwölbt die einzelnen Inhalte – im lateinischen Text wird „Spiritus" im Gegensatz zu „amores" und „odia" groß geschrieben, wohl in Analogie zum Heiligen Geist. Ein Indiz mehr für die Macht der Königsidee, deren Assoziationspotential nur noch abgerufen zu werden brauchte. Ihre Evokation beschließt daher konsequenterweise die Widmung.

Zu bewähren hat sie sich vor allem in der Zähmung der Bürgerkriegsparteien. Zwar ist es die Aufgabe des Monarchen, den Frieden zu erhalten. Dies darf er jedoch nicht um den Preis der Einschränkung seiner Souveränität gegenüber den Großen tun. Die zu große Milde des Königs Meleander, die ihn schließlich zu einem schmählichen Vertrag mit dem Rebellen Lycogenes zwingt, initiiert erst recht den Aufruhr. Dieser bestimmt die Handlung der ersten Romanhälfte.

Theoretisch wird das Problem an verschiedenen Stellen des Romans abgehandelt. Die Einflechtung der jeweiligen Debatten in die Handlung ist kennzeichnend sowohl für das artistische Geschick Barclays als auch für seine politischen Intentionen. Im Endstadium des Bürgerkriegs unterhalten sich der König und sein Berater Cleobulus allgemein über Empörungen. Der Aufrührer Lycogenes ist schon gefallen, aber noch hängen viele Städte seiner Partei an. Die Diskussion hat also einen aktuellen Stellenwert. Dieser jedoch wird auch politisch begründet. Hätte ihm Cleobulus mitten im Kriege seine Fehler vorgeworfen, meint der König, so wäre ihm dies weniger als treue Mahnung denn als gehässiger Tadel erschienen. Die politische Rücksicht, die in toto die Technik des Schlüsselromans erzeugt, bedingt auch die Gruppierung der einzelnen theoretischen Erörterungen. Indem die Kritik zugleich die Souveränität des Königs nicht in Frage stellen darf, muß sie den Indifferenzpunkt zwischen noch bestehender und überwundener Gefahr finden,

[42] Barclay: Argenis, S. XI. – Vgl. auch das Gedicht des Nicopompus gegen den Rebellenführer Lycogenes, in dem „Recht", „Gesetz" und Götterverehrung parallelisiert und die Götter daher zum Beistand gegen den Unruhestifter aufgerufen werden (ebd., S. 20).

[43] Ebd., S. XII

und dies ist in diesem Fall der Zeitpunkt, an dem der Bürgerkrieg zwar noch nicht beendet ist, zugleich jedoch durch den Tod des Rebellenführers seine unmittelbare Bedrohlichkeit verloren hat. Dieses Argumentationsmuster, das die Plazierung des Gesprächs bedingt, kehrt auch in den einleitenden Bemerkungen des Cleobulus wieder:

> So lang man die Milde zu den Tugenden rechnet, wird man Dir nie vorwerfen können, durch irgendeinen *Fehler* das Unglück Siziliens herbeigeführt zu haben. Vielmehr behaupte ich, Deine Gelindigkeit sei durch die Tücke des Schicksals zu Deinem und des Vaterlandes Verderben mißbraucht worden. Jenes Gewährenlassen, jene Nachsicht gegen die Großen, jene Freigebigkeit von Dir und Deinen Vorfahren hat die besten Kräfte des Reichs vergeudet, die Hoheit der königlichen Würde verächtlich gemacht und sie dem Unrecht überliefert.[44]

Im lateinischen Original lautet der erste Satz des Zitats:

> Quamdiu ... lenitas in virtutibus erit, non diceris ullo vitio impulisse labentem in clades Siciliam.

Ob die Milde, jedenfalls die des Herrschers, überhaupt zu den Tugenden zählt, ist so ausgemacht nicht. Daher der bedingende Temporalsatz. Zudem oszilliert das lateinische „vitium" zwischen intellektueller und moralischer Disqualifikation. Insofern ist die Waltzsche Übersetzung einseitig. Der Gegensatz zu „virtus", deren Begriff zwar auch körperliche, geistige und moralische Vorzüge vereint, hier jedoch als Oberbegriff von Milde im letzteren Sinne zu verstehen sein dürfte, legt es sogar nahe, „vitium" eher im moralischen Sinn als in dem des politischen Kalküls zu verstehen. Der König wird zunächst moralisch exkulpiert. Daß er dann durch den Doppelsinn von „vitium" auch politisch entlastet wird, ist aus dem Kontext als Manöver des Cleobulus erklärbar, der auch den politischen Fähigkeiten des Königs nicht zu nahe treten will. Vorgängig jedoch ist die sich hier dokumentierende Trennung von Politik und Moral. Später heißt es in bezug auf die Behandlung der einzelnen besiegten Aufrührer:

> Nur dann erlangt er Deine Gnade, wenn er Abbitte thut, seinen Hochmut aufgibt, sich und seine Partei verurteilt.[45]

Milde ist nur nach der totalen Unterwerfung der Gegner möglich. Nur dann kann sich der Herrscher „Herzensgüte", „lenitas" leisten.[46] „‚Ich würde ihn noch menschenfreundlicher (humaniorem) nennen, Kamerad, wenn seine Menschenfreundlichkeit nicht ihm selbst zum grausamsten Verderben gereichte'", sagt ein greiser Getreuer, als der König mit Lycogenes notgedrungen einen Vertrag schließen will, und bringt die Problematik damit, durch die Reduktion des moralischen auf das politisch zweckmäßige Verhalten, auf die zugespitzteste Formel.[47]

Die Priorität der Klugheit läßt Cleobulus denn auch das „Schicksal", dem er im

[44] Barclay: Argenis, S. 280
[45] Ebd., S. 288
[46] Ebd.
[47] Ebd., S. 116

nächsten Satz die Schuld gibt und dessen Einführung ohnehin nur gesprächstaktisch, „politisch“ zu verstehen ist, sehr rasch vergessen. Mit rhetorischem Nachdruck, der das inhaltliche Übergewicht unterstreicht (Anapher „illa ..., illa ..., illa ...“), wird schließlich die allzu große Nachgiebigkeit für die Genese einer Bürgerkriegssituation als unmittelbare Ursache verantwortlich gemacht. So mahnt auch gegen Schluß der Unterredung Cleobulus den König, ja nicht den Anschein zu erwecken, als habe er die Zeit des Bürgerkriegs vergessen:

> Consentias cum impetu isto, ut tuus esse potius videatur quam fortunae.

Der König soll sich mit der Niederschlagung des Bürgerkriegs und den dafür notwendigen Maßnahmen identifizieren. Die Betonung der absoluten Verantwortlichkeit des Königs schließt jegliche transzendente Instanz zunächst aus. – Auf die weiteren Implikate dieser Entmythologisierung des Schicksals und ihre Problematik komme ich im dritten Abschnitt ausführlich zurück, hier geht es zunächst nur um die Bürgerkriegsthematik. – Wie in der Einordnung der ganzen Unterhaltung so prägt sich also auch in ihrem Anfang, in dessen zwiespältiger Argumentation, die Schwierigkeit des gesamten Romans aus, die Propagierung der absoluten Souveränität zugleich kritisch zu formulieren.

Ausführlich beschreibt Cleobulus sodann, auf welche Weise die Hydra der Empörung erstarkt, wenn der König nicht rechtzeitig eingreift. Zur Abschreckung verweist er auf die Zustände in Merganien, Deutschland. Das Verhängnis des von den Großen angezettelten Bürgerkrieges ist der unermeßliche Schaden, der den Bürgern und Bauern und damit der Substanz des Volkes zugefügt wird. Daß der König die Interessen des Volkes, wie es selbst sie versteht, zu vertreten habe, wird damit keineswegs gesagt, worauf ich unten zurückkomme. Bezeichnenderweise wird das Argument denn auch sofort außenpolitisch gewendet: durch den Bürgerkrieg büßt der Staat die außenpolitische Aktionsbereitschaft ein. Zudem solle sich der König nicht einbilden, daß der Bürgerkrieg als Kriegsschule dienen könne, denn:

> Schlachten sind selten; es gibt keine oder ganz rasch eintretende Gefahren.[48]

Der Bürgerkrieg erzeugt Diskontinuität und ist zugleich seiner eigenen Gestalt nach diskontinuierlich. Um die Verantwortlichkeit des Königs zu unterstreichen, führt Cleobulus eine Art Vertragstheorie ein:

> Um solchen Unruhen zu begegnen, sah sich das Volk dereinst nach der Königsmacht um.[49]

Während des Bürgerkriegs unter Heinrich III. und Heinrich IV. hatte sich in Frankreich die Partei der Legisten, der „Politiker“ gebildet, die den Konfessionskrieg durch die Stärkung der zentralen Königsgewalt zu beenden hoffte. Entsprechend der Interessenlage des dritten Standes, einerseits gegenüber der Willkür der

[48] Barclay: Argenis, S. 284
[49] Ebd., S. 285

Großen die Macht des Königs zu stärken, andrerseits auch den König an das Recht zu binden, entwickelt der bekannteste Theoretiker der politiciens, Jean Bodin, seine Lehre von der Souveränität. Einerseits ist, wie später bei Hobbes, der König dem Gesetz übergeordnet, andrerseits wird auch die königliche maiestas an das göttliche und natürliche Recht gebunden:

> Denn die Familie, einschließlich der patria potestas, ist von Natur, desgleichen das Eigentum, und beide gehen zeitlich und logisch dem Staat voraus.[50]

Vorländer hat auf die spezifisch kapitalistische Komponente dieser Argumentation hingewiesen:

> Die unbeschränkte Verfügungsmacht des Monarchen, die Staatsgewalt überhaupt, macht halt – an den Bestimmungen des *Privat*rechts.[51]

Daher auch Bodins rigoroses Schuldrecht und liberales Steuerrecht.

An derartige legistische Theorien knüpft Barclay an. Er setzt nun allerdings für seinen Vertrag einen staatlichen Zustand, keinen Naturzustand voraus, denn der Anstoß für die Übertragung der Freiheitsrechte (ius) auf den Souverän ist die Parteiung unter den Großen. Damit schafft er sich die Basis, um die Souveränitätslehre der Politiker im Hobbesschen Sinn zu radikalisieren. Bekanntlich hat ja Hobbes später den inneren Zwist zum im fiktiven Naturzustand stattfindenden Kampf aller gegen alle stilisiert, den zu beenden der einzige Anlaß für die Konstituierung des Staates ist. Barclay übersetzt das Hobbessche Modell in die staatliche Sphäre (das ist natürlich nicht historisch, sondern typologisch zu verstehen, denn der Roman Barclays geht der Hobbesschen Theorie ja zeitlich voraus). Das Hobbessche Naturrecht auf Selbsterhaltung wird zum Recht auf Freiheit. Dieser Radikalisierung entspricht es, daß Barclay auch die analogistischen Konstruktionen, die Bodin im Sinne der Renaissancekosmologie vornimmt, anders akzentuiert.

> Analogien zur souveränen Gewalt sind für Bodin: nach unten die Familie mit der patria potestas, das Individuum mit der Herrschaft der Seele über den Leib; nach oben das Sonnensystem und die Herrschaft Gottes über die Welt.[52]

Die Souveränität wird kosmologisch legitimiert und zugleich in einer universellen Harmonie aufgehoben, wodurch die gedankliche Brüchigkeit spekulativ überwölbt und zugleich umwölkt wird. Bei Barclay nun kommt der Vergleich des Königs mit der Sonne zweimal vor, beide Male in genauem Zusammenhang mit der Bürgerkriegsproblematik. In der Unterhaltung mit Cleobulus hat der König Bedenken, angesichts der Verdienste der Großen allzu rigoros gegen diese vorzugehen. Daraufhin macht Cleobulus quasi eine metaphorische Konzession:

> Es ist hart, *solche* Sterne zu verdunkeln! ... Sie mögen leuchten, wenn sie nur eingedenk bleiben, daß sie *Dir*, der Du die Sonne bist, ihr Licht verdanken.[53]

[50] Borkenau: Übergang, S. 117
[51] Karl Vorländer: Von Macchiavelli bis Lenin, Leipzig 1926, S. 43
[52] Borkenau: Übergang, S. 117 f.
[53] Barclay: Argenis, S. 287

Von Sphärenharmonie ist da keine Rede, sondern nur von bedingungsloser Subordination. Nicht umsonst erinnert das „luceant . . ., dum meminerint" an „oderint, dum metuant". Zudem sind „illae stellae" in dem Absatz zuvor scharf kritisiert worden, so daß die Formulierung beinahe einen ironischen Klang erhält, den man Barclay, wie oben schon erwähnt, durchaus zutrauen darf. An der zweiten Stelle wird der König Radirobanes nach der Rückkehr zu seinem Heer mit der Sonne verglichen, ohne die das Verbrechen regiert:

> Kehrst Du zurück nicht, Beschützer der Welt, so hört der Gesetze / Heilige Macht bald auf, denn die Finsternis läßt der Verbrechen / Frevelnde Schar straflos sich ergeh'n.[54]

Wenn Apoll nicht wiederkehrt, tritt nicht nur Erstarrung ein, die auch erwähnt wird, sondern das Chaos. Die Analogie zum Bürgerkrieg ist deutlich. Dabei spielt es keine Rolle, daß der König, auf den das Gedicht gemünzt ist, in diesem Fall der Gegenspieler Radirobanes ist. Das monarchische Prinzip überwindet auch die ethischen und nationalen Schranken. Barclay holt solcherart die kosmologische Harmonie sozusagen auf den Boden der Tatsachen zurück. Historisch erfüllt hat dieses Programm dann der Sonnenkönig Ludwig XIV., der nach dem Scheitern des Adelsaufstandes der Fronde den Adel zugleich politisch entmachtet und mit Hoffunktionen entschädigt hat.

Ähnlich lehrhafte Funktion haben im übrigen auch die wiederholt, meist in Gedichtform, eingestreuten mythologischen Parallelen. Der illustrative Charakter der antiken Mythologie dokumentiert, daß die Überhöhung quasi von unten her, „politisch", vorgenommen wird. Es ist keine irgendwie geartete kosmologische Verankerung vorgegeben, diese wird vielmehr von Fall zu Fall aus bestimmten politischen Motiven und lediglich ästhetisch verbindlich hergestellt. Daher auch die Variabilität der mythologischen Parallelen. So wird das richtige Verhalten eines Herrschers nicht nur durch den traditionellen Gigantenmythos, sondern auch durch den (gänzlich entlegenen) Kampf zwischen Jupiter und Pluto sowie den Perseusmythos illustriert.[55] Unmittelbar nach der Entscheidungsschlacht mit Lycogenes dichtet Nicopompus ein Siegeslied, in dem er, die aus Catulls 64. Gedicht bekannte alexandrinische Schachteltechnik anwendend, die Schlacht sich in den Worten des zuschauenden Mars spiegeln und diesen den Vergleich mit dem Kampf zwischen Jupiter und Pluto ziehen läßt. Mars braucht nicht einzugreifen, denn „virtus haec fata

[54] Barclay: Argenis, S. 537

[55] Ausgeführt wird ersterer allerdings nur in ganz anderem Zusammenhang. Nicopompus parallelisiert in einem virtuosen Gedicht die Flucht des Poliarch mit der Flucht der olympischen Götter nach Ägypten, wobei das tertium comparationis zudem die Flucht ist, nicht die Parteien. Denn Poliarch wird ja unmittelbar vom König verfolgt (vgl. Barclay: Argenis, S. 60 ff.). Möglicherweise erschien der Gigantenmythos Barclay denn doch zu vulgär und lediglich der Erwähnung, nicht aber der Ausgestaltung wert. Die Vorliebe für das Entlegene verbindet sich mit der oft konstatierten Affinität des Stils zur silbernen Latinität, wie auch bestimmte inhaltliche Parallelen zur Taciteischen Geschichtsschreibung bestehen. (So bestreitet etwa auch Justus Lipsius in seiner „Politik" die Hälfte seiner Zitate mit Tacitus). Auf diesen ganzen Komplex komme ich noch zurück.

peregit": mythologische Entmythologisierung. Die virtus der Guten bezwingt das Schicksal und bedarf nicht des göttlichen Beistands. Das mythologische Gedicht wird zur politischen Lehre. Der Kampf zwischen König und Rebell wird stilisiert zum Kampf zwischen Olymp und Unterwelt. Barclay nutzt die Praxis der Epik und Dramatik der römischen Kaiserzeit, die die Götter zur bloßen Inkarnation von guten oder verderblichen Kräften macht, um die Situation antithetisch zuzuspitzen. So gehören denn auch, wie in Statius' „Thebais", zu der Barclay einen Kommentar verfaßt hat, die Erinnyen zur Partei des Bürgerkriegs, nur daß es im kaiserzeitlichen Pessimismus kein Recht und Unrecht mehr gibt bzw. das Recht von vornherein unterlegen ist (vgl. etwa Lucans „Pharsalia"). Deutlicher noch ist die Technik, durch die Konstituierung eines ästhetischen Freiraums mythologischer Unverbindlichkeit Platz für die politische Lehre zu schaffen, in der Parallelisierung des Astioristes/Poliarchus mit Perseus. Zwar helfen in dem Lied, das nach der Niederwerfung des Usurpators Commindorix, den Astioristes/Poliarchus im Zweikampf getötet hat, ein Druide auf den Sieger singt, die Götter dem Helden. Jedoch dient das lediglich der Steigerung der Entscheidungssituation. Für die Gallier ist Astioristes/Poliarchus selbst ein Heros:

> Perseus nennt Dich's (d. h. das gallische Land), gibt die gerühmte Freiheit / Gern Dir zu eigen.[56]

Im mythologischen Beispiel wird der von Cleobulus entwickelte Gedanke aufs kürzeste umrissen. Demjenigen, der den Bürgerkrieg zu beendigen versteht, opfert das Volk seine Freiheit gern auf.

Um nach diesem durch die analogistischen Konstruktionen Bodins veranlaßten Exkurs auf das Gespräch zwischen Meleander und Cleobulus zurückzukommen, so scheint die Skizzierung der Vertragstheorie zunächst um so erstaunlicher, als Barclay an anderer Stelle den Vertrag des Herrschers mit irgendeinem seiner Untertanen dezidiert ablehnt. Dieser kann stets nur Quelle neuer Querelen sein. Jedoch knüpft diese Überlegung an den erzwungenen Vertrag mit dem Rebellen Lycogenes an, der diesen eben dadurch gleichberechtigt werden läßt, und ist insofern etwas ganz anderes als der Unterwerfungsvertrag des Volkes gegenüber dem Fürsten, der die Souveränität nicht in Frage stellt, sondern allererst konstituiert. Allerdings: wenn der König den Frieden nicht zu sichern vermag, so soll er dem Volk seine Freiheit zurückgeben:

> Aut illos in libertatem restitue, aut domesticam praesta quietem, propter quam libertatem reliquerunt.

Des weiteren erörtert dann Cleobulus die Behandlung der besiegten Aufrührer und rät dem König, nur da Milde walten zu lassen, wo er es politisch verantworten könne. Darauf wurde oben schon eingegangen. Die nochmalige Kennzeichnung des Gesprächs als Geheimaudienz (arcanorum sermones) beschließt seinen ersten Teil und lenkt zu seinem Anfang zurück. Zur Abgeschlossenheit des politischen Raums

[56] Barclay: Argenis, S. 490

gehört es auch, daß derartige Gespräche nicht öffentlich geführt werden, sondern nur geheim. Die politisch relevanten Probleme dürfen nur im innersten Kreis der Macht diskutiert werden, dem sich der Außenstehende nur in der Form der Verschlüsselung nähern darf.

In der Fortsetzung der Unterredung zwischen Meleander und Cleobulus wird das im ersten Teil der Diskussion nur allgemein behandelte Problem auf die besonderen Verhältnisse des Landes hin spezifiziert. Insbesondere wird die bürgerliche Komponente des Absolutismus betont. Cleobulus ruft zur Schleifung der festen Plätze auf, die die Städte bedrohen und ein steter Quell der Unsicherheit sind. Zum Schutz gegen den äußeren Feind reichen die Städte aus. Allgemein wird gegen übertriebenen Traditionalismus polemisiert. Die Vorfahren sind bei der Errichtung der Burgen dem damaligen Zeitgeist gefolgt, heute hat man sich nach den veränderten Umständen, d. h. der erfolgten Zentralisierung der Macht, zu richten. So akzentuiert sich das antitraditionalistische, pragmatische, quasi empiristische Moment des Absolutismus, der die Rationalität des Bürgertums, das er schützen soll, auch in seinem eigenen Verfahren ausprägt. Er ist tendenziell egalitär: der König muß „entweder *alle* durch die gleiche Wucht" seiner Majestät niederbeugen oder gewärtigen, „daß *keiner* sich unterwirft."[57] Soweit das Gespräch über den Bürgerkrieg.

Dadurch, daß alle sich unterwerfen, ist allererst Freiheit möglich. In dem am Vorabend des drohenden Bürgerkriegs zwischen Anaximander, Nicopompus, Lycogenes und Dunalbius geführten und so besonders aktuell plazierten Gespräch über die Staatsformen wird gegen Demokratie und Aristokratie geltend gemacht, daß diese eben das Naturrecht auf Freiheit, das Anaximander für sie ins Feld geführt hatte, nicht garantieren könnten. In einer Volks- oder Adelsherrschaft sei weniger Freiheit vorhanden als in einer Monarchie, die sie sich durch die Ausgrenzung der Machtsphäre gewissermaßen leisten kann – wenn man an die immanenten Konsequenzen von Rousseaus volonté générale denkt, eine nicht einmal so unbegründete Feststellung. Zudem: gehorchen muß man in jedem Staat, und ob man dem Gesetz gehorcht oder dem König, bleibt sich gleich. So ist der Mensch in jedem Fall unfrei. Das Freiheitsargument kann daher nicht überzeugen. Schließlich: wenn alle Menschen freiwillig dem Gesetz gehorchten, wäre der Staat überflüssig. Dies ist aber wegen der Lasterhaftigkeit der Menschen nicht möglich. Der anthropologische Pessimismus schließt die geschichtsphilosophische Utopie, wie sie später Lessing und Kant konzipieren werden, aus. Der permanent drohende Umschlag in die Anarchie der Interessen macht den starken Staat notwendig. Und dieser ist am besten in der erblichen Monarchie gesichert. Zur Wahl steht absolute Herrschaft oder Bürgerkrieg.[58]

[57] Barclay: Argenis, S. 305 f.

[58] Prinzipiell jedoch ist diese Lehre von der Staatsraison nicht an den monarchischen Absolutismus gebunden. Ein Beispiel dafür ist etwa Spinoza. Für die alleinige Geltung des positiven Rechts gegenüber der generellen Rechtlosigkeit des Naturzustandes ist es gleichgültig,

Der organische Staatskörper mit abgestuften Rechten und Verantwortungen wird im Bürgerkrieg ad absurdum geführt. Daher auch der Internationalismus des Absolutismus, der sich in Theorie und Praxis des Romans zeigt. – Auf das Leben der Barclays, das diesen ebenfalls dokumentiert, wurde oben schon hingewiesen. – Der König relativiert im Gespräch mit dem afrikanisch gekleideten Archombrotus die nationalen Vorurteile gegenüber fremdartiger Kleidung als bloße Sache der Gewöhnung bzw. Nichtgewöhnung. Die Völker kann man nur nach Tugend und Laster vergleichen, sonst gar nicht. Daß sie sich darin dann auch tatsächlich unterscheiden, wird nicht gesagt. So rettet denn auch der Ausländer Archombrotus dem König das Leben, als die Pferde von dessen Kutsche scheuen, während die Untertanen zaudern, und dieser Sachverhalt wird ausdrücklich betont. Derselbe Archombrotus läßt im Auftrage des Königs die Aufrührer Oloodemus und Eristhenes durch spanische Soldaten verhaften, sozusagen eine Verdoppelung der Ausländerei. Auch Poliarchus ist ja eigentlich gallischer König. Die Durchbrechung der nationalen Schranken ist ein Reflex des permanenten Bürgerkrieges.

Daher läßt sich auch die Außenpolitik nur vor diesem Hintergrund verstehen. Bereits in der Art der Darstellung werden die äußeren Kriege den inneren scharf kontrastiert. Das wird deutlich, wenn man die Entscheidungsschlacht des Bürgerkriegs mit der zwischen den Heeren des Poliarchus und des Radirobanes vergleicht. Die erstere findet in der Nacht statt, die, wie wiederholt betont wird, den Schrecken verdoppelt. Darüber hinaus liegt es im Plan des Rebellenführers Lycogenes, das „wirre Durcheinander" der Nacht für seine Pläne auszunutzen. Die Nacht ist Symbol für den Bürgerkrieg überhaupt und wird zudem der verantwortlichen Partei zugeordnet. Nacht und Betrug rücken unmittelbar nebeneinander:

> Die Finsternis und die Lust am Trug steigerten die Kampfgier der Soldaten.[59]

Nämlich des Lycogenes. Insofern wird auch ihre Tapferkeit problematisch: durch die Not werden sie zur „wildesten Tapferkeit" gezwungen.[60] Sie müssen sich durch Pauken, Trompeten und unbändiges Geschrei selbst zum Kampf fortreißen. Die Verwirrung des nächtlichen Kampfes setzt sich in die Beteiligten hinein fort. Sie fällen nicht auf Grund rationaler Erwägungen klare Entscheidungen, wollen dies auch gar nicht, legen es vielmehr darauf an, durch Herbeiführung eines allgemei-

ob der Einzelne sein Recht auf Alle, Wenige oder Einen überträgt. Auch bei Hobbes geht aus der Konstituierung der absoluten Souveränität deren Gestalt keineswegs zwingend hervor. Sowohl im „Leviathan" als auch in „De cive" ist stets von der Übertragung der Gewalt auf einen Einzelnen *oder* eine Versammlung die Rede. Hobbes' Votum für die absolute Monarchie, in seinem Leben ohnehin nicht durchgängig praktiziert, ist seinem systematischen Ansatz äußerlich. Die Staatsraison ist unabhängig von der Staatsform. Insofern drückt sich die kapitalistische Funktion des monarchischen Absolutismus auch in der weiteren staatsrechtlichen Entwicklung der ihn tragenden Souveränitätslehre, d. h. ihrer Ablösung von der Staatsform je nach regionalen Bedingungen und Erfordernissen, aus.

59 Barclay: Argenis, S. 258

60 Ebd.

nen Chaos dessen überhoben zu sein. So bleibt auch der Partei des Königs nichts anderes übrig, als sich entsprechend einzurichten. Archombrotus fordert Meleander auf, sich nicht der Finsternis anzuvertrauen, sondern ihm seine Waffen zu übergeben. Als er schließlich Lycogenes tötet, tut er dies gewissermaßen in Stellvertretung, womit die durch das Zaudern des Meleander entstandene Fatalität der Situation unterstrichen wird. Der Bürgerkrieg kann nicht mehr vom verantwortlichen Herrscher, dessen Pflicht dies eigentlich gewesen wäre, sondern nur noch von einem Ausländer beendet werden, der zudem seine eigenen Interessen verfolgt und weitere Verstrickungen herbeiführt. So wird kunstvoll und zugleich politisch bedeutsam die Kausalkette von der unangebrachten Milde des Königs gegenüber den Großen über den Bürgerkrieg bis zu den Verwicklungen des weiteren Geschehens geführt.

Bezeichnend auch das Ende des Zweikampfs zwischen Archombrotus und Lycogenes. Beide wälzen sich, ineinander verkrallt, am Boden, Soldaten beider Seiten stürzen sich auf sie, schließlich stößt Archombrotus dem Lycogenes „einen kurzen Dolch wieder und wieder in die Weichen.“[61] Auch noch der Zweikampf wird im allgemeinen Chaos erstickt und kann nur noch unstandesgemäß beendet werden. Die Unterscheidung zwischen Heer und Protagonisten verwischt sich, wie schon vorher die Unterscheidung zwischen Herrscher und ausländischem Helfer. Die Verantwortlichkeiten verschwimmen. „Verschlungen“ ist die beherrschende Metapher der Schlachtschilderung:

> Mächtig hielten sie (d. h. die Heere) sich umschlungen, und es schien kein Kampf zweier Feindesheere, nein! der einzelne schien am einzelnen die Grausamkeit seines Hasses auszulassen.[62]

Das Verhältnis von Anführer und Heer kehrt sich in der allgemeinen Raserei um. Der Verantwortung des Feldherrn sollte eigentlich die Disziplin der Soldaten entsprechen, wie auf politischem Gebiet der Verantwortung des Herrschers der Gehorsam der Untertanen. Hier jedoch vermag sich, wie beschrieben, der Zweikampf der Anführer gegen das allgemeine Andringen kaum zu behaupten, und umgekehrt lösen sich die geschlossenen Formationen des Heeres in verbissene Einzelkämpfe auf. Die Soldaten usurpieren die Funktion ihrer Anführer.[63]

Wie dagegen ein richtiger Krieg auszusehen hat, beschreibt Cleobulus in dem untersuchten Gespräch mit dem König. Vor allem ist er „wahr“ und „nüchtern“.[64] Das entspricht der absolutistischen Konzeption des äußeren Krieges, der vor allem

[61] Barclay: Argenis, S. 264
[62] Ebd., S. 261
[63] Chaotik und Personalisierung, wie sie sich hier finden, haben auffallende Parallelen in den Schlachtbeschreibungen des Tacitus, besonders denen der Historien, die ja auch Bürgerkriege schildern. Nur gibt es bei Tacitus zwischen Tyrannei und Bürgerkrieg kein drittes. Dagegen entwirft Barclay in der richtig verstandenen absoluten Monarchie und dem ihr entsprechenden äußeren Krieg ein Gegenbild.
[64] Barclay: Argenis, S. 285

die Funktion hat, innere Konflikte zu neutralisieren.[65] So fängt etwa Radirobanes mit Mauretanien Krieg an, um nach seiner Abweisung am sizilischen Hof möglicherweise drohende innere Unruhen abzufangen. Nun bedarf der äußere Krieg natürlich nicht der ausdrücklichen Rechtfertigung. Mit der Souveränität des Staates ist er a priori gegeben. Daher wird auch in dem Gedicht, das Nicopompus auf den genesenen Poliarchus dichtet, dessen Geschlecht eine stetige Vergrößerung des Reiches gewünscht.

Unter einem etwas anderen Aspekt wird dieses Problem in der Diskussion behandelt, die Eurymedes und Dunalbius über die Notwendigkeit oder Nichtnotwendigkeit eines stehenden Heeres führen. Zwar ist der Anlaß des Gesprächs außenpolitisch, die Gefährdung Siziliens durch Radirobanes. Doch lenkt es sogleich auf die innenpolitische Funktion des stehenden Heeres über, nämlich die Verhinderung sowohl von Adels- als auch von Volksunruhen. Das Heer wird mit dem Blitz verglichen, der die Quellen des vom Adel angefachten Bürgerkriegs in einem Augenblick austrockne, während sie sonst die Ufer überschwemmen würden, ermöglicht also gerade dasjenige schnelle Handeln, das Meleander in der Auseinandersetzung mit Lycogenes versäumt hat. Zugleich ist ein gut ausgebildetes und diszipliniertes Heer auch in der Lage, den „zahllosen Haufen" eines aufrührerischen Volks standzuhalten.[66] Diese Notwendigkeit, auch gegen ein ganzes Volk die Macht zu behaupten, widerspricht der oben festgestellten egalitären Tendenz des im Roman programmierten Absolutismus keineswegs. Von vornherein ist das Volk nicht Subjekt der Politik, sondern ihr Objekt. Nur als das letztere ist es gleich. Gleichheit ist nur möglich, sofern sich das Volk dem Willen des Souveräns unterwirft.

So wird, wie oben gezeigt, die Notwendigkeit, den Adel in Schranken zu halten, mit dem Wohl von Bürgern und Bauern begründet, das Volk aber gleichzeitig an den Stellen, an denen es im Roman auftaucht, in taciteischer Manier ironisch oder abschätzig behandelt. Der hauptsächliche Charakterzug des Volkes ist Wankelmütigkeit. Dafür nur ein Beispiel unter vielen. Poliarchus hat den der Königin Hyanisbe geraubten Schatz wiedergewonnen. Daraufhin eilt die Königin, ohne sich umzuziehen, zum Schiff, auf dem sich der Schatz befindet. Auf diesen erstaunlichen Vorfall hin durchschwirren die verschiedensten Gerüchte die Stadt, wie überhaupt das Gerücht eine zentrale Rolle im Roman spielt. Die allgemeine Unsicherheit potenziert sich. Die Hofleute „stupebant" und werden wiederum für andere zum Anlaß „stuporis". Schließlich:

> Ergo omnes ad amnem properabant, parata seu plaudendum seu aggemendum turba.

[65] Vgl. Koselleck: Kritik und Krise, S. 34. – Friedrich Meinecke führt als Theoretiker, die dem auswärtigen Krieg diese Rolle zuschreiben, Macchiavelli, Bodin, Botero, Campanella und andere an (Friedrich Meinecke: Die Idee der Staatsraison, München und Berlin 1924, S. 241 ff.).

[66] Barclay: Argenis, S. 427

In der syntaktisch nicht erforderlichen Verselbständigung der Partizipialkonstruktion im absoluten Ablativ, der es ermöglicht, durch das betonte „turba" den Charakter der Menge nochmals zu unterstreichen, eine typisch taciteische Formulierung, wie sich ja bei Tacitus auch inhaltlich die allgemeine Unsicherheit in permanenten Gerüchten ausdrückt. Die Gefühle der Menge sind quasi aposteriorisch. Von Hoffnung oder Angst, die eine apriorische emotionale Bereitschaft ausdrücken würden, wird nichts gesagt. Die Menge ist Publikum, das das jeweils gebotene Schauspiel abwartet und erst im nachhinein reagiert.[67] Wenn sie einmal aktiv wird, muß sie daher, angesichts dieser Diffusität, von oben manipuliert werden. Der Bauernhaufen, der den Poliarch festnehmen will, wird von Arsidas souverän im Zaum gehalten.

Auf der anderen Seite lockert sich der Hof auf. Zwar entstammen die hauptsächlichen Berater des Königs dem Adel, vertreten jedoch nicht dessen Interessen, sondern sind auf ihre Verwaltungsfunktion reduziert. Zudem wird das Personal des Hofes ständig von unten her ergänzt, durch verdiente Soldaten, hervorragende Künstler und Gelehrte. Die ständischen Schranken werden durchbrochen wie die nationalen. Neben Poliarchus und Archombrotus gehören auch die ausländischen Priester Ibburanes und Dunalbius zu den Beratern des Königs. In dem bereits angezogenen Gespräch über die Staatsformen wird ausdrücklich betont, daß dem Tüchtigen in der Monarchie weit größere Möglichkeiten offen stünden als etwa in der Adelsherrschaft.

Auch das stehende Heer ist, um zum Ausgangspunkt zurückzukommen, Ausdruck dieses Funktionalismus. Zwar bringt Dunalbius gegen die Propagierung des stehenden Heeres seitens des Eurymedes Gegenargumente vor, aber diese sind selbst wiederum politisch motiviert und betonen die Gefahr, daß das stehende Heer sich zum „Staat im Staate" auswachsen und die Souveränität des Königs dadurch gefährden könnte.[68] Im Prinzip jedoch besteht durchaus Einigkeit, und so kann Meleander den Streit schlichten, indem er eine Reihe technischer Regelungen aufzählt, die die von Dunalbius beschworene Gefahr vermeiden helfen sollen. Diesem Aspekt der politischen Zweckmäßigkeit sind alle anderen untergeordnet. Wenn Dunalbius die Bedrückung der Bürger durch in die Städte einquartiertes Militär für problematisch hält, so nicht aus Vorliebe für die Bürger, sondern weil derartige Mißhelligkeiten zu Aufruhr und Empörung führen können. Die absolute Monarchie dient dem Wohl aller Bürger auf Kosten des Wohles der einzelnen. Das ist nicht zu verwechseln mit der Maxime Friedrichs des Großen „Alles für das Volk,

[67] Die Ansicht von Otto Woodtli, daß in der „Argenis" die Masse Züge einer sich selbst regierenden Individualität annehmen könne, im Gegensatz etwa zu Anton Ulrich, Lohenstein oder Zigler, ist, wie auch das Folgende zeigt, zu modifizieren. Die selbständige Ausgestaltung der Impulse des Volkes begründet lediglich die Notwendigkeit ihrer um so strikteren Regulierung. Ein Indiz mehr für die Dominanz der Bürgerkriegsproblematik (vgl. Otto Woodtli: Die Staatsraison im Roman des deutschen Barock, Frauenfeld/Leipzig 1943, S. 78 f.).

[68] Barclay: Argenis, S. 430

nichts durch das Volk", in der sich der wohlfahrtsstaatliche aufgeklärte Absolutismus ausdrückt. Vielmehr bewirkt der vorwiegend negative Aspekt der Verhinderung von Anarchie, daß nicht nur politische, sondern auch eudämonistische Ansprüche des Volks abgelehnt werden – mit Ausnahme solcher, die die Prämisse der Unterwerfung selbst tangieren.

Daher ist Poliarchus bestürzt, als er erfährt, daß die Königin Hyanisbe zur Erhebung von Steuern der Zustimmung von Abgeordneten des Volkes bedarf. Dieser Tatbestand erscheint ihm so absurd, daß er gegenüber den Begründungen der Hyanisbe von vornherein Ideologieverdacht hegt. Er vermutet nämlich, daß diese nur „die Scham über ihre (der Hyanisbe) Machteinbuße mit dem Mantel der Billigkeit bedecken" sollen.[69] Der Vertreter der Staatsraison kann jegliche Berufung auf die Befehle der Natur und der Vernunft, die von der Aufgabe des Fürsten, das Eigentum der Untertanen zu sichern, her deren Budgetrecht folgern, nur als Rationalisierung politischer Schwäche verstehen. Da das Volk a priori zügellos ist, erscheint auch seine Berufung auf das Naturrecht des Eigentums als bloße Verschleierung der Besitzgier. Bürgerliche Ideologie wird, bevor sie sich überhaupt entschieden ausgebildet hat, vorweg entlarvt. Die Abspaltung der Politik vom bürgerlichen Leben, die Herausbildung eines Raumes zweckrationaler politischer Entscheidungen eskamotiert sowohl Utopie als auch Ideologie – ein quasi negatives Indiz für deren Verklammerung. Freilich bleibt der sich hier ankündigende Ideologiebegriff noch im Bereich der Subjektivität, und so kann auf die Ideologie von unten die Manipulation von oben antworten. Gar institutionelle Folgerungen aus dem Naturrecht auf Eigentum, wie sie Locke später vom Standpunkt eines bereits emanzipierten Besitzbürgertums ziehen wird, die Verwischung der Differenz zwischen souveränem Herrscher und Volk lehnt Poliarchus rundweg ab. Es ist nicht die Aufgabe des Herrschers, die „Geschäfte" des Volks zu führen.[70] Zwar soll der Fürst wie das Leben so auch die Habe der Untertanen schützen, aber dies kann er nur durch das Festhalten an seiner souveränen Entscheidungskompetenz auch in Steuerangelegenheiten. Wenn das Volk in diesem Punkt Mitwirkung an der Regierung verlangt, wird es durch einen „Schein der Freiheit" getäuscht, und wenn ihm diese versagt wird, geschieht dies „zum großen Vorteil des Volkes selbst".[71] Letztendlich wird es durch den Abgabenzwang auch zu fleißigerer Arbeit und zur Vermehrung des Eigentums angetrieben. Und selbst wenn die Fürsten die erhobenen Steuern an Vornehme verschenken, so geben diese das Geld doch wieder aus und befördern so seine Zirkulation – eine spezifisch kapitalistische Begründung. Die Hauptgründe aber für das Recht des Herrschers, ohne Befragung des Volkes Steuern zu erheben, liegen in den Forderungen der Staatsraison: Schnelligkeit und Geheimhaltung der Entscheidungen. Beides wäre bei einer Mitwirkung von Volksvertretern nicht gesichert. – Wie sich diese Postulierung einer machttechnischen

[69] Barclay: Argenis, S. 515
[70] Ebd., S. 520
[71] Ebd., S. 514

Sondersphäre, aus deren Notwendigkeiten alles weitere abgeleitet wird, im Verhalten der Romanfiguren niederschlägt, wird unten zu zeigen sein.

Der Absolutismus ist zugeschnitten auf den Ausnahmezustand, die permanente Gefährdung der staatlichen Ordnung durch die Anarchie. Das führt zu paradoxen Konsequenzen. Die ständige Bereitschaft des stehenden Heeres ist ein „Krieg im Frieden".[72] Nur indem der Ausnahmezustand institutionalisiert wird, ist es möglich, den Bürgerkrieg zu verhindern. Der Kampf des Menschen mit der See, der im Roman des öfteren geschildert wird, gewinnt in diesem Zusammenhang symbolische Qualität. Dafür nur ein Beispiel. Das Schiff des Poliarchus, mit dem er nach Gallien fahren will, scheitert. Ebenso zersplittert der Kahn, in den er sich mit Gelanorus und zwei Matrosen gerettet hat, an verborgenen Felsen, so daß alle vier auf einer Untiefe mitten im Meer stehen – eine durch ihre Exzentrik bereits auf symbolische Bedeutung hinweisende Situation. Bezeichnend nun die unterschiedliche Reaktion der Personen. Poliarch will sich in sein Schwert stürzen, Gelanorus lieber in die See, die Matrosen jedoch wollen den „Willen der Natur und des Glücks" (naturae fortunaeve imperium) abwarten, allerdings nicht „im Glauben an Rettung, sondern aus Furcht vor dem Tode."[73] Die Abstufung der Verantwortlichkeit wird quasi negativ illustriert. Die Motive der Matrosen werden von vornherein desavouiert; daß sie recht behalten, indem sich nämlich ein Piratenschiff nähert und die Schiffbrüchigen aufnimmt, spielt überhaupt keine Rolle. (Daß Natur und Glück hier zwanglos nebeneinander rangieren, zeigt an, daß der Begriff der Natur noch keineswegs normative Geltung beansprucht, wie dann später in der Aufklärung, sondern im Gegenteil die generelle Unsicherheit des (zukünftigen) Geschehens ausdrückt.) Maßgebend für die Beurteilung des Verhaltens ist die eigenverantwortliche Tat, in diesem Fall die aktive Todesbereitschaft. Diese, die Entscheidung an sich, wird verabsolutiert. Dem Willen des Poliarchus und des Gelanorus, die Entscheidung selbst zu fällen, kontrastiert das Verhalten der Matrosen, die sie dem Schicksal überlassen wollen. Der Antagonismus von – hier rein negativer – individueller Verantwortlichkeit und laissez faire, der oben im politischen Bereich festgestellt wurde, prägt auch diese Szene. Poliarch und Gelanorus wollen sich dem Schicksal entziehen, indem sie es selbst vollziehen. Dabei wird zwischen beiden noch einmal differenziert. Der Herrscher will sich durch das Symbol seiner Herrschaft, das Schwert, töten, damit noch einmal seine Autonomie betonend. Dagegen akzeptiert der Diener wenigstens in der Art des beabsichtigten Selbstmords die gegebene Situation. Dieser Abstufung der Autonomie entspricht der unterschiedliche Grad der Schnelligkeit des Todes, eine negative Spiegelung ihrer Wichtigkeit im Bereich politischer Entscheidungen.[74]

[72] Barclay: Argenis, S. 428

[73] Ebd., S. 168

[74] Norbert Miller hat den barocken Romananfang als Bewegungsanfang gekennzeichnet. Der Leser wird „in eine schon währende Bewegung ohne entscheidenderes Gewicht hineinversetzt ... Die zufällige Bewegung, mit der das Geschehen auf der Bühne einsetzt, wird

Deren letzte Aufgipfelung ist der Zweikampf. Der individuelle Zweikampf der Herrscher akzentuiert sowohl ihre Verantwortlichkeit als auch den Dezisionismus der zugrunde liegenden staatstheoretischen Konzeption. Zwischen Heer und Anführer wird scharf unterschieden. Im den außenpolitischen Konflikt beendenden Zweikampf der beiden Könige Poliarchus und Radirobanes muß sich Poliarch sowohl gegen den Aberglauben der Hyanisbe durchsetzen, wodurch er sich von seinem Feind unterscheidet (darauf komme ich noch zurück), als auch, ebenso wie Radirobanes, gegen sein Heer, um seine Verantwortung im Zweikampf ausüben zu können. Mehrere Male versuchen Soldaten und Unterführer, die Kämpfenden mit dem Argument zu trennen, daß es unangebracht sei, wenn „so mächtige Fürsten bei ungebrochener Heereskraft zu Grunde gehen sollten."[75] Sie verwechseln Leben und Verantwortung und folgern aus dem höheren Rang des Fürsten dessen höheres Recht zu leben. Dagegen trennen die Fürsten zwischen Leben und Verantwortung und sehen ihren höheren Rang gerade darin, ihr Leben in die Schanze zu schlagen. Der gewollte und forcierte Zweikampf der außenpolitischen Protagonisten Poliarchus und Radirobanes steht dem quasi verschobenen zwischen Archombrotus und Lycogenes gegenüber. Dieser wird nur vom ersteren, der eigentlich gar nicht zuständig ist, und zudem aus zweideutigen Motiven gewollt, Lycogenes reagiert nur. Analog verlaufen die beiden Zweikämpfe. Der Zweikampf zwischen Archombrotus und Lycogenes hat kaum begonnen, da stürzen beide auch schon ineinandergekrallt von den Pferden. Dagegen entwickelt sich der zwischen Poliarchus und Radirobanes in genauen Abstufungen. Die wechselseitige Scheltrede steht am

einer allgemeineren Bewegung kontrastiert, die aus einer metaphorischen Umsetzung der Tages-, der Jahres-, der historischen Zeit abgeleitet ist" (Norbert Miller: Der empfindsame Erzähler, München 1968, S. 82). Dieses Schema nun erscheint bei Barclay in bezeichnender Modifikation. Im Gegensatz zu Lohenstein und späteren Staatsromanen wird der historische Rahmen nur unbestimmt angegeben: „Noch war Rom nicht das Staunen der Welt, noch der Ozean nicht ein Sklave der Tiber, da . . ." (Barclay: Argenis, S. 3). So wird nicht das „Walten einer ewigen Ordnung über den wechselnden Geschicken der Fortuna" (Miller: Erzähler, S. 82) dargestellt, sondern durch die Ansiedlung der Romanhandlung in einer unhistorischen zeitlichen Ferne deren Modellcharakter betont. Im Gegensatz zur Unbestimmtheit der Zeit steht die Heftigkeit der anfänglichen Bewegungsumschwünge, zu der sich der gemäßigte Bewegungsanfang der sonstigen Romane steigert. Archombrotus landet, nur von einigen Knechten begleitet, in Sizilien, legt sich noch am Ufer zum Schlafen nieder, wird jedoch, kaum eingeschlafen, durch die herbeistürzende Timoclea aufgeschreckt, die für den überfallenen Poliarchus um Hilfe bittet, er kommt jedoch zu spät, da Poliarchus die vermeintlichen Räuber schon in die Flucht geschlagen hat. So erscheint das hauptsächliche Thema des Romans, der Bürgerkrieg und seine Bekämpfung, in der heftigen Bewegtheit des Anfangs wie in einem Brennpunkt. Denn die Räuber sind Abgesandte des Aufrührers Lycogenes, und Poliarchus vollzieht an ihnen das, was der König längst an ihrem Anstifter und seiner Partei hätte vollziehen sollen. Daher ist er auch nicht, wie später Meleander, auf die Hilfe des Archombrotus angewiesen. Am Anfang des Romans steht eine symbolische Entscheidungssituation, die dessen Modellcharakter präfiguriert. Nicht das Walten der Fortuna wird dargestellt, sondern wie man dessen Herr wird.

[75] Barclay: Argenis, S. 547

Anfang (zwischen Archombrotus und Lycogenes wird gar nicht gesprochen), und insofern drückt bereits die Sprachlichkeit die höhere Artikuliertheit des den äußeren Krieg abschließenden Zweikampfs aus. Darauf folgt der detailliert geschilderte Kampf zu Pferd, darauf der Kampf zu Fuß, den Poliarch mit dem Schwert beendet, also standesgemäß, nicht, wie Archombrotus, mit dem Dolch. Der sterbende Radirobanes begräbt Poliarchus unter sich, sofort bricht die Disziplin zusammen, beide Heere drohen die vermeintlich toten Herrscher zu überschwemmen, also eine im Ansatz ähnliche Situation wie beim Zweikampf zwischen Archombrotus und Lycogenes. Jedoch im Gegensatz zu diesem bleibt das Chaos Episode. Poliarchus erhebt sich und stellt den geordneten Kampf sofort wieder her. Entsprechend unterschiedlich enden die Schlachten. Die Bürgerkriegsschlacht mündet in ein Blutbad, dagegen ziehen sich die besiegten Sardinier geordnet zurück. Archombrotus schlägt dem Lycogenes das Haupt ab und schwingt dieses wie Perseus das Haupt der Medusa. Dagegen läßt Poliarchus den lediglich seiner Waffen beraubten Leichnam des Radirobanes den sardinischen Gesandten zur Bestattung übergeben. Beides steht im Gegensatz zu den privaten Motiven des Archombrotus bzw. Poliarchus. Für den ersteren ist der von Lycogenes entfachte Bürgerkrieg nur eine Gelegenheit, seine Tapferkeit zu beweisen, und er haßt seinen Widersacher lediglich deswegen, weil der Bürgerkrieg seinen Plan einer Liebeserklärung an die Argenis zeitlich durchkreuzt. Daß sich auch Lycogenes um die Argenis beworben hat, spielt demgegenüber keine Rolle, da Archombrotus um deren Verhältnis zu Poliarchus weiß. Diesem sozusagen nur pragmatischen Haß kontrastiert die brutale Behandlung des Leichnams. Dagegen hassen sich Poliarchus und Radirobanes wechselseitig als Konkurrenten um die Gunst der Argenis, so daß die Motivation des ersteren, den Leichnam seines Feindes entsprechend zuzurichten, an sich wesentlich stärker ist. Gleichwohl läßt er ihn unberührt. Möglich wird das durch die generelle „moralische" Superiorität des äußeren Krieges gegenüber dem Bürgerkrieg. Wird später vom Marxismus der Bürgerkrieg als legitimes Mittel gegen den äußeren, imperialistischen Krieg aufgeboten, so dient dieser hier umgekehrt zur Neutralisierung bzw. Disqualifikation des Bürgerkriegs.[76] Nur der äußere Krieg ermöglicht Menschlichkeit, nicht der Bürgerkrieg. Weil der persönliche Haß des Poliarchus sich in der Sphäre des äußeren Krieges artikuliert, hat er am toten Gegner seine Grenze. Daher steht auch im Mittelpunkt der Schlußvision des Aneroestus die Zunahme der äußeren Macht. Im Herrscher jedenfalls fallen privates und allgemeines Interesse zusammen, wie im folgenden an weiteren Beispielen zu zeigen sein wird.

[76] Vgl. Koselleck: Kritik und Krise, S. 169

2. Privatsphäre und öffentliches Interesse

Die in dem Zweikampf zwischen Poliarchus und Radirobanes sich ausdrückende Identifikation des individuellen mit dem allgemeinen Interesse kommt dem letzteren zugute:

> So wurde in wenig Tagen ein Krieg beendet, dessen Dauer die beiden Heere weit mehr aufreiben mußte, wenn er nicht auf so leidenschaftliche Fürsten stieß, die ihre Privatangelegenheit zur allgemeinen machten.[77]

Indem das bloß voluntaristische private Interesse externalisiert wird, befördert es zugleich das öffentliche. Dagegen wird dann im Staatsroman der Aufklärung letzteres nur möglich sein, wenn der Fürst das von seiner Person a priori abgespaltene und in moralische und eudämonistische Kategorien gefaßte öffentliche Interesse internalisiert. Daher auch in der „Argenis" das Übergewicht der praktischen über die moralischen Tugenden. In der politischen Geschicklichkeit und kriegerischen Tüchtigkeit des Herrschers ist das öffentliche Interesse bereits gesichert.

Ähnlich wird auch in einer Unterredung zwischen Archombrotus und Timoclea die Günstlingswirtschaft begründet, gegen die die Staatsromane der Aufklärung dann heftig polemisieren werden. An die Stelle des Günstlings tritt dort allenfalls der ältere Mentor, der den König moralisch bildet und ihm als sein personifiziertes Gewissen zur Seite steht. Dagegen werden hier die königlichen Freundschaften mit den Heroenfreundschaften parallelisiert, mit dem Verhältnis des Herkules zu Philoktet oder des Achilles zu Patroklus. Diejenigen, die sie kritisieren, werden „ideologiekritisch" abgekanzelt: sie schieben den öffentlichen Nutzen nur vor und sind im Grunde lediglich neidisch, daß das Los des Günstlings nicht auf sie, sondern auf andere gefallen ist. Der König ist Mensch, und als Mensch hat er das Recht, ihm „angenehme Menschen den übrigen vorzuziehen".[78] Während später in der Aufklärung mit der Menschheit des Königs das Recht der Untertanen begründet wird, Menschsein und Königsein sich widersprechen soll, begründet hier umgekehrt die Eigenschaft des Königs als Mensch Recht des Königs.[79] Die Souveränität des Königs bleibt unbefragt und wird auch auf seine menschlichen Rechte übertragen. Der König ist auch als Mensch souverän. Menschenrecht ist ein königliches Privileg, kein Recht der Untertanen. Die Kritik daran wird als pöbelhaft und ple-

[77] Barclay: Argenis, S. 551

[78] Ebd., S. 29

[79] „Sind Fürsten, die auf ihre Würde halten, in den Augen des Volkes nichts als Despoten, Fürsten aber und ihre Trabanten, der Adel, überhaupt nichts weiter, als – Menschen, so ist – ihr Nimbus dahin!" sagt der Meister vom Stuhl in Ernst August Anton von Goechhausens „Enthüllung des Systems der Weltbürgerrepublik", Rom (Leipzig) 1786, S. 248, der Polemik eines konservativen preußischen Offiziers gegen die Freimaurerei. Beides ist durcheinander bedingt. Wenn der Fürst nur ein Mensch ist, ist er, sobald er versucht, Fürst zu sein, ein Despot. Die Einbeziehung des Adels macht zudem die veränderte Frontstellung deutlich.

bejisch diskreditiert. Daß der König durch schlechte Berater, die er nach persönlicher Vorliebe, nicht nach dem öffentlichen Interesse ausgewählt hat, den Staat ins Unglück stürzen kann, was auszumalen der Staatsroman der Aufklärung nicht müde wird, kommt hier gar nicht erst ins Blickfeld. Der aufklärerische Topos der bösen Ratgeber, der im übrigen schon wesentlich älter ist und die gesamte Fürstenspiegelliteratur, von Isokrates angefangen, durchzieht, nur in der Aufklärung zu besonderer Brisanz gelangt, macht es möglich, die Institution der absoluten Monarchie von ihrer Praxis zu trennen. Hier dagegen fallen Institution und Praxis zusammen. Daher wird der Sturz von Höflingen auch nur pragmatisch begründet, nicht moralisch bewertet, oder genauer: auch die moralische Bewertung wird zum Moment der pragmatischen Begründung:

> Aus dem erwähnten Sturze derer, die das Glück nach langer königlicher Freundschaft endlich von seinem Wagen herabschleudert, läßt sich weiter nichts entnehmen, als die Möglichkeit, daß Könige ungerechterweise die Ihrigen verlassen, oder, wenn sie ihren Irrtum und die Unwürdigkeit ihrer Günstlinge erkannt haben, dieselben von einer gehässig bestiegenen Höhe herunterstürzen.[80]

Weder die mögliche Ungerechtigkeit des Königs noch die mögliche Unwürdigkeit der Günstlinge führt zu kritischen Konsequenzen. Denn in der Regel ist der König „beständigen Gemüts und glücklich in der Wahl seiner Freunde.“[81]

Nicht, daß dieses Zusammengehen von privatem und öffentlichem Interesse problemlos wäre. Meleander sucht, um den durch die Argenis entstandenen Querelen ein Ende zu machen, nach einem Schwiegersohn. Als sich in der Nachbarschaft kein Königssohn findet, verfällt er auf den Archombrotus, von dessen königlichem Geblüt er nichts weiß:

> Muß man aber ... für einen solchen Bund notwendig zu Thron und Purpur greifen? Als ob die *Reiche*, nicht die *Menschen* sich verheirateten und als ob ich für meine Argenis ein *Scepter* und nicht einen *Mann* suchte!?[82]

Im lateinischen Original sind die Antithesen nicht gesperrt, und die Sperrung hat denn auch eher artistische als inhaltliche Bedeutung. Die Antithese von Mensch und Herrscher ergibt sich erst aus der Verlegenheit, einen geeigneten Prinzen nicht ausfindig machen zu können. Sie ist nicht primär, sondern erscheint als deren Rationalisierung. So wird sie denn auch im folgenden politisch begründet: es ist sizilianisches Gesetz, die Prinzen und Prinzessinnen nicht an Angehörige mächtigerer Königshäuser zu verheiraten, damit Sizilien nicht zur Provinz herabsinkt. Die pragmatisch-politische Einrahmung nimmt der Gegenüberstellung Mensch–Herrscher ihren prinzipiellen Charakter. Obendrein vermutet Meleander wenig später im Gespräch mit Archombrotus doch, daß dieser königlichen Stammes sei, so seine oben gemachte Unterscheidung von Mensch und Herrscher weiter relativierend.

[80] Barclay: Argenis, S. 30
[81] Ebd.
[82] Ebd., S. 435

Diskussionsstrategie bestimmt die Stellungnahme des Meleander gegenüber der Bewerbung des Radirobanes. Eine „gewundene Erklärung" nennt der Erzähler die Rede Meleanders.[83] „Du weißt, daß das Glück der Ehen mehr auf der Übereinstimmung der Gemüter, als der Körper beruht. Die menschlichen Herzen sind frei, und man kann sie durch keine Gesetze zwingen, zu wollen, was sie nicht wollen", heißt es in ihr.[84] Günther Müller weist darauf hin, daß die Rede Meleanders „die humanistische Lehre der *Willens*freiheit, nicht das Recht der Herzens*neigung*" geltend macht.[85] Das bedarf jedoch der Modifizierung. Genau genommen, besagen erste und zweite Hälfte des zweiten Satzes des Zitats dasselbe. Keineswegs ist, wie es zunächst scheinen könnte, der zweite Teil der Aussage eine Konsequenz des ersten. Man erwartet zunächst, daß aus der Freiheit der Herzen deren notwendige Realisierung gefolgert wird. Dies jedoch geschieht gerade nicht. Wenn man die Herzen nicht zwingen kann, zu *wollen*, was sie nicht *wollen*, so verbleibt das in der Sphäre des Willens. So ist der Ausgangspunkt des Arguments ja auch das Glück der Ehe, nicht ihre Schließung. Die private Meinung ist nur „in secret free", wie Hobbes es wenig später nennen wird. Solange Meleander allgemein spricht, wird das Recht des Herzens in einen tautologischen Innenraum verwiesen: das Recht des Herzens ist das Recht des Herzens. So bedarf denn auch das Recht der Argenis, sich ihren Mann frei zu wählen, eines zusätzlichen Arguments.[86] Dieses ergibt sich aus ihrer Eigenschaft als Prinzessin. Daß Argenis Prinzessin ist, steigert nicht nur das Recht des Herzens, seinen Willen zu realisieren, sondern begründet dieses allererst, wie die Interpretation des vorhergehenden Satzes gezeigt hat. Die Identifikation von privatem und öffentlichem Interesse kann nur der Herrscher oder in diesem Fall die künftige Herrscherin vornehmen. Sobald sie zum allgemeinen Prinzip gemacht wird, wird sie implizit heruntergespielt. Während die öffentlichen Personen ihr privates Interesse zum öffentlichen machen können, ist den Privatpersonen gerade dieses verwehrt. Sie werden statt dessen auf den seelischen Innenraum beschränkt. Die Identifikation von privater und öffentlicher Sphäre ist selbst öffentlich.

Die bis hierher genannten Beispiele dokumentieren in Abstufungen die apriorische öffentliche Relevanz der herrscherlichen Privatsphäre. Im Zweikampf der Herrscher Poliarchus und Radirobanes ist das private Interesse *als privates* zugleich unmittelbar ein öffentliches. Ähnlich wird in der Unterhaltung über die Günstlinge der König zwar in eine private und eine öffentliche Komponente aufgespalten, diese Trennung dann jedoch sofort wieder zurückgenommen. Ebenso verhält es

[83] Barclay: Argenis, S. 292

[84] Ebd., S. 291

[85] Günther Müller: Höfische Kultur. In: Deutsche Barockforschung, S. 199 f.

[86] Zwar wird dieses an das vorhergehende angeknüpft, so daß, vom folgenden her betrachtet, auch das erste Argument nicht nur die Innerlichkeit des Willens, sondern auch seine Realisierung zu meinen scheint. Jedoch geht das, wie gezeigt, aus dem Wortlaut keineswegs strikt hervor. Die objektive Tendenz setzt sich sozusagen gegen die subjektive durch.

sich mit den verschiedenen Heiratsprojekten. Alle Herzen sind frei (mit den oben gemachten Einschränkungen), also vor allem die der Herrscher. Gleichwohl gerät hier die Staatsraison mit der privaten Autonomie in Konflikt, die jedoch selbst wiederum mit Argumenten der Staatsraison in ihr Recht eingesetzt wird: daß Argenis einen Mann und nicht ein Zepter heiraten soll, ist Erfordernis der traditionellen sizilianischen Heiratspolitik. Dieser wird denn auch am Schluß Rechnung getragen, indem Archombrotus sich als Sohn Meleanders entpuppt und die Herrschaft über Sizilien übernimmt, so daß Argenis den Poliarchus, der sich als König von Gallien entdeckt hat, ohne Konflikt mit dem Gesetz heiraten kann. Die sizilianische Selbständigkeit ist gesichert. Ferner: die Freiheit der Argenis in der Wahl ihres Gatten wird mit ihrer Eigenschaft als Prinzessin begründet. Die Souveränität der künftigen Herrscherin beinhaltet auch die private Autonomie.

Dieser Identifikation von privater Selbstbestimmung des Herrschers und allgemeinem Interesse scheinen jedoch einige andere Argumente zu widersprechen. Die Hofgesellschaft belustigt sich über ein schlechtes Gedicht, in dem Radirobanes mit diversen mythologischen Figuren verglichen wird, die er natürlich alle übertrifft. Das ist für Dunalbius der Anlaß zu einer Scheltrede gegen die Schmeichler. Dies scheint zunächst der oben beschriebenen Apologie der Günstlingswirtschaft zu widersprechen. Zugleich jedoch wird auch hier die Polemik relativiert. Zunächst durch den Anlaß. Es wurde oben darauf hingewiesen, daß Cleobulus seine Kritik an der falschen Milde Meleanders sehr vorsichtig formuliert, um die Autonomie des Königs nicht zu verletzen, daß in die Form der Argumentation ihr Inhalt, nämlich die richtigen Mittel anzugeben, die die Autonomie des Herrschers zu sichern und dadurch den Bürgerkrieg zu vermeiden geeignet sind, von vornherein eingeht. Hier gibt den Anstoß ein Gedicht auf den Gegenspieler Radirobanes, wie ja auch Dunalbius am Schluß seiner Rede auf diesen zurücklenkt und von einer Heirat dringend abrät. Wie sich die Kritik am guten Herrscher nur verklausuliert hervorwagen darf, so kann sie sich nur dann frei äußern, wenn der Anlaß ein schlechter Herrscher ist. Letzteres, die Schlechtigkeit des Radirobanes, ist nicht politisch, sondern charakterologisch zu verstehen. Es ist von der „lasterhaften Natur" des Radirobanes die Rede, die sich in seinen Anschlägen auf die Argenis ausdrücke.[87] Das Verhältnis zu seiner Umgebung ist ambivalent. Einerseits ist er von „Kreaturen" umgeben, gegen die er von Zeit zu Zeit „wütet", andrerseits ist er beim Heer beliebt, wie sich denn auch im Zweikampf mit Poliarchus der Unterschied zu diesem endgültig verwischt und beiden nachher zugute gehalten wird, daß sie ihre private Angelegenheit zur allgemeinen gemacht hätten.[88] Setzt sich im Staatsroman der Aufklärung der schlechte Charakter des Herrschers sogleich in innenpolitische Mißstände um, so ist hier von diesen gar nicht die Rede, vielmehr bricht nach dem Tod des Radirobanes in Sardinien sogleich ein Bürgerkrieg aus, so

[87] Barclay: Argenis, S. 374
[88] Ebd., S. 410 f.

die Notwendigkeit eines starken Herrschers, mag dieser auch charakterlich schlecht sein, im nachhinein akzentuierend. Der schlechte Charakter des Radirobanes gerät zunehmend in Vergessenheit, je mehr sich dieser außenpolitisch entfaltet. Die außenpolitische Autonomie verdeckt die charakterliche Minderwertigkeit. Radirobanes ist zwar ein schlechter Mensch, aber seine Herrscherqualitäten sind zumindest ambivalent. Der Antagonismus von Lasterhaftigkeit und Herrschertum ist dann entschärft, wenn es um die äußere Auseinandersetzung geht. Der sich in dieser ausdrückende politische Freiraum, der, wie oben erwähnt, die innenpolitischen Gegensätze neutralisiert (und im Falle des Radirobanes ausdrücklich neutralisieren soll), bedingt in diesem Fall den Zusammenfall der privaten mit der öffentlichen Sphäre, der innenpolitisch jedenfalls diskussionsbedürftig ist.

So geht Dunalbius in seiner Rede, um auf diese zurückzukommen, vom „allgemeinen Wohl" aus und widerspricht damit dem Relativismus des Nicopompus, der, selbst Dichter, die Schmeichelei als quasi naturgesetzliche Erscheinung darstellt.[89] Jedoch zielt seine Argumentation nicht primär auf die privaten Impulse der Könige, sondern auf deren Manipulation durch schmeichlerische Höflinge. Die politische Klugheit, die „geheimen Regungen" derer, mit denen man es zu tun hat, zu ergründen, wird zur Untugend, sobald sie nicht vom König geübt wird, sondern sich gegen diesen richtet – ein weiteres Indiz für den bereits gestreiften ethischen Nominalismus, auf den ich im folgenden Abschnitt noch zurückkomme.[90] Die von den Schmeichlern hergestellte und gestärkte königliche Privatsphäre ist nicht Autonomie, sondern Heteronomie. Der falschen Autonomie, die zur politischen Lethargie wird und den Herrscher dann vor lauter Jagdvergnügen nicht mehr an die Staatsgeschäfte denken läßt, wird die richtige Autonomie, die sich in politischer Tätigkeit äußert, entgegengestellt. So erscheint ja im Rahmen der außenpolitischen Aktivität der private Haß der Könige Poliarchus und Radirobanes gerechtfertigt. Dunalbius hält an der herrscherlichen Autonomie fest, ja verschärft diese noch, definiert sie aber zugleich im Sinn der öffentlichen Verantwortung. Im ersteren bestätigt seine Argumentation die oben dargestellte des Archombrotus, im letzteren widerspricht sie ihr.

Bevor ich versuche, diesen Widerspruch zu erklären, noch ein weiteres Beispiel. Meleander fürchtet den Krieg mit Radirobanes und legt seiner Tochter mit vorsichtigen Worten eine Ehe mit diesem nahe:

> „Privatleute", sprach er, „können nach Herzensneigung oder dem Einklang der Sitten und Gewohnheiten eine Wahl treffen, aber uns ist diese Gunst versagt. Es ist das Los der Könige, bald Unwürdigen, ja Verhaßten sich vermählen, bald alle Gerechtsame der Freundschaft, und selbst die teuren Bande des Blutes in unmenschlicher Weise verleugnen zu müssen. Am liebsten pflegt uns *der* zu sein, der eine Hauptstütze für unsere Macht abgibt, und für die schönste Verschwägerung halten wir *die*, welche unser Königreich befestigt."[91]

[89] Barclay: Argenis, S. 342
[90] Ebd., S. 343
[91] Ebd., S. 375

Dies ist zwar wiederum, wie fast alle bisher untersuchten Äußerungen, diskussionsstrategisch, politisch motiviert; zudem wird zwar gesagt, daß dies das Los der Könige sei (regum ... fortuna, nicht sors Regalis, wie oben in der gewundenen Rede des Meleander an Radirobanes; letzteres akzentuiert das bestimmte Schicksal, ersteres den unbestimmten Zufall), daß es jedoch so sein müsse, wird nicht gesagt. Daher stellt denn auch im folgenden Meleander der Argenis, auf die sich durch „Natur und Thronfolgerschaft die Gefühle des Vaters und des Königs" vereinigen, die Entscheidung frei.[92] Das heißt: die Ausnahme von dem zunächst konstatierten Zwiespalt zwischen öffentlichem und privatem Interesse wird wiederum mit deren Zusammenfall begründet. Gleichwohl bleibt die Differenz bestehen. Zwischen Herrscher und Privatmann wird scharf unterschieden. Nur dieser hat zunächst das Recht, seine Herzensneigung zu realisieren. Das widerspricht noch nicht dem Vorhergehenden. Denn Voraussetzung ist seine Eigenschaft als Privatmann, d. h. daß seine Person öffentlich nicht in Betracht kommt. Die allgemeine Feststellung der Freiheit des Herzens wurde, wie oben beschrieben, implizit auf den seelischen Innenraum eingeschränkt. Sofern die öffentliche Irrelevanz von vornherein festgestellt wird, kann dann einen Schritt weiter gegangen und auch die Realisierung der Herzensneigung konzediert werden. Insofern wird der der oben analysierten Stelle implizite Gedanke nur weiterentwickelt. Die Staatsraison etabliert einen privaten Freiraum, der jedoch nur solange frei ist, solange er privat bleibt. Die Privatsphäre des Königs hat ihre Grenze an der politischen Aktionsmoral. Diese gründet sich einerseits auf die absolute Autonomie des Königs, der daher auch seine privaten Vorlieben und Abneigungen zu öffentlichen machen kann (wie in der Verteidigung der Günstlingswirtschaft), ja soll (wie in dem Zweikampf zwischen Poliarchus und Radirobanes), andrerseits ist diese jedoch zugleich funktional. Daher unterliegt sie dann Einschränkungen, wenn sie sich ihrer öffentlichen Verantwortung nicht mehr bewußt zu sein droht, weshalb innenpolitisch die Speichelleckerei gegenüber dem König kritisiert, außenpolitisch die Präferenz der politischen Interessen gegenüber den persönlichen zum mindesten erwogen wird. Die moralische Exkulpierung des Königs ist ja gerade deshalb notwendig, um einen politischen Raum freier Aktion zu schaffen, der die konfessionellen und gesellschaftlichen Antagonismen neutralisiert. Sobald dieser Raum freier Aktion durch private Neigungen gefährdet ist, müssen diese daher eingeschränkt werden. So gründet die Widersprüchlichkeit der untersuchten Stellen in der Widersprüchlichkeit der funktionellen Autonomie der personal gebundenen absoluten Monarchie. Wenn die Autonomie des Herrschers auf die Staatsraison eingeschränkt bliebe, wäre sie keine Autonomie mehr, wenn sie schrankenlos wäre, könnte sie ihre Funktion nicht mehr wahrnehmen. Der Staatsroman der Aufklärung wird dann später den König auch an die Gesetze binden. Die Einschränkungen, die Barclay

[92] Barclay: Argenis, S. 375

macht, sind jedoch weder moralisch noch legalistisch, sondern pragmatisch und sollen gerade die Funktionalität der Autonomie sichern.

Sowohl Macchiavelli wie auch Bodin haben „die geistige Wesenheit des Staates noch nicht völlig abgelöst ... von den Organen, die ihn repräsentieren", und es ist dann nur konsequent, wenn sich in dieser Repräsentanz Privates und Öffentliches, widersprüchlich genug, durchdringen.[93] Im Begriff der Repräsentanz liegt selbst bereits der öffentliche Anspruch.[94] So verwerfen denn auch Argenis und Poliarchus nach kurzem Zögern den Plan, heimlich aus Sizilien zu fliehen, also den privaten Ausweg. Der „gute Name" in der „öffentlichen Meinung" ist wichtiger als das individuelle Glück.[95] Die „Billigkeit" (aequitas), die Poliarchus beruft, bezeichnet jenen Bereich öffentlicher Verantwortung, gegen dessen Regeln beide verstoßen, wenn sie ihr privates Glück *als* privates vorziehen.[96] Poliarch ironisiert die Liebesromane, in denen derlei an der Tagesordnung sei, damit zugleich den, dessen Figur er ist, als strikt politischen charakterisierend. Privates Glück *als* privates ist nur Privatleuten erlaubt, und diese werden auch darauf beschränkt. Dagegen zielt die Privatsphäre der Herrscher von vornherein auf Öffentlichkeit. Daher wählt Poliarchus den Ausweg, heimlich in seine Heimat zu reisen und mit Heeresmacht zurückzukehren, um sein privates Glück als Herrscher zu erringen.

„Es unterscheidet die bürgerliche von der höfischen Gesinnung, daß im Bürgerhaus auch der Festraum noch wohnlich, im Schloß selbst der Wohnraum noch festlich ist", heißt es bei Richard Alewyn.[97] Entsprechend wird in der „Argenis" alles und jedes, von der unmittelbaren Lebensäußerung über die prekäre Situation bis zur heroischen Tat, durch eingeflochtene Gedichte nicht mythisch, sondern mythologisch überhöht. Die mythologische Überhöhung impliziert Distanz und potentiell Ironie, wie oben bereits an Hand des Gedichtes auf Radirobanes angedeutet. Hier kommt es zunächst nur auf die Stilisierung der privaten Äußerung an. Dafür ein Beispiel. Der Schmerz der Argenis um den vermeintlich toten Poliarchus wird in einer Abfolge von Gebärden geschildert, die diesen weniger ausdrücken denn repräsentativ darstellen. Wenn Albertus Julius und Concordia den toten van Leuven betrauern, so rauft sich der erstere ganze Hände voll Haare aus dem Kopf und die letztere fällt in Ohnmacht, worauf sich der erzählende Altvater vor Schmerz unterbrechen muß, um die Unsagbarkeit des Schmerzes zu betonen. Bei Barclay wird ein ganzes Arsenal von Gebärden erschöpft, von denen Haarezerraufen und Ohnmacht nur zwei sind. Schließlich erstarren Argenis und die sie tröstende Amme Selenissa zu einer Doppelstatue: Argenis will sich mit einer spitzen Nadel töten, Selenissa hält ihren Arm fest, die eine ist zu kraftlos, um ihren Selbstmord zu vollenden, die andere, um der Argenis die Nadel zu entwinden. Dabei hatte jede

[93] Meinecke: Idee der Staatsraison, S. 72
[94] Vgl. Müller: Höfische Kultur, S. 200
[95] Barclay: Argenis, S. 350
[96] Ebd.
[97] Richard Alewyn: Das große Welttheater, Hamburg 1959, S. 43

„den starren Blick aufs Gesicht der andern geheftet".[98] In dieser Stellung bleiben sie lange. So münden die heftigen Gebärden schließlich ins lebende Kunstwerk, die Beschreibung einer Plastik. Entsprechend drücken die Worte der Argenis weniger ihren Schmerz aus, als daß sie ihre Situation in zugespitzten Formulierungen reflektieren. Wenig später, nachdem Argenis die Spuren des Schmerzes in ihrem Gesicht beseitigt hat, erblickt sie im Vorhof des Schlosses eine Brunnenplastik, die die um den toten Acis weinende Galathea, die von Polyphem mit einem Felsbrocken bedroht wird, darstellt. Das lebende Kunstwerk wird zum tatsächlichen. Es liegt in der Konsequenz dieser Stilisierung, daß sie permanent reflektiert wird. Der Schmerz Concordias und Albertus Julius' entzieht sich der Sagbarkeit. Die Brunnenplastik wird von Argenis selbst allegorisch interpretiert. Das „empfindsame" Sichweiden am eigenen Schmerz, das den Ausgangspunkt bildet, geht über in die Identifikation mit den Gestalten der Plastik, diese in deren Reflexion. Die Selbstversenkung ist selbst nur topologische Basis der objektiv gerichteten Interpretation. Den die trauernde Galathea mit einem Felsbrocken bedrohenden Polyphem interpretiert sie nämlich abwechselnd als den Lycogenes oder ihren eigenen Vater, die am vermeintlichen Tod des Poliarchus die hauptsächliche Schuld tragen. Die allegorische Darstellung mündet in die nüchterne Reflexion der politischen Situation. Der repräsentative Charakter der Lebensäußerungen, der sich in solchen Stilisierungen ausdrückt, wird stets wieder an die Politik zurückgebunden. Dasselbe ist der Fall mit der mythologischen Überhöhung öffentlicher Aktionen und Personen, die dessen natürlich in besonderem Maße fähig sind. Auf Verschiedenes wurde oben schon aufmerksam gemacht. Daher hier nur noch ein extremes Beispiel. Radirobanes führt ein allegorisches Ballett auf, in dem er selbst den Zeus darstellt und an dessen Schluß er als Zeus die Argenis *als* Argenis zum Tanz führt. Diese Mischung aus Allegorie und Realität wird in einem Programm damit begründet, daß die Göttinnen abwesend seien, daher die Sizilianerinnen ihre Rollen und die Argenis die der Juno übernehmen müßten. Tatsächlich jedoch dient Radirobanes die Inszenierung als Vehikel der Annäherung. Das mythologische Ballett wird zum politischen Instrument. Die repräsentative Überhöhung der Politik fungiert selbst politisch. Die Politik ist gewissermaßen der alles durchdringende Äther, der das Klima des Romans bestimmt. Das zeigt sich auch und vor allem an der Konzeption der Tugend, wie im nächsten Abschnitt zu zeigen sein wird.

3. Tugend und Schicksal

Meleander und sein Berater Timonides unterhalten sich über Funktion von und Umgang mit Gesandten. Gegenüber dem jeweiligen Land, in dem sie akkreditiert sind, haben diese nahezu die Aufgaben von Spionen. In bezug auf ihr Heimatland

[98] Barclay: Argenis, S. 43

müssen sie dem König allein verantwortlich sein, da, wenn der Geheimsekretär des Königs als Zwischeninstanz eingeschaltet würde, diesem eine außerordentliche Machtfülle zuwüchse. Auf diese Weise dienen die direkten Berichte des Gesandten an den König zugleich zur Kontrolle der offiziellen Berichte des Geheimsekretärs. Dieses jedoch muß wiederum vor dem Geheimsekretär verschleiert werden, um nicht dessen Mißtrauen zu erregen. Daher werden die technischen Modalitäten der Korrespondenz, die dieses Verfahren sichern sollen, im Detail diskutiert und vereinbart. Daß es sich bei dem Geheimsekretär um den integren Cleobulus handelt, spielt dabei keine Rolle. Das Mißtrauen wird institutionalisiert. Denn:

> Es ist Fürstenpflicht, nicht bloß für die Gegenwart zu sorgen, sondern auch den kommenden Geschlechtern einen wohleingerichteten Staat zu übergeben.[99]

Nicht die moralische Tugend ist Beurteilungsgrundlage der politischen Maßnahmen, diese ist vielmehr ein Sonderfall, der nur zum Verhängnis des Staats generalisiert werden kann. Politik, Diplomatie muß immer mit dem Schlimmsten rechnen. Dahinter steht der von Macchiavelli inaugurierte anthropologische Pessimismus, der die Konzeption dieser Diplomatie prägt. Im individuellen Verhalten äußert sich dieser als universelles Mißtrauen, oder positiv gewendet: Vorsicht, Umsicht, die noch das Verhalten gegenüber den nahestehendsten Personen kennzeichnen. Es herrscht ein allgemeiner Täuschungszusammenhang, der die einzelnen Fakten mehrdeutig und verschieden interpretierbar werden läßt. Durchgängig drückt sich die generelle Unsicherheit in den alternativen Erwägungen aus, mit denen alle Personen auf rätselhafte und bedrohliche Ereignisse reagieren. Die zunächst aporetisch scheinende Fragenkette des inneren Monologs ist die sich durchziehende Erscheinungsform dieser Erwägungen. Maßstab der Entscheidung kann dann nur die politische Klugheit sein, die den Täuschungszusammenhang nicht durchbricht, ihn vielmehr manipuliert. Dafür nur ein Beispiel unter vielen.

Dem Poliarchus fällt durch eine Kette von Zufällen ein Brief des Rebellen Lycogenes an ihn in die Hände, in dem dieser den König der Giftmischerei bezichtigt und ihm seine Freundschaft anträgt. Daraufhin:

> Er wußte nicht, ob er wirklich lese, ob er gehörig wach sei.[100]

Er schickt seinen Diener Gelanorus zu Meleander, um die Wahrheit zu erfahren, jedoch nicht durch direkte Rückfrage, die sich angesichts der Situation verbietet. Vielmehr soll Gelanorus den Brief ohne Kommentar überreichen und dann aus des Königs und der Umstehenden Mienen und Worten den Sachverhalt erschließen, also nicht aus der offiziellen Antwort, der von vornherein mißtraut wird. Die Erkundungen des Gelanorus fallen zugunsten Meleanders aus, dessen Unschuld ihm auch von der Argenis versichert wird. Nun wird der König aber bereits so sehr von dem eifersüchtigen Archombrotus beeinflußt, daß er den Gelanorus mit

[99] Barclay: Argenis, S. 575
[100] Ebd., S. 175

einer ungnädigen Botschaft entläßt. Auf Betreiben der Argenis jedoch verschweigt Gelanorus vor Poliarchus die feindselige Gesinnung des Königs. Dieser will daher offiziell nach Sizilien aufbrechen und kann von Gelanorus, der bei der Argenis im Wort ist und den wahren Sachverhalt nicht verraten darf, nur mit Mühe daran gehindert werden. Herr und Diener-Freund schließen dann den Kompromiß eines heimlichen Besuches bei der Argenis. Aber auch bei diesem kommt die tatsächliche Sachlage nicht zur Sprache, vielmehr ist Argenis bemüht, andere Gründe vorzuschieben, um den Poliarchus von einem offenen Schritt abzuhalten, womit sie schließlich auch Erfolg hat. Weder Gelanorus noch Argenis sagen dem Poliarchus die Wahrheit. Schließlich wird deren Enthüllung durch die allgemeine (außerordentlich komplizierte und hier nicht im Detail darzulegende) politische Entwicklung sowie durch die Entdeckungen des Schlusses, die die Argenis und den Archombrotus als Geschwister ausweisen, überflüssig. Das politische Klima wird nicht durchbrochen. Die Wahrheit der Gesinnung Meleanders gegenüber Poliarchus wird durch das Geschehen überholt. In der Tat hätte ihre Entdeckung den Konflikt nur verschärft. Daher wird dieser von Argenis und Gelanorus solange verdeckt, bis er vom Geschehen selbst ad absurdum geführt wird. Die Alternative ist nicht Lüge und Wahrheit, sondern politische Klugheit und Katastrophe. Indem sich die politische Klugheit auch der Lüge, zumindest der Halbwahrheit bedient, da die Wahrheit verhängnisvoll wäre, kehrt sich das Verhältnis von Lüge und Wahrheit gewissermaßen um. Damit jedoch die politische Klugheit diesen Erfolg haben kann, ist der deus ex machina vonnöten, in diesem Fall die Entdeckungen der Hyanisbe. Die ἐκ θεῶν οἰκονομία des Heliodor ist jedoch auf wenige Vorfälle, wie die Rettung des Poliarchus durch die Seeräuber sowie den Schluß, beschränkt.[101] Diese Doppelheit von die Ereignisse dirigierender politischer Klugheit und diese überholender Providenz ist hier zunächst nur zu konstatieren; auf das dahinter stehende Problem komme ich unten noch zurück.

Das Pendant der politischen Klugheit, die Bereitschaft zur Entscheidung, zur Tat habe ich oben bereits erörtert. Zum Schicksal tritt sie in dieselbe Konstellation wie jene. Einerseits wird sie, wie erwähnt, dem Schicksal insofern entgegengesetzt, als sich in ihr die herrscherliche Verantwortung inkarniert. Andrerseits wird auch sie am Schluß gewissermaßen aufgelöst. Noch mitten in der Entdeckung der wechselseitigen Beziehungen der Personen droht die Katastrophe. Nach der Lektüre des Briefes der Hyanisbe umarmt Meleander Archombrotus als seinen Sohn, Argenis wird herbeigerufen, auch sie umarmt den Archombrotus als ihren Bruder. Poliarch sieht dies nur aus der Ferne und kann sich daher unter den wechselseitigen Umarmungen nur eine Verlobung vorstellen. Zunächst will er mit der vermeintlich verantwortlichen Hyanisbe Krieg beginnen; da dies zu lange dauert, will er Archombrotus und Meleander niederhauen, dann sich selbst töten und fallend die Argenis unter sich begraben, so die erotische Vereinigung grausig parodierend. Er ist schon

[101] Vgl. Erwin Rohde: Der griechische Roman und seine Vorläufer, Darmstadt 1960, S. 465 f.

im Begriff, sein Schwert zu ziehen, da greifen die „numina" in Gestalt Meleanders ein, der ihn freundlich anredet und zu seiner Familie geleitet. Er überläßt sich „planlos, willenlos" dessen Führung.[102] Daß Meleander Poliarchus und Argenis zusammengibt, wird ausdrücklich als „Spiel der Fortuna" bezeichnet.[103] So relativiert sich am Schluß scheinbar auch der absolutistische Dezisionismus. Es wurde oben, im Zusammenhang der Darlegungen des Cleobulus über den Bürgerkrieg, darauf hingewiesen, daß die verantwortliche Entscheidungsbereitschaft des Herrschers der Sphäre des Schicksals zunächst insofern kontrastiert wird, als dieser auf jeden Fall den Anschein vermeiden muß, daß es nicht auf ihn, sondern auf das Schicksal angekommen sei. Daher auch, wie weiterhin an Hand des Zweikampfes zwischen Poliarchus und Radirobanes dargestellt wurde, in außenpolitischen Entscheidungssituationen die Möglichkeit, daß die unmittelbar öffentliche Relevanz privater Gefühle der Herrscher begrüßt wird. Beides verkehrt sich hier in sein Gegenteil. Die unmittelbare Umsetzung des Haßgefühls in Aktion ist objektiv Aberwitz. Der heroische Herrscher muß sich dem Schicksal anheimgeben, und dies zu seinem Besten.

Diese Rückbindung der Tugend an die jeweilige Situation ist der praktische Ausdruck des im Roman auch theoretisch zur Sprache kommenden ethischen Relativismus. „‚Viele Tugenden, lieber Freund, arten aus in Laster, ja Du kannst dieselben Regungen sich je nach Zeit und Umständen in Vorzüge und in Fehler verwandeln sehen'", sagt Poliarchus zu Archombrotus.[104] Dies zielt, wie auch der oben untersuchte Anfang der Rede des Cleobulus, auf die unangebrachte Milde des Königs. Horkheimer hat in seiner Abhandlung „Montaigne und die Funktion der Skepsis" beschrieben, in welcher Weise die bürgerliche Skepsis durch ihren Verzicht auf jegliche systematische Theorie zum Bundesgenossen des heraufkommenden Absolutismus wird. Indem der Skeptizismus jeglichen systematischen Anspruch preisgibt, orientiert er sich quasi okkasionalistisch am jeweils Bestehenden. Dem Montaigneschen Privatismus, virtuell Innerlichkeit, entspricht der absolutistische Dezisionismus. Wie jener bleibt dieser auf den angesprochenen ethischen Nominalismus verwiesen. Das verabsolutierte okkasionalistische Postulat der Beendigung bzw. Verhinderung des Bürgerkriegs relativiert, operationalisiert jegliche inhaltlich bestimmte Tugend. Daher ist die höchste Tugend zugleich die abstrakteste. In der königlichen maiestas inkarniert sich die reine Staatsraison.

Abstrakt ist jene jedoch nur ihrer inhaltlichen Bestimmtheit nach, indem sie Oberbegriff der verschiedensten Erscheinungsformen der Tugend ist, nicht nach der Kraft ihrer Äußerung. Bezeichnend für letzteres ist der Anfang des Romans. Die Aktionen laufen gewissermaßen zu den Akteuren zurück. Der Kampf des Poliarchus mit den Gesandten des Lycogenes, in den Archombrotus eingreifen will, steht

[102] Barclay: Argenis, S. 667
[103] Ebd., S. 668
[104] Ebd., S. 10

am Anfang, dann folgt beider Unterredung, in der sie sich wechselseitig bekomplimentieren, schließlich schauen sie sich überhaupt erst an:

> Jeder staunte am andern an, was jenen bei ihm zur Bewunderung hinriß: das Alter, die Gestalt, die Haltung, den geheimnisvollen Glanz der Augen, die gleichen Jahre, die gleiche, wenn auch auf verschiedenen Stirnen thronende, Majestät.[105]

So beruhigt sich allmählich die Hektik der Aktion und wird zugleich in der Erscheinung der Personen aufgefangen. Daß beide ihre wechselseitige „Majestät" so spät wahrnehmen, ist Folge ihres entschlossenen Handelns, dieses wiederum ist Ausdruck ihrer „Majestät". So werden Majestät und Aktion von vornherein aneinander gebunden. Die Majestät ist überpersönlich. Indem sie auf den Stirnen thront und damit die Krone assoziieren läßt, wird sie darüber hinaus an die Institution des Königtums gekettet, wie ja auch Poliarchus und Archombrotus tatsächlich königlichem Geschlecht entstammen. Diese Ähnlichkeit beider wird vom weiteren Handlungsverlauf, in dem Archombrotus aus Eifersucht gegen Poliarchus intrigiert, nicht berührt. Die Intrigen des Archombrotus verbleiben quasi im Aktionsspielraum des künftigen Herrschers und sind daher der bloß moralischen Wertung entzogen. Daher wird die Begegnung des Poliarchus und des Archombrotus denn auch sofort repräsentativ überhöht. Die Hofdame Timoclea läßt beider Porträt im Venustempel aufstellen, dessen mythologisierende Inschrift sogleich überliefert wird.

Meleander tritt als König auf und wirkt als Individuum.[106] Beides durchdringt sich zur Ununterscheidbarkeit. Der in der Widmung apostrophierte Ludwig XIII. wird als eine Versammlung von „hohen Eigenschaften" bezeichnet.[107] Welche diese jedoch im einzelnen sind, wird nicht ausgeführt. Statt dessen wird der König sogleich in den Rahmen seiner Nation gestellt, die sich in ihm andrerseits personifiziert und deren Glück von seinem Glück abhängt (nicht umgekehrt, wie im Staatsroman der Aufklärung).

Bevor ich das oben bereits angesprochene Verhältnis der königlichen Majestät zum Schicksal bzw. dessen Begriff selbst weiter erörtere, ist noch auf eine andere Komponente zu verweisen, die in einer gewissermaßen apriorischen Beziehung zum Schicksal steht, den „Stoizismus" der Hauptpersonen, insbesondere der Argenis und des Poliarchus. Borkenau hat den Unterschied zwischen dem antiken und dem Neustoizismus dahingehend beschrieben, daß der antike Stoizismus vom durch den höchsten Logos garantierten sinnvollen Ablauf des Weltgeschehens ausgegangen sei, während etwa bei Lipsius das blinde Fatum als einziges Gesetz das des ewigen Werdens und Vergehens übrig lasse.[108] Daraus folgt:

> Für die antiken Stoiker lag die Tugend gerade in der Einordnung in den Lauf der Natur, für Lipsius in der Entgegensetzung gegen sie.[109]

[105] Barclay: Argenis, S. 6
[106] Vgl. ebd., S. 115
[107] Ebd., S. IX
[108] Vgl. Borkenau: Übergang, S. 181 ff. Vgl. im übrigen das letzte Kapitel.
[109] Ebd., S. 186

Diese Trennung von Innenwelt und Außenwelt, das Verbot jeder affektiven Verbindung zwischen beiden heißt nicht, daß die zwischen beiden vermittelnde Tat ausgeschlossen wird. Ausdrücklich unterscheidet Lipsius zwischen „Bestendigkeit" und „Kleinmütigkeit unnd Faulheit".[110] Das Handeln wird an die gesunde Vernunft, Sachrichtigkeit gebunden.[111] Das berührt auch die individuelle moralische Motivation. Dieser gegenüber ist Lipsius skeptisch. Das Erbarmen ist, da affektiv, eine „Kranckheit":[112]

> Die Barmhertzigkeit las ich dir zu / vnd nicht die Erbarmung.[113]

Die Barmherzigkeit wird so definiert:

> Die Barmhertzigkeit nenne ich eine zuneigung des Gemüts / damit wir uns befleissen ander Leute armut / Dürfftigkeit vnd Trawren zu vermindern.[114]

D. h. durch ihre Äußerung. Emotionale Motivation und Handlung fallen auseinander. Die Tugend definiert sich durch ihre Ausübung. In dieser Aktionsmoralität scheint der Neustoizismus des Lipsius mit der Auffassung Barclays übereinzukommen. In beiden Fällen wird zwischen der unmittelbaren emotionalen Reaktion und ihrer Äußerung ein scharfer Trennungsstrich gezogen. Während jedoch Lipsius die erstere strikt untersagt und als mangelnde Einsicht in die schicksalhafte Notwendigkeit kritisiert, muß sie bei Barclay lediglich beherrscht werden, und auch das nur, wenn die politische Notwendigkeit es erfordert. Die Sachgerechtigkeit des Lipsius wird zum politisch adäquaten Verhalten in bestimmten Situationen.

Die Politik ist kein schicksalhafter Zusammenhang, sondern ein Zusammenhang, der durch die Aktionen der handelnden Menschen gestiftet wird. Auch der Stoizismus der Hauptpersonen steht in ihrem Kontinuum. Die Beständigkeit der „goldlauteren Argenis" ist durchaus aktiv.[115] Als Ingrediens der Politik wird der Stoizismus dem Herrscher zur zweiten Natur. „Den Trost, zu seufzen und zu klagen, aber vermochte ihm der Schmerz nicht zu erpressen: die Unerschütterlichkeit der Majestät (maiestatis constantia), die ihn im Leben nie verlassen hatte, war ihm auch im Angesicht des Todes eigen", heißt es in bezug auf den todkranken Poliarchus.[116] Indem der Erzähler die bloße Äußerung des Schmerzes als Trost bezeichnet, wird das Ideal der constantia psychologisch, human balanciert; die constantia wird zur spezifischen Eigenschaft des Herrschers, die er als politische Person benötigt.

Der politischen Rückbeziehung der constantia entspricht die Auffassung des

[110] Justus Lipsius: Von der Bestendigkeit (De Constantia). Hrsg. von Leonard Forster, Stuttgart 1967, S. 11
[111] Vgl. Borkenau: Übergang, S. 187
[112] Lipsius: Bestendigkeit, S. 34
[113] Ebd., S. 35
[114] Ebd.
[115] Barclay: Argenis, S. 669
[116] Ebd., S. 557 f.

Schicksals. Dieses wird an verschiedenen Stellen des Romans erörtert, ganz abgesehen von den häufigen beiläufigen Reflexionen und topologischen Verwendungen. Für letzteres zunächst einige Beispiele. Zwischen Sizilien und Sardinien droht Krieg auszubrechen, jedoch „die Klugheit Meleanders ging milderen Geschicken an die Hand" (mitioribus fatis ministrabat Meleandri prudentia).[117] Die Bedeutung von „fatum" oszilliert hier zwischen verursachendem Schicksal und stattfindendem Ereignis. Das Schicksal behält formal seine Selbständigkeit, die jedoch zugleich inhaltlich unterhöhlt wird – auch eine Dialektik von Herrschaft und Knechtschaft. Letztendlich ist es das geschickte Verhalten des Königs, das die Katastrophe verhindert. Äußere Notwendigkeit und menschliches Handeln werden gegeneinander ausbalanciert.

Beim Eingreifen der göttlichen Vorsehung ist es nicht anders. Anläßlich der Bedrohung Siziliens durch Radirobanes heißt es:

> Es übersteigt fast alle Glaubwürdigkeit, daß Sizilien, so nah am Rand des Verderbens, noch gerettet werden konnte. Aber so beliebt es zuweilen der göttlichen Vorsehung, die ihres Erfolges schon ganz sicheren Verbrecher plötzlich der strafenden Gerechtigkeit zu übergeben, damit das Laster nie ohne Furcht und die Tugend nie ohne Hoffnung sein sollen . . . Zufällig ging Archombrotus . . .[118]

Dieser hört dann ebenso zufällig ein Gespräch zwischen sardinischen Soldaten, das sich um die Bewaffnung beim bevorstehenden Fest dreht, und schöpft daraus Mißtrauen. So wird die geplante Entführung der Argenis schließlich vereitelt. Es wird nicht gesagt, daß die Vorsehung immer eingreife, um Unglück zu verhindern, sondern nur, daß sie dies zuweilen tue. Ebensowenig stellt sich das Geschehen, wie bei Lipsius zwar nicht dem Wortlaut, aber der Intention nach (vom Vergehen wird wesentlich ausführlicher und intensiver gehandelt als vom Werden), als permanente Katastrophe dar. Die Gottheit rückt zuweilen zurecht, zuweilen auch nicht. Dieses voluntaristische Moment sichert gewissermaßen den humanen Freiraum, wie der freie Wille des Herrschers den privaten sichert. Daher auch die doppelte Negation. Es werden Laster und Tugend nicht bestimmte Folgen zugeordnet, diese sind vielmehr nur nie ganz sicher. Diese Unsicherheit konstituiert eine offene Zukunft, die jeder Entwicklung Raum gibt. Daher können auch Vorsehung und Zufall ohne weiteres ad hoc in eins gesetzt werden: „Zufällig ging Archombrotus . . ."

Daß dies nicht auf einem festen theoretischen Konzept beruht, sondern das Verhältnis von fortuna und göttlicher Providenz von Fall zu Fall neu definiert wird, je nach dem Erfordernis der jeweiligen Sicherung eines Entscheidungsspielraums, mag ein anderes Beispiel verdeutlichen. Eine Rotte von Bauern kommt durch eine Kette von Zufällen auf die (richtige) Vermutung, daß sich Poliarchus im Hause der Timoclea verborgen halte. Sie dringen ein, doch kann Poliarchus gerettet werden:

> Und ohne die Fürsorge der Götter hätten die Rasenden mit ihrer Vermutung recht behalten. Ein Beweis, daß Planlosigkeit (temeritas) und blinder Zufall (fortuna)

[117] Barclay: Argenis, S. 404
[118] Ebd., S. 397

manchmal glücklicher urteilen, als mühselige, auf die scharfsinnigsten Gründe gestützte, jedoch immerhin ungewisse Einsicht.[119]

Zwar wird zwischen Göttern und fortuna unterschieden und werden diese verschiedenen Ständen zugeordnet (die Fürsorge der Götter rettet den König Poliarchus, der Zufall bringt die Bauern auf die richtige Spur) – auf die Implikate dieser Zurechnung komme ich unten noch zurück –, zugleich jedoch rücken innerhalb der unterschiedenen Bereiche menschliche und schicksalhafte Komponenten nebeneinander. Das Vorgehen der Bauern wird sowohl von der fortuna wie von ihrer eigenen temeritas bestimmt. Die fortuna gerät in den Kontext der Psychologie. Die Skepsis gegenüber der Rationalität, die diese Feststellung bestimmt, wird jedoch durch das „manchmal" wiederum relativiert. Zwar ist die Einsicht stets ungewiß, aber auch temeritas und fortuna haben nicht immer recht. Diese doppelte Skepsis desavouiert so nicht die vernünftige Entscheidung an sich, sondern nur die Notwendigkeit des intendierten Resultats. Insofern begründet auch hier die Skepsis einen relativen Dezisionismus. Das Mißtrauen in die Rationalität schlägt nicht in Irrationalismus um, sondern sichert gerade einen bestimmten Entscheidungsspielraum. Daher wird auch die Fürsorge der Götter durch das folgende Geschehen relativiert. Denn daß die Bauern den Poliarchus nicht finden und auch den Archombrotus, den sie mit ihm verwechseln, nicht töten, ist dem klugen Auftreten des Arsidas zu verdanken, der sowohl den Archombrotus besänftigt als auch den Bauern einen günstigen Kompromiß abhandelt. Göttliche Vorsehung und menschliches Wirken werden auch hier miteinander ausgeglichen.

Ihr gegenseitiges Verhältnis wird an verschiedenen Stellen des Romans theoretisch abgehandelt, in der Auseinandersetzung mit den Hyperephaniern (= Hugenotten), in der Kritik der Astrologie, schließlich im Gespräch des Arsidas mit dem weisen Priester am Tempel der Fortuna in Sardinien. Die Polemik gegen die Sekte der Hugenotten zielt weniger auf eine theoretische Widerlegung ihres Begründers Usinulca (Anagramm für Calvinus) als auf ihre Qualifizierung als potentielle Bürgerkriegspartei und die Erwägung geeigneter Maßnahmen gegen sie. Die anfängliche gedankliche Auseinandersetzung wird schließlich zur Denunziation des „Anscheins höherer Weisheit", des „Geistes der Philosophie", der ihnen in den Kopf gestiegen sei.[120] Ibburranes spricht von den Hugenotten so, als ob es sich bereits um die Freimaurer handelte. Die Argumentationsfront verläuft nicht mehr zwischen unterschiedlichen gedanklichen Systemen, sondern zwischen absolutistischer Machtpolitik, die auf Einheitlichkeit auch der Religion zielt, und dem Anspruch, die einmal erkannte religiöse Wahrheit auch gegen den Herrscher und die Mehrheit des Volkes politisch zu behaupten. Im Unterschied zur späteren konservativen Polemik gegen die Freimaurer, wie sie etwa der Freiherr von Goechhausen übt, geht Ibburranes allerdings davon aus, daß man den Hyperephaniern

[119] Barclay: Argenis, S. 71
[120] Ebd., S. 146

den Geist der Philosophie durch politisch kluges Taktieren auch austreiben kann.[121] Denn ohnehin sind viele nur aus Ehrgeiz oder anderen persönlichen Gründen auf die Seite der Hugenotten getreten. Theoretische Widerlegung, Bezweiflung der uneigennützigen Motivation, wobei dieser die eigennützige aus politischen Gründen, da sie nämlich leichter zu traktieren ist, durchaus vorgezogen wird, und generelle Abqualifizierung der Philosophasterei wirken ineinander. Was nun die erstere angeht, so argumentiert Ibburranes vor allem gegen die radikale Prädestinationslehre des Usinulca, die die Gnadenwahl an die Stelle der Werkgerechtigkeit setzt, und führt die absurden Konsequenzen dieser Lehre vor, daß etwa der Tugendhafte verdammt, der Lasterhafte aber erwählt sein kann usw.

Liegt das noch in der Linie der konventionellen jesuitischen Polemik gegen den Protestantismus, so wird aus der Auseinandersetzung des Nicopompus mit der Astrologie das spezifisch absolutistische Interesse deutlich. Es müßte eigentlich ein „Majestätsverbrechen“ sein, „auf solchem Wege auch das Schicksal der Fürsten ergründen zu wollen“.[122] Daß das Schicksal der Fürsten möglicherweise vorherbestimmt ist, wird damit nicht ausgeschlossen, wohl aber, daß es Sache irgendeines an Rang Niedrigeren sei, den Inhalt dieser Vorherbestimmung zu ermitteln. So hat die Postulierung der Willensfreiheit hier vor allem den Sinn, die Entscheidungsfreiheit des Fürsten zu sichern. Der König darf die Zukunft nicht wissen bzw. nicht meinen, sie zu wissen, da dieses seine „Gemütsruhe“ erschüttern würde, die er zur Ausübung seiner Verantwortung braucht, und er zum Sklaven seines Astrologen würde.[123] Der Postulierung der Freiheit des Menschen entspricht die Behaup-

[121] Vgl. z. B. Ernst August Anton von Goechhausen: Enthüllung des Systems der Weltbürger-Republik, Rom (Leipzig) 1786 sowie von demselben Autor „Freymaurerische Wanderungen des weisen Junkers Don Quixote von Mancha und des großen Schildknappen Herrn Sancho Pansa“, Deutschland (Leipzig) 1787. Dem unterschiedlichen Gegner entsprechend, der nicht mehr der Feudaladel, sondern das in der Freimaurerei indirekte Herrschaftsansprüche anmeldende Bürgertum ist (vgl. Koselleck: Kritik und Krise, S. 49 ff.), hat sich die Polemik verschärft. Goechhausen huldigt einem radikalen Agnostizismus hinsichtlich Tugend und Weisheit, die philosophisch nicht verbindlich definiert werden können. Es gibt so viele Begriffe von Tugend und Weisheit, wie es Menschen gibt. Daß gleichwohl viele Menschen übereinstimmend handeln, ist nur darauf zurückzuführen, daß einer anordnet, die anderen gehorchen. Daß das Handeln der Tugend entspricht, ist damit keineswegs gesagt. Nicht die Tugend ist wichtig, sondern nur der Schein der Tugend (vgl. Goechhausen: Freymaurerische Wanderungen, S. 46 ff.). Die Legalität ersetzt die Moralität. Dieser extreme Legalismus des spätaufklärerischen Konservativen ist bei Barclay nur erst implizit angelegt. Da es sich nicht um die Auseinandersetzung mit einer potentiell revolutionären Klasse handelt, die die Philosophie auf ihr Panier geschrieben hat, sondern um die Polemik gegen eine mögliche konfessionelle Bürgerkriegspartei, kann die Diskussion noch immanent, theoretisch geführt werden. Da zudem die „Philosophie“ von vielen Anhängern dieser Partei nur vorgeschoben wird und egoistische Interessen verdecken soll, ist sie zugleich politischer Behandlung zugänglich. Dagegen ist für die Freimaurer die Philosophie als Philosophie eine revolutionäre Kraft (vgl. Goechhausen: Weltbürger-Republik, S. 249).

[122] Barclay: Argenis, S. 209

[123] Ebd., S. 211

tung, daß durch die Astrologie auch die Freiheit der Götter beeinträchtigt würde. Wenn die Zukunft nicht prinzipiell offen ist, die Götter sie nicht nach ihrem Belieben gestalten können, ist ihre Verehrung sinnlos. Nun wird diese entschiedene Verteidigung der menschlichen und göttlichen Freiheit im folgenden zwar partiell revoziert. Nicopompus gibt zu, daß die Gestirne einen gewissen Einfluß auf die Menschen ausüben können, aber dieses eben nur in der Form des „Reizes", nicht des „Zwanges".[124] So wird die Willensfreiheit zugleich faktisch beschränkt und formal gesichert. Gegenüber der inhaltlichen Bestimmung der Willensfreiheit im Thomismus, der den Willen als frei definiert, wenn er „das eigene Wesen im Handeln" verwirklicht, und ihn insofern an eine teleologische Naturordnung bindet, wird der Wille bei Barclay zur freien Wahl der Zustimmung oder Nichtzustimmung zu einer guten oder bösen Disposition, womit auch das teleologische Moment beseitigt wird.[125] Die Unterschiedlichkeit dieser Konzeptionen spiegelt den Wandel der Auffassung vom Königtum wieder.

> Der Herrscher wie das Volk sind im Mittelalter an eine geheiligte, überkommene Rechtsordnung gebunden.[126]

Daher unterliegt der freie Wille einer teleologischen Bestimmung. Dagegen reflektiert sich in der von den Jesuiten, insbesondere Molina, übernommenen Auffassung Barclays die moderne Konzeption der Fürstensouveränität, die auf jegliche finale Ordnung verzichtet.

Diese setzt sich auch da durch, wo, in Widerspruch zu den Polemiken gegen Hugenotten und Astrologen, die Lehre von der göttlichen Vorsehung entfaltet wird, in dem Gespräch zwischen Arsidas und dem Fortuna-Priester über das Glück. Ähnlich wie Lipsius unterscheidet der Priester zwischen der Fortuna des gemeinen Volkes und der Fortuna als Inbegriff göttlicher Vorsehung. Für das Volk ist die Fortuna launisch und blind, ein Spiegelbild der eigenen Wankelmütigkeit. Insofern wird die oben erwähnte ständische Zuordnung erklärlich. Indem das Volk nicht nach vernünftigen Erwägungen, sondern unüberlegt handelt, unterliegt es auch der Herrschaft der Fortuna. Diese macht es dann zu seiner eigenen Ideologie, um sich von jeglicher Schuld zu entlasten:

> Machen *sie* einen Fehler, täuscht etwas ihre Erwartung, so muß alsbald das *Glück* herhalten.[127]

Das vermeintlich blinde Geschick wird auf seinen menschlichen Kern zurückgeführt. Ihm gegenüber wird die göttliche Vorsehung ausgespielt, die alles vorher weiß und bestimmt. Hier nun wird die Argumentation außerordentlich widersprüchlich. Einerseits lenkt Gott alles und jedes, andrerseits hat er den Dingen ihre Ursachen gegeben, die dann selbsttätig wirken, so wie auch der jesuitischen

[124] Barclay: Argenis, S. 216
[125] Borkenau: Übergang, S. 222
[126] Brunner: Gottesgnadentum, S. 118
[127] Barclay: Argenis, S. 449

Konzeption der Willensfreiheit die der – empirisch gefaßten – Kausalität entsprach. So soll denn auch das „Gebet um Erlösung von dem zukünftigen Übel" einerseits nicht unnütz sein.[128] Andrerseits jedoch wird dessen Nützlichkeit, widersprüchlich genug, damit begründet, daß Gott auch diese vorhergesehen habe. Der richtig, nämlich als universelle Providenz, verstandenen Fortuna „errichten wir einen Tempel, ein Standbild, damit sie uns über die Zukunft belehre, den Ausgang der Ereignisse mildere und Fürbitten zu unserem Heil zulasse. Werden diese von uns richtig vollführt, so haben sie ihre Wirkung schon damals entfaltet, und uns schon geholfen, als die Natur Samen und Gesetz aller Dinge empfing".[129] Die disparaten Motive dieser Argumentation sind hier versammelt. Einerseits ist nur Belehrung über die Zukunft möglich, andrerseits sind Fürbitten durchaus nützlich, da der Ausgang der Ereignisse durch sie gemildert werden kann, also die Zukunft noch veränderbar ist. Bedingung der Wirksamkeit der Fürbitten ist, daß sie richtig vollzogen werden, worin sich die Bedeutung spiegelt, die die Jesuiten den kirchlichen Ritualen, insbesondere den Sakramenten, für die Rechtfertigung beilegten. Aber sogleich wird die scheinbar beeinflußbare Zukunft wieder in der Vergangenheit verankert. Der richtige Vollzug des Ritus ist lediglich ein Indiz dafür, daß die Erhörung der Bitten schon vorherbestimmt ist. Obendrein wird diese Vorherbestimmung dann noch zeitlich fixiert, womit von der voluntaristischen wiederum eine naturgesetzliche Determination abgespalten wird. So wird die Lehre von der göttlichen Vorsehung immer wieder durchlöchert. Ohnehin wird diese andernorts als völlig undurchschaubar von der menschlichen Einsicht absolut getrennt. Der Blindheit der Menschen scheint die göttliche Vorsehung zufällig. Insofern wird das, was zuvor dem Verhältnis des gemeinen Volkes zu seiner Fortuna vorgeworfen wurde, universell ausgeweitet und nominalistisch mit der Undurchschaubarkeit Gottes begründet. Diese sichert so auch hier letztendlich den Entscheidungs- und Handlungsspielraum des Menschen ab.

Der gleichwohl verbleibende Widerspruch mag seinen Grund in dem doppelten Legitimationsbedürfnis des monarchischen Absolutismus haben. Als eine quasi bürgerliche Institution, die der Friedenssicherung und der wenigstens von feudalen und konfessionellen Fehden unbehelligten Entfaltung der Produktivkräfte diente, mußte er seine Autonomie sowohl gegenüber den traditionellen Gewalten als auch gegenüber dem Volk betonen. Indem der Absolutismus einen Raum nur der Staatsraison unterworfener Entscheidungskompetenzen herauskristallisierte, war sein Dezisionismus auf die jesuitische Lehre von der Willensfreiheit als Wahlfreiheit in besonderem Maße verwiesen, im Gegensatz zum mittelalterlichen Gradualismus, der den freien Willen zugleich teleologisch festmachte. Zugleich jedoch konnte der Absolutismus auf das Bündnis mit den etablierten Gewalten, dem Feudaladel und der Kirche, nicht verzichten, denen er zwar ihre politische Selbständig-

[128] Barclay: Argenis, S. 450 f.
[129] Ebd., S. 451 f.

keit nahm, aber ihren äußeren Rang beließ. So stellt der Absolutismus selbst quasi einen Kompromiß zwischen aufsteigendem Bürgertum und traditionellen Kräften dar. Indem die ständische Hierarchie zwar machtpolitisch abgebaut wurde, jedoch äußerlich zugleich erhalten blieb, hielt auch die absolutistische Ideologie, wie sie Barclay spiegelt, an einer sinnvollen, wenn auch verborgenen, Ordnung der Welt fest.[130]

Die beschriebene Umkehrung macht jedoch zugleich das Übergewicht der menschlichen Freiheit deutlich. Daher ist auch die bereits erwähnte göttliche Providenz des Schlusses weniger ein theologicum als ein aestheticum. Die providentielle Relativierung der menschlichen Aktivität wird zugleich ästhetisch überhöht und entschärft. In der Selbstreflexion des Romans, die Nicopompus/Barclay anstellt, wird die Vorsehung dem Autor zugeschrieben:

> Ist die Spannung aufs höchste gestiegen, dann hebe ich sie auf und lasse die Stürme in die ungetrübteste Heiterkeit ausklingen.[131]

Insofern setzt sich der Subjektivismus als ästhetischer auch im Schluß des Romans durch. Daher auch die ironischen und genrehaften Züge, die den Schluß durchziehen. Als sich der Knoten gelöst hat, sprechen alle ganz unhöfisch durcheinander (gleichwohl geht auch hier die politische Perspektive nicht völlig verloren: der wechselseitigen Neckerei gibt man sich erst dann hin, als man sich zurückgezogen hat und nur die engsten Vertrauten des Königs Zeugen sind); der Herold, der den alles aufklärenden Brief der Hyanisbe dem Volk vorliest, kann vor Heiserkeit kaum zu Ende sprechen, denn der Brief ist sehr lang; der zehnjährige Sohn des Nicopompus überreicht dessen Hochzeitsgedicht und gibt sich kühn für dessen Verfasser aus; das Gedicht umfaßt nur wenige Verse, da Fürsten bekanntlich wenig Zeit haben; das anschließende Fest hebt im Volk allen Unterschied der Stände auf. So mündet die absolutistische Programmatik in die „ästhetische Utopie", und die eine ist die notwendige Folge der anderen.

Besonders akzentuiert sich dieser Subjektivismus im Verhältnis zur positiven Religion. Vermutlich war es für Barclay nicht der letzte Grund, seinen Roman in einer nebulösen Antike anzusiedeln, daß er dadurch die Möglichkeit gewann, das Verhältnis zur Religion kritisch zu formulieren. Im Rahmen einer synkretistischen antiken Götterwelt war das leichter möglich als im Rahmen des Christentums. Es wurde oben mehrfach darauf verwiesen, daß die Religion durchweg in eine politische Perspektive gestellt wird. Entsprechend machen die Protagonisten des Romans sie ihren Zwecken nutzbar. Um die feierliche Sanktionierung des von Lycogenes dem König abgepreßten Vertrages zu verhindern, spielt Argenis die Rolle der Un-

[130] Diese Problemlage und der Versuch ihrer Erklärung gilt natürlich nur für Barclay und die spezifisch französische Situation, die er reflektiert. Wenn sich in Barclays Konzeption noch der absolutistische Kompromiß niederschlägt, so braucht die bürgerliche Deduktion der Souveränität, wie sie später Hobbes vornimmt, keine theologischen Rücksichten mehr zu nehmen.

[131] Barclay: Argenis, S. 195

heilsprophetin. Als Hohepriesterin der Pallas, die selbst eine Allegorie der Kampfbereitschaft ist, wie die Schilderung ihres Standbilds zeigt, verkündet sie deren Exil, so mit der Verhinderung des vorgesehenen Opferrituals zugleich eine verdeckte politische Lehre verbindend: das Exil der Pallas als einer Verkörperung rational gezügelter Kampfbereitschaft spiegelt die auf Grund der Entscheidungsschwäche des Königs entstandene Bürgerkriegssituation. Ihre göttliche Raserei setzt Argenis selbst in Gang. Den nötigen Schwung verschafft sie sich, indem sie „dem peinigenden Schmerz über den Weggang des Poliarchus" nachgibt.[132] So wird die eigene primäre Emotion manipulativ ausgewertet, um ein bestimmtes politisches Ziel zu erreichen. Die Durchbrechung der Selbstbeherrschung legitimiert sich nur als politische Nutzbarmachung des emotionalen Potentials. Der Manipulation nach außen entspricht die Manipulation nach innen. So glaubt der König denn auch nicht an das Exil der Pallas, ist lediglich „ärgerlich" und fürchtet den Verdacht des Lycogenes, daß er die ganze Szene inszeniert habe.[133] Das allgemeine Eingeweihtsein der relevanten Personen wird vorausgesetzt. Geglaubt wird die Prophezeiung der Argenis nur vom Volk, das in seiner notorischen Unsicherheit die unterschiedlichsten Interpretationen anbietet. Daß Lycogenes sich derselben Mittel bedient, indem er Priester besticht, wird nicht moralisch kritisiert, sondern lediglich in den verhängnisvollen Auswirkungen auf das Volk dargestellt. Aber auch dessen Leichtgläubigkeit wird nicht kritisiert, sondern nur ironisiert. Daher wird denn auch das Gedicht eines „von der allgemeinen Raserei selbst nicht ganz" freizusprechenden Poeten überliefert, in dem diese ästhetisch überhöht und dadurch zugleich ironisch distanziert wird.[134] Die Leichtgläubigkeit des Volkes ist eine Konstante, die vorausgesetzt wird und beliebig ausgenutzt werden darf. Der Rechtstitel dieser Manipulation entzieht sich moralischer und unterliegt ausschließlich politischer Beurteilung. Nicht daß manipuliert wird, ist von Interesse, sondern von wem.

Diese Instrumentalisierung der Religion zum Zweck politischer Beeinflussung hat eine Grenze nur da, wo sie den guten Geschmack verletzt oder die souveräne Entscheidungsgewalt des Herrschers gefährdet. Als der „Kleinmut" der Hyanisbe dem Saturn einen Knaben schlachten lassen will, will Poliarchus den Sieg nicht einem derart barbarischen Mittel verdanken.[135] Das wendet sich jedoch nicht gegen religiöse Manipulation an sich, sondern nur gegen die Einschränkung der Verantwortung des Herrschers in einer Entscheidungssituation sowie gegen die Unmenschlichkeit des speziellen Ritus. So wird auch vor allem kritisiert, daß Hyanisbe an die Wirksamkeit dieses Brauchs überhaupt glaubt. Und ebenso schätzt Poliarchus den Effekt seiner Zurückweisung politisch richtig ein: es macht „aufs Volk den allerbesten Eindruck" und erfüllt es mit Zuversicht, daß der Anführer die äußersten Mittel verschmäht.[136]

[132] Barclay: Argenis, S. 118
[133] Ebd., S. 119
[134] Ebd., S. 140
[135] Ebd., S. 538
[136] Ebd., S. 539

Andererseits kalkuliert Poliarchus jedoch auch den Aberglauben des Volkes ein und ergreift daher gegenüber dem geplanten Selbstopfer des Sitalces geeignete Vorsichtsmaßnahmen. Bekanntlich hat Livius an zwei Stellen ein solches Selbstopfer dargestellt (Ab urbe condita VIII, 9 bzw. X, 28). Beide Male weiht ein Publius Decius Mus, von denen der eine ein Sohn des anderen ist, sich und die Feinde den unterirdischen Göttern, beide Male bringt ihr Tod dem feindlichen Heer die Niederlage. Barclay macht sich dieses Motiv zunutze, um zu demonstrieren, wie man mit solchen abergläubischen Machenschaften fertig wird. Auch hier fungiert der Aberglaube des Volks als Invariante. Poliarchus macht daher, von einem Überläufer über das geplante Selbstopfer des Sitalces informiert, gar nicht erst den Versuch, sein Heer über den Unfug dieses Ritus aufzuklären, sondern sorgt lediglich dafür, daß Sitalces nicht getötet, sondern nur gefangen genommen wird, worauf er dem Radirobanes einen sarkastischen Brief schickt. Daß dieser sich auf das Angebot des Sitalces überhaupt eingelassen hat, gereicht ihm ebenso zum Vorwurf wie der Hyanisbe das geplante Menschenopfer. Aufgeklärtheit ist das Kennzeichen des wahren Herrschers. Daher wird Anfälligkeit für abergläubische Regungen denjenigen Fürsten und Fürstinnen zugeordnet, die auch sonst mit einem Makel behaftet sind, dem Gegenspieler Radirobanes, bei dem es allerdings unklar bleibt, inwieweit er selbst an die Wirksamkeit des Selbstopfers glaubt, und der Hyanisbe, die auch im politischen Bereich gegenüber ihrem Volk allzu nachgiebig ist. Auch der kompromißbereite Meleander glaubt, daß die Theocrine, unter der sich Poliarchus verbirgt und die durch ihre Tapferkeit einen Anschlag des Lycogenes auf die Argenis vereitelt hat, in Wirklichkeit die Göttin Pallas ist. Für Argenis und Poliarchus, die es besser wissen, ist der der Theocrine-Pallas eingerichtete Kultus ein Anlaß sublimen Spiels. Wenn die von Meleander zur Oberpriesterin gemachte Argenis beim Opfern den Namen Pallas ausspricht, schaut sie den Poliarchus an, der ihr dann scherzhaft „mit geheimem Wink" Erhörung zunickt.[137]

Dieser Entmythologisierung der Religion entspricht es umgekehrt, daß der Herrscher vergöttlicht wird. Insofern wird die geleistete Aufklärung zugleich politisch umgebogen. Der Staatsroman des 18. Jahrhunderts wird dann eben dieses, den manipulativen Charakter des „Priestertrugs", der ja selbst schon ein durchaus aufgeklärtes Verhalten ist, zum Anlaß der Kritik nehmen und den moral- und religionsfreien Raum ausschließlich politischer Aktion zugunsten des Ideals der Echtheit und Unmittelbarkeit des moralischen und religiösen Gefühls, das dann auch politische Relevanz beansprucht, einziehen. Daß Hyanisbe dem Retter Poliarchus einen Kult einrichten will, wird von diesem nicht verhindert. Bei Barclay schließt die Existenz irdischer Götter die himmlischer aus. Jedenfalls gilt das für die im Roman dargestellte positive Religion.

Insofern sich in bestimmten Personen ernst zu nehmende religiöse Impulse inkarnieren, wie etwa in Aneroestus, werden auch diese in den politischen Raum

[137] Barclay: Argenis, S. 371

einbezogen. Als Archombrotus nach der Eroberung Sardiniens den von Radirobanes unklugerweise beraubten Tempel des Jupiter Coelestis betritt, sieht er in einem Gang zwei Altäre mit Standbildern der Klugheit bzw. der Stärke, also der beiden Haupttugenden des absoluten Herrschers. Die Ideale der Weltlichkeit finden sich so auch in der Weltabgeschiedenheit. Zwischen diesen wird nicht im Sinne einer positiven oder negativen Bewertung unterschieden. „'So haben die Götter *uns* die Niedrigkeit, *euch* die Sorgen, *uns beiden* aber Mühe und Arbeit zugeteilt'", sagt ein Priester zu Archombrotus.[138] Der Unterschied zwischen Herrscher und Mönch reduziert sich auf eine bloße Rollenverteilung. Archombrotus bemerkt denn auch beifällig, daß „die Ausübung der strengsten Tugend keinen schwerfälligen oder unangenehmen Eindruck" macht, also den Anforderungen höfischer Stilisierung durchaus genügt.[139] Die Organisation der Priesterschaft ist parastaatlich. Das Gebot des strikten Gehorsams, die Geheimhaltung von Meinungsverschiedenheiten sowie die Internationalität der Priesterschaft entsprechen politischen Gepflogenheiten königlicher Kabinette. Analog wird die Mitgliedschaft nicht in einem generellen dichotomischen Weltbild verankert, sondern selbst ins Geheimnis entrückt:

> Die Götter allein empfehlen in heimlicher Zwiesprach (sic!) den Auserkorenen diese neue, dem Auge und dem Sinn der Welt entzogene Glückseligkeit.[140]

Die Weltentsagung ist nicht das dem Menschen als Menschen und damit jedem adäquate Verhalten, sondern eine Angelegenheit von Auserwählten, und das Kriterium der Auswahl liegt bei den Göttern. Positivität und Zufall der göttlichen Wahl entsprechen Positivität und Zufall der monarchischen Erbfolge. Vor beider Faktizität hat jeglicher Anspruch auf Begründung zu kapitulieren.

Zu dieser Priesterschaft gehört auch Aneroestus. Seine Mitgliedschaft ist selbst politisch motiviert. Durch eine Rebellion, bei der seine beiden Söhne ums Leben gekommen sind, der Herrschaft beraubt, entsagt er schließlich dem Versuch, mit Hilfe von Bundesgenossen den Thron zurückzugewinnen. Dies würde nur neuen Bürgerkrieg bedeuten, und die wieder aufgerichtete Herrschaft würde zudem instabil sein, da Aneroestus keine leiblichen Nachkommen mehr hat. So wird die Entsagung mit unterschwelliger Anerkennung der Notwendigkeit von Herrschaft überhaupt begründet. Ein apriorisches oder auch erst neu gewonnenes Weltbild liegt ihr nicht zugrunde:

> Staunend sah ich die Schönheit der dortigen Gegend und das Leben der Ordensbrüder. Bald war mein Entschluß gefaßt: mich aller Sorgen zu entschlagen und – nachdem ich bei den *Menschen* so viel Schlimmes ausgestanden hatte – einmal die *Götter* auf die Probe zu stellen.[141]

Ästhetisches Wohlgefallen und privates Ruhebedürfnis führen zu einem ganz per-

[138] Barclay: Argenis, S. 624
[139] Ebd., S. 625
[140] Ebd., S. 625 f.
[141] Ebd., S. 636

sönlich motivierten Entschluß. Das autonome Individuum tritt auch den Göttern experimentierend gegenüber („Deos experiri", heißt es im Original).

Diese Unabhängigkeit wird nach außen und nach innen gesichert. Zwar bettet Aneroestus die menschliche Vernunft kosmologisch ein. Ein höchster Geist hat die Natur gesetzmäßig und vernünftig eingerichtet. Gott hat „als Ursprung aller Tugenden Recht und Gesetz durch die angeborene Vernunft in die Gemüter" gepflanzt.[142] Die menschliche Vernunft ist mit der göttlichen durch das Naturgesetz verbunden. Und insofern tritt der oben beschriebene und erklärte Widerspruch zwischen göttlicher Providenz und menschlicher Willensfreiheit in abgewandelter Form erneut hervor. Jedoch ist die Akzentuierung der beiden Momente durchaus dieselbe. Die naturgesetzliche Interpretation der Vernunft hat nämlich keinerlei Optimismus zur Folge. Die Vernunft ist vielmehr stets in Gefahr, von Leidenschaften und Begierden überspült zu werden. Deren Gewalt, die im übrigen nicht theologisch abgeleitet wird, bedingt den anthropologischen Pessimismus, der den ganzen Roman und auch die Rede des Aneroestus durchzieht. Die naturgesetzliche Begründung der menschlichen Vernunft instituiert lediglich die Vernunft als Herrschaftsmittel. Diese nun – und darin besteht die spezifisch absolutistische Variante dieser Konzeption – kommt nur dem Herrscher und ihm nahestehenden Personen zu, deren Aufgabe es ist, „dem allzu üppigen Laster die Zügel an(zu)legen."[143] Die Macht des Lasters, die seine Bezwingung nur temporär zuläßt, hat die quasi institutionelle Verteilung der Vernunft an den Herrscher, der Leidenschaften und Begierden an das Volk zur Folge. Die Vernunft existiert und soll sich durchsetzen, aber daß sie sich auch durchsetzen wird, ist nicht gesagt. So erklärt sich der quasi märchenhafte Charakter des Schlusses auch aus diesem Mangel an Teleologie, die nur noch in ästhetischer Form auftreten kann. Die Herrschaft der Vernunft wird zugleich allgemein postuliert und institutionell abgespalten. Die bürgerliche Rationalität bedarf der von ihr abgetrennten fürstlichen Rationalität, um ihr eigenes Überleben zu sichern. Kant wird dann später, zu einem Zeitpunkt, als das Bürgertum des herrscherlichen Schutzes nicht mehr bedarf, das Postulat der Herrschaft der Vernunft auch institutionell universalisieren. Die Vernunft soll sich in einem unendlichen, wenn auch nur approximativen, Prozeß und Progreß in der Realität durchsetzen. Damit wird dann auch die Teleologie (subjektiv) restituiert.

Der Versuchung der Leidenschaften kann man am leichtesten entkommen, wenn man ihnen keine Nahrung gibt, und die Gewähr dafür bietet ein streng geregeltes Leben in Einsamkeit. Insofern wird der Rückzug aus der Welt quasi seelendiätetisch begründet. Eine generelle Verachtung der Welt ergibt sich daraus keineswegs. Im Gegenteil. Wie man vor der Versuchung durch die Laster fliehen kann, so kann man sich dieser auch stellen und sie beherrschen. Dieses ist die Aufgabe der Fürsten. Deren Gefährdung wird zunächst dargestellt, jedoch:

[142] Barclay: Argenis, S. 640
[143] Ebd., S. 645

> Verzeiht mir, hohe Fürstin, und Du, mein Sohn: ich verwerfe euren Stand nicht. Es geziemt tapferen, euch gleichgestimmten Seelen, dem anmaßenden Glück und der ausschweifenden Begier den heiligen Zaum der Tugend und der Gesetze anzulegen. Ich aber fühle mich zu schwach, eure Last zu tragen.[144]

Die Antithetik reduziert sich auf die persönliche Disposition. Weltflucht erscheint als, wenn auch entschuldbare, Flucht vor der Verantwortung. Das schlechte Gewissen schlägt permanent durch. In der Ordensgemeinschaft dürfen wir, „(ohne den Verdacht der Willensschwäche auf uns zu laden) die Götter fürchten", sagt Aneroestus.[145] Daher auch deren parastaatliche Organisation. Die Weltflucht ist zwar privat motiviert, muß sich jedoch öffentlich legitimieren. Letzteres ist gewissermaßen die Wiedergutmachung der ersteren. Die Gottesfurcht des Privatmanns wird implizit als der „ignavia" entsprungen bezeichnet. Die rigorose Disziplin des Ordens dagegen stellt die Autonomie der Person wieder her, jedoch nicht mehr als privater, sondern als öffentlicher. So sollen denn auch die Leidenschaften weniger abgetötet als umgelenkt und fruchtbar gemacht werden.[146] Sie unterwerfen sich dem kritischen Richtspruch der Vernunft und werden so zugleich beschränkt und veredelt. Auch auf dem Gebiet der Psychologie wird so die Antithetik heruntergespielt.

Den bereits von dem Priester in der Unterhaltung mit Archombrotus betonten göttlichen Voluntarismus in der Auswahl der Ordensmitglieder arbeitet auch Aneroestus entschieden heraus. Individuelle Motivation und transzendente Bestimmung wirken dahingehend zusammen, das Motiv einer weltbildlich verankerten Schicksalsverdrossenheit auszuschließen. Als Bestimmungsgrund für den Eintritt in den Orden wird die Unzufriedenheit mit dem eigenen Geschick gerade noch zugelassen – ohne diese Konzession würde sich Aneroestus selbst desavouieren, obgleich er andrerseits auch bei der Darstellung seines Entschlusses seine Autonomie scharf betont (s. o.) –, beharrt jedoch der Eingetretene bei seinem Zürnen und Klagen, fügt er dem Orden schweren Schaden zu. Auch eine „unvorbedachte und schwärmerische Vorstellung von dem Wert der Tugend", wie sie besonders Jünglinge hegen, darf kein Motiv sein, da dieses anfänglich „außergewöhnlich lebhafte Streben" allzu leicht erlahmt.[147] So werden letztendlich auch für den Eintritt in den Orden herrscherliche Tugenden postuliert: Vernunft, Tatkraft, Geduld.[148] Im Fall des Aneroestus wird sogar der göttliche Wille rationalisiert: zugleich mit seiner Erwählung teilen ihm die Götter mit, daß er sich um sein Reich keine Sorge zu machen brauche, und in der Tat sorgt ja Astioristes/Poliarchus dort später für

[144] Barclay: Argenis, S. 642
[145] Ebd., S. 641
[146] Daß an anderer Stelle gleichwohl von der Ertötung der Leidenschaften die Rede ist, erklärt sich aus der Antithese zur Aufgabe des Fürsten, sie zu zügeln und zu beherrschen. Sobald jedoch immanent psychologisch argumentiert wird, wird auch diese Antithetik abgebaut, wie die angesprochene Passage ausweist.
[147] Barclay: Argenis, S. 644
[148] Vgl. ebd.

Ordnung. Daher sieht denn auch Aneroestus nach der Wiederbegegnung mit seinem Pflegesohn keinen Grund, seine Einsamkeit aufzugeben. Zwischen Herrscher und Orden findet eine Art Arbeitsteilung statt. Da die Berufung zur Mitgliedschaft von den Göttern abhängt, ist eine Entvölkerung von Stadt und Land und eine Bevölkerung der Einöde, wie sie Poliarchus befürchtet, nicht zu erwarten. Ausdrücklich lobt Aneroestus die Tätigkeit der Fürsten und schließt mit der Versicherung, daß er sich unter anderem auch deswegen in die Einsamkeit zurückziehen wolle, um Poliarchus und seinen Heeren die Gunst der Götter zu verschaffen. Auch die ernsthafte Religiosität erhält so eine indirekte politische Funktion. Beide schließen daher einen Kompromiß. Aneroestus behält seinen Status als Mitglied des Ordens bei, kommt aber mit nach Gallien, um „veredelnd aufs Vaterland einzuwirken."[149]

Die Übel der Welt sind eine ständige politische Herausforderung. Daher wird sowohl der bloß negative und private Rückzug von ihnen relativiert als auch vor allem die utopische Kritik. Die generelle politische Vermittlung schließt utopische Endgültigkeit von vornherein aus. Die „Hoffnung" hat ihren Platz nur im Gefolge des „Ehrgeizes".[150] Ohnehin sind utopische Motive nur in mythologischer Verbrämung, meist der des goldenen Zeitalters des Saturn, gegenwärtig. Aber auch dann werden sie durchweg uminterpretiert. In dem Siegeslied des Nicopompus auf den Sieg im Bürgerkrieg wird Saturn vorgeworfen, daß er sein goldenes Zeitalter nicht tatkräftiger gegen den Rebellen Jupiter verteidigt habe.[151] Das goldene Zeitalter unterliegt denselben Bedingungen wie die Gegenwart. Daher wird in dem Gedicht zu dem Ballett „Die Teilung der Welt" an ihm besonders hervorgehoben, daß die Welt damals deswegen so glücklich gewesen sei, weil sie nur Einem gehorcht habe, nicht Dreien, wie nach der Teilung der Welt unter Jupiter, Neptun und Pluto.[152] Der Erwähnung des goldenen Zeitalters liegt keinerlei geschichtsphilosophisches Verfalls-

[149] Barclay: Argenis, S. 647. – Inwieweit diese politische Rückbeziehung des Ordens unmittelbar auf die Jesuiten zielt, ist schwierig zu bestimmen. Gewiß ist Barclay selbst im Jesuitenkollegium von Pont-à-Mousson erzogen worden und hat in seiner mit einundzwanzig Jahren geschriebenen Satire „Euphormio" ein sehr wohlwollendes Porträt eines Jesuiten Acignius (Anagramm für Ignacius) entworfen. Jedoch hebt dieses vor allem auf die jesuitische Gelehrsamkeit ab, nicht auf die politische Bedeutung des Ordens. Auch wird Aneroestus in den verschiedenen Schlüsseln zur „Argenis" einmal als Papst Clemens VIII., ein andermal als Kardinal von Navarra identifiziert, jedenfalls nicht als Jesuit. Eine inhaltliche Parallelität der Ausführungen des Aneroestus zur jesuitischen Theorie und Praxis ist nicht durchweg gegeben. Zwar ist der Orden wie die Jesuiten monarchisch organisiert, aber der Oberpriester wird gewählt. Der Antifinalismus, die Betonung der menschlichen Willensfreiheit in der Ausübung der Tugend sind spezifisch jesuitisch, nicht jesuitisch jedoch ist der außerordentliche Akzent, der auf der Verführbarkeit des Menschen zum Laster liegt. So hat Barclay wohl auch hier eine allzu enge Anlehnung an spezielle Vorlagen vermieden und nur generell einer politischen Religiosität das Wort geredet.

[150] Ebd., S. 204

[151] Vgl. ebd., S. 266

[152] Vgl. ebd., S. 391

schema zugrunde, das dann in chiliastische Zukunftserwartungen umschlagen könnte. Die biologistisch, entwicklungsgeschichtlich verstandenen Zyklopen haben noch vor Saturn gelebt.[153] Von ihnen werden oft Knochen gefunden, und Meleander selbst erzählt, wie er in einer Höhle auf einen riesigen Leichnam gestoßen sei, der bei der Berührung zu Staub zerfallen sei. So wird die Geschichte in der Form der Menschheitsgeschichte noch hinter den Mythos zurückverfolgt. Der Mythos wird selbst historisch.

Entsprechend beschränkt sich auch die Zukunftsvision des Aneroestus am Schluß auf ein wohlgeordnetes und zugleich außenpolitischen Spielraum lassendes Staatensystem.[154] Das sizilische Reich wird sich nach Unteritalien ausbreiten, Gallien zum Rhein und zum Ozean hin, aber beide werden durch feste Bündnisse verbunden bleiben. Die Zukunft wird zugleich abgeschlossen und geöffnet. Der politische Aktionsraum bleibt auch in der „utopischen" Prophetie erhalten. Daher wendet sich auch im letzten Satz die Geschichte zur Vergangenheit zurück. Für die Dauer des Nachruhms bürgt „der Genius der Geschichte, die – einmal dem Geist der Völker eingeprägt – von keiner Gewalt, keiner Zeit je wieder ausgetilgt wird".[155] An die Stelle des utopischen Umschlags der Geschichte tritt die geschichtliche Verewigung im Ruhm. Die Geschichte wird nicht horizontal aufgelöst, sondern vertikal überhöht. Argenis und Poliarchus werden unter die Gestirne versetzt. Der Preis für die Aufklärung ist die Mythologie, aber eben Mythologie und nicht Mythos, und dieser Preis war historisch zu zahlen.

II. Grimmelshausen

Handelte es sich im ersten Abschnitt dieses Kapitels zunächst darum, an Hand des klassischen Romans des Absolutismus die programmatische und ästhetische Idealisierung der Souveränität zu erörtern, so wird es im folgenden darum gehen, in Antithese dazu Möglichkeiten der Kritik zu demonstrieren. Dabei gehe ich von Grimmelshausens sich mit der Lehre von der Staatsraison auseinandersetzendem Ratio-Status-Traktat aus, um dann in einem zweiten Unterabschnitt die sich im „Simplicissimus" findenden positiven Utopieentwürfe zu diskutieren. Abschließend und überleitend versuche ich, die gefundenen Ergebnisse durch einige weitere Beispiele jedenfalls als heuristische Struktur abzustützen.

[153] Vgl. Barclay: Argenis, S. 246 ff.

[154] Im „Euphormio" exponiert das Herkunftsland des Helden, das utopische Lusinien, lediglich die satirische Wanderung durch die Welt. Es selbst ist kaum ausgestaltet. Daher kehrt Euphormio am Schluß auch nicht nach Lusinien zurück, was nach den mannigfachen Enttäuschungen zu erwarten gewesen wäre, sondern kommt an den Hof Jakobs I.

[155] Barclay: Argenis, S. 684

1. Die Kritik der Staatsraison

Das Titelblatt der ersten Ausgabe von Thomas Hobbes' „Leviathan" zeigt einen Herrscher, der hinter einer aus Stadt und umgebender Landschaft sich zusammensetzenden Szenerie aufragt. Der Himmel ist leer. Von Schwert, Krone und Zepter unterbrochen, steht zu Häupten des Königs ein Zitat aus dem 41. Kapitel des Buches Hiob: Non est potestas Super Terram quae Comparetur ei. Von der Brust an sichtbar, hält er in der rechten Hand das Schwert, in der linken das Zepter, auf dem Kopf trägt er die Krone. Leib und Arme werden, bis auf die Hände, von unzähligen Menschen gebildet. Auf dem Titelkupfer der ersten Ausgabe von Grimmelshausens „Simplicianischem Zweyköpffigem Ratio Status" ist dieser als doppelköpfige Figur dargestellt, die auf einem Reichsapfel wie auf einer Weltkugel sitzt, wobei ja in der Symbolsprache der Herrschaftsinsignien der Apfel die Welt tatsächlich symbolisiert. Umgeben ist sie, oben und unten abgesetzt, von Szenen aus dem Leben der vier in dem Traktat behandelten biblischen Personen. Drei Szenen sind Sterbeszenen, nur der Harfe spielende König David ist davon ausgenommen. Hinter der Figur breitet sich eine indifferente Landschaft aus, oben droht ein wolkenverhangener dunkler Himmel. Der eine (barhäuptige) Kopf der Figur ist umgeben von einer Gloriole, der andere trägt einen Turban, aus dem die Andeutung eines Horns herausragt. Der eine Kopf trägt eher weibliche Züge, der andere durchaus männliche. Der gezwirbelte Schnurrbart betont das Türkische. So hält diese Hälfte der Doppelfigur auch ein Krummschwert, die andere ein mit Friedenszweigen umwundenes gerades Schwert. Beiden Häuptern wird aus den Wolken etwas gereicht, von welchen Gegenständen der eine eindeutig als Kranz identifizierbar ist. Das Titelkupfer der ersten Gesamtausgabe von 1684 ist demgegenüber weitgehend abgeändert. Geblieben sind nur die zwei Schwerter, von denen jedoch das Kriegsschwert, dessen Knauf von einem Raubvogelkopf gebildet wird, begradigt ist. Eine einzige Herrscherfigur hält beide Schwerter in der linken Hand, das Friedensschwert nach oben, das Kriegsschwert nach unten gerichtet. In der rechten Hand hält sie einen Reichsapfel, dessen Kreuz etwas nach unten zeigt. Vom Reichsapfel geht ein Schriftband aus mit der Inschrift: Ratio Status Globulus versatus. Mantel und Schleppe der Figur sind übersät mit Augen. Von der Schleppe versuchen andere, sich Stücke abzuschneiden. Oberhalb der barhäuptigen, schnurrbärtigen Herrscherfigur befindet sich eine Sonnenuhr mit der rundlaufenden Inschrift: Wie die Strahlen, so die Zahlen, zu ihren Füßen die Andeutung einer Erdkugel.

Die unterschiedliche Gestalt dieser drei Titelbilder gibt Aufschluß über den unterschiedlichen Gehalt der jeweiligen politischen Lehre. Die Landschaft, hinter der auf dem Titelbild des „Leviathan" der Herrscher sich erhebt, ist naturalistisch (auf den beiden Titelkupfern des „Ratio Status" ist sie bloße Staffage und spielt keine Rolle). Zugleich jedoch gewinnt die Landschaft dadurch, daß es keine bestimmte ist, sie vielmehr mit Stadt und Land die wesentlichen Bestandteile eines Territoriums in sich vereinigt, symbolische Qualität. Die realistische Landschaft steht für das wirkliche Territorium eines von einem Fürsten beherrschten Landes, und in der Tat ist ja die absolutistische Herrschaft im Gegensatz zum mittelalterlichen Königtum durch die Herrschaft über ein geschlossenes Territorium definiert. Die über das Land ausgebreiteten Arme machen die Schutzfunktion des Herrschers deutlich. Dieser ist als Kriegskönig dargestellt. Der kriegerische Herrscher kontrastiert der friedlichen Landschaft und bleibt zugleich auf sie bezogen. Das Kriegertum des Fürsten ist faktisch das Gegenteil des Friedens der Landschaft, zugleich aber ist letzterer durch ersteres bedingt. Friede kann nur dann herrschen, wenn die sich vor allem außenpolitisch artikulierende Souveränität des Herrschers absolut ist. Daher bilden die Untertanen zugleich die Schuppen des Panzers. Der Herrscher schützt das Land, kann das aber nur, wenn seine Bewohner ihre Selbständigkeit aufgeben und zu Momenten der fürstlichen Souveränität werden. Zwischen Volk und Herrscher wird dabei jedoch genau unterschieden. Das Volk bildet lediglich Leib und Arme des Leviathan. Kopf und Hände gehören diesem als selbständiger Person zu. So wird die Differenz von bloßem Mittel und Entscheidungsinstanz deutlich gemacht. Durch die drei Bestandteile Herrscher, Untertanen und Territorium ist der absolutistische Funktionalismus vollständig umschrieben. Eine transzendente Verankerung fehlt. Das Zitat des 25. Verses des 41. Hiobkapitels ersetzt diese keineswegs. Gott schildert dort seine Allmacht an den mythischen Ungeheuern Behemoth und Leviathan. Das Zitat bezieht sich auf den letzteren, von dem die Abhandlung auch ihren Titel hat. Die Macht des Herrschers wird nicht biblisch untermauert – dafür wären andere Stellen zuständig gewesen –, sondern Gott gewissermaßen auf die Erde heruntergeholt. Zwar verdanken wir dem „sterblichen Gott" „unter dem ewigen Gott Schutz und Frieden".[156] Aber die Erwähnung des letzteren ist nur verbal und hat für die Staatstheorie keinerlei Bedeutung. Die Bibel wird nicht zitiert, um einen Rechtstitel zu begründen, sondern um ein immanent und dem Anspruch und Selbstverständnis nach streng wissenschaftlich abgeleitetes Postulat quasi-ästhetisch zu überhöhen.

Dagegen zitiert Grimmelshausen die Verse Maleachi III, 14/16, die sich auf den Lohn der Gottesfürchtigen und der Gottlosen beziehen. Mit der Staatsraison als einem politicum haben sie unmittelbar nichts zu tun. Im Gegensatz zum zugleich horizontal und vertikal gegliederten Titelblatt des „Leviathan", auf dem der Souverän sich zugleich über und hinter der Landschaft erhebt, drückt sich auf dem Titelkupfer der 1. Auflage des „Ratio Status" die politische Lehre nur vertikal aus. Der zweiköpfige Ratio Status sitzt auf der Weltkugel/Reichsapfel und erhält aus den Wolken einen Kranz dargereicht; die zu beiden Seiten stehenden Figuren fügen dem Gehalt nichts hinzu, sondern illustrieren diesen lediglich. Die horizontale Gliederung konstituiert nicht die Lehre, sondern verallgemeinert diese nur. Die Ratio Status wird von vornherein in ein metaphysisches Schema eingepaßt. Dieses

[156] Hobbes: Leviathan, S. 137

ist auch noch der Fall in dem Titelkupfer der 2. Auflage, nur daß hier an die Stelle der Engel die Astrologie getreten ist. Letzteres akzentuiert die Notwendigkeit des irdischen Geschehens, während das Kupfer der 1. Auflage auf die Belohnung bzw. Bestrafung des guten oder schlechten Herrschers abhebt, der Himmel also nicht als faktische, sondern als moralische Ordnungsinstanz fungiert. Man vergegenwärtige sich in diesem Zusammenhang die oben erörterte Ablehnung der Astrologie durch Barclay.

Der metaphysischen Einordnung der Ratio Status entspricht ihre Verallgemeinderung. Auf dem Kupfer der 2. Auflage versuchen im Hintergrund „Gelehrte und Politiker" sich Stücke von dem mit die politische Klugheit bezeichnenden Augen übersäten Mantel abzuschneiden. Die Untertanen wollen dem Herrscher nacheifern. Dies wird jedoch keineswegs politisch kritisiert, sondern Herrscher und Untertanen rücken zusammen in eine moralisch wertende Perspektive. So heißt es auch in dem das Titelkupfer erläuternden Gedicht:

> Die gros = auch kleine Welt / Microcosmus genannt / die gröste Monarchi! der kleinste Mann und Stand / was da hoch steigen will / auch der besorgt zu sincken / entlehnt von mir ein Kopff / den Rechten oder Lincken / nach dem er ist geart / nach dem er hat ein Sinn / darnach nimmt er von mir auch Nutz und Schaden hin.[157]

Es geht nicht um die politische Beschreibung des Verhältnisses von Herrscher und Untertan, sondern um die moralische Bewertung des generellen „politischen" Verhaltens in einer von der Fortuna beherrschten Welt. Deren Auf und Ab wird betont.

Die moralische Interpretation ist jedoch zugleich theologisch verankert. Das unterscheidet Grimmelshausen etwa von Christian Weise, der die Mode der den Begriff des Politischen universalisierenden politischen Romane inauguriert hat. In der Vorrede zum „Politischen Näscher" stellt Weise neben die „Politica" als „Klugheit das gemeine Wesen wohl zu conservieren" eine „Lehre", „darinnen ein iedweder Mensch insonderheit angewiesen würde / wie er sein Privat-Glücke erhalten / und alle besorgliche Unfälle klüglich vermeiden köndte".[158] Jedoch begründet hier nicht die theologische Rechtfertigung beider Parallelisierung, sondern das öffentliche bzw. private Wohlergehen. So werden im 37. Kapitel Staats- und Völkerrecht als Bereich des „freyen Willens und der natürlichen Klugheit" der Moralphilosophie zugewiesen und zugleich aus der Theologie ausgeklammert.[159] Zwar behauptet Weise noch den Vorrang der Theologie, begründet ihn aber gewissermaßen okkasionalistisch, opportunistisch: wenn die Heilige Schrift genügt, um die Begierden zu zähmen, braucht man sich mit der Ethik nicht so viele Mühe zu machen.

Die theologisch-moralische Einordnung bei Grimmelshausen schlägt sich schließlich auch in den Attributen des Herrschers nieder. In den Kupfern der 1. wie auch der 2. Auflage des „Ratio Status" hält der Herrscher ein Friedensschwert und ein

[157] Grimmelshausen: Simplicianischer Zweyköpffiger Ratio Status, Tübingen 1968, S. 4
[158] Christian Weise: Der politische Näscher, Leipzig 1678, S. 11 f.
[159] Ebd., S. 378

Kriegsschwert. In dem der 1. Auflage werden diese zudem der guten bzw. bösen Hälfte, dem Heiligen bzw. dem Tyrannen zugeordnet. Dagegen hat der Hobbessche Souverän nur *ein* Schwert. Ob er dieses für den Frieden oder für den Krieg benutzt, ist angesichts seiner Omnipotenz nicht nur irrelevant, sondern die Frage danach gar nicht erlaubt. Der Frieden kann vielmehr nur durch das allseitig und moralisch indifferent verwendbare Kriegsschwert gesichert werden. Der rein politische Aktionsraum entzieht sich der moralischen Beurteilung. Daß dagegen bei Grimmelshausen der eine Kopf des Ratio Status, der das Friedensschwert hält, von einer Gloriole umgeben ist, der andere, der das Kriegsschwert hält, Züge und Kopfbedeckung eines Türken trägt, bindet obendrein das Kriegertum des Herrschers an den Glaubenskrieg, an den Gegensatz von Christen und Heiden. Das Völkerrecht des Absolutismus führt „für einen gemeinsamen Raum, nämlich für Europa selbst, die gegenseitige Anerkennung der Staaten als Gegner ein".[160] Dagegen legitimiert sich der Krieg bei Grimmelshausen nur durch den religiösen Gegensatz. So bindet auch Modestus im Gespräch mit seinem Sohn Proximus die Tapferkeit an die Auseinandersetzung mit den Heiden, wobei er zusätzlich darauf hinweist, daß der solcherart gerechtfertigte Gebrauch der Waffen bisweilen „an dem völligen Triumph" hindere, „welchen eine demühtige Nachfolgung Christi verleyhet".[161]

Die religiöse Perspektive Grimmelshausens drückt sich sowohl im biblischen Stoff seines Traktats als auch in der Art von dessen Aufbereitung aus. Der Mord Davids an Urias ist nach Hobbes zwar ein Unrecht gegen Gott, aber nicht gegen Urias, da ihm dieser durch seine Zustimmung zum den Souverän konstituierenden Vertrag auch die Verfügungsgewalt über sein Leben zugesprochen hat.[162] Und der letztere Aspekt ist allein maßgebend, da nur er einer wissenschaftlichen Deduktion zugänglich ist. Das Unrecht gegen Gott ist für Hobbes nur soweit interessant, als es die Tat rechtlich exkulpiert. Dagegen betont Grimmelshausen vor allem Sünde und Reue. Das, was David nach Hobbes mit Recht tut, nämlich seine Tat macchiavellistisch zu rechtfertigen, wird von Grimmelshausen als doppelte Sünde verworfen. Zwar unterscheidet auch Grimmelshausen zwischen ius divinum und Naturrecht einerseits und ius humanum positivum andrerseits und leitet im Anschluß an ein Augustinzitat das Herrscherrecht aus der Notwendigkeit her, das Eigentum zu sichern. Jedoch begründet nicht das Eigentum als Eigentum, seine bürgerliche Qualität, die Institution der herrscherlichen Gewalt, wie dann später bei Locke, sondern seine metaphysische Verankerung. Gott ist der oberste Eigentumsherr, und nur er kann daher die Herrschaft verleihen. So ist Demut die Grundtugend, „das Fundament / worauff alle andere Tugenden sich gründen".[163] „Wo diese

[160] Koselleck: Kritik und Krise, S. 169

[161] Grimmelshausen: Des Durchleuchtigen Printzen Proximi und Seiner ohnvergleichlichen Lympidae Liebs-Geschicht-Erzehlung, Tübingen 1967, S. 24

[162] Vgl. Hobbes: Leviathan, S. 167

[163] Grimmelshausen: Ratio Status, S. 12

Grundveste mangelt", kann „das gantze Gebäu (wie fleissig und zierlich es auch auffgerichtet worden) nicht lang bestehen."[164] Hatte bei Barclay die Konstituierung eines eigenständigen politischen Raums auch die Tugenden auf diesen bezogen und insofern mediatisiert, so bedingt hier die ausschließlich religiöse Fundierung der Tugenden, daß diese a priori festliegen. Während dort die jeweilige politische Situation die einzelnen Tugenden jeweils anders definiert und diese politische Aktionsmoral sich in der Majestät inkarniert, macht hier das Fehlen der einen Grundtugend der Demut alle anderen zunichte.

Dieser Radikalismus läßt auch das Vorhaben des Traktats, die gute von der bösen Ratio Status zu scheiden, von vornherein als problematisch erscheinen. Ratio Status wird definiert als die „Ubung" der Selbsterhaltung von Herrscher, Staat und Untertanen, also durchaus im Sinne eines erweiterten Begriffs der Staatsraison.[165] Indem diese aber von vornherein in einen religiösen Bezugsrahmen gestellt wird, wird ihre materielle Erörterung überflüssig. Die gute Ratio Status ist die eines „rechtmäßigen / frommen / Gott und der Welt gefälligen Regenten", die böse die eines „ungerechten / gottlosen Tyrannen".[166] Und wer ein guter oder böser (nicht schlechter!) Herrscher ist, liegt bereits fest.

Deutlich wird dieser Mechanismus vor allem an der Gegenüberstellung von Saul und David, an denen Grimmelshausen den zweiköpfigen Ratio Status vor allem zu demonstrieren versucht. Die herrscherlichen Tugenden Sauls werden ausführlich und mehrfach dargestellt. Nur in seinem Zusammenhang ist von der königlichen Majestät die Rede. Bei David spielt diese keine Rolle. Im Gegenteil: als dem vor der Bundeslade einhertanzenden, nur mit einem Leinenschurz bekleideten David sein Weib Michal den Mangel an „Gravität seiner Königlichen Majestät" vorwirft, antwortet dieser, daß man sich vor Gott nicht genug erniedrigen könne.[167] Mit der Majestät Sauls wird seine falsche Ratio Status unmittelbar in Verbindung gebracht:

> Josephus gibt diesem König das Lob / daß er sehr schön / gerad und starck von Leib: aber am Verstand und Klugheit noch vortrefflicher gewesen sey; woraus zu schliessen / er werde sich ohne Zweifel eingebildet haben / als er seinem Königlichen Stuhl genugsam befestiget zu sein vermeinet / solches seye durch seine eigene gute Qualitäten und Geschicklichkeit geschehen / vermittelst deren er auch seine Hohheit wol zu erhalten getraute.[168]

Daher lehnt sich Saul gegen Samuel und mittelbar gegen Gott auf. Seine (böse) Ratio Status gibt ihm den Anspruch auf absolute Gewalt ein. Die religiöse Fundierung des Herrschertums bindet dieses auch an die religiösen Vermittlungsinstanzen, in diesem Fall an den Propheten. Der Gegensatz zur absolutistischen strikten

164 Grimmelshausen: Ratio Status, S. 12
165 Ebd., S. 9
166 Ebd., S. 10
167 Ebd., S. 36 f.
168 Ebd., S. 17

Unterordnung der Kirche unter die Interessen des Staats, wie sie an Hand des Romans von Barclay demonstriert wurde, ist evident.

So wird auch der Begriff der Ratio Status vereinseitigt. Wird diese in dem allgemein gehaltenen ersten Discurs noch neutral definiert als die Methode der Selbsterhaltung von Herrscher, Staat und Untertanen, so handelt es sich in der Praxis Sauls nur noch um die Selbsterhaltung des Herrschers. Die absolutistische Interpretation der Staatsraison wird zugleich übernommen und gegen sich selbst gewendet. In der Tat dient ja der absolutistischen Staatstheorie nach der Herrscher dem Wohl von Volk und Staat dann am besten, wenn er vor allem auf seine eigene ungeschmälerte Macht bedacht ist, da nur auf diese Weise deren Frieden gesichert werden kann. Diese Identifikation bricht Grimmelshausen implizit auf, indem er in der Erzählung der einzelnen Geschichten nicht den entwickelten absolutistischen Begriff der Staatsraison zugrunde legt, von dem er theoretisch ausgegangen war, sondern den Macchiavellis, der jene Identität von herrscherlichem und allgemeinem Interesse noch nicht explizit formuliert hatte, wenngleich sie auch bei ihm bereits implizit angelegt ist.[169]

Die Ratio Status hat letztendlich doch nur einen Kopf und zwar einen bösen. Zwar ist auch im Zusammenhang mit David und Jonathan von der Ratio Status die Rede. Jedoch besteht diese nur in uneingeschränktem Vertrauen auf Gott, wird also ausschließlich passiv definiert. Die Selbsterhaltung ist nur dann gewährleistet, wenn man sie Gott überläßt. Die eigene Sphäre der Staatsraison wird religiös unterhöhlt. Diese religiöse Kritik ist von einer naturrechtlichen genau zu unterscheiden. Von vornherein wird das Naturrecht dem göttlichen Recht untergeordnet. Sein Postulat, daß alle Menschen gleich sind, heißt nur, daß alle Menschen gleich nichtig sind, und zwar vor Gott. Das Naturrecht begründet keine positiven Rechtstitel, wie später in der Aufklärung, sondern das positive Recht wird selbst wiederum quasi voluntaristisch an Gott gebunden.[170] So bleibt auch die Kritik an der Ratio Status notwendig abstrakt und ist obendrein jederzeit revozierbar.

Die moralische Rechtfertigung wird der religiösen untergeordnet:

> Es verdreust mich bey nahe zu erzehlen / was Saul vor Complimenten gemacht / als er nun zum Zweytenmal innen worden / wie der redliche David beydes gegen Gott und seiner Königlichen Person gesinnet.[171]

Da Saul verworfen ist, muß auch seine Verhaltensweise gegenüber David, als ihn dieser zum zweiten Mal geschont hat, relativiert worden. Nach dem ersten Mal ist Saul rückfällig geworden und hat David erneut nachgestellt, schließlich aber versöhnen sie sich. Zwar flieht David erneut, aber Saul verfolgt ihn nicht mehr, wie in der Bibel ausdrücklich betont wird und auch Grimmelshausen referiert. Diese widersprüchlichen Elemente versucht Grimmelshausen zu vereinheitlichen. Er unterstellt Saul einerseits, daß er David eigentlich „viel lieber den Hals zerbrochen

[169] Vgl. Meinecke: Idee der Staatsraison, S. 51 f.
[170] Vgl. Grimmelshausen: Ratio Status, S. 7 f.
[171] Ebd., S. 30

hätte", daß seine Worte also nicht ehrlich gemeint gewesen seien, andrerseits soll durch Saul der Heilige Geist gesprochen haben.[172] Diese sich gegenseitig widersprechenden Begründungen müssen herhalten, um die Versöhnung moralisch relativieren und die Antithese von gottlosem und gottesfürchtigem Herrscher aufrecht erhalten zu können. Entsprechend wird bei der Darstellung von Sauls Tod dessen Begründung eliminiert. Saul stirbt, um nicht den unbeschnittenen Philistern, dem politischen und zugleich religiösen Gegner, in die Hände zu fallen. Dagegen vervollständigt bei Grimmelshausen der aus Verzweiflung, einer der sieben Todsünden, erfolgende Selbstmord lediglich Sauls Sündenregister. Sein Leben stellt sich als Sturz „von einem Laster ins ander" dar.[173]

Dies wird nun charakteristischerweise nicht nur mit seiner Gottlosigkeit, sondern mit seinem Herrschertum selbst begründet:

> Er ist gewesen ein solches Muster / der jenigen / welche sich in nidrigen und geringen Stand / fromm und Gottseelig erzogen / nach dem sie aber mächtig / groß und gewaltig worden / allerhand Boßheit und Tyranney üben.[174]

Der Herrscher ist als Herrscher stets in Gefahr, zum Tyrannen zu werden. Daraus aber werden keine politischen Konsequenzen gezogen, wie später in der Aufklärung, sondern ausschließlich religiöse. Wenn der Fürst der Versuchung in besonderem Maße ausgesetzt ist, ist es am besten, gar nicht erst nach der Herrschaft zu streben. Diese Konsequenz allerdings klingt hier nur an, wird noch nicht explizit gezogen.

Entfaltet wird sie im „Simplicissimus". Aber auch in den „höfischen" Romanen Grimmelshausens wird auf die Ausübung der Herrschaft wenig Wert gelegt. In „Proximus und Lympida" illustriert die Erhöhung des Proximus lediglich die göttliche Macht, „seine Diener erhohen unnd beseeligen" zu können, „wann er wolte".[175] Als Proximus kaiserliche Feindschaft bemerkt, resigniert er sofort und geht mit seiner Familie ins venezianische Exil, wo er das Leben eines reichen bürgerlichen Privatmannes führt. In „Dietwalt und Amelinde" laufen die Prüfungen der Hauptpersonen und die politischen Ereignisse parallel und werden erst am Schluß zusammengeführt. In dem Josephsroman spielt Grimmelshausen gegenüber Zesens „Assenat" das politische Moment herunter. Dort wird die absolutistische Innen- und Außenpolitik Josephs ausführlich dargestellt und vor allem die Sphäre der höfischen Repräsentation breit entfaltet. Dagegen geht Grimmelshausen auf dem politischen Sektor über die biblische Überlieferung kaum hinaus.

Indem das Menschentum des Herrschers nicht naturrechtlich, sondern religiös definiert wird, bleibt ihm nur die Selbsterniedrigung vor Gott. Humanes Empfinden und göttliches Gebot können einander durchaus widerstreiten. Die erste Sünde Sauls ist, daß er die Amalekiter nicht ausrottet, wie Gott es befohlen hatte. Aus-

172 Grimmelshausen: Ratio Status, S. 30
173 Ebd., S. 31
174 Ebd.
175 Grimmelshausen: Proximus und Lympida, S. 133

führlich zählt Grimmelshausen die Sünden Davids und anderer Könige auf, die gleichwohl nicht, wie Saul, verworfen worden sind. Nicht der Ungehorsam allein ist maßgebend für die Verdammung, sondern vor allem die in der Ratio Status verkörperte trotzige Selbstbehauptung. Die politische Argumentation Sauls, mit der er die Schonung der Amalekiter rechtfertigen will, daß er sich nämlich vor dem Volk gefürchtet habe, kann daher nur als macchiavellistische Ausrede erscheinen.

Die ausschließlich religiöse Perspektive läßt jedoch sogar den Macchiavellismus tendenziell zum Adiaphoron werden. Daß David den König Achis betrogen hat, wird damit begründet, daß dies für die Selbsterhaltung des gesalbten Königs notwendig gewesen und daher billig zu entschuldigen sei. Ebenso wird sein späteres Verhalten gegenüber den Palästinensern mit Gründen der Staatsraison gerechtfertigt. Gegen die Erbfeinde seiner Nation können dem König alle Mittel recht sein. Die moralische Norm wird von der religiösen überlagert. Da David auf Grund seiner Demut a priori gerechtfertigt ist, kann er sich auch macchiavellistischer Mittel bedienen. Insofern kommt auf Grund der Abstraktheit der bloß religiösen Kritik das Kritisierte durch die Hintertür wieder herein. Wenn David Sünden begeht, so tut er das, um durch seine Untaten andere für ihre Untaten zu strafen, also im Auftrag der göttlichen Vorsehung. Auch sein politisches Fehlverhalten wird religiös begründet. Die politische Kritik an David, der, indem er seinen Feinden stets verziehen habe, andere zur erneuten Auflehnung aufgereizt habe — ein zentraler Punkt der Barclayschen Darlegungen – wird unter anderem mit dem Argument abgewehrt, daß dies die Buße für den Mord an Urias und den Ehebruch mit dessen Weib gewesen sei. Zusätzlich wird diese Politik auch noch macchiavellistisch begründet.

Die Widersprüchlichkeit dieser Ausführungen Grimmelshausens gründet in der radikalen Dichotomie von Diesseits und Jenseits. Der Versuch, diese innerweltlich zu überbrücken, ist von vornherein hybrid. Der Mensch ist als Mensch sündig, und was ihm zu tun bleibt, ist, seine Sünden zu bereuen:

> Sündigen ist Menschlich; darinnen verharren / ist Teufflisch.[176]

Angemessen ist dem Menschen allein das rein negative Tun der Buße sowie der Ergebung in den Ratschluß Gottes. David stellt „alles dem Willen des Allerhöchsten heim / in dieser Demuht und Gedult erwartend / was dem Allmächtigen ferner beliebte mit ihm zu machen".[177] Dieser virtuelle Quietismus macht es erklärlich, daß dann das Handeln nach außen zum Adiaphoron tendiert. Das persönlich definierte Verhältnis des Menschen zu Gott läßt die Aktion gewissermaßen draußen. Wenn das Kriterium der Erwählung oder Verwerfung ausschließlich die Reue über die Sünde ist, nicht diese selbst, kann auch der Erwählte macchiavellistisch handeln. Indem so von der Tat selbst abstrahiert wird, kann die Maxime der Erlösung universalisiert werden. Der metaphysische Bezug saugt den politischen

[176] Grimmelshausen: Ratio Status, S. 45
[177] Ebd.

Aktionsraum auf. Die allein gerechtfertigte Art der Selbsterhaltung ist die Selbstaufgabe. Wenn es das allein richtige Verhalten ist, sich in den Willen Gottes zu ergeben, ist es gleichgültig, ob man dies als Herrscher oder als Mensch tut. Daher die oben dargelegte Verallgemeinerung der Problematik. Die Staatsraison wird zwar im Ansatz kritisiert, jedoch dadurch, daß sie zum allgemeinmenschlichen Phänomen gemacht und metaphysisch entlastet wird, zugleich gerechtfertigt. Auch die Staatsraison wird letztlich zum unerforschlichen Ratschluß Gottes.

Sofern diese metaphysische Entlastung fehlt, verschärft sich die Problematik zum unaufhebbaren Antagonismus. Dies ist etwa der Fall in verschiedenen Episoden des „Simplicissimus". Im 11. Kapitel des 2. Buches etwa spricht der Kalbs-Narr Simplicius über den Fürstenstand. Zwar wird unmittelbar der Gubernator von Hanau angesprochen. Jedoch gilt das Gesagte, wie auch die historischen Parallelen ausweisen, für jedweden Regenten. Weder die irdische noch die himmlische Glückseligkeit läßt sich mit der Macht vereinen. Das Amt des Regenten bringt nur Sorgen mit sich. Der Fürst muß sich ständig um das Wohl der Untertanen kümmern und zugleich vor diesen auf der Hut sein, um nicht gestürzt zu werden. Der äußeren Beunruhigung entspricht die innere. Der Herrscher ist seinen „brennenden Begierden" wehrlos ausgeliefert.[178] Die Möglichkeit der Selbsterkenntnis ist ihm durch die Schmeichler, die ihn ständig umgeben, abgeschnitten. Die Ausübung von Macht bringt notwendig Unrecht mit sich. Der Herrscher ist als Herrscher gezwungen, „alles zu thun / was andere Leut geheyet / und deiner Seelen schädlich / der Göttlichen Majestät aber mißfällig ist!"[179] Selbst wenn es ihm gelingt und gerade wenn es ihm gelingt, sein irdisches Glück zu sichern, gefährdet er seine ewige Seligkeit. Der Unaufhebbarkeit dieses Antagonismus entspricht die Reduktion der „Utopie". Dem Unglück des Herrschers stellt der Kalbs-Narr das Glück des Tieres, sein eigenes, gegenüber. Das Tierreich wird zum Reich der funktionellen Vernunft:

> Es kennet je eines das ander / sie unterscheiden sich vor einander / sie stellen dem nach / so ihnen nützlich / fliehen das schädlich / meiden die Gefahr / samblen zusammen / was ihnen zu ihrer Nahrung nothwendig ist.[180]

Die Utopie reduziert sich auf den von Gott in Gang gehaltenen Mechanismus der sündlosen Selbsterhaltung. Wo der Mensch diese zu seiner eigenen Sache macht, und gar noch als Herrscher, verstrickt er sich notwendig in Sünde. Gegen diese Verstrickung wird als utopisch das Diesseits von Gut und Böse ausgespielt. Dem abstrakten Radikalismus der Kritik korrespondiert die Abstraktheit der Utopie. Diese jedoch wird zugleich durch den Stellenwert der Darlegungen aufgefangen. Das Kalb Simplicius spricht sozusagen in eigener Sache. Zwar sagt der Kalbs-Narr

[178] Grimmelshausen: Der Abentheurliche Simplicissimus Teutsch und Continuatio des abentheurlichen Simplicissimi, Tübingen 1967, S. 125

[179] Ebd.

[180] Ebd., S. 129 f.

die Wahrheit, aber er bleibt doch ein Kalbs-Narr. Dies ist auch bei den verschiedenen utopischen Entwürfen, die im Roman gegeben werden, zu berücksichtigen.

2. Utopische Entwürfe

Eine Parallele hat das zuletzt erwähnte Gegenbild im Anfang des Romans. Daß Simplicius weder „Gott noch Menschen / weder Himmel noch Höll / weder Engel noch Teuffel ... weder Gutes noch Böses" kennt, wird mit dem Zustand des Paradieses verglichen.[181] Dieses „edle Leben" ist jedoch zugleich ein „Eselsleben".[182] Die Utopie wird von vornherein relativiert. Das Leben diesseits von Gut und Böse fungiert vor allem als satirische Folie der Adelskritik, nicht als eigengewichtiger utopischer Entwurf. Dieser wird balanciert und in der Schwebe gehalten. Ermöglicht wird das durch die naive Perspektive, die sich auch den Betrachtungen des alten Simplicius, die die kindliche Naivität reflektieren, immanent mitteilt. Die Zerstörung der Utopie der absoluten Abgeschlossenheit und Unwissenheit wird damit begründet, daß er nur so habe erfahren können, „daß ein Gott im Himmel wäre".[183] Das eigene Schicksal ist der Anlaß einer Theodizee. Jedoch bildet den Kontrast zur Unberührtheit des kindlichen Lebens nicht die eigenständige Erfahrung der Welt. Diese wird vielmehr, kaum erwähnt, wieder relativiert:

> Denn bald hernach erfuhr ich die Herkunfft der Menschen in diese Welt / und daß sie wieder darauß müsten.[184]

Die Ausweitung des Blickfeldes wird durch den Topos von der Vergänglichkeit des Menschen sogleich wieder abgeschnitten. Die naive Unwissenheit und die reflektierte Nichtigkeit bilden somit von vornherein die Eckpfeiler, zwischen denen sich der Roman bewegt. Nicht die Durchsetzung irgendeines innerweltlichen Ideals macht die Zerstörung der kindlichen „Idylle" notwendig, sondern allein die nur auf diese Weise mögliche Selbst- und Gotteserkenntnis, die sich wechselseitig bedingen:

> Der Allerhöchste sahe meine Unschuld mit barmhertzigen Augen an / und wolte mich beydes zu seiner und meiner Erkantnus bringen: Und wiewol er tausenderley Weg hierzu hatte / wolte er sich doch ohn zweiffel nur deß jenigen bedienen / in welchem mein Knan und Meüder / andern zum Exempel / wegen ihrer liederlichen Aufferziehung gestrafft würden.[185]

Die Paradoxie, daß Gott sich der Unschuld dadurch erbarmt, daß er sie zerstört, enthält zugleich ein Moment der Kritik. Das Übel wird zugleich gerechtfertigt und diese Rechtfertigung relativiert. Die Martern, die Pflegevater, Pflegemutter und

[181] Grimmelshausen: Simplicissimus, S. 11
[182] Ebd., S. 12
[183] Ebd., S. 17
[184] Ebd.
[185] Ebd.

Pflegeschwester sowie die anderen Bauern erdulden müssen, sind so grausam, daß sie sich mit der „liederlichen Aufferziehung", die Simplicius zudem vor Schuld bewahrt hat, nicht begründen lassen. So wird auch die Theodizee problematisch.

Wenn das Ziel des Lebens in der Selbsterkenntnis besteht, die nur durch die Erkenntnis Gottes möglich ist, und Selbsterkenntnis die Erkenntnis der eigenen Nichtigkeit heißt, kann die innerweltliche Aktion nur zu deren Beleg dienen. Alewyn hat Grimmelshausens „Armut an gegenständlicher Wirklichkeit", die vielmehr auch da, wo scheinbar unmittelbar geschildert wird, einer permanenten Interpretation und Reflexion unterliegt, eindringlich dargestellt.[186] Die zugespitzten antithetischen und chiastischen Redefiguren machen die vollendete Paradoxie der Wirklichkeit deutlich, die nur noch metaphysisch entwertet, nicht mehr innerweltlich gestaltet werden kann.

Diese Problematik nun teilt sich auch den verschiedenen utopischen Entwürfen mit, die im Roman angeboten werden. Müller-Seidel hat deren „Gradualismus" betont.[187] Vereinfacht gesagt, besteht dieser in ihrer progredierenden Entweltlichung und Theologisierung. Damit geht einher der zunehmende Ernst des Rahmens, in den sie jeweils gestellt werden. Ferner: je ernsthafter die Utopien werden, um so weniger ausführlich werden sie entfaltet. Diese Sachverhalte sind zunächst nur zu konstatieren; auf ihre Interpretation komme ich am Schluß dieses Abschnitts zurück.

Die erste Episode ist die Utopie des Jupiternarren. Diese ist chiliastisch konzipiert. Der Teutsche Held, der den ewigen Frieden bringen soll, erinnert an den Kaiser Friedrich der „Reformatio Sigismundi" und des sogenannten „Oberrheinischen Revolutionärs".[188] Mit der ersteren hat er vor allem den individuell-moralischen Appell, mit dem letzteren den extremen Nationalismus gemeinsam. Das Strafgericht, das Jupiter zunächst anstellen lassen will, ist für chiliastische Konzeptionen generell charakteristisch. Wie diese knüpft Jupiter seine Betrachtungen zunächst an den moralischen und religiösen Verfall an. Dessen Bestrafung nun erzwingt phantastische Vorkehrungen. Gegen die üblichen Methoden des Krieges, der Teuerung oder der Seuche wendet Simplicius nämlich ein, daß dadurch das Laster nicht beseitigt, sondern nur gefördert werde. Der Krieg erzeugt Grausamkeit, die Teuerung Wucher, die Seuche Erbsucht. So bleibe nichts anderes übrig, als die ganze Welt mit Stumpf und Stil auszurotten. Daß die lasterhaften Menschen gebessert werden könnten, wie im Staatsroman der Aufklärung, oder die utopische Konstruktion das Laster objektiv ausschließen könnte, was Morus, der den morali-

[186] Richard Alewyn: Johann Beer. Studien zum Roman des 17. Jahrhunderts, Leipzig 1932, S. 212

[187] Walter Müller-Seidel: Die Allegorie des Paradieses in Grimmelshausens „Simplicissimus". In: Medium Aevum Vivum. Festschrift für Walter Bulst, Heidelberg 1960, S. 268

[188] Vgl. dazu Doren: Wunschräume. In: Neusüss: Utopie, S. 125 f. sowie Heinz Otto Burger: Renaissance, Humanismus, Reformation. Deutsche Literatur im Europäischen Kontext, Bad Homburg/Berlin/Zürich 1969, S. 77 ff.

schen Verfall aus dem gesellschaftlichen herleitete, zur Konzeption seiner Utopie motivierte, wird hier von vornherein ausgeschlossen. Das Laster fungiert als Invariante. Um gleichwohl die Utopie innerweltlich verwirklichen zu können, muß Jupiters Teutscher Held die lasterhaften Menschen ausmerzen. Damit er dies vermag, ohne die Frommen in Mitleidenschaft zu ziehen, stattet ihn Jupiter mit phantastischen Fähigkeiten aus, die zudem noch astrologisch verankert werden. So hebt die Schilderung auch vor allem seine Stärke, Schönheit und Weisheit hervor, nicht seine Tugend. Die irdische Utopie ist nur um den Preis einer radikalen Säuberung, eines irdischen jüngsten Gerichtes, zu realisieren. Die unaufhebbare Dichotomie von Gott und Welt, Jenseits und Diesseits, Frommen und Gottlosen läßt Utopie als Versöhnung nicht zu. Die Utopie hebt die Dichotomie nur insofern auf, als der eine Teil ausgeschieden wird, und nimmt zudem selbst transzendente Züge an.

Indem so der anvisierte Endzustand keinen synthetischen Charakter hat, kann in ihn auch ein partieller Reformismus wiederum hereinspielen, wie ja auch in den Zukunftsvisionen der deutschen Bauernkriege chiliastische Endzeiterwartungen und Forderung nach Wiederherstellung der alten Rechte einander ergänzen. Die moralische Säuberung macht gewissermaßen den Raum frei für die politische Phantastik, die sich dann ungehindert ausbreiten kann. Die politische Prophetie wiederum saugt einzelne mehr oder weniger vernünftige Reformvorstellungen an, die sukzessiv zu realisieren sind. Die einzelnen Komponenten der Utopie sind sozusagen nur negativ miteinander verbunden, werden nicht, wie sowohl in der Renaissanceutopie als auch in der Aufklärungsutopie, durch ein oberstes Prinzip integriert. So schlägt die geplante Aufhebung der Leibeigenschaft, Zölle, Akzisen, Zinsen usw. sowie die Beendigung des Krieges unmittelbar in die Vision des Paradieses um und andrerseits diese wiederum in außenpolitische Erwägungen. Der Teutsche Held soll aus den je zwei klügsten und gelehrtesten Männern der deutschen Städte ein Parlament bilden, dessen staatsrechtliche Stellung allerdings nicht sehr klar ist. Einerseits sollen die Parlaments-Herren „Vorsteher und Vätter" des „Teutschen Vatterlands" sein, was an den römischen Senat erinnert, andrerseits aber soll das römische Kaisertum wieder aufgerichtet werden.[189] Der regierende Adel wird demselben Säuberungsprozeß unterzogen wie die Bürger der Städte, zugleich aber wird die Herrschucht offenbar aus dem Lasterkatalog ausgeklammert: diejenigen Fürsten, die unbedingt herrschen wollen, sollen in Südosteuropa Könige werden, dort das Land kolonisieren und vor allem die Heiden bekämpfen. Endzeitvisionen und politischer Pragmatismus fallen auseinander und lösen einander ab. Der mittlere Weg entweder der Konstruktion eines räumlich getrennten utopischen Staates oder des Kompromisses von gegebener Lage und moralischem Anspruch ist auf Grund der weltbildlichen Dichotomie ausgeschlossen. An die Stelle des abgeschlossenen utopischen Modells tritt die räumliche Expansion in der Gestalt einer deutschen Universalmonarchie, an die Stelle eines praktisch-moralischen Kompro-

[189] Grimmelshausen: Simplicissimus, S. 213

misses die Endzeitvision. Zwischen diesem räumlichen und zeitlichen Universalismus einerseits und politischem Pragmatismus andrerseits schwankt die Utopie des Teutschen Helden hin und her. Daher mündet sie in Omnipotenzphantasien. „In Teutschland" wird „das Gold-machen so gewiß und so gemein werden / als das Hafner-Handwerck".[190] Die Utopie endet mit der Vision einer allgemeinen und zwecklosen Allmacht, denn einen Zweck kann das Goldmachen angesichts des paradiesischen Zustands, in dem alle leben, nicht mehr haben. So setzt sich auch noch in der chiliastischen Prophetie die absolutistische Souveränität in privatisierter und vulgarisierter Form durch, wie ja auch die propagierte außenpolitische Ablenkung möglicher innerer Konflikte den politischen Maximen des Absolutismus entspricht.

Auch die Vereinigung der christlichen Religionen wird technisch bewerkstelligt. Die Instanz der Vernunft ist dabei ausgeschaltet. Es geht nicht darum, den vernünftigen Kern der christlichen Religion herauszuschälen, wie etwa später in den Plänen des Freiherrn von Loen, vielmehr sind die schriftlichen Zeugnisse maßgebend, und zwar nicht nur die Heilige Schrift, sondern auch die Meinung der heiligen Väter und die Tradition. Die Vereinigung ist nur auf dem Wege politischer Verhandlungen möglich, die mit der Abfassung eines schriftlichen Dokuments enden sollen. Wenn jedoch die Verhandlungen zu lange dauern, sollen in der ganzen Christenheit die Glocken geläutet werden. Äußerstenfalls soll der Teutsche Held die Kongregation mit Hunger quälen oder gar mit dem Schwert bedrohen. Unter politischem Kompromiß und transzendentem Zwang wird die immanente Vernunft erstickt.

Folgern Aufklärer wie Vauvenargue, Voltaire und Diderot aus der Universalität des Postulats der Tugend die Notwendigkeit ihrer universellen positiven Realisierung, so teilt hier die Universalität der Realität des Lasters der Utopie zunächst den Charakter des negativen Strafgerichts mit. Indem die Tugend nicht innerweltlich, sondern religiös definiert wird, verliert sie die Fähigkeit, den Charakter der Utopie zu strukturieren. Da andrerseits die transzendente Instanz auf Grund der radikalen Dichotomie von Gott und Welt sich der positiven Definition entzieht, fällt die Utopie des Jupiter in chiliastische und pragmatische Momente auseinander. Diese Inkonsistenz aber nun wird zugleich durch die Person des Utopisten aufgehoben. Wie in der Kritik des Regentenstandes ist dieser ein Narr, und zwar dem Anspruch des utopischen Programms entsprechend diesmal ein echter. Gleichwohl erwägt Simplicius, daß der Jupiter vielleicht nur schauspielere und setzt sein Benehmen in ausdrückliche Beziehung zur eigenen Narrenexistenz in Hanau:

> ICh gedachte bey mir selbst / der Kerl dörffte vielleicht kein Narr seyn wie er sich stellte / sondern mirs kochen / wie ichs zu Hanau gemacht / umb desto besser von mir zu kommen.[191]

[190] Grimmelshausen: Simplicissimus, S. 215
[191] Ebd., S. 217

Damit ist jedoch nicht gesagt, daß die Vorhaben des Teutschen Helden ebenso ernst zu nehmen seien wie die Regentenkritik des Kalbsnarren Simplicius. Vielmehr zielt die Erwägung des Simplicius nicht auf die Vernünftigkeit des Gesagten, sondern auf seine faktische Plausibilität als Rede eines Verrückten. Die Darlegungen Jupiters sind so verrückt, daß ihre Verrücktheit schon wieder planvoll wirkt.

Das schließt nicht aus, daß die allgemeine Tendenz und auch einzelne Projekte der Utopie des Teutschen Helden mit Anschauungen Grimmelshausens zusammenstimmen, aber diese Übereinstimmung ist mehr oder weniger zufällig. Keineswegs stellt die Utopie Jupiters eine Utopie Grimmelshausens dar, wie man früher gemeint hat. Auch daß Jupiter der Narr des Simplicius wird, der selbst vor einem Jahr noch der Narr des Gubernators von Hanau gewesen war, hebt beide nicht auf dieselbe Stufe. Denn dieser Sachverhalt wird vor allem unter dem Aspekt betrachtet, „daß nichts beständigers in der Welt ist / als die Unbeständigkeit selbsten".[192] Es wurde oben gezeigt, wie auf dem Hintergrund der allgemeinen Unbeständigkeit, die der absoluten Transzendenz Gottes entspricht, die Utopie einen zugleich chiliastischen und willkürlichen Charakter annimmt. Dies betrifft nun nicht nur ihren Inhalt, sondern die Gattung selbst. Daß die Utopie die eines Verrückten ist, besagt keineswegs, daß eine „vernünftige" Utopie möglich wäre. So verrückt ist der Narr nicht, daß er die immanenten Grenzen der weltbildlichen Voraussetzungen sprengen könnte. Auch der Narr ist ein Narr seiner Zeit. Ihre Voraussetzungen teilen sich auch der Logik bzw. Unlogik der Utopie mit. Zugleich jedoch hebt sich diese aus demselben Grund als Utopie selbst auf. Im 5. Buch begegnet Simplicius seinem ehemaligen Narren wieder. Trotz seiner vordem entworfenen Friedensutopie verfolgt dieser die Verhandlungen von Münster mit Unwillen. Die Menschen wünschen den Frieden nicht um seinet-, Gottes willen, sondern um ihrer Wollust frönen zu können. Und dazu gibt es viele, die im Frieden ebenso gut, ja besser verdienen als im Kriege. Deshalb will er den Krieg fortdauern lassen. Zwar wird betont, daß Jupiter „damals wiederumb gantz hirnschellig und unwillig über das Menschlich Geschlecht" gewesen sei, aber ebenso wie seine Utopie enthält ihre Verwerfung ein Moment von Wahrheit.[193] Wenn das Beständige nur die Unbeständigkeit ist, ist der ewige Friede innerweltlich nicht realisierbar; wenn mit der dauernden Unbeständigkeit auch die Permanenz des Lasters gegeben ist, ist seine Realisierung auch nicht wünschenswert. Unter der dichotomischen Perspektive des Romans rücken Krieg und Frieden zusammen. Jupiter wird zur „Allegorie des Unbeständigen", und umgekehrt wird Baldanders in der Gestalt eines alten teutschen Helden aufgefunden.[194] Daher wird auch die Bedeutung des tatsächlichen Friedensschlusses heruntergespielt. Er ereignet sich während der Abwesenheit des Simplicius. Der historische Einschnitt wird durch das private Schicksal überdeckt und überlagert. Der der Transzendenz Gottes entsprechende morali-

[192] Grimmelshausen: Simplicissimus, S. 224
[193] Ebd., S. 387
[194] Müller-Seidel: Allegorie des Paradieses, S. 265

sche Individualismus setzt sich auch in der Handlung durch. Diese sukzessive Entflechtung von allgemeinem und individuellem Schicksal wird dann im Schluß der Continuatio kulminieren.

Um das Gesagte noch einmal zusammenzufassen: Die Dichotomie von Gott und Welt negiert implizit die Möglichkeit einer innerweltlichen Utopie. Diese wird daher bereits durch den Rahmen, in den sie gestellt wird, indem sie nämlich die Utopie eines Narren ist, als Gattung problematisiert. Das heißt nicht, daß der Narrenutopie eine vernünftige Utopie entsprechen könnte. Vielmehr nivelliert sich durch die aus der ursprünglichen Dichotomie gefolgerte Universalität des Lasters der Unterschied von Krieg und Frieden und entsprechend der von verrückter und vernünftiger Utopie. Durch deren a priori irrealen Charakter können sich chiliastische, reformerische und politisch-pragmatische Elemente zwar nicht durchdringen, jedoch einander ablösen und ineinander umschlagen.

In der zweiten Utopie, der der Geister im Mummelsee, stellt sich diese Problematik ähnlich dar. Von der Jupiterutopie unterscheidet sie sich durch ihre Räumlichkeit. Handelt es sich bei der ersteren um eine „Wunschzeit", so bei der letzteren um einen „Wunschraum". Jedoch teilt sich ihr die beschriebene Ambivalenz ebenso mit wie der Jupiterepisode. Ist in den traditionellen Utopien – Morus, Campanella, Vairasse u. a. – die räumliche Ferne real überbrückbar, so ist der Wunschraum hier in einer Märchenwelt angesiedelt. Der realen Überbrückbarkeit entspricht der Modellcharakter der traditionellen Utopien, ihr Anspruch auf Realisierung. Dagegen schiebt der märchenhafte Charakter des Sylphenreichs diesen Anspruch von vornherein zurück.

Daher bildet es auch nicht die Antithese zu den irdischen Zuständen. Simplicius schildert diese, um den König des Sylphenreiches nicht zu beunruhigen, in satirischer Absicht als ideal. Die Geistlichen sind fleißig, nicht wollüstig usw., die weltlichen Herren üben Gerechtigkeit, die Kaufleute handeln nicht um das Eigennutzes willen usw. Natürlich ist von allem das Gegenteil wahr. Der Streit, ob es sich bei der Schilderung des Simplicius nur um Satire oder auch um ein Wunschbild handele, ist müßig.[195] Denn natürlich setzt jede Satire Wunschvorstellungen voraus, nur daß diese sich nicht zu einem selbständigen Wunschbild zusammenschließen wie in der Utopie. Den Zusammenhang der Satire stiftet das Kritisierte, das bei der Utopie lediglich den Anstoß zur Konstruktion eines Gegenmodells gibt. In der Schilderung des Simplicius nun werden am Leitfaden der moralischen Kritik die verschiedenen Stände durchgegangen. Das Verfahren ist nicht synthetisch, sondern additiv. Die Kritik verbleibt im Bereich der Satire, setzt sich nicht utopisch um. Daß Simplicius die geschilderten Zustände lieber gewesen wären als die tatsächlich herrschenden, ist dabei wohl selbstverständlich.

Indem dieser Detailmoralismus die Kritik gewissermaßen absorbiert, rückt die

[195] Vgl. dazu Harry Mielert: Der paracelsische Anteil an der Mummelsee-Allegorie in Grimmelshausen „Simplicissimus". In: DVjs 20, 1942, S. 449 bzw. Müller-Seidel: Allegorie des Paradieses, S. 267

Utopie selbst ins Unverbindliche. Zudem werden die Partien, die menschliche und staatliche Zustände betreffen, von anderen überlagert, die sich in naturwissenschaftlichen und naturgeschichtlichen Schilderungen ergehen, und die letzteren nehmen wesentlich mehr Raum ein als die ersteren. Aber auch diese negieren den Modellcharakter. Zunächst die utopischen Momente. Die Sylphen sind begabt „mit einer guten gesunden Vernunfft / mit Erkantnus deß Allerheiligsten Willens Gottes / so viel uns vonnöthen / mit gesunden Leibern / mit langem Leben / mit der edlen Freyheit / mit genugsamer Wissenschafft / Kunst und Verstand aller natürlichen Dinge".[196] Schließlich sind sie „keiner Sünd / und dannenhero auch keiner Straff / noch dem Zorn Gottes / ja nicht einmal der geringsten Kranckheit unterworffen".[197] Sie leben in absoluter Freiheit. Der König übt keine Herrschafts-, sondern lediglich Verwaltungsfunktionen aus, wie die utopischen Regierungen generell. Wie die Sylphen jeden Gegenstand durchdringen können, so ist auch aus ihrem Zusammenleben jeder Widerspruch, jede Reibungsmöglichkeit ausgeschaltet.

Dadurch jedoch, daß dieses utopische Reich auch gegen die Transzendenz abgeschlossen ist, wird es zugleich als Utopie problematisch. Zwar haben die Sylphen eine gesunde Vernunft, erkennen den Willen Gottes und leben entsprechend. Jedoch ist die Erkenntnis des göttlichen Willens beschränkt und auf das Leben der Sylphen funktional bezogen. Sie haben sie nur so weit, wie sie für sie „vonnöthen" ist. Von einer jenseitigen Belohnung sind sie ausgeschlossen. Daß sie sündenlos leben, bleibt folgenlos. Die Konzeption einer institutionalisierten Moralität geht auf Kosten ihres transzendenten Bezugs. Letztlich wird auch noch die Moral von der Religion getrennt. Nur um den Preis dessen konnte das Sylphenreich als Moralutopie konzipiert werden. Wie die Menschen zwischen Engeln und Tieren stehen, so die Sylphen zwischen Menschen und Tieren. Zwar haben sie eine vernünftige Seele, aber diese ist sterblich. Die menschliche Alternative von Erwählung und Verwerfung ist ihnen verschlossen. „‚Ihr seyt weit mehrers beseeligt als wir'", sagt der Sylphenfürst zu Simplicius, „‚in dem ihr zu der seeligen Ewigkeit / und das Angesicht GOttes unauffhörlich anzuschauen erschaffen / in welchem seeligen Leben eurer einer der seelig wird / in einem einzigen Augenblick mehr Freud und Wonne / als unser gantzes Geschlecht von Anfang der Erschaffung biß an den Jüngsten Tag / geneust.'"[198] Entsprechend bestimmt der Fürst das menschliche Leben als „‚ein Moment und Augenblick / so euch verliehen ist / GOtt darin zu erkennen und ihme euch zu nähern / damit er euch zu sich nemmen möge'".[199] Wenn der Zweck des Lebens die Erkenntnis Gottes ist, sind die Sylphen von vornherein von diesem höchsten Sinn ausgeschlossen. Denn die Erkenntnis Gottes ist bei ihnen nicht quasi überschwänglich, Selbstzweck, sondern durch ihre Bestimmung beschränkt. Dem absoluten Funktionalismus entspricht die absolute Vergänglichkeit. Der Gegensatz von

[196] Grimmelshausen: Simplicissimus, S. 417
[197] Ebd.
[198] Ebd., S. 418
[199] Ebd., S. 423

Vergänglichkeit und Ewigkeit absorbiert alle anderen Gegensätze, so vor allem den von Freiheit und Unfreiheit. Die Utopie wird zugleich phantastisch und theologisch relativiert.

Die innerweltliche Utopie kann nur den Sinn haben, dem Menschen ein gottesfürchtiges Leben zu sichern, damit er der ewigen Seligkeit teilhaftig wird, keineswegs ein glückliches. Daher ist von vornherein zu erwarten, daß sich auch die ernst gemeinte Utopie individualistisch dissoziiert. Dies bestätigt sich an der Utopie der ungarischen Wiedertäufer. In deren Schilderung werden vor allem ihr Asketismus und ihre Gottesfurcht herausgearbeitet. Vorhergeht die Abqualifizierung aller Wissenschaften zugunsten der Theologie, aus deren Prinzipien dann auch die Utopie entwickelt wird. Ihr Charakter ist bereits durch ihre Genese definiert. Diente etwa bei Morus die Organisation der Arbeit auf der Grundlage des Gemeineigentums vor allem dazu, den Menschen ein gutes Leben zu sichern, war dort die Fristung der nackten Existenz das Motiv der utopischen Konstruktion, so ist es hier allein die Vermeidung des Müßiggangs. Die Reduktion der Arbeitszeit durch rationale Planung wird sowohl von Morus wie von Campanella als Ziel proklamiert. Dagegen wird bei den Wiedertäufern die Zeit so mit Arbeit oder Gottesdienst ausgefüllt, daß „kein einzige Minut zum spielen noch spatzieren" bleibt.[200] Nur die Jugend darf der Gesundheit halber nach dem Essen jeweils eine Stunde spazieren gehen. Die Familie, auf die die Renaissanceutopie des Morus so großes Gewicht legt, wird auseinandergerissen. Die Mütter sehen ihre Säuglinge nur, wenn sie ihnen die Brust reichen, die Männer ihre Frauen nur in der Schlafkammer. Männer und Frauen sieht man nirgends „untereinander vermischt".[201] Es herrscht rigorose Arbeitsteilung und -zentralisierung. Die Arbeit wird nicht positiv, sondern negativ definiert. Durch die permanente Tätigkeit soll die Welt weniger gestaltet als hinweggearbeitet werden. Ebenso reduziert sich die Sexualität auf die Funktion der Fortpflanzung – auch eine Form der Hinwegarbeitung.

Diese Skelettierung ist Voraussetzung der transzendenten Verankerung. Je mehr die einzelnen Funktionen voneinander abgespalten werden, um so eher können sie ausschließlich theologisch definiert werden. Je mehr die Menschen voneinander getrennt werden und nur über ihre Funktionen miteinander verbunden bleiben, je mehr von ihren konkreten Beziehungen abstrahiert wird, um so unmittelbarer können sie an die transzendente Instanz gebunden werden. Aber auch dieser innerweltliche Asketismus hat sozusagen noch zu viel Welt nötig. Daher prophezeit dem Simplicius sein Knan, daß er solche Burschen, die diese Utopie realisieren könnten, nimmermehr zusammenbringen könnte. Zudem verfällt auch die Fiktion dieser Utopie der allgemeinen Unbeständigkeit. So bleibt nichts übrig, als auch noch den letzten Rest von Welt zu tilgen.

Der Ubiquität des Baldanders entspricht der zunächst erzwungene, dann freiwillige Rückzug auf die einsame Insel. Diese wird zunächst utopisch charakterisiert.

[200] Grimmelshausen: Simplicissimus, S. 441 [201] Ebd., S. 440

Den Gestrandeten erscheint sie als Schlaraffenland. Sie kommen sich vor, als lebten sie in der goldenen Zeit. Auch der Bericht des holländischen Kapitäns spricht von einem irdischen Paradies. Die Schiffbrüchigen treiben mehrere Tage und Nächte in Nebel, Regen und Finsternis auf dem Wasser umher, bis sie kurz vor Anbruch eines neuen Tages auf der Insel landen. So wird durch den Gegensatz von Dunkelheit und Licht der Gegensatz von Welt und einsamer Insel unterstrichen – wie bei der ähnlich strukturierten Strandung in der „Insel Felsenburg".

Jedoch beschränkt sich das Paradiesische hier auf das reichliche Vorhandensein von Nahrungsmitteln und die Abwesenheit von Menschenfressern. Was darüber hinaus eine utopische Gesellschaft hätte begründen können, ist Teufelswerk. Die *Teufelsbotin* bringt zusätzliche Hilfsmittel und projektiert für die Zukunft die Bevölkerung und Nutzung der Insel. Dem Abschneiden der Zukunftsperspektive korrespondiert die Aufarbeitung der Vergangenheit. Was Simplicius neben Arbeit und Beten noch zu tun übrig bleibt, ist, seine Lebensgeschichte auf Palmblätter zu schreiben. Der Roman kehrt gewissermaßen zum Anfang zurück. Der naiven Abgeschlossenheit des Anfangs entspricht die reflektierte Abgeschlossenheit des Schlusses. Dieser unterschiedliche Grad der Selbst- und Gotteserkenntnis jedoch ist entscheidend. Wenn Diesseits und Jenseits durch einen unüberbrückbaren Abgrund getrennt sind, kann der Sinn des Lebens nicht darin bestehen, diese Dichotomie aufzuheben, sondern nur, sie zu erkennen. So ist am Schluß das Leben in der Welt ausschließlich Gegenstand der Verwerfung. Auf der Insel ist Frieden, in Europa Krieg. Aber auch der europäische Frieden gibt allen möglichen Lastern Raum. Wie Krieg und Frieden unter der dichotomischen Perspektive zusammenfallen, so auch Freundschaft und Feindschaft. Sowohl Feinde als auch Freunde können den Menschen zur Sünde verleiten. Daher ist der menschlichen Gesellschaft die Einsamkeit vorzuziehen. So ist auch unter diesem Aspekt die Insel nicht der Garant, sondern lediglich die beste Voraussetzung eines gottseligen Lebens. Simplicius ist nur der Gesellschaft, nicht der Welt entrückt.[202]

Dies prägt sich bereits in der Topographie der Insel aus. Während in Schnabels „Insel Felsenburg" die unersteiglichen Felsen, die die Insel ringsum umgeben, ihre utopische Abgeschlossenheit ermöglichen, ist die nur an einer Seite von einem Gebirge begrenzte, nach der anderen Seite hin dagegen offene Kreuzinsel von vornherein mit ihrer Umgebung verbunden. Die Insel ist selbst ein Stück Welt, und deren Konflikte setzen sich auch auf der Insel fort. Lösen lassen sie sich nur innerlich. Die begrenzenden Felsen, die bei Schnadel den utopischen Staat lediglich absichern, werden zum Refugium der religiösen Versenkung. Während die Einwohner der Insel Felsenburg auf der von den Felsen umschlossenen Insel leben, befindet sich die Wohnung des Simplicius auf dem Gebirge, so, wie schon bei seinem Einsiedlerdasein im Schwarzwald, die Erhebung über die Welt auch räumlich dokumentierend.

[202] Vgl. Horst Brunner: Die poetische Insel, Stuttgart 1967, S. 84

Daß die Insel ein Schlaraffenland ist, schließt den Mißbrauch ihrer Gaben nicht aus. Ausdrücklich bittet Simplicius Gott um deren richtige und gottgefällige Nutzung. Der Zimmermann dagegen geht am Schlaraffenland zugrunde. Daß er mehr Palmwein trinkt, als seiner Gesundheit förderlich ist, begründet er damit, daß man die Gaben Gottes nicht ungenutzt verkommen lassen dürfe. Die Darstellung seiner Trunksucht wird eingerahmt durch den Topos von der goldenen Zeit, in der die Menschen keine Arbeit nötig hatten. Zudem wird das Leben in der goldenen Zeit verbittert durch die Tatsache, daß den Gestrandeten die Kleider am Leibe zerfallen. Die Insel steht nicht als Inbegriff der unberührten Natur im Gegensatz zur europäischen Kultur. Soweit vielmehr deren Normen religiös begründbar sind, herrschen sie auch auf der Insel. Weder eine utopische Kleiderordnung, wie auf der Insel Felsenburg, kommt für die Inselbewohner in Betracht, da dafür bereits die Voraussetzung einer utopischen Gesellschaft fehlt, noch eine natürliche Nacktheit, wie in Foignys „Jacques Sadeur", wo allerdings durch Hermaphroditismus und Jungfernzeugung der utopischen Australier der Stein des Anstoßes, die Sexualität, aus dem Weg geräumt wird. Das unvernünftige Vieh geht nackend, dagegen kommt dem Christen aus Europa Kleidung zu. Die göttliche Hierarchie der Seinsordnung macht dies notwendig. Eine natürliche Unschuld gibt es nicht. Im 18. Jahrhundert wird diese dann polemisch gegen die europäische Zivilisation und besonders den absolutistischen Staat gewendet werden.

Zwar löst die Einsamkeit der Insel aus der zivilisatorischen Verstrickung, zugleich jedoch erhöht sie die individuelle Verantwortung. Wenn man in Sünde verfällt, so kann einem auf der Insel niemand außer Gott helfen. Daher ist die Insel nicht nur Voraussetzung, sondern bedeutet auch Nötigung zur Konzentration auf ein sündloses Leben. Diese Konzentration ist ein Gang nach innen, dem räumlich der schließliche Rückzug in die unzugängliche Höhle entspricht. Nachdem Simplicius die Versuchungen von „Überfluß und Lustbarkeit" sowie die verschiedener Geister überwunden hat, bleibt nur noch die Versuchung durch die eigenen Gedanken.[203] Besonders virulent wird diese durch den Müßiggang. Daher stellt Simplicius ein genaues Arbeitsprogramm auf, obwohl Arbeit wegen des auf der Insel herrschenden Überflusses an sich gar nicht nötig ist. Daher werden auch die anfänglichen Kolonisierungsmaßnahmen recht mechanisch hergezählt, und auch dabei wird betont, daß Müßiggang der Anfang des Verderbens sei. Die Arbeit gilt, wie bei den ungarischen Wiedertäufern, nicht der Gestaltung des Lebensraumes, wie dann später in Defoes „Robinson Crusoe", sondern allein der individuellen Rechtfertigung. Ausdrücklich sagt der Erzähler Simplicius, daß „manchem die natürliche Vnordnung der Gewächse wie sie da untereinander stunden / anmuthiger vorkommen seyn möchte."[204] Das heißt jedoch nicht, daß die Unberührtheit und Wildheit der Natur in irgendeiner Weise utopisch ausgespielt würde. Sie bekräftigt im vorliegenden Zusammenhang nur das Argument, daß Arbeit an und für sich überflüssig

[203] Grimmelshausen: Simplicissimus, S. 566 [204] Ebd., S. 568

gewesen sei, und zwar sowohl aus Gründen der Lebensfristung wie aus ästhetischen Gründen. Zwar hat Simplicius von einem heiligen Mann gelesen, „daß er gesagt / die gantze weite Welt sey ihm ein grosses Buch / darinnen er die Wunderwercke GOttes erkennen: und zu dessen Lob angefrischt werden möchte."[205] Dies ist jedoch keineswegs im Brockesschen Sinne bzw. im Sinn der Physikotheologie zu verstehen. Wolfgang Philipp hat die Bedeutung der Physikotheologie für die historische Genese der Aufklärung herausgearbeitet. In ihr wurde „die seit dem Brunoischen Schock (d. h. der Entdeckung der Unendlichkeit des Raums und der Unzählbarkeit der Welten) eingetretene Zerspaltung der Welt in einen naturkundlichen Bezug zur Wirklichkeit, der vor pantheistischem Hintergrund stand, und eine religiöse Fluchtwelt, in die sich der Mensch von Zeit zu Zeit zurückzieht, überwunden. Es gibt keine doppelte Wahrheit. Denn der Gott der neuen Lichtherrlichkeit ist so groß, daß er alle Wirklichkeit deckt. Die naturforschenden Theologen und theologischen Naturforscher der Bewegung gebrauchen Seziermesser, Tele- und Mikroskop als Instrumente der Doxologie."[206] Bei Grimmelshausen jedoch wird das Argument sofort umgebogen. Simplicius wird der Natur als Wunderwerk Gottes nicht inne, indem er sie in toto oder in ihren einzelnen Gegenständen als Natur anschaut, sondern indem er sie in ihre einzelnen Bestandteile dissoziiert und diese jeweils allegorisch interpretiert:

> Sahe ich ein stachelecht Gewächs / so erinnerte ich mich der dörnen Cron Christi / sahe ich einen Apffel oder Granat / so gedachte ich an den Fall unserer ersten Eltern und bejammert denselbigen usw.[207]

Jedes Essen erinnert ihn an das Abendmahl, jedes Feuer an die Höllenpein. Der Technizismus dieses Verfahrens wird ausdrücklich betont:

> Mit solchen und dergleichen Gedancken hanthierete ich täglich.[208]

Die einzelnen Naturgegenstände und -phänomene werden aus ihrem natürlichen Zusammenhang herausgelöst und zum an sich selbst gewichtslosen Ausgangspunkt allegorischen Assoziierens gemacht. In der Natur wird nicht Gott angeschaut, sondern an ihr die Heilsgeschichte exemplifiziert. Die allegorische Bedeutung versucht, den Abgrund zwischen der Kreatürlichkeit des Geschaffenen und der absoluten Transzendenz Gottes zu überbrücken.[209] Letztendlich jedoch wird auch diese Über-

[205] Grimmelshausen: Simplicissimus, S. 568

[206] Wolfgang Philipp: Das Bild des Menschen im 17. Jahrhundert des Barock. In: Studium Generale 14, 1961, S. 739. – Sicher unrichtig ist jedoch die weitere Herleitung der Physikotheologie aus der Bibel, wie ja Philipp dann auch genötigt wird, „die rätselhafte Furchtbarkeit der Schöpfung" und den „schrecklichen Glanz" Gottes mit der Physikotheologie in Zusammenhang zu bringen (ebd., S. 741). Wie Leo Strauß in „Naturrecht und Geschichte" gezeigt hat, verschwindet in der Bibel vor der absoluten Transzendenz Gottes jegliche Natur. Biblisch ist nach Philipps eigenen Kategorien nicht die durch die Physikotheologie geprägte Frühaufklärung, sondern das Barock.

[207] Grimmelshausen: Simplicissimus, S. 568 [208] Ebd., S. 569

[209] Zum Verhältnis von Allegorie und Symbol vgl. Walter Benjamin: Ursprung des deutschen

brückung entbehrlich. Die Sprüche, mit denen die Holländer alle Bäume bedeckt finden, beziehen sich nicht mehr auf die Natur, sondern ausschließlich auf das Heilsgeschehen. Die Natur wird durch die Schrift gewissermaßen zugedeckt. Der Universalismus der Natur wird ersetzt durch den Universalismus der Sprache. Die Sprüche sind in hebräischer, griechischer, deutscher, arabischer und malaiischer Sprache und Schrift abgefaßt. Analog erfreut Simplicius die Entdeckung, daß man mit Brasiliensaft auf Palmblättern schreiben kann, vor allem deswegen, weil er jetzt „ordentliche Gebett concipirn und auffschreiben" kann.[210] Unter der Perspektive der Unerkennbarkeit Gottes reißt die emblematische Einheit von Bild und Schrift auseinander. Nur noch die Schrift ist letztlich tauglich, den Sinn zu tragen. So ist jegliche Zwischeninstanz zwischen Mensch und Gott ausgeschaltet. Einer der Sprüche lautet:

> Ach allerhöchstes Gut! du wohnest so im Finstern Liecht! / Daß man vor Klarheit groß / den grossen Glantz kan sehen nicht.[211]

Die Erkenntnis der Unerkennbarkeit Gottes ist das Höchste, das dem Menschen erreichbar ist. Und diese Unerkennbarkeit ist (natürlich) nur mehr sprachlich, nicht mehr bildlich artikulierbar.

Allegorische Interpretation und schriftliche Fixierung füllen den Zwischenraum zwischen dem unerkennbaren Gott und der sündigen Welt weniger aus, als daß sie die unaufhebbare Diskrepanz akzentuieren. Daher auch ihre eigene Inkohärenz, ihr Auseinanderfallen in einzelne willkürliche Assoziationen bzw. heilsgeschichtliche Fragmente und Hinweise. Man vergleiche damit die mythologische Kombinatorik Barclays, deren Willkür umgekehrt in dem festen Standpunkt des die geschichtlichen Ereignisse nicht entwertenden, sondern als geschichtliche überhöhenden und daher der ästhetisierenden Interpretation fähigen Erzählers bzw. seiner Poeten gründet. Während bei Barclay die Ästhetisierung der Geschichte ihre Wahrheit sozusagen ersetzt, wird diese bei Grimmelshausen von der Geschichte gelöst. Seiner transzendent motivierten Kritik entspricht sein transzendierender „Utopismus". So wird in der Reihenfolge der dargestellten Utopien der utopische Anspruch sukzessiv zurückgenommen. Die radikalste Kritik, die an der Welt generell verzweifelt, schlägt in die abstrakteste „Utopie" um. Das Eremitendasein auf der einsamen Insel, in dem der Roman kulminiert, unterstreicht die ausschließlich individuelle Verantwortung vor Gott, dagegen akzentuiert das die „Argenis" beschließende höfische Fest die öffentliche Verantwortung für den Staat. Dem historischen Opportunismus Barclays steht Grimmelshausens ahistorischer „Transzendentismus" gegenüber. Propagierung bestehender bzw. entstehender historischer Tendenzen und ihre Kritik reißen auseinander. Die Kritik ist offenbar nur um den Preis der Metaphysik zu haben.

Trauerspiels, Frankfurt/Main 1969, S. 174 ff. sowie Hans-Georg Gadamer: Wahrheit und Methode, Tübingen 1965, S. 66 ff.

[210] Grimmelshausen: Simplicissimus, S. 569 [211] Ebd., S. 573

Im Zeitalter des Absolutismus zerfällt der Anspruch auf die Realisierung des Wahren in einen abstrakten Wahrheits- und einen abstrakten Realisierungsanspruch. Beide bilden sozusagen eigene Bereiche, den der gegenpolitischen Metaphysik und den der antireligiösen Politik. Die Aufklärung wird dann versuchen, beide Bereiche zu vermitteln. Daß es sich hier natürlich nur um die heuristischen Eckpfeiler des Argumentationszusammenhangs handelt, nicht um alle historischen Phänomene unter sich begreifende Verallgemeinerungen, versteht sich von selbst. Die Einschränkungen wurden bei der materialen Erörterung bereits gemacht. Wie Barclay aus den beschriebenen Gründen um eine vage religiöse Fundamentierung nicht herumkommt, so bleibt auch auf der Fluchtbahn der religiösen Entwertung der Wirklichkeit noch genug detaillierte Kritik an der Strecke liegen.

Natürlich fehlt es auch nicht an Versuchen, das politische Handeln an religiöse und ethische Grundlagen zu binden, etwa im Neustoizismus des Justus Lipsius. Gleichwohl macht auch hier allein der große Umfang praktisch-politischer Erwägungen, etwa auf dem speziellen Gebiet der Militärgesetzgebung, die pragmatische Orientierung deutlich. Der inhaltliche Akzent liegt weniger auf der Tugend (die natürlich gefordert wird) als auf der Klugheit. Basis der Argumentation sind „Empirie und Geschichte".[212] Die gleichwohl festgehaltene moralische Zielsetzung führt dann notwendigerweise zu allerlei spitzfindigen Disjunktionen, so etwa in des Lipsius Lehre von den drei Arten des Betruges, von denen er nur den großen verbietet, den mittelgroßen immerhin zuläßt und den geringen sogar anrät. Oder, um ein anderes Beispiel zu nennen: In Veit Ludwig von Seckendorffs „Christenstaat" wird zwar gegen die Wiedertäufer, die die Christlichkeit von Herrschern qua Herrschern prinzipiell leugnen, heftig polemisiert. Gleichwohl ist das Christentum der Herrscher kein religiös-moralisches Postulat, sondern ein historisches Faktum. Es kommt Seckendorff nicht auf die moralische Läuterung der Herrscher an – das wäre Anmaßung –, sondern primär auf die rechtliche Bestimmung des Verhältnisses von Staat und Kirche. Auf die Diskussion naturrechtlicher Theorien von Herkunft und Zweck der Obrigkeit läßt er sich nur widerwillig ein. Der Paragraph, in dem diese Fragen behandelt werden, ist keineswegs zentral, sondern nur ein „Ausschweiff".[213] Ohnehin sind die gelehrten Theorien „offt mit schlechtem Nutzen" aufgestellt worden.[214] Ein Widerstandsrecht, das aus dem (zwar durchaus anerkannten, aber ohne Konsequenzen bleibenden) Postulat der Wohlfahrt des Volkes abgeleitet werden könnte, ist „nicht allein denen Königen und hohen Obrigkeiten beschwerlich / sondern auch dem Volcke gantz gefährlich / und der Erhaltung Ruhe und Friedens / die man von der Obrigkeit / nechst GOTT / gewarten muß / zuwider".[215] Die

[212] Gerhard Östreich: Justus Lipsius als Theoretiker des neuzeitlichen Machtstaates. In: G. Ö.: Geist und Gestalt des frühmodernen Staates, Berlin 1969, S. 53

[213] Veit Ludwig von Seckendorff: Christenstaat. In: Deutsches Staatsdenken im 18. Jahrhundert, Neuwied und Berlin 1965, S. 38

[214] Ebd., S. 37

[215] Ebd., S. 38

Kirche soll selbständig nur in Glaubensdingen und ansonsten rigoroser staatlicher Aufsicht unterworfen sein. Insofern wird die Kirche, ohnehin nur als Institution des öffentlichen Rechts Gegenstand der Diskussion, selbst zu einem Vehikel der Staatsraison.

Umgekehrt hat es auch im Zeitalter des Barock Entwürfe utopischer Modelle gegeben, wenn auch bezeichnenderweise weit weniger als in der Aufklärung.[216] Jedoch teilt sich auch diesen die oben zusammengefaßte Problematik mit. Dafür abschließend nur zwei Beispiele. Der Versuch Campanellas, die Verwirklichung seiner Ideale auf Erden zu denken, führt zur chiliastischen Prophetie, weniger grotesk, aber kaum weniger phantastisch als die des Grimmelshausenschen Jupiter. Seinem abstrakten Universalismus entspricht die abstrakte Innerlichkeit der Utopie Andreaes. Ihr Entwurf dient vor allem dazu, die Entwertung der Wirklichkeit sozusagen institutionell abzusichern, ähnlich wie die Wiedertäuferepisode des „Simplicissimus". Die Utopie ist nicht als Utopie Selbstzweck, sondern exemplifiziert nur die individuelle Ruhe des Gewissens vor der Welt. Daher unterliegt sie selbst allegorischer Interpretation. In dem „Vorbericht an den Leser" schreibt Andreae:

> So du etwa meinen schwachen Leib vor eine solche Republic halten würdest, möchtest du vielleicht nicht weit von der Sache rathen.[217]

Und der Schlußappell, mit dem Erzähler nach der fernen Insel aufzubrechen, ist eine Mahnung zur moralischen Umkehr.

Indem die Physikotheologie die Dichotomie von Diesseits und Jenseits einebnet, entsteht für beider utopische Integration eine neue Basis. Die erste Etappe dieser Integration stellt die Robinsonadenutopie dar. Sie ist im nächsten Kapitel darzustellen.

[216] Vielleicht ist es auch charakteristisch, daß von den Utopien des 16. und 17. Jahrhunderts, die Biesterfeld verzeichnet, etwa die Hälfte aus England stammt, also dem Land, in dem die Entwicklung des Kapitalismus bzw. die Emanzipation des Bürgertums am weitesten fortgeschritten war (vgl. Biesterfeld: Die literarische Utopie, S. 20 ff.).

[217] Johann Valentin Andreae: Reise nach der Insul Caphar Salama, Und Beschreibung der darauf gelegenen Republik Christiansburg, Esslingen 1741, unpaginierte Vorrede.

2. Kapitel

Utopie und Robinsonade

Versteht man Utopie im üblichen Sinn eines staatlichen oder quasi-staatlichen Organisationsmodells, so bestehen zwischen Utopie und Robinsonade von vornherein sowohl Parallelen als auch Divergenzen. Von den ersteren ist die hauptsächliche die, daß sowohl Utopien als auch Robinsonaden an einem von der Außenwelt abgeschlossenen Ort angesiedelt sind, die ersteren meistens, die letzteren durchweg auf einer Insel. Jedoch ist die Abgeschlossenheit der Utopie aus ihrem eigenen Charakter als Utopie heraus notwendig, da sich nur so ihr Modellcharakter begründen und aufrecht erhalten läßt. Die Geschlossenheit des utopischen Modells bestimmt seine Abgeschlossenheit nach außen. Diese ist daher von vornherein positiv akzentuiert. Dagegen ist die Abgeschlossenheit der Robinsonaden zunächst durch die Umstände erzwungen. Ihre Bewertung ist daher bedingt sowohl durch die vorhergehende Handlung als auch durch die weitere Entwicklung. Sind etwa die vorherigen Erfahrungen des oder der Ausgesetzten leidvoll, so kann das Inseldasein auch unabhängig von der weiteren Ausgestaltung utopische Züge annehmen, die Insel kann als „Asyl" erscheinen.[1] Dies nun ist bei einer ganzen Reihe von Robinsonaden der Fall, ohne daß der Asylcharakter der jeweiligen Insel sich in mehr als eine Reihe nach Art und Umfang lediglich angedeuteter utopischer Elemente umsetzen müßte. Ich werde daher diese Robinsonaden vorab besprechen. Ich gehe dabei auch auf einige spätere Robinsonaden ein, die zwar den Stoff der „Insel Felsenburg" aufgreifen, jedoch den Robinsonadencharakter schon weitgehend verloren haben. Zentraler Gegenstand des Kapitels werden Schnabels „Insel Felsenburg" und Bachstroms „Land der Inquiraner" sein, in denen beide Elemente, Robinsonade und Utopie, strukturell relevant sind.

Im „Simplicissimus" ist, wie oben dargelegt, die Insel von der metaphysisch begründeten Dichotomie von Diesseits und Jenseits nicht ausgeschlossen. Insofern später der Begriff der Ruhe seines ausgesprochen religiösen Sinnes entkleidet und eudämonistisch interpretiert wird, kann das Leben auf der Insel, wenigstens zeitweise, zum Idyll werden. Dies ist etwa der Fall im „Sächsischen Robinson". Dem „unbeständigen Wesen" der Welt wird die „Zufriedenheit" auf der Insel gegen-

[1] Die grundlegende Unterscheidung der Robinsonaden in solche, die als Asyl, und solche, die als Exil erscheinen, trifft zuerst Brüggemann in „Utopie und Robinsonade".

übergestellt.[2] Denn Nahrungssorgen hat der sächsische Ronbinson nicht, und die Gesellschaft von Menschen ist unnötig, da mit Gott niemand allein ist. Zugleich jedoch sind „dergleichen Betrachtungen" nur ein Zeitvertreib, um die „langweiligsten Stunden" zu überbrücken.[3] Da sie somit nicht grundlegende Erfahrung, sondern bloß zeitweise seelische Adhoc-Therapie sind, schlagen sie immer wieder in Verzweiflung um, und der Exilierte beklagt sein Schicksal:

> Allein wie unbeständig ist doch ein Mensch nicht in seinen Entschließungen.[4]

Die Unbeständigkeit der Welt setzt sich in den Verbannten hinein fort. Der Standpunkt, den dieser gegen sie bezieht, ist nur temporär. Die Unbeständigkeit ist universell und wird als universell akzeptiert. Daher will sich der sächsische Robinson am Schluß des Romans auch wieder auf Reisen begeben. Das Abenteuer drückt das Utopische zu einem peripheren Moment herunter.

Ausgeprägter ist dieses im „Englischen Robinson", der sein Leben auf der Insel beschließt, obwohl er Gelegenheit gehabt hätte, nach England zurückzureisen. Zwar sehnt sich Philip Quarll von Zeit zu Zeit von der Insel fort, schließlich jedoch nimmt er „das Plaisir und Vergnügen, so ihm sein glückseeliger Stand an die Hand gab, zu seinem Genusse an, und verbannte gantz und gar alle Gedancken und Verlangen aus seinem Hertzen, dieses in Possession habende geseegnete Land jemahls wieder zu verlassen".[5] Die Insel ist ein „ander Paradieß" und enthebt den Einsiedler der in Europa üblichen Nahrungssorgen.[6] Gott, Natur und menschliche Arbeit wirken zusammen, um die Insel zu einem Ort der Zuflucht zu machen. Jedoch wird das utopische Moment durch die Tatsache der Einsamkeit beeinträchtigt. Dem „freiwilligen Exil" sind Züge der Resignation einbeschrieben.[7] Daher erneuert der Besuch des Kaufmanns Dorrington die alten Wunden, und es wird einige Zeit brauchen, bis sie wieder verheilt sind.

So können diejenigen Robinsonaden, in denen ein einzelner Schiffbrüchiger sich zeitweilig oder dauernd allein auf einer einsamen Insel aufhält, zwar durch den Gegensatz gegen die europäischen Erlebnisse utopische Motive anziehen, jedoch bleiben diese durch die Einsamkeit des Helden stets ambivalent. Die Einsamkeit ist nicht mehr Ziel, wie im „Simplicissimus", sondern wird allenfalls um anderer Vorteile willen in Kauf genommen. Vor allem die sexuelle Notlage wird in den meisten derartigen Robinsonaden breit ausgemalt. Die Antithese von Inseldasein und europäischen Zuständen bleibt zudem privat. Zwar, meint der englische Einsiedler, ist es besser, der Welt abzusagen und sich ihren Versuchungen zu entziehen, aber auch, wenn man dies nicht will oder kann, gibt es bestimmte Maßregeln des Verhaltens, die einem ein anständiges Leben ermöglichen, und er gibt dann einen aus moralischen und politischen Postulaten gemischten Katalog von Handlungsnormen.

[2] Der Sächsische Robinson, Leipzig 1722, S. 352
[3] Ebd., S. 355
[4] Ebd.
[5] Der englische Einsiedler, Hamburg 1728, S. 293
[6] Ebd., S. 20
[7] Brüggemann: Utopie und Robinsonade, S. 133

Durchgängig ist die Verehrung für das englische Königshaus, und auch der englischen Staatskirche wird stets gedacht. Insofern wird die Verbindlichkeit der Antithese immer wieder heruntergespielt.

Man sollte nun meinen, daß in den Fällen, in denen sich Robinsonaden entweder dadurch, daß von vornherein mehrere Personen landen, oder durch Vermehrung auf der Insel zu Darstellungen von Staatswesen auswachsen, diese um so eher als utopische Modelle fungieren müßten. Dies ist jedoch keineswegs der Fall. Der von der „wegen besonderer Schönheit und seltener Tugenden liebenswürdigen Mariana" auf der Insel Marianenburg begründete Staat spiegelt lediglich den zeitgenössischen absolutistischen Verwaltungsstaat. Der systematische Aufbau des Hofstaats, gegen den sich die Utopien der Zeit wenden, wird bis hin zur Besoldung seiner Angehörigen ausführlich geschildert. Marianenburg treibt regelmäßigen Handel mit Europa, seine Abgeschlossenheit ist nicht „utopisch", sondern lediglich strategisch bedingt. Ist für Felsenburg die Durchlässigkeit der einzelnen Aufenthaltsorte gegeneinander, ihre Offenheit für jedermann, und zwar einschließlich Albertsburgs, charakteristisch, so wird hier etwa der königliche Garten gegen die Außenwelt hermetisch abgesperrt. Sein Betreten ist bei hoher Strafe verboten. Derart wird die familiare Intimität, die auf Felsenburg die Beziehung aller Bewohner zueinander prägt, wiederum zu einer abgespaltenen Sondersphäre. Der königliche Stand gründet in „Gott und in der Vernunft".[8] Der König ist „Oberhaupt und Eigenthümer des ganzen Königreichs".[9] Pedantischer Technizismus der staatlichen Organisation und tugendhaftes Leben der Könige fallen auseinander. Beides ist nicht miteinander vermittelt. Der ganze Roman erschöpft sich in der Darstellung der sukzessiven Aufblähung der staatlichen Organisation, angefangen von der Herrschaft der liebenswürdigen Mariana über ihre Magd bis zur Umwandlung des Königreichs in ein Kaiserreich. Daß im 2. Band dieser Robinsonade das Kaiserreich wiederum in eine aristokratisch regierte Republik verwandelt wird, drückt keineswegs eine politische Intention aus. In den Lebensbeschreibungen der einzelnen regierenden Dominos überwiegen vollends die burlesken Züge, die an die im „Deutschen Robinson" geschilderten grotesken Ereignisse im Bauch eines Riesenfisches erinnern, wobei sich die letzteren immerhin noch auf ihre satirische Absicht berufen können. Wie im „Sächsischen Robinson" Abenteuertum und Ambivalenz der Utopie einander bedingen, so hier Burleske und Absolutismus. Die Unfähigkeit, ein Gegenmodell zu konstruieren oder doch wenigstens das tugendhafte Leben der Herrscher utopisch sinnfällig zu machen, ließ nur noch den technizistischen oder burlesken Ausweg übrig. Grund für diese Unfähigkeit ist das mangelnde Bewußtsein einer möglichen Antithetik von europäischen Zuständen und Inseldasein.

Ähnlich verhält es sich mit einer anonymen Robinsonade, die den für den Uto-

[8] Der wegen besonderer Schönheit und seltener Tugenden liebenswürdigen Mariana merkwürdige Begebenheiten und Reisebeschreibung, Frankfurt und Leipzig 1752, Bd. 1, S. 150
[9] Ebd.

pienforscher vielversprechenden Titel trägt: „Des maldivischen Philosophen Robine und dessen Sohns und Nachfolgers Robinson Leben, Reisen und Thaten und Beherrschung der Philosophen=Insul". Jedoch hat diese 1753/54 erschienene „Robinsonade" nur teilweise etwas mit einer Robinsonade, mit einer Utopie wenig und mit Philosophie gar nichts zu schaffen. Robine ist ein Einwohner Maldiviens, dessen Exotik im übrigen nicht die geringste Rolle spielt. Auf die Philosopheninsel wird er nicht verschlagen, vielmehr kauft er diese und baut sie dann an. Zwar strandet sein Sohn Robinson vorübergehend an einer einsamen Insel, dort beschäftigt er sich jedoch vordringlich damit, zwei auf der Insel gelandete Frauenzimmer zu schwängern, deren Lebensgeschichte im übrigen nichts von der für den Roman Schnabels üblichen Kontrafaktur an sich hat. Daß Robine den Titel „Philosoph" statt „König" annimmt, wird ihm von einem Geist befohlen, zudem ohne Begründung. Seine Frau allerdings darf sich Königin nennen, vermutlich wegen der weiblichen Eitelkeit. Aber auch der Philosoph entfaltet königlichen Prunk. Die Darstellung der Regierungsform der Philosopheninsel erschöpft sich daher auch in einer Aufstellung des Hofstaats. Dessen Aufzählung wiederum dient lediglich als Aufhänger, um nacheinander die Geschichten seiner Angehörigen zu erzählen. Das Strukturprinzip der „Insel Felsenburg", auch dort in den späteren Bänden nicht immer geschickt gehandhabt, ist hier vollends verwahrlost. Die Erzählungen lassen an Dürre nichts zu wünschen übrig. Von einer Antithetik der europäischen Zustände gegenüber dem Inseldasein kann keine Rede sein. Analoges passiert im 2. Band. Dort reicht die Darstellung der Inselereignisse immerhin für sechsundsiebenzig Seiten. Dann jedoch ist die Erfindungsgabe am Ende, und es müssen eine Reihe neuer Personen auftauchen, deren Lebensgeschichten nacheinander erzählt werden, darunter nicht weniger als fünfzehn Dienstmädchen. Dieser und andere Sachverhalte, etwa daß bei der Darstellung des Philosophen-Ritter-Ordens auf die Schilderung der Tracht zwei Seiten, auf die der Statuten nur eine halbe Seite verwandt werden, ferner daß, wenn von administrativen Maßnahmen die Rede ist, allein die Religionsverfassung ein paar Seiten wert ist, schließlich, daß die Strafen für bestimmte Verbrechen mit besonderer Liebe ausgemalt werden, alles dieses weist darauf hin, daß diese Robinsonade, wie vielleicht auch die Marianenrobinsonade und überhaupt diejenigen späteren Robinsonaden, die den Charakter von Abenteuerromanen haben, sich bereits an eine soziale Unterschicht wendet.

Diese Vermutung wird gestützt durch eine Anmerkung des Verfassers in Pfeils 1781 erschienener Utopie „Die glückliche Insel oder Beytrag zu des Capitain Cooks neuesten Entdeckungen in der Südsee aus dem verlohrnen Tagebuch eines Reisenden". Die Utopie macht sich die Fabel der „Insel Felsenburg" zunutze, eines Buches, welches, wie der Verfasser meint, „in unserm Geschmackvollen Zeitalter ausser dem lesebegierigen Meister und seinem Gesellen kaum noch der ehrbare Dorfküster kennen, und lesen wird".[10] Die „Insel Felsenburg" ist offenbar zur Lektüre

[10] Pfeil: Die glückliche Insel, Leipzig 1781, S. 11

des Kleinbürgertums und der Jugend geworden, und dieser Sachverhalt läßt sich wohl auch auf die anderen Robinsonaden anwenden.

Diejenigen Utopien, die stofflich an die „Insel Felsenburg" anknüpfen, halten es für nötig, sich von ihrem Vorbild zu distanzieren. Pfeil wurde bereits zitiert. Bringt dieser immerhin noch ein gewisses Wohlwollen auf, so kann sich Christian Carl André im Vorbericht seiner 1788 erschienenen „Felsenburg" („ein sittlich unterhaltendes Lesebuch") gar nicht genug tun, die ästhetische und moralische Verwerflichkeit seiner Vorlage zu betonen. Der Roman wendet sich ausdrücklich an jugendliche Leser und will die „Insel Felsenburg" bei diesen aus dem Felde schlagen. Natürlich hat auch hier das Schnabelsche Strukturschema keine Bedeutung mehr. Sofern, wie im 2. und 3. Band, Lebensschicksale erzählt werden, dienen diese vor allem als Aufhänger für moralische Lehren und populärwissenschaftliche Exkurse.

Ebensowenig hat die Pfeilsche Utopie noch etwas mit ihrem stofflichen Vehikel zu tun. Im Grunde handelt es sich hierbei gar nicht mehr um eine Inselutopie, sondern um einen reformistischen Staatsroman. Der Hauptakzent liegt auf der staatlichen Verfassung, die ausführlich beschrieben wird. Allzu Utopisches der „Insel Felsenburg" wird korrigiert. Die Propagierung des Gemeineigentums durch Albertus Julius wird, weil zu allgemeiner Faulheit und Erschlaffung führend, abgelehnt. Ebenso wird diesem gegenüber der Vorwurf erhoben, den Staat allein auf die Bibel gegründet zu haben. An deren Stelle tritt die natürliche Religion. Wenn Albertus Julius über Land reist, sind das Inspektionsreisen eines Fürsten, keine Familienbesuche. Die Menschen sind von Geburt gleich, jedoch gibt es auf der Insel einen Verdienstadel. Zudem: auch wenn man auf der Insel einen erblichen Adel vorgefunden hätte, hätte man ihn bestehen lassen. Albertus Julius ist nach Pfeil selbst ein Adliger, was wohl die Differenz zu Schnabel am sinnfälligsten markiert. Die Topoi des aufklärerischen Staatsromans sind auch bei Pfeil versammelt: religiöse Toleranz, physiokratische Ökonomie, Sittenzensur, Beschleunigung und Vereinfachung der Prozeßverfahren usw. Wie bei diesem herrscht eine relative Indifferenz gegenüber der Regierungsart, die letztlich auf die Bestätigung der zeitgenössischen, des aufgeklärten Despotismus, hinausläuft, korrigiert lediglich durch das calvinistische Widerstandsrecht der Stände. Strukturell ahmt der Roman eher den „Goldenen Spiegel" als die „Insel Felsenburg" nach. Auch hier taumelt der Staat an den Abgrund eines Bürgerkriegs (wenn er auch nicht, wie bei Wieland, hineinfällt), vor dem ihn der in Europa (!) erzogene Albertus Julius III. als zweiter Tifan bewahrt. Die Robinsonadenutopie wird hier zum Staatsroman, wie bei André zum pädagogischen Jugendroman, von den burlesken Ausuferungen der anderen Robinsonaden zu schweigen. Das Ineinander von Utopie und Robinsonade jedenfalls ist für diese Romane nicht mehr konstitutiv. Offenbar war zu ihrem Zeitpunkt die Gattung nicht mehr tauglich, utopische Intentionen aufzunehmen. Denn die Romane von Pfeil und André deklarieren sich ja nicht mehr, wie die zuvor beschriebenen trivialen Erzeugnisse, als Robinsonaden, sondern schließen sich lediglich an einen bekannten Stoff an. Jedoch auch in vor der „Insel Felsenburg" erschienenen Robinsonaden, die utopische Vorstellungen auskristallisieren, spielen sie zumeist nur eine periphere Rolle. In der deutschen Bearbeitung des „Joris Pines" von 1726 etwa gibt der Held vor seinem Tode seinen Kindern Gesetze, die einen Idealstaat garantieren sollen. Dieser jedoch wird niemals realisiert. Vielmehr läßt der Bearbeiter von 1726 „nicht ohne inneres Behagen . . . ein Schlaraffenland der Unsittlichkeit entstehen".[11]

Am nächsten kommt der „Insel Felsenburg" und dem „Land der Inquiraner" der „Französische Robinson". Die Helden sind Hugenotten, die nach dem Edikt von Nantes aus Frankreich fliehen müssen, zunächst in Holland Zuflucht finden, dann aber beschließen, auf der Insel Réunion bei Madagaskar eine Kolonie zu gründen. So ergibt sich die Antithetik nicht zufällig, sondern initiiert die Handlung selbst:

> Die Insel Réunion erscheint . . . von vornherein als ein Asyl.[12]

Zwar wird die zur Erkundung vorausgeschickte Expedition das Opfer eines betrügerischen Kapitäns, der sie auf einer anderen Insel an Land setzt, aber auch diese erscheint ihnen als Asyl. Das Staatsideal ist dezidiert antiabsolutistisch, richtet sich gegen Adelsprivilegien und Glaubenszwang. Ausschließlich ihre sexuelle Not bewegt die Mehrheit der Expeditionsmitglieder schließlich, die Insel wieder zu verlassen. So bleibt das Inseldasein zwar Episode, zugleich jedoch unterstreichen die nachfolgenden Ereignisse seinen Asylcharakter. Von dem Kommandanten von Mauritius werden die Kundschafter auf einer einsamen Felseninsel gefangen gehalten und kommen schließlich nach verschiedenen anderen traurigen Erlebnissen nach Holland zurück, von wo sie vor acht Jahren aufgebrochen waren. Die Antithetik bleibt bis zum Schluß gewahrt. Gehaltlich ist somit die „Insel Felsenburg" im „Französischen Robinson" vorgebildet. Dadurch jedoch, daß im „Französischen Robinson" die Robinsonade in die weiteren Abenteuer eingebettet, die Handlung sozusagen eindimensional ist, wird der Gegensatz von Europa und Insel strukturell nicht abgesichert. Dagegen schlägt dieser sich bei Schnabel in einem mehrdimensionalen Beziehungsgeflecht nieder. Die Antithetik ist in der „Insel Felsenburg" strukturprägend, wie auch – in anderer Weise – in Bachstroms „Land der Inquiraner". Ich beschränke mich daher auf diese beiden Romane, die das Verhältnis von Robinsonade und Utopie in jeweils verschiedener Weise balancieren und, insofern beide Momente ernst genommen werden, erschöpfen.

[11] Brüggemann: Utopie und Robinsonade, S. 128
[12] Ebd., S. 114

I. Johann Gottfried Schnabels „Insel Felsenburg"

1. Europa

Es wurde oben bei der Behandlung Grimmelshausens auf die Universalität der Kritik hingewiesen. Der Charakter dieser Universalität wird besonders deutlich in der Traumvision des Simplicius im 1. Buch. Der allegorische Baum, der ihm im Traum erscheint, stellt zunächst die Bedrückung der unteren Schichten, der Bauern, Handwerker und Tagelöhner, durch Militär und Krieg dar. Aber unter denen an der Wurzel sind auch „Fatzvögel".[13] Zudem haben die Landsknechte auf den untersten Ästen noch größere „Müh / Arbeit und Ungemach", wenngleich sie andererseits auch „jeweils lustiger als jene" sind.[14] So gleichen sich auf den unteren Ästen des Baumes Glück und Unglück in etwa aus. Entscheidend ist erst der Unterschied von gemeinen Soldaten und Offizieren, die nur von Adel sein dürfen. Zwar haben auch diese „ihre Mühe / Sorg und Anfechtung", jedoch leben sie insgesamt sicherer.[15] Daher herrscht ein „unauffhörliches gegrabel und auffkletterns an diesen Baum".[16] In der folgenden Auseinandersetzung zwischen Adelhold und dem Feldwebel über die Frage, ob die höheren Ränge nur mit Adligen oder auch mit Bauern und Bürgern besetzt werden sollten, wird die anfängliche Sozialkritik zur speziellen Kritik an der militärischen Hierarchie. Aber ebenso wie die Sozialkritik abgebogen wird, wird die diskutierte Frage nicht entschieden. Zwar scheint der Feldwebel mit seinen Argumenten recht zu behalten, zugleich jedoch gönnt ihm Simplicius seine Lage, da er nach unten ebenso tritt, wie er von oben getreten wird. Daher ist es nur konsequent, wenn der Baum schließlich die ganze Welt überschattet und von den verschiedenen Lastern durchweht wird. Detaillierte Sozialkritik weitet sich zur universellen Moralkritik.

Dieser Universalismus beherrscht auch noch Schnabels Schilderung der europäischen Zustände. Und ebenso wie bei Grimmelshausen stehen diese unter der doppelten Herrschaft des blinden Schicksals und der göttlichen Providenz. Daher auch, wie bei diesem, die Möglichkeit, die Kritik zu relativieren. – Erst wenn die Voraussetzung der göttlichen Vorsehung wegfällt, wie etwa bei Wezel, wird die Kritik zugleich universell und radikal. – Jedoch hat die göttliche Lenkung in beiden Fällen einen unterschiedlichen Sinn. Bei Grimmelshausen nimmt sie, wie gezeigt, selbst Züge des Fatums an und läßt dem Menschen nur die passive Ergebung in den unerforschlichen Ratschluß Gottes. Dem entspricht, daß sie positiv nur ihre eigene Reflexion intendiert. Die Erkenntnis der Unerkennbarkeit Gottes ist die höchste und letzte Aufgabe des Menschen. Dagegen läßt bei Schnabel die göttliche Vorsehung die Redlichen ein innerweltliches Asyl auf Felsenburg finden und balanciert auch ihre vorherigen Lebensläufe jedenfalls in vielen Fällen aus. Relati-

[13] Grimmelshausen: Simplicissimus, S. 44
[14] Ebd.
[15] Ebd., S. 46
[16] Ebd.

viert sich bei Grimmelshausen die Kritik dadurch, daß sozusagen alle schlecht sind und infolgedessen nur im Jenseits erlöst werden können, so bei Schnabel dadurch, daß auch einige gut sind und so sowohl in Europa, wenn auch defensiv, leben als auch vor allem eine utopische Gesellschaft begründen können.

Dem Universalismus der somit eher impliziten als expliziten Kritik entspricht, daß die im eigentlichen Sinn politische Sphäre, die des Hofes, weitgehend ausgespart wird. – Wie weit dieses wiederum den Charakter der Utopie bestimmt bzw. von diesem bestimmt wird, werde ich im nächsten Abschnitt erörtern. – Insoweit der Hof Gegenstand der Darstellung ist, wie in der Lebensgeschichte des Don Cyrillo, wird er zugleich kritisiert und entlastet. Das läßt sich deutlich machen am Verhältnis Don Cyrillos zum König. Exponiert wird dieses zunächst als Gegensatz zwischen dem unmittelbaren Ausdruck des Gefühls und der Forderung nach Selbstbeherrschung. Als Don Cyrillo wegen des Todes seines Vaters Tage lang Tränen vergießt, läßt ihn der König zu sich kommen und fordert ihn auf, seine „Betrübniß wenigstens dem äuserlichen Scheine nach" zu hemmen.[17] Zugleich bietet er sich als zweiter Vater an, was sich jedoch selbst wiederum nur öffentlich äußert. Der König übergibt Don Cyrillo das väterliche Regiment und schlägt ihn zum Ritter. Obgleich so die Beziehung äußerlich bleibt, hält sie doch den verschiedensten Belastungsproben stand. Weder ein Duell mit dem Sohn eines Günstlings noch die Durchbrechung des königlichen Kampfverbots haben nachteilige Folgen. Nach einem vom König aus Gründen der Staatsraison untersagten Duell mit einem Neapolitaner muß Don Cyrillo aus Spanien fliehen, wird jedoch schließlich wieder in Gnaden aufgenommen. Das Mißtrauen, das der König gegen den Vizekönig von Neapel, der ein Vetter Don Cyrillos ist, faßt und das nach den Regeln der Staatsklugheit zwar angebracht ist, in der bürgerlichen Perspektive Schnabels jedoch als barer Undank erscheint, bleibt für Don Cyrillo letztlich ohne Konsequenzen. Der Rückzug aufs Land wird nicht erzwungen, sondern ist freiwillig. Dort lebt Don Cyrillo „wiewohl nicht sonderlich vergnügt, doch auch nicht gäntzlich unvergnügt".[18] Auslösendes Moment der Katastrophe ist nicht ein politischer Konflikt, sondern die Lasterhaftigkeit der Gattin, deren Entdeckung als Katastrophe in das sonst mittlere Dasein hereinbricht. Jetzt erst wird auch der König unmittelbar kritisiert. Seiner Habgier gibt Don Cyrillo die Hauptschuld an seinem Unglück und weitet seine Kritik zugleich auf das allgemeine Verhalten des Königs gegenüber den Großen aus. Indem die politische Funktion der zentralisierenden Praxis des Absolutismus gar nicht mehr ins Blickfeld kommt, bleibt nur das moralische Verdikt übrig. Ähnlich wird die spanische Kolonialpolitik mit naturrechtlichen Argumenten kritisiert. So spitzt Schnabel die Handlung nicht auf einen Konflikt mit klaren politischen Fronten zu, sondern diese ergeben sich erst im nachhinein, nachdem die Entdeckung der privaten Verbrechen der Gattin die Katastrophe herbeige-

[17] Johann Gottfried Schnabel: Wunderliche Fata einiger See-Fahrer, absonderlich Alberti Julii, eines gebohrnen Sachsens usw., Nordhausen 1740 ff., Bd. 1, S. 494

[18] Ebd., S. 528

führt hat. Die bestimmte Kritik wird in die Totalität des Lebenszusammenhangs eingebettet. Umgekehrt kann sie sich auch dadurch relativieren, daß verdammenswertes politisches Verhalten nur ein Aspekt einer generellen Lasterhaftigkeit ist. Der Kapitän Lemelie, der adligem Geschlecht entstammt und sich auf der Insel zum absoluten Herrn aufschwingen will, ist ein solcher Abgrund an Verworfenheit, daß seine politischen Ansichten in diesem versinken.

Zugrunde liegt dem ein selbst bereits privatisierter Begriff des Politischen, wie er bereits bei Christian Weise herrscht. Denn politisch ist in der Geschichte Don Cyrillos weniger das Verhalten des Königs als das der Gattin. Brüggemann hat eine ganze Reihe von Belegen für diesen privatutilitaristischen Sinn des Politischen gesammelt. Aus ihnen geht hervor, daß sich nicht nur die negativen Figuren politisch verhalten, sondern auch die Protagonisten der einzelnen Episoden. Durchgehend ist der Zug des Mißtrauens, der allen Personen, und zwar auch den Guten, eignet. Bevor etwa Eberhard Julius mit dem Kapitän Wolffgang zusammentrifft, stellt er erst bei den verschiedensten Leuten umständliche Erkundigungen über dessen Person an. Während jedoch bei den Bösen das Mißtrauen Korrelat der eigenen Verstellung ist und insofern eine Totalität politischen Verhaltens erzeugt, das den strikt politischen Aktionsraum Barclays privatisiert und eben dadurch pervertiert, ist das Mißtrauen der Guten aufgezwungen und defensiv. Um überhaupt bestehen zu können, müssen auch die Redlichen politisch agieren. Beruhte bei Barclay die moralische Neutralisierung der Politik gerade auf der Trennung von staatlicher und privater Sphäre, so führt hier beider Verquickung zur Universalisierung politischen Verhaltens. Sich diesem zu entziehen, ist innerhalb der europäischen Welt nur defensiv möglich.

Jedoch hat bei Schnabel der Ausdruck der Empfindungen seine Grenze nicht nur an den objektiven Umständen, sondern auch an der Ambivalenz der Affekte selber. Gegenüber der bloßen Kalkulation der eigenen Interessen, dem politischen Verhalten, der Heuchelei wird sowohl die Existenz als auch die unmittelbare Äußerung von Empfindung hochgehalten. Jedoch ist die Empfindung noch nicht als Empfindung Selbstzweck wie im späteren 18. Jahrhundert, sondern unterliegt mannigfachen Einschränkungen. Georg Jäger hat an vielen Beispielen gezeigt, wie eng der Begriff der Empfindsamkeit zunächst an Vernunft und Tugend, dann, wohl im Gefolge der Kantischen Ethik, an die innere Freiheit gebunden wird (und insofern auf die von Goethe und Jacobi analysierte Hypertrophie der Empfindsamkeit reagiert).[19] Für Schnabel ist das erstere noch selbstverständlich. „‚Des Menschen Feinde sind seine eigene Hausgenossen, worunter ohnfehlbar die thörichten Affecten eines Menschen zu verstehen sind'", sagt Litzberg, die Bibel zitierend und interpretierend.[20] Während jedoch bei den Bösen das politische Verhalten gerade in den Dienst der Affektivität tritt, geziemt es dem Redlichen, seine Affekte zu

[19] Vgl. Georg Jäger: Empfindsamkeit und Roman, Stuttgart/Berlin/Köln/Mainz 1969, passim.
[20] Schnabel: Wunderliche Fata, Bd. 2, S. 99

moderieren. So macht man aus der Not eine Tugend, die die Utopie dann konstituiert. Während im politischen Menschen innere Triebgebundenheit, sei nun materielle oder sexuelle Begehrlichkeit das Motiv, und äußere Heuchelei zusammenfallen, letztere der affektiven Befriedigung dient, soll im guten Menschen die vernünftige Mäßigung der Affekte dazu führen, gut und angenehm leben zu können. So kann im Grenzfall die Affektivität auch auf die eigentliche Sphäre der Politik übertragen werden. Der Drechsler Herrlich spricht davon, daß in Deutschland „in vielen Städten das Kirchen= und Regierungs=Schiff, von lauter Affects-Winden hin und her getrieben wird".[21] Diese äußern sich jedoch nicht unmittelbar, sondern mittelbar. Der Erzähler wird nicht aus der Stadt gewiesen, sondern es wird ihm lediglich permanenter Verdruß bereitet und so letztendlich derselbe Zweck erreicht.

Hatte bei Barclay die abgespaltene öffentliche Sphäre als solche auf ein aprioriscches Einverständnis der in ihr – auch antagonistisch – handelnden Personen rechnen können und war es dadurch möglich, daß die instrumentelle in objektive Vernunft umschlagen konnte, so wird mit der Universalität der privatisierten Politik diese zum bloßen Vehikel hemmungsloser Egozentrik. Diese hat keine öffentliche, sondern nur noch eine private Funktion. So bedient sich Schnabel zwar der aus der antihöfischen Polemik ererbten Kategorien, meint aber mit ihnen die Gesellschaft als ganze. Auch die Kaufleute handeln so, wie es den Hofleuten unterstellt wird. Jedoch bedeutet dieser Sachverhalt, daß nämlich die Kritik die gesamte Gesellschaft trifft, nicht, daß sie antibürgerlich motiviert wäre. Die Beherrschung der Affekte ist auch eine bürgerliche Forderung. Allerdings meint diese nicht Askese, sondern vernünftige Moderierung; ein Ideal, wie es auch die moralischen Wochenschriften vertreten.[22] Sofern dieses, wie auf Felsenburg, institutionalisiert ist, bietet etwa der Umtausch von Geliebten keine Probleme.

Das Ideal des guten Lebens nun aber – und das unterscheidet den Roman Schnabels von den moralischen Wochenschriften – läßt sich in Europa nicht oder allenfalls defensiv realisieren.[23] Wie das Mißtrauen notwendigerweise auch den Redlichen eignen muß, wie der Ausdruck von Empfindungen von vornherein ambivalent ist, so sind auch die Lebensläufe nicht durchweg katastrophal, sondern münden eher in eine allgemeine Bereitschaft zu melancholischen Grillen. Im Grenzfall ist das Motiv der Emigration zugleich zufällig und privat, wie etwa in der Erzählung Kramers der Tod der geliebten Frau, die auf derselben Buchseite zum ersten Mal auftaucht und stirbt. Die Geschichten werden durch dieses additive

[21] Schnabel: Wunderliche Fata, Bd. 2, S. 417

[22] Vgl. Wolfgang Martens: Die Botschaft der Tugend, Stuttgart 1968, S. 264ff. – Insofern geht Schnabel auch über die Ambiguität der Sittenlehre des Thomasius hinaus. Dort wird einerseits zwischen positiven und negativen Affekten unterschieden, andrerseits die Affektivität generell negativ qualifiziert. Dem entspricht es, daß die Gemütsruhe als das summum bonum einerseits durchaus das Vergnügen beinhaltet, andrerseits jedoch stoisch als Freiheit sowohl von Schmerz als auch von Freude bestimmt wird. Thomasius befindet sich sich sozusagen auf halbem Wege zwischen Lipsius und Schnabel.

[23] Vgl. Brüggemann: Utopie und Robinsonade, S. 83

Verfahren des möglichen tragischen Moments entkleidet, und wo sich dieses gleichwohl findet, wie in der Erzählung Litzbergs, wird die Geschichte über die Katastrophe hinaus fortgeführt. Der universalen Ausdehnung der Kritik entspricht ihre partikulare Entschärfung. Die Antithese von Redlichem und verderbter Umwelt wird in den einzelnen Geschichten keineswegs strikt durchgehalten. Zunächst leben die Erzähler am Schluß ihrer Lebensberichte, vor der jeweiligen Begegnung mit dem Kapitän Wolffgang, wenigstens nicht ganz unvergnügt. Zudem gibt es auch außer ihnen noch eine ganze Reihe anderer guter Menschen. Ferner sind manche der Protagonisten nicht frei von Schuld, angefangen von leichtfertigen Streichen über mutwillige Verstrickung in unüberschaubare Zusammenhänge bis hin zu Verbrechen, wie etwa Plagers alchemistischen Betrügereien.

Vor allem in der älteren Literatur ist die Frage diskutiert worden, ob den einzelnen Episoden überhaupt ein kritisches Motiv zugrunde liege oder ob diese nicht nur „literarische Produkte" seien.[24] Und neuerdings hat Hans Steffen das Aventurehafte des Romans betont.[25] Nun hat Brüggemann mit Recht darauf hingewiesen, daß eine untreue Braut, eine böse Stiefmutter usw. nicht unbedingt irgendeiner novellistischen Tradition entstammen müßten, sondern durchaus auch dem Erfahrungsumkreis entnommen sein könnten. Und darüber hinaus ließe sich sagen, daß eine Verwendung literarischer Topoi, insofern sie überhaupt vorliegt, einem originären kritischen Impuls nicht unbedingt widersprechen muß. Gleichwohl kennzeichnet dieser Sachverhalt, daß nämlich tradierte novellistische Elemente, wie etwa die Sexualburleske, in die Kritik an den europäischen Zuständen integriert werden können bzw. diese Kritik selbst anekdotisch werden kann, ihren Charakter. Sie ist nicht von einem zentralen Motiv her konzipiert, wie etwa die Morussche Kritik an der Eigentumsordnung, sondern breit gefächert und gestreut. Daher knüpft die utopische Umsetzung auch nicht an einen bestimmten, genau definierbaren, objektiven Tatbestand an, gegen den sie ein Gegenmodell entwickelte, sondern an das private Befinden der einzelnen Personen. Macht bei Morus die bestehende soziale Ordnung nicht nur die Moralität, sondern auch die Existenz der ihr Unterworfenen zunichte, so lassen die von Schnabel beschriebenen Zustände ein moralisches Leben, wenn auch unter stetiger Bedrohung, durchaus zu.

Die göttliche Vorsehung ist auch in Europa wirksam, wenngleich der Teufel überall lauert und das Fatum sie immer wieder durchkreuzt. Nomenklatorisch gehen Providenz und Schicksal ineinander über. Litzberg reist „durch den Schluß des unergründlichen Verhängnisses" nach Amsterdam, wobei er unterwegs den Kapitän Wolffgang trifft.[26] Indem so der Begriff des Schicksals ausgeweitet wird, wird sein kritischer Gehalt zugleich relativiert. In der Geschichte des Magisters Schmeltzer werden die Begriffe „Avanture" und „Fatalität" vertauschbar.[27] Am Ende sei-

[24] Vgl. Brüggemann: Utopie und Robinsonade, S. 54ff.

[25] Vgl. Hans Steffen: J. G. Schnabels „Insel Felsenburg" und ihre formengeschichtliche Einordnung. In: GRM 11, 1961, S. 58

[26] Schnabel: Wunderliche Fata, Bd. 2, S. 158f.

[27] Vgl. Brüggemann: Utopie und Robinsonade, S. 82

nes Berichts begründet dieser sowohl seine Fatalitäten wie auch seinen jetzigen vergnügten Zustand mit der göttlichen Vorsehung. Bei Grimmelshausen führt die generelle Weltabsage zum Einsiedlertum und schließt die Utopie aus, die vielmehr zum Teufelswerk wird. Indem demgegenüber Schnabel Kritik an den historischen Verhältnissen Europas übt, ergibt sich für ihn die Möglichkeit der utopischen Kontrafaktur. Dadurch jedoch, daß diese Kritik zugleich auf alle Bereiche des Lebens ausgedehnt und durch das letztliche Walten der Providenz entschärft wird, damit vor allem auf das innere Befinden der betroffenen Personen abhebt, nimmt auch die Utopie einen privaten Charakter an.

2. Felsenburg

In der europäischen Welt ist das Mißtrauen, zu dem auch die Redlichen gehalten sind, ein Reflex der aus der allgemeinen Unsicherheit fließenden inneren Unruhe. Dagegen wird allein durch das Betreten der Insel das Gemüt sofort beruhigt. „‚Ich schwöre, daß mein Herz vollkommene Zufriedenheit empfunden, so bald ich dieses gesegnete Erdreich betreten habe'", sagt Litzberg am Schluß seines Lebensberichts.[28] Die innere Ruhe ist die Voraussetzung eines tugendhaften Lebens. „‚Sie aber sollen hinführo allerseits Zeugen meines, nach menschlicher Möglichkeit zu führenden, christlichen Wandels seyn, weiln ich von der ersten Minute an, da mein Fleiß (muß wohl heißen: Fuß, D. N.) diese glückseelige Insul beschritten, allererst eine vollkommene Gemüths-Beruhigung gefunden'", sagt der Sünder Krätzer nach seiner Lebensbeichte.[29] Diese Identifikation von Glückseligkeit und Zufriedenheit ist den frühaufklärerischen Utopisten gemeinsam. Der Titel der Utopie von Sinold-Schütz, der sich Faramund nannte, lautet: Die glückseeligste Insul auf der gantzen Welt, oder Das Land der Zufriedenheit, und in den Titeln von popularphilosophischen Schriften taucht der Begriff der Zufriedenheit allenthalben auf. Entsprang bei Barclay, wie oben dargelegt, die „Gemütsruhe" gerade der Ungewißheit der Zukunft und war sie insofern Voraussetzung der dezisionistisch verstandenen Aktionsbereitschaft, weshalb die astrologische Voraussage abqualifiziert wurde, so basiert die utopische Zufriedenheit gerade auf der gesicherten Zukunft, die die Aktion als bürgerliche Arbeit von vornherein in einen engen Rahmen einschränkt.

Voraussetzung der Ruhe ist zunächst die materielle Sicherheit. Im Gegensatz zum „Robinson Crusoe" Defoes ist diese von vornherein problemlos. Als Albertus Julius die von den Felsen eingeschlossene Landschaft zum ersten Mal erblickt, bezeichnet er sie als „Paradies";[30] Don Cyrillo nennt sie ein „irdisches Paradieß", dessen Anblick bereits das Vorhandensein von Menschenfressern und wilden Tie-

[28] Schnabel: Wunderliche Fata, Bd. 2, S. 160
[29] Ebd., S. 399
[30] Ebd., Bd. 1, S. 157

ren ausschließt, und dieses Motiv wird dann unablässig variiert.[31] Zudem ist den Gestrandeten durch Don Cyrillo und seine Gefährten vorgearbeitet worden. So bietet sich die Insel den sie Betretenden als eine natürliche Kulturlandschaft dar, die gemäße Umgebung für ein durch die tugendhafte Moderierung der Affekte gekennzeichnetes Leben.

Dem entspricht die Perspektive, in der die Insel Albertus Julius erscheint. Er sieht sie in der Totale, von der Spitze eines Berges aus, womit zugleich ihre Abgeschlossenheit und Beherrschbarkeit demonstriert wird. Ähnlich tritt, als im Verlauf des Romans die Insellandschaft zum ersten Mal erwähnt wird, der Verweis auf den beigegebenen Grundriß an die Stelle der Beschreibung.[32] Dagegen ist die Insel Robinson Crusoes nur so weit sichtbar, wie sie von ihm erforscht wird, und diese Erforschung ist bis zur schließlichen Abreise nicht vollständig.[33] Auch Robinson steigt auf einen Hügel, um das unbekannte Land zu überblicken, aber dies ist selbst ein Akt der Erkundung, und deren Resultate sind nur teilweise richtig. Zwar ist die Insel nicht sehr fruchtbar, aber von wilden Tieren ist sie jedenfalls im Gegensatz zur Meinung Robinsons frei. Auch erweist sich später die Insel als keineswegs so weltabgeschieden, wie er anfänglich meint. Bei Schnabel bestätigt die Erschließung der Insel den ersten Anblick, bei Defoe korrigiert sie ihn. Der sukzessiven Erschließung des Exils durch das Subjekt tritt die totale objektive Darbietung des Asyls gegenüber.

Das antithetische Verhältnis der Insel zur Umwelt wird sowohl topographisch, durch die begrenzenden Felsen, herausgearbeitet als auch durch die Art und Weise, wie die Ankommenden sich ihr nähern. Bevor diese die Insel sehen, müssen sie durch eine Nebelzone hindurchfahren, die die Insel quasi aus der Welt heraushebt.[34] Der Zugang ist nur möglich durch einen finsteren Gang, in dem dem unkundigen Kapitän Wolffgang seine Begleiter bald als Engel, bald als Zauberer erscheinen. Die Insel vermag die göttliche Providenz zu ersetzen. „‚Sehet, Mein Sohn! dorten von ferne denjenigen Felsen, worauf nächst GOtt eure zeitliche Wohlfarth gegründet ist'", sagt der Kapitän Wolffgang zu Eberhard Julius, als sie sich der Insel nähern.[35] Die Grimmelshausensche Antithese von Gott und Welt, die auch noch die Insel einbegreift, reduziert sich auf ein bloß graduelles Verhältnis.[36]

Das läßt sich verdeutlichen an der gegenüber Grimmelshausen gegensätzlichen Bewertung des Einsiedlertums. Ist dieses dort die dem Zweck der Gottes- und Selbsterkenntnis angemessene Lebensform, für die die Insel nur die beste Voraussetzung bietet, so soll das Leben als „heilige Einsiedler", das Don Cyrillo seinen

[31] Schnabel: Wunderliche Fata, Bd. 1, S. 587
[32] Vgl. Rosemarie Haas: Die Landschaft auf der Insel Felsenburg. In: ZfdA 91, 1961/62, S. 64
[33] Vgl. Brunner: Poetische Insel, S. 104
[34] Vgl. Haas: Landschaft, S. 81
[35] Schnabel: Wunderliche Fata, Bd. 1, S. 90
[36] Vgl. Brunner: Poetische Insel, S. 106

Gefährten vorschlägt, nur so lange dauern, bis Gott ein Schiff landen läßt, das die Exilierten erlöst.[37] Das Einsiedlertum ist nicht vorgegeben, sondern funktioniert sozusagen opportunistisch, als dem Willen Gottes gehorchende Zwischenlösung. Als die erhoffte Rettung ausbleibt und zudem der letzte Gefährte verstorben ist, erscheint Don Cyrillo das Inseldasein als „Verhängniß", in das er sich jedoch mit Geduld ergibt.[38] So lebt er in einer Art mittleren Zustands. Zwar hofft er bis zum Schluß auf die Landung eines Schiffs, zugleich aber ist ihm „wenig daran gelegen".[39] Entsprechend nimmt auch die Schlußwendung an Gott einen weltlichen Zug an. Während der Erzähler Simplicius noch einmal den Gegensatz von Weltlichkeit und „Resignation" unterstreicht und „die seelige Ewigkeit nechst dem heiligen Leyden deß Erlösers zu erlangen verhofft", sorgt sich Don Cyrillo vor allem um ein christliches Begräbnis, weshalb er in der Steinhöhle sterben will, und wartet auf die „fröliche Auferstehung aller Todten".[40] So gerät ihm auch die Vorstellung des Jüngsten Gerichts zu einer utopischen Formulierung. Der starre Gegensatz von Gott und Welt weicht einer mannigfachen Abstufung.

Dieser explizite Gradualismus jedoch ist, und das unterscheidet ihn vom im nächsten Kapitel zu behandelnden reformistischen Staatsroman, auf die räumlich getrennte Utopie beschränkt. Daß die Insel Gott quasi zu ersetzen vermag, hat zur Voraussetzung, daß sie selbst aus der Welt topographisch ausgegliedert und diese Ausgliederung zusätzlich künstlich gesichert wird. Dem entspricht, daß es für die Konstituierung der Inselgemeinschaft der göttlichen Vorsehung selbstverständlich bedarf. Vor allem in der Auseinandersetzung mit dem verruchten Lemelie wird diese immer wieder betont. Umfaßt die Ambiguität von göttlicher Vorsehung und Fortuna bei Grimmelshausen die ganze Welt und steht diese dort, indem Gott in einen rein transzendenten Raum verwiesen wird, letztlich unter der Herrschaft des Schicksals, so hält Schnabel die Ambiguität, wie oben gezeigt, für Europa durch und schafft zudem der göttlichen Providenz in der Insel einen eigenen Raum.

Anders wird die erwähnte Doppelheit bei Defoe akzentuiert. Bei ihm ist, wie bei Grimmelshausen und im Gegensatz zu Schnabel, die Insel ein Bestandteil der Welt, aber ein solcher, der besonders schwierige Aufgaben stellt. Die Möglichkeit eines ruhigen Lebens ist in der Welt eher gegeben als auf der Insel. Daher bedingt das Inseldasein einen besonderen menschlichen Aktivismus. Diesem entspricht es, daß Gott und Schicksal nicht nur, wie bei Schnabel, für gewisse Lebensumschwünge wechselweise verantwortlich gemacht werden, sondern ihr Verhältnis über den strikt subjektiven Bezug hinaus kritisch reflektiert wird. Das Schicksal zunächst, das Robinson dazu treibt, zur See zu gehen, steht nicht im Gegensatz zur göttlichen Vorsehung, sondern zur eigenen Vernunft. Daß Robinson gegen diese verstößt, kann er sich nur mit einem persönlichen Unstern erklären. Das Schicksal ist

[37] Schnabel: Wunderliche Fata, Bd. 1, S. 596
[38] Ebd., S. 605
[39] Ebd.
[40] Grimmelshausen: Simplicissimus, S. 570 bzw. Schnabel: Wunderliche Fata, Bd. 1, S. 607

keine vorgegebene transzendente Macht, sondern selbst das Resultat einer verstandesmäßigen Deduktion. Der „dämonische Zwang" steht immer sozusagen in Anführungsstrichen.[41] Die topologische Verwendung von „Zufall" und „wie es Gott gefällt" wird von Robinson explizit verworfen.[42] Zwar wird Robinson später rückfällig:

> Wie seltsam spielt doch die Vorsehung mit dem Leben des Menschen! Und von welchen geheimen, veränderlichen Quellen werden die Gefühle gelenkt, bald so, bald anders, je nachdem die Umstände sich ändern.[43]

Jedoch wird auch hier die Vorsehung auf Psychologie reduziert und diese dann empirisch festgemacht. Das „Bald-anders" ist nicht wie bei Grimmelshausen metaphysisch vorausgesetzte Struktur der Welt, sondern läßt sich im bestimmten Fall jeweils empirisch herleiten. Das „Geheimnis" ist denn auch bare Hochstapelei. Denn das Verhalten Robinsons ist nur allzu erklärlich. Zwar sehnt er sich nach menschlicher Gesellschaft, aber nicht nach der von Wilden. Und auf deren Existenz weist der Fußabdruck, der die Reflexion veranlaßt, hin. Die Wilden sind im übrigen „gefährlichere Kreaturen" als der Teufel, an dessen Existenz Robinson durchaus glaubt.[44] Daß ihm auf der Insel plötzlich Gerste und Reis wachsen, schreibt er zwar der göttlichen Vorsehung zu, aber diese wirkt nur als Initialzündung. Denn die Getreidekörner stammen aus einem Beutel mit Hühnerfutter, den Robinson „zufällig" ausgeschüttet hat. Das Walten der Vorsehung wird an das menschliche Verhalten rückgebunden. Daß Gott die Wilden von sich ausgeschlossen hat, vermag sich Robinson nur aus einer unbekannten Schuld herzuleiten. Die Theodizeeproblematik bleibt letztlich ungelöst. Den Fragen Freytags, der Allmacht und Güte Gottes mit der Existenz des Teufels nicht recht vereinbaren kann, muß sich Robinson mit dem Hinweis auf die Offenbarung entziehen, die so als eine Art Nothelfer fungiert. Empirische Verankerung und kritische Reflexion von Schicksal und Vorsehung bewirken, daß Robinson sich ihnen gegenüber gewissermaßen frei bewegen kann. Die utopische Kontrafaktur ist gar nicht mehr nötig. Die gesamte ethische und theologische Argumentation Robinsons bewegt sich in wechselnden Relationen. Die kritische Reflexion nimmt so als subjektive gedankliche Lebensbewältigung einen Charakter an, der der Arbeit als subjektiver faktischer Lebensbewältigung ähnlich wird.

Bei Schnabel spielt die Arbeit im letztgenannten Sinn keine Rolle. Im irdischen Paradies braucht man sich nur häuslich einzurichten. Allein die Affen beeinträchtigen dies, aber auch sie lassen sich als Domestiken nutzbar machen. Die Auseinandersetzung mit der Natur beschränkt sich auf den Aufbau einer utopischen Szenerie. Durch den paradiesischen Charakter der Insel erübrigt sich auch der Technizis-

[41] Daniel Defoe: Das Leben und die unerhörten Abenteuer des Robinson Crusoe. In: D. D.: Romane, München 1968, Bd. 1, S. 36

[42] Ebd., S. 95

[43] Ebd., S. 155

[44] Ebd., S. 154

mus, der den Utopien sonst eignet. Albertus Julius ist nicht gewohnt, müßig zu gehen, und legt infolgedessen einen Küchengarten an. Die Arbeit auf der Insel ist weder wie bei Grimmelshausen ein Instrument individueller Seelendiätetik noch wie bei Defoe zur Existenzfristung unerläßlich, sondern wesentlich ein Ausfluß bürgerlicher Sitte. Diese Differenz bestätigt sich auch an der Art und Weise, in der sich die Personen vor der Entdeckung der Insellandschaft verhalten. Als die Schiffbrüchigen sich noch am Fuß der Felsen befinden, schert sich der einem alten französischen Adelsgeschlecht entstammende Lemelie um die künftige Lebenserhaltung gar nicht, während der holländische Ritter van Leuven in einen verzweifelten Utopismus verfällt. Allein der Bürger Albertus Julius klettert auf der Suche nach einem Ausweg in den Klippen herum. Aber diese Suche ist unsystematisch. Ebenso zufällig, wie er auf ein Rudel Seehunde stößt, entdeckt er die von den Felsen eingeschlossene Landschaft. Er erklettert die Gipfel der Felsen, um dort Vögel zu schießen, keineswegs, was ja nahe gelegen hätte, um zu sehen, was hinter den Klippen ist. So zerfällt das Verhalten in opportunistische Aktion und Überwältigtwerden durch den unerwarteten Anblick der paradiesischen Landschaft. Albertus Julius steht länger als eine Stunde wie im Traum.

Die Arbeit ist nicht kontinuierlich und systematisch wie bei Defoe, sondern zunächst quasi okkasionalistisch, später kultivierend. Dem entspricht, daß sie im Gegensatz zu Defoe, bei dem sie den hauptsächlichen Inhalt der Erzählung ausmacht, bei Schnabel gegenüber der Darstellung von Familienszenen, Festivitäten und Gottesdiensten zurücktritt. Die Arbeit funktioniert wesentlich als Konstituens der utopischen Topographie. Diese ist funktionell und nicht funktionell zugleich. Prägt in den meisten anderen Utopien die funktionelle Organisation der Arbeit auch die Topographie, besonders pedantisch bei Campanella, so wird diese Aufteilung der Arbeit bei Schnabel zugleich relativiert. Die verschiedenen „Räume", die sich um Albertsburg herum gruppieren, differieren lediglich nach der Art der natürlichen Voraussetzungen. In Stephansraum finden sich Salzlachen, in Jacobsraum Erze usw. Zugleich jedoch werden die meisten Feldfrüchte überall angebaut. Die einzelnen Räume tauschen zugleich aus und sind autark. Die Utopie ist nicht technisch, sondern moralisch orientiert. Analog wird ihr „Kommunismus", in dessen Definition als treuherzige Gemeinschaft der zeitlichen Güter bereits gemütvolle und religiöse Momente eingehen, mit der Praxis der ersten christlichen Kirche parallelisiert.

Erübrigt sich der übliche Technizismus einerseits durch den Überfluß an Lebensmitteln, so andrerseits durch die Konzeption des Staates als Großfamilie. Alle Neuankömmlinge werden durch Heirat in diese integriert. Virtuell transzendiert die Familie sogar die Abgeschlossenheit der Utopie. Albertus Julius II. erwägt, wenigstens mit den europäischen Familienangehörigen einen regelmäßigen Handel zu beginnen. Die vorgegebenen Familienbande durchbrechen den defensiven Charakter der Utopie.

Durch die Familienstruktur der Inselgesellschaft erübrigen sich auch Gesetze.

Lediglich eine Kirchenordnung wird erlassen. Ließ die technische Utopie des Morus die positive Religion ihrer Bewohner unberührt, ja sollte ihr Technizismus deren innere Freiheit gerade ermöglichen, so unterwirft die innerliche Utopie Schnabels die Einwohner Felsenburgs positiven religiösen Regeln. Ist bei Morus die natürliche Religion selbst utopisch, so reinigt Schnabel lediglich das Luthertum von orthodoxen Entartungserscheinungen und versetzt es mit pietistischen Motiven. Gesetze visiert die Abschiedsrede des Albertus Julius erst für die Zukunft an, wenn es dem Satan mit Gottes Zulassung gelungen ist, die „Menschen zu groben Sünden, Schanden und Lastern zu reitzen und zu verführen".[45] Wie die Gesetze zunächst verwaltungstechnisch überflüssig sind, so auch moralisch. Gleichwohl gerät die mögliche Nivellierung zwischen europäischen Zuständen und Zuständen auf der Insel ins Blickfeld. Diese zu verhindern ist vor allem Sache der Geistlichen, erst in zweiter Linie der Gesetze. Die individuelle Therapie rangiert vor der objektiven. Was in den klassischen Utopien von Morus und Campanella Fundament der utopischen Konstruktion ist, diese initiiert, nämlich die Verhinderung von sozialen und moralischen Mißständen, ist bei Schnabel bereits eine Verfallserscheinung. Daher werden auch die einzelnen organisatorischen Maßregeln, die Albertus Julius für die Zukunft trifft, nur summarisch abgehandelt und sind für den weiteren Verlauf des Romans nicht sehr relevant. Immerhin drückt sich in ihnen der antiabsolutistische Affekt Schnabels insofern aus, als die Souveränität des Fürsten durch einen teilweise zu wählenden, teilweise testamentarisch bestimmten Senat eingeschränkt werden soll. Diese quasistaatliche Organisation aber ist gegenüber der patriarchalischen Großfamilie nur die zweitbeste Lösung.

Schnabel will seinen Roman nicht als einen „Staats-Cörper" anpreisen, was sowohl allzu hohen politischen als auch ästhetischen Ansprüchen begegnet.[46] Sein Spiel mit dem Begriff der Fiktion, das die Wahrheit des Berichteten unentschieden läßt und die Verantwortung dafür dem Chronisten aufbürdet, hat ähnlich wie bei Christian Weise den Sinn, die „Politicos" nur indirekt zu „hudeln".[47] Die Absicht der Utopie wird beschränkt. Wenn sie dem gemeinen Wesen auch nicht zum Vorteil gereicht, so soll sie ihm doch auch keinen Schaden und Nachteil verursachen.

In der Schnabelschen Utopie wird die bürgerliche Privatsphäre gewissermaßen objektiviert und zur Basis utopischer Konstruktion gemacht. Dieses war jedoch nur möglich, wenn sie von der Sphäre der Öffentlichkeit räumlich und personell radikal abgespalten wurde. Es wurde oben bei der Darstellung der Hobbesschen Theorie und des Barclayschen Romans darauf hingewiesen, daß der Absolutismus die Konstituierung der moralfreien politischen Sondersphäre mit der Trennung von Innen und Außen bezahlte. Die Innerlichkeit, und zwar die bürgerliche Innerlich-

[45] Schnabel: Wunderliche Fata, Bd. 3, S. 245

[46] Ebd., Bd. 1, unpaginierte Vorrede. – Wenn Hans Steffen daraus den nicht-utopischen Charakter des Romans ableiten will, so geht das von einem allzu engen Utopiebegriff aus (vgl. Steffen: Insel Felsenburg, S. 54).

[47] Ebd.

keit, sollte frei sein, wenn auch nur „in secret". Diese geheime Innerlichkeit nun legt Schnabel in den Raum. Das innere Geheimnis wird als inneres zum äußeren Geheimnis. Koselleck hat den indirekten Charakter der bürgerlichen Kritik beschrieben. Schnabel bietet dafür ein frühes Beispiel, früh insofern, als die bürgerliche Gesellschaft als kritische Instanz hier vorerst nur in der Form ihrer Intimsphäre erscheint und deren öffentlicher Anspruch sowohl durch ihre Absonderung als auch durch ihren möglichen Verfall reduziert wird. (Umgekehrt entspricht es dem Aktivismus des „Robinson Crusoe", daß das Ideal des Mittelstandes, das Robinsons Vater vertritt und gegen das sein Sohn zunächst verstößt, gesellschaftlich definiert wird.) Diese Abstraktion jedoch weitet den kritischen Anspruch zugleich aus. Den Gegensatz zur bürgerlichen Innerlichkeit bildet ja nicht nur der Staat, sondern die Gesellschaft schlechthin. Insofern wird die bürgerliche Kritik als bürgerliche bereits an ihrem Beginn utopisch transzendiert. Dem korrespondiert, daß Schnabel selbst kleinbürgerlicher Herkunft war und später nur eine untergeordnete Position an einem kleinen Hof bekleidete. – Wie dagegen die großbürgerliche Kritik aussieht, wird im nächsten Kapitel, besonders am Beispiel Loens, zu zeigen sein. – So sind auch die europäischen Episoden zumeist im mittleren und kleinen Bürgertum angesiedelt, und die Bewohner Felsenburgs rekrutieren sich vorwiegend aus diesem. Die Trennung von Politik und bürgerlichem Leben, die die moralischen Wochenschriften zugleich voraussetzen und propagieren, wird von Schnabel utopisch auskristallisiert.[48] Zugleich jedoch geht er über deren Behandlung der unteren Stände hinaus. Die Möglichkeit des vernünftigen Lebens wird nicht mehr, wie in den moralischen Wochenschriften, auf die höheren Stände beschränkt. Insofern ist dieser ständische Egalitarismus, der hier jedoch noch unpolitisch, privat ist, ein weiteres Moment, das die Absonderung quasi erzwingt, da er sich nur unter dieser Voraussetzung überhaupt darstellen ließ.

Der vorerst abstrakten Antithetik entspricht es, wenn der Realisierungsanspruch explizit und implizit zurückgeschraubt wird. Die Tendenz zur Nivellierung drückt sich sowohl in der Darstellung der europäischen Zustände aus als auch in der vollzogenen oder ins Auge gefaßten Veränderung auf der Insel selbst, wie sie vor allem im 4. Band erscheint. Albertus Julius II. wird stets als Regent bezeichnet und neben seiner Gottesfurcht auch seine politische Klugheit hervorgehoben. Als sich die Inselbewohner gegen eine portugiesische Flotte verteidigen müssen, betonen sie in ihrer Adresse an den portugiesischen König ihren Mangel an Staatsklugheit. Zugleich jedoch ist die Betonung dieses Mangels ein politischer Trick, durch den sie den portugiesischen Befehlshaber davon überzeugen wollen, daß auf der Insel keine Reichtümer zu holen sind. Ästhetisch schlägt sich diese Wandlung darin nieder, daß das burleske Element, das eigentlich bei der Darstellung der europäischen Ereignisse zu Hause ist, jetzt auch auf der Insel zur Geltung kommt, so etwa in der Fehde des Eberhard Julius mit dem gegen die Portugiesen aufge-

[48] Vgl. Martens: Botschaft der Tugend, S. 321 ff.

stellten Frauenregiment. Der Perspektivismus Schnabels, der ihn eine bloß innerliche Utopie nicht durchhalten läßt, wird so ästhetisch teuer bezahlt. Die jedenfalls anvisierte Brüchigkeit der utopischen Konstruktion bedingt auch die ästhetische Brüchigkeit. Die utopische Innerlichkeit als bloße religiöse und familiare Intimität konnte nur um den Preis ihres zukünftigen Zerbrechens überschritten werden. Wie dagegen ein utopisches Bürgertum aussehen muß, um aus der Defensive heraustreten zu können, zeigt Bachstrom.

II. Johann Friedrich Bachstroms „Das Land der Inquiraner"

1. Robinsonade

Bei Schnabel gehen Robinsonade und Utopie ineinander über. Jedoch geht dieser Übergang auf Kosten der robinsonadenhaften Elemente. Es wurde oben bereits darauf verwiesen, daß die Entdeckung des Inselinneren zufällig ist. Ebenso ist die Eliminierung des Widerparts nicht der Aktivität des Albertus Julius zu verdanken, der somit jeglichem moralischen Vorwurf entrückt wird. Lemelie rennt in das entgegengehaltene Stilett und bringt sich obendrein noch selbst um. Wie die Beseitigung der materiellen Not und der physischen Bedrohung so wird auch die Überwindung der sexuellen Notlage durch einen Zufall initiiert. Concordia hört zufällig die Klagelieder des Albertus Julius, die er ihrer kleinen Tochter vorsingt. Jedoch beschränkt sich im letzten Fall das Moment des Zufalls auf die Initiation. Als Basis der utopischen Entwicklung wird die Ehe selbst empfindsam motiviert. Nachdem so der letzte störende Faktor beseitigt ist, kann die Utopie sich kontinuierlich entwickeln. Die utopische Tendenz drückt so die robinsonadenhaften Elemente auf das Niveau von bloßen Zufällen herunter.

Bei Bachstrom dagegen sind robinsonadenhafte und utopische Elemente zugleich handlungsmäßig voneinander getrennt und gehaltlich aufeinander bezogen. Das aktivistische Moment ist von vornherein, noch vor Eintritt der Robinsonsituation, vorhanden. Es gelingt den von der Inquisition, die im übrigen vor allem als staatliche, nicht als religiöse Unterdrückungsinstanz erscheint, worauf ich zurückkomme, auf einem Schiff gefangen gehaltenen verschiedenen Religionen angehörenden „Ketzern", sich zu befreien und das Schiff unter ihre Kontrolle zu bringen. Mit diesem begeben sie sich dann auf die Flucht. Die Begründung einer utopischen Gesellschaft ist von vornherein ihr Ziel. So entspringt dem entschiedenen Antagonismus, sofern es sich nicht nur allgemein um unter den europäischen Verhältnissen Leidende handelt, wie bei Schnabel, sondern um wegen eines bestimmten „Vergehens" festgesetzte politische Gefangene, die bestimmte utopische Intention.

Dieser Aktivismus erstreckt sich nun auch auf die Auseinandersetzung mit der

Natur. Die beabsichtigte Gründung eines Gemeinwesens gelingt nämlich nicht unmittelbar. Durch einen Schiffbruch wird ein großer Teil der befreiten Gefangenen und Schiffsangehörigen auf kleine Inseln verschlagen. Ihr Schicksal nun wird in einer Reihe von Robinsonaden beschrieben. Als Beispiel dafür die Robinsonade des spanischen Capitains, der sich dem Anführer der Befreiten, einem Apotheker, unterstellt hat und daher später auch in die utopische Gemeinschaft aufgenommen werden wird. Daß im übrigen deren Mitglieder jetzt und auch später vorwiegend nach ihren Berufen oder Konfessionen, nicht mit ihren Namen bezeichnet werden, unterstreicht den allgemeinen und modellhaften Anspruch, den der Roman macht. Die Voraussetzungen, die der Schiffbrüchige vorfindet, sind wesentlich ungünstiger als bei Defoe, von Schnabel ganz abgesehen. Bot die Robinsoninsel immerhin noch eine reichhaltige Fauna und Flora und standen Robinson eine Reihe von geretteten Werkzeugen zur Verfügung, um seine Umwelt zu gestalten, so sieht sich der Capitain auf einer nur mit Sträuchern bewachsenen Insel ohne jedes Werkzeug ausgesetzt. Von minimalen natürlichen Voraussetzungen her baut er sich seinen Lebensumkreis auf. Die einzelnen Schritte, die dazu erforderlich sind, werden pedantisch geschildert. Die erzählerische Pedanterie entspricht jedoch durchaus der Konzeption dieser Robinsonade, die vor allem auf die Autonomie des Subjekts abhebt. Die Natur wird zum bloßen Material der subjektiven Lebensbewältigung. Im Gegensatz zur „Insel Felsenburg", in der die Natur die Utopie quasi bereits ist, aber auch zum „Robinson Crusoe", in dem der Held die Insel über die unmittelbaren Anforderungen hinaus, wenn auch niemals vollständig, so doch immerhin zum großen Teil erschließt, wird bei Bachstrom die Natur nur nach Maßgabe der einzelnen Problemstellungen sichtbar. Daher auch die Monotonie der erzählerischen Darbietung, die die einzelnen Episoden nach dem Schema von Not und Bewältigung bloß additiv aneinanderreiht.

Als Beispiel für diese Technik die Lösung des Wasserproblems. Der Capitain hat Durst und ißt, um diesen zu stillen, ein saures Kraut. Da er sich dadurch gestärkt fühlt, kommt er auf die Idee, eine Reihe von diesen Kräutern zu zerklopfen und über einer Muschelschale auszuwringen. So erhält er seinen ersten guten Trunk. Am nächsten Morgen leckt er zunächst den Tau, kann jedoch damit seinen Durst nicht stillen. Darauf fällt ihm ein, analog dem Verfahren mit den Kräutern, sein Hemd durch den Tau zu ziehen und dann das nasse Hemd auszuwringen. Auf diese Weise gewinnt er einen Wasservorrat, dessen Speicherung ebenfalls umständlich beschrieben wird. Darauf heißt es:

> Er sahe hieraus, daß einem Menschen alles möglich wäre, wenn er nur seinen Verstand und Nachdencken brauchen oder anspannen wolte, ja daß ihn die Noth endlich alles lehrete, weil der Hunger und Durst samt der Kälte dem Menschen zu wehe thäte, und ihm zum Nachdencken und Forschen auch wider seinen Willen anspornete.[49]

[49] Johann Friedrich Bachstrom: Das Bey zwey hundert Jahr lang unbekannte, nunmehro aber entdeckte vortreffliche Land Der Inquiraner, Frankfurt und Leipzig (Breslau) 1736/37, Bd. 1, S. 29 f.

Das oben beschriebene Verfahren ist jedoch noch immer zu zeitraubend, und so baut er einen Wasserspeicher, mit dem er das Regenwasser auffangen kann. Aus den Erfahrungen, die er mit dieser künstlichen Quelle macht, deduziert er des weiteren die Bedingungen, unter denen sich natürliche Quellen bilden können. Für diese sind „nothwendig hohe und bergichte Oerter insonderheit steinichte oder sandichte".[50] Er sieht sich daher nach Bergen um und gewahrt einen Hügel, über welchem Vögel kreisen, woraus er bereits auf das Vorhandensein einer Quelle schließt. Als er diese findet, ist das Problem der Wasserversorgung endgültig gelöst.

Für Robinson Crusoe ist dieses von vornherein kein Problem. Beiläufig erwähnt er, daß er auf der Suche nach frischem Wasser landeinwärts geht und auch bald welches findet. So wird auch gegenüber Defoe, von Schnabel abgesehen, die Lebensfristung weiter systematisiert. Das Suchen und Finden der Quelle resultiert selbst aus den Erfahrungen, die der Capitain gemacht hat, und den Folgerungen, die er aus ihnen gezogen hat. Zudem geht der endgültigen Lösung eine Reihe von Verfahren vorher, von denen jedes für sich ausreichen würde, um das Trinkwasserproblem zu lösen. Durch diese Akkumulierung unterschiedlicher Prozeduren emanzipiert sich quasi der Akt der Auseinandersetzung mit der Umwelt von seinem Resultat. Daß der Capitain Wasser *gewinnt,* ist im Zusammenhang dieses Romans wichtiger, als daß er *Wasser* gewinnt. In ähnlicher Weise wird nun geschildert, wie der Capitain zu Werkzeugen, einem Haus, einem Schiff usw. kommt. Schließlich verselbständigt sich das Exemplarische so sehr, daß der Capitain sogar Uhren herstellt, die inhaltlich gar keine Funktion mehr zu erfüllen haben, denn bald darauf verläßt er auf einem selbstgebauten Schiff die Insel.

Zwar wird auch die göttliche Providenz erwähnt. Jedoch reduziert sich diese auf den Inbegriff der Naturgesetze. Als der Schiffbau auf Schwierigkeiten stößt, läßt Gott eine schwimmende Insel ans Ufer treiben. Doch wird sowohl deren Entstehung naturwissenschaftlich erklärt als auch vor allem der Sachverhalt, daß sie sich vom festen Land loszureißen vermochte. Das göttliche Eingreifen reduziert sich darauf, „daß der Wind ein sonderbarer Dienst-Bothe Gottes" ist.[51] Insofern geht Bachstrom auch hier über Defoe hinaus. Denn bei diesem ist ja immerhin noch das Ausstreuen des Hühnerfutters, das das Getreide zeitigt, ein „Zufall". Zwar schreibt es der Capitain dem Walten der göttlichen Vorsehung zu, daß er die Insel „just jetzund, da er solches Holz gebrauchet, auch nach einem Braten Appetit gehabt hätte", habe landen lassen.[52] Aber seine Erwartung, daß er sich mit Gottes Hilfe auf der schwimmenden Insel an eine benachbarte Insel werde treiben lassen können, erfüllt sich nicht. Denn der Wind schlägt um. So sieht sich der Capitain gezwungen, die schwimmende Insel schleunigst zu verlassen. Zwar hat die göttliche Vorsehung diese landen lassen, aber so weit erstreckt sie sich nicht, daß sie

[50] Bachstrom: Land der Inquiraner, Bd. 1, S. 36
[51] Ebd., S. 105
[52] Ebd.

den gesamten Akt der Rettung übernähme. Die schwimmende Insel dient dem Capitain lediglich als Modell, nach dem er sich ein eigenes Schiff konstruiert, und auch diese Analogie wird nicht ganz durchgehalten. Er erwägt, auf das aus Ruten und Schilf geflochtene Floß ein Gebüsch zu stecken, das ihm als Segel dienen soll, verwirft diesen Plan jedoch, da die Gefahr besteht, daß der Wind das Gebüsch entlaubt, und rekurriert letztlich doch auf sein Segeltuch. Die göttliche Vorsehung liefert so lediglich das Vorbild für die menschliche Initiative, und auch dieses Vorbild ist nicht durchweg verbindlich. Das „große Buch der Natur" ist die Informationsquelle, aus der der Mensch schöpfen muß.[53] Zwar ist Gott der letzte Grund der Natur, aber dies führt lediglich zu der Folgerung, daß der Mensch sich seines Erfindungsgeistes nicht überheben darf, sondern demütig bleiben muß. Das Verhältnis des Menschen zu Gott wird privatisiert. Die menschliche Demut fließt nicht, wie bei Grimmelshausen, aus der Erfahrung der unaufhebbaren Diskrepanz zwischen Gott und Welt und führt daher auch nicht zu praktischen Konsequenzen wie dem Eremitendasein. Indem Gott vor allem der Initiator und Garant der Naturgesetze ist, wird die Demut sozusagen zu einem privaten Verhalten, neben dem der menschliche Aktivismus durchaus bestehen kann, ja deren Korrelat ist. Daher nimmt es nicht Wunder, daß das menschliche Verfahren dem göttlichen ausdrücklich parallelisiert wird. Wie Gott „alle Dinge aus lauter kleinen Theilen werden" ließ, so soll es auch der Mensch tun.[54] Der göttliche Demiurg dient dem menschlichen Handwerker als Vorbild. So hebt diese Variante der Physikotheologie auch weniger auf die Schönheit der Natur als auf ihre Zweckmäßigkeit ab. Natur und Vernunft werden identisch.

Dem beschriebenen permanenten Aktivismus entspricht es, daß diesen Robinsonaden jedes Moment von Idyllik, das etwa dem „Robinson Crusoe" durchaus eignet, abgeht. Zu idyllischen Gefühlen, die sich mit der gegebenen Lage teilweise arrangieren, haben die einzelnen Robinsone Bachstroms keinen Anlaß und vor allen Dingen keine Zeit. Die einzelnen Reflexionen, die sie anstellen, sind mittelbar oder unmittelbar zweckorientiert. Die Paradiesestopik Schnabels gar kommt nur in ironischer Formulierung vor. Der Capitain erwägt, daß er eventuell „seine gantze Lebens-Zeit in diesem einsamen und unlustigen Paradiese zubringen müste".[55] Daß die beiden Extreme der Robinsonschicksale, Inseldasein als Exil und als Asyl, ironisch zusammengenommen werden können, zeigt, daß der menschliche Aktivismus beide Alternativen sozusagen durchschlägt. Von den Weintrauben, die die beiden Matrosen auf der der Capitainsinsel benachbarten Insel, ihrem „neuen Paradiese", gepflückt haben, bekommen sie einen greulichen Durchfall.[56] Asyle sind die Inseln des Capitains und der anderen Schiffbrüchigen eo ipso nicht, und um sie so recht als Exile empfinden zu können, fehlt ihnen die Zeit. Zwar ist der

53 Bachstrom: Land der Inquiraner, Bd. 1, S. 67
54 Ebd., S. 98
55 Ebd., S. 82
56 Ebd., S. 153

Capitain anfänglich niedergeschlagen. Nachdem er jedoch durch das Zerstoßen und Auswringen des Sauerampfers seinen ersten Durst gestillt hat, blickt er sogleich zuversichtlich in die Zukunft und arbeitet zielstrebig auf seine Erhaltung und Rettung hin, die ihm dann schließlich auch gelingt. Das Dasein als Einsiedler gar ist überhaupt keine erwägenswerte Alternative. Die erwähnten beiden Matrosen sagen dem auf ihrer Insel gelandeten Capitain, „daß sie junge Leute wären, die hier durchaus keine närrische Einsiedler bleiben könten, sondern die gerne heyrathen wolten, welches ihnen am meisten im Gemüthe läge".[57] Der Topos der Sexualnot ist hier verbürgerlicht. Die beiden Matrosen denken jeweils an bestimmte Mädchen, die sie auf dem gestrandeten Schiff kennen gelernt haben. Das Paradies muß erst zugerichtet werden, und zugerichtet werden kann es erst, wenn die Menschen, die die utopische Gesellschaft bilden sollen, sich wieder zusammengefunden haben. Der Preis der individuellen Tüchtigkeit, der die einzelnen Robinsonaden strukturiert, prägt nun auch den Charakter der Utopie.

2. Utopie

Das Land der Inquiraner befindet sich nicht auf der Robinsoninsel, auf der sich die Gesellschaft schließlich wieder vereinigt hat. Insofern drückt sich der aktivistische Charakter der Utopie bereits in ihrer Gründung aus. Bei Schnabel sind Robinsoninsel und utopische Insel identisch. Der nahtlose Übergang zwischen beiden ist zufällig bzw. besteht in der Ausschaltung von störenden Elementen, die zudem noch selbst das aktive Moment in der Auseinandersetzung sind. Dagegen macht die wiedervereinigte Gesellschaft Bachstroms die Wahl eines geeigneten Ortes, d. h. vor allem die Frage, ob man auf der Insel bleiben oder sie verlassen solle, zum Verhandlungsgegenstand. Man beruft eine Versammlung ein, die das Problem klären soll. Schließlich beschließt man, sich auf einem unzugänglichen Gebirge des afrikanischen Festlandes anzusiedeln. Ausschlaggebend dafür ist, daß die Insel keine genügende Sicherheit vor Behelligungen durch die Spanier bietet. Das heißt jedoch nicht, daß diese Utopie, wie die Schnabelsche, ausschließlich defensiv konzipiert sei, vielmehr ist die Defensive selbst ein Moment politischer Strategie, worauf ich unten zurückkomme. Man schickt zunächst eine Expedition aus, die einen geeigneten Ort für die Ansiedlung ausfindig machen soll. Dabei tritt die Prozedur der Erkundung gegenüber der Schilderung des Landes bei weitem in den Vordergrund.

Von diesem wird nur die allgemeine Topographie gegeben. Es ist ein rings von hohen Gebirgen eingeschlossenes schönes Tal. Diese der Felsenburginsel ähnliche Topographie wird jedoch anders bzw. gar nicht ausgefüllt. Im Gegensatz zum Felsenburgischen Paradies bildet das Tal nur die Basis für die menschliche Aktivität.

[57] Bachstrom: Land der Inquiraner, Bd. 1, S. 121 f.

Auf eine detaillierte Darstellung wird daher verzichtet. Für die Landschaft der Utopie gilt dasselbe wie für die der Robinsoninseln. Auch sie wird nur in dem Maße sichtbar, in dem sie von den Menschen erschlossen und nutzbar gemacht wird. Der Fels etwa, der die Mündung des in das Landesinnere führenden Flusses in zwei Hälften teilt, wird erst dann erwähnt, als man ihn zu einer Verteidigungsbasis ausbauen will. Daher gibt man dem Land auch den Namen „Land der Inquiraner", womit sowohl auf das Erforschen des Landes wie auf die Inquisition angespielt werden soll.[58] So drückt sich auch in der Namengebung die Beziehung von bestimmter Antithetik und Aktivismus aus, auf die oben schon hingewiesen wurde.

Wie in den Robinsonaden hat in der Utopie die menschliche Arbeit ein Moment des Überschwenglichen. Es darf niemand müßig gehen, denn Müßiggang ist aller Laster Anfang. Jedoch wird dies nicht metaphysisch begründet, wie bei Grimmelshausen, sondern innerweltlich. Durch die Arbeit konsolidiert sich die utopische Gesellschaft. Die Naturbeherrschung ist wie in den Robinsonaden hypertroph. Sogar Raubtiere werden abgerichtet und dem Nahrungserwerb nutzbar gemacht. Und in den sportlichen Wettkämpfen rangiert diejenige Sportart am höchsten, zu der der Mensch von Natur aus am wenigsten geschaffen ist und in der er daher den größten Widerstand zu überwinden hat. Daher wird das Schwimmen am höchsten, das Reiten am niedrigsten bewertet. Die persönliche Anstrengung des Schwimmens wird gegen den repräsentativen Charakter des Reitens ausgespielt, gegen das, als Symbol adligen Wesens, der Verfasser einen besonderen Affekt kultiviert. Der Wert des Einzelnen bemißt sich danach, wie weit er die Natur beherrscht, oder genauer: wie sehr er sich anstrengen muß, um sie zu beherrschen. Daher wird die eigene Überhöhung, indem man sich auf ein Pferd setzt und die Naturbeherrschung als vollbracht ausgibt, nicht honoriert.

Auch bei der Anlage der Stadt und dem Bau der Häuser werden „Pracht und Überfluß" abgelehnt.[59] Bei letzterem hat man zuerst auf „Festigkeit", dann auf „Bequemlichkeit und gute Ordnung" und „zuletzt" allenfalls noch auf „Zierlichkeit" zu achten, wobei diese, obwohl selbst gewissermaßen schon die bürgerliche Variante der „Pracht", nur widerwillig konzediert wird.[60] Maßstab ist allein die Funktionsgerechtigkeit. „Alles Gute und Bequeme" soll man „anschaffen" und in Zukunft „immer besser, obwohl nicht herrlicher und prächtiger" machen.[61] Indem man die Not zur beständigen Lehrmeisterin erwählt, wird das Gute zur bloßen Beseitigung des Schlechten. Das „Böse" wird entmoralisiert und zum Inbegriff des dem Menschen Entgegenstehenden. Ließ der hierarchisch geordnete Kosmos der Hochscholastik das Böse als metaphysisch definierte Defizienz erscheinen, so macht die durch die menschliche Arbeit zu bewältigende Natur das Gute zu einer Funk-

[58] Vgl. Bachstrom: Land der Inquiraner, Bd. 2, S. 6 f.
[59] Ebd., S. 23
[60] Ebd.
[61] Ebd., S. 33

tion der Beseitigung des rein innerweltlich definierten Bösen. Der politische Ansatz von Hobbes, der von ähnlichen Voraussetzungen ausgeht, wird hier in die Sphäre der bürgerlichen Arbeit transponiert. Gut und Böse sind korrelative Begriffe. Dies ist jedoch nicht mit dem moralischen Relativismus Barclays zu verwechseln. Gut und Böse sind bei Bachstrom zwar situationsgebunden, aber zugleich sozusagen technisch definiert. Daher erzwingt bei Barclay unter obiger Voraussetzung die jeweilige Situation eine politische Entscheidung, bei Bachstrom eine technische Lösung. Schnabel stilisiert die bürgerliche Privatsphäre zur Utopie, Bachstrom reduziert letztere auf die Sphäre der Arbeit.

Das scheint einem reformistischen Programm zu entsprechen. Doch verfolgt Bachstroms „Antiidealismus", der zudem nicht primär gesellschaftliche, sondern natürliche Übel meint, gleichwohl einen radikalen politischen Sinn. Der ökonomische Funktionalismus, der das Land der Inquiraner strukturiert, zielt darauf, das absolutistische Verhältnis von Staat und Gesellschaft umzukehren. Verwandlung des privatistischen Utopismus in einen gesellschaftlichen und Steigerung des Realisierungsanspruchs bedingen sich wechselseitig. Die kriegerischen Tugenden werden gegenüber der bürgerlichen Tüchtigkeit abqualifiziert. Der spanische Capitain, der ein Edelmann ist, sieht die Berechtigung dieser Abqualifizierung selbst ein und ordnet sich daher dem Apotheker als Inkarnation der bürgerlichen Tüchtigkeit willig unter. Der Soldat soll nicht nur Soldat sein, sondern zugleich ein Handwerk lernen. Die Kleidung der Inquiraner jedoch ist soldatisch. Die bürgerliche Gesellschaft nimmt selbst militärische Züge an. Ist dies in anderen Utopien nur ein Ingrediens der Rationalität utopischer Konstruktion, so unterstreicht es hier den aktivistischen Charakter dieser Utopie. Der unterschwellige antispanische Affekt, der vielen Robinsonaden eigen ist, wird hier auf den politischen Begriff gebracht. Gegenüber dem spanischen Absolutismus, der, weil er sich auf die aus Westindien geraubten Schätze verlassen hat, zu bankrottieren droht, werden England und Holland als Heimat bürgerlicher und insbesondere kaufmännischer Tüchtigkeit hervorgehoben. Auch noch die politische Polemik orientiert sich am Maßstab des ökonomischen Erfolgs, der die Utopie strukturiert.

Dem bürgerlichen Aktivismus entspricht es, daß jegliches Vorgegebene der Kritik unterzogen wird. Auf das problematische Verhältnis zur göttlichen Providenz habe ich oben schon hingewiesen. Zwar wird die Existenz Gottes nicht angetastet, jedoch jegliche positive Religion verworfen. Hatte Schnabel von seiner privatistischen Utopiekonzeption her auch die Religion positiv festgelegt, die so den geschlossenen privaten Raum kultisch ausgestaltete und überhöhte, so ist in der aktivistischen Utopie Bachstroms die positive Religion nur ein Relikt unaufgeklärten Bewußtseins. Daher werden zunächst an Hand des Judentums die religiösen Gebräuche historisch-genetisch erklärt, und es wird, ähnlich wie bei Morus, allgemeine religiöse Toleranz verkündet. Zwar bestehen die positiven Religionen, und zwar sowohl die heidnischen Religionen wie die verschiedenen christlichen Konfessionen, nebeneinander – denn wenn die Heiden den Christen immerhin das römische Recht beschert haben, ist nicht einzusehen, weshalb sie diesen nicht gleichberechtigt sein sollen –, zugleich herrscht jedoch die Tendenz, sie soweit zu entzeremonialisieren und zu spriritualisieren, daß sie ineinander übergehen und schließlich nur noch ein vager aufgeklärter Deismus übrig bleibt. Die Religion wird zu einer Sache der individuellen Innerlichkeit. Jegliche positive Verfestigung verfällt der Kritik, und sei es auch die Verfestigung der Ablehnung der Verfestigung. Als die Versammlung der Juden die Ansichten ihres Ältesten, der das Judentum auf die Zehn Gebote reduziert hatte, auf Tafeln verewigt, zerschlägt dieser die Tafeln. Die Kritik wird institutionalisiert. Sind bei Schnabel positive Religion und familiare Gesellschaft aufeinander bezogen, so werden bei Bachstrom die selbst schon deistisch neutralisierten Kirchen und die Organisation der bürgerlichen Gesellschaft strikt voneinander getrennt. Aus einer Religionsgemeinschaft kann nur ausgeschlossen werden, wer derartige Verbrechen begeht, die von allen für solche erklärt werden, also Verbrechen nicht nach dem Maßstab der jeweiligen religiösen Gesetze, sondern nach dem des allgemeinen Gesetzes von Natur und Vernunft sind. Aber dieser Ausschluß braucht seine Stellung in der bürgerlichen Gesellschaft nicht zu beeinträchtigen, obwohl diese selbst auf den Normen des Naturrechts ruht. Die Trennung von Religion und Gesellschaft durchschlägt sogar beider naturrechtliche Fundamentierung. Hatte etwa die Baylesche permanente wissenschaftliche und religiöse Kritik an der Autorität des Staats ihre Grenze, so instituiert diese hier, selbst naturrechtlichen Normen gehorchend, die Religion als permanent kritisierbar. Der Staat als Inbegriff der bürgerlichen Gesellschaft ist der Religion, obwohl beide dieselben Grundlagen haben und die Religionsgemeinschaften wie die gesellschaftlichen Zünfte organisiert sind, a priori übergeordnet. Daher übernimmt er schließlich auch religiöse Funktionen. Er vereinheitlicht die alten Feiertage und legt neue fest, wie bei Morus und in der Französischen Revolution. Das geschieht vor allem deswegen, weil die Vielfalt von Feiertagen die allgemeinen Geschäfte beeinträchtigt.

Die Basierung der Utopie auf den allgemeinen Aktivismus bedingt nun, daß auch die staatliche Organisation dessen Funktionalismus gehorcht. Die Bürger werden gemäß den Erfordernissen der Lebenserhaltung horizontal in vier Klassen eingeteilt, die jedoch keineswegs zugleich Stände sind, wie im reformistischen Staatsroman bei Loen und Wieland. Der beliebte Vergleich des Staats mit dem Körper bezieht sich bei Bachstrom auf den Egalitarismus der Funktionen, nicht auf die Hierarchie der Stände. Angesichts dessen wird der eigentliche staatliche Rahmen relativ lax gehandhabt. Die Organisation der Arbeit ist wichtiger als die staatliche Organisation und Administration. So kommen Schnabel und Bachstrom von entgegengesetzten bürgerlichen Positionen her zu gleichen Folgerungen. Wird bei Schnabel die Frage der staatlichen Verwaltung erst gestellt, als die Auflösung der patriarchalischen Großfamilie am Horizont erscheint, so macht im Land der Inquiraner der arbeitsteilige bürgerliche Aktivismus diese Frage zu einer sekundären. Die bürgerliche Gesellschaft bildet als bürgerliche Gesellschaft bereits den Staat.

Die Autorität der allgemeinen Versammlung ergibt sich ebenso von selbst wie die Autorität des Apothekers als Oberaufseher, der dann später von der Versammlung akklamiert wird. Die Entscheidungen trifft dieser jedoch nicht allein, sondern zusammen mit den Oberhäuptern der vier Klassen, die sich ihrerseits mit ihren „Gehülffen" beraten, die wiederum die „Viertel-Meister" der einzelnen Zünfte zuziehen.[62] Wie diese zu ihren administrativen Funktionen kommen, wird nicht weiter ausgeführt, genug, daß es jeweils die Tüchtigsten und Geeignetsten sind. Wie der Vergleich des Staates mit dem Körper so wird auch der Vergleich der Obrigkeit mit dem Familienoberhaupt uminterpretiert. Die Obrigkeit soll wie ein Vater für die Angehörigen des Staates sorgen, aber diese Fürsorge ist keine Invariante, wie im aufgeklärten Absolutismus, und soll die Bürger nicht entmündigen, sondern im Gegenteil zur Selbsthilfe anspornen, um so einen universellen Aktivismus zu erreichen.

Angesichts dessen ist es nicht verwunderlich, daß die Gesellschaft der Inquiraner nicht nur ein utopisches Modell abgeben will, sondern in der Zukunft auch praktisch auf Europa überzugreifen gedenkt. Auf die Vermehrung der Bevölkerung durch Kinderzeugung und Einwanderung ist man sehr bedacht. Was bei Schnabel die Utopie tendenziell zerstört, wird hier zur Voraussetzung nicht nur des Überlebens, sondern auch des Eingreifens in die europäischen Verhältnisse. Nun ist die Beurteilung des letzteren insofern schwierig, als von der ursprünglich auf mehr Bände berechneten Utopie nur zwei erschienen sind. Hermann Ullrich schreibt das in dem Bachstromartikel der Allgemeinen Deutschen Biographie dem herrschenden theologischen System zu, das das Erscheinen weiterer Bände verhindert habe. Jedenfalls sprechen die spärlichen Andeutungen durchaus dafür, daß für die Fortsetzung auch außenpolitische Offensivaktionen geplant waren. Bereits am Anfang wird die Reintegration des utopischen Raums in die Geschichte anvisiert, und später spricht man davon, sich so zu vermehren wie die Kinder Israel, um dann das „Vaterland Spanien (zu) überwältigen und dort allen Bedrängten (zu) helffen".[63] Besonders an der ersten Stelle greifen politische Motivation und alttestamentarische Metaphorik ineinander. In der afrikanischen Wüste sind ein neues Volk und ein neuer Moses erstanden, die bald einen größeren Raum benötigen und somit auf Spanien übergreifen werden, das ihnen sowohl am nächsten liegt als auch wegen des an ihnen verübten Unrechts ihre Rache herausfordert. Wie Bachstrom die robinsonadenhaften und utopischen Elemente gegenüber Schnabel steigert, so auch den Anspruch, die Utopie auch in Europa zu realisieren.[64]

Ein derartiger Radikalismus nun konnte wohl nur die Sache eines Außenseiters sein. Zwar sind abenteuerliche Gelehrtenschicksale damals durchaus keine Seltenheit, wie die Beispiele von Thomasius und Wolff zeigen, aber Bachstroms Pendeln

[62] Bachstrom: Land der Inquiraner, Bd. 2, S. 73 f.

[63] Ebd., Bd. 1, S. 381 f.

[64] Vgl. zum ersteren: F. J. Lamport: Utopia and „Robinsonade": Schnabel's „Insel Felsenburg" and Bachstroms „Land der Inquiraner". In: Oxford German Studies 1, 1966, S. 25

zwischen Gefängnisaufenthalten, deren einer ihn schließlich unter mysteriösen Umständen das Leben kostete, Einrichtung einer wissenschaftlichen Akademie in der Türkei, naturwissenschaftlichen Studien und Aufenthalten bei verschiedenen Gönnern, in die seine diversen theologischen, medizinischen und naturwissenschaftlichen Traktate sowie seine Utopie eingelagert sind, überschreitet doch wohl das Übliche, und es entbehrt nicht der tragischen Konsequenz, daß ihm, als er schließlich beim Prinzen Radziwill gelandet oder besser gestrandet ist, eine Anklage wegen Hochverrats den Tod bringt, die zwar dem Tatbestand nach falsch war, aber den objektiven Intentionen Bachstroms, soweit sie aus seiner Utopie sichtbar werden, doch gerecht wurde.

Ist so die Artikulation einer universellen bzw. radikalen Opposition gegen die Gesellschaft bzw. den Staat, wie sie die Kombination von Utopie und Robinsonade bei Schnabel einerseits, bei Bachstrom andrerseits auszeichnet, die Sache einer Schicht, die an den Höfen nur untergeordnete bzw. technische Funktionen wahrnahm, so wird der reformistische Staatsroman zur Angelegenheit des gehobenen Bürgertums. Die Entwicklung dieser Spezies werde ich im nächsten Kapitel an Hand einiger zentraler Beispiele darstellen.

3. Kapitel

Utopie und Reform

Während sich die frühaufklärerische Robinsonade indirekt politisiert, privatisiert sich der barocke Staatsroman.[1] Die barocke Identität von Liebesgeschichte und Heldengeschichte bricht auf und läßt fremde Elemente einschießen: exotische, possenhafte, moralisierende usw. Das Publikum, an das sich die Verfallsformen des höfisch-historischen Romans wenden, ist nicht mehr politisch definiert, sondern durch seine Lebensform. Die Liebesgeschichte drängt die Heldengeschichte an den Rand. In der Vorrede zu Hunolds „Europäischen Höfen" etwa, einer Aneinanderreihung von oberflächlich verschlüsseltem Hofklatsch, wird als selbstverständlich davon ausgegangen, daß die curiosité des Publikums sich nur auf die Liebesgeschichte richtet, nicht auf die Heldengeschichte. Das Geheimnis wird aus seiner politischen Funktion gelöst, zugleich privatisiert und universalisiert. Der Schlüssellochperspektive dieser Romane, die das geheime Liebeskabinett der Welt darstellen wollen, entspricht es, daß sie sich an ein aus Kleinadel und Großbürgertum gemischtes Publikum wenden, das zwar vom Hof, von der politischen Mitwirkung ausgeschlossen ist, aber zugleich parahöfische Lebensformen entwickelt.[2] So ist das bürgerliche Moment, das diesen Romanen eignet, zugleich der Ausdruck objektiver politischer Ohnmacht. Daher behalten die höfisch-historischen Schwundformen trotz des inneren Zersetzungsprozesses das Handlungsschema gleichwohl bei.

Zum Träger unmittelbarer politischer Intentionen wird der Staatsroman erst wieder, als das höhere Verwaltungsbeamtentum von konsolidierten bürgerlichen Positionen her zur politisch motivierten Kritik an bestimmten Praktiken des absolutistischen Regiments ansetzt. Exemplarisch dafür ist Loens „Der redliche Mann am Hofe". Des weiteren ist im folgenden die virtuelle Parodie des Genres in Wielands „Goldenem Spiegel" sowie sein schließlicher Umschlag in Irrationalismus in Meyerns „Dya-Na-Sore" zu beschreiben. Ferner werde ich an Hand von Knigge darstellen, wie der Staatsroman auf die Französische Revolution reagiert. Ich beschränke mich auf diese Romane, da sie genügen, um die historische Entwicklung deutlich zu machen, und sich an ihnen die Problematik des Verhältnisses von politischer Zielsetzung und ästhetischer Realisierung am sinnfälligsten demonstrieren

[1] Eine Bibliographie der Sekundärliteratur, die den letztgenannten Prozeß beschreibt, findet sich bei Herbert Singer: Der galante Roman, Stuttgart 1961, S. 20 ff.
[2] Vgl. ebd., S. 61 f.

läßt. Vor allem aus dem letzteren Grund habe ich auf Vollständigkeit verzichtet. Daher zu den Utopien und Fürstenspiegeln, in denen die politischen Vorstellungen nur eine dürftige ästhetische Einkleidung aufweisen bzw. die satirischen Elemente überwiegen, im folgenden nur einige Stichworte.[3]

Das schon in dem Abschnitt über Schnabel erwähnte 1723 zuerst erschienene „Land der Zufriedenheit" von Sinold-Schütz ist noch religiös fundiert.[4] Die von Rosemarie Haas für die „Insel Felsenburg" nachgewiesene Paradiesestopik findet sich auch hier. Wie dort müssen die Ankömmlinge durch eine enge Lücke hindurchfahren, die die Natur zwischen den die Insel umgebenden weißen (!) Felsen gelassen hat. Die Inselbewohner, die sich auf Noah zurückführen, pflegen ein antihierarchisches (Kirche und Palast sind genauso hoch wie die übrigen Häuser) Bibelchristentum, das sie etwa die Ansicht, die Erde drehe sich um die Sonne, als antibiblisch ablehnen läßt. Andrerseits kann man Gott auch im Buch der Natur anschauen, und die Offenbarung als alleinige Rechtsquelle wird solcherart relativiert. Offenbar gehört die Utopie von Sinold-Schütz einem frühen Stadium der bürgerlichen Kritik an, in dem ihre religiös-asketische Fundierung noch nicht völlig durch die physikotheologische ersetzt war. Dem entspricht es, daß die Sphäre der Familie gegenüber der der Religion zurücktritt, während bei Schnabel umgekehrt das lutherische Christentum ein Ingrediens der familiaren Intimität ist. Wenn der König im Garten arbeitet und die Königin Strümpfe strickt, so tun sie dies nicht nur, um sich als Bürger auszuweisen, sondern vor allem, um jeden Müßiggang zu vermeiden. Der König stimmt ein ausführliches Memento mori an, und der Spiegel der Königin ist von Totenköpfen eingerahmt. Geselligkeit ist gleich religiöse Erbauung, und gegen Wirtshäuser, Opern und Schaubühnen wird polemisiert. Eine Schaubühne ist deswegen nicht nötig, weil die ganze Welt eine Schaubühne ist. Wurde im Barock auf der Schaubühne das Welttheater gewissermaßen repräsentiert, so interpretiert Sinold-Schütz das letztere vor allem unter der moralischen Perspektive. Wenn alle Menschen Komödianten sind, so bedarf es nicht der Verlarvung, sondern der Entlarvung. Daher genügt es, wenn man einzelne Begebenheiten der Welt auswählt und den in diesen agierenden Personen sozusagen die Maske vom Gesicht reißt. Aber auch die Information über solche ist eigentlich überflüssig, und daher sollte man sich das Lesen von Zeitungen ersparen. Gegenüber diesem moralisch-asketischen Moment der Utopie tritt das organisatorische zurück bzw. in dessen Dienst. Daß alle Inselbewohner die gleiche Kleidung tragen,

[3] Keine epischen und kaum utopische Elemente weisen auf: Paul Jacob Marperger: Abbildung einer vollkommenen Republik ... In: P. J. M.: Auserlesene kleine Schriften, 1733, sowie Johann Ludwig Hiltebrandt: Irrländische Preiss-Schrift, Auf welche Weise Alle Armen, Wittwen und Waysen in jedem Land versorget / dem Umlauf der Bettlern gesteuret, und das Land von allem liederlichen Gesindel gereinigt werde, Saarbrücken 1765, ferner: Johann Jakob Engel: Fürstenspiegel, Berlin 1798. Diese Werke können im vorliegenden Zusammenhang außer Betracht bleiben.

[4] Vgl. Philipp Balthasar Sinold gen. von Schütz: Die glückseeligste Insul auf der gantzen Welt, oder Das Land der Zufriedenheit, Franckfurt und Leipzig 1728

indiziert nicht das politische Ideal der Egalität, sondern das religiös-moralische der Schlichtheit. Daß die Arbeitszeit reduziert werden kann, resultiert nicht aus der gesellschaftlichen Organisation der Arbeit, sondern daraus, daß man nur wenige Bedürfnisse hat, und Müßiggehen darf man ja ohnehin nicht. Die staatsrechtlichen Details (Adoptivkönigtum, Widerstandsrecht, wenige und kurze Gesetze etc.) sind angesichts der religiös-moralischen Fundierung nur peripher. Die Organisation gilt vor allem dem eigenen Inneren: der Christ muß in sich selbst Bilanz ziehen wie ein Kaufmann. Das Robinsonsche Rechnungswesen, das den Annehmlichkeiten bzw. Unannehmlichkeiten seiner gegenwärtigen Lage galt, interpretieren die Bewohner des Landes der Zufriedenheit religiös-moralisch um. Wie diese Verinnerlichung die organisatorische Basis unwichtig werden läßt, so tendiert sie überhaupt zur Selbstaufhebung der Utopie. Ganz im Sinne der Christianopolisutopie Andreaes meinen die Inselbewohner, daß man, wenn man nur ein guter Christ sei, überall leben könne, ja außerhalb der Insel eigentlich sogar besser, denn dann könne man sich an den Feinden bewähren. Dem entspricht äußerlich, daß das Pendant des „Landes der Zufriedenheit" das „Reich der Eitelkeit und Torheit" ist, in dem sittliche Entartungen satirisch dargestellt werden.[5] Erzwang bei Morus die schonungslose Analyse der zeitgenössischen Realität die utopische Kontrafaktur, so geht es Sinold-Schütz im wesentlichen nur um sich wechselseitig interpretierende moralische Exempel.

Kindermanns „Reise auf dem Luftschiff" von 1744 gehört in die Tradition der Flugreisebeschreibungen im Stile der Romane Cyrano de Bergeracs.[6] Fünf allegorische Personen, die die fünf Sinne repräsentieren, unternehmen eine Reise zu einem Marsmond, über die dann die „Fama" den staunenden Erdbewohnern berichtet. Der Akzent liegt auf Motiven, die heute in der Science Fiction beheimatet sind. Der Bau des Luftschiffes nach den Vorschriften des Mathematicus Kindermann wird ausführlich beschrieben. Unterwegs begegnen die Reisenden einem „feurigen menschlichen Cörper", einem „durch die Putrefaction elastisch gewordenen Menschen", der auf Grund dieser Eigenschaften in alle Sphären eindringen kann, wie David Bowman am Schluß von Arthur C. Clarkes „2001. Odysee im Weltraum".[7] Kindermann konstruiert ein System von Analogien, in dem kosmologische, biologische und moralische Elemente jeweils aufeinander bezogen sind. Der Situierung der Marsmondbewohner in der oberen Welt entsprechen ihre kristallinen Körper und ihre moralische Superiorität gegenüber den Menschen. Daß dabei die Aufmerksamkeit vor allem den ersten beiden Motiven gilt, indiziert ein relatives Desinteresse an der utopischen Ausformulierung der überlegenen Moralität. Unter den Marsmondbewohnern gibt es keinerlei Rangstreit, aber dies resultiert

[5] Vgl. Philipp Balthasar Sinold gen. von Schütz: Das Reich der Eitelkeit und Thorheit, Franckfurt und Leipzig 1733

[6] Vgl. Eberhard Christian Kindermann: Die Geschwinde Reise auf dem Lufft-Schiff nach der obern Welt, o. O. 1744

[7] Ebd., S. 10

letztlich daraus, daß ohnehin alle gleich aussehen. Utopische Motive werden nur in dem Maße relevant, in dem sie sozusagen analogieträchtig sind. Die Marsmondbewohner haben nicht wie die Menschen gegen Gott, sondern nur gegen ihre Mitbewohner gesündigt, daher haben sie auch noch unmittelbaren Kontakt mit Gott, der ihnen von Zeit zu Zeit in Gewittern erscheint und ihnen bei einer solchen Gelegenheit auch vom Sündenfall der Menschen berichtet hat; sie kennen nicht zehn, sondern nur zwei Gebote (Fürchte Gott und Liebet einander). Dem abgemilderten Sündenfall entspricht es, daß ihre Körper zwar luzider als die der Menschen, aber noch nicht ganz elastisch sind. Daher gibt es auch noch Missetäter, die jedoch sogleich ausgerottet werden, andernfalls die Marsmondbewohner ja sozusagen nach unten gezogen würden. In diesen Gradualismus fügt sich auch das reizvolle Bild einer Naturstadt ein: „Es bestehet eine gantze Stadt aus solchen von der Natur künstlich zusammen verbundenen Bäumen oder Stauden, so sich Himmelhoch erstrecken."[8] Gegenüber den Steinen der irdischen Häuser sind Büsche und Bäume gewissermaßen das biegsamere Element. Das antizivilisatorische Potential der Natur, das in der zweiten Jahrhunderthälfte eine so große Rolle spielen wird, kommt hier gar nicht in den Blick („künstlich"!). Der Exotismus bleibt in eine spielerische gradualistische Kosmologie eingebettet, die als solche schon die kritischen Motive dieser „Utopie" nivelliert. So nimmt denn auch die Beschreibung eines Kometen, der die Erdbewohner bei der Rückreise bedroht, mehr Raum ein als die Entfaltung der utopischen Elemente.

Der 1759 erschienene „Psammitichus" von Johann Heinrich Gottlob von Justi, der selbst ein leitender Staatsbeamter war, knüpft wie das Urbild des Fürstenspiegels, Xenophons „Kyropädie", an eine historische Figur an.[9] Er beschreibt das Leben des ägyptischen Königs Psammetich I. im wesentlichen nach den historischen Quellen und bereitet es didaktisch auf.[10] Gedankliches Zentrum des Romans ist der für die Fürstenspiegel der Aufklärung grundlegende Antagonismus von Moral und Politik. Natürlich wird gegen die „listigen Griffe der vermeynten Staatsklugheit" polemisiert und gegen diese die natürliche Moralität ausgespielt.[11] Dabei spitzt sich die Antithetik soweit zu, daß die Moralität gar selbst als Staatsklugheit erscheinen und diese gewissermaßen ersetzen kann (vgl. auch den Titel!). Indem Justi moralische Rechtschaffenheit und politische Intrige als zwei a priori getrennte Formen der Staatskunst deklariert, kann er es sich ersparen, das Problem der politischen Umsetzung der Moral, die ja auf ein zweckrationales Vorgehen angewiesen ist, überhaupt zu diskutieren. Erübrigt sich hier die Diskussion von vornherein, so wird sie an anderer Stelle durch kosmologischen Verweis abgeschnitten. Natürlich ist es

[8] Kindermann: Reise, S. 19

[9] Vgl. Johann Heinrich Gottlob von Justi: Die Wirkungen und Folgen sowohl der wahren, als der falschen Staatskunst in der Geschichte des Psammitichus, Königes von Egypten und der damaligen Zeiten, 2 Bde., Frankfurt und Leipzig 1759

[10] Zur Poetik bzw. zum poetischen Verfahren Justis s. u.

[11] Justi: Psammitichus, Bd. 1, S. 31

problematisch, wenn man gegenüber der politischen Klugheit dem moralischen Sentiment den Vorzug gibt. Gleichwohl ist dieses auch politisch gerechtfertigt, denn der politische Erfolg der Moralität ist in der prästabilierten Harmonie des Kosmos sozusagen vorgesehen. Gott offenbart sich durch Güte und Gerechtigkeit, nicht durch Wunder. Wie der Annahme eines göttlichen Voluntarismus ein Diesseitspessimismus entspricht, so korrespondiert dem hier anklingenden Deismus ein moralisch-politischer Optimismus. Andrerseits jedoch wird die hier nur im Ansatz vorhandene Problematisierung des extremen Moralismus in der herrscherlichen Praxis des Psammitichus durchaus weiter getrieben. Wenngleich der Glaube an die Perfektibilität der Menschheit nicht ausgeschlossen werden darf, ja geboten ist, muß der Fürst doch die die Menschen beherrschenden Leidenschaften der Ehre und der Vorzugssucht bei seinen Entscheidungen berücksichtigen und ihnen gegebenenfalls Nahrung geben. Das Barclaysche Erbe ist noch präsent, vor allem, wenn es um Außenpolitik, und am stärksten dann, wenn es um Handelspolitik geht. Natürlich wird auch hier die absolutistische Außenpolitik souveräner Staaten zur europäischen Innenpolitik. Die Wohlfahrt von ganz Europa ist das Ziel. Dies jedoch wird vorwiegend ökonomisch gefaßt. „In Ansehung der Commercien" kann und soll man daher sogar mit Tyrannen Verträge schließen.[12] Generell huldigt Justi einem antimerkantilistischen Liberalismus und will die Einmischung des Staates in den Handel möglichst gering halten. Gegenüber der merkantilistischen Staatsschatzpolitik sollen Steuererleichterungen für die Gewerbe vor allem die Geldzirkulation befördern. Dem entspricht es, daß er wie die französischen Physiokraten explizit eine Koalition von Monarchie und Bürgertum fordert und den Absolutismus damit auf den Begriff bringen will, der in dem Roman Barclays erst implizit angelegt war. So ist die sich vor allem in der Handelspolitik äußernde politische Klugheit unmittelbar ein Reflex bürgerlicher Interessen. Dies geht jedoch nur in Ansätzen soweit, daß eine institutionelle Umsetzung dieser Interessen ins Auge gefaßt würde. Zwar wird postuliert: „Alle oberste Gewalt rührt vom Volke her", und der König wird gewählt.[13] Doch ist dies mehr die Beschreibung eines impliziten Sachverhalts als eine institutionelle Norm und soll den Herrscher daran erinnern, zum Wohle der Untertanen zu regieren; denn wenn er es nicht tue, könne er einem ganzen Volke gewiß nicht widerstehen. So ist denn auch die moralische Erziehung des Herrschers ein dezidierter Verfassungsersatz, und Psammitichus beratschlagt zwar mit den Untertanen, läßt aber natürlich nicht abstimmen. Letztlich bleibt der Roman in dem Zirkel der Personalisierung, wie sie für die Fürstenspiegel überhaupt charakteristisch ist, befangen.

Die später ausführlich zu untersuchende Entpolitisierung derjenigen Staatsromane, die den Despotismus lediglich moralisch läutern wollen (eine Ausnahme bilden nur die anschließend zu erörternden Romane Albrecht von Hallers), wird in dem „Agathokrator" des Pädagogen Johann Bernhard Basedow schon an der Wahl der Haupt-

[13] Ebd., Bd. 1, S. 189
[12] Justi: Psammitichus, Bd. 2, S. 109

person sichtbar.[14] War Justi schon durch die Geschichtlichkeit seines Helden gehalten, der politischen Umsetzung der Tugend eine nachdrückliche Aufmerksamkeit zu widmen, so läßt Basedow sein fiktiver Agathokrator vollkommen freie Hand. Der Nachdruck dieses Romans, dessen erzählerisches Element minimal ist, liegt ohnehin auf der Erziehung, und hier vor allem auf der Erziehung *als Erziehung,* weniger auf der Erziehung eines Herrschers. Anvertraut wird sie einem Polyprakt, weil dieser „aus der Erziehung seiner Kinder bisher sein Hauptgeschäft gemacht" hatte, also gewissermaßen einem halbprofessionellen Pädagogen.[15] Denn Generäle, Schatzmeister, Staatskundige usw., also die eigentlichen politischen Funktionsträger, bringen allenfalls einen Teil der für eine gute Erziehung notwendigen Fähigkeiten mit. Ein besonderer Akzent liegt daher auch auf den technischen Modalitäten der Unterrichtspraxis. Die Selbstreklame Basedows ist evident, und daß der „Agathokrator" vor allem diese Funktion hat, wird am Schluß offen ausgesprochen. Dem „Agathokrator" ist ein Anhang beigegen, der ca. ein Drittel des gesamten Werkes ausmacht. In diesem macht Basedow Vorschläge zur „Verbesserung des Schulwesens der vornehmen Stände".[16] Diese Vorschläge sollen ihn als Pädagogen empfehlen und, wie das ganze Werk überhaupt, „Majestäten und Fürsten und begüterte Privatpersonen, welche fürstlich denken", dazu bringen, durch den Erwerb eines besonders kostbaren und persönlich gewidmeten Exemplars des „Agathokrator" Geld für die Realisierung der Basedowschen Schulpläne zu spenden.[17] Der Fürstenspiegel ist noch nicht einmal mehr das Instrument einer Hofkarriere, sondern dient der Geldbeschaffung für allgemeine Zwecke. Die unmittelbare politische Intention weicht der Selbstdarstellung tugendhafter Absichten. So ist auch in der Vorrede permanent von Weltbürgern und Weltbürgertum die Rede, also einem allgemeinen Publikum, von dem der Fürst nur ein Spezialfall ist.

Gegenüber solcher Privatisierung stellen sich die Romane Albrecht von Hallers von vornherein in den Kontext der zeitgenössischen politischen Diskussion.[17a] Die Dreizahl der Romane resultiert aus der Klimatentheorie Montesquieus, die den verschiedenen klimatischen Regionen jeweils verschiedene Regierungsformen zugeschrieben hatte. Entsprechend repräsentieren der in Persien angesiedelte „Usong" den Despotismus, der im gemäßigten Klima des mittelmeerischen Italien lokalisierte „Fabius und Cato" die Aristokratie, schließlich der im rauhen England spielende „Alfred der Große" die konstitutionelle Monarchie. Durch diese klimatische Verankerung der Regierungsformen wird jedoch zugleich die Aufstellung einer institutionellen Norm unmöglich, und so arbeitet die Anknüpfung der Fürstenspiegel an

[14] Vgl. Johann Bernhard Basedow: Agathokrator oder von der Erziehung künftiger Regenten nebst Anhang und Beylagen, Leipzig 1771

[15] Ebd., S. 35

[16] Ebd., S. 201

[17] Ebd., S. 196

[17a] Vgl. zu diesen auch meinen Aufsatz „Zwischen Reform und Bewahrung. Zum historischen Standort der Staatsromane Albrecht von Hallers", der demnächst in dem Sammelband „Utopie und Reise" der Edition Suhrkamp erscheinen wird.

die aktuelle politikwissenschaftliche Diskussion einer extremen Moralisierung in die Hände. Wenn der Despotismus und entsprechend die anderen Regierungsformen naturgesetzlich sind, sind ihre Institutionen im Prinzip nicht transformierbar. Daher ist Haller gerade von den Voraussetzungen der adaptierten Klimatentheorie her gezwungen, den Akzent auf die Moralität zu setzen.

Das gilt insbesondere für den „Usong", der sogar den orientalischen Despotismus als moralisch läuterbar vorstellen will.[18] Die Tugend durchdringt von oben nach unten den gesamten Staat. Der tugendhafte König wählt tugendhafte Beamte und provoziert tugendhafte Bürger: wenn die Steuerverwaltung nur moralisch intakt ist, werden es auch die Steuerzahler sein, d. h. ihre Steuern bezahlen. Die herrscherliche Privatsphäre nimmt einen breiten Raum ein bis hin zu einzelnen sentimentalen Szenen. Als moralisches Regulativ ist sie zugleich politische Kraftquelle: in ihr rekreiert sich der Herrscher und schöpft neue Energie für die öffentliche Tätigkeit. Die den Bürger charakterisierende Trennung von privater und öffentlicher Sphäre gilt im „Usong" auch für den Herrscher. Die institutionellen Probleme nehmen entsprechend nur einen geringen Raum ein, wie ja überhaupt der Rahmen der Regierungsart schon von der Adaptation der Montesquieuschen Klimatentheorie her vorgegeben ist. Zwar soll das Gesetz herrschen, doch ist es zugleich dem Herrscher unterworfen, und analog findet zwar eine Gewaltenteilung zwischen Exekutive und Judikatur statt, aber oberster Richter ist der Herrscher. Über die institutionelle Vermittlung hinaus verkehrt der Despot unmittelbar mit dem Volk. Wie er die Volksmeinung nach dem Vorbild Harun al Raschids persönlich erkundet, so hält er auch jeden Morgen und jeden Abend Audienzen, in denen er Bittsteller empfängt usw. Wie bei Justi entspricht der moralischen Fundierung der Politik ein deistischer Rahmen. Gegen die Staatsreligion wird ganz im Sinne des Freiherrn von Loen eine Menschheitsreligion ausgespielt, in der das Wesentliche aller Religionen zusammengefaßt sein soll, und Usong selbst will „Werkzeug der segnenden Vorsicht" sein.[19] Entsprechend ethisiert wird die obligate Schauspielmetapher. Die Erde ist die Schaubühne, auf der die Menschen Proben ihrer Gaben bzw. Tugend ablegen müssen.

In den beiden anderen Romanen Hallers tritt entsprechend der engeren Anknüpfung an die historiographischen Quellen das Moment der politischen Praxis bzw. der Debatte alternativer Konzeptionen stärker hervor. „Dichtung", die, wie es in der Vorrede zum „Alfred" heißt, ohnehin nur der Einkleidung der Lehre dienen soll, ist in diesem nur noch in Spuren vorhanden.[20] Die verfassungsrechtliche Problematik der konstitutionellen Monarchie drängt sich ihr gegenüber in den Vordergrund. Zwar wendet sich Alfred, der selbst als Sittenlehrer des Volkes auftritt, gegen eine Einschränkung des Monarchen durch Gesetze und argumentiert ganz im Sinne eines extremen Moralismus, daß es nicht auf die Verfassung, son-

[18] Vgl. Albrecht von Haller: Usong. Eine Morgenländische Geschichte, Bern 1771
[19] Ebd., S. 90
[20] Vgl. Albrecht von Haller: Alfred, König der Angel-Sachsen, Wien 1783

dern auf die Tugend des Herrschers ankomme. Gleichwohl sind die liberalen und konstitutionellen Züge vorwiegend. Der antifeudalen Tendenz entspricht es, daß die Majorate aufgehoben und die Latifundien geteilt werden können und frei verkäuflich sein sollen. Die Bindung des Wahlrechts an den Grundbesitz wird so von einem feudalen zu einem bürgerlichen Argument. Die Steuerkompetenz hat das Volk, und in den ständigen Versammlungen der drei Gewalten König, Adel und Volk soll die Macht ausbalanciert werden. Gegen demokratische Ideale jedoch wird indirekt polemisiert. Haller wendet sich gegen die rousseauistische Verherrlichung der Ursprünglichkeit. Die Anarchie der Eskimos macht aus diesen keine besseren Menschen, im Gegenteil.

Dieser Antirousseauismus, mit dessen Begründung Haller im übrigen den Roman beschließt, ist zugleich das zentrale Motiv seines letzten Romans „Fabius und Cato".[21] Das akute Interesse spricht das Vorwort unverhüllt und bewegend aus: „Ich schreibe am Rande des Grabes, unter fast ununterbrochenen Schmerzen, und bey einer gesunkenen Gesundheit, wo freylich das rosenfarbe der Einbildung, und der angenehme Reiz der Fröhlichkeit nicht mehr in meinem Vermögen ist. Ich meine, aufrichtig meine ich es, die Wahrheit zu sagen."[22] Die aktuelle politische Diskussion provoziert den sich gegen vermeintliche demokratische Exzesse wendenden konservativen historischen Traktat, der wegen der Dringlichkeit seines Anliegens auch auf eine nur äußerliche Poetisierung verzichtet. Das konservative Interesse wird vor allem deutlich aus der Uminterpretation zentraler Motive des moralisierenden Staatsromans. Das Postulat der Glückseligkeit der Bürger, das dieser gegen den absolutistischen Staat gewendet hatte, benutzt Haller, um gegen die rechtliche Argumentation Rousseaus zu Felde zu ziehen. Und umgekehrt kehrt er die Montesquieusche Forderung der Machtbalance (auf Fénélon und Montesquieu beruft sich Haller im Vorwort ebenso ausdrücklich, wie er sich von Rousseau distanziert) ganz im Sinne heutiger neukonservativer Theoretiker (Schelsky) nicht mehr gegen das absolutistische Regiment, sondern gegen die befürchtete Volksherrschaft, die zu Ungleichheit und Chaos führe. Oft ist vom Pöbel die Rede, das Volk gilt als unaufklärbar, und überhaupt hat die natürliche Ungleichheit der Menschen auch ungleiche Rechte zur Folge. Das führt bis zu Formulierungen wie „Die Menschen sind böse", die man eher bei Barclay oder Hobbes erwarten würde. So steckt die Religion auch nicht den Rahmen für eine antiabsolutistische Argumentation ab, vielmehr soll sie die bösen menschlichen Triebe bezähmen, was die Gesetze allein nicht leisten können. Die Phobie vor einer Gefährdung bürgerlicher Interessen durch eventuelle Volksbewegungen wird vor allem deutlich an der zweispältigen Artikulation des Verhältnisses von Staat und Gesellschaft. Wird einerseits ganz im Sinne liberaler Theoretiker erwartet, daß sich die vielen Einzelegoismen gegenseitig neutralisieren, so wird andrerseits die Gesellschaft als Chaos

[21] Vgl. Albrecht von Haller: Fabius und Cato, ein Stück der Römischen Geschichte, Bern und Göttingen 1774

[22] Ebd., S. XIII

beschrieben, das eine rigorose staatliche Reglementierung notwendig macht. Die Relation von Staat und Gesellschaft wird anders akzentuiert, je nachdem die Gesellschaft als Gesellschaft von tauschenden Warenbesitzern oder von konkurrierenden Klassen betrachtet wird. Dem Etatismus, dem Haller huldigt, kamen seine Quellen natürlich entgegen. Im Gefolge der konservativen römischen Geschichtsschreibung wird der Volksführer Flaminius abqualifiziert. Aber auch dem faszinierenden Individuum Scipio gegenüber nimmt Haller den Catonischen Standpunkt ein. Letztlich läuft diese Argumentation dann auf die Propagierung eines sich durch die Regierungsgeschäfte konstituierenden Amtsadels hinaus. Ein solcher wird zwar nicht immer das Beste tun, aber auch niemals das Schlimmste. Vor letzterem wird ihn schon sein Pragmatismus bewahren, und dieser ist zugleich ein weiteres Argument, das Haller gegen Rousseau kehrt. Die Diskussion Catos mit dem Rousseauisten Karneades steht ganz im Zeichen der Auseinandersetzung eines historisch argumentierenden Regierungs- und Verwaltungspraktikers mit einem bloße Postulate aufstellenden Philosophen(!). So stellt sich der letzte Roman des Berner Patriziers (weniger den expliziten verfassungsrechtlichen Darlegungen als der Stoßrichtung seiner Kritik nach) gewissermaßen als eine Selbstreflexion der sonst unter der Oberfläche bleibenden konservativen Implikate des Staatsromans dar.

Die anonym erschienene kurze Skizze „Nachricht von U-pang" aus dem Deutschen Museum von 1782 befaßt sich ausschließlich mit der Religion dieses neu entdeckten tibetischen Reiches, die, wie nicht anders zu erwarten, die natürliche ist, keine Priester und Kirchen kennt usw.[22a]

In Sintenis' „Theodor" ist im Gegensatz zum letzten Roman Hallers umgekehrt die Methode der indirekten Kritik, die im Detail in den ausführlichen Analysen dieses Kapitels noch darzustellen ist, auf die Spitze getrieben.[23] Bereits Titel und Aufbereitung des Romans, in denen der Zerbster Pfarrer, eine verbreitete Praxis befolgend, diesen an einen vorhergehenden Bestseller anzuschließen versucht – „Theodor's Glücklicher Morgen vom Verfasser des – Hallo's Glücklicher Abend" – lassen in dem Roman keinen Staatsroman vermuten, sondern einen der damals im Schwange befindlichen und bereits trivialisierten Familienromane, von denen der Verfasser im übrigen eine stattliche Anzahl geschrieben hat, allenfalls einen Erziehungsroman. Daß es jedoch um die Erziehung eines Prinzen geht, es sich um einen Fürstenspiegel handelt, ist dem Titel nicht zu entnehmen. Der Verfasser stellt sich denn auch in der „Vorerinnerung" dem vertraulich mit „du" angeredeten Leser nicht als Politiker, sondern als „ganz unverwickelten, geraden Mann" vor, der nur das ausspricht, was alle wissen.[24] Die Universalität und Ubiquität der gesunden Moral ist die Basis, von der er ausgeht.

22a Vgl. (Anonym): Nachricht von U-pang. In: Deutsches Museum 1782

23 Vgl. Christian Friedrich Sintenis: Theodor's Glücklicher Morgen, 2 Bde., Frankfurt und Leipzig ²1789

24 Ebd., Bd. 1, unpaginiertes Vorwort.

Verständlich, daß da für einen eigenen Bereich des Politischen kein Platz mehr ist. Bereits vorgestellt wird der Gegenstand des Romans als „Fürstenknäblein". Zwar, wenn der Leser lieber will, kann er ihn auch „Erbprinz Theodor" nennen, aber es ist kein Zweifel, welche Bezeichnung der Autor vorzöge.[25] Auch der Sohn des Fürsten ist primär ein Kind und nicht ein Erbprinz. Dabei wären solche nomenklatorischen Differenzierungen gar nicht notwendig, denn auch die Erblichkeit des Thrones wird keineswegs politisch begründet, wie bei Barclay, sondern ist tugendhaften Fürsten als Lohn für ihre gute Regierung verliehen worden. Analoges gilt für den Vater des Prinzen:

> Ehrensäulen von Marmor und Erz ragten für ihn weder auf seinen Marktplätzen noch auf seinen Landstraßen, – denn er wollte sie nicht, weil der Flor seines Landes, *das Werk seiner Hände,* ihm Ehrenmals genug war.[26]

War es im Roman Barclays, wie bereits ausgeführt wurde, eine übliche Praxis, große politische Taten umgehend – und weltläufig – in Plastik, Gemälde oder Gedicht zu verewigen, und wird Meyern, wie noch auszuführen sein wird, diesen Brauch zwangshaft auf die gesamte abstrakt repolitisierte Gesellschaft ausdehnen, so saugt im Fürstenspiegel des Pastors Sintenis die bürgerliche und private Sphäre die staatliche und repräsentative ohne Rest auf. Der Fürst verhält sich wie der Bürger im berühmten Brief Wilhelms an seinen Schwager Werner aus dem „Wilhelm Meister", in dem Goethe den ersteren das Verhältnis von Adligem und Bürger abhandeln läßt: er erwirbt sich Verdienst und verwirklicht sich in seinem Werk, nicht in seiner Person.[27]

[25] Sintenis: Theodor, Bd. 1, unpaginiertes Vorwort

[26] Ebd., S. 1

[27] Vgl. Goethe: Werke, Hamburg 1965 (Hamburger Ausgabe), Bd. 7, S. 289 ff. – Bekanntlich sieht der Bürger Wilhelm auf der Bühne die einzige Möglichkeit, sich als Person zu realisieren: „Auf den Brettern erscheint der gebildete Mensch so gut persönlich in seinem Glanz als in den obern Klassen; Geist und Körper müssen bei jeder Bemühung gleichen Schritt gehen" usw. (ebd., S. 292). Nun ist es gewiß richtig, daß erst „die bürgerliche Intention in der als Edelmann entworfenen Figur" es überhaupt ermöglicht, „theatralische Darstellung mit öffentlicher Repräsentation in eins zu setzen", ebenso wie nur so sich die „‚Person' unversehens zur ‚gebildeten Persönlichkeit'" verschieben kann (Habermas: Strukturwandel der Öffentlichkeit. Untersuchungen zu einer Kategorie der bürgerlichen Gesellschaft, Neuwied und Berlin 1968, S. 23 f.). Gleichwohl: wie die entschiedene bürgerliche Position aussieht, zeigt Sintenis. Zwar handelt es sich bei ihm nicht um einen Bürger, sondern um einen Erbprinzen. Für die Argumentation spielt das jedoch keine Rolle. Das Theaterspielen muß die Angelegenheit professioneller Schauspieler bleiben. Anstand läßt sich auf der Bühne nicht lernen. Denn dieser muß jederzeit „der natürliche sein; auf dem Theater aber lernt er (d. h. der Jüngling) diesen nicht; denn er thut da, als wäre er, was er doch wirklich nicht ist, und spielt im eigentlichen Verstande die Rolle nur, die ihm da gegeben wird" (Sintenis: Theodor, Bd. 2, S. 215). Wenn es dann später heißt, daß das Theater des Fürsten seine Regierung sei, und dies im Detail durchgeführt wird, so bedeutet das die genaue Umkehrung der Theatermetaphorik des 17. Jahrhunderts. Nicht die Welt ist ein Theater (und auch nicht das Theater die Welt oder doch wenigstens die gebotene Möglichkeit, sich als öffentliche Person zu verwirklichen, wie im Brief Wilhelms), sondern

Ebenso wird auf privater Ebene die Fürstin nach der Geburt ihres Sohnes ganz Mutter und säugt daher selbst. Als eine Kammerfrau sie vor den nachteiligen Folgen für ihre Schönheit warnt, erwidert sie: „‚Schön bin ich nur alsdann, wenn ich als Mutter ganz Mutter bin.'"[28] Das Sein ist sozusagen *unmittelbar* der Schein. Sogar der Gegenspieler gerät in diesen Sog. Der Geheimrat Zensdorf, der diesen Part übernimmt, ist keineswegs ein Politiker, noch nicht einmal ein privater, sondern lediglich ein eigensinniger alter Herr, der auf Traditionen hält. Die Auseinandersetzungen mit ihm enden regelmäßig innerhalb des bürgerlichen Bereichs. Die zeremoniöse Kleidung des Prinzen etwa verteidigt der Geheimrat nicht mehr politisch, sondern nur noch mit dem Argument der Gesundheitsvorsorge: wenn man allzu viel Luft an den Prinzen heranläßt, kann er sich leicht erkälten. Die radikale Verbürgerlichung reicht bis ins Detail. Daß der Prinz nicht mit Durchlaucht angeredet werden soll, wird aus der Hierarchie sogar kleinbürgerlicher Berufe begründet: auch den Lehrburschen würde niemand mit Meister anreden. Offenkundig ist der Affekt gegen das etablierte Beamtentum, den Sintenis wohl auch andernorts kundtat und der nach Auskunft der Allgemeinen Deutschen Biographie diesem Wahrheits- und Menschenfreund allerlei Unbill aus diesem Kreis eintrug. Der Erzieher des Prinzen, der Hofrat Rothe, hat nicht Jurisprudenz studiert, wie üblich, sondern Philosophie. Dabei braucht man noch nicht einmal die radikale Bedeutung zu bedenken, die der französische Begriff der Philosophie im Vorstadium und während der Französischen Revolution gewonnen hat; wie noch eine Episode aus Thomas Manns „Buddenbrooks" zeigt, wird sie zu dieser Zeit mit der Kritik am absolutistischen System synonym.

Bezeichnend sind die Unterschiede zu dem anschließend zu besprechenden Roman des Freiherrn von Loen, die die Radikalisierung der Antithetik indizieren. Die Einsiedelei etwa ist nicht nur eine Stätte der Rekonvaleszenz, wie auch bei Haller, sondern zugleich der Ort wichtigster politischer Entscheidungen. Loens allegorische Bilder werden ersetzt durch „Gemählde überaus guter Menschen aus den mittlern und niedern Ständen", die abstrakte Lehre durch die Unmittelbarkeit der Beispiele, deren Moralität die ständischen Grenzen überspringt.[29] Der Naturenthusiasmus wird regelrecht anerzogen und virtuell manipulierbar: durch die Natur kann der Fürst Adolf „seine Seele zu hohen Empfindungen" stimmen.[30] Die Natürlichkeit schlägt sozusagen in eine zweite – und diesmal bürgerliche – Künstlichkeit um. Die Empfindsamkeit wird zum Selbstzweck. Auch wenn man die Hütten der Armen besucht, hat man „viel Nutzen für ... (sein) Herz" und lernt sein besseres

das in seine Bestandteile zerlegte Theater wird zum bedeutungslosen und lediglich durch den Ausgangspunkt der Argumentation vorgegebenen Arsenal, das die Aufgaben eines Fürsten metaphorisch zu drapieren hilft. Das Theater der Regierung ist kein *Theater.* Das Theater selbst wird zur kulturellen Institution und dient der Unterhaltung der Bürger.

[28] Sintenis: Theodor, Bd. 1, S. 4

[29] Ebd., Bd. 1, S. 117

[30] Ebd., S. 115

Schicksal erst recht schätzen.[31] Die Invektiven gegen den Pietismus haben wie bei Loen eine soziale Komponente, aber eine genau entgegengesetzte. Der Pietismus ist nicht eine Sache der Unterschicht, sondern vor allem eine des Adels und dringt sogar in die fürstliche Familie selbst ein. Dieser Reduktion der Loenschen antiegalitaristischen Polemik auf die Kritik am Schwärmertum überhaupt entspricht auf der anderen Seite die Radikalisierung des Deismus. Der „wahre Gott" wird von dem „Halbmensch-gott" und dem „dreifachen Gott" unterschieden.[32] An der positiven Religion wird gegenüber der Naturreligion lediglich festgehalten, weil man die Aufklärung des Volkes nicht übereilen darf. Der Fürst selbst jedoch sollte auch dann „ein wackerer Fürst seyn, wenn gleich kein Gott im Himmel wäre".[33]

So nimmt es nicht Wunder, daß auch die speziellen verfassungsrechtlichen Überlegungen ziemlich radikal ausfallen. Natürlich wäre ein Wahlkönigtum einem erblichen vorzuziehen. Die Pressefreiheit wird propagiert, denn das Publikum soll Richter sein, wie es wiederholt heißt. Die oberste Gewalt ist dem Fürsten vom Volk übertragen worden, daher ist sie auch im Falle des Mißbrauchs revozierbar.

Wie sehr im übrigen der Roman von Sintenis der späten Phase der indirekten Kritik angehört, zeigt darüber hinaus die Einbeziehung der Geschichtsphilosophie. Der Absolutismus wird nicht nur moralisch und vertragstheoretisch untergraben, sondern zugleich geschichtsphilosophisch relativiert. Im Sinne der Aufklärung wird die Geschichte als ein Prozeß ewiger und niemals vollendbarer Vervollkommnung gefaßt. Die dialektischen Umschwünge dieses Prozesses visieren den politischen Umsturz an: man pflegt im Sprichwort zu sagen, „daß eine Sache erst recht schlimm werden müsse, wenn sie wieder recht gut werden solle".[34] Keineswegs jedoch lassen sich persönliche Verantwortung und persönliche Schuld geschichtsphilosophisch eliminieren. Geschichtsphilosophisch legitimieren läßt sich nur die revolutionäre Gewalt, nicht ihr fürstlicher Mißbrauch, der jene auf den Plan ruft. Kriege und Teuerungen sind keine Veranstaltungen der Natur, sondern gehen auf das moralische Versagen von Fürsten zurück. In diesem äußersten Punkt berühren sich moralischer Extremismus und geschichtsphilosophische Teleologie, ohne daß jedoch beider Verhältnis reflektiert würde. Verfassungsrecht und Geschichtsphilosophie sind lediglich die Feilspäne, die von dem Magnetfeld der radikalen Moralisierung der politischen Sphäre angezogen werden.

Eine ähnliche Position nimmt der im voreuropäischen Amerika angesiedelte „Ala Lama" des abenteuernden Theologen Carl Friedrich Bahrdt ein.[35] Wie der Fürstenspiegel von Sintenis hängt er sich an einen prominenten Vorgänger an. Und wie in diesem wird die herrscherliche Privatsphäre breit ausgemalt. Der

[31] Sintenis: Theodor, Bd. 1, S. 273
[32] Ebd., S. 212
[33] Ebd., S. 220
[34] Ebd., S. 416
[35] Vgl. Carl Friedrich Bahrdt: Ala Lama oder der König unter den Schäfern, auch ein goldener Spiegel, 2 Bde., Frankfurt und Leipzig 1790

Thronfolger Iphis/Ala Lama pflegt sein Gefühlsleben wie Hallers Usong und Sintenis' Theodor. Zwischendurch will Iphis sogar einmal die Heldenbahn aufgeben, um ganz der Liebe zu leben. Zwar entsagt er dieser dann, aber indem er sich an dieser Entsagung wiederum berauscht, wird sie erneut in die Gefühlssphäre transponiert. Zudem ist diese Entsagung gar nicht nötig, denn die Geliebte ist, wie sich später herausstellt, selbst eine Prinzessin und daher durchaus standesgemäß. Der Konflikt zwischen privatem und öffentlichem Interesse, zwischen unmittelbarem Gefühl und Staatsraison wird zum sentimentalen Stimulans. Dem entspricht es, daß die höfische Etikette eliminiert und der König zum Bürger wird. Auch in den institutionellen Details trägt der Roman den bürgerlichen Interessen weitgehend Rechnung und geht hier über die meisten Staatsromane hinaus. Ein Symbol der Entsprechung von Sentimentalisierung und bürgerlichem Interesse ist der Name des dritten Standes. Diesen bilden nämlich die sogenannten Schäfer. Natur und Bourgeoisie werden nomenklatorisch verbunden. Indem das Bürgertum solcherart gewissermaßen der natürliche Stand ist, kann es nicht nur gegenüber dem unproduktiven Adel und der ebenso unproduktiven Priesterschaft Superiorität beanspruchen (auf die Manufakturfabriken der Schäfer wird ausdrücklich hingewiesen), sondern auch ein Patriarchat über die unteren Stände ausüben. Die Parallele von Familienvater und Fürst wird zur Parallele von Familienvater und Arbeitgeber, und während die erstere ein kritisches Postulat meint, ist die andere eine Selbstverständlichkeit. Daß das gute bürgerliche Gewissen offenbar nicht leicht zu beunruhigen ist, zeigt sich daran, daß die letztere Parallele auch noch um den Armenpfleger erweitert wird. Von den Topoi des aufklärerischen Staatsromans fehlt kaum einer: die Idee des Herrschaftsvertrages ist ebenso präsent wie das Budgetrecht des Volkes, i. e. des Bürgertums, die Vereinfachung des Rechtswesens ebenso wie die Freiheit des Handels. Pressefreiheit versteht sich ohnehin. Zusätzlich reitet Bahrdt noch einige durchaus verdienstliche Steckenpferde. So soll das Eherecht liberalisiert, die Ehe ein „bürgerlicher Kontrakt" werden, und die unehelichen Kinder sollen den ehelichen gleichgestellt sein.[36] Ausführlich beschäftigt sich der Roman mit der Schulreform. Die Schüler sollen nicht Wissen, sondern die Fähigkeit zum Selbststudium erwerben, und nicht hintereinander, sondern im Kreis sitzen(!). Auch in seinem Deismus geht Bahrdt (mit Sintenis) über die meisten Staatsromane hinaus. Die natürliche Religion ist Staatsreligion. Der Glaube an eine Offenbarung zerstört die Freiheit des Denkens und damit die Möglichkeit der Tugend. Gemäß der Kantischen Identifikation von Tugend und Freiheit wird in diesem Roman der Spätaufklärung die Tugend sozusagen autonom. Die revolutionären Konsequenzen dieser Konzeption allerdings bleiben weiter verdeckt. Zwar gehört Bahrdts „Ala Lama" zu den wenigen Staatsromanen, die eine Revolution darstellen. Jedoch betrifft die Entwicklung von der partiellen Reform über die Reaktion zur Revolution vor allem die Religionsverfassung, und die möglichen politischen Implikate der

[36] Bahrdt: Ala Lama, Bd. 2., S. 289

Darstellung einer Revolution werden so durch die Spezifizierung zugleich entschärft. Zudem: anders als in dem später zu beschreibenden Roman des Kanoniers Meyern vollzieht sich die Revolution ohne Bürgerkrieg, und die Kontinuität der Erbfolge ist wie bei Wieland ohnehin gewahrt. So vereinigt der Roman von Bahrdt wie der von Sintenis Radikalität mit Vorsicht, die ihn vor letzten Konsequenzen zurückschrecken läßt.

Bahrdts „Zamor" hat nur mittelbar mit der Gattung der Utopie zu tun.[37] Der Roman konfrontiert an Hand der in Briefen dargestellten Erlebnisse eines auf die Erde gefallenen Mondmannes die Verhältnisse auf der Erde mit denen auf dem Mond. Die utopische Mondgesellschaft dient dabei nur als Folie der satirischen Behandlung der Erdgesellschaft. Inhaltlich setzt sich Bahrdt vor allem mit der lutherischen Orthodoxie, die überhaupt sein Lieblingsthema ist, und dem Freimaurertum auseinander. Beide sind Entartungen des ursprünglichen Christentums bzw. der ursprünglichen Aufklärung, die miteinander identifiziert werden.

Thematisch und strukturell analog verhält es sich mit Bahrdts „Geschichte des Prinzen Yhakanpol" von 1790.[37a] Auch hier ist die Utopie lediglich Folie der Satire, die zudem hauptsächlich der Religion gilt. Der Thronfolger Prinz Yhakanpol aus dem utopischen Lande Quakanna (Abgeschlossenheit, ständisch modifizierter aufgeklärter Despotismus, kein Unterschied zwischen Adel und Bürgertum, natürliche Religion etc.) verlangt zwar Auskunft über die beste Regierungsform. Seine Reise durch Europa jedoch gilt nicht dieser, sondern dem wahrsten Glück sowie dem vollkommensten Mittel zur Erhaltung der Jugend(!). Wenn er diese beiden Dinge erkundet hat, wollen ihn die einheimischen Priester auch über die beste Regierungsform aufklären. Zudem erwirbt er in dem Prinzen Amatophy einen Reisegefährten, der auf der Suche nach der reinsten Religion ist und insofern das hauptsächliche Thema stellt. Wie in den übrigen Schriften und Romanen Bahrdts wird auch hier gegen Schwärmertum (Lavater) und Orthodoxie die natürliche Religion ausgespielt, die ein weiser Dr. Ypsysch am Schluß des Romans verkündet. Die Exposition, nämlich die Frage nach der besten Regierungsform, gerät vollkommen aus dem Blick. Der Prinz entsagt diesbezüglichen Imaginationen und will seine Nation so behandeln, „wie es ihren Fähigkeiten, ihrem Karakter, ihren Kräften, und der Beschaffenheit ihres Wohnsitzes angemessen" ist.[37b] Der normative Naturbegriff, der die Religionskritik durchaus initiiert, schrumpft im politischen Bereich zur bloßen Faktizität, die das Regieren lediglich moderieren soll. Die zugleich regimekritische und entlastende Funktion der Religionskritik, wie sie im folgenden vor allem bei Voltaire und Wieland festzustellen sein wird, ist auch hier evident.

[37] Vgl. Carl Friedrich Bahrdt: Zamor oder der Mann aus dem Monde. Kein bloßer Roman, Berlin 1787

[37a] Vgl. Carl Friedrich Bahrdt: Geschichte des Prinzen Yhakanpol, lustig und zugleich orthodox erbaulich geschrieben von dem Magister Wromschewsky, mit einer Vorrede von D. Hofstede, Adrianopel (Halle) 1790

[37b] Ebd., S. 460

Ruhs „Urnen der Zukunft" ist ein Familienroman, der vermutlich lediglich aus Gründen der Absatzförderung im 23. Jahrhundert angesiedelt ist.[38] Die utopischen Elemente sind vollkommen peripher. Daß der Graf von Wallingau Sohn eines Bauern ist, deutet auf einen Verdienstadel nur hin, ohne daß dies in irgendeiner Weise kritisch oder utopisch ausgemünzt würde. Die ständische Gliederung der Gesellschaft setzt der Roman als selbstverständlich voraus.

Eine Mischform aus Satire und Schlüsselroman repräsentiert die 1790 erschienene „Uranie".[39] Der Roman schildert Vorgeschichte und erste Phase der Französischen Revolution und ist lediglich zum Zwecke der Verschlüsselung auf dem Planeten Sirius angesiedelt. Mit den Zielen der Revolution identifiziert sich der Autor durchaus. Er plädiert für eine konstitutionelle Monarchie, und wenn die Revolution zu diesem Ziel führt, ist auch Blutvergießen gerechtfertigt. Die Grundstruktur des aufklärerischen Staatsromans ist auch hier präsent. Die Könige sollen ihre Kinder für ein „gutes bürgerliches Leben" erziehen, und ein König kann erst dann ein rechter König sein, wenn er zuvor Mensch geworden ist.[40] Ludwig XVI. und Marie Antoinette sind am Schluß des Romans moralisch geläutert und haben sich so für das Königtum qualifiziert. Ansonsten delektiert sich der Roman vor allem an der breiten Ausmalung ihres unsittlichen Lebenswandels. Maria Theresia wird gegen diesen Vorwurf, der umständlich begründet wird, nur scheinheilig in Schutz genommen, Marie Antoinette und ihr Bruder begegnen sich im Bordell, und der Halsbandaffaire wird ausführlich gedacht. Die privat-moralische Perspektive wird in diesem Roman zum Mittel der politischen Agitation.

Eine Mischung aus Satire und Schlüsselroman ist auch Geigers „Reise eines Erdbewohners in den Mars", wenngleich das letztere Moment gegenüber der in der „Uranie" geübten Praxis hier zurücktritt; es bleibt bei vorsichtigen Anspielungen auf zeitgenössische Herrscher, ohne daß sich diese zu durchgeführten Verschlüsselungen einzelner Ereignisse zusammenschlössen.[41] Den drei satirisch geschilderten Reichen Papaguan, Plumplatsko und Biribi wird das utopische Momoly konfrontiert. Den meisten Raum, ca. die Hälfte des Romans, nimmt dabei die Religions- und Kirchenkritik ein. In dem Reich Papaguan finden Auseinandersetzungen zwischen einer tyrannischen Priesterschaft und einem ganz im Stile der Fürstenspiegel geschilderten aufgeklärten Herrscher statt, den jene schließlich vergiftet, bis auf das letztere eine offenbare Anspielung auf die Konflikte Josephs II. mit der Kirche. Im Detail will der Roman vor allem bestimmte Riten und Dogmen (Abendmahl, unbefleckte Empfängnis, Erbsünde, Trinität etc.) ad absurdum führen. Die Darstellung des Königreichs Plumplatsko gilt der Kritik des Militärdespotismus, und über das Königreich Biribi fliegt man vorsichtshalber gleich hinweg. Die Ansätze zu

[38] Vgl. K. A. Ruh: Guirlanden um die Urnen der Zukunft, Leipzig 1800

[39] Vgl. (Anonym): Uranie. Königin von Sardanapalien im Planeten Sirius, 2 Bde., o. O. 1790

[40] Ebd., Bd. 1, S. 33

[41] Vgl. Carl Ignaz Geiger: Reise eines Erdbewohners in den Mars, Stuttgart 1967. – Vgl. hierzu vor allem das Nachwort von Jost Hermand.

einem Fürstenspiegel, wie sie die erste Episode enthält, werden nun durch die Utopie überholt. Dies ist jedoch nicht in einem politischen Sinn zu verstehen, indem etwa die Aporien des aufgeklärten Despotismus zu einem demokratischen Gegenmodell führten. Statt dessen ist die Utopie geprägt durch einen empfindsamen Exotismus, wie er seit Bougainvilles Südseereisen im Schwange war (vgl. das übernächste Kapitel). Die Menschen sind nackt und üben den Beischlaf öffentlich aus. Das ist jedoch nicht hedonistisch gemeint, vielmehr soll der öffentliche Geschlechtsverkehr diesem die Lust gerade nehmen. So bleibt auch die Institution der Ehe erhalten. Die Naturreligion, die man in der Anbetung der Sonne übt, ist zugleich eine Vernunftreligion. Man hat gemeinsames Eigentum und wird von den drei klügsten Einwohnern regiert, auf die man sich offenbar ohne Schwierigkeiten einigen kann. Gegenüber solchen „institutionellen" Details überwiegt jedoch die Darstellung der natürlichen Unschuld. Die Überholung des Fürstenspiegels durch die Utopie wird mit deren Entpolitisierung bezahlt.

Demgegenüber ist in Rebmanns „Empfindsamer Reise nach Schilda" die Satire universalisiert.[42] Bereits in der Widmung an den Großmächtigsten usw. Selbstherrscher Herrn (!) Ismael Mulai wird das Genre des Fürstenspiegels parodiert, der denn auch später explizit mit den Ritter- und Geisterromanen auf eine Stufe gestellt wird. Wie vom Fürstenspiegel distanziert sich Rebmann auch von naiver Volksaufklärung sowie von der Empfindsamkeit. Literaturparodie und Gesellschaftskritik gehen dabei Hand in Hand. Die einzelnen Schildbürgerepisoden verfolgen durchweg eine kritische Absicht. Dabei tritt gegenüber der politischen Kritik das Moment der Sozialkritik in den Vordergrund.

Wie die „Uranie" des Anonymus und Geigers „Reise eines Erdbewohners in den Mars" enthält auch Rebmanns satirische Reisebeschreibung „Hans Kiekindiewelts Reisen in alle vier Welttheile und den Mond" eine Reihe von Anspielungen auf zeitgenössische Personen und Ereignisse (Knigge, Kotzebue, Wekherlin, Kanonade von Valmy usw.).[43] Sozusagen dem Erscheinungsjahr 1794 gemäß hat sich die Radikalität der Kritik verschärft. Der naive Aufklärungsoptimismus des Pflegevaters des Helden, des Pfarrers Bieder, wird ebenso ad absurdum geführt wie die Geheimgesellschaften kritisiert werden, die, indem sie auch Fürsten als Mitglieder aufnehmen, diese für ihre Ziele erwärmen wollen. Denn Fürsten bleiben Fürsten, und sie zu Menschen machen zu wollen, ist daher eine Illusion. Wie in der „Empfindsamen Reise nach Schilda" kritisiert Rebmann auch im „Hans Kiekindiewelt" die Empfindsamkeit und reagiert damit bereits wieder auf die Entpolitisierung des Familienromans. Die literarisierte Empfindsamkeit wird aus einem revolutionären zu einem reaktionären Potential. Dieser Abqualifizierung des Reformismus bzw. Eskapismus entspricht ein, wenn auch durch die Schreckensherrschaft verunsicherter, radikaler politischer Standpunkt, der in etwa mit dem des Freiherrn

[42] Vgl. Andreas Georg Friedrich Rebmann: Empfindsame Reise nach Schilda, Leipzig 1793

[43] Vgl. Andreas Georg Friedrich Rebmann: Hans Kiekindiewelts Reisen in alle vier Welttheile und den Mond, Leipzig und Gera 1794

von Knigge konvergiert (s. o.). Die bei diesem anzutreffenden Argumentationsmuster finden sich auch bei Rebmann. An Holland und England wird ein Gegensatz zwischen Volk und Parlament festgestellt. Unter den Auspizien der Französischen Revolution wird die bürgerliche Kritik zu einer radikaldemokratischen und ergreift auch die die Revolution bekämpfenden bürgerlichen Staaten. So distanziert sich Rebmann auch vom Liberalismus und plädiert gegenüber den konkurrierenden Einzelinteressen für eine Rousseauische volonté générale. In bezug auf die Fraktionen des französischen Nationalkonvents nimmt Rebmann eine girondistische Position ein und kritisiert Jakobiner und Sansculotten, ohne daß die Kritik an deren Schreckensherrschaft jedoch zu einer prinzipiellen Distanzierung von der Revolution führte. Im Gegenteil wird sogar der revolutionäre Terror geschichtlich und geschichtsphilosophisch legitimiert. Ohnehin hat es auch in der Vergangenheit unzählige Greueltaten gegeben, und diese hatten geringere und nichtigere Anlässe. Gleichwohl führt die Erfahrung der Schreckensherrschaft zunächst zu einer allgemeinen Erschütterung und Orientierungslosigkeit des Helden, und auch sein väterlicher Freund, den er auf seinen Reisen begleitet, weiß im Chaos der Realität das Recht nicht mehr auszumachen. Dies führt jedoch nicht zur Verzweiflung, vielmehr wird das Chaos, wie in der Heinseschen Naturphilosophie, affirmativ uminterpretiert: jede Eruption mündet in Erneuerung und Ruhe und „das Gesetz der ewigen unwandelbaren Natur ist, daß jede Gährung in der physischen, und in der moralischen Welt näher zur Vollkommenheit führt".[44] Die Geschichtsphilosophie, die die Revolution prognostiziert hatte, dient hier zu deren moralischer Entlastung (vgl. das letzte Kapitel). Was in Frankreich noch nicht verwirklicht ist, ist in Amerika realisiert. Das durch demokratische Arbeitsorganisation, Gemeineigentum, (allerdings nicht praktizierten) Frauenkommunismus und Naturkultus gekennzeichnete rousseauistische Miniutopia, das die Reisenden vorher besucht hatten und das der Zerstörung anheim gefallen war, ist in Amerika wieder auferstanden. Washington ist eine utopische Stadt (zentraler Kapitolshügel, regelmäßige Straßenführung etc.). Allerdings wird die Utopie Amerika nicht mehr ausführlich geschildert, vielmehr tritt an die Stelle der Darstellung ein ausführliches Zitat aus der Virginischen Regierungserklärung von 1786. Wie die Form des Romans, der sich selbst als willkürliche, regellose und kompilatorische Harlekinade deklariert, macht auch dies das Übergewicht des aktuellen publizistischen Interesses gegenüber dem konstruktiven deutlich. Bei Rebmann löst sich die Utopie auf in Kritik.

[44] Rebmann: Hans Kiekindiewelt, S. 248

I. Johann Michael von Loens „Der redliche Mann am Hofe"

Im folgenden Abschnitt exponiere ich zunächst den für den Loenschen Roman grundlegenden Gegensatz von Redlichkeit und Klugheit an Hand des Gegensatzes von Landleben und Hof, um dann im letzten Unterabschnitt seinen Niederschlag in den satirischen und utopischen Modellen des Romans zu untersuchen.

1. Landleben und Hof

Der „nicht allein in den Wissenschaften des Staats, sondern auch in der Welt=Weisheit und schönen Künsten gründlich gelehrte" Graf von Rivera, der nach Studienreisen und zeitweiligem Aufenthalt am Aquitanischen Hof sich auf sein Landgut an der Adriatischen See zurückgezogen hat, um dort seinen Studien zu leben, wird vom König an den Hof zurückberufen.[45] Er reitet daraufhin zu seinem Nachbarn, dem Herrn von Bellamont, um sich mit diesem zu beraten, denn die Aufforderung des Königs ist ihm, da er das „angenehme Land-Leben", das „Einfalt", „Redlichkeit und Tugend" zuläßt, der „unruhigen Pracht" und „gezwungenen Hoheit" des Hofes vorzieht, sehr zuwider.[46] Von dieser Antithese geht das Gespräch der beiden Nachbarn aus.

Ihm vorgeschaltet sind zwei Beschreibungen, eine des Landhauses des Herrn von Bellamont und des Saales, der Schauplatz der Unterredung ist, sowie eine Naturschilderung. Beide präjudizieren gewissermaßen den Ausgang der Unterredung. In Landhaus und Saal durchdringen sich Elemente der Kunst und Elemente der Natur. Der Zugang zum Landhaus führt durch einen Wald, aber der Weg, der hindurchführt, ist breit ausgehauen. Den Hof beschatten hohe Bäume, aber diese haben zugleich die nützliche Funktion, das Haus vor der Mittagssonne zu beschirmen. Hinter dem Gebäude befindet sich ein Lustgarten, der jedoch nicht in sich abgeschlossen ist, sondern eine Aussicht aufs offene Meer gewährt. Überhaupt spielt die offene Landschaft in dem Roman eine wichtige Rolle. Die meisten Schlösser liegen auf Anhöhen, die einen weiten Ausblick in die jeweilige als Kulturlandschaft geschilderte Umgebung eröffnen. Auch das Gebäude selbst ist zwar niedlich, aber nicht kostbar. Die Fenster des Saales reichen bis an den Boden, und der Garten erstreckt sich bis an seine Schwelle. Die – selbst domestizierte – Natur dringt bis an den Saal heran und bleibt doch von ihm getrennt. Der Saal ist still und wird doch von dem Gemurmel der Brunnen belebt. Kultivierte Natur und auf die Natur hin sich öffnende Kunst durchdringen sich.

Dieses Verhältnis läßt sich in verschiedener Nuancierung allenthalben nachwei-

[45] Johann Michael von Loen: Der redliche Mann am Hofe, Stuttgart 1966, S. 6
[46] Ebd., S. 5

sen. Den Roman beschließt eine dynastische Heirat zwischen dem König von Aquitanien und der Prinzessin von Argilien, bei der der König zwar auch persönlich engagiert ist, die Prinzessin allerdings weniger und die obendrein die Romanhandlung nicht eigentlich beendet, sondern nur die Voraussetzung für die Eheschließung des Grafen von Rivera bildet und zudem auf dessen Initiative zurückgeht. Private und öffentliche Handlung fallen nicht mehr, wie im Barockroman, zusammen. So ist es auch erklärlich, daß die Prinzessin selbst der offiziellen Begegnung mit dem König mit einer „gewissen Bangigkeit" entgegen sieht, die sie bei der Vorstellung befällt, „daß sie heute zur Schau solte gebracht werden".[47] Während die Protagonisten der „Argenis" von vornherein auf das öffentliche Auftreten hin angelegt sind und dieses auch in den persönlich prekärsten Situationen höchstens zu einer sozusagen organisatorischen Frage wird – als Argenis von dem vermeintlichen Tod des Poliarchus erfährt, denkt sie keinen Augenblick daran, die Beteiligung an der bevorstehenden Zeremonie abzusagen, sondern bringt schleunigst ihre Gesichtszüge in Ordnung, um sich die Möglichkeit politischer Erkundungen nicht zu versperren –, wird hier der die Privatsphäre tangierende offizielle Auftritt zum psychologischen Problem. Nicht nur die Diskrepanz zwischen innerem Gefühl und äußerlicher Rolle, sondern diese selbst läßt die Prinzessin in der Nacht zuvor nicht viel schlafen. So wird ihre „Bangigkeit" auch nicht etwa durch die Reflexion ihrer öffentlichen Verpflichtung zerstreut, sondern durch die Scherze einer Hofdame, die zugleich eine vertraute Freundin ist. Der private Seelenzustand wird auch privat geheilt. Analog fungiert der Schmuck der Prinzessin nur als „Einfassung um ein schönes Bild".[48] Natur und Kunst bilden eine Einheit, aber die Natur hat „die größte Ehre vor sich".[49] Daher läßt sich die Schönheit der Prinzessin auch nicht malen. Die „vollkommene Schönheit" wird von einem „gewissen Geist" belebt, der sich der Fixierung entzieht.[50]

Auch in der Gartenarchitektur hat die Kunst vor allem die Aufgabe, die Natur nicht „zu zwingen, sondern nur ihre Annehmlichkeiten desto mehr ins Auge zu setzen".[51] Und an der Schönheit eines anderen Gartens hat „die Ordnung und die Natur mehr Antheil . . . als die Kunst".[52] Besonders die zweite Stelle macht die Differenz und zugleich Identifikation von Natur und Kunst deutlich. Denn den Begriff der Ordnung würde man ja eher im Zusammenhang mit dem der Kunst erwarten als mit dem der Natur. Offenbar wird hier unter Kunst vor allem die Neuschaffung künstlicher Anlagen verstanden, die in der Natur keine Voraussetzungen haben, nicht die Gliederung der Natur selbst. Durch diese Verengung des Begriffs der Kunst können dann Natur und Ordnung zusammenrücken. Die Natur bleibt stets in einen kulturellen Rahmen eingebettet.

Dieselbe Ambivalenz zeigt sich im Verhältnis zur Allegorie. Entspringt diese in der Einsiedlerepisode des „Simplicissimus" aus der metaphysischen Dichotomie, so

[47] Loen: Der redliche Mann, S. 409
[48] Ebd.
[49] Ebd.
[50] Ebd., S. 405
[51] Ebd., S. 365
[52] Ebd., S. 421

wird sie hier zu einem Bestandteil des Interieurs, mit oder ohne didaktische Funktion. Der quasi vorgegebene Verweisungszusammenhang des Barock wird innenarchitektonisch und pädagogisch ausgemünzt. In dem Speisesaal der Festung Rozzomonte, der eigentlich eine Art Gewächshaus ist, finden sich Darstellungen der vier Jahreszeiten. Diese sind teilweise allegorisch, teilweise nicht. Den Frühling und den Sommer stellen kleine Gartenanlagen dar, die durch eine Balustrade bzw. durch ein feines Drahtgitter vom Saal getrennt sind. Die Natur wird in das Innere des Hauses geholt. Umgekehrt gruppieren sich die allegorischen Darstellungen des Winters und des Herbstes um Gegenstände, die eo ipso zur Ausstattung des Raumes gehören und zudem noch eine Affinität zu ihrer allegorischen Ausschmückung aufweisen, um den Kamin und den Trinktisch. Die allegorische Ausgestaltung ist nicht repräsentativ, sondern sozusagen „zierlich". Dem entspricht es, daß die einzelnen Darstellungen zwar symmetrisch angeordnet sind, diese Symmetrie jedoch zugleich durch die betonte Differenzierung durchbrochen wird.

Die allegorischen Gemälde an den Wänden der Eremitage, auf die der Graf den König zur Genesung führt, werden eingeführt als Pendant zu deren anmutiger Umgebung. Inhaltlich lassen sie sich fast durchweg in moralische Ermahnungen an den König ausmünzen. Die Allegorie ist nicht mehr omnipräsent, sondern ein gezieltes didaktisches Instrument. Eines dieser Embleme stellt einen Wasserfall dar, der ein Mühlrad treibt, und ist unterschrieben mit den Worten „Lebendige Wasser treiben".[53] Zwar wird dies vom Grafen medizinisch, im Sinne der dem König von ihm verordneten Frischlufttherapie, interpretiert, zugleich jedoch weist das Prinzip der „fortdaurenden Bewegung" über den Anlaß hinaus.[54] Es ist nicht nur eine medizinische Forderung, sondern richtet sich zugleich implizit gegen gesellschaftliche Statik. Allerdings, und darin besteht der Unterschied zu späteren Utopien, etwa der Heinses, muß die Bewegung „ordentlich" sein, wie die Natur in dem oben angezogenen Beispiel, und der Mensch hat die Extreme des Stilleliegens und des Rennens zu meiden.[55] Generell fungiert so die Natur nicht als radikale Antithese zur Gesellschaft, sondern als deren Korrektiv.

Diese Funktion drückt sich bereits in dem erwähnten Naturbild aus, das der anfänglichen Unterredung des Grafen mit dem Herrn von Bellamont voraufgeht:

> Die Sonne war bereits hinter den Gebirgen. Ein lieblich-falbes Grau schimmerte auf den unbegränzten Tiefen des Oceans. Auf dem Lande war es finster; doch glänzte noch auf den Gipfeln der Berge ein Gold-gelbes mit Purpur vermengtes Licht, welches nach und nach in rothe Strahlen sich verwandelte und seine Klarheit auf der andern Seite des Horizonts abdruckte. Es wurde Nacht. Die Sterne loderten mit einem funckelnden Schein. Der Mond stieg als eine feurige Kugel aus dem weiten Busen des Meers, und warf seine auf den Fluten spielende Strahlen in einer schiessenden Länge bis an das Ufer.[56]

[53] Loen: Der redliche Mann, S. 249
[54] Ebd.
[55] Ebd., S. 250
[56] Ebd., S. 6 f.

Sowohl in der Anordnung des Bildes wie in den Mitteln, mit denen es ausgestaltet wird, ist die Analogie zu Brockes' Gedicht „Der Abend" aus dem 1. Teil des „Irdischen Vergnügens in Gott" deutlich. Dort jedoch, und das macht den entscheidenden Unterschied aus, wird das silberne und goldene Farbenspiel, das der aufgehende Mond und die untergehende Sonne erzeugen, in der folgenden Aria zunächst mit dem Glanz von Silber und Gold verglichen und der Mensch aufgefordert, seinen Blick vom eitlen Mammon weg gen Himmel zu richten, und in der Schlußaria das Gesamtbild, das „ein unvergleichlichs Gantz / Im ungewissen Lichte macht", analogisch auf den „Schein" des „Göttlichen Gesichts" bezogen.[57] Aus dieser moralischen und physikotheologischen Verankerung löst Loen das Bild heraus. Seine Reichweite wird über das der Anschauung Zugängliche hinaus erweitert, aber diese Erweiterung bleibt innerhalb der Natur. Die „unbegränzten Tiefen des Oceans" etwa können nicht geschaut, sondern nur gedacht, oder besser: erhaben empfunden werden. Meer und Land, Sonne und Mond werden zu einer Totalität verklammert. Das Licht der untergegangenen Sonne drückt sich am gegenüberliegenden Horizont ab, die Strahlen des aufgehenden Mondes schießen ans Ufer. Sonne und Mond rahmen die selbst bereits im Finstern liegende Landschaft gewissermaßen ein. Auf dieses Bild bezieht sich der Beginn der Unterredung, die im übrigen, wie zu erinnern ist, im Saale stattfindet:

> Niemals hatte noch der Graf von Rivera einen lebhaftern Eindruck von der Schönheit der Natur bey sich empfunden. O mehr als angenehmes Land! fing er darüber seufzend an auszurufen; O süsses Feld-Leben! soll ich dich verlassen? Der Herr von Bellamont lachte über diese lebhafte Entzückung des Grafens. Meynen sie denn, Herr Graf, sagte er, der Hof habe nicht auch seine Annehmlichkeiten? Bilden sie sich ein, daß die Sonne dort nicht so schön unterging, oder daß der Mond mit weniger Anmut den dunklen Erden-Kreiß beleuchtete?[58]

Die Reaktion des Grafen auf das Naturschauspiel ist zugleich topisch und inadäquat. Denn das Feldleben, das verlassen zu müssen er beseufzt, sieht er ja gar nicht, vielmehr ist dieses in der Totalität des Bildes aufgehoben. Die Natur wird zum bloßen Anknüpfungspunkt von Assoziationen, die sogleich in topologische Bahnen einscheren. Daher ist das Lachen des Herrn von Bellamont nicht nur verständlich, sondern auch berechtigt. Im Gegensatz zum Grafen interpretiert dieser das Bild nämlich richtig. Die Totalität der Natur, auf die das Bild abzielt, begreift Land und Stadt, Einsamkeit und Hofleben ein.

So ist es erklärlich, daß ähnliche Antithesen auch andernorts relativiert werden. Die Einsiedelei, auf die der Graf am Anfang des Romans stößt, als er sich nachts im Wald verirrt, wird später zur Eremitage mit weitem Ausblick in die offene Landschaft, auf der der König von seiner Krankheit schnell genest. Der Franziskaner, der den Einsiedler Pandoresto, der vorher ein Bösewicht war, bekehrt, huldigt

[57] Barthold Heinrich Brockes: Auszug der vornehmsten Gedichte aus dem Irdischen Vergnügen in Gott, Stuttgart 1965, S. 352 f.

[58] Loen: Der redliche Mann, S. 7

protestantischen Anschauungen und feiert das Berufsleben als den wahren Gottesdienst. Das Kloster ist jedenfalls nicht geeignet, die Menschen besser zu machen. Es gibt ebenso viele böse Mönche in den Klöstern wie böse Menschen in der Welt. Auch an Stellen, an denen der Handlung nach die Verdammung des Hoflebens durchaus am Platze wäre, wird diese zugleich ironisiert. Die Frau von Ridelo klagt anläßlich der Verbannung des Grafen auf die Festung Rozzomonte, die im übrigen keineswegs ein Gefängnis, sondern eher eine Eremitage ist, „nach ihrer natürlichen Lebhafftigkeit" den „unglückseeligen Hof" an.[59] Aber diese Anklage wird sogleich ironisch distanziert, und dabei fallen Formulierungen, die an solche von Leons Großneffen Johann Wolfgang Goethe erinnern:

> So lebhafft wuste die würdige Tochter des Herrn von Bellamont denjenigen Kummer auszudrücken, welchen sie bey dem Unrecht, so der Graf leiden muste, empfand.[60]

Das Verdikt über das Hofleben wird so zu einer Sache der Formulierung und bereits als solche relativiert. Die gekonnt umständliche Periode zudem, die den Erguß der Frau von Ridelo auffängt, distanziert dessen Inhalt und hebt ihn in einen ironischen Spielraum. – Auf diese Form der ironischen Distanzierung und die ihr korrespondierende mimetische Sprechweise, die Loen meisterhaft und, soweit ich sehe, in der zeitgenössischen Romanprosa singulär handhabt, komme ich unten noch im Zusammenhang zurück. – So ist auch die „Sitten-Lehre", die der Gräfin von Monteras, dem weiblichen Pendant des Grafen von Rivera, ihre „Frau Mutter" gibt und die das Landleben gegen das Hofleben ausspielt, „nicht völlig nach ihrem Geschmack", und sie leistet der Aufforderung ihres Onkels, des Herzogs von Sandilien, in die Stadt zu kommen, gerne Folge.[61] Die Antithese von Stadt und Land, Welttreiben und Einsamkeit wird konsequent heruntergespielt.

Entsprechend warnt auch der Herr von Bellamont, um auf die angezogene Unterredung zurückzukommen, den Grafen, die Vorzüge der Stadt, Künste und Wissenschaften, Schauspiele, Aufzüge, Veränderungen und Lustbarkeiten sowie den „Umgang mit allerhand Menschen", zu verachten.[62] Er polemisiert gegen den Hochmut des eingebildeten Weisen, der die Größe seines Geistes dadurch zeigen will, daß er sich über alle äußeren Dinge hinwegsetzt und „dessen ganze Tugend doch öfters nur darin bestehet, daß er sich selbst gefällt und deßwegen alles andere gering schätzet, was nicht zu seiner eigenen Erhöhung dienet."[63] Die allgemeine Weltabkehr wird ideologiekritisch der subjektiven Eitelkeit geziehen. Die Tugend schließt soziale Verantwortlichkeit virtuell ein. Insofern unterscheidet sich die hier wiedergegebene Anschauung nicht nur von der Weltfeindschaft des „Simplicissimus", sondern auch von der absolutistischen Propaganda Barclays.[64] Wurde dort

[59] Loen: Der redliche Mann, S. 94
[60] Ebd.
[61] Ebd., S. 96
[62] Ebd., S. 7
[63] Ebd., S. 8
[64] Vgl. zum ersteren Max Wieser: Der sentimentale Mensch, Gotha 1924, S. 212 f.

das allgemeine Wohl negativ definiert, als Freiheit vom Bürgerkrieg, so ist bei Loen die „Glückseligkeit" der Bürger Regulativ des Handelns. Dem entspricht es, daß die Tugenden der Barclayschen Protagonisten vor allem politische Tugenden sind, sich in der Beherrschung des Instrumentariums politischen Handelns ausdrücken, während die „Helden" Loens am Hof ihre moralischen Tugenden bewähren müssen. Das Landleben konstituiert einerseits die Moralität, die sich in ihm am besten entfalten kann, und beschränkt andrerseits ihre öffentliche Relevanz. In einem in den 3. Teil seiner „Kleinen Schriften" aufgenommenen Brief an Christian Erhardt, Superintendenten zu Memmingen, der den Roman kritisch gewürdigt hatte, hat Loen das erstere betont. Voraussetzung der tugendhaften Wirksamkeit ist, daß der Tugendhafte sich über die Größe seines Geistes zunächst gar nicht im klaren ist. Die Tugend ist nicht von vornherein aufs öffentliche Wirken angelegt und konstituiert sich daher auch nicht durch dieses, sondern in der Zurückgezogenheit. Hatten es jedoch die moralischen Wochenschriften damit genug sein lassen und die Politik anderen überlassen, so meldet Loen den Anspruch auf die Gestaltung des politischen Raums nach moralischen Prinzipien an. Die in eine Naturtotalität eingebettete Ausbalancierung von Land- und Stadtleben ist das räumliche Korrelat dieses Anspruchs.

Mit diesem Problem hat sich Loen auch sonst mehrfach beschäftigt und es sowohl in seinem Frankfurter Lebensstil wie in seiner Biographie gewissermaßen dargestellt. In dem Brief „Vom Land- und Stadt-Leben" im 4. Teil der „Kleinen Schriften" hat er versucht, beides gegeneinander abzuwägen und einen Kompromiß zu finden. In der Stadt zu leben, ist wegen der Luftverschmutzung und dem Mangel an Sonne ungesund, aber andrerseits verursacht auch das Landleben manche Mißhelligkeit. Am besten ist es, wenn man entweder in einer Vorstadt wohnt oder auf einem Landgut in der Nähe der Stadt lebt. Auf diese Weise kann man die Vorteile von Land- und Stadtleben kombinieren, lebt einerseits gesund und ist andrerseits vom Schauplatz der großen Welt nicht abgeschnitten. So hat auch Loen abwechselnd seine Güter und seine Frankfurter Wohnung bewohnt.[65] Die Häuser seiner Christianopolisutopie vereinen beides: von vorne sehen sie aus wie Stadthäuser, von hinten wie Landgüter. Jedoch bleibt das Pendeln Loens zwischen Land und Stadt zunächst selbst noch privat. Seine öffentliche Wirksamkeit beschränkt sich zunächst auf schriftliche Äußerungen, mit denen er die Zeitereignisse kritisch oder auch nur darstellend begleitet. Gleichwohl stellt die Tatsache, daß er noch im Alter von achtundfünfzig Jahren das Amt eines preußischen Regierungspräsidenten im Bezirk Lingen und Tecklenburg annahm, keinen Bruch dar. Mögen der Anlaß auch, wie Goethe meint, die Querelen um sein theologisches Hauptwerk „Die einzig wahre Religion" gewesen sein, in dem er für eine Vereinigung der christlichen Konfessionen auf biblischer und naturrechtlicher Grundlage plädiert hatte, so ist es doch für Loen charakteristisch, daß er sich dem privaten Ärger

[65] Vgl. Wieser: Der sentimentale Mensch, S. 198

durch politisches Wirken entzieht, und dieses war durch seine schriftstellerische Tätigkeit schon vorbereitet.

Hat also Loen seinem Grafen von Rivera erst in relativem Alter nachgeeifert, so konzediert er diesem durch den Mund des Herrn von Bellamont durchaus, daß er auch seine eigene Glückseligkeit zu befördern suche. Ebenso verdächtig wie diejenigen, die die Vergnügen des Stadtlebens verachten, sind ihm die Tugendheroen, die die Vergnügen des Landlebens und überhaupt die eigene Glückseligkeit hintan setzen. Es gibt jedoch auch „einige große Gemüter, die das mit für ihre Glückseligkeit halten, wenn sie andre können helfen glückselig machen".[66] So wird die eigene Glückseligkeit zum Motiv des Wirkens für die Allgemeinheit, und zugleich wird, um das stoizistische Mißverständnis, daß die Glückseligkeit bereits in der Ausübung der Tugend selbst bestünde, auszuschließen, die Alleingültigkeit dieser Glückseligkeit durch das einschränkende „mit" aufgehoben. Auch die großen Gemüter und Helden kennen außer ihrem öffentlichen Wirken noch andere Glückseligkeiten. Es bleibt quasi ein privater Überschuß, der auch das Verhalten des redlichen Mannes am Hofe prägt.

2. Redlichkeit und Klugheit

Goethe schreibt Beifall und Ansehen, die der „Redliche Mann am Hofe" erhielt, der Tatsache zu, daß dieses Werk „von den Höfen, wo sonst nur Klugheit zu Hause ist, Sittlichkeit verlangte".[67] Von der radikalen Kritik der Robinsonadenutopien einerseits, der Spätaufklärer andrerseits her betrachtet, scheint es bemerkenswert, daß neben der Sittlichkeit auch die politische Klugheit gefordert wird. Beider Verhältnis wird mannigfach nuanciert und bildet das Hauptthema des Romans.

Die Skala der moralischen bzw. politischen Verhaltensweisen ist breit gefächert. Dabei jedoch kommen Politiker im Sinne von Hofintriganten kaum vor. Die Intrige selbst wird entpolitisiert und zudem psychologisch erklärt. Das Land ist vor allem deswegen in einem schlechten Zustand, weil der König und der oberste Staatsminister sich nicht um die Geschäfte kümmern, der erstere, obwohl an sich nicht schlecht, nur seinen Lüsten frönt, der letztere es allen recht zu machen sucht und seine Kräfte so in Arrangements mit den einflußreichen Gruppen erschöpft. Die politische Intrige spielt in diesem Zusammenhang keine Rolle. Im Verlauf des Romans kommt sie erst dann zur Geltung, als der König und der Graf auf privatem Felde konkurrieren. Der Graf von Rivera und die Gräfin von Monteras verlieben sich ineinander, aber auch der König hat es auf die Gräfin abgesehen und will sie sogar zu seiner Frau machen. So resultiert die Intrige aus einem privaten Konflikt, und entsprechend spannen der König und die Herzogin von Salona, die wie-

[66] Loen: Der redliche Mann, S. 9

[67] Goethe: Werke, Hamburg 1964 (Hamburger Ausgabe), Bd. 9, S. 75

derum nach dem Besitz des Grafen trachtet, sozusagen professionelle Intriganten ein, um ihre Ziele zu erreichen. Die Intrige ist nicht universell und selbst Bestandteil des politischen Aktionsraums, wie im Barockroman, sondern die Angelegenheit minderer Chargen, die sie aus verschiedenen Gründen berufsmäßig betreiben. Die Dame Corinna ist ein bejahrtes Fräulein, das sich auf ihren Verstand einiges zugute hält und meint, diesen am besten in Klatsch und Intrige üben zu können. Auf diese Weise wird die Intrige sehr differenziert aus der privaten Psychologie heraus begründet. Der Kammerdiener Silon fürchtet, daß er durch den Einfluß des Grafen auf den König nicht mehr wie gewohnt sein Süppchen auf der Unordnung des Hofes kochen kann, und stellt sich deshalb, da er ohnehin einen „wilden Kopf" besitzt, ebenfalls der Intrige zur Verfügung.[68] Derart werden die Intriganten, sowohl Corinna als auch Silon, zugleich sprachlich ironisiert. Mit der Intrigantin Corinna geht permanent ihre Schwatzhaftigkeit, ihre „plauderhafte Zunge" durch, so daß sie sich in ihrem eigenen Gerede verheddert und ihr Ziel aus den Augen verliert.[69] Ist es für das politische Verhalten in der „Argenis" charakteristisch, daß dem präzisen Fixieren des Ziels die genaue Kalkulation der Mittel entspricht, so gerät hier beides zeitweilig aus dem Blickfeld. Die privatisierte Intrige wird zur Komödie, der ja auch das Arsenal der Charakteristika entstammt, die den Intriganten appliziert werden.

Dem burlesken Anstrich der Intrige korrespondiert, daß die von ihr in Gang gesetzten Motivationsreihen permanent durchbrochen werden. Als der König sich schließlich entschließt, sich seines Konkurrenten zu entledigen, schlägt er die „hundert verwegenen Anschläge" seines Kammerdieners in den Wind und verfolgt seinen eigenen Plan, nämlich dem Grafen in einem gerade anstehenden Krieg ein Kommando zu übergeben und ihn dabei umkommen zu lassen. Dieser Plan scheitert jedoch, und fortan verzichtet der König auf alle weiteren Nachstellungen. Auch die Hauptintrige wird sozusagen punktualisiert. Der Graf selbst nimmt die diversen Anschläge, denen er ausgesetzt ist, so wenig übel, daß weder sein Verhältnis zum König beeinträchtigt wird noch er dem Kammerdiener Silon dessen Intrigieren heimzahlt.

In dem Hinweggehen des Grafen über die Intrige werden moralisches Verhalten und politische Klugheit identisch. Durch die Privatisierung der politischen Gegenwelt wird diese von vornherein für das moralische Eingreifen zugerichtet. Insofern prägt sich der Antagonismus von Politik und Moral, der die gesamte bürgerliche Kritik am Absolutismus kennzeichnet und diese selbst entpolitisiert, auch dem Versuch ein, beides in einer Art Kompromiß zu vereinen. Diesen Kompromiß strebt Loen jedenfalls aus einem selbst klassenspezifischen, worauf ich zurückkomme, antisubjektivistischen Affekt heraus an; inwieweit er ihn tatsächlich erreicht, ist später zu diskutieren. In dem Brief „An einen Cavalier, der aus Verdruß den Hof verlassen und sich in die Einsamkeit begeben wolte" im 4. Band der „Kleinen

[68] Loen: Der redliche Mann, S. 94

[69] Ebd., S. 80

Schriften" sammelt er Argumente, die für ein Verbleiben am Hof sprechen können. Dabei geht es ihm weniger darum, das Hofleben, so wie es ist, zu verteidigen, als seine Verwerfung zu relativieren. Die Werte Hofleben und Landleben sind relativ, bedeuten nur ein Mehr oder Weniger an Verdruß bzw. Glück, und dieses Mehr oder Weniger rechtfertigt jedenfalls nicht eine radikale Ablehnung:

> Man muß zuweilen einige kleine Thorheiten mitmachen, um den Menschen nicht zu unhöflich und zu trocken zu scheinen.[70]

Dieser moralische Relativismus ist das Korrelat der Stadt- und Landleben unter sich befassenden Naturtotalität. So meint auch der Herr von Ridelo, daß man das Böse nicht rein absondern könne, um nur das Gute übrig zu behalten. Die Hofleute, die der Graf vorfindet, jedenfalls die oberen Ränge, sind daher durchweg gemischte Charaktere. Geschult sind die Porträts, die Loen entwirft, an der Prosa der französischen Moralisten, La Bruyères und Saint-Evremonds, die er selbst im Vorwort zu seinen „Moralischen Schildereien" als seine Vorbilder namhaft macht. Der Herzog von Sandilien, der leitende Staatsminister, vereinigt repräsentatives Auftreten, das durchaus positiv vermerkt wird und auch dem Grafen von Rivera eignet, und Loyalität gegenüber dem König, die auch der Graf exzessiv übt, mit allzu großer Nachgiebigkeit gegenüber Gruppeninteressen, die den Staat zugrunde zu richten droht. Er ist „ehrsüchtig", aber nicht „grausam" und versucht daher, den Grafen vor den Nachstellungen des Königs zu beschützen.[71] Daß der oberste Feldherr, der Fürst von Voltera, „falsch und schmeichlerisch" ist, hindert den Grafen nicht, sich auch mit diesem zu arrangieren, obwohl er dessen Opportunismus durchschaut.[72]

Besonders deutlich wird diese Form des moralisch-politischen Arrangements naturgemäß in dem Augenblick, als der Graf selbst politische Aktivitäten entfaltet. Der Graf hält sich am Hof von Licatien auf, um nach dem vorhergegangenen und von Licatien verlorenen Krieg einen Friedensschluß zu befördern. Um diesen Zweck zu erreichen, sind ihm auch fragwürdige Mittel recht. Er sendet Agenten aus und schürt im licatischen Volk die Angst vor einem neuen Krieg, dessen Vorbereitung er seinen König fingieren läßt. Schließlich entsteht vor dem Schloß ein Volksauflauf, der sich jedoch nicht gegen den König, sondern bezeichnenderweise gegen den leitenden Minister richtet, der aus der Stadt fliehen muß. Als somit das Haupthindernis aus dem Weg geräumt ist, kann der Friede geschlossen werden. Die politische Intrige wird zugleich legitimiert und an bestimmte Vorbedingungen gebunden. Diente in der absolutistischen Theorie die Errichtung einer moralfreien politischen Sondersphäre der Neutralisierung von den Staat virtuell sprengenden gesellschaftlichen Konflikten, so bedarf hier die moralische Exkulpierung der moralischen Rechtfertigung. Barclay bindet die absolute Souveränität des Königs an die

[70] Johann Michael von Loen: Kleine Schriften, Frankfurt und Leipzig 1752, Bd. 4, S. 267 f.
[71] Loen: Der redliche Mann, S. 62
[72] Ebd., S. 169

Erfüllung seiner Aufgabe, den inneren Frieden zu erhalten. Zu diesem Zweck ist die außenpolitische Ablenkung der inneren Konflikte nicht nur in Kauf zu nehmen, sondern sogar zu fördern. Daher die aktivistischen, heroischen Tugenden seiner Protagonisten. Dagegen ist hier das Ziel weit höher gesteckt. Loen selbst hat, wie nach ihm Kant, den Gedanken einer europäischen Schiedsgerichtsbarkeit, die das kriegerische Austragen außenpolitischer Konflikte verhindern sollte, an mehreren Stellen entfaltet und dafür detaillierte Pläne ausgearbeitet, die bis in protokollarische Einzelheiten gehen. So ist auch das Ziel des Grafen nicht nur der Vergleich als Waffenstillstand, sondern der beständige Friede, das Bündnis. Durch diese Zielsetzung, die nicht nur negativ die Verhinderung des Bürgerkriegs, sondern positiv einen dauernden inneren und äußeren Frieden intendiert, wird das Verhalten des Grafen erst gerechtfertigt. Die List ist dem Grafen zudem keineswegs habituell, sondern er benutzt sie erst, als die „natürlichen" Mittel, nämlich die sachliche Darlegung der Vorzüge eines Friedensschlusses, gegenüber dem leitenden Staatsminister, einer Karikatur des politischen Menschen, der „in eine grosse auf beyden Seiten über den Bauch herunter hängende Staats-Perrucke eingehüllet" ist und allgemein ein leeres Imponiergehabe an den Tag legt, nichts fruchten.[73] Die Maxime, die Loen an das Vorgehen des Grafen knüpft, ist zudem sehr vorsichtig formuliert:

> Der Endzweck macht öfters eine Sache gut, oder bös.[74]

Insofern wird das politische Verhalten des Grafen durch vielerlei Einschränkungen, hohe Zielsetzung, Karikierung der Antagonisten, die ein natürliches Verhalten nicht zulassen, schließlich die restriktive Formulierung des Prinzips, moralisch abgesichert.

Gleichwohl ist es bezeichnend, daß die Politik am ehesten noch im Bereich der äußeren Beziehungen zur Geltung kommt. Justis „Psammitichus", der vor allem die außenpolitischen Konflikte im vorderen Orient zur Zeit des ägyptischen Königs Psammetich I. darstellt, zeigt dieselbe Konstellation. Der weise Ratgeber des Königs, Piromis, empfiehlt in seinem Vermächtnis an Psammitichus, die Spionage ja nicht zu vernachlässigen, da sie durch das Gebot der Selbsterhaltung gefordert sei. Auf derartige naturrechtliche Begründungen hatte die absolutistische Theorie verzichtet. Die Spionage, die die größtmögliche Information über die Absichten des Gegners zu liefern hat, ist ihr ein apriorisches Ingrediens der Politik. Daher unterhalten sich bei Barclay Meleander und sein Berater auch nur über die praktischen Modalitäten der Spionage, nicht über diese selbst. Die Spionage legitimiert sich durch die staatliche Souveränität, die mit der Souveränität des Fürsten identisch ist. Dagegen bedarf es bei Justi neben der naturrechtlichen Begründung noch umständlicher moralischer Überlegungen, die vor allem die moralische Korrumpierung der Spione betreffen. Im einzelnen können politische und moralische Argumente

[73] Loen: Der redliche Mann, S. 280
[74] Ebd., S. 281

durcheinander laufen. Daß die Könige Jewyß und Psammitichus das in Bedrängnis geratene assyrische Reich nicht angreifen, wird sowohl mit dem kürzlich geschlossenen Waffenstillstand begründet, den einzuhalten ein Gebot der „Redlichkeit" sei, als auch mit der praktisch-politischen Notwendigkeit, Assyrien als Pufferstaat gegen die Meder zu erhalten.[75] Dieses Ineinandergreifen der Argumente ist jedoch nur möglich, wenn beide dasselbe Verhalten nahe legen. Sobald politischer Pragmatismus und Redlichkeit kollidieren, ist es keine Frage, daß man der letzteren zu folgen hat. In ihr besteht letztendlich die wahre Staatskunst, und in diesem Sinn ist auch der Titel des Justischen Romans zu verstehen (vgl. im übrigen die Ausführungen zu Beginn dieses Kapitels).

Im Inneren beschränkt sich das politische Verhalten des Grafen, um auf diesen zurückzukommen, auf Arrangements mit den verschiedenen Personen, die er für die Durchsetzung seiner Pläne braucht, vor allem mit dem König und den wichtigsten Staatsministern. Sein Plan zur Verbesserung des Staates stößt zunächst auf Widerstand aus dem Kabinett. Die Anführer dieses Widerstands sind der Kammerpräsident, der Staatssekretär und der Großkanzler. Ihre Porträts werden zunächst entworfen, wie überhaupt Loen die relevanten Charaktere vorweg vorstellt, nicht aus der Handlung heraus entwickelt. Der Kammerpräsident und der Staatssekretär vereinen repräsentatives Auftreten mit großen Kenntnissen, wogegen der Großkanzler als Typus des Intriganten gezeichnet wird. Daher ist die Gegnerschaft gegen die Pläne des Grafen auch nur bei dem letztgenannten erklärlich, während die des Kammerpräsidenten und des Staatssekretärs lediglich aus einer allgemeinen Rivalität erschlossen werden kann. Der Graf versucht nun, sich mit allen dreien zu arrangieren. Er nimmt den Widerstand der beiden erstgenannten zum Anlaß, sich selbst zu überprüfen:

> Er ließ ihre Gering=Schätzung sich darzu dienen, daß er seine Einbildungen von sich selbst desto genauer einschränckte, und seinem Verstand nicht zu vieles zutrauete.[76]

Der politisch-moralische Kompromiß wird sogleich wieder moralisch umgebogen. Denn zu erwarten gewesen wäre ja eine Diskussion der Pläne oder jedenfalls allgemeine Reflexionen über das Verhältnis von moralisch motivierten Reformvorstellungen und ihrer politischen Durchsetzbarkeit. Statt dessen ist der Inhalt des Plans in den Anhang verwiesen, in die „Freyen Gedancken Von der Verbesserung des Staats", und generelle Erwägungen über die sinnvolle Plazierung derartiger Vorstellungen finden sich ebenfalls nicht. Vielmehr hat die „Kaltsinnigkeit" der beiden Staatsräte für den Grafen zunächst etwas unerhört Kränkendes, was implizit demonstriert, daß es mit seiner politischen Schulung soweit nicht her ist, und wird dann zum Anlaß moralischer Selbstreflexion, die die politisch-moralische Problematik umgeht und allein auf die eventuelle Sünde des Hochmuts rekurriert. Insofern ist es verständlich, daß seine politische Schriftstellerei Loen von seiner

[75] Justi: Psammitichus, Bd. 2., S. 148 ff.
[76] Loen: Der redliche Mann, S. 487 f.

Hypochondrie nicht hat heilen können, sondern ihn in dieser im Gegenteil noch bestärkte.[77] Das Moment der politischen Entäußerung kommt in beiden Fällen zu kurz.

In dem bereits erwähnten Brief an Christian Erhardt hat Loen als seine Vorbilder Romane heterogenster Provenienz genannt, neben Staatsromanen wie Fénélons „Telemach", des Freimaurers Ramsay „Cyrus" und Terrassons „Sethos", die in ihrer moralischen und naturrechtlichen Kritik am Absolutismus mit der Tendenz des „Redlichen Mannes am Hofe" in etwa übereinstimmen und die Loen auch in dessen Vorwort erwähnt, auch Miltons „Paradies" (welches, ist nicht klar), Barclays „Argenis" und Richardsons „Pamela".[78] Besonders die parallele Erwähnung der beiden letzteren untereinander nach Milieu und Intention extrem gegensätzlichen Romane macht deutlich, daß das Bewußtsein der gemeinsamen didaktischen Absicht die Einsicht in ihre inhaltliche Divergenz unter sich begräbt. Das Exemplarische, das beiden Romanen eignet, wird a priori moralisch interpretiert, und die Liste, die Loen gibt, ließe sich daher, wie er selbst sagt, noch beliebig ausweiten.

So wird auch in der erörterten Episode des „Redlichen Mannes am Hofe" das Problem noch nicht einmal artikuliert, geschweige denn diskutiert. Vielmehr wirkt der Graf durch sein moralisches Beispiel. Diese bezeichnende moralische Umbiegung wird von Loen sehr kunstvoll dadurch verdeckt, daß er den Grafen auf Bitten der Gräfin von Monteras den gegen ihn gesponnenen Intrigen zunächst entweichen und in dem Staat Alpina, der ihn zu Hilfe gerufen hat, tatsächlich als politischen Reformator auftreten läßt. Die Auseinandersetzung übernimmt derweil der leitende Minister, der Herzog von Sandilien, und dieser führt sie natürlich politisch. Daher kann der Graf nach seiner Rückkehr als moralischer Triumphator auftreten und die beiden Staatsräte vor ihrer Entlassung bewahren. Insofern wird im entscheidenden Moment der Handlung die politische Auseinandersetzung von der moralischen Exemplarizität wiederum abgespalten. Der Graf gewinnt die Staatsräte dadurch, daß er sie freundlich anhört. Daß ihre Einwände seine Pläne in irgendeiner Weise modifizieren, wird nicht gesagt. Ohne sie traut sich der Graf lediglich „nichts mit Nachdruck hinaus zu führen".[79] Moralisches Fundament und politische Realisierung bleiben auch innerhalb ihrer intendierten Vermittlung letztlich getrennt. Die politische Argumentation geht nicht in den Reformplan selbst ein,

[77] Vgl. Wieser: Der sentimentale Mensch, S. 199

[78] Besonders der Staatsroman Ramsays zeigt eine dem Roman Loens ähnliche Struktur, wenn ihm auch die ästhetische Integration weit weniger gelingt als diesem. So wird auch in ihm bei genereller physiko-theologischer Fundierung, die bis zur theoretischen Diskussion von Gottesbeweisen und Theodizeeproblematik führt, die Antithese von Herz bzw. Tugend und Verstand bzw. Politik, die Cyrus gleichwohl in sich vereinigen soll, permanent hervorgekehrt. Der Roman zerfällt in eine Reihe von Episoden, die, untereinander nur durch den reisenden Cyrus verbunden, mehr Deklaration als Handlung bieten, und die Darstellung der politischen Aktivität des Cyrus geht über eine historische Deskription kaum hinaus.

[79] Loen: Der redliche Mann, S. 509

sondern sie ist lediglich Gewähr für dessen „nachdrücklichere" Realisierung. Die Vermittlung reduziert sich auf Rollenverteilung. Vollends ist die Behandlung des intriganten Großkanzlers durch den Grafen, der mit ihm im übrigen aus moralischen Gründen nichts zu tun haben will, ein ausschließlich moralischer Akt. Der Graf will nicht „Ursach an eines Menschen Unglück" sein und bittet daher den König, den Großkanzler für die wenige Zeit, die er noch zu leben hat, in Amt und Würden zu belassen und seine Macht lediglich zweckmäßig einzuschränken.[80] So bleibt die intendierte Verbindung von Moral und Politik in charakterologischer Deklaration stecken und setzt sich nur in geringem Maße in Handlung um. Das Verfahren der Darstellung, ihr Überschuß an Porträts, die Loen an anderer Stelle, in seinen „Moralischen Schildereien", zu kurzen Prosastücken auskristallisiert, ist von daher erklärlich.

Analog schlägt sich die einseitig moralische Interpretation der politisch-moralischen Synthesis in der Struktur der Handlung nieder. Als der Graf das ganze Ausmaß des Verderbens sieht, das das Land ergriffen hat, befällt ihn ein „ängstliches Grauen".[81] Er verzweifelt nicht nur an seiner Aufgabe, sondern sogar an der Möglichkeit, die eigene moralische Integrität zu bewahren. Der objektive Konflikt zwischen Redlichkeit und Klugheit wird sogleich auf die subjektive Moralität bezogen. Zugleich drückt sich in dieser Umbiegung deren Passivität aus. Wie das Landleben das unabdingbare moralische Substrat garantiert und daher auf das Hofleben zugleich bezogen wird und von diesem abgespalten bleibt, so löst sich das Problem der moralischen Integrität aus dem politisch-moralischen Konflikt heraus, den zu bestehen jene gleichwohl berufen ist. Auch der Herr von Bellamont hat, wie er dem Grafen im Verlauf der einleitenden Unterredung erzählt, am Hof ausschließlich auf Grund seiner Redlichkeit reüssiert. Zwar hat sein Lehrmeister Polemon seine allzu große Aufrichtigkeit gewissen Korrekturen unterworfen, aber diese höfische Politur bleibt bloße Deklaration und für seine Karriere ohne Belang. Der Graf nun verirrt sich während der Betrachtungen, die er über seine moralische Gefährdung am Hof anstellt, im Wald und stößt auf die Eremitage des Einsiedlers Pandoresto. Insofern bildet auch die Weiterführung der Handlung die subjektiv-moralische Konfliktlösung ab. Denn der Einsiedler, der seine an einem korrupten Hof begangenen Sünden abbüßt, kehrt zwar der Welt nicht den Rücken, macht seine Verbrechen aber auch nicht aktiv wieder gut, sondern verteilt lediglich überflüssiges Gut an die Armen und führt im übrigen ein ruhiges Landleben. So wird er für die Menschen, an denen er sich vergangen hat, „ein Exempel der wahren Bekehrung und Sinnes-Änderung".[82] Die konkrete Vermittlung wird wiederum aufs exemplarische Gleis geschoben.

Dies drückt sich auch in dem Tugendbegriff aus, den Pandoresto dem Grafen nahezubringen sucht. Zwar muß die Tugend „mit Überlegung handeln", und ge-

[80] Loen: Der redliche Mann, S. 510
[81] Ebd., S. 22
[82] Ebd., S. 52

gen den stoischen Tugendbegriff, den er des „falschen Scheins" und der „Heucheley" bezichtigt, polemisiert er heftig.[83] Zugleich jedoch wird die Wirksamkeit der Tugend in einer Art prästabilierter Harmonie aufgehoben:

> Die Tugend hat etwas so grosses und erhabenes, daß sie alle Menschen ehren müssen; sie hat eine geheime Macht über alle Geschöpfe; ihre Einflüsse sind Göttlich und ihre Wirkungen begleitet ein gewisses Ansehen, welches auch die Boshaften schrecket; nicht anders wie die Tiere, die sich vor den Menschen fürchten, und sich unter ihre Herrschaft schmiegen.[84]

Dieser transzendentale und naturhafte Gradualismus, wie er sich vor allem in dem letzten Vergleich ausdrückt, macht dann die politische Reflexion der öffentlichen Relevanz der Tugend selbstverständlich überflüssig. Die Tugend wird nicht politisch reflektiert, sondern lediglich politisch poliert. Die politische Reflexion wird zum ästhetischen Dekor. Zwar wird die Tugend ihres starr antithetischen Charakters entkleidet, diese virtuelle Aufhebung verbleibt jedoch innerhalb ihres eigenen Bereichs und wird insofern politisch neutralisiert. Daher drückt sich der synthetische Charakter der Tugend – „und doch auch", „nicht weniger als" usw., wodurch jeweils an sich sich Widersprechendes, Sein und Schein, zusammengefügt wird, sind stehende Redewendungen – auch mehr in Auftreten und Erscheinung des Grafen aus als in der Handlung. Die politisch-moralische Vermittlung wird zur Lebensform habitualisiert. So vermag die Tugend wiederum zum freien Spiel zu werden. In der utopischen Stadt Christianopolis gibt sich der Graf als Arzt aus und hält diese Mimikry auch am Hof des Fürsten aufrecht. Freies Auftreten, das die Prinzessin und das Fräulein von Thurris, ihre Hofdame, an den Arzt nicht so recht glauben und in diesem einen vornehmen Herrn vermuten lassen, und spielerische Verstellung gehen ineinander über. Das barocke Rollenspiel wird so auf der Basis eines synthetischen Tugendbegriffs gewissermaßen ästhetisiert.

Man vergleiche dazu etwa die Position Gracians. Handelt es sich bei Loen lediglich um die höfische Draperie eines substantiellen moralischen Tugendbegriffs, ist der Schein sozusagen ein Appendix des Seins, so verhält es sich bei diesem umgekehrt. Der politische Raum, auf den sich Gracians Lehre bezieht, mediatisiert zunächst die invariante Redlichkeit zu variablen Fähigkeiten. Diese sollen nun zwar erscheinen, denn „Wert haben und ihn zu zeigen verstehen heißt zweimal Wert haben".[85] Aber diese *Erscheinung* soll selbst wiederum den Charakter des *Scheins* annehmen:

> Der Kluge ... lasse zu, daß man ihn kenne, aber nicht, daß man ihn ergründe.[86]

So soll die Erscheinung des Wesens selbst wiederum zum Geheimnis werden. Dagegen setzt bei Loen die Exemplarizität der Tugend ihre Durchschaubarkeit voraus. Diese ist die Voraussetzung ihrer zugleich indirekten und absoluten Wirksamkeit.

[83] Loen: Der redliche Mann, S. 25 [84] Ebd.

[85] Balthasar Gracian: Handorakel, Stuttgart 1968, S. 65

[86] Ebd., S. 48. – Vgl. im übrigen dazu Heinz Otto Burger: Europäisches Adelsideal und deutsche Klassik. In: H. O. B.: ‚Dasein heißt eine Rolle spielen', München 1963, S. 211 ff.

Der Graf fühlt sich durch die Unterhaltung mit dem Einsiedler, um auf diese zurückzukommen, gleichwohl gestärkt:

> Als er des Morgens wieder erwachte, fand er sich in seiner gefaßten Entschliessung ungemein stark, sowohl einen redlichen Hofmann als guten Christen abzugeben.[87]

Dieses Resümee macht den moralischen Überschuß noch einmal deutlich. Denn für das politische Wirken des Grafen hätte es ja genügt, wenn er den Lehren des Einsiedlers entnommen hätte, daß man auch am Hof seine Tugend bewahren kann, und diese Lehre drückt sich bereits in der Formel vom „redlichen Hofmann" aus. Gleichwohl wird, als ob der höfischen Redlichkeit doch nicht so recht zu trauen sei, zusätzlich noch einmal das christliche Moment hervorgehoben und die Antithese somit verschoben. Daher ist es nicht verwunderlich, daß die politische Tätigkeit des Grafen zunächst gar keine Rolle spielt. Vielmehr ist der Graf nicht nur passiv, sondern setzt sich zudem der königlichen Ungnade aus, und auch diese resultiert nicht aus einem politischen, sondern aus einem privaten Konflikt. Sittigenden Einfluß auf den König hat zunächst nicht der Graf, sondern die Gräfin von Monteras, in die der König sich verliebt und die er sogar heiraten will:

> Die großmüthige Tugend der Gräfin bewegte denjenigen selbst zur Ehrerbietung, den sonst alle Menschen mit der grösten Ehrfurcht betrachteten.[88]

Die notwendige Wirkung der Tugend, von der der Einsiedler gesprochen hatte, setzt sich hier quasi absichtslos durch. Daher tut der Graf zunächst nichts anderes, als die Neigung des Königs, von der er sich wohltätige Wirkungen für das Land verspricht, nach Kräften zu befördern, obwohl er selbst die Gräfin und diese ihn liebt.

Insofern teilt sich der Handlung nach der Tugend des Protagonisten selbst jener asketische Zug mit, gegen den sonst allenthalben polemisiert wird. In dem mehrfach erwähnten Brief an Christian Erhardt faßt Loen die Handlung seines Romans denn auch in das Schema von Prüfung und Bewährung der Tugend. Der Roman demonstriert danach nicht, *wie* man am Hofe tugendhaft leben und politische Wirksamkeit entfalten kann, sondern lediglich, *daß* man es kann. Indem so die Tugend zunächst passiv ist und sich nicht im Handeln, sondern im Leiden bewährt, ihre automatische Wirkung jedoch gleichwohl ein implizites Postulat bleibt, ist es nur natürlich, daß die Prüfungen, die der Graf auf sich zu nehmen hat, nicht allzu hart sind. Die Festung Rozzomonte, auf die er verbannt wird, ist „mehr ein irrdisches Paradies, als ein Gefängniß".[89] Zudem liegt sie in dem Teil des Landes, der von dem allgemeinen Verfall noch nicht betroffen ist. So ergibt sich das bezeichnende Paradox, daß vollendete (erzwungene) Passivität des Helden und größte öffentliche Wohlfahrt jedenfalls räumlich, wenn auch nicht kausal verbunden, zusammenfallen. Dem Roman wohnt quasi ein Automatismus inne, der auch den

[87] Loen: Der redliche Mann, S. 54
[88] Ebd., S. 72
[89] Ebd., S. 99

fatalen Verlauf der Handlung zugleich optimistisch ausbalanciert, in diesem Fall sogar mit einer Utopisches assoziierenden Formulierung. Wie die Einsiedelei des Pandoresto ist auch die Gefangenschaft des Grafen ein Landaufenthalt.

Die Ergebung in den Willen des Königs, die dem oben beschriebenen integralen Tugendbegriff zunächst durchaus entspricht, hat jedoch an dem Punkt ein Ende, an dem die Tugend in ihrer Substanz tangiert wird. Voraussetzung der höfischen Äußerungsform der Tugend ist die apriorische Übereinstimmung von Sein und Schein, und diese könnte durch die Heirat mit der Herzogin von Salona, die der König dem Grafen ansinnt, gefährdet werden. Daher haben die Argumente des Herrn von Ridelo, der dem Grafen die königliche Botschaft überbringt und der ihn an seine Verantwortlichkeit gegenüber Freunden, Angehörigen und Volk erinnert – welche Reihung im übrigen die Differenz zwischen persönlicher und politischer Verantwortung bereits wieder verwischt –, keinen Erfolg. Zur Ehe gehören nicht nur „genaueste Liebe und Vertraulichkeit“, sondern es sind auch „die nothwendigste Pflichten der menschlichen Gesellschaft zu beobachten“.[90] Es könnte zwar sein, setzt der Graf hinzu, „daß diese Art zu denken, nach der heutigen Welt, etwas gemeines und niederträchtiges hätte“, er indessen könne keinen anderen Lebensregeln folgen, da ihm diese noch weit gefährlicher schienen. Das heißt: zur Ehe gehört nicht nur der Schein, sondern auch das Sein, daß man nämlich miteinander schläft. Das erinnert an die berühmte Kantische Formulierung aus der „Metaphysik der Sitten“ von der Ehe als der „Verbindung zweier Personen verschiedenen Geschlechts zum lebenswierigen wechselseitigen Besitz ihrer Geschlechtseigenschaften“.[91] Ihren politischen Sinn erhalten solche Formulierungen vor dem Hintergrund der im Adel üblichen formellen Eheschließungen, die beiden Partnern ihre Freiheit ließen, wie sie etwa Schnabel in der „Insel Felsenburg“ schildert. Wie die absolutistische Politik auf ihre apriorische Abspaltung von der Moral angewiesen war, so die adlige Ehepraxis auf die Trennung von Institution und privatem Verhalten. Da die Tugend auf die Übereinstimmung von Sein und Schein, die ihre Äußerung ermöglicht, angewiesen ist, muß der Graf den königlichen Heiratsplan ablehnen. Die Tugend kann zwar in ihrer Erscheinungsform Kompromisse machen bzw. gehen diese von vornherein in ihre Definition ein, aber nicht in ihrer Substanz. Der Anspruch, auch in Gesellschaft und Staat Sein und Schein zur Deckung zu bringen, läßt sich nur bei eigener Integrität aufrecht erhalten und verwirklichen.

Entsprechend ist die Versöhnung des Grafen mit dem König kein politisch-moralischer Kompromiß, sondern der Graf bewährt sich im Kriege bzw. entgeht den Anschlägen des Königs, und der König sieht darin einen Wink der Vorsehung. Die Verdienste, die sich der Graf um den König erwirbt, sind zunächst nicht innenpolitisch, wie es der Exposition nach zu erwarten gewesen wäre, sondern medi-

[90] Loen: Der redliche Mann, S. 159
[91] Immanuel Kant: Metaphysik der Sitten, Hamburg 1959, S. 91

zinisch und außenpolitisch. Das heißt nicht, daß die Kur, die der Graf dem König mit dem Umzug aufs Land verordnet, nicht politische Implikate hätte. Aber – und das ist das Entscheidende – diese sind gewissermaßen nur symbolisch. Wie der Graf überhaupt indirekt politisch wirkt, so ist auch der Landaufenthalt des Königs ein indirekt politischer Akt. Dem Abschieben des politisch-moralischen Kompromisses auf das Feld der Außenpolitik entspricht es umgekehrt, daß zwar die Anstalten, die der Graf trifft, um den König angemessen zu verheiraten, sehr detailliert dargestellt werden, nicht aber seine innenpolitischen Aktivitäten. Wie die Integrität der Privatsphäre den Kompromiß ausschließt, so hat die Tugend auch in dieser ihr eigentliches Feld. Der Plan, in dem der Graf seine Reformvorstellungen niedergelegt hat, wird nicht innerhalb des Romans diskutiert, sondern außerhalb referiert.

Die letztliche Privatisierung selbst der als öffentlich definierten Tugend und ihrer Wirksamkeit hat zur Folge, daß sich auch die strikten Motivationsketten des Barockromans auflösen. Die Zersetzung der durchgängig motivierten Handlung und ihr Zerfall in einzelne Episoden, wie sie die Schwundformen des höfisch-historischen Romans im frühen 18. Jahrhundert zeigen, können von Loen unter der Leitung eines neuen Prinzips fruchtbar gemacht werden. Die Auflösung der Handlung ist das Korrelat der oben erwähnten überschüssigen Porträts. Der Fürst von Voltera etwa wird zunächst als Inbegriff des höfischen Intriganten geschildert, der zudem als Verwandter des königlichen Hauses nach dem Thron strebt. Dies bleibt zunächst für die Handlung ohne jede Konsequenz. Träger der Intrige gegen den Grafen ist im Krieg der Graf von Lesbo. Wieder erwähnt wird der Fürst von Voltera erst zu Beginn des 14. Buchs, als der Herzog von Sandilien von den Nachstellungen an Leib und Leben berichtet, denen er von seiten des Fürsten von Voltera, dessen Plänen er sich widersetzt, ausgesetzt ist. Bei Barclay nun hätten solche Konstellationen komplizierte politische Überlegungen und Aktivitäten ausgelöst. Nichts von dem hier. Der Graf kann den Fürsten von Voltera nicht verstehen, da doch eine Krone „an und für sich selbst so schwer zu tragen ist", und als Behelf fällt ihm nichts anderes ein, als den König schleunigst zu verheiraten, um für leibliche Nachkommen zu sorgen.[92] Fortan jedoch ist vom Fürsten von Voltera und seinen Anschlägen nicht mehr die Rede. Konstituiert in Barclays „Argenis" die politisch motivierte universelle Intrige einen eigenen Motivationszusammenhang, so löst in dem Roman Loens die punktuelle und zudem burlesk relativierte Intrige diesen auf. Denn in bezug auf den Verlauf der Handlung ist die Intrige des Fürsten von Voltera ein blindes Motiv. Als der Herzog von Sandilien dem Grafen von den Anschlägen des Fürsten berichtet, ist die Ehe zwischen dem König und der argilischen Prinzessin für diesen bereits beschlossene Sache. Die Intrige wird in den übergreifenden Zusammenhang der Ehestiftung nur quasi eingesprengt.

Ästhetisch kommt die sogeartete Aufbröselung des strikten Motivgeflechts dem

[92] Loen: Der redliche Mann, S. 404

Roman durchaus zugute. Denn sie wird durch den überlegenen Erzählgestus, den Loen virtuos handhabt, zugleich ermöglicht und aufgefangen. Die von Gottsched geforderte natürliche und vernünftige Schreibart steigert Loen zu einer Mischform zugleich mimetischen und ironischen Erzählens. Der Versuch, Gefühlsabläufe genau auszudrücken, den sich Loen, wie der Brief an Erhardt zeigt, bewußt zum Programm gesetzt hat, reicht bis in die Verwendung der Satzzeichen. Die Rede der Gräfin von Monteras etwa, in der sie ihren Oheim, den Herzog von Sandilien, beschwört, nur ja alles zu tun, um den bedrohten Grafen zu retten, ist durchsetzt mit Doppelpunkten, die auch sonst Stakkatostil indizieren, und vor allem Mehrfachpunktierungen, die das Atemholen zwischen den Sätzen gewissermaßen abbilden. Für das ironische Erzählen wurden oben bereits einige Beispiele gebracht. Am Schluß des Romans zieht der Erzähler mit einer Wendung ans Publikum den Vorhang zu:

> Wann am Ende eines Schau-Spiels die Haupt-Personen zur Heyrath schreiten, so gehen die Zuschauer schon auseinander: Die schönste Vorstellungen scheinen alsdann überflüßig. Diesen Schluß hat die Gewohnheit und ein allgemeiner Beyfall der Menschen zur Regel gemacht: Wir wollen auch hier solche beobachten, und den Leser nicht länger aufhalten.[93]

Indem das poetische Verfahren auf eine gesellige Konvention rekurriert, wird die ironische Distanzierung zugleich gesellschaftlich zurückgebunden. Beda Allemann hat auf die notwendige Konventionalität des ironischen Spielraums hingewiesen.[94] Ist diese später vor allem sprachlicher Natur, so ist sie hier gesellschaftlich. Insofern begründet die liberale Atmosphäre der großbürgerlichen Privatsphäre, die mit den Konventionen zu schalten vermag, auch die Möglichkeit, das Erzählen ironisch aufzulockern. Erzählerische Mimikry und erzählerische Ironie sind zwei Seiten derselben Medaille, der Subjektivierung des Erzählens, die sich dem Gegenstand sowohl anschmiegt als ihn auch distanziert. So gründet die Erzählung in der bürgerlichen Subjektivität, die sich daher auch das Recht nimmt, mit den einzelnen Motivationsverflechtungen relativ frei zu verfahren.

Die poetische Totalität, die evoziert werden soll, ist nicht die des politischen Zusammenhangs, wie bei Barclay, sondern die des gesellschaftlichen Kosmos schlechthin. Im Vorwort betont der aus einer reformierten holländischen Kaufmannsfamilie stammende adlige Frankfurter Patrizier ausdrücklich, daß er zwar „den Hof, als die gröste Schule der Welt, zu seinem vornehmsten Schauplatz" gemacht habe, aber gleichzeitig Darstellungen „anderer Stände und Lebens-Arten" mit eingefügt habe, dies wiederum mit Rücksicht auf ein allgemeines Publikum.[95] Diesem zuliebe und da ohnehin die menschlichen Laster nicht nur etwas Trauriges, sondern auch etwas Lächerliches hätten, habe er auch in seiner Darstellungsweise Ernstes und Heiteres gemischt. Der Gegensatz zu Barclay ist evident. Geht es

[93] Loen: Der redliche Mann, S. 535
[94] Vgl. Beda Allemann: Ironie und Dichtung, Pfullingen 1956, passim.
[95] Loen: Der redliche Mann, unpaginiertes Vorwort.

diesem vor allem um die konkrete politische Lehre, die sich an ein bestimmtes Publikum wendet, dasjenige nämlich, das für politische Entscheidungen zuständig ist, und die daher von der politischen Konstellation her die Technik des Schlüsselromans erzwingt, so hat Loen vor allem die allgemeine moralische Besserung im Sinn, deren poetische Umsetzung sich infolgedessen auch an einem allgemeinen Publikum orientiert und der sich das Problem der Verschlüsselung von der allgemeinen Intention her gar nicht mehr stellt. Der Verfasser ist ein Mensch, und als Mensch hat er das Recht, Kritik zu üben. Eine besondere Qualifikation ist unnötig. Genug, daß der Kritiker „dem großen Geschlecht der Menschen" entstammt und die allgemeinen Mißbräuche und Ungerechtigkeiten „empfindet".[96]

3. Kritik und Utopie

Die politische Klugheit ist, wie im vorigen Abschnitt erörtert, lediglich ein Moment der moralischen Tugend. Die Tugend „zwingt", „wo sie nur ein wenig Klugheit begleitet . . . alle und jede Menschen zu ihrer Verehrung", wie es im Vorwort heißt.[97] Nicht dadurch wirkt sie, daß sie mit der Klugheit Kompromisse eingeht, sich selbst politisiert, sondern dadurch, daß sie die Klugheit zu einem Moment ihrer Erscheinung macht. Der Einfluß der Tugend auf den politischen Sektor ist nicht direkt und partiell, sondern indirekt und total. Die Glückseligkeit der aquitanischen Untertanen unter dem Regiment des Grafen von Rivera ist so groß, „daß die benachbarte Staaten sich gleiche Vortheile und gleiche Regenten wünscheten".[98] Daß hier von Staaten und nicht von Völkern oder gar Untertanen die Rede ist, der innere Antagonismus von Herrscher und Untertan also nomenklatorisch heruntergespielt wird, deutet darauf hin, daß der Wunsch dieser Staaten vielleicht in Erfüllung gehen wird. So wird auch noch der außenpolitische Aktionsraum, den der Schluß der „Argenis" perspektivisch wahrt und in dem sich auch der Graf von Rivera im Verlauf des Romans politisch bewährt hat, am Ende des Romans indirekt moralisch aufgefüllt.

Dieser Relation von Redlichkeit und Klugheit entsprechen Inhalt und Plazierung von Kritik und Utopie, die Loen übt bzw. entwirft. Wenn Loen auch, wie er im Vorwort sagt, die Gesamtheit der Stände und Lebensarten einbeziehen will, so geht die Kritik doch im wesentlichen in zwei Richtungen. Von einer sozusagen linken Kritik an der Praxis des absolutistischen Staates, die dem Postulat der Redlichkeit korrespondiert, läßt sich eine von der Forderung der Klugheit her motivierte rechte Kritik an allzu radikaler Antithetik unterscheiden. – In der Geschichte des Herrn von Güldenblech, die im frisch geadelten Bürgertum spielt, werden weniger Entartungserscheinungen, die das Bürgertum als ganzes betreffen, kritisiert,

[96] Loen: Der redliche Mann, unpaginiertes Vorwort.
[97] Ebd.
[98] Ebd., S. 536

als vielmehr bestimmte Bürger aufs Korn genommen, die feudale Allüren annehmen und so dem Prinzip ihres Standes widersprechen. Zwar soll die Grenze zwischen Adel und Großbürgertum fließend sein, aber das soll nicht dazu führen, daß die Bürger ausschließlich die adlige Verschwendung imitieren. – Nun tritt die rechte Kritik zwar vor allem im Gewand der Kritik an bestimmten Formen der Religionsausübung auf, zeigt jedoch darüber hinaus deutliche politische Implikate. Der Definition der Tugend als Mitte zwischen den Extremen entspricht es, wenn auch in der Religion extreme Formen abgelehnt werden. Der religiöse Verfall des Königreichs Aquitanien, der zu Beginn des Romans geschildert wird, zeigt sich in der Dissoziation der Religionsübung in scholastische Streitereien einerseits, unordentliches Schwärmertum andrerseits. Diese Unordnung besteht vor allem darin, daß die Extreme nicht mehr in einer vernünftigen Mitte integriert werden, sondern ineinander umschlagen. In seinem Porträt des Grafen Zinzendorf vermerkt Loen sehr scharfsichtig: „Er schreibt sehr demüthig; wenn man aber seine Schrifften angreiffet, so antwortet er hochmüthig", wie er auch an dessen Schreibart die Darstellung des Unsinnlichen durch allzu sinnliche Vorstellungen moniert und dabei historistisch auf die gesellschaftliche Konvention rekurriert: bei Salomo sei dieses Verfahren noch legitim gewesen, da dieser in einer allgemein sinnlichen Epoche gelebt habe, nicht dagegen mehr in der heutigen durch die christliche Tradition geprägten Zeit.[99] Den hier ästhetisch gewendeten Vorwurf des Umschlags des Schwärmertums in pedestre Sinnlichkeit variiert Loen in mannigfacher Weise. Die burleske Geschichte etwa, die der Herr von Riesenburg von seinem Hofmeister erzählt, ist der Illustration dieses Mechanismus gewidmet. Die geistliche Liebe, die der Hofmeister gegenüber der Hofmeisterin einer Gräfin hegt, endet schließlich mit deren Schwangerschaft.

Hinter dieser Verwerfung der schwärmerischen Antithese gegen die Orthodoxie steht dieselbe Vorstellung von guter Polizei, die die staatsrechtlichen Vorstellungen Loens prägt. Der Begriff der Ordnung ist in beiden Fällen zentral. Als der Graf von Rivera in einer erzählten Parabel das wahre, „einfältige" Christentum von seinen äußeren Erscheinungsformen in den mannigfaltigen Sekten trennt, macht der Herr von Greenhielm, in dessen Biographie die Auseinandersetzung mit dem Pietismus einen Hauptinhalt bildet, dagegen geltend, daß es „wegen der Ordnung, Zucht und Unterweisung" auch eine „äusserliche Kirche" geben müsse, „weil sonst die Verwirrung beydes im Geistlichen, als Weltlichen zu sehr überhand nehmen würde", und der Graf stimmt ihm darin zu.[100] Zwar soll die Religion sich nicht in scholastischen Streitigkeiten erschöpfen, sondern Andacht und Tugend lehren, aber diese Lehre soll durchaus institutionalisiert werden. Mit fast den gleichen Worten äußert sich der Hofprediger des Königs, und auch die Kirchenordnung von Christianopolis kennt „zur Erhaltung guter Zucht und Polizey" durchaus eine Hierar-

[99] Johann Michael von Loen: Kleine Schriften, Frankfurt und Leipzig 1749, Bd. 1, S. 292
[100] Loen: Der redliche Mann, S. 233 f.

chie.[101] Entspricht in Bachstroms Inquiranerutopie die Verflüchtigung der positiven Religion dem radikalen politischen Realisierungsanspruch, so im Roman Loens der deistisch-kirchliche Kompromiß dem (jedenfalls intendierten) moralisch-politischen.

Hinter der ambivalenten Haltung Loens zur Religion steht die generelle ambivalente Haltung des Großbürgertums zur politischen Souveränität. Die Pietistengemeinde, die die Base des Herrn von Greenhielm um sich sammelt, besteht fast ausschließlich aus Handwerkern. Man arbeitet nicht, sondern disputiert, liest, singt und hält Betstunden ab. Es herrscht die „ungeziemende Gewohnheit ..., daß man von einem Zimmer ins andere, ohne einige Vormeldung" geht und dabei auch auf seine Kleidung nicht sonderlich achtet.[102] Die „Unordnung dieser Leute" geht so weit, daß man der Ansicht ist, vor Gott seien alle Menschen gleich und nur der Satan habe „den Hochmuth und dieser den Unterschied der Stände in die Welt gebracht".[103] So ist es nur konsequent, daß der Pächterssohn Christoph der Schwester des Herrn von Greenhielm die Ehe ansinnt. Gegen solche Entgleisungen wird die Gottesfurcht und Rechtschaffenheit des einfältigen Bauern ausgespielt. Gott ist ein „GOtt der Ordnung", und „wie er durch dieselbe die ganze Welt regieret; also will er auch, daß eine jede Obrigkeit den Staat, und ein jeder Hausvater sein Hauswesen regieren soll".[104] Jedoch sind die beiden zuletzt genannten Argumente nicht ganz deckungsgleich, wie sie sich ja auch an verschiedene Adressaten wenden, das erste indirekt an die schwärmerischen und müßigen Handwerker, deren Verhalten das eines gottesfürchtigen und rechtschaffenen Bauern kontrastiert wird, das zweite an die Base selbst, um sie an ihre Verantwortlichkeit zu erinnern. Wird im ersten Fall der leidende Gehorsam gegenüber dem voluntaristisch getönten göttlichen Gesetz hervorgekehrt, so rücken im zweiten Fall Gott und Naturgesetz nebeneinander. Einerseits wird mehrfach das allgemeine Verderben betont, und zwar nicht nur politisch, sondern zugleich ontologisch in der „elenden und jämmerlichen Creatur" des Menschen begründet.[105] Der Mensch ist „von Natur ganz elend" und auf die schirmende Hand Gottes angewiesen.[106] Sobald Gott diese abzieht, wird er des „Schreckens der Natur" inne.[107] Zwar sagt dies ein Franziskaner, aber es ist derselbe Franziskaner, der das Klosterleben verwirft und an derselben Stelle von der göttlichen Ordnungskette des Naturzusammenhangs spricht. Gegenüber dieser pessimistischen, noch in der Tradition des Luthertums stehenden Anschauung ist jedoch die optimistische Identifikation von Gott und Naturgesetz vorwiegend. Gott hat seinen Willen am deutlichsten in der Ordnung, die er der Natur

[101] Loen: Der redliche Mann, S. 309
[102] Ebd., S. 192
[103] Ebd., S. 194
[104] Ebd., S. 201 f.
[105] Ebd., S. 50
[106] Ebd., S. 51
[107] Ebd., S. 50
[108] Ebd., S. 44

gegeben hat, ausgedrückt. Daher kann eine „richtig schliessende Vernunft" Gott auch aus der Natur erkennen.[108] Das „offenbahrte Gesetz" stimmt mit dem „Recht der Natur" überein.[109]

Die Widersprüchlichkeit dieser Argumentationen macht die doppelte Stoßrichtung der Kritik deutlich. Diese richtet sich entsprechend der Interessenlage des Großbürgertums sowohl nach oben wie nach unten. Wird gegen die egalitaristischen religiösen Sektierer vor allem die einer dichotomischen Perspektive entspringende Offenbarungs- und Gesetzesreligion hervorgekehrt, so wird andrerseits das absolute Regiment an das der Identifikation von Gott und Natur entsprechende Naturrecht gebunden. Die Souveränität ist einerseits notwendig, um bedrohliche egalitaristische Ausuferungen unterer Schichten einzudämmen, und bedarf andrerseits selbst der Einschränkung, um die großbürgerlichen Interessen nicht zu gefährden.[110] So plädiert der Reformplan des Grafen denn auch für Durchlässigkeit zwischen Adel und Kaufmannschaft, die er andrerseits scharf gegen das Kleinbürgertum abgrenzt. Gegenüber dem homogenen Begriff des Volkes, den Barclay verwendet, wird das Kleinbürgertum sozial genau definiert.[111] Das Zunftwesen, dessen Diskussion das ganze 18. Jahrhundert beherrschte, soll nicht mehr als Marktregulativ dienen, als welches es den Handwerkern immerhin einen gewissen ökonomischen Schutz gewährte, sondern nur noch als Sitteninstrument. Das moralische Postulat richtet sich nicht nur nach oben, sondern auch nach unten.

Daher wird denn auch der Kritik an der heruntergekommenen Verwaltungspraxis im Königreich Aquitanien in einer Einlage die Darstellung einer sozusagen demokratischen Entartung an die Seite gerückt. Der Graf wird in den Stadtstaat Alpina berufen, um dort die in Unordnung geratenen Verhältnisse neu einzurichten. Die Herrschaft des jungen und ehrgeizigen Ratsherrn Allowiß, die den Verfall des Staates initiiert, ist eine Art bürgerlich-plebejischer Diktatur, die sich gegen die großbürgerliche Ratsversammlung durchsetzt. Aus religiöser Parteiung zwischen Liberalen und Dogmatikern entstanden, neutralisiert sie diese nicht, so wie der

[109] Loen: Der redliche Mann, S. 190

[110] Den beschriebenen Zustand demonstriert im übrigen bereits die Philosophie Lockes. Die Diskrepanz zwischen Naturzustand und bürgerlicher Gesellschaft, wie sie Hobbes für seine Konstruktion der absoluten Souveränität benötigt hatte, wird von Locke zwar minimalisiert, indem sein Naturzustand etwa Verträge und Lohnbeziehungen kennt, also durchaus Phänomene der zeitgenössischen englischen Gesellschaft; zugleich jedoch spricht Locke in fast Hobbesschen Ausdrücken von der Unsicherheit des Naturzustandes, der deshalb sehr wohl der Transformation in den gesellschaftlichen bedarf. Diesen Widerspruch erklärt Macpherson plausibel damit, daß die Lockesche Theorie einerseits die bürgerliche Gesellschaft vor obrigkeitlichen Eingriffen zu schützen versuchte, weshalb sie deren Struktur in einen durchaus idyllischen Naturzustand projizierte und dadurch als ursprünglich legitimierte, daß sie jedoch andrerseits von der bürgerlichen Gesellschaft als Gesellschaft von Kapitaleignern Ansprüche der Lohnarbeiterklasse abzuwehren hatte, weshalb denn der unsichere Naturzustand gewisse Regelungen gleichwohl nötig hat (vgl. Macpherson: Besitzindividualismus, S. 273).

[111] Vgl. Johann Michael von Loen: Entwurff einer Staats-Kunst. Frankfurt 1747, S. 97 f.

absolutistische Souverän die Konfessionen politisch neutralisiert hatte, kann dies auch gar nicht, da die politische Vernunft ohnehin auf der Seite der Toleranz ist, sondern schlägt sich zur Illiberalität. Die kleinbürgerliche Diktatur ist, wie die Sektierergemeinden, zugleich asketisch und unordentlich. Durch solche Identifikationen schlägt Loen sozusagen drei Fliegen mit einer Klappe: absolute Gewalt, Pöbelherrschaft und religiöses Sektierertum. Das Tanzen hält „man für sündlich, die Music für zu weichlich, das Fechten für gefährlich, das Mahlen für eitel, die Sprachen und schöne Wissenschafften aber für unnöthig".[112] Man ist orthodox, aber Handel und Wandel liegen darnieder. Die Ergötzlichkeit der Alpiner besteht nur noch in Essen und Trinken, soweit man zu essen und zu trinken hat, und im Prozesseführen. Askese schlägt in Sinnlichkeit und Streitlust um. So wird nach dem Tode von Allowiß die Diktatur zur Anarchie, aus der die verschiedenen sich bildenden Parteien keinen Ausweg wissen und sich daher an den Grafen von Rivera wenden. Sollte in der absolutistischen Theorie die absolute Macht des Souveräns die Anarchie gerade verhindern, so wird hier beides miteinander identifiziert. Die Ereignisse in Alpina sind eine Parodie auf das absolute Regiment.

Wenn ein unerfahrener Arzt das Fieber durch den starken Gebrauch von Chinin auf einmal vertreiben will, so korrigiert er nur an Symptomen herum. Die Heilung bleibt oberflächlich, und schleichende Übel bedrohen um so mehr den Körper mit Auszehrung. Dagegen wird die Reformpolitik ausgespielt, die der Graf von Rivera einleitet. Seine erste Tat jedoch besteht lediglich darin, daß er die ihm zugeteilte Wachmannschaft zugleich speist und zum Gehorsam gegenüber der vorgesetzten Obrigkeit anhält. So laufen denn auch seine allgemeinen Maßnahmen auf die Wiederherstellung einer guten Polizei hinaus. Diese werden jedoch ebenso wenig im Detail geschildert wie ihre Durchsetzung. Man begnügt sich damit, die alte Verfassung zu restituieren. Auch hier wird, wie in der Haupthandlung, der Gegensatz zwischen Verderbnis und Korrektur nivelliert. Diese bleibt auf dem Boden der Tatsachen.

Auch in der Christianopolisutopie handelt es sich nicht um eine technische Kontrafaktur im Morusschen Sinn, sondern um die moralische Überhöhung einer guten Polizei. Christianopolis ist zunächst gar kein Staat, wie das Christianopolis Andreaes, sondern eine Stadt des cheruskischen Fürstentums. Insofern wird ihr privater, experimenteller, unverbindlicher Charakter von vornherein unterstrichen. Die Gründung von Christianopolis ist religiös motiviert. Der Fürst sucht nach solchen Leuten, die nach der lauteren Lehre Christi leben und daher zum Kristallisationspunkt eines interkonfessionellen Ausgleichs werden können. Die Utopie ist nicht, wie die klassischen Utopien, objektiv gerichtet, sondern bedarf der richtigen personellen, das heißt in diesem Fall: religiösen und moralischen Fundamentierung. Daher ergeben sich bei ihrer Gründung naturgemäß dieselben Probleme, mit denen sich der Roman auch sonst auseinandersetzt. Der Fürst meint zunächst, die

[112] Loen: Der redliche Mann, S. 499

geeigneten Leute in einer Gemeinschaft gefunden zu haben, die den äußerlichen Gottesdienst und alle Sektiererei ablehnt und sich nur an die Lehren des Heilands zu halten vorgibt. Unschwer zu erraten, daß damit die auch sonst befehdeten Pietisten gemeint sind. So erkennt der Fürst denn auch bald, daß diese Leute selbst die größten Sektierer sind und zugleich „Unordnungen und Verwirrungen im gemeinen Wesen" stiften.[113] Um die Utopie überhaupt konstituieren zu können, sieht sich Loen daher gezwungen, eine Gemeinschaft zu erfinden, die zwar in sich kohärent ist, der aber gleichwohl die sektiererischen Züge fehlen. Als der Fürst in der Einsamkeit der Hercynischen Wälder über eine neue Kirchenverfassung nachsinnt, kommen einige vandalische Männer zu ihm, die ihm ihr Schicksal schildern. Die vandalische Gemeinschaft leitet sich unmittelbar von der urchristlichen Gemeinde her, hat also die Tradition auf ihrer Seite und entbehrt der den Sekten sonst eignenden revolutionären Züge, die Loen nicht ins politische Konzept paßten. Das Urchristentum ist nicht Konstituens einer revolutionären Ketzerbewegung; es repräsentiert weniger die reine als die allgemeine, mit den Gesetzen der Natur übereinstimmende Lehre und drückt insofern selbst die doppelte Wendung gegen doktrinäre Erstarrung und sektiererisches Schwärmertum aus. Ausdrücklich wird betont, daß diejenigen, die sich gegen Verfolgungen mit Waffen zur Wehr gesetzt hätten, nicht gut gehandelt hätten. In allen Dingen, die nicht die Freiheit des Gewissens verletzen, unterwerfen sie sich der „weltlichen Obrigkeit und guter Polizey".[114] Insofern drückt sich im Verhältnis von Staat und Religion dieselbe Ambiguität aus, die das Verhältnis von Politik und Moral prägt. Einerseits soll die staatliche Praxis den Normen eines moralisch interpretierten Christentums entsprechen, andrerseits aber ist, auch wenn dies nicht der Fall ist, sektiererische Opposition unerlaubt. Die Polizei soll christlich durchdrungen werden und zugleich als solche intakt bleiben. Daher kennen die Vandalen denn auch, im Gegensatz zu den Pietisten, ein hierarchisch gegliedertes Kirchenwesen. In diesen nun sieht der Fürst die richtigen Leute, um seine Pläne zu realisieren.

Die Topographie der Stadt, die sie zusammen mit Einheimischen errichten, prägt eine ähnliche Ambivalenz wie die beschriebene. Analog den Plänen, die Loen andernorts entworfen hat, lebt man in bequemen Häusern und an breiten, geraden, in der Mitte von Kanälen durchzogenen Straßen.[115] Jedoch ist die schönste Straße die Hauptstraße, und die an dieser gelegenen Häuser sind dem Adel und den wohlbegüterten Leuten vorbehalten. Wie in einer barocken Fürstenresidenz läuft

[113] Loen: Der redliche Mann, S. 294. – Wie man den argilischen Fürsten mit dem Grafen Zinzendorf und Christianopolis mit der Brüdergemeinde identifizieren konnte, wie es mehrfach geschehen ist, ist mir daher unverständlich.

[114] Ebd., S. 300

[115] Vgl. z. B. Kurzer Entwurf, wie eine Stadt sowohl nach den Regeln der Kunst, als nach der Bequemligkeit und Gesundheit der Einwohner könte auferbauet werden. In: Johann Michael von Loen: Freie Gedancken zur Verbesserung der Menschlichen Gesellschaft, Franckfurt und Leipzig 1750, Bd. 2, S. 62 ff. Dort finden sich detaillierte Pläne sowohl für die Sanierung wie für die Neuanlage von Städten.

zudem die Hauptstraße auf den fürstlichen Palast zu. Die intakte ständische Hierarchie schlägt sich auch in der utopischen Topographie nieder. Auch sonst geht es allzu utopisch nicht zu. Neben Kirche und Schule gibt es auch ein Armenhaus, für welches Institut die bürgerlichen Utopien bis hin zu Bahrdts „Ala Lama" eine besondere Vorliebe zeigen. Verfolgen die Utopien des 16. und beginnenden 17. Jahrhunderts den Zweck, derartige Einrichtungen durch die technische Organisation der gesellschaftlichen Arbeit überflüssig zu machen, so kalkulieren die primär moralisch orientierten Utopien der Frühaufklärung entsprechend der damaligen Interessenlage des Bürgertums die Imperfektibilität der menschlichen Gesellschaft von vornherein ein. – Daß dies am Ende des Jahrhunderts, im Vorstadium und während der Französischen Revolution, anders wird, wurde bereits erwähnt und wird im folgenden weiter auszuführen sein. – Ja diese Imperfektibiltät wird sogar theologisch und naturrechtlich begründet. Gott hat die Welt ordentlich eingerichtet, sagt Loen in dem erwähnten „Entwurff einer Staats-Kunst", und deren Ordnung besteht vor allem in der Verkettung von Ursache und Wirkung:

> Also hängen Liederlichkeit und Müssiggang mit der Armuth genau zusammen.[116]

Und zwar hat ersteres die letztere zur Folge, nicht etwa umgekehrt, wie bei Morus.

Entsprechend kehrt auch Loens Theodizee das Moment der individuellen Verantwortlichkeit hervor.[117] Wenn die Naturordnung in toto gut ist, worauf auch der referierte kausalmechanische Ansatz Loens, wie die Weiterführung des Gedankens zeigt, letztlich hinausläuft, können einzelne Mißhelligkeiten nur am einzelnen Menschen liegen. Der moralischen Verpflichtung der utopischen Polizei entspricht ihre organisatorische Entlastung. Denn sobald die Utopie auch der Armut objektiv zuvorkommen wollte, würde sie der göttlichen Naturordnung ins Handwerk pfuschen.

Ein jeder Schuster bleibt bei seinen Leisten. Die Ordnung ist jedoch so geartet, „daß man den Zwang davon nicht spürte".[118] Die Tugenden sind nicht „Wirkungen eines strengen Gesetzes, sondern entspringen der Neigung zu allem Guten".[119] Derartige Formulierungen, die an Schillersche Bestimmungen der Schönheit bzw. des schönen Verhaltens denken lassen, dienen hier der ästhetischen Draperie der guten Polizei. Der „Wohlstand" ist bei den Einwohnern von Christianopolis „eine Tugend, weil er die Ordnung" unterstützt.[120] Voraussetzung dieser ästhetischen Überhöhung ist der moralische Charakter der Christianopolisutopie. Der Mechanismus der klassischen Utopien schließt eine solche aus. Für diese ist es allein wichtig und auch genug, daß sie funktionieren, das Wie spielt demgegenüber keine Rolle. Insofern jedoch die Utopie auf der individuellen Religiosität und

[116] Loen: Staats-Kunst, S. 178
[117] Vgl. Loen: Freie Gedancken, Bd. 2, S. 130 ff.
[118] Loen: Der redliche Mann, S. 304
[119] Ebd., S. 304 f.
[120] Ebd., S. 305

Moralität basiert, die beide ein heteronomes Moment beinhalten, läßt sich die utopische Autonomie nur ästhetisch herstellen.

Daher wird auch die Abgeschlossenheit der traditionellen Utopien reduziert. Zuzug ist durchaus erwünscht, wenn auch erst nach strenger Prüfung. Das Problem des Strafrechts erspart man sich dadurch, daß man die Verbrecher ausweist. Kleinere Rechtsfälle werden durch Schiedsgerichte erledigt, größere kommen vor das hohe Tribunal nach Argilia. Die Utopie wird nicht von der Umwelt hermetisch abgeriegelt, sondern ist nur ein moralisch vollkommener Teil eines größeren Ganzen. Mit Politik sind die Christianopolitaner nicht befaßt. „Öffentliche Versammlungen" heißen nicht Zusammenkünfte, die der Besprechung der gemeinsamen Angelegenheiten dienen, sondern die Spaziergänge, die fast alle Einwohner am Abend unternehmen.[121] Die öffentlichen Versammlungen sind privat. Dem entspricht es, daß die Darstellung der gesetzlichen Regelungen nur dann ausführlich wird, wenn der religiöse oder private Bereich betroffen sind. Besonders das Eherecht wird ausführlich dargelegt. Ökonomie und politische Organisation werden nur peripher erwähnt; sie entsprechen der Praxis des absolutistischen Verwaltungsstaats, nur daß diese hier moralisch geläutert ist. Auch sonst legt Loen gegenüber dem Problem der Regierungsform, dem Barclay eine lange Debatte widmet, eine charakteristische Indifferenz an den Tag:

> Alle Regiments=Arten sind gut, wann sie zum Zweck die gemeine Wohlfahrt haben, alle taugen nichts, wann sie davon abweichen.[122]

Gegenüber der hypertrophen Trennung von Politik und Moral jedoch, die Hallers „Usong" zeigt, der ja nach eigener Beteuerung Hallers auch den orientalischen Despotismus als moralisch läuterbar vorstellen will, wird Loens Ideal eines wohlfahrtsstaatlichen aufgeklärten Absolutismus, das er im Preußen Friedrichs des Großen, dem er als Beamter diente und sein theologisches Hauptwerk widmete, wohl verwirklicht sah, gleichwohl deutlich. Während sonstige Utopien auch und gerade die Arbeit genau regeln, ist es den Einwohnern von Christianopolis nicht verwehrt, auch ein Rentnerdasein zu führen.

Die Loensche Utopie ist eine „Reformutopie", Reformutopie vor allem in dem Sinn, daß sie auf eine radikale Antithese zur bestehenden Gesellschaft verzichtet.[123] Zugleich aber ist ihr Reformismus zwar der subjektiven Intention nach durchaus politisch, vermag jedoch auf Grund der ausschließlich privaten religiös-moralischen Fundierung die *politische* Vermittlung von Politik und Moral nicht zu leisten. Daher beschäftigt sie sich vorwiegend mit Sekundärphänomenen und ersetzt in prinzipiellen Fragen die moralisch-politische Synthesis durch religiös-moralische Exempel. Insofern spiegelt auch die Christianopolisutopie den unpolitisch politischen Charakter des gesamten Romans. Der Konflikt zwischen Sittlichkeit und

[121] Loen: Der redliche Mann, S. 310

[122] Loen: Staats-Kunst, S. 96

[123] Karl Reichert: Utopie und Satire in J. M. von Loens Roman „Der redliche Mann am Hofe" (1740). In: GRM 15, 1965, S. 192

Klugheit wird von der Utopie nicht nur überholt,[124] sondern diese Überholung prägt deren eigenes Wesen. Gleichwohl ist die sich mannigfach aussprechende Intention, Moralität auch politisch zu artikulieren, noch einmal zu betonen, wenngleich diese vor allem dem schwärmerischen Moralismus der unteren Schichten gilt und sich in den höheren mehr im höfischen Auftreten als in der politischen Planung ausdrückt. Implizit spricht die unausgeglichene Balancierung von Politik und Moral einen durchaus ernsthaften Reformwillen aus. Demgegenüber unternimmt Wieland gar nicht mehr den Versuch der Integration, sondern macht durch seine Spiegelungstechnik beider Verhältnis zum ästhetischen Spiel.

II. Christoph Martin Wielands „Der goldene Spiegel"

In dem Abschnitt über Wielands „Goldenen Spiegel" gehe ich aus von den manifesten utopischen Konzeptionen dieses Romans. Die dort gefundenen Problemstellungen verfolge ich sodann an Hand des Wielandschen Natur- und Geschichtsbegriffs weiter, um abschließend die für den Gehalt des Romans entscheidende Spiegelungstechnik zu erörtern. Die Rechtfertigung dieses Vorgehens, das dem bei der Analyse des Loen-Romans geübten in etwa entgegengesetzt ist, mag sich aus dem Ergebnis der Interpretation ergeben.

1. Utopie

Wielands „Goldener Spiegel", der ihm, an Joseph II. adressiert (der ihn auch „mit Zufriedenheit" liest[125]), eine Wiener Professur einbringen sollte und seine schließliche Berufung als Prinzenerzieher an den Weimarer Hof beförderte, enthält, analog dem „Telemach" des Prinzenerziehers Fénelon, der dessen Exilierung nach Cambrai verursachte, zwei ausgeführte Utopien, von denen die eine von der Geschichte abstrahiert, die andere, die die eigentlichen Reformvorschläge enthält, aus ihr erwächst und sich schließlich wieder in sie auflöst. Dabei bilden in beiden Fällen, im „Telemach" wie im „Goldenen Spiegel", die vorausgeschickten Kleinutopien quasi ideale Expositionen für die später folgenden Reformutopien. Insofern sind sie trotz struktureller Ähnlichkeit (von der Umgebung relativ isolierter Raum) von den klassischen Utopien der Renaissance zu unterscheiden. Vor allem entbehren sie deren technischer Verbindlichkeit, die durch eine weltanschauliche er-

[124] Vgl. ebd., S. 184
[125] Vgl. Oskar Vogt: „Der goldene Spiegel" und Wielands politische Ansichten, Berlin 1904, S. 5

setzt wird. Daher ist es sowohl bei Fénélon als auch bei Wieland durchaus verständlich, daß Kleinutopie und Reformutopie inhaltlich differieren. Ähnlich der auf der Insel Felsenburg ist die Landschaft in Fénélons Bätika a priori paradiesisch und vermag die menschlichen Bedürfnisse überreichlich zu befriedigen. Man braucht als Kleidung nur „ein Stück feines und leichtes Zeug", und Häuser benötigt man gar nicht.[126] Das Gemeineigentum unterliegt keinen technischen Regelungen, sondern wird bereits durch den natürlichen Reichtum garantiert. Überhaupt handelt es sich gar nicht um einen Staat, sondern um einen organisatorisch nicht fixierten Zusammenschluß von einzelnen Familien, die selbst die größte Einheit bilden:

> Jede Familie wird durch ihr Oberhaupt geleitet, welches ihr eigentlicher König ist.[127]

So sind „Alle frei, Alle gleich."[128] Verständlich, daß daraus für die politische Praxis keine direkten, sondern nur indirekte Folgerungen gezogen werden. Entspricht die Bätika-Utopie Fénélons in ihrer materiellen Fundierung auf den natürlichen Reichtum des Landes, in ihrer organisatorischen auf die Familie der Utopie Schnabels, so abstrahiert sie andrerseits von deren Konkretion. Bildet die Gesellschaft auf Felsenburg ein konkretes, wenn auch privatistisches, Gegenbild zu den europäischen Verhältnissen, so die Bätika-Utopie nur ein ideelles. Für die reformerischen Maßnahmen Mentors sowie die anderen mannigfachen politischen Lehren ist sie lediglich die utopisch auskristallisierte Basis. Entsprechen sich bei Schnabel inhaltliche Konkretion, räumliche Abstraktion und impliziter Anspruch, so exponiert die Kleinutopie Fénélons lediglich die moralische Lehre. Die Form der klassischen Utopien wird ideell und moralisch mediatisiert und insofern dem Reformismus des gesamten Romans dienstbar gemacht. Die Bätiker haben „ihre ganze Weisheit nur aus dem Studium der einfachen Natur geschöpft", und aus diesem Postulat erwachsen auch die späteren Lehren und Maßnahmen.[129] Die Natur ist hier noch durchaus idyllisch gefaßt und bildet insofern weniger eine radikale Antithese gegen die Zivilisation als deren kulturelles Korrektiv, wie dann später bei Fénélons mittelbarem Schüler Loen.

Die Wielandsche Kleinutopie ist demgegenüber weiter gesellig relativiert. Die Diskussion um sie geht aus von einer bestimmten Fragestellung, durch welche Polizei man nämlich die kulturelle Verfeinerung vor dem Abgleiten ins Lasterhafte bewahren könne, fixiert also von vornherein ein bestimmtes Kulturideal. Die Natur fungiert auch hier keineswegs im Rousseauschen Sinn als geschichtsphilosophische Antithese zur Kultur, sondern lediglich als deren psycho-physiologisches Regulativ. Die Natur gibt die Winke, um *„Arbeit, Vergnügen und Ruhe, jedes in kleinem Maaße"* und *„zu gleichen Theilen vermischt"* abzuwechseln.[130] Man muß

[126] François de Salignac de la Mothe-Fénélon: Die Erlebnisse des Telemach, Sohn des Ulysses, Leipzig o. J., S. 136
[127] Ebd., S. 139
[128] Ebd., S. 140
[129] Ebd., S. 139
[130] Wieland: Werke, Bd. 18, S. 55

nicht nur empfinden, sondern richtig empfinden, und für das richtige Empfinden ist das richtige Denken die Voraussetzung. Der weise Gesetzgeber Psammis konstruiert die Gemeinschaft der Kinder der Natur nicht aus dem Nichts, sondern basiert sie auf der „Liebe zur *Musik* und einem gewissen angebornen *Hang* zum *Schönen* und zu *geselligen Vergnügungen*", die bereits von vornherein existieren.[131] Um das glaubhaft zu machen, beruft sich der Erzähler denn auch auf die griechische Herkunft der Gemeinschaft. Die Natur wird zugleich moralisch und ästhetisch definiert: *„Einfalt und ungezwungene Zierlichkeit."*[132] Die Natur selbst ist bereits die Synthese von Natur und Kunst. Die Antithesen sind in diesem synthetischen Naturbegriff von vornherein aufgehoben, dienen vielmehr selbst als Stachel einer hedonistischen Leibes- und Seelendiätetik. Der Schmerz schärft das Gefühl für Vergnügen. Er ist dasselbe, „was der Schatten in einer schönen sonnigen Landschaft, was die Dissonanz in einer Symphonie, was das Salz an Euern Speisen ist."[133] Nicht zufällig sind zwei der Vergleiche den Bereichen des Natur- bzw. Kunstschönen entnommen. Das „lebendige Gemälde", das der Alte mit seinen Enkeln und deren Müttern bildet, beweist dem Emir „die Güte der Moral des weisen Psammis besser . . . als die scharfsinnigsten Vernunftgründe hätten tun können".[134] Natur, Kunst und Moralität werden identisch. Diese Verwischung der Grenzen im Namen des geselligen Vergnügens geht zugleich über die Ansätze Loens hinaus, bei dem die Tugend sich zwar in vorwiegend negativ definierter ländlicher Abgeschiedenheit konstituiert und, sobald sie öffentlich wirksam wird, ästhetisch drapiert, welch beides ihr jedoch letztendlich äußerlich bleibt.

Die naturhaft begründete autochthone Mäßigung macht es verständlich, daß die „staatliche" Erscheinungsform dieser Harmonie die Familie ist. Der gesamte Staat bildet „eine einzige Familie".[135] In dieser sind wie in Bätika alle frei und alle gleich. Wie bei Fénelon implizit wird dieses Ideal jedoch bei Wieland explizit historisch relativiert. An Montesquieu anknüpfend, der die Republik einem kleinen, die Monarchie einem mittleren und den Despotismus einem großen Territorium zuordnet, schränkt der erzählende Danischmend die Gültigkeit seines Modells auf ein kleines und von der Umwelt abgeschnittenes Volk ein. Daraus zieht er jedoch, ebenso wie er sich vom Rousseauschen Naturbegriff absetzt, keineswegs die Folgerung, die Rousseau aus den Darlegungen Montesquieus gezogen hatte, nämlich den Kleinstaat selbst zu fordern. Wie bereits der Iman, von einer Anmerkung des lateinischen Übersetzers ausdrücklich, wenn auch nur halb, unterstützt, den hedonistischen Utopismus Danischmends eingeschränkt hatte, so behandelt dieser den Unterschied von kleinen und großen Staaten als historische Invariante[136]. Bei letz-

[131] Wieland: Werke, Bd. 18, S. 57
[132] Ebd., S. 62
[133] Ebd., S. 60
[134] Ebd., S. 69
[135] Ebd., S. 66
[136] Wielands Stellung zu diesem Problem ist schwankend. Im ganzen neigte er wohl dem Großstaat zu (vgl. Vogt: „Der goldene Spiegel", S. 41 f.), was seinen eher reformerischen als utopischen Impuls unterstreicht.

teren *„sind Freiheit und allgemeine Sicherheit unverträgliche Dinge, und die Gleichheit bringt unzählige Collisionen und Zwistigkeiten hervor, welche durch das Recht der Stärke entschieden werden.“*[137] So nimmt Wieland in bezug auf den Großstaat die Hobbessche Exposition auf, ohne jedoch dessen radikale Konsequenzen zu ziehen. Denn der Widerspruch von Freiheit und Sicherheit braucht nicht dezisionistisch niedergeschlagen, sondern kann verfassungsmäßig entschärft werden. Dabei wird diese Art der Verfassung von der der klassischen Utopien von vornherein unterschieden. Voraussetzung dessen ist die sozusagen realistische Uminterpretation der in der Utopie der Kinder der Natur entwickelten hedonistischen Naturambiguität. Wie dort die Natur sowohl Vergnügen wie Schmerz bereitet und der letztere sogar Bedingung des ersteren ist, so ist in einem großen Volk die Verbesserung der Lebensumstände notwendig von der Möglichkeit des Mißbrauchs begleitet. Dieser ist nicht durch wie auch immer geartete utopische Konstruktionen auszuschließen. Nur der Staat als ganzer kann durch eine gute Polizei vor Verderben bewahrt werden, nicht der einzelne Bürger. Die Verfassung ist nicht offensiv, sondern defensiv. Die Natur ist zugleich Hindernis der Utopie und Movens der Reform.

Der Begriff der Natürlichkeit als Mitte zwischen Extremen teilt auch dem konkreten Reformprogramm, das dann Tifan entwickelt, eine gewisse Unverbindlichkeit mit. Hatte Loen die politische Konkretion seines Tugendbegriffs aus dem Roman herausgehalten, so vermag Wieland auf Grund seines Naturbegriffs die staatsrechtliche Fixierung seiner Vorstellungen durchaus in den Roman zu integrieren, jedoch, wie noch auszuführen sein wird, um den Preis mangelnder Verbindlichkeit. Wie in den Reformvorschlägen, die Mentor im 12. Buch von Fénélons „Telemach“ macht und an die Wieland in manchen Details anknüpft, drückt sich in ihnen der Gegensatz zwischen moralischer Kritik und politischer Umsetzung aus.

Dieser äußert sich bereits in der Trennung von natürlicher Erziehung und politischer Praxis, die die Trennung von Kleinutopie und Reformutopie noch einmal reproduziert. Noch über die Konzeption Loens hinausgreifend, dessen ländliche Einsamkeit bereits kultiviert ist, wird Tifan in einem abgelegenen Tal an der Grenze Scheschians erzogen. Daß Tifan später zum Retter des Vaterlands zu werden vermag, wird ausdrücklich diesem Sachverhalt, der Erziehung in der „Wildniß“, in „einer kleinen Gesellschaft von unverdorbenen, arbeitsamen und mäßigen Menschen“, zugeschrieben.[138] Sein Herz wird, „ohne es zu wissen, zu jeder königlichen Tugend gebildet“.[139] Zwar hat diese moralische Erziehung in der Abgeschiedenheit der Natur, die Tifan durch seinen Lehrer Dschengis zuteil wird, notwendig politische Implikate, aber diese werden sogleich moralisch uminterpretiert. Aus der

[137] Wieland: Werke, Bd. 18, S. 77
[138] Ebd., Bd. 19, S. 57
[139] Ebd.

natürlichen Gleichheit, die in der Kolonie wie in der Utopie der Kinder der Natur herrscht, wird keineswegs die rechtliche oder gar politische Gleichheit der Bürger eines Staates gefolgert – Konsequenzen, die Rousseau gezogen hatte –, sondern lediglich die Verpflichtung des späteren Monarchen zu Fleiß und Tätigkeit abgeleitet. Natürlich sieht der Lehrer Tifans, daß das Leben in der Natur allein als Vorbereitung für die spätere Tätigkeit nicht ausreicht. Daher versucht er, dessen Horizont über die unmittelbare Umgebung hinaus zu erweitern. Während jedoch Loen, indem er den Aufenthalt des Grafen von Rivera am Hofe ausdrücklich hervorhebt, den politisch-moralischen Kompromiß jedenfalls intendiert, will der Erzieher Dschengis seinen Zögling „mitten unter lauter Hirten und Ackerleuten zu einem *guten Fürsten*" bilden.[140] So ist es nicht verwunderlich, daß die selbst schon „erhabenen Ideen der *bürgerlichen Gesellschaft*", die Dschengis in Tifan erweckt, nur Durchgangsstadium sind für die weitere physikotheologische Unterweisung.[141] Von der bürgerlichen Gesellschaft geht Dschengis über zum menschlichen Geschlecht, von da zur Natur, zum Ganzen, von da schließlich zum „geheimnißvollen, aber anbetenswürdigen" Urheber alles dessen.[142] Auch in der politischen Belehrung bleibt die Politik von der Moral zunächst getrennt:

> Wehe dem Volke, dessen Beherrscher nicht lieber *der beste unter den Menschen als der mächtigste unter den Königen* sein möchte.[143]

Der Gegensatz solcher Sätze zur absolutistischen Staatstheorie bedarf keiner Erläuterung. Daß natürliches und göttliches Gesetz, deren Verhältnis bei Loen noch problematisch war, hier umstandslos identifiziert werden, versteht sich angesichts dessen von selbst.

Ihre schärfste Formulierung findet die naturrechtliche Fundierung der Politik in den durchnumerierten Grundsätzen des Dschengis, die den Charakter von Grundgesetzen haben und an die Rousseausche Polemik gegen die Vertragstheorien des 17. Jahrhunderts, besonders die des Grotius, anknüpfen. Die *„wesentlichen Rechte der Menschheit"* sind unverlierbar.[144] Der erweiterten Kluft zwischen Politik und Moral entspricht es, daß die Privatsphäre des Herrschers, wie in Hallers „Usong", entpolitisiert wird. Die Liebesgeschichte ist Bestandteil der Naturidyllik. Während Loens Graf von Rivera eine Nichte des leitenden Ministers heiratet und so seiner eigenen politischen Karriere jedenfalls implizit vorarbeitet, heiratet Tifan die Tochter eines gemeinen Landmannes. Dem entspricht es, daß Tifan, als er erfährt, daß Dschengis nicht, wie er glaubt, sein Vater ist, zutiefst betroffen ist und die Aufklärung über seine königliche Bestimmung verwünscht. Auch ist die eigentliche *politische* Information, die Tifan zuteil wird, ausschließlich negativ. Die dreijährige

[140] Wieland: Werke, Bd. 19, S. 60
[141] Ebd.
[142] Ebd.
[143] Ebd.
[144] Ebd., S. 62

Reise, die er in Gesellschaft seines Lehrmeisters antritt, dient keineswegs dazu, die Bedingungen der Möglichkeit, ideale Vorstellungen politisch durchzusetzen, zu studieren, sondern lediglich dazu, ihn von der Verderbtheit der gesellschaftlichen Zustände zu überzeugen. Die Möglichkeit eines Kompromisses, der dann praktisch erfolgt, wird theoretisch nicht einmal ins Auge gefaßt. Im Gegenteil zeigt sich Dschengis besorgt, daß die Ansteckung durch die Welt „die gesunden Grundsätze seiner Erziehung" ins Wanken bringen könnte.[145] Die Welt ist so verderbt, daß sie auch von sich aus den politisch-moralischen Kompromiß auszuschließen scheint. Dabei fallen Formulierungen, die an die im 1. Kapitel erörterte Polemik des Raphael Hythlodeus gegen bloß partikulare Reformen erinnern. Wie in Morus' Utopia muß die „Quelle des Übels" verstopft werden und ist das Prinzip dieses Verfahrens ganz einfach.[146] Der Gegensatz, in dem solche Ansichten zur schließlichen Pedanterie der Tifanschen Verfassung stehen, machen die Diskrepanz zwischen moralischer Fundierung und politischer Realisierung deutlich.

Der Widerspruch zwischen der faktischen Verderbtheit der Menschen und der „angebornen Einfalt und Güte der Natur" wird teleologisch überbrückt.[147] Dabei jedoch werden die Voraussetzungen verschoben. Der Mensch bringt nur die Anlage zur Vollkommenheit mit, ist im übrigen aber von der Einwirkung seiner Umgebung abhängig. Wird er jedoch sich selbst überlassen, „so wachsen seine Neigungen in wilder Üppigkeit mit ihm auf, und seine edelsten Kräfte bleiben unentwickelt", was der immanenten Teleologie der angebornen Einfalt und Güte widerspricht.[148] So kehrt der oben an Hand von Loens „Redlichem Mann am Hofe" diskutierte Widerspruch zwischen anthropologischem Pessimismus und Optimismus in abgeschwächter Form wieder. Nur daß Wieland in Hinsicht auf den ersteren sich jetzt nicht mehr auf die christliche Tradition beruft, sondern gegen die Rousseausche Verherrlichung der ursprünglichen Natur eine Mischung aus Pessimismus, Indifferentismus und Milieutheorie ausspielt. Wird so die Notwendigkeit der organisierten gesellschaftlichen Einwirkung unterstrichen, so wird diese doch andrerseits naturphilosophisch und teleologisch verankert. Insofern teilt sich der Widerspruch zwischen Utopie und Reform auch der anthropologischen Konzeption mit. Die moralische Kritik am Absolutismus ließ sich mit der Beibehaltung seines institutionellen Rahmens nur widersprüchlich vermitteln.

Besonders scharf prägt sich dieser Sachverhalt in der sogenannten Wahl Tifans zum König aus, die die Anarchie des scheschianischen Bürgerkriegs beendet. Von vornherein ist es angesichts des naturrechtlichen Egalitarismus, den Dschengis verkündet, merkwürdig, daß er am Prinzip der Legitimität gleichwohl festhält und, um den einzigen Thronfolger des entarteten Isfandiar, nämlich dessen Brudersohn Tifan, zu retten, sogar seinen eigenen Sohn opfert. Als er Tifan die Existenz

[145] Wieland: Werke, Bd. 19, S. 70
[146] Ebd., S. 72
[147] Ebd., S. 77
[148] Ebd.

dieses Thronfolgers mitteilt, vorläufig noch ohne ihm zu sagen, daß er selbst es ist, entspinnt sich eine merkwürdige Debatte. Tifan vertritt gegenüber dem Legitimitätsprinzip das Recht des Volkes, sich seinen Herrscher selbst zu wählen. Daraus entwickelt sich jedoch keineswegs, wie in Barclays „Argenis", eine politische Diskussion über die Vorzüge und Nachteile von erblicher Monarchie und Wahlmonarchie. Dieser Debatte ist man vielmehr moralisch überhoben. „‚Aber'", erwidert Dschengis auf die Einwände seines Schülers, „‚wenn mich nicht Alles betrügt, so können wir uns selbst keinen bessern Fürsten geben als diesen, den uns der Himmel gegeben hat.'"[149] Die politische Diskussion über die Institution wird ersetzt durch den Hinweis auf die moralische Qualifikation des einzelnen prospektiven Herrschers. Die staatsrechtliche Problematik der Wahl wird moralisch neutralisiert. So erweist sich denn auch Tifan als der beste, indem er als Führer der vaterländischen Partei „seine Untergebenen mehr durch sein *Beispiel* als durch seine Befehle" lenkt.[150] Es versteht sich daher von selbst, daß seine schließliche Erhebung zum scheschianischen König, die ein Reichstag vornimmt, nicht auf Grund einer politischen Debatte erfolgt:

> *Tifan*, der über ihre *Herzen* schon lange König war, wurde durch die allgemeine Stimme seiner Mitbürger für den Würdigsten erklärt, eine Nation zu regieren.[151]

Die indirekte und unpolitische Machtergreifung, die, wie Koselleck gezeigt hat, die bürgerliche Kritik am Absolutismus intendiert, setzt sich so auch und gerade im konservativen Rahmen des reformistischen Staatsromans durch.[152] Legitimität und moralische Qualifikation fallen bewußtlos zusammen. Denn die Nationalversammlung erfährt erst hinterher, wen sie eigentlich zum König gewählt hat, und weit entfernt davon, dies gegenüber dem rechtlichen Akt der Wahl für irrelevant zu halten, überzeugt sie sich davon, „daß eine für Scheschian wachende Gottheit es so gefügt habe, daß die Nation, indem sie blos den *Besten* zu ihrem Haupte zu erwählen dachte, unwissend auf eben Denjenigen sich vereinigen mußte, welchen die Geburt zum Thron *berechtigte*".[153] Die Antithese von Moral und Politik wird nicht politisch vermittelt, sondern teleologisch überwölbt. – Inwieweit diese teleologische Garantie dann durch den weiteren Verlauf des Romans sowie die gesamte Geschichtskonzeption wiederum relativiert wird, inwieweit ferner Postulate und

[149] Wieland: Werke, Bd. 19, S. 85

[150] Ebd., S. 89

[151] Ebd., S. 92

[152] Dabei ist ein Mißverständnis zu vermeiden. Wenn hier immer wieder der indirekte Charakter der Kritik betont wird, so bezieht sich das auf ihre Struktur, nicht auf ihr Material. Bekanntlich hat ja Wieland neben seinen sonstigen vielfältigen politischen Schriften die Französische Revolution in seiner Zeitschrift mit fortlaufenden Kommentaren begleitet. Jedoch teilt sich auch diesen der beschriebene Mechanismus mit. Nur daß das Postulat der individuellen moralischen Besserung wie vorher auf den Monarchen jetzt auf die republikanischen Bürger angewandt wird. So bleibt Wieland im Zirkel des déspotisme éclairé gefangen.

[153] Wieland: Werke, Bd. 19, S. 93

ihre Relativierung durch die Einbettung in eine Rahmenhandlung selbst zum Diskussionsgegenstand werden und wie schließlich derartige Techniken und Weiterungen sich zu den moralisch-politischen Forderungen verhalten, werde ich in den beiden nächsten Abschnitten erörtern; hier kommt es zunächst nur auf die immanente Entwicklung der Utopiekonzeption an. –

Die Ungereimtheiten, die der Tifanschen Verfassung im einzelnen anhaften, sind mannigfach. Ihr Motto ist, dem König die Freiheit, Gutes zu tun, zu belassen, und ihm umgekehrt die, Böses zu tun, zu benehmen. Um vor allem das letztere zu sichern, ist Tifan zunächst geneigt, dem Adel und dem Volk die Legislative abzutreten, also eine Art Montesquieusche Gewaltenteilung zu instituieren. Daran jedoch wird er von Dschengis gehindert, der das Argument des königlichen Patriarchats, das sonst die Könige zur Fürsorge gegenüber ihren Untertanen anhält, rechtlich uminterpretiert, und diese rechtliche Uminterpretation bekommt natürlich den Rechten des Volkes schlecht:

> Die Nation von Scheschian muß den König als ihren *Vater* und sich selbst in Beziehung auf den König als *unmündig* betrachten. Will sie *mehr* sein, will sie das Recht haben, den König einzuschränken, ihm und dem Staat Gesetze vorzuschreiben und ihre wichtigsten Angelegenheiten selbst zu besorgen, so muß sie sich gar keinen König geben. Wer sich selbst regieren kann, hat keinen Vormund, keinen Hofmeister vonnöthen.[154]

Die Alternative ist absolute Monarchie oder Demokratie, zwischen denen es keinen Kompromiß geben soll. Allerdings: wenn auch an dieser Stelle die Meinung offenbar die ist, daß das Volk sich eben nicht selbst regieren könne und deshalb einen Vormund nötig habe, so wird sie doch nicht in dieser Form ausgesprochen. Indem Dschengis die Alternative lediglich als objektives Problem aufstellt, ohne eine explizite Bewertung ihrer beiden Möglichkeiten vorzunehmen, bleibt Raum für spätere Modifikationen, der denn auch, wie zu zeigen sein wird, durchaus extensiv genutzt wird. Die Privatsphäre ist sozusagen das Scharnier, in dem sich die antithetische Argumentation einmal nach dieser, einmal nach jener Seite bewegen und dadurch ihre eigene Widersprüchlichkeit verdecken kann.

Analoge Funktionen übernimmt die Kosmologie. Sie begründet zunächst die Gesetzgebungskompetenz des Königs. Wie Gott der einzige Gesetzgeber in der Welt ist, so soll es auch der König in seinem Lande sein. Jedoch, und damit kehrt sich die Argumentation um, ist die göttliche Gesetzgebung nicht voluntaristisch gefaßt, sondern im Sinne des aufklärerischen Deismus. Der göttliche Wille ist identisch mit dem Gesetz der Natur. Analog wird, im Sinne des aufgeklärten Absolutismus, der Wille des Herrschers an die Gesetze gebunden. Da die voluntaristische Auflösung des resultierenden Widerspruchs, daß nämlich der König als Gesetzgeber den Gesetzen zugleich unterworfen ist, somit versperrt ist, bleibt nichts übrig als der Verfassungskompromiß des Grundgesetzes. Das Grundgesetz, das Tifan gibt, bindet nicht nur ihn, sondern auch seine Nachfolger. Diese Bindung je-

[154] Wieland: Werke, Bd. 19, S. 98

doch bedarf wiederum der verfassungsrechtlichen institutionellen Absicherung. So wird nun ein komplizierter Mechanismus ausgesonnen, um die Gesetzgebungskompetenz des Königs, die vorher betont worden war, im einzelnen einzuschränken. Königliche Verordnungen unterliegen einem Vetorecht der Ständeversammlung, die, sobald sie die Nichtübereinstimmung derselben mit dem Grundgesetz mit Dreiviertelmehrheit festgestellt hat, sogar berechtigt ist, ihre Durchsetzung mit Gewalt zu verhindern. Insofern taugt die kosmologische Verankerung der königlichen Herrschaft sowohl zur Postulierung der absoluten Gewalt wie zu der eines ständischen Widerstandsrechtes. Beides wird politisch nicht miteinander ausgeglichen, sondern, wie gesagt, kosmologisch überwölbt bzw. umgekehrt: die kosmologische Begründung, in der sich die *indirekte* Kritik artikuliert, führt notwendig zu verfassungsrechtlichen Widersprüchen.

Diese nun werden in der Rahmenhandlung zwar nicht gelöst, aber reflektiert, worauf ich im übernächsten Abschnitt zurückkomme. Immanent werden sie moralisch abgewiegelt. Wenn sowohl Herrscher wie Volk tugendhaft sind, werden die rechtlichen Probleme der Machtverteilung, die Differenz von absoluter und konstitutioneller Monarchie, unwichtig, und beide leben in einer „glücklichen Harmonie".[155] So bedient sich der erzählende Danischmend überhaupt gern ästhetischer Kategorien, um seine widersprüchliche Position zu verdecken. Besonders aufschlußreich die Verwendung der Winckelmannschen Termini von der „edlen Einfalt und stillen Größe". Daß Tifan ein großer Fürst war, bedarf auf Grund des Sprachgebrauchs, der Größe vor allem denjenigen Herrschern zuschreibt, die sich durch kriegerische Taten ausgezeichnet haben, der Ergänzung und Erläuterung. Daher wird Tifan im Gegensatz zu Alexander, Cäsar usw. „stille Größe" zugesprochen.[156] Diese in sich antithetische Formulierung[157] drückt den Widerspruch von Innenpolitik und Außenpolitik aus, deren Interdependenz der klassische Absolutismus gerade postuliert hatte. In diesem ist Größe von ihrer, vor allem außenpolitischen, Äußerung nicht zu trennen. Die aus der politischen Verantwortung erwachsende Größe ist daher auch jederzeit personell zuschreibbar. Dagegen erzeugt Tifans stille Größe den (ästhetischen) Schein der Unmittelbarkeit. Analog der (späteren) Kantischen Definition des Schönen aus der „Kritik der Urteilskraft" („Schöne Kunst ist eine Kunst, sofern sie zugleich Natur zu sein scheint"[158]) soll man in der „schönen Harmonie" des Tifanschen Staates deren Ursache nur mit „einem schärferen Auge als gewöhnlich" wahrnehmen können.[159] Umgekehrt wird dem Geist der den Luxus betreffenden Verordnungen „edle Einfalt" zugeschrieben.[160] Das Edle, das die

[155] Wieland: Werke, Bd. 19, S. 102
[156] Ebd., S. 97
[157] Vgl. dazu Heinz Otto Burger: Deutsche Aufklärung im Widerspiel zu Barock und ‚Neubarock'. In: H. O. B.: ‚Dasein heißt eine Rolle spielen', S. 118
[158] Immanuel Kant: Kritik der Urteilskraft, Hamburg 1954, S. 159
[159] Wieland: Werke, Bd. 19, S. 97
[160] Ebd., S. 124

bürgerliche Einfalt gleichwohl überhöhen soll, ersetzt die apriorische höfische Repräsentanz.

Die in den zitierten Widersprüchen sichtbar werdende Indifferenz gegenüber der präzisen Festlegung der Regierungsart drückt sich schärfer noch im „Agathon“ aus. Die Frage nach der besten Staatsform gehört „unter die müßigen speculativen Fragen“.[161] Und solange nicht „eine aus den Grundlehren der reinsten Religion und Moral abgeleitete Gesetzgebung und eine durch dieselbe veranstaltete Erziehung den thierischen Trieb zu gesetzloser Willkür in allen Menschen gebändigt haben wird“, werden diese „in einem ewigen Cirkel von königlichem Despotismus und aristokratischem Uebermuth – zu Volks- und Pöbel-Tyrannie und von dieser wieder zu jenen ... herumgewälzt werden“.[162] Die moralische Neutralisierung von Verfassungsproblemen setzt sich hier in die politische Sphäre selbst hinein fort. Wenn die Gesetzgebung, die die Erziehung zugleich garantiert und von ihr garantiert wird, nur moralischen Postulaten gehorcht, ist ihr verfassungsrechtlicher Rahmen unwichtig.

Goethe hat diese letzte Diskrepanz zwischen moralischer Fundierung und politischer Ausprägung in seiner Logengedenkrede in den Gegensatz von Gesinnung und Meinung gefaßt:

> Der geistreiche Mann spielte gern mit seinen Meinungen, aber ... niemals mit seinen Gesinnungen.[163]

Und in der Tat haben ja die Meinungen Wielands speziell zu politischen Zeitereignissen häufig gewechselt. Sein dichterisches und literarisches Streben war, wie Goethe sagt, immer unmittelbar auf das Leben gerichtet, „und wenn er auch nicht immer gerade einen praktischen Zweck suchte, ein praktisches Ziel hatte er doch immer nah oder fern vor Augen“.[164] Zutreffender läßt sich der indirekte Charakter der moralischen Kritik nicht formulieren.

Daher zerfällt auch die Erziehung zur Tugend, die den Bestand des Staates von der Seite der Bürger her sichern soll, in zwei Teile, in die zur moralischen Tugend, die allen zuteil wird, und in die zu den jeweiligen Standestugenden. Denn entgegen dem vorher verkündeten, allerdings auch bereits historisch relativierten, utopischen Egalitarismus gliedert Tifan seinen Staat in sieben Klassen, die gegeneinander scharf abgegrenzt werden. Dem gegenüber dem Roman von Loen verschärften Antagonismus von Politik und Moral entspricht eine Steigerung des formalen Utopismus. Das alte Gebäude kann nicht geflickt, sondern ein neues muß aufgeführt werden, eine Alternative, die Loen gar nicht in den Sinn kommt. Da die Hauptlast ohnehin die moralische Bildung zu tragen hat, kann Danischmend seinem Konstruktivismus die Zügel schießen lassen. So ist es nicht verwunderlich, daß sich das

[161] Wieland: Werke, Bd. 3, S. 26
[162] Ebd., S. 223
[163] Goethe: Sämtliche Werke, München 1914 (Propyläen-Ausgabe), Bd. 26, S. 37
[164] Ebd., S. 39

Klassensystem als Kastensystem darstellt und so auch hinter den zeitgenössischen gesellschaftlichen Zuständen, ganz abgesehen von den Tendenzen, zurückbleibt. Wenn die Utopier des Morus meistens den Beruf ihres Vaters ergreifen, so tun sie das „von Natur aus".[165] Dagegen ist dies in der Wielandschen Utopie Verfassungsgebot. Besonders aufschlußreich für den möglichen Zusammenfall von rigider vertikaler Struktur der gesellschaftlichen Organisation und Innerlichkeit ist die große moralische Bedeutung, die innerhalb dieses Systems der Familie zugeschrieben wird. Wenn dagegen ein Morusscher Utopier einen anderen Beruf als sein Vater ergreifen will, wird er kurzerhand von einer anderen Familie adoptiert. Insofern fungiert hier in der Tat die Familie als Organisationsmodell, während sie in dem Tifanschen Staat, gegenüber der Utopie der Naturkinder zum bloßen Reservat der Innerlichkeit geworden, das Korrelat der kastenmäßigen Organisation des Staates bildet.

Dessen Konservativismus scheint die Stellung, die Wieland zu den Fragen der Religion bezieht, zu widersprechen. Der breite Raum, den dieser Komplex einnimmt, beleuchtet jedoch von einer anderen Seite her den bereits erwähnten Sachverhalt der indirekten Kritik. Die Kritik kann sich dann besonders weit vorwagen, wenn ihr Gegenstand nicht eine direkte, sondern nur eine indirekte politische Funktion hat. Schach Gebal, der sich den politischen Lehren Danischmends gegenüber oft gelangweilt oder skeptisch verhält, ist gegenüber der Religionskritik weitaus liberaler. Ähnlich fallen ja auch bei Wielands Ahnherrn Pierre Bayle Religionskritik und Staatstreue zusammen, nur daß bei Bayle der Staat dem Gericht der alles relativierenden Vernunft bewußt nicht unterworfen wird, während die Wielandsche Kritik zwar sowohl die positive Religion als auch den Staat ergreift, im letzteren aber zugleich institutionelle Form und moralischen Inhalt trennt. Im Zeichen der Moral kommen Religion und Staat zusammen. Die Vernunftreligion, die Tifan intendiert, wird zum Erziehungsinstrument, die Priester zu Lehrern der Moral und der Gesetze. Die Überführung der positiven Religion in Sittenlehre garantiert die moralische Fundierung des staatlichen Lebens und macht deren genaue institutionelle Widerspiegelung überflüssig. Zwar ist eine Religion besser als gar keine. Aber noch besser ist es, wenn die Religion zugleich vernünftig ist. Ritual und Mystizismus haben ausschließlich die Aufgabe, sich selbst überflüssig zu machen, analog denen der Lessingschen Freimaurer. Aufschlußreich, daß Wieland, der diesen sonst skeptisch gegenüber stand, seinen Tifan sich ihrer Mittel bedienen läßt.[166] Die Instituierung der Vernunftreligion rechtfertigt auch manipula-

[165] Morus: Utopia, S. 54

[166] Daß Wieland die ägyptischen Mysterien als Vorbild gedient haben, wie Vogt meint, halte ich für unwahrscheinlich, da ihnen der für die Tifansche wie freimaurerische Praxis wesentliche Mechanismus von Geheimnis und Aufklärung abgeht. Wie im Gegensatz zum substantiellen politischen Geheimnis der absolutistischen Kabinette jedenfalls das idealtypische Geheimnis der freimaurerischen Riten bloß Mittel zum Zweck und dazu bestimmt war, nach der Machtergreifung sozusagen veröffentlicht zu werden, so hebt auch Tifan die Schweigepflicht in dem Augenblick auf, als der „Dienst des höchsten Wesens" in Scheschian der herrschende ist (Wieland: Werke, Bd. 19, S. 143).

tive und konspirative Praktiken, die in der staatlichen Sphäre ausgeschlossen werden. Der subjektive Ideologiebegriff, mittels dessen Danischmend sonst die scheschianische positive Religion kritisiert, wird selbst zum Instrument der Aufklärung.

Ähnlich radikal wie Wielands Stellung zur positiven Religion, die in Tifans moralischer Neutralisierung des Priestertums, seiner Abschaffung des Mönchtums sowie seinem Toleranzedikt den Ansätzen der Josephinischen Kirchenreformen, die Wieland publizistisch begleitet hat, entspricht, ist seine Postulierung der Pressefreiheit. Die bürgerliche Öffentlichkeit soll zum indirekten Korrektiv des absolutistischen Staates werden, ohne dessen Organisationsformen unmittelbar zu tangieren. Insgesamt treten geistiger und religiöser Detailliberalismus zur konservativen Struktur der gesellschaftlichen und staatlichen Organisation in Gegensatz.[167] Die moralische Kritik macht Halt an den Institutionen, die dadurch zugleich an politischer Verbindlichkeit einbüßen. Nun hat Wieland derartige Widersprüche zwar nicht aufgelöst, durch die Einbettung der Utopie in die Geschichte eines Reiches sowie durch die in der Rahmenhandlung stattfindende Diskussion und Reflexion des Vorgetragenen jedoch zugleich historistisch und ästhetisch legitimiert.

2. Geschichte

Von der teleologischen Verankerung der Utopie wurde oben bereits gesprochen. Diese ist jedoch nicht unproblematisch. Die Auseinandersetzung mit dem in Hippias inkarnierten metaphysischen und ethischen Materialismus durchzieht den gesamten „Agathon“ und wird auch an dessen Schluß nur virtualiter beendet:

> So lange die Unmöglichkeit einer stufenweise wachsenden Vervollkommnung aller geistigen Wesen unerweislich bleiben wird, können wir jenen trostlosen Cirkel, worin sich das Menschengeschlecht nach der Meinung einiger Halbweisen ewig herumdrehen soll, zuversichtlich für eine Chimäre halten.[168]

Die Vorstellung des geschichtlichen Kreislaufs wird so wenig widerlegt wie die Teleologie bewiesen. Aus der erkenntnistheoretischen Unmöglichkeit des strikten Beweises des einen oder anderen ergibt sich die Forderung, Herz und gesunden Verstand als Maßstab anzulegen. Diese sprechen zwar zugunsten der Teleologie, aber diese ist lediglich die Prämisse, die ein vernunftgemäßes Leben erlaubt, keineswegs unumstößliche Wahrheit.

So kehrt die Debatte denn auch im „Goldenen Spiegel“ in veränderter und dem

[167] Vielleicht ist es überflüssig zu betonen, daß mit der Herausarbeitung solcher Widersprüche kein intellektuelles Schuldkonto Wielands (und auch anderer Autoren) aufgemacht werden soll. Abgesehen davon, daß es sich bei derartigen Widersprüchen, die aus der *politisch* unaufgelösten Antithetik von Moral und Politik erwachsen, wie Koselleck herausgearbeitet hat, um einen Grundzug des Zeitalters handelt, unterliegt deren Auflösung selbst der politischen Kontroverse. – Vgl. im übrigen dazu Jürgen Jacobs: Wielands Romane, Bern und München 1969, S. 76 ff.

[168] Wieland: Werke, Bd. 3, S. 217

Sujet gemäß abgeschwächter Form wieder. Die Utopie Tifans geht von dem „Begriff eines *besonderen Endzwecks* für jede besondere *Gattung* und eines *allgemeinen Zwecks* für das *ganze System* der Schöpfung" aus.[169] Die geschichtliche Fortentwicklung der Menschheit sowie der Welt überhaupt ist im Plan der Natur und ihres Gesetzgebers begründet. Zwar ist die Vervollkommnung nicht unendlich approximativ, wie dann später in der Kantischen Geschichtsphilosophie, vielmehr bleibt die Realisierung des göttlichen Plans immer unendlich weit hinter diesem zurück. Doch wird das Postulat davon nicht berührt. Der geschichtsphilosophische Optimismus ist, wie im „Agathon", nicht unproblematisch, hat jedoch seinen festen Grund in der teleologischen Naturordnung.

Diese wird nun zwar nicht explizit in Frage gestellt, zumal der hedonistische Materialist Eblis, der den philosophischen Gegenpart abgibt, zugleich ein Apologet des schrankenlosen Despotismus ist und dadurch auch seine Philosophie von vornherein desavouiert, jedoch finden sich aufschlußreiche Verschiebungen in ihrer Begründung. Dafür ein Beispiel. Die Schilderung der religiösen Wirren zur Zeit des Sultans Azor gibt Danischmend Anlaß, allgemeine Betrachtungen über die Geschichte der Völker anzustellen. Diese stellt sich ihm als eine Kette von Abscheulichkeiten und Verbrechen dar, vor denen der „Menschenfreund" nur noch „in erdichtete Welten" und „zu schönen Ideen" flüchten kann.[170] Zu diesen schönen Ideen gehört auch die „Betrachtung der Natur" und die „Erforschung ihres großen Plans, ihrer weisen Gesetze und ihrer wohltätigen Absichten".[171] Die Teleologie der Natur, die die allmähliche Höherentwicklung der Menschheit garantieren sollte, wird selbst zur privaten Utopie. Die Teleologie begründet nicht die allgemeine politische Reform, sondern wird zur Zuflucht der individuellen Innerlichkeit, in die sie die Erfahrung der historischen Fatalität verbannt. Die letztere nun versucht der Autor in einer Fußnote zunächst zu korrigieren und insofern die Relativierung selbst wiederum zurechtzurücken. Er konzediert Danischmend, daß an seinen Gedanken unstreitig etwas Wahres sei. Jedoch:

> Ein gelassener und aufgeklärter Geist sieht durch das verworrene Gewebe der menschlichen Thorheiten hindurch und entdeckt in dem Zusammenhang und in der stufenweisen Entwicklung der großen Weltbegebenheiten den festen Plan einer Alles leitenden höheren Weisheit.[172]

Die Teleologie wird zugleich perspektivisch relativiert und ihr gleichwohl eine höhere erkenntnistheoretische Dignität zugesprochen. Zwar kann man das geschichtliche Geschehen von zwei Seiten betrachten, aber die eine Seite hat vor der anderen den Vorzug der tieferen Einsicht.

Diese unterschwellige Duplizität von Perspektivismus und Postulat zeigt sich auch in der Art, wie die Teleologie der Natur dann im folgenden dargestellt wird.

[169] Wieland: Werke, Bd. 19, S. 67
[170] Ebd., Bd. 18, S. 156 f.
[171] Ebd., S. 157
[172] Ebd., S. 136

Die Geschichte bietet den Anblick eines „immerwährenden Kampfes der Tugend mit dem Laster, der Vernunft mit den Leidenschaften, der Wahrheit mit dem Irrthum und Betrug, der Wissenschaften mit der Unwissenheit, des Geschmacks mit der Barbarei", und der Betrachtende „erkennt mit Anbetung die verborgene Hand des großen Urhebers der Natur, der aus diesem ewigen Streit in den Theilen Ordnung und Harmonie im Ganzen hervorzubringen weiß".[173] Die vorher postulierte „stufenweise Entwicklung" wird sogleich wieder statisch uminterpretiert. Der Kampf der Tugend mit dem Laster soll keineswegs mit dem prospektiven Sieg der Tugend enden, sondern ist „immerwährend", „ewig". Die Hand des Urhebers der Natur lenkt nicht deren stetige Höherentwicklung, löst ihre Antagonismen nicht tendenziell auf, sondern neutralisiert sie lediglich durch ihre Integration ins Ganze der Natur. Die Geschichtsphilosophie bleibt in die Kosmologie eingebettet.

Die Vorstellung vom Kosmos, die dahinter steht und diese Einbettung ermöglicht, ist ästhetisch. Die antagonistische Einheit der Momente des Kosmos, deren Selbständigkeit in dieser zugleich negiert und bewahrt, „aufgehoben" ist, entspricht der antithetisch-synthetischen Struktur der Kant-Schillerschen Kunstphilosophie.[174] Entsprechend wird die Wirkung seines Anblicks mit Kategorien beschrieben, die das prodesse et delectare der Kunstwerke variieren. Der Betrachtende „ergetzt, ermuntert und bessert sich".[175] So dient die Geschichte als Arsenal der moralischen Lehre, nicht als Instrument der geschichtsphilosophischen Prognose, wie dann später bei Kant, Condorcet und in der Frühromantik. Daher kann sich denn auch in der zweiten Hälfte der referierten Anmerkung die Argumentation noch einmal umkehren und der private Utopismus des Philosophen Danischmend wiederum gerechtfertigt werden. Analog wird die Erde von einem substantiellen Moment im harmonischen Gefüge des Kosmos zu einem verschwindenden Moment, zum „Sonnenstaube".[176] Jedoch auch dieses schließt die Erhebung des Menschen über sein Schicksal nicht prinzipiell aus, wie das Schlußgespräch des „Agathon" zeigt. Selbst wenn der Mensch nur ein beseeltes Atom auf einem Planeten ist, der selbst nur ein Atom im Unendlichen ist, sagt Archytas, so vermag er sich doch mit seinem Geist über Raum und Zeit zu erheben. Die Teleologie wird privatisiert. Sie ist selbst ein Produkt der gesetzgebenden Kraft des Geistes. Indem sie, solcherart perspektivisch relativiert, zum Substitut der individuellen Moralität wird, läßt sie zugleich Raum für zyklische Geschichtsvorstellungen. – Auf das Verhältnis dieser Teleologie zur Kantischen, die ihrerseits die Voraussetzung der

[173] Wieland: Werke, Bd. 18, S. 136

[174] Der historischen „Verfrühung" dieser wahrhaft immanenten Ästhetik Wielands kann hier nicht weiter nachgegangen werden. Es wäre jedoch zu überlegen, inwieweit nicht die Wielandsche Kosmologie, deren Struktur, analog der größtmögliche Mannigfaltigkeit mit größtmöglicher Ordnung vereinenden Welt der Leibnizschen Theodizee, die Anstrengung und Aporie der antithetischen Synthesis ausdrückt, die das Zeitalter prägt, in der idealistischen Ästhetik sozusagen zu ihrem ästhetischen Selbstbewußtsein gelangt.

[175] Wieland: Werke, Bd. 18, S. 156

[176] Ebd., S. 157

prozessualen Geschichtsphilosophie bildet, komme ich am Schluß dieses Abschnitts zurück.

Zyklisch verläuft vor allem die Geschichte des Reiches Scheschian selbst. Die Darstellung geht aus von der Anarchie partikularer Feudalgewalten. Als diese in permanenten Bürgerkrieg ausartet, kommen die Fürsten überein, sich um der allgemeinen Sicherheit willen ein gemeinsames Oberhaupt zu geben. Dieses jedoch ist selbst das Haupt einer Partei und bleibt auch als König deren Gefangener. Zwar hat der König an dem Indifferenzpunkt zwischen Anarchie und Instituierung des Königtums gerade noch Zeit, Gesetze zu erlassen, „welche der große Kon-Fu-Tsee nicht hätte besser machen können".[177] Jedoch hat er nicht die Macht, diese Gesetze in der politischen Realität auch durchzusetzen. Da der König gleichwohl versucht, seine Selbständigkeit gegenüber seiner Partei zu behaupten, ist das Ergebnis der Etablierung einer Zentralgewalt der permanente Konflikt. Es gelingt den Fürsten, die Rechte des Königs und seiner Nachfolger sukzessiv zu beschränken, und so versinkt das Reich erneut in Anarchie. Schließlich hat Scheschian so viele Könige wie Provinzen. Diese Gelegenheit nimmt der Tatarenkhan Ogul wahr, um sich des Reiches zu bemächtigen und dort einen unbeschränkten Despotismus aufzurichten. Der beschriebene Prozeß stellt den ersten der Zyklen dar, die die scheschianische Geschichte beschreibt. Er bewegt sich in politischen Bahnen und dient durchaus der Illustration der absolutistischen Staatsanschauung. In der Diskussion über die beste Staatsform in Barclays „Argenis" weist Dunalbius auf eben die Gefahren des Wahlkönigtums hin, die sich in der Geschichte von Scheschian bewahrheiten. Der gewählte König hat nicht die nötige Macht, um seine Selbständigkeit gegenüber den Partikulargewalten zu behaupten. Daher sind seine an sich guten Gesetze wertlos. So liegt die Hobbessche Folgerung „auctoritas, non veritas facit legem" nahe, und in der Tat wird diese durch den weiteren Verlauf der scheschianischen Geschichte illustriert.

Die Errichtung einer starken Zentralgewalt ist die Folge einer Eroberung von außen. Bei der Schilderung des Tatarenkhans Ogul wird der moralische Maßstab zwar nicht außer Kraft gesetzt, tritt jedoch gegenüber dem politischen in den Hintergrund. Daß der Eroberer rachgierig und trunksüchtig ist sowie alle Frauen als sein Eigentum betrachtet, wird gegenüber seinem Verdienst, die Ordnung wiederhergestellt zu haben, unwichtig. Zwar geht die erzählende Maitresse Nurmahal nicht so weit, aus der Geschichte staatstheoretische Folgerungen im Sinne des monarchischen Absolutismus abzuleiten, diese sind jedoch, wie gezeigt, in ihr durchaus angelegt. In Frage gestellt werden sie allerdings durch den Verlauf des zweiten Zyklus, der nach dem Vorspiel des ersten den Hauptinhalt des Romans ausmacht. Das Geschlecht des Khans Ogul ist nämlich nicht im Stande, eine dauerhafte Ordnung zu garantieren. Zwar vermögen sich seine Nachfolger politisch zu behaupten, verfallen jedoch moralisch. So überwiegt in der Schilderung des zweiten Zyklus die

[177] Wieland: Werke, Bd. 18, S. 28

moralische Kritik die politische Begründung. Die Trennung und der gleichzeitige Bezug von Politik und Moral setzen sich auch in der gegenseitigen Abgrenzung der einzelnen geschichtlichen Perioden durch. Daß solcherart politische und moralische Argumentation getrennt erscheinen, ist ein Reflex der doppelten Absicht, die absolute Monarchie zugleich als Institution zu erhalten und moralisch zu läutern.

Entsprechend divergieren die realgeschichtlichen Vorbilder der dargestellten Vorgänge. In dem Zerfall Scheschians in ein Agglomerat von Partikulargewalten ist der Zustand des Heiligen Römischen Reiches zu erkennen, während in Azor und seinen Maitressen auf Ludwig XIV., die Pompadour und die Maintenon angespielt wird. Es entspricht der eindeutig politischen Intention Barclays, daß die Vorbilder der verschlüsselten Figuren und Ereignisse durchweg dem zeitgenössischen politischen Geschehen entnommen sind. Dagegen nehmen die historischen Anspielungen bei Wieland willkürlichen Zitatcharakter an. Von vornherein eröffnet ja die moralische Kritik, wie sie im zweiten Zyklus geübt wird, ein weit größeres Arsenal historischer Bezüge als die Kritik konkreten politischen Fehlverhaltens, die, selbst politisch intendiert, aus dem zeitgenössischen realgeschichtlichen Kontext entspringt und in der Darstellung, wenn auch in der selbst politisch motivierten Form der Verschlüsselung, auf ihn verwiesen bleibt.

Im einzelnen kehrt sich die Argumentation des zweiten Zyklus teilweise um. War etwa im ersten Zyklus die Gefahr der Verselbständigung partikularer Gewalten, die zur Anarchie geführt hatte, dargestellt und dieser gegenüber die Notwendigkeit des Zentralismus betont worden, so werden jetzt die extremen Konsequenzen, die Eblis, der Hofphilosoph des Tyrannen Isfandiar, aus diesem Befund zieht, kritisiert. Der Hauptvertreter des déspotisme éclairé, Friedrich der Große, hat im Gegensatz zur Praxis des großen Kurfürsten und auch seines Vaters, die ihm gegenüber sozusagen den „Egalitarismus" des klassischen Abolutismus vertreten, eine ausgesprochene Vorliebe für den Adel gehabt.[178] Entsprechend rügt Danischmend als „Theoretiker" des aufgeklärten Absolutismus an dem Philosophen Eblis, daß er „den *Adel* zum *Volk* und *beide* zu *Sklaven herabzuwürdigen*" im Sinn gehabt habe.[179] Ihren Niederschlag findet diese Kritik dann in der Verfassung Tifans, die dem Adel analog der Praxis des aufgeklärten Absolutismus besondere Privilegien einräumt.

Indirekt trifft die Änderung der Argumentationsrichtung auch die Religionspolitik. Es wurde oben auf das aufgeklärte Verhältnis des monarchischen Absolutismus zur positiven Religion hingewiesen, die er manipulativ ausbeutet. Ähnlich sind die Anschauungen des Hofphilosophen Eblis. Im Gegensatz zur Religionskritik Holbachs, bei dem die Religion zwar auch ein Herrschaftsinstrument ist, jedoch in der aus der Natur geschöpften Wahrheit ihr moralisches Korrektiv hat, macht die pessimistische Philosophie des Eblis die Religion moralisch indifferent verwertbar.

[178] Vgl. Fritz Hartung: Der aufgeklärte Absolutismus. In: Die Entstehung des modernen souveränen Staates, S. 163

[179] Wieland: Werke, Bd. 19, S. 35

Eben dies unterscheidet seine Religionskritik natürlich auch von der deistischen Tifans. Notwendigkeit und Ungefähr haben sich in die Regierung der Welt geteilt, und der Mensch schwimmt wie ein Sonnenstaub im Unermeßlichen, analog der Erde in der oben zitierten Anmerkung. Die Religion ist zwar nicht Opium, aber „ein Zaum für das Volk; die Beherrscher desselben müssen den Zügel in ihrer Hand haben; aber den Zaum sich selbst anlegen zu lassen, wäre lächerlich".[180] Danischmend führt demgegenüber die Dialektik von radikaler Aufklärung und religiösem Fanatismus vor. Die Destruktion der positiven Religion durch die erstere wird dabei nicht grundsätzlich kritisiert, sondern lediglich deren manipulative Ausbeutung sowie die dabei angewandten Mittel. Wie Tifan es später praktiziert, muß man zugleich mit der Zerstörung des alten Gebäudes der positiven Religion das neue der Vernunftreligion aufrichten, um der moralischen Anarchie vorzubeugen. So stellt sich entsprechend der Zwischenstellung des Bürgertums die natürliche Religion selbst quasi als Kompromiß zwischen positiver Religion und radikaler Aufklärung dar, und es ist kein Zufall, daß der „Schreckensmann" Johann Carl Wezel zwar (natürlich) nicht der Anwendung, aber dem Ansatz nach die Positionen des absolutistischen Hofphilosophen Eblis übernimmt, wie im nächsten Kapitel zu zeigen sein wird. Wie die politischen so werden die religiösen Implikate des im ersten Zyklus immanent propagierten monarchischen Absolutismus moralisch kritisiert.

Das Ergebnis der Entwicklung von der zivilisatorischen Entartung über den religiösen Fanatismus zur Tyrannei ist die erneute Anarchie. Während diese im ersten Zyklus das Ergebnis der Schwäche der Zentralgewalt ist, erwächst sie jetzt aus deren despotischer Entartung. Entgegengesetzte Ausgangspositionen führen zu demselben Resultat. Es hätte nun nahe gelegen, gegenüber diesen beiderseitigen Entartungen die Tifansche Reformutopie sozusagen als ewigen Kompromiß zu konzipieren. Dies ist jedoch keineswegs der Fall. Der von Tifan neubegründete Staat verfällt vielmehr ebenso wie die anderen, wenn auch weniger schnell. Der geschichtliche Kreislauf setzt sich auch gegen die Utopie durch. Weder eine ideale Verfassung noch eine moralische Fundierung kann den Staat vor dem Untergang schützen.

Jedoch, und das ist die überraschende Wendung des Schlusses, der Verfall ist nicht nur in der „Tendenz zum *Schlechterwerden*" begründet, die „tief in der menschlichen Natur" liegt, sondern auch in den Widersprüchen der Verfassung selbst.[181] Den in der ersten Fassung des Romans nur angedeuteten Niedergang des scheschianischen Reiches hat Wieland in der zweiten Fassung von 1794 unter dem Eindruck der Französischen Revolution breiter ausgestaltet.[182] So geht der Staatsroman durch seine geschichtliche Einbettung über in seine eigene Kritik. Denn wäh-

[180] Wieland: Werke, Bd. 19, S. 48

[181] Ebd., S. 162

[182] Vgl. James A. Mc Neely: Historical Relativism in Wieland's Concept of the Ideal State. In: MLQ 22, 1961

rend, wie gezeigt, die utopische Verfassung Tifans dem déspotisme éclairé entspricht, ist die Kritik demokratisch motiviert. Sie richtet sich vor allem gegen die Privilegien der oberen Schichten, der Priester und des Adels, sowie des Königs selbst. Die Priester können ihre Aufgabe als Lehrer der Moral nur erfüllen, solange die Sitten allgemein intakt sind. Sobald diese schlaffer werden, sind sie stets in Gefahr, ihre Macht und ihr Ansehen zu mißbrauchen. Operiert dieses Argument noch mit der Voraussetzung eines naturgesetzlichen Sittenverfalls, so ist die Kritik an den Adelsprivilegien ausschließlich politisch. Danischmend zeigt den Widerspruch auf zwischen dem moralischen Postulat, daß die Bürger des Staates zur „höchsten Stufe der Ausbildung, deren die Menschheit fähig scheint“, gelangen sollen, und dem politischen Verfassungstatbestand der Privilegierung des Adels.[183] Ebenso wird der für die verfassungsrechtliche Bestimmung der Pflichten und Rechte des Königs grundlegende Satz, daß der König zwar die Freiheit, Gutes zu tun, behalten, ihm aber die Macht, Böses zu tun, genommen werden solle, in Frage gestellt. Die Freiheit, Gutes zu tun, impliziere notwendig die Freiheit, Böses zu tun. Insofern zielen die politischen Gründe, die Danischmend für den Verfall des Reiches angibt, in Richtung auf Einebnung der ständischen Unterschiede einerseits, die konstitutionelle Monarchie andrerseits.

Jedoch kristallisieren sie sich nicht wie die in den beiden vorhergehenden Zyklen für den Untergang namhaft gemachten Ursachen in einem erneuten Kompromiß, wie ihn die Tifansche Verfassung darstellte, aus, vielmehr endet der Roman aporetisch. Die immanente Kritik des Staatsromans führt nicht zu einer neuen Utopie, sondern in den Relativismus. Die Teleologie der stetigen Weiterentwicklung wird ersetzt durch das Immergleiche historischer Abläufe. Damit kommt überein, daß die historischen Anspielungen im letzten Teil des Romans an Konkretheit und Aktualität gewinnen. Sie beziehen sich auf die französische Geschichte am Vorabend der Französischen Revolution. Zwar exponiert die Darstellung den Verfall zunächst als den Verfall eines — im Gegensatz zur vorherigen staatsrechtlichen Fixierung – Montesquieuschen Kompromißstaates, dessen Bürger freie Menschen sind, und kontrastiert ihm die ständige Regeneration des chinesischen Reiches, dessen Verfassung auf einer rigiden pyramidalen Hierarchie beruht, doch tritt diese Exposition zunehmend in den Hintergrund. Nicht der anvisierte Fortschritt der Kultur, der dann schließlich auch zum Verlangen des Volkes nach politischer Emanzipation führt, ist die Ursache des Untergangs, sondern die Machtkonkurrenz der herrschenden Schichten. Die Ausführung des ersten Gedankens, dessen Darlegung Danischmend unversehens in einen agitatorischen Ton verfallen und daher den Unwillen des Sultans erregen läßt, hätte notwendig zur Entwicklung einer demokratischen Utopie geführt. Zwar ist die Kritik demokratisch motiviert, von der Motivation bis zur formellen utopischen, d. h. institutionellen Umsetzung ist es jedoch noch ein weiter Weg. Als die Jakobiner in Frankreich die Republik zu

[183] Wieland: Werke, Bd. 19, S. 163

realisieren versuchen, sehnt Wieland sich gar nach einem neuen Dschengis oder Tifan, deren Verfassung er selbst in der zu derselben Zeit entstandenen zweiten Fassung seines Romans demokratisch kritisiert.[184]

Der Untergang des scheschianischen Reiches nun wird analog der französischen Entwicklung vor allem auf die Finanzkrise zurückgeführt, in die der Staat durch die Macht- und Prunkkonkurrenz von Hof, Adel und Priesterschaft, die entsprechend den Zuständen in Frankreich von den Steuern ganz oder nahezu ganz befreit sind, allmählich gerät. Zwar versuchen noch einige redliche Männer, in denen unschwer die Physiokraten zu erkennen sind, dem Verhängnis zu wehren, jedoch ohne Erfolg. Denn „so zerstritten die Parteien bei Hofe sind, ... so einig zeigen sie sich im entscheidenden Punkte: keine Änderungen der Besteuerung, keine Beeinträchtigung der sozialen Privilegien".[185] Dieser Satz aus Furet/Richets „Die Französische Revolution" könnte auch im „Goldenen Spiegel" stehen. Und ebenso wie in Frankreich die akut gewordene Finanzkrise, die zu neuen Besteuerungsplänen führt, mit einer auf Mißernte beruhenden Wirtschaftskrise zeitlich zusammenfällt und dadurch die Revolution ausbrechen läßt, kommt in Scheschian ein neues Steueredikt, das die feudale Überkonsumtion sichern soll, mit einem „schnell überhandnehmenden Mangel der nothdürftigsten Lebensmittel" zusammen, der vor allem die unteren Volksklassen trifft.[186] König und Adel werden Opfer des Volkszorns, die „wohlgesinnten" Volksführer werden verdrängt, und das Reich zersplittert in eine Reihe von „Factionen".[187] Schließlich wird es eine Beute ausländischer Fürsten, eine Perspektive, die auch für das Frankreich der ersten Hälfte der neunziger Jahre nicht einmal so unwahrscheinlich war. Ein Buonaparte kommt bei Wieland nicht mehr vor, wie er überhaupt die Revolution selbst mit einigem Degout behandelt. Im Gegensatz zum im folgenden zu analysierenden Staatsroman Meyerns ist ihm Revolution noch gleichbedeutend mit Anarchie. Die Aktualisierung der scheschianischen Geschichte am Schluß des Romans reproduziert so noch einmal die Schwierigkeit, die moralische Kritik institutionell zu formulieren, und hebt sie gewissermaßen auf ein höheres Reflexionsniveau. Einerseits demonstriert sie die Aporie der Fürstenspiegel, andrerseits ist sie gleichwohl als Mahnung an die einheimischen Potentaten gedacht, den geschilderten Entwicklungen zuvorzukommen, erfüllt also selbst die Funktion eines quasi historischen Fürstenspiegels.

Die implizite Kritik am Staatsroman, die Wieland durch dessen historische Einordnung übt, ist ambivalent. Die kosmologisch begründete Utopie Tifans, die ihrerseits den schrankenlosen Despotismus kritisiert, verbleibt im Rahmen des aufgeklärten Absolutismus und vermag diesen nicht, wie die Geschichtsphilosophie Kants, tendenziell zu transzendieren. Zwar kann sich „der Mensch auf die Güte der Natur verlassen",[188] aber die Natur bietet nur ein organisatorisches Regulativ,

[184] Vgl. Wieland: Werke, Bd. 34, S. 344 f.
[185] Francois Furet/Denis Richet: Die Französische Revolution, Frankfurt/Main 1968, S. 25
[186] Wieland: Werke, Bd. 19, S. 187
[187] Ebd., S. 188
[188] Hohendahl: Erzählproblem, S. 113

ein statisches Ideal. Die Utopie bleibt in der objektiven Kosmologie befangen. Durch die subjektive Wendung der Kantischen Erkenntnistheorie und Moralphilosophie wird dann auch die Teleologie subjektiviert. Sie ist nicht mehr objektiv vorgegeben, sondern nur noch subjektiv notwendig. Die Geschichtsphilosophie entspringt der Moralphilosophie, zu deren Moment die Teleologie wird. Dadurch wird sie zugleich dynamisiert und vermag auch den institutionellen Rahmen zu sprengen. Bei Wieland dagegen ist das Verhältnis von Kosmologie und unendlichem Fortschritt nicht recht geklärt. Scheint die erstere den letzteren einerseits zu garantieren, so liefert sie andrerseits ganz bestimmte Organisationsmodelle und setzt ihm dadurch wiederum enge institutionelle Grenzen. Teleologie und Institution fallen auseinander. So nimmt Wieland in praxi das Hobbessche geschichtsphilosophische Modell wieder auf, das einen Fortschritt nur innerhalb des Staates kennt, der jedoch auch nicht den schließlichen Rückfall in die Anarchie des Naturzustandes verhindern kann.[189] Die Geschichte an sich ist theoretisch vernünftig (wenngleich auch diese Vernunft Modifikationen unterliegt), praktisch unvernünftig. Jedoch bekommt die Unvernunft der Geschichte bei Wieland gegenüber Hobbes einen anderen Sinn. Diente sie bei diesem der geschichtsphilosophischen Absicherung des Etatismus, so relativiert sie bei Wieland den selbst schon aufgeklärten Despotismus. Die geschichtsphilosophische Struktur des Romans ist aporetisch. Die auf einer zyklischen Geschichtsvorstellung beruhende Kritik an der Utopie überhaupt wie auch speziell an der Tifanschen Reform führt nicht zur Neuformulierung eines (dann demokratischen) Verfassungsideals. Denn der zyklische Verlauf der scheschianischen Geschichte hat die doppelte Funktion, einerseits die sozusagen systemimmanente Reform zu kritisieren, andrerseits die radikale auszuschließen. Daher setzt sich die demokratische Kritik nicht utopisch um. Dem aufgeklärten Despotismus Tifans entspricht am Ende des letzten Zyklus eine Leerstelle. Gleichwohl endet der Roman nicht in Fatalismus, wie Wezels „Belphegor". Die „gewisse Fatalität", die der Erzähler feststellt, verhindert zwar, daß sich utopische Entwürfe dauerhaft verwirklichen, garantiert jedoch zugleich, daß die Welt wenigstens durch ein „Minimum *von Weisheit*" regiert wird.[190] Zwar kann auch der beste Herrscher nicht allzu viel besser machen, aber auch der schlechteste nicht allzu viel verschlechtern. Die Natur selbst gewährt den Spielraum, der notwendig ist, um *„die Welt im Gange zu erhalten"*.[191] Diesen Spielraum füllt die ironische Skepsis aus. Die Erzählung der scheschianischen Geschichte wird begleitet von einer in der Rahmenhandlung stattfindenden permanenten Debatte, die sie zugleich politisch und gesellig überwölbt.

[189] Vgl. Koselleck: Kritik und Krise, S. 164 f.
[190] Wieland: Werke, Bd. 19, S. 137 f.
[191] Ebd., S. 138

3. Ironie

Der Rahmen der eigentlichen Geschichte des Reiches Scheschian ist mannigfach geschachtelt. Hatten manche der vorhergehenden Staatsromane, deren klassisches Vorbild Xenophons „Kyropädie" ist, die Verbindlichkeit der Utopie dadurch zu sichern gesucht, daß sie sie an einer historischen Gestalt festmachten, wie Terrassons „Sethos", Justis „Psammitichus" oder Hallers „Usong", so löst Wieland diesen historischen Rahmen von vornherein in ein ironisches Spiel auf. Ein (extremes) Beispiel für das erstere Verfahren ist etwa Justis „Psammitichus". Zwar verteidigt er in seiner Vorrede die Romane im allgemeinen wegen der „rührenden und edlen Vorstellungen", die sie zu erwecken vermögend sind, meint aber doch, daß diese rührenden und edlen Bilder noch weit mehr Eindruck machen würden, wenn die Wahrheit der erzählten Geschichte verbürgt sei.[192] Natürlich kann es dann, wenn man, wie Justi, die geschichtliche Überlieferung ernst nimmt, zum Konflikt zwischen historischer Wahrheit und Vorbildlichkeit des Protagonisten kommen. So sieht sich Justi genötigt, sich in der Vorrede zum 2. Band mit einer Tradition zu befassen, die von der Heirat des Psammitichus mit einer Dirne zu berichten weiß. In diesem Fall nun geht der Verfasser zwar so weit, zu behaupten, er hätte um der Vorbildlichkeit des Helden willen diese Tradition auch dann unterschlagen, wenn sie unzweifelhaft gewesen wäre, baut diese Behauptung jedoch keineswegs zu einem poetologischen Postulat aus, sondern macht sich daran, die Glaubwürdigkeit der Quellen durch umständliche chronologische Erwägungen zu erschüttern. Zwar nicht theoretisch, aber praktisch bleibt die politische Glaubwürdigkeit der verkündeten idealen Staatskunst an die historische Glaubwürdigkeit ihres Trägers gebunden.

Mit dieser Interdependenz, die der gleichzeitig mit dem „Goldenen Spiegel" erschienene Hallersche „Usong" ebenfalls noch beibehält, räumt Wieland auf. Entsprechend der poetologischen Wandlung des Nachahmungsprinzips verzichtet Wieland auf die historische Beglaubigung, um gerade dadurch den für eine stärkere Typisierung geschichtlicher Abläufe notwendigen Spielraum zu erhalten.[193] Die Geschichte Scheschians ist nicht wahr, aber um so wahrscheinlicher. Die ursprüngliche Geschichte ist das Werk zweier „Omrahs", angefertigt zum Einschläfern Schach Gebals. Der wenig bekannte chinesische Schriftsteller Hiang-Fu-Tsee hat diese dann ins Chinesische übersetzt und um den Rahmen, die Unterhaltung über das jeweils Erzählte zwischen Schach Gebal, Danischmend und Nurmahal sowie verschiedenen Höflingen, die er aus sicherer Quelle haben will, bereichert. Zwar werden diese Gespräche vom Herausgeber von 1772, der die Erzählung aus einer lateinischen Übersetzung der chinesischen Handschrift ins Deutsche übertragen hat, in ihrer Faktizität in Zweifel gezogen, aber gleichwohl, als dem Charakter des Sultans

[192] Justi: Psammitichus, unpaginierte Vorrede.
[193] Vgl. Hohendahl: Erzählproblem, S. 105

angemessen, für möglich gehalten. Die ernsthafte Quellenkritik, die Justi übt, wird zur Mimikry.

Durch diese Technik der Facettierung jedoch ergibt sich zugleich die Möglichkeit, die historische Gesetzmäßigkeit des Geschehens zu akzentuieren. Die verschiedenen Herausgeber nehmen des öfteren die Gelegenheit wahr, die ursprüngliche Geschichte mit historischen Parallelen und anderen Betrachtungen zu kommentieren. So können auch der Herausgeber von 1772 und der Bearbeiter von 1794 aktuelle Ereignisse, wie etwa die Französische Revolution, einarbeiten, ohne das ästhetische Kontinuum zu sprengen.[194] Durch den Polyperspektivismus der Überlieferungsfiktion wird der Staatsroman offen für die Zukunft. In der Brechung durch die verschiedenen Schichten der Tradition lösen sich die Aporien der scheschianischen Geschichte zwar nicht theoretisch, aber ästhetisch, nämlich ironisch auf.

Insbesondere ist dies der Fall in der unmittelbaren Rahmenhandlung. Wieland ist nach Morus, soweit ich sehe, der erste, der in dieser das Problem der Utopie selbst zur Diskussion stellt. Liefert jedoch in der „Utopia" die Debatte der Rahmenhandlung die historische und theoretische Basis für die utopische Konstruktion, so ist sie bei Wieland von vornherein in einem ironischen Spielraum angesiedelt. Die Reaktionen des Sultans auf das von Nurmahal und Danischmend Erzählte beziehen sich sowohl auf dessen politische wie fiktionale Seite.[195] In der politischen Diskussion kehrt der Sultan zumeist den realpolitischen Skeptiker hervor, und seine moralischen Aufwallungen sind durchweg nicht mehr als eben dieses, wie ja auch der Erzähler Danischmend nach seiner temporären Erhebung zum „Itimadulet" am Schluß des Romans im Gefängnis und schließlich in der Verbannung landet. Das Verhältnis zwischen moralischem Utopismus und realpolitischer Skepsis bleibt dabei im Spielfeld der Ironie. Der Staatsroman wird zwar ironisiert, aber nicht parodiert. Wer jeweils recht hat, der Erzähler oder sein Kritiker, ist kaum je zu entscheiden. Die Kritik, die der Sultan übt, ist teilweise berechtigt, teilweise fällt sie auf ihn selbst zurück, und beides spielt oft genug ineinander. Der Zweck der Abfassung der scheschianischen Geschichte durch die beiden Omrahs ist von vornherein die Einschläferung des Sultans. Andrerseits jedoch ergibt sich dadurch gleichwohl die Gelegenheit, ihm einige allgemeine Wahrheiten zu sagen. Der erste Sachverhalt relativiert den zweiten und umgekehrt. In der Praxis der Rahmenhandlung wird dieses Prinzip der Doppeldeutigkeit so gehandhabt, daß der Sultan einerseits dann einschläft, wenn die Darlegungen der jeweiligen Erzähler eine für

[194] Daß Wieland die Erweiterung von 1794 nicht auch noch in die Überlieferungsgeschichte der Einleitung eingearbeitet hat, ist ein Schönheitsfehler, keineswegs sprengen die Anmerkungen „Wielands" den Rahmen der Fiktion (so Hohendahl: Erzählproblem, S. 112). Vielmehr unterscheiden sich seine Kommentare formal nicht von denen der anderen Herausgeber. Daß Anmerkungen des lateinischen Übersetzers und des deutschen Herausgebers hintereinander geschaltet werden, die ersteren den Text, die letzteren die ersteren korrigieren, betont die Kontinuität der ironischen Fiktion (vgl. etwa Wieland: Werke, Bd. 18, S. 38).

[195] Vgl. Hohendahl: Erzählprobleme, S. 109

ihn unangenehme Wendung nehmen, andrerseits, wenn sie in eine in der Tat allzu große Weitschweifigkeit verfallen, die inhaltlich zudem oft mit der interessierenden staatlichen Sphäre nichts zu tun hat. So etwa schläft der Sultan auf die breit ausgeführte Sittenlehre des Psammis hin, die in die Utopie von den Kindern der Natur eingelagert ist, besonders gut.

Ähnlich verhält es sich mit den kritischen Bemerkungen, die der Sultan von Fall zu Fall macht. Es wurde oben bereits erwähnt, daß am Schluß des Romans die fortschreitende Aufklärung als notwendig zu neuen politischen Organisationsformen drängend jedenfalls postuliert wird, ganz im Kantischen Sinne. Dieses Postulat nun läßt den Sultan sofort zu einem Feind zwar nicht der Kultur überhaupt, jedoch der fortschreitenden Kultur werden. Er verkündet das Prinzip des „Schuster bleib bei deinen Leisten". Wer zum Dreschflegel usw. geboren ist, soll sich nicht den Kopf derjenigen zerbrechen, die zur Wahrnehmung der eigentlichen politischen Funktionen berufen sind. Diese Stellungnahme des Sultans, die dem Geist der Tifanschen Verfassung, so, wie sie sich in toto darstellt, zwar nicht entspricht, aber immerhin ein Moment an ihr, nämlich die Einteilung der Gesellschaft in streng voneinander abgesonderte Kasten, (wenn auch über-) akzentuiert, wird von Danischmend weiter verzerrt. Er unterstellt ihm, ironisch zustimmend, daß er die Menschen für alberne Tiere halte, für die eine Verfassung, wie sie Tifan ihnen gegeben habe, sich natürlich nicht schicke. Unter dem durch die Debatte erzeugten Perspektivismus der Argumentation verschieben sich die Inhalte. Kurz zuvor noch hatte Danischmend die Tifansche Reform als im demokratischen Sinne zu wenig konsequent kritisiert. Gegen den vom Sultan verkündeten Despotismus jedoch kehrt er umgekehrt, wenn auch nur implizit, deren fortschrittliche Implikate heraus. Zudem zieht er aus dem Epitheton Tifans, den er Tifan den Einzigen nennt, eine sozusagen überhistorische Beglaubigung. Denn die Zeitgenossen assoziierten dabei, wie etwa auch Knigge zeigt, Friedrich den Großen, zumal dieses Epitheton im Roman überhaupt das einzige ist, das einem der Herrscher beigelegt wird. Auch isoliert das Epitheton Tifan aus dem Kontext seiner Vorgänger und Nachfolger und unterstreicht damit zugleich die Vergeblichkeit und verbleibende Aufgabe seines Tuns. – Darauf komme ich jedoch noch in anderem Zusammenhang zurück. – Die antagonistische Struktur der Gedankenführung durchschlägt ihre Inhalte. Gegen den aufgeklärten Despotismus der Tifanschen Reform werden deren institutionelle Schranken ausgespielt, gegen den unbeschränkten Despotismus des Sultans der aufgeklärte Tifans. Dabei sind zudem, wie gezeigt, die Übergänge durchaus fließend.

Die Ironie erhält einen bitteren Zug. Durch den Einwand des Sultans wird Danischmend ja gezwungen, etwas seiner ursprünglichen Absicht Entgegengesetztes zu behaupten. Hatte er vorher agitatorisch geäußert, daß die Tifansche Verfassung für ein mündiges Volk, das zu befördern sie selbst geholfen habe, zu enge Schranken gesetzt habe, so soll jetzt umgekehrt das Volk für auch nur partielle Reformen zu schlecht sein. Der progredierenden inhaltlichen Infragestellung der Reform und ihres literarischen Genres, des Staatsromans, entspricht formal die Verschärfung der Diskussion in der Rahmenhandlung. Der Kompromiß zwischen Unterwerfung und Belehrung, der vorherige Debatten prägt, ist nicht mehr möglich. Einerseits visiert Danischmend auch den institutionellen Umsturz wenigstens an, andrerseits sieht er sich gezwungen, die Einwände des Sultans satirisch zu übersteigern. Das gesellige Klima der Rahmenhandlung wird gesprengt. Daher endet der Roman denn auch mit der kahlen Erzählung des endgültigen Verfalls, ohne daß weiterhin der Versuch gemacht würde, die entsprechenden Vorgänge durch ihre Diskussion aufzulockern.

Stellen die Unterhaltungen des Schlusses sozusagen das kritische Extrem dar, so gibt es vorher durchaus Passagen, in denen der Sultan gegenüber seinem Itimadulet recht hat. Besonders deutlich wird das an der Behandlung des die Tifansche Verfassung begründenden Postulats, dem Herrscher zwar die Freiheit, Gutes zu tun, zu belassen, ihm jedoch die Macht, Böses zu tun, zu nehmen. Es wurde bereits erwähnt, daß die von Danischmend am Schluß des Romans erörterte Unmöglichkeit, beides zu vereinbaren, einer der Gründe für den Untergang des scheschianischen Reiches ist. Der Einwand nun, den Danischmend macht, daß nämlich die Freiheit, Gutes zu tun, notwendig auch die Freiheit, Böses zu tun, beinhalte, daß entweder beides oder keines möglich sei, wird schon vorher vom Sultan vorgebracht. Zwar ist der Standort der Kritik in beiden Fällen verschieden, indem Danischmend die Bindung an die Gesetze, der Sultan die persönliche Willkür betont, der eine sozusagen von links, der andere von rechts kritisiert, jedoch kommen beide in der Konstatierung der Aporie überein.

Die Ambivalenz der Verteilung von Recht und Unrecht in den Debatten der Rahmenhandlung entspringt der Ambivalenz der Utopie selbst. Daher wird auch deren Form, der Staatsroman, zum Problem. Hohendahl hat von den Vorreden zum „Agathon" her die Differenz im Darstellungsmodus zwischen dem utopischen Teil des Romans einerseits, dem nichtutopischen andrerseits entwickelt. Auf der einen Seite teilt sich der Utopie durch ihre Einordnung in einen geschichtlichen Prozeß, der seinerseits strikt kausal entwickelt und dadurch plausibel gemacht wird, dessen Modus der Wahrscheinlichkeit mit, andrerseits wird dieser in der Rahmenhandlung selbst diskutiert und problematisiert.

Die Kunstfertigkeit, mit der Wieland Verklammerung und Absetzung ineinander spiegelt, wird bereits deutlich aus einer Anmerkung zum ersten Satz, den Danischmend über Tifan sagt. Er leitet seinen Bericht von der Erziehung Tifans im Schoße der Natur durch eine historische Reminiszenz ein. Auch der beste unter allen chinesischen Königen, Chun, ist, bevor er zum König erzogen wurde, zuvor zu einem Menschen gebildet worden, womit die mehrfach beschriebene Antithetik von Mensch und Herrscher gleich zu Anfang der Utopie scharf akzentuiert wird. Dazu macht der deutsche Herausgeber eine Anmerkung, in der er der die Kaiser Chun und Yao lobpreisenden Überlieferung nicht mehr „historische Wahrheit" zumißt als der Geschichte Tifans.[196] Daß hier „Wahrheit", nicht „Wahrscheinlichkeit" steht, ist insofern irrelevant, als die Romanfiktion ja von der historischen Wahrheit der erzählten Geschichte, wenn auch ironisch gebrochen, ausgeht. Die fiktionale Wahrheit der einzelnen Geschichte, jedenfalls soweit sie sich auf den nichtutopischen Teil bezieht, stellt sich für einen außerhalb des Romans befindlichen Standpunkt als der Natur der Geschichte überhaupt angemessen, wahrscheinlich dar. Indem daher der Herausgeber einen Standpunkt innerhalb des Romans bezieht – denn der Autor Wieland weiß natürlich, daß die Geschichte des Reiches Scheschian überhaupt, nicht nur die Tifansche Utopie ungleich der chinesischen Überlieferung eine Fiktion ist –, hat die Kritik der Wahrheit der Historie den Stellenwert einer Kritik der Wahrscheinlichkeit der Utopie. Die Verklammerung der Utopie mit der realen Geschichte, die Danischmend über die eo ipso schon gegebene historische Einordnung hinaus versucht, wird so in der Anmerkung des Herausgebers dadurch revoziert, daß er die geschichtliche Überlieferung selbst in Zweifel zieht.

Ein entsprechendes Verfahren wird in der Rahmenhandlung geübt. Als Danischmend das Tifans Eingreifen in die Politik vorausgehende Gespräch zwischen diesem und seinem Lehrer Dschengis berichtet, macht der Sultan Einwände:

> „Danischmend", sagte Schach=Gebal – „Ich fange an, zu merken, daß Du im Sinne hast, uns mit einem Romane zu beschenken. Bisher klang der größte Teil Deiner Erzählung so ziemlich wie eine Geschichte *aus dieser Welt.* Aber dieser *Dschengis,* dieser *Tifan!* Man erinnert sich nicht, solche Leute gekannt zu haben! Nicht als ob ich etwas dawider einzuwenden hätte, daß sie so gute Leute sind! Aber ich hasse Alles, was einem Märchen ähnlich sieht, Danischmend!"[197]

Und diese Einwände werden von Danischmend durchaus akzeptiert:

> „Wenn Ihre Hoheit dies im Ernst meinen", versetzte der Philosoph, „so bin ich genöthigt, demüthigst um meine Entlassung anzusuchen. Denn ich muß gestehen, je weiter wir in der Geschichte Tifan's kommen werden, desto weniger wird sie die Miene einer Geschichte *aus dieser Welt* haben. Aber demungeachtet kann ich mir's nicht aus dem Kopfe bringen, daß sie eine so wahre Geschichte ist, als immer die Geschichte von Azorn oder Isfandiarn. *Tifan ist kein Geschöpf der Phantasie;* es liegt dem ganzen Menschengeschlecht daran, daß er keines sei. *Entweder er ist schon gewesen,* oder, *wenn er* (wie ich denke) *nicht unter den jetzt Lebenden ist, wird er ganz gewiß künftig einmal sein.*"[198]

Der Sultan nimmt hier den Standpunkt ein, den Wieland in der Abhandlung „Über das Historische im Agathon" eingenommen hatte. Dort hatte er seinen Roman von Xenophons „Kyropädie" abgegrenzt. Ist dort „das Erdichtete in die historische Wahrheit" eingewebt, ist also bei Xenophon das vorgeblich historisch Wahre unwahrscheinlich, so erhebt Wieland den Anspruch, trotz oder gerade durch den Verzicht auf die historische Wahrheit, die ironisch behandelt wird, eine wahrscheinliche Geschichte zu erzählen, die mit den „Gesetzen der menschlichen Natur" übereinstimmt.[199] Analog beziehen sich die Vorbehalte des Sultans nicht auf die

[196] Wieland: Werke, Bd. 19, S. 56
[197] Ebd., S. 88
[198] Ebd.
[199] Ebd., Bd. 1, S. 59

Wahrheit der erzählten Geschichte – an diese stellt er ohnehin keine hohen Ansprüche, wie seine mannigfachen Aufforderungen an den Erzähler, das Erzählte nicht nur zu raffen, sondern auch willkürlich zu verändern, dokumentieren –, sondern auf ihre Wahrscheinlichkeit. Wenn die Erzählung „aus dieser Welt“ sein muß, so ist die Utopie ein „Roman“ (hier nicht im gattungspoetischen, sondern noch im älteren pejorativen Sinn gebraucht), ein „Märchen“. Der Einwand des Sultans zielt „auf die Verbindung von Dichtung und Utopie“.[200] Aber – und das gibt dem Einwand einen anderen Stellenwert als den in der Vorrede zum „Agathon“ entwickelten poetologischen Gedanken – der Sultan hat zugleich allen Grund, gegenüber der Wahrscheinlichkeit solcher Figuren wie Dschengis und Tifan skeptisch zu sein. Denn diese würde die moralische und politische Basis der eigenen despotischen Herrschaft untergraben. Entsprechend differenziert Danischmend seine Antwort. Zwar konzediert er die Unwahrscheinlichkeit der Geschichte, postuliert aber im selben Atemzug, daß sie gleichwohl eine wahre Geschichte sei.

Nun könnte es so scheinen, „daß die Utopie an einem anderen Wahrheitsbegriff gemessen wird als der Roman“.[201] Das bedarf jedoch der Modifikation. Zunächst wird die Geschichte Tifans mit der Geschichte seiner beiden Vorgänger sowohl auf eine Ebene gerückt wie von ihr abgehoben. Das „als immer“ betont sowohl die Identität als auch die Differenz des Wahrheitsbegriffs. Einerseits ist die Utopie ein bloßes Postulat, andrerseits ist ihre Realisierung durchaus möglich. Beides steht unmittelbar nebeneinander. Daß Tifan kein Geschöpf der Phantasie ist, wird sowohl als Realität behauptet wie als eine aus dem Interesse des ganzen Menschengeschlechtes hervorgehende notwendige Forderung postuliert. Umgekehrt läßt der verzweifelte Nachdruck, der auf der dreifachen Feststellung liegt, entweder habe es einen Tifan schon gegeben oder, wenn es ihn jetzt nicht gebe, werde es ihn gewiß in der Zukunft geben, die Behauptung der Realität eher als Postulat erscheinen. Einerseits transzendiert die Utopie den Bereich des Wahrscheinlichen, andrerseits erweitert sie ihn.[202] So meint denn auch der Sultan:

> „Immerhin . . ., wenn Dein Tifan auch ein Traum wäre, so wollen wir wenigstens sehen, ob es sich vielleicht der Mühe verlohnt, ihn wahr zu machen“,[203]

[200] Hohendahl: Erzählproblem, S. 111 [201] Ebd.

[202] So kommt Wieland paradoxerweise auf die Konstellation der Aristotelischen Poetik zurück: „Ganz allgemein muß man das Unmögliche entweder mit Hinblick auf die Dichtung oder auf das Bessere oder mit Hinblick auf die allgemeine Meinung rechtfertigen“, heißt es dort (Aristoteles: Poetik, Stuttgart 1969, S. 66). Nun ist es zwar mit der *poetischen* Evidenz der Utopie nicht so weit her (daß im übrigen Aristoteles das Unmögliche mit dieser rechtfertigt, zeigt, wie weit sein Nachahmungsbegriff zu fassen ist), um so mehr aber stellt sie gegenüber der Realität das „Bessere“ dar und stützt sich zudem auf die allgemeine Meinung. Zwar bezieht sich der Aristotelische Begriff des Unmöglichen zunächst auf das faktisch Unmögliche, impliziert jedoch auch, wie die Legitimierung der Zeuxisschen Idealisierung zeigt, den des Wahrscheinlichen. Das Unmögliche kann dadurch gerechtfertigt werden, daß es das Bessere oder das der allgemeinen Meinung Entsprechende ist.

[203] Wieland: Werke, Bd. 19, S. 88

und behandelt damit die Utopie als sogar beliebig realisierbar. Und wenig später wünscht sich der Sultan, obwohl Tifan „nur der phantasirte Held eines politischen Romans ist", dreißig Jahre jünger zu sein, „um eine so schöne Phantasie wahr zu machen."[204] Nun bleiben solche Bemerkungen im konversationellen Rahmen, und dem Sultan liegt nichts ferner, als aus der Erzählung Danischmends irgendwelche Lehren zu ziehen, die die Utopie zugleich wahrscheinlich gemacht hätten. Auch die Rahmenhandlung bleibt, wie die Geschichte des Reiches Scheschian selbst, im Bereich der Wahrscheinlichkeit.

In einer Anmerkung des deutschen Herausgebers jedoch wird in diesen auch die Utopie oder genauer der Staatsroman einbezogen:

> In der That fällt das Ungereimte in dem Verhältniß der Kräfte eines einzelnen Menschen gegen die ungeheure Unternehmung, allen Unbilden und Fehden in der Welt steuern zu wollen, einem Jeden in die Augen. Und gleichwol ist nichts wahrscheinlicher (!), als daß *ein Dutzend Don Quixoten,* die sich miteinander verständen und, anstatt auf die Feinde des *Don Gaiferos und der schönen Melisandra,* auf *die Feinde des menschlichen Geschlechtes* mit eben dem *Muthe,* mit welchem der Held von Mancha seine chimärischen Gegner bekämpfte (nur freilich mit einem gesundern Kopfe, als der seinige war), losgingen, – die Gestalt unsrer sublunarischen Welt binnen einem Menschenalter mächtig ins Bessere verändern würden.[205]

Bezogen sich die zuvor zitierten Stellen auf die Existenz eines vollkommenen Herrschers, so diese Anmerkung auf die Durchsetzung der Pläne eines solchen. Ist die erstere nach wie vor problematisch, so wird die letztere für durchaus wahrscheinlich gehalten und dadurch das Genre des Staatsromans indirekt legitimiert. Denn dessen Ziel ist es ja gerade, solche Herrscher heranbilden zu helfen, die die entsprechende moralische Qualifikation für ihre Aufgabe mitbringen. Deren politische Erfüllung ist dann zum mindesten wahrscheinlich.

So werden in den Gesprächen der Rahmenhandlung und in den Anmerkungen die Utopie und ihre romanhafte Darstellung zugleich begründet und relativiert. Die Widersprüchlichkeit der utopischen Konstruktion in sich selbst sowie ihrer natur- bzw. geschichtsphilosophischen Abstützung bzw. Widerlegung schlägt sich auch in der Ambivalenz ihrer Reflexion nieder.[206] Es resultiert ein „Kontinuum der Reflexion", das die Antagonismen nicht synthetisiert, sondern lediglich permanent

[204] Wieland: Werke, Bd. 19, S. 90
[205] Ebd., S. 80
[206] Daher ist es problematisch, in bezug auf Wielands utopisches Denken von einem Widerspruch zwischen Inhalt und Methode zu sprechen. „Während er methodisch den schöpferischen Anspruch der neuzeitlichen Utopie realisiert und den Menschen zur Veränderung seiner Welt auffordert, bleibt er inhaltlich der antiken Vorstellung verpflichtet, daß der Natur-Kosmos das menschliche Daseinsinteresse berücksichtigt", schreibt Hohendahl (Erzählprobleme, S. 114). Jedoch: Nicht der Mensch wird zur Veränderung der Welt aufgerufen, sondern der Herrscher, womit der Veränderung bereits enge Grenzen gesetzt sind, und umgekehrt impliziert der Wielandsche Naturkosmos zugleich ein teleologisches Moment, das seinerseits die Veränderung der Welt, wie sie ist, begründet (und beschränkt). Der Widerspruch ist keiner von Inhalt und Methode, sondern zieht sich durch beide hindurch.

gegeneinander setzt. Die Aporie des bürgerlichen Staatsromans ist bei Wieland auf die Spitze getrieben. Wird bei Loen die Christianopolisutopie aus der Haupthandlung, der Reformplan des Grafen gar aus dem Roman selbst ausgegliedert und das Realisierungsproblem so quasi negativ gelöst, so wird die Utopie bei Wieland darüber hinaus ein Opfer der Geschichte. Entsprechend setzt Loen die erzählerische Ironie noch gezielt, sozusagen von oben herab, ein, während sie bei Wieland zum Prinzip wechselseitiger Spiegelung wird. Das Verhältnis von Utopie und Roman kehrt sich gewissermaßen um. Sind Loen seine Reformvorschläge selbst bitterer Ernst, so steht er ihrer romanhaften Umsetzung mit der Largesse des Weltmanns gegenüber. Der Roman ist ein Produkt müßiger Stunden. Analog der gestiegenen Wertschätzung des Romans im allgemeinen tritt dagegen bei Wieland die ästhetische Qualität gegenüber der utopischen in den Vordergrund. Der Staatsroman ist ihm vorweg ein Stück Literatur und als solches vor allem Instrument der eigenen Karriere. Der politische Anspruch wird von der ästhetischen Verifizierung überholt. Die Geselligkeit, die bei Loen noch ein Konstituens der utopischen Gesellschaft selber ist, wird aus der Utopie ausgeklammert und gewissermaßen reprivatisiert, ein der Trennung von Naturutopie und Reformutopie analoger Vorgang. Die bürgerliche Gesellschaft begründet quasi nur den Reflexionsraum, in den sich die Utopie und ihre Diskussion aufheben läßt. Die theoretischen Aporien werden von der Flexibilität und dem Perspektivismus der Konversation, deren Klima die Sprache des ganzen Romans prägt, zugedeckt. Dem am Vorabend der Französischen Revolution und während derselben erschienenen Roman Meyerns ist dieser Ausweg versperrt.

III. Wilhelm Friedrich Meyerns „Dya-Na-Sore"

Die folgende Darstellung von Meyerns fünfbändigem Roman „Dya-Na-Sore" geht aus von den extrem gegensätzlichen Bewertungen, die dieses Werk gefunden hat. Das sich daraus ergebende Problem soll dann an verschiedenen Aspekten des Romans verdeutlicht werden. Da „Dya-Na-Sore" einer der wenigen Staatsromane ist, die einen revolutionären Prozeß demonstrieren, ist von diesem auszugehen und sein Verhältnis zu den verschiedenen utopischen Konzeptionen zu erörtern. Die Ergebnisse dieser Untersuchung stelle ich sodann in den weiteren Bezugsrahmen der geschichtsphilosophischen Vorstellungen des Autors bzw. seiner Protagonisten. Da schließlich dem revolutionären Akteur eine über die Realisierung bestimmter staatsrechtlicher Ideale hinausgehende, für den historischen Gehalt des Romans ausschlaggebende Bedeutung zukommt, ist seine Figur in einem weiteren Unterabschnitt zu thematisieren. Abschließend gehe ich sodann noch auf den Autor des Romans selbst ein. Strukturelle und stilistische Analysen habe ich in die einzelnen Unterabschnitte eingearbeitet.

1. Revolution und Utopie

Die Wiederentdeckung von Meyerns „Dya-Na-Sore", sofern von einer solchen angesichts ihrer Folgenlosigkeit überhaupt die Rede sein kann, ist Arno Schmidt zu danken. In seinem Dialog „Dya Na Sore. Blondeste der Bestien" hat er den Roman als „profetische Beschreibung eines ‚Super=Dritten=Reiches'", eines „SS-Staates" charakterisiert und die Parallelisierung bis zur Funktion von „Großindustrie und Hochfinanz" vorgetrieben, die in beiden Fällen der Machtergreifung Hilfestellung leisten bzw. geleistet haben.[207] Sarkastisch polemisiert er gegen die Literaturgeschichtsschreibung, insbesondere den „Würzburger Professor Dr. Wolfdietrich Rasch", der von dem Roman geschrieben habe, „daß ‚hier ein Staatsideal wahrer Humanität begründet' würde".[208] Das von Arno Schmidt mit guten Gründen befehdete Urteil Raschs, das in der Literaturgeschichtsschreibung, sofern sie den Namen Meyerns überhaupt erwähnt, durchgängig ist, vermag sich jedoch auf ebenso gute Gründe zu berufen. Denn schließlich geht es um die Beseitigung der Herrschaft des Tyrannen Ilwend, und die Kategorie zwar nicht des Menschen, aber der Menschheit ist in dem ideologischen Gerüst des Romans zentral. Die Doppeldeutigkeit des Werks schlägt sich auch in der Art und Weise nieder, in der die staatlichen Behörden ihm begegnen. In Wien wird es bei seinem ersten Erscheinen von der Zensur verboten, später jedoch wieder freigegeben, „weil man sich überzeugte, daß die in ihm vorhandenen Gesinnungen die allein echten, heilsamen seien".[209]

Um zunächst beim letzteren zu beginnen, so ist dieser Sachverhalt, von der Handlung und den verkündeten politischen Ansichten her betrachtet, um so erstaunlicher, als der Roman Meyerns, sieht man von der Utopie Knigges ab, der einzige Staatsroman ist, der nicht, wie etwa die Romane Loens und Wielands, bei der Reform von oben im Sinne des déspotisme éclairé stehen bleibt, sondern diese auf einer breiten Volksbewegung aufbaut und schließlich in die Revolution münden läßt. Die politischen Konsequenzen der Utopie werden bei Meyern nicht mehr verdeckt, sondern gezogen. Die Utopie realisiert sich im Bürgerkrieg. Das 4. und 5. Buch von „Dya-Na-Sore" beschreiben einen revolutionären Prozeß, dessen Analogie zur Französischen Revolution offenkundig ist.[210]

[207] Arno Schmidt: Dya Na Sore. Blondeste der Bestien. In: A. S.: Tina/oder über die Unsterblichkeit, Frankfurt/Main und Hamburg 1966, S. 27 ff.

[208] Ebd., S. 46. – Vgl. Heinz Otto Burger (Hrsg.): Annalen der deutschen Literatur, Stuttgart 1962, S. 498

[209] Josef Pauscher: Dya-Na-Sore, im Selbstverlage des Verfassers 1911, S. 11

[210] Ich gehe hier und im folgenden von der erweiterten und umgearbeiteten zweiten Fassung des Romans aus. Zwar ist diese im Ton und auch im politischen Gehalt gemäßigter als die erste Fassung, sofern bei einem so exaltierten Roman und Autor überhaupt von Mäßigung die Rede sein kann, unterscheidet sich von dieser aber nicht prinzipiell. So liegt etwa in der zweiten Fassung ein stärkerer Akzent auf Moral und Gesetz als auf der Freiheit – und insofern schert Meyern wieder in die Konventionen des traditionellen Staatsromans ein –, zugleich jedoch wird in beiden Fassungen im Sinne der französischen Ver-

Sogar deren Voraussetzung, das Vorhandensein einer ökonomisch starken und politisch selbstbewußten Bourgeosie, wird bei Meyern hergestellt. Der Geheimbund, der die Reform bzw. Revolution moralisch und organisatorisch vorbereiten soll, bringt vor allem die Wirtschaft und den Handel des Staates unter seine Kontrolle. Die bürgerliche Revolution erhält auch eine bürgerliche Basis. Bevor die politische Revolution initiiert wird, wird sie zunächst ökonomisch fundamentiert. Sehr scharfsichtig heißt es in einem ausführlichen Preis des bürgerlichen Handels und Gewerbes:

> Der darbende Eigennutz kriecht knechtisch am (sic!) Staube: dem Mangellosen, der mit der Größe des Erwerbs sich erweitert, der Tausende nährt und sich begreift in der Macht... ihres Zustands Schöpfer zu sein, wird *Ehre* – Bedürfniß.[211]

Mit Ehre ist entsprechend dem Montesquieuschen Sprachgebrauch die Repräsentanz im politischen Raum gemeint. Diese anzustreben kann nur Sache einer ökonomisch mächtigen Bourgoisie sein, die ihre wirtschaftliche Bedeutung dann notwendig politisch umsetzen wird, nicht die einer „darbenden" Unterschicht. An anderer Stelle wird die Bedeutung des Handels für Genese und Struktur der „öffentlichen Meinung" beschrieben, an der die Machinationen des Tyrannen und seiner Günstlinge zu Schanden werden.[212] Die „Vernunft" wird wichtig bereits für den „Eigennutz", und „die veraltete, wiedererregte Macht des Altars" steht „verspottet neben der Liebe des Gewinns".[213] In der Künstlichkeit dieser Fundamentierung und ihrer moralischen Begründung jedoch macht sich zugleich das Erbe des aufklärerischen Staatsromans geltend. Zwar ist die Revolution Resultat eines Prozesses – und insofern geht Meyern über die Statik des traditionellen Staatsromans hinaus, der die Reform von der moralischen Qualität eines idealen Herrschers, der virtuell zu jeder Zeit auftreten kann, abhängig macht –, dieser Prozeß vollzieht sich jedoch nicht objektiv, sondern wird durch die Machenschaften eines Geheimbunds, dessen Analogie zu den Freimaurern offenbar ist, künstlich, subjektiv in Gang gesetzt. Die Objektivität des Prozesses verbleibt im Bereich der Deklaration, wird nicht in Handlung umgesetzt.

Die Bourgeoisie Meyerns stellt sich nicht als auf Grund historischer Prozesse gewordene objektiv revolutionäre Klasse dar, sondern ist Produkt und Repräsentant einer moralischen Elite. Zweck der Revolution ist nicht die politische Macht der Bourgeoisie, sondern diese ist lediglich das Mittel übergreifender moralisch-politischer Zielsetzungen, im übrigen, wie Marx erklärt hat, ein durchaus übliches

fassung von 1791 das Verfassungsideal der konstitutionellen Monarchie verkündet (vgl. im übrigen dazu Pauscher: Dya-Na-Sore, S. 16 ff.).

[211] Wilhelm Friedrich Meyern: Dya-Na-Sore, oder: Die Wanderer, Wien 1840, Bd. 3, S. 115. – Die drei Punkte innerhalb des Zitats bedeuten keine Auslassung, sondern finden sich im Text. Wie auch der Gedankenstrich sind sie bezeichnend für die exzentrische Zeichensetzung des Autors, auf die ich in anderem Zusammenhang noch zurückkommen werde.

[212] Ebd., S. 267

[213] Ebd., S. 267 f

Verfahren, denn jede revolutionäre Klasse pflegt ihr Interesse als Allgemeininteresse zu formulieren. Insofern wird die zwar gesehene und zur Voraussetzung der Revolution gemachte ökonomisch-politische Interdependenz zugleich moralisch-utopisch überholt.

Daher unterliegt das Verhältnis zum Handel auch gewissen Brechungen. Sobald Handel und Gewerbe ausschließlich dem Genuß dienen, der bourgeois vom citoyen, der Bürger vom Krieger getrennt werden, werden sie als den höheren Zielen der Menschheit zuwider verworfen. Aus dem Komplex des bürgerlichen Erwerbs wird das Moment der subjektiven Aktivität herausgelöst und zum alleinigen Kriterium der Bewertung gemacht. Daher auch die Aversion gegen die „Gelehrten", die einerseits die moralische Bildung vernachlässigen und deren Tätigkeit daher praktisch folgenlos bleibt – „der Schimmer des Unbekannten ist ihrem kleinen Ehrgeize theurer, als die edlere Gewährleistung des Bekannten und die Sicherheit der Tugend" –, die jedoch andrerseits als „Götter des Haufens" diesen „durch Glauben, Wahn und Luftgebilde" zu unüberlegten Handlungen hinreißen, für die die Zeit noch nicht reif ist.[214] Sie reif zu machen, ist die Aufgabe der von einer Elite kontrollierten bürgerlichen Tätigkeit, die die objektiven Voraussetzungen für eine Revolution herstellen soll. Der objektive Prozeß ist selbst nur ein Moment eines elitären Erziehungs- und Bildungsprozesses. Von daher ist auch die geforderte Zügelung der Aktionsbereitschaft zu verstehen, die mit der ansonsten festzustellenden und noch zu analysierenden inhaltlichen Entleerung der Aktion in einem gewissen Widerspruch zu stehen scheint. Die Aktion darf nicht spontan, anarchisch losbrechen (ein solches Verhalten wird vielmehr dem Pöbel zugeschrieben, vor dem der Autor einen außerordentlichen Abscheu zeigt), sondern sie muß auf bereitetem Boden von revolutionären Kadern nach einem bestimmten Plan durchgeführt werden.

Der Künstlichkeit der Vorbereitung entsprechen Entstehung und Verlauf der Revolution selbst. Zwar weisen die Ereignisse deutliche Parallelen zu denen der Französischen Revolution auf, jedoch werden sie durchweg anders motiviert. Der Zwang, die subjektive Begründung der Vorgänge einerseits, die angestrebte Ähnlichkeit mit der realen Geschichte andrerseits in Einklang zu bringen, führt denn auch zu beträchtlicher Unübersichtlichkeit. Analog den Ereignissen in Frankreich folgt auf eine Versammlung „aller in ihrer Art berühmter, verdienstvoller und trefflicher Menschen" ein Landtag.[215] Nur: weder Anlaß und Modalitäten der Einberufung der beiden Versammlungen noch deren Struktur ähneln der Notabelnversammlung von 1787 bzw. der Nationalversammlung von 1789. Von einer objektiven Ursache, wie der schweren Finanzkrise, die die französischen Ereignisse initiierte und vorantrieb, ist bei Meyern nirgends die Rede. Vielmehr ist die erste Versammlung für den Tyrannen Ilwend und seinen Minister Elkannar, die wie-

[214] Meyern: Dya-Na-Sore, Bd. 3, S. 115 ff.
[215] Ebd., Bd. 4, S. 89

derum gegeneinander intrigieren, nur ein Mittel, um den Exponenten des „Bürgertums“, Tibar, von seiner Basis zu isolieren. Die Einberufung der Versammlung ist lediglich der Schlußpunkt in einem reichlich wirren Intrigenspiel. Diese selbst stellt sich als ein Fest dar, das die Beteiligten durch Schauspiele glorreicher Vergangenheit revolutionär einstimmt, nicht als politische Veranstaltung. Daher scheitert sie denn auch weniger, als daß ihr möglicher revolutionärer Gehalt bis auf wenige Andeutungen unter den hin- und herlaufenden Intrigen und daran geknüpfter Psychologie erstickt wird.

Ähnlich soll der auf Betreiben des Minister gewordenen Tibar einberufene Landtag vor allem den völkischen Gegensatz zwischen den einheimischen Ingannâars und dem Herrenvolk der Orayas kitten. So bleibt die Parallele zum Verlauf der Französischen Revolution auf die Aufeinanderfolge zweier Versammlungen beschränkt, die jedoch nicht Ergebnis eines objektiven revolutionären Prozesses sind, sondern einander widerstreitenden und querlaufenden subjektiven, ja privaten Intentionen entspringen. Fallen bei Wieland Dialektik der Revolution und Reform auseinander, ist die erstere das Resultat eines notwendigen Prozesses, die letztere das Ergebnis des mehr oder weniger zufälligen Eingreifens eines aufgeklärten Despoten, so versucht Meyern, beides zu integrieren, jedoch um den Preis einer Subjektivierung der Revolution selbst.

Der Anspruch des aufklärerischen Staatsromans, den idealen Staat durch Reform von oben herstellen zu helfen, setzt sich auch bei Meyern in der geheimbündlerischen bzw. politisch zufälligen Erklärung der Vorgeschichte der Revolution fort. Wie die aufgeklärten Despoten der Staatsromane wollen auch Tibar und seine Freunde die Welt nach dem Gedanken modeln und stehen so durchaus auf der Höhe zeitgenössischen revolutionären Selbstverständnisses. – Inwieweit dann diese Absichten gleichwohl in den Zusammenhang eines geschichtlichen Prozesses gestellt werden und welche Folgen dies hat, wird später zu zeigen sein. – Jedoch eignet der revolutionären Moralität im Gegensatz zu der des aufgeklärten Herrschers aus naheliegenden Gründen eine besondere Militanz. In deutlicher Anspielung auf die Erziehungspraktiken des Dschengis in Wielands „Goldenem Spiegel“ heißt es über den Prinzenerzieher Arjood:

> Er bildete seine Zöglinge zartfühlend, statt stark erkennend. Er pflegte in ihnen, wie er sagte, jetzt – nur den Menschen.[216]

„Den Fürsten“ will er später, erst in der Zeit seiner Regierung, „entwickeln“ und diesem dann die „Klugheit des Mißtrauens und *der* hohen Festigkeit – die gefaßte Entschlüsse ausführt, und das Gute nie verabsäumt für das Bessere“ mitteilen.[217] Dabei erkennt er nicht, daß „die ewigen Trennungen der Natur ‚Weichheit und Kraft‘“ sich nicht vereinigen lassen „unter der schwachen Willkür einer menschlichen Hand“.[218] Die Passage spielt an auf die wiederholt analysierte Grundanschau-

[216] Meyern: Dya-Na-Sore, Bd. 4, S. 6
[217] Ebd.
[218] Ebd.

ung der aufklärerischen Fürstenspiegel, die die öffentliche Wohlfahrt bereits und vor allem in der privaten Moralität des Herrschers gesichert glauben. Die allenfalls unpolitische Vermittlung von Politik und Moral, die den traditionellen Staatsroman kennzeichnet, wird bei Meyern zu einer anthropologischen Dichotomie verkehrt. War der Staatsroman der Aufklärung von der durch den Absolutismus überkommenen Antithetik von Politik und Moral ausgegangen und hatte er diese weniger politisch vermittelt als utopisch überspielt, da die politische Realisierung der Moral bereits in der vorgegebenen Macht des aufgeklärten Despoten gesichert war, so stellt sich dem Republikanismus Meyerns das Realisierungsproblem in besonderer Schärfe. Daher taugt ihm die Moral nichts, solange sie nicht gepaart ist mit Stärke. Der Herrscher soll nicht Mensch sein, sondern, überspitzt ausgedrückt, der Mensch Herrscher. Die Moralität wird einerseits des rationalen, aktiven Moments entkleidet und auf das passive Zartgefühl reduziert, andrerseits wird umgekehrt ihre Rationalität politisiert. Die Antithetik von Moral und Politik wird zur Antithetik von privater und öffentlicher Tugend. Damit werden auch der Kritik an der prinzlichen Erziehung die Kriterien einer revolutionären Aktionsmoral unterlegt. Daß dies so ohne weiteres möglich ist, hat seinen Grund in dem vertrackten und noch zu untersuchenden Pessimismus Meyerns, der die politischen Fatalitäten nicht nur mit der Verderbtheit des Herrschers und seiner Minister, sondern auch mit der des Volkes begründet, wobei die Kausalität durchaus wechselseitig ist.[219]

Dieser moralischen Neutralität entspricht es, daß auch vom Herrscher sozusagen revolutionäre Tugenden gefordert werden. Der Gedanke einer Reform von oben im Sinne des déspotisme éclairé ist dem Duktus des Romans derart fremd, daß der Gegensatz von Weichheit und Kraft naturgesetzlich verewigt und ihre dauernde Vereinigung jedenfalls in der Person eines Einzelnen ausgeschlossen wird. Allenfalls taucht diese hin und wieder als Postulat auf. Sowohl in der Anwendung revolutionärer Aktionsethik auf die Erziehung eines Prinzen als auch in der postulierten ewigen und allenfalls historisch-prozessual, nicht personell-okkasionalistisch aufhebbaren Trennung von „Weichheit und Kraft" drückt sich der später noch zu analysierende Formalismus der isolierten Aktionsmoral aus. Hier kommt es zunächst nur auf die prinzipielle Differenz zum Fürstenspiegel des 18. Jahrhunderts an.

Hat der Roman Meyerns mit dem traditionellen Staatsroman der Loen, Wieland,

[219] Daß Meyern an anderen Stellen, etwa in einer Rede Mioldaas, die Schuld an den Lastern des Volkes denjenigen zuschreibt, „welche die Kunst verstehen, Seelen zu morden", resultiert aus der noch im einzelnen zu erörternden gedanklichen Struktur des Romans (Meyern: Dya-Na-Sore, Bd. 4, S. 163). Solange politisch, d. h. republikanisch, agitiert wird, werden ausschließlich die Herrschenden verantwortlich gemacht. Sobald sich jedoch diese Kritik in Aktion umsetzt, ist letztere stets in Gefahr, sich heroisch zu verselbständigen. Die Herauslösung der Aktion aus dem unmittelbaren politischen Kontext hat dann zur Folge, daß ihre Qualität sich nicht mehr konkret politisch, sondern nur noch abstrakt heroisch nach dem Maß des Widerstandes bemißt, auf den sie stößt: viel Feind, viel Ehr'.

Sintenis, Basedow und anderer den Subjektivismus des Ausgangspunktes gemeinsam, so wird dieser bei Meyern andrerseits sozusagen kollektiviert und formalisiert. Seinen Grund hat das, wie bereits betont, zunächst in der Nötigung, nicht nur von einem selbst idealen Herrscher ein Verfassungsideal aufstellen zu lassen, sondern dessen revolutionäre Realisierung bzw. den Versuch dazu zu zeigen. Dabei ist das Verhältnis zur Revolution zunächst durchaus ambivalent. Die Angst vor der Anarchie der Pöbelherrschaft läßt den von Tibar geführten Geheimbund vorerst an der Monarchie festhalten, die jedoch im Gegensatz zum traditionellen Staatsroman konstitutionell beschränkt werden soll.[220] Dabei allerdings geht der Entwurf Tibars noch über die Montesquieusche Gewaltenteilung im Sinne Rousseaus hinaus. Wie in der französischen Verfassung von 1791 steht die im König personifizierte Exekutive weitgehend unter der Kontrolle der Legislative, des Landtags. Die Parallelen gehen bis ins Detail: die Wahl der Richter und Beamten durch das Volk, das lediglich suspensive Vetorecht des Königs, die letztliche Kompetenz des Landtags, über Krieg und Frieden zu entscheiden. Ähnlich verhält es sich mit den Modalitäten der Wahl. Bekanntlich hat ja sowohl die Konstituante wie die Gesetzgebende Versammlung am indirekten Wahlmodus festgehalten und dadurch den Einfluß des Großbürgertums gesichert. Ebenso verfährt der Entwurf Tibars. In die gleiche Richtung zielt die Bindung des Wahlrechts an das Eigentum. „Niemand, der nicht in einem festgesetzten Grade von Eigenthum unabhängig von Andern in den Bedürfnissen des Lebens ist, hat ein Theilrecht zur Wahl der gesetzgebenden Vertreter des Volks", heißt es bei Meyern.[221] Analog orientiert sich das von der Nationalversammlung verabschiedete Wahlrecht am Steuerzensus, und noch vom allgemeinen Wahlrecht der Gesetzgebenden Versammlung sind die Dienstboten als unselbständige Personen ausgeschlossen.

Der Antagonismus von Herrscher und Mensch wird zum Antagonismus von Mensch und Bürger:

> Mensch ist jeder, aber nur ein Eigenthum macht den Bürger.[222]

Spielte das reformerisch gesonnene Bürgertum des absolutistischen Wohlfahrtsstaates den König als (vor allem) Menschen gegen den König als Herrscher aus, so grenzt das Meyernsche revolutionäre Bürgertum den Menschen als Bürger von dem Menschen als (auch) Menschen scharf ab. In diesem Zusammenhang entwickelt Meyerns Protagonist Tibar zwei Argumentationslinien, die untereinander zusammenhängen, eine anthropologische und eine etatistische. Der nichts Besitzende kann von jeder Veränderung mehr hoffen als fürchten und ist daher der „geborne Miethling."[223] Dagegen ist das Eigentum des Bürgers ein Band, das diesen an

[220] Die Einzelheiten der Verfassung systematisiert Pauscher: Dya-Na-Sore, S. 26 ff.
[221] Meyern: Dya-Na-Sore, Bd. 4, S. 176
[222] Ebd.
[223] Ebd., S. 177. – In ähnlicher Weise argumentiert Kant. Nur der Eigentümer (wobei der Begriff des Eigentums weit gefaßt wird und sich auch auf die Produkte von Handwerk, Kunst und Wissenschaft erstreckt) ist sein eigener Herr und vermag infolgedessen

den Staat bindet. Zudem sind die unterschiedlichen Rechte ein Ansporn für die Unterprivilegierten, durch den Erwerb von Eigentum ebenfalls zu Aktivbürgern aufzusteigen. – Auf die Modifikation dieses „großbürgerlichen Klassenstandpunktes", die Terglud im Verlauf der Revolution vornimmt, sowie allgemein auf das Verhältnis des Tibarschen Verfassungsentwurfs zu den diesen überholenden utopischen Intentionen gehe ich unten näher ein; hier kommt es zunächst nur auf den ersteren an.

Jedoch – und insofern wird die spätere Modifikation der Rolle des Eigentums bereits vorbereitet – darf sich der Besitz von Eigentum nicht in die Artikulation von Privatinteressen umsetzen. Wie bei Rousseau wird zwischen privatem und allgemeinem Willen scharf unterschieden. „‚Im Lauern versteckter Parteien liegt unsre größte Gefahr'", sagt Tibar und will daher dem „‚Eigennutz'" keine Zeit lassen, sich zu entfalten.[224] Daraus zieht er zunächst die taktische Konsequenz, die „‚wankenden Gesinnungen . . . durch eine entscheidende Sprache, Gemüther, mit ihrem Gegenstande noch nicht so ganz bekannt, durch eine treffende Darstellung gerade zum Ziel'" zu führen.[225] Der allgemeine Wille konstituiert sich nicht durch das öffentliche Raisonnement der einzelnen Bürger, die auf diese Weise ihre privaten Ansichten wechselseitig abklären, sondern ist in dem die Revolution initiierenden Geheimbund bzw. dessen Führern bereits inkarniert. Wie bei Rousseau und, wie zu zeigen sein, wird, über diesen hinaus schlägt die totale Politisierung tendenziell in Diktatur um. Daher auch die Überredungs- und Überrumpelungstaktik, die Tibar verfolgt.

Die öffentliche Meinung wird aus einem Produkt des Raisonnements von vielen zu einem Instrument der Propaganda von wenigen. Der „öffentliche Beifall ist die Sonne, unter deren Strahl der Patriotismus . . . gedeiht", heißt es mit polemischer Anspielung auf die Metaphorik absolutistischer Apologetik.[226] Bekanntlich hat Kant am Schluß seines Aufsatzes „Beantwortung der Frage: Was ist Aufklärung?" auf der Basis seiner Unterscheidung von öffentlichem und privatem Raisonnement dem Staat des aufgeklärten Absolutismus konzediert, daß sich in ihm die Freiheit des Geistes besser ausbreiten könne als in einer Republik, da sie in jenem notwendig auf ihre pädagogischen Funktionen beschränkt sei und also nicht zu einer Auflösung der staatlichen Institutionen in eine Anarchie konkurrierender Interessen führen könne. Die Tendenz dieser Argumentation, die gleichwohl eine Zukunftsperspektive beinhaltet – denn irgendwann einmal soll der Kern die Hülle abstreifen, die Freiheit des Raisonnements zur Freiheit des Handelns werden, so-

Bürger zu sein. Zwischen denjenigen, die ihre Produkte, und denjenigen, die nur ihre Tätigkeit verkaufen, Produzenten und Lohnabhängigen (im weitesten Sinn) wird, obwohl, wie Kant zugesteht, dies „etwas schwer" ist, genau unterschieden (Immanuel Kant: Über den Gemeinspruch: Das mag in der Theorie richtig sein, taugt aber nicht für die Praxis. In: I. K.: Kleinere Schriften, S. 93).

224 Meyern: Nya-Na-Sore, Bd. 4, S. 134

225 Ebd.

226 Ebd., S. 178

bald dieses nämlich durch die Erziehung der öffentlichen Meinung vernünftig geworden ist –, lehnt Meyern einerseits ab, andrerseits macht er sie sich zu eigen. Die Differenz liegt in der Person des Garanten der Gesetzlichkeit. Zwar „neigt sich eine freie Verfassung ... oft zur Gewalt, eine beschränkte ... oft zur stillen Erhaltung der Menschlichkeit", jedoch ist diese Beschränkung nicht Sache eines Monarchen, sondern die des Volkes bzw. einer dieses in sich verkörpernden Elite.[227] Gegen die bloß negative Meinungs- bzw. Pressefreiheit wird vehement polemisiert, und man meint bereits Marcuses Slogan von der repressiven Toleranz mitzuhören:

> Das (sic!) Mächtige über ihre Handlungen zu sprechen erlauben – heißt es oft mehr als Nachreden des Volkes haben keine Folgen mehr für uns, wir verachten sie in ihrer Ohnmacht? Ihre Galle verdampft in ihrem Witz. Daß man unter dem Namen der Duldung, Sitten und Religion, selbst das Heiligste zu entehren erlaubt, ists oft mehr als Kunstgriff, die Aufmerksamkeit der Menschen auf andere Dinge zu lenken, um durch ihre Ausschweifungen desto sicherer zu sein.[228]

Revolutionäre Argumentation, die deutlich genug auf die Praxis Friedrichs des Großen anspielt, und antiaufklärerische Konsequenzen verschränken sich. Innerhalb der Kritik an der bloßen Ventilfunktion der öffentlichen Meinung wird deren Beschränkung im Namen der Sittlichkeit, ja der Religion, mit deren positiver Gestalt Meyern ansonsten nicht viel im Sinn hat, bereits wieder anvisiert.

Garant der Sittlichkeit wie der Herrschaft der Gesetze überhaupt kann weder ein Einzelner noch das Volk sein, sondern nur eine unabhängige Mittelmacht, eine Elite, die auch heute noch als temporäres Korrektiv parlamentarischer Mißwirtschaft in den Köpfen konservativer Intellektueller herumspukt. Soweit dieses Projekt konkretisiert wird, ist dabei vor allem vom Militär die Rede. Nicht die „Lehrer des Altars", die in der Verfassung des Wielandschen Tifan als deren Wächter bestellt werden, sondern die Militärs sollen die Sitten des Volks bewahren.[229] Der Affekt gegen „die studirte Beredsamkeit dessen, dem Reden ein Handwerk ist, der Worte nicht auf unmittelbare Handlungen, sondern Handlungen auf Worte gründet", also gegen den bürgerlichen Intellektuellen, ist deutlich.[230] Verallgemeinert: die Praxis soll nicht aus der Theorie erwachsen, sondern die Theorie aus der Praxis. Der „kriegerische Geist einer Nation", nicht ihr „bürgerliches Leben", das nur zu „Eigennutz" führt, soll den Staat sichern.[231] Die Verselbständigung der revolutionären Praxis, die sowohl ihre gesellschaftliche wie theoretische Basis überholt und unter sich läßt, führt zur Fetischisierung der reinen Aktion, gegenüber der ihre ursprünglich revolutionären Inhalte virtuell verschwinden.

Nun könnte man annehmen, daß diese Militanz, mit der Ahnenkultus und Nationalismus einhergehen, selbst ein Ergebnis der Revolution sei. Und in der Tat ist ja der französische Nationalismus ein Produkt der Revolutionskriege gegen das

[227] Meyern: Dya-Na-Sore, Bd. 4, S. 183
[228] Ebd., S. 184 f.
[229] Ebd., S. 215
[230] Ebd.
[231] Ebd., S. 214

konservative Europa, die Art und Weise, in der die französischen Kleinbürger und Bauern die Aufklärung sich amalgamierten.[232] Diese war wie ihr Gegenspieler, der absolutistische Staat, kosmopolitisch gewesen. Die Staatenkonkurrenz des europäischen Absolutismus entsprang ja keineswegs ideologischen Motiven, sondern ausschließlich machtpolitischen. Das voluntaristische Völkerrecht sollte diese Konkurrenz zugleich regeln und, zur Neutralisierung innerer, speziell konfessioneller, Gegensätze, erhalten. Umgekehrt läßt die Revolution die inneren Gegensätze nach außen schlagen, der Patriotismus wird zum Katalysator des linken Radikalismus. Im Gegensatz nun zu diesem Ursprung des Nationalismus aus der Dialektik der Revolution ist er im Roman Meyerns vorgegeben und wird zudem noch geschichtsphilosophisch begründet, worauf ich zurückkomme. Dadurch wird er zugleich aktuell entschärft und ideologisch verewigt.

Dies wird deutlich aus der Weiterführung der revolutionären und gegenrevolutionären Aktionen, die ebenfalls offenkundige Parallelen zu den französischen Ereignissen aufweisen. Zunächst der Krieg. „Statt eines Bürgerkrieges haben wir dann (d. h. nach Ausbruch des Krieges) einen politischen Krieg, und das wird die Dinge zum Guten wenden. Der physische und moralische Zustand Frankreichs ist so, daß er einem Krieg unmöglich gewachsen sein kann", heißt es in einem Brief des französischen Königs.[233] Und ebenso zettelt der Tyrann Ilwend einen Krieg an, um das Volk wieder um sich zu scharen. Natürlich liegt die Parallele hier weniger in der Aktivität selbst als in der Intention. Während in Frankreich der Krieg der Revolution entspringt und der König ihn sich lediglich zunutze machen will, auch die Niederlage erhofft, ist er in der Meyernschen Version, deren 1. Auflage im übrigen den historischen Ereignissen vorausgeht, ein Produkt konterrevolutionärer Machenschaften und zielt auf eine unmittelbare Neuetablierung der Tyrannei. Daher treten die revolutionären Bürger Meyerns denn auch im Gegensatz zu den französischen für den Frieden ein, ja das Scheitern ihres Appells an den König und die Verhaftung ihres Anführers Tibar lassen den Aufruhr erst eigentlich losbrechen. Der König wird vom größten Teil seines Heeres verlassen und vom von Terglud geführten Bürgerheer geschlagen. Auch seine Kollaboration mit dem Ausland, die ebenfalls ihr französisches Pendant hat, bleibt ohne Erfolg. Der König wird schließlich gefangengenommen und vor Gericht gestellt. Die Revolution treibt über die ursprünglichen Zielvorstellungen ihrer Protagonisten hinaus. Man diskutiert alternativ die bloße Eliminierung der Person bzw. die Abschaffung des Königtums überhaupt. Tibar votiert für das erstere, Terglud für das letztere.

Damit jedoch ist der Höhepunkt der Entwicklung bereits erreicht, und die Gegenbewegung setzt ein. Der allgemeine Wille weicht dem Willen der Einzelnen, das öffentliche Wohl dem Egoismus der Privatinteressen, der citoyen dem bour-

[232] Vgl. Furet/Richet: Französische Revolution, S. 199 ff.
[233] Vgl. ebd., S. 191

geois. Träger und Hauptexponent dieser konterrevolutionären Bestrebungen ist der Skeptiker Oglar, dessen Gruppe sich bereits vorher, wenn auch in relativer Freundschaft, von dem revolutionären Geheimbund abgespalten hatte. Das Movens des aufklärerischen Staatsromans war die Glückseligkeit, die selbst, wie noch bei Kant, als die Vereinigung von Tugend und äußerem Wohlergehen bestimmt wurde. Letzteres nun wird für den Republikaner Meyern zur Nebensache. Tugend und Glück dissoziieren sich. Der Vertreter des letzteren, nämlich Oglar, dessen Wielandsche Position zunächst durchaus anerkannt worden war, wird zum Agenten der Gegenrevolution. Die Auseinandersetzung, die Oglar, Tibar und Terglud im Vorstadium der Revolution führen, betrifft noch durchaus Modalitäten revolutionärer Strategie. Oglar geriert sich als Vertreter des Realitätsprinzips, und Realität ist nun einmal der Egoismus der Menschen, ob dieser sich nun hedonistisch offenbart oder heroisch drapiert. Ja, ersteres ist dem letzteren vorzuziehen, da das Bedachtsein auf Ruhe und Glück auch die anderen in Ruhe läßt, während das Bestreben, die Menschen und ihren Staat zu verändern, stets versucht ist, diese den eigenen egoistischen Zielen aufzuopfern. Aus dieser Gefahr des Umschlags der Freiheit in einen neuen Despotismus folgert Oglar ein individualistisches Bildungsideal im Sinne des Schlusses der ästhetischen Briefe Schillers. Die Selbstbildung der zu einer Elite versammelten Einzelnen soll zum „Licht" werden, das dann – absichtslos – auch über die anderen Teile des Volkes seine Wärme verbreitet.[234]

Nun könnte man annehmen, daß diese resignative Schwundform evolutionären Veränderungswillens immerhin fähig wäre, in einem bestimmten Stadium der revolutionären Entwicklung zur politischen Alternative zu werden. Bereits der Verfassungsentwurf Tibars ist ja, wie noch genauer auszuführen sein wird, keineswegs ein endgültiges Ideal, sondern ein der momentanen Verderbtheit des Volkes angemessener und diese einkalkulierender Kompromiß. So wäre es nur konsequent, diesen Kompromiß, nachdem er gescheitert ist, durch einen anderen zu ersetzen. Diese Konsequenz wird im Roman jedoch nicht gezogen. Damit gerät sowohl die, wie oben dargestellt, künstlich geschaffene ökonomische und sozialpsychologische Basis der Umwälzung wie der Verfassungskompromiß selbst ins Zwielicht. Der Verteidiger des Tyrannen, der dafür plädiert, diesen lediglich zu verwarnen, und der aus der Schule Oglars stammt, wird als „Geschäftsmann" dargestellt, wenn auch als ein „grauer".[235] Die revolutionäre Aktion hat ihre Grundlage in Handel und Gewerbe unter sich gelassen und sich verselbständigt. Daher ist auch der Verfassungsentwurf Tibars nur ein Durchgangsstadium. Dieser Loslösung der Aktion von spezifisch politischen Zielvorstellungen entspricht es umgekehrt, daß die gegenrevolutionäre Bewegung nur noch individualpsychologisch, als Sehnsucht nach einem bequemen Leben, begründet wird und sich nicht mehr politisch zu

[234] Meyern: Dya-Na-Sore, Bd. 3, S. 34
[235] Ebd., Bd. 5, S. 260

artikulieren vermag. Die Utopie und ihre Negation dissoziieren sich. Die Machtposition des „klugen Mannes" Oglar ist, kaum geschaffen, bereits wieder beseitigt, und die Tyrannei triumphiert.[236]

Auf der anderen Seite entwickelt Terglud utopische Vorstellungen, die, wie der Erzähler kritisch vermerkt, den Horizont seiner Zeitgenossen bei weitem überschreiten. Er will die Kinder ihren Eltern entziehen und sie „in öffentlichen Schulen ohne Unterschied des Standes" erziehen lassen.[237] In dieselbe Richtung deutet sein Plan, die „allzu große Ungleichheit des Vermögens" zu beseitigen.[238] Im Unterschied zur klassischen Utopie jedoch ist das Ziel von all dem nicht ein gutes, sondern ein „strenges Leben".[239] Verständlich, daß diese spartanischen Ideale dem Volk nicht recht gefallen wollen. Der republikanische Heroismus vergißt „den Menschen im Menschen".[240] Hatte der aufklärerische Staatsroman den Menschen im Herrscher erwecken wollen, so gilt es hier, den Menschen im Menschen zu beseitigen. Denn der Mensch im Menschen ist für Meyern der böse, jedenfalls der faule Mensch. Daß die revolutionären Protagonisten diesen nicht einkalkulieren, läßt ihre Bestrebungen scheitern.

Nun ist der Vorwurf, den der Erzähler erhebt, zwar nicht ganz berechtigt – immerhin stellen sowohl die schier endlosen Strategiedebatten wie auch die Verfassung selbst die allgemeine Verderbnis durchaus in Rechnung, ja gehen von dieser aus –, dafür aber um so symptomatischer. Unter der unendlichen Perspektive der Veredelung der Menschheit kann der politische Kompromiß nur temporär sein. Die auf ihn zielenden strategischen Debatten können daher auch nicht zu einem endgültigen Resultat führen. Heroischer Aktionismus und politische Klugheit arbeiten sich permanent aneinander ab, kristallisieren sich zu zeitweiligen Kompromissen aus, bleiben aber letztlich doch voneinander getrennt. Insofern trägt auch noch Meyern am Erbe des aufklärerischen Staatsromans. Die revolutionären Führer Tibar und Terglud werden nacheinander vor Entscheidungen gestellt, die ihnen noch einmal die Wahl zwischen politischem Kompromiß und moralischem Rigorismus lassen. Unmittelbar vor dem konterrevolutionären Umsturz bietet man Tibar an, „ihn über Terglud zu erheben", der sich wegen seiner Unnachgiebigkeit verhaßt gemacht hat.[241] Tibar sieht sich am „Scheideweg ... den Untergang eines Volkes durch unnachgebende Rechtschaffenheit zu wagen oder durch eine Ungerechtigkeit zu verhüten".[242] Er verwirft den politischen Kompromiß und entscheidet sich für die Beispielhaftigkeit der eigenen moralischen Integrität. Ob er daran recht getan hat, wird vom Erzähler offen gelassen:

> Ach Mensch, deine Tugend ist nur – der Wille deiner Einsicht zur Tugend.[243]

Ebenso wird später Terglud von einer Stimme, deren Provenienz ungeklärt bleibt,

[236] Meyern: Dya-Na-Sore, Bd. 5, S. 275
[237] Ebd., S. 262
[238] Ebd.
[239] Ebd.
[240] Ebd., S. 261
[241] Ebd., S. 267
[242] Ebd.
[243] Ebd.

zur „Güte" aufgefordert.[244] Er aber frönt lieber seiner Menschenverachtung und geriert sich als „Genius des Gerichts".[245] Daß er dieses Verhalten nicht billigt, daran läßt der Erzähler keinen Zweifel. Zugleich jedoch wird es aus der Tragik heldischen Handelns begründet und gerechtfertigt. Zum Helden gehört notwendig der Trotz. Ohne diesen wäre er nicht der, der er ist. Terglud kann daher gar nicht anders handeln, als er handelt, ohne sich selbst und damit auch seine Ziele aufzugeben. Bleibt im Falle Tibars die Bewertung explizit offen, so führt hier die Verschränkung von Kritik und Legitimation zu demselben Resultat.

Die Handlung des Romans jedenfalls löst die utopischen Intentionen aus ihren politischen Verstrickungen letztendlich heraus. Der Rest der Getreuen schlägt sich unter der Führung Tergluds zu entfernten Völkern durch, um dort seine Ideale zu verwirklichen. So nimmt es nicht Wunder, daß am Schluß des Romans der Erzähler der Rahmenhandlung, den Blick auf ein Land „jenseit des Meeres" richtend, womit offenbar Amerika gemeint ist, die Morussche Krankheitsmetaphorik in ähnlichem Sinne wieder aufnimmt:

> Man hat das Einzelne verbessert ... aber immer vergessen, daß bei so verwickelten Krankheiten *eine* geheilte – zwar ein verlängertes, aber kein glücklicheres Dasein verheiße.[246]

Daher bleibt:

> Nur eine im kleinen um sich bildende Gesellschaft kann aus reiner Erkenntnis hervorgehen.[247]

Aus dem Scheitern der Revolution wird die Notwendigkeit der Utopie – Utopie im ursprünglichen Sinn des Wortes – gefolgert. Die Utopie wird aus dem geschichtlichen Raum ausgegliedert. Innerhalb dessen kann man sich nur am nächsten orientieren:

> Wenn nur jeder das Gute und das Böse, das ihm nahe tritt, ergreift oder bekämpft, so wird die Summe des einzeln Geschehenen das Ganze seinem edlen Ziele zuführen.[248]

Welche Meinung man im übrigen vom Lauf der Geschichte hat, ist gleichgültig. Die geschichtliche Aktion reduziert sich auf die private Reaktion. Das Gute soll nicht mehr in die Welt gesetzt, sondern nur noch ergriffen werden; die Passivität ist verräterisch. Die Dialektik revolutionärer Praxis weicht der Summation isolierter guter Handlungen. Zwischen ungeschichtlicher Utopie und geschichtlicher Tat tut sich ein Abgrund auf. Ist die Utopie quasi jenseits der Geschichte angesiedelt, so hat umgekehrt die individuelle Handlung diese gleichsam noch nicht erreicht. Das Gute und das Böse bestimmen sich nicht geschichtlich, sondern werden reontologisiert, so, als ob es die strategischen Debatten des Romans niemals gegeben

[244] Meyern: Dya-Na-Sore, Bd. 5, S. 282
[245] Ebd.
[246] Ebd., S. 304
[247] Ebd.
[248] Ebd., S. 305

hätte. Die Geschichte geht nicht in ihre Bestimmung ein, sondern ist lediglich ihre äußerliche Summe. Ethische Substanz und politische Realisierung können nur noch abstrakt, nicht mehr inhaltlich vermittelt werden. Die unendliche zeitliche Entfernung des Zieles entspricht der räumlichen Ausgliederung der Utopie.

Das hat sein Korrelat in der Einschachtelung der revolutionären Elite des Romans in immer entferntere und immer idealere Völker, die quasi einen unendlichen – und, wie zu zeigen sein wird, notwendig unendlichen – Spiegelungseffekt hervorruft. Beides entspringt einer Logik der Verzweiflung. So erwächst auch die Struktur des Romans gleichsam aus dem Zurückweichen vor dieser Erfahrung. Die eigentliche Revolution findet erst im 4. und 5. Band statt. Die ersten drei Bände sind ihrer weniger praktischen als weltanschaulichen Vorbereitung gewidmet. Nicht zufällig lautet der Untertitel des Romans „Die Wanderer". Der Unendlichkeit der Bewegung, die dieser signalisiert, entspricht sowohl das Mißverhältnis zwischen dem exzessiven Wandern der ersten drei Bände und der in die beiden letzten zusammengedrängten politischen Aktion wie auch vor allem das aporetische Auslaufen des Schlusses. – Auf die geschichtsphilosophischen Implikate dieses Sachverhalts gehe ich im nächsten Abschnitt näher ein. – Der größere Teil des Romans beschreibt die Wanderung der vier Brüder Tibar, Dya-Na-Sore, Altai und Hamor in die Welt. Unter stetigem Höhersteigen – auf räumliche Symbolik legt Meyern großen Wert – erschließen sich ihnen immer weitere Bereiche oppositioneller Formierung, bis sie schließlich in Tergluds Geheimbund aufgenommen werden. Mit den Worten Arno Schmidts:

> Durch Höhlen führt ihr Weg; über Himalayas aller Arten; Einsiedler werden angetroffen, die geheimnisvolle Weisungen zu noch unbegriffenen Geheimbündlern mitgeben.[249]

Dabei jedoch kann von Kontinuität der Erfahrung keine Rede sein. Diese wird allenfalls postuliert, nicht dargestellt.

Bereits Schiller hat sich in einer Rezension des Romans über die Verwahrlosung der Fabel mokiert. Was im einzelnen für letztere die Ursache ist, technische Unfähigkeit oder hypertropher Stilwille, ist kaum zu entscheiden, da Meyern zu der – wie Arno Schmidt meint, von vornherein verdächtigen – Klasse der Ein-Buch-Schreiber gehört und daher Vergleichsmaterial fehlt. Jedenfalls führt die Vernachlässigung der Handlung dazu, daß diese auch im Einzelfall schwer überschaubar wird.

So ist es etwa eine gängige Praxis Meyerns, Personen, die im Roman vorher noch nie vorkamen, durch einfache Nennung des Namens als längst bekannt vorauszusetzen und sich eine weitere Einführung zu schenken. Dieses permanente Springen in medias res, das die Personen sogleich in rhetorischer oder kriegerischer Aktion zeigt, zerreißt die Kontinuität der Erzählung zugunsten isolierter und eben deswegen weitgehend anonymer Handlungsfragmente. Personen und Handlung

[249] Schmidt: Dya-Na-Sore, S. 33

bleiben ohne sinnfälligen Umriß. Der erzählerische Perspektivismus wird gewaltsam zu einem apriorischen Einverständnis verkürzt, in das auch der Leser hineingezogen wird. Man vergleiche damit die ausführlich portraitierende und distanzierende Art und Weise, in der Loen seine Figuren einführt. – Auf dieses Einziehen der Distanz und seine gehaltliche Motivierung komme ich im übrigen im dritten Abschnitt noch zurück; hier kommt es zunächst nur auf die Groß- bzw. Detailstruktur der Fabel an.

Die auf die Einheit der Gesinnung von Autor und Leser spekulierende und mit dieser rechnende Diskontinuität drückt sich auch im Verhältnis von Handlung und Gedanken aus. Dafür ein Beispiel. Tergluds Geheimbund wird im Verlauf einer militärischen Übung von unbekannten Reitern überrascht. Es kommt zum Kampf, in dem der Bund die Oberhand behält. Schließlich:

> Stille ward's auf dem Schlachtfelde. Die Sonne wandelte schweigend über die blutige Heide.[250]

Von der Hektik menschlichen Geschehens springt die Darstellung über auf die Unveränderlichkeit des Naturgeschehens, das die erstere unendlich distanziert. Aus dieser Distanz heraus wird dann auch zunächst sehr allgemein gesprochen:

> Terglud. ... Was ist zu thun? Nichts oder alles, sagte Tibar. Terglud. Vieles wird sich ändern. Tibar. Nichts in der Sache, in der Ausführung manches.[251]

Aber nicht nur allgemein wird gesprochen, sondern zugleich höchst widerspruchsvoll. Denn das „Nichts oder alles", das nur die Alternative von unmittelbarer militärischer Aktion und dauernder politischer Enthaltsamkeit zu lassen scheint, wird umstandslos und durch den Verlauf des Dialogs in keiner Weise vorbereitet zum „Nichts in der Sache, in der Ausführung manches" modifiziert. Die Formelhaftigkeit emanzipiert sich vom Sinn und wird zum Selbstzweck. Kein Wunder, daß die konkrete Folgerung, die dann Egli Patar aus dem Geschehen zieht, sich nur brüchig, in Form eines Anakoluths, ausdrücken kann:

> Egli Patar. Dort auf jener Insel, dem Sitze meiner Väter – Ihre ungestümen Ufer schrecken jeden Schiffer; ihre Berge sind rauh, ihre Wälder dicht, die Überreste ihrer Wohnungen geben Raum – wir sind sicherer als hier" usw.[252]

Dann erst wird die Handlung weiter geführt, d. h. man kümmert sich um die Toten und Verwundeten. Die Reihenfolge von Handlung, konkreter Folgerung und allgemeiner Reflexion löst sich auf in eine Reihe von Umschlägen. Von der unmittelbaren Aktion springt die Erzählung in formelhafte Redewendungen, von diesen in einen Detailvorschlag, der seinerseits, die Kontinuität des Gedanklichen unterbrechend, sogleich mit sinnlichen Einzelheiten aufwartet und die gedankliche Rückbindung, nämlich das Sicherheitsbedürfnis des Geheimbundes, erst später nachholt. Schließlich biegt die vorweggenommene Fortsetzung der Handlung zum

[250] Meyern: Dya-Na-Sore, Bd. 3, S. 128
[251] Ebd.
[252] Ebd., S. 128 f.

Schlachtfeld zurück. Der möglicherweise durchaus intendierte planvolle Ablauf der Fabel wird permanent von heroischem Aktionismus durchschlagen, ob es sich nun um praktischen oder verbalen handelt. Allein die Diskontinuität ist kontinuierlich. Man vergleiche damit die sorgfältige Motivierungspraxis Wielands, der das historische Geschehen strikt kausal entfaltet.

Im einzelnen Satz sieht dieses Meyernsche Verfahren dann so aus:

> Thränen finden keinen Raum, wo der Tod für eine große Sache sich zum Stolz der Seele weiht.[253]

Übersetzt: ..., wo die stolze Seele sich dem Tod für eine große Sache weiht. Die Verkehrungen Meyerns sind bezeichnend. Zunächst gewinnt er durch die Substantivierung „Stolz der Seele" einen zusätzlichen sprachlichen Gipfel, der den Rhythmus des Satzes zusammendrängt und ihm etwas Heldisch-Stakkatohaftes mitteilt. Indem ferner die Seele zum bloßen Attribut des Stolzes wird, wird der eigentliche faktische Träger des psychologischen Vorgangs entaktiviert. Dessen Heroismus wird auch sprachlich akzentuiert. Denn die Seele ist ja lediglich das unentbehrliche Vehikel des Stolzes. Daher wird sie auch konsequenterweise als Subjekt des Geschehens entmachtet und durch dessen intendiertes Resultat, den Tod für eine große Sache, der denn auch prompt eintritt, ersetzt. Der psychologische Vorgang wird heroisch objektiviert. Der Satz tendiert zu einer Aneinanderreihung kahler Abstrakta, deren heldischer Gehalt ihre logische Beziehung unter sich begräbt. Verständlich, daß derlei sprachliche und strukturelle Kraftakte, in der Tat harte Fügungen, das diskursive Moment der Fabel nicht gerade fördern.

Indes: so ärgerlich ein solches Verfahren Kritikern wie Schiller gewesen sein mag, so hat es doch seine gehaltliche Logik. Auf die durchgängige heroische Stilisierung wurde bereits mehrfach verwiesen. Diese drückt sich nun vor allem in der Gestalt der utopischen Völker und der Geheimbünde selbst aus. Am Anfang und am Ende des Romans steht die Utopie, aktionistisch bzw. resignativ. Der politische Kompromiß ist nur Durchgangsstadium.

Sukzessive Erziehung der Brüder zu politischem Handeln hätte demgegenüber bedeutet, daß auch der Gegenpart sehr differenziert hätte dargestellt werden müssen, da er nur so – als selbst sich verändernd – als Korrektiv eines unzeitigen Idealismus hätte fungieren können. Eben diese Dialektik von Subjekt und Welt jedoch findet im Roman lediglich theoretisch statt. Zwar führt Meyern im 1. Band in Gestalt des Herrschers Elvarazim, des Vaters des späteren Gegenspielers Ilwend, einen aufgeklärten Despoten vor. Aber das wird nicht zum Anlaß politischer Differenzierung. Das Gastspiel der Brüder in der Hauptstadt ist kurz und wird summarisch abgehandelt. Ihre Abreise gründet nicht in substantiellen politischen Auseinandersetzungen, etwa zwischen Republikanismus und aufgeklärtem Despotismus, sondern in dem völkischen Gegensatz zwischen den einheimischen Ingannâars und dem Eroberervolk der Orayas, der dann in den Kämpfen der beiden letzten Bände

[253] Meyern: Dya-Na-Sore, Bd. 5, S. 290

keine ausschlaggebende Rolle mehr spielt. Gleichwohl: daß ein solcher Antagonismus überhaupt vorkommt und – im Gegensatz zum kosmopolitischen Wieland, bei dem eine ähnliche Ausgangskonstellation keinerlei Folgen hat – von Meyern zwar nicht als Gerüst, aber doch als Blitzableiter der Handlung benutzt wird, ist bedeutsam genug. Zwar ist die Revolution der beiden letzten Bände keine völkische, sondern betrifft die politische Verfassung insgesamt, immerhin jedoch gibt es einerseits in den gelegentlich auftauchenden Chersen ein Volk, auf das als *Volk* ausschließlich negative Charakteristika gehäuft werden, andrerseits spielen verschiedene in nebelhafter Ferne angesiedelte Idealvölker eine gewichtige Rolle, wie bereits erwähnt. Aber auch dabei ist die politische Rückbeziehung zu beachten. Die Vehemenz und Ausführlichkeit der Polemik gegen die Untermenschen der Chersen läßt aktuelle Bezüge vermuten. Herrschsucht, Stumpfheit, List, Mischung aus Halbbildung und Wildheit, despotische Staatsform sind denn auch Topoi der französischen Propaganda gegen die Russen. Dazu kommen andere Charakteristika, etwa die Weite und dünne Besiedelung des Landes, die dieses als schlechthin östlich identifizieren lassen. Wenngleich über propagandistische Bedürfnisse hinaus das Volk der Chersen, das nach der Weltherrschaft strebt, zum Gegenprinzip schlechthin stilisiert, die politische Auseinandersetzung zum manichäischen Kampf zwischen Licht und Finsternis wird, hat gleichwohl auch die antivölkische Invektive einen politischen Hintergrund. Analog inkarniert sich in den Idealvölkern die politische Utopie. Das Verhältnis zum Volk ist zweideutig. Zwar hat sich die Kategorie des Volkes bei Meyern noch nicht verselbständigt und bleibt an die der Revolution gebunden, jedoch präludiert die Art und Weise, in der vor allem die verschiedenen Männerbünde, aber auch die Idealvölker selbst beschrieben werden, durchaus Praktiken aus Zeiten, in denen das Volk kein revolutionärer, sondern nur noch ein gegenrevolutionärer Begriff sein wird. Strukturell führt die beschriebene Ablenkung zu einem Handlungsstau, der in den ersten drei Bänden des Romans lediglich heroisches Potential sich aufhäufen läßt. Dieses kann nur noch quantitativ angereichert, nicht mehr qualitativ differenziert werden.

Arno Schmidt hat auf die Ähnlichkeit der Meyernschen Massenversammlungen mit den nationalsozialistischen Reichsparteitagen hingewiesen. Und wenn man deren architektonische Ordnung, überhaupt die Vorliebe des Nationalsozialismus für monumentale Architektur bedenkt, ist es leicht verständlich, daß auch Tibar und Dya sich zunächst mit der Baukunst beschäftigen, die „dem allgemeinen Dasein der Gesellschaft am innigsten nahet, über ein weites Feld von Kenntnissen in unmittelbarer Anwendung herrscht, und durch kühne Verknüpfungen den Geist zur Größe ziehet".[254] Gesellschaftsbezogenheit, Technizismus und Heroismus verschränken sich. Verdeutlichen läßt sich dies, wenn man die Gegenbegriffe, die sich im übrigen in der Negativfigur Hamor, dem vierten der Brüder, versammeln, hinzufügt: Zweckfreiheit, Praxisferne und Privatismus. Die Kunst ist sowohl Mittel

[254] Meyern: Dya-Na-Sore, Bd. 1, S. 57

der Agitation wie der Selbstdarstellung utopischer Vereinigungen und Gesellschaften. Deren Formierung wird vor allem in ästhetische Kategorien gefaßt. Kein Zufall, daß sie sich am sinnfälligsten in Aufmärschen darstellen:

> O Tod und Vaterland, jedes veredelten Geistes erhabenere Bilder! Schön in jeder Bezeichnung, dichterisch schöner, wenn in stillen Reihen, unter geordneten Kriegern, den Mann seines Lebens hohe Entsagung, kühn erweiterte Gefühle, und der Stolz – *eins* mit Tausenden für gleiche Wagnisse zu sein, umgeben. ... Die Zukunft ergreift ihn; Thaten erscheinen; Gefahren schwinden; fest ist sein Tritt; Nerven von Stahl, Fibern von Eisen scheint er zu haben; Begeisterung macht den Helden usw.[255]

Schließlich:

> Der Kreis wird geschlossen: die Flamme lodert in seiner Mitte.[256]

Der logische Zusammenhang wird durch einen ästhetischen ersetzt. Die parataktische Reihung von „Tod und Vaterland", die den Tod aus der logischen Bedingtheit des Todes für das Vaterland, der ja gemeint ist, herauslöst, ihn nicht mehr instrumentell an die Verteidigung des Vaterlandes bindet, sondern zum Selbstzweck werden läßt, legitimiert dann beider Ästhetisierung zu „erhabeneren Bildern". Dieser durch den syntaktischen Zusammenhang nicht begründete freischwebende Komparativ wird dann noch einmal gesteigert, als die inneren Bilder sich auch äußerlich, in militärischen Formationen, darstellen. Bezeichnend erneut der bereits oben analysierte Objektivismus: „Die Zukunft ergreift ihn; Thaten erscheinen" usw. Diesem Aufgehen des Subjekts in seinen selbst wiederum höchst abstrakt gefaßten und aus ihrem logischen Kontext gelösten Zielen – nicht Tod fürs Vaterland, sondern Tod und Vaterland, nicht Taten der Zukunft, sondern Taten und Zukunft – entspricht sein Einswerden mit seinen Kampfgefährten. Die Flamme, die sich aus der Mitte der versammelten Krieger schließlich erhebt, versinnlicht diese abstrakte Einheit von geballter Kraft und leerer Bewegung. Heroische Versammlung und heroisches Bauwerk werden einander ähnlich: eine Flamme erhebt sich auch über dem Gebäude, in dem die Brüder und ihre Gefährten einem der zahlreichen Initiationsriten unterzogen werden:

> Ein Gebäude, eine Masse zur anderen im majestätischen Verhältniß steigt empor, in ihrer Mitte ein Dom über alle, auf seiner Spitze eine leuchtende Flamme. ... Schauer unübersehbarer Größe! so war das Ganze, dessen Eindruck sich andeuten läßt, dessen Anblick keine Worte darstellen.[257]

So wie sich hier die Flamme über die, wie aus dem weiteren hervorgeht, im einzelnen klassizistische Architektur erhebt[258], die Überwältigung der Anschauenden die

[255] Meyern: Dya-Na-Sore, Bd. 3, S. 122
[256] Ebd., S. 123
[257] Ebd., Bd. 2, 129
[258] Das schließt nicht aus, daß theoretisch auch dem Detail als ästhetischem Baustein sein Recht widerfährt. Jedoch geht dieses, als dem Ganzen sich opfernd, in dem „Ganzen hoher Mittheilung" auf (Meyern: Dya-Na-Sore, Bd. 1, S. 158). Dieses Verhältnis hat historische Parallelen in der französischen Revolutionsarchitektur, in der sich strenge Linienführung, Rationalität des Details und hypertrophe Gigantomanie, Pathos des Gan-

Darstellung des Angeschauten ersetzt, so tendiert im anderen Zusammenhang das Mittel der militärischen Organisation dazu, sich via Ästhetisierung vom Zweck der revolutionären Umgestaltung des Staates zu emanzipieren.

Geläufig ist Benjamins Kennzeichnung des Faschismus als Ästhetisierung der Politik, welche unlängst – über Stock und Stein – vom Faschismus auf den bürgerlichen Staat schlechthin ausgedehnt worden ist.[259] Nun gibt es aber verschiedene ästhetische Theorien, und entsprechend verschieden kann deren Applikation auf politische Zustände ausfallen. Im Zusammenhang der Analyse des „Goldenen Spiegels" wurde bereits ein Beispiel gegeben, und in den nächsten Kapiteln werden weitere Modifikationen einer solchen politischen Ästhetik folgen. Allgemein – und vereinfacht – läßt sich zunächst sagen, daß die philosophische Theorie der Kunst seit Kant um die Pole der Freiheit der Momente und der Ordnung des Ganzen und deren dialektische Vermittlung kreist. Wo Meyern hier seinen Platz hat, dürfte aus dem Vorhergehenden deutlich geworden sein. Das Einzelne ist im Ganzen nicht im bekannten Doppelsinn aufgehoben, sondern fällt in diesem zusammen. Allerdings – und das unterscheidet die Anschauung des Republikaners Meyern von dem späteren konservativen Ideal des organisch gegliederten und hierarchisch aufgebauten Staatskörpers – ist diese Identität sozusagen umstandslos. Die abstrakte Gleichheit der kriegerischen Bürger schlägt unmittelbar in die Totalität ihrer Zusammenfassung um. Die impressionistischen Lichter, die jeweils über solche Epiphanien militärischer Formationen ausgegossen werden – „Waffenschimmer wallt über eine gerüstete Schar, eine flammende Woge im Licht ihrer Tritte"[260] –, rücken diese ebenso in eine ästhetisch angemessene Entfernung wie die Erhabenheit des Eindrucks die heroische Architektur. Überschauende Perspektive von oben und überwältigte Perspektive von unten entsprechen einander. Beides

zen ebenso verschränken wie in den Gebäuden Meyerns. Auch die Verherrlichung der heroischen Vergangenheit in Malerei, Plastik und Architektur ist dort zu finden. Die Büsten der großen Aufklärer sollen die Fassaden der öffentlichen Gebäude schmücken. Wie bei Meyern ist die Totalität dieser Architektur ein Ausdruck der Totalität der Gesellschaft. Das Einzelne verschwindet in ihr ebenso wie der einzelne Wille in dem allgemeinen Willen Rousseaus, von dem jener doch ausging. Daß der imperiale Baustil der napoleonischen Ära die Revolutionsarchitektur liquidierte, beruhte denn auch auf einem Mißverständnis, wie ihre spätere und die ursprünglichen Intentionen umkehrende Wiedererweckung in der faschistischen Architektur bezeugt (vgl. dazu Emil Kaufmann: Von Ledoux bis Corbusier. Ursprung und Entwicklung der Autonomen Architektur, Wien und Leipzig 1933 sowie Lothar Romain: Rebellion bis in den Kitsch hinein. In: Frankfurter Rundschau vom 16. 10. 1971). Daß Meyern im übrigen von dieser Architektur gewußt hat, ist überaus unwahrscheinlich, da diese fast durchweg aus niemals realisierten Bauplänen besteht. Die Ähnlichkeit der Struktur mag gleichwohl ein Indiz für die übergreifende Logik der bürgerlichen Revolutionsästhetik sein.

[259] Vgl. Martin Jürgens: Der Staat als Kunstwerk. Bemerkungen zur „Ästhetisierung der Politik". In: Kursbuch 20, 1970, S. 119 ff.

[260] Meyern: Dya-Na-Sore, Bd. 3, S. 122. – Aufschlußreich wiederum die gewaltsame Verknüpfung „Licht ihrer Tritte", in der die letzteren sozusagen selbst als Lichtspender fungieren. Das militärische Ritual erzeugt auch faktisch seine eigene Aura.

kommt zusammen in der Ästhetik der Massenversammlung, in der Führern wie Gefolgsleuten vor der Totalität des Eindrucks die Details untergehen und die ihren Sinn gerade in solcher Selbstauflösung hat.

Die Militanz der revolutionären Gesellschaften, die solcherart ästhetisiert werden, ist keineswegs nur Mittel, sondern zugleich auch Zweck. Zwar heißt es einerseits:

> Uns, wie jedem besseren Bunde ist rein erreichte Bestimmung des Menschen *Zweck;* der Bund selbst nur das *Mittel,* an Zeit, und eine Zukunft gefesselt, die nach ewigen Ordnungen richtet.[261]

Andrerseits spricht Terglud explizit aus, daß der Geheimbund in seiner Struktur die utopische – und im Roman nicht realisierte – Gesellschaft vorwegzunehmen habe:

> Wir müssen *sein,* was unser Volk einst *werden* soll.[262]

Wie ist dieser Widerspruch von Mediatisierung und Autonomie zu erklären? Zunächst enthebt sich die Argumentation einer genauen Reflexion der Beziehung von Mittel und Zweck dadurch, daß sie das Ziel in eine unendliche Entfernung rückt und seine Erreichung zudem von äußeren Bedingungen, die sogar zu „ewigen Ordnungen" hypostasiert werden, abhängig macht. Indem so das Ziel ins Unbestimmte und vor allem politisch nicht mehr Definierbare entgleitet, wird das Mittel, der Geheimbund, umgekehrt abstrakt politisiert. Das Postulat der strikten Unterordnung, sozusagen revolutionärer Disziplin, ist nicht nur ein temporäres Mittel, um bestimmte praktische Ziele zu erreichen, sondern verselbständigt sich. Der abstrakte Utopismus des Ziels schlägt in die abstrakte Politisierung des Mittels um. Der revolutionärste Staatsroman ist zugleich, zwar nicht seinen Details, aber seiner Logik nach, der unpolitischste. Wird bei Wieland das letztliche Scheitern der Tifanschen Reform selbst ironisch relativiert und stellt die Ironie quasi die restierende „utopische" Substanz des Romans dar, so klaffen bei Meyern verselbständigter Revolutionsenthusiasmus und haltlose Verzweiflung auseinander. Die Utopie verschwindet sowohl zeitlich wie räumlich in einer unendlichen Perspektive.

In der Fabel stellt die Verbindung zwischen utopischen Völkern und aktuellem revolutionären Geschehen der zweite Bruder und Titelheld des Romans, Dya-Na-Sore, her, der zu diesen verschlagen wird und im entscheidenden Moment der Schlacht mit einer auserlesenen Schar von sechshundert Jünglingen zur Stelle ist. Diese werden mit denselben Worten gekennzeichnet, die Terglud benutzt, um das Verhältnis von Geheimbund und Volk zu bestimmen:

> Sie waren *das,* was Terglud einst aus seinem Volke und seinem Heere zu machen suchte.[263]

Entsprechend ist auch beim utopischen Volk der Altaharys „Soldat zu sein...

[261] Meyern: Dya-Na-Sore, Bd. 3, S. 56
[262] Ebd., S. 58
[263] Ebd., Bd. 5, S. 177

die Würde des geprüften Mannes", und die Jünglinge haben den „Gang von Heroen".[264] Wie der Geheimbund treiben sie vorzugsweise Wehrertüchtigung und Ahnenkultus. Der Staat besteht aus „familienweis verbundenen Stämmen".[265] Individuum, Familie und Staat fallen in einer totalen Gesellschaft zusammen:

> Persönliche Ehre, Ehre der Abkunft, Ehre des Staates (sind) in jedem Herzen ... eins.[266]

Die utopische Funktion der Familie, der Intimsphäre ist gegenüber dem Staatsroman der Aufklärung modifiziert, ja in ihr Gegenteil verkehrt.

Dem absolutistischen Staat als totaler Familie stellt Meyern die absolute Familie als totalen Staat gegenüber. Wie auf Felsenburg sind die materiellen Bedingungen des Lebens vortrefflich, ja paradiesisch. Städte kennt man nicht. Die Gegend ist so fruchtbar, daß das Bebauen der Felder wenig Mühe kostet und man viel Zeit für „Gesänge und Zusammenkünfte" hat.[267] Die zwölftausend Familien, die den Staat bilden, sind „von gleichem Range".[268] Die Kinder werden öffentlich erzogen. Diese beiden Punkte, annähernde Gleichheit des Besitzes und Gemeinschaftserziehung, bilden zugleich den Kern des Tergludschen Reformprogramms und stellen so eine weitere inhaltliche Verbindung zum revolutionären Geschehen her. Niedriger Arbeit sind die Edlinge überhoben, denn „nothwendige Dienste, die den Schmutz ihrer Entartung bis auf die Seele verbreiten, werden durch Sklaven ... verrichtet".[269] So ähnlich mag sich Alfred Rosenberg die Besiedlung Rußlands nach der nationalsozialistischen Befreiung vorgestellt haben. Daher gibt es keinen Pöbel, „der in jeder Nation die Hefe des Verderbens ist".[270] Der Pöbel wird aus seiner historischen Bedingtheit gelöst und zur moralischen und sozialen Invariante stilisiert. Die Verderbtheit der Oberen und die des Pöbels entsprechen einander, werden beide statisch gesehen, keineswegs wird die letztere aus der ersteren erklärt. Man vergleiche damit die Utopie des Morus, die ja von ähnlichen Voraussetzungen ausgeht. Der Morussche Pöbel ist ein Produkt der sozialen Verhältnisse, konkret des Privateigentums, und läßt sich daher auch nur durch deren Korrektur abschaffen. Seine Existenz ist in Utopia durch die technische Regelung des gesellschaftlichen Lebens ausgeschlossen. Erniedrigende und moralisch verderbliche Arbeiten gibt es nicht. Das, was dafür gelten könnte, die harte Arbeit in der Landwirtschaft, ist im Gegenteil eine Angelegenheit des gesamten Volkes, der sich alle Bürger reihum widmen müssen. Daß Meyern das Problem durch die Einfuhr von Sklaven lösen läßt, zeigt, daß es in dieser Utopie nicht auf die ökonomisch und moralisch sinnvolle Organisation der Gesellschaft ankommt, sondern auf die Herausbildung

[264] Meyern: Dya-Na-Sore, Bd. 5, S. 178
[265] Ebd.
[266] Ebd.
[267] Ebd., S. 179
[268] Ebd.
[269] Ebd., S. 178
[270] Ebd.

einer charakterlichen Elite. Zwar kennt auch der utopische Staat des Morus Sklaven, doch ist ihre Existenz für sein Bestehen nicht notwendig. Es sind entweder bestrafte Verbrecher oder Tagelöhner aus anderen Völkern, welch letztere auch entsprechend behandelt werden und etwa jederzeit ihren Dienst aufkündigen können. Die soziale Komponente, die die Utopie des Morus motiviert und auch in den Aufklärungsutopien durchaus vorhanden ist, spielt bei Meyern keine Rolle.

Der utopische Staat wird materialiter privatisiert und zugleich ideologisch repolitisiert. Ersteres ist lediglich die Voraussetzung des letzteren, nicht Selbstzweck, wie etwa in der Schnabelschen Utopie. „Güte und Größe" sind die erstrebenswerten Ziele.[271] Der Akzent liegt dabei auf der Größe. Das wird auch deutlich aus den Formulierungen, mit denen die Abmilderung der Unterordnung gekennzeichnet wird. Zwar herrschen nicht „Vorgesetzte" mit „verzehrender Strenge" „über einen verworfenen Haufen", sondern es sind der „Dienst ohne Sklaverei, (der) Ernst ohne Fesseln, (der) Befehl ohne Herabsetzung".[272] Es wurde jedoch bereits oben betont, daß Meyernsche Ästhetisierungen vor allem das Moment der Ordnung akzentuieren. Analog wird auch hier die gesellschaftliche Hierarchie, deren Existenz sich im übrigen mit den konkreten Bestimmungen des Familienstaates nur schwer vereinbaren läßt, lediglich ästhetisch drapiert.

Arno Schmidt hat auf den Zusammenhang von Militarismus und Homosexualität hingewiesen.[273] Daher parallelisiert der Republikaner Meyern denn auch die gesellschaftliche Unterordnung nicht, wie die absolutistischen Fürstenspiegel, mit dem Verhältnis von Vater (bei Sintenis auch Mutter) und Kindern, sondern mit dem von älteren und jüngeren Brüdern. Das weibliche Element spielt keine Rolle. In einem Brief an seine Schwester handelt der Erzähler Altai die Stellung der Frau programmatisch ab. Ihre vornehmste Aufgabe ist eben die ästhetische Draperie des männlichen Kriegertums, die oben als für die Utopie charakteristisch beschrieben wurde. Als Inbegriff der Schönheit hat sie „den Trotz eines Kämpfers an die Gefühle weicherer Menschheit zu ziehen".[274] In der strikten Rollenverteilung von Mann und Frau wird die letztere nachgeordnet. Denn die Geschichte vorwärts zu treiben, ist ausschließlich Aufgabe des Mannes. Angesichts des virtuellen Umschlags der progredierenden geschichtlichen Vervollkommnung in einen leeren Aktionismus kann auch keine Rede davon sein, daß, etwa im Schillerschen Sinne, die Sphäre der Frau quasi die verwirklichte Utopie symbolisierte, die geschichtlich zu realisieren die Sache des Mannes wäre.

Der Zweck der utopischen Gemeinschaft liegt nicht in ihr selbst, wie im traditionellen Staatsroman, sondern außerhalb ihrer. Die Gemeinschaft von Brüdern verwirklicht sich am sinnfälligsten im Krieg. Diesem militanten Überschuß der Utopie korrespondiert, daß es „jenseits ein ... unbekanntes, aber noch erhabneres Volk

[271] Meyern: Dya-Na-Sore, Bd. 5, S. 178
[272] Ebd.
[273] Vgl. Schmidt: Dya Na Sore, S. 28 ff.
[274] Meyern: Dya-Na-Sore, Bd. 1, S. 40

gibt, vielleicht der reine Stamm ihrer vermischten Abkunft".[275] Der progredierenden Vollkommenheit entspricht die zunehmende Unbestimmtheit. Ebenso wie dieses Volk schlicht „jenseits" wohnt, wird Konkretes über es nicht mehr berichtet, allenfalls, daß es „der reine Stamm ihrer vermischten Abkunft" sei. Die oben bereits angesprochene und für die im eigentlichen Sinn politische Auseinandersetzung kaum relevante völkische, ja rassische Komponente verselbständigt sich in der Utopie. Das Ideal der vollkommenen Menschheit kippt in das Postulat des unvermischten Blutes um. Strukturlogisch jedoch ist die abstrakte Reinheit dieser Arier nur der konsequente Endpunkt der zunehmenden politischen Entsubstantialisierung der Utopie, die letztlich in krude Faktizität zurückfällt.

Wie der politische Kompromiß ist auch die einzelne Utopie nur ein verschwindendes Moment auf der Fluchtbahn der Vollkommenheit. Das Geheimnis, das die Struktur der Handlung auch im einzelnen bestimmt – dunkle Hinweise und verborgene Stimmen treiben die Wandernden vorwärts und lenken das Handeln der Revolutionäre – und das nur teilweise und nebenbei entschlüsselt wird, tendiert dazu, aus einem Mittel wiederum zur Substanz zu werden, durchaus gegen die erklärten Intentionen des Autors. Bei Barclay und Gracian war das Geheimnis ein notwendiges Mittel der Politik. Der Staatsroman der Aufklärung kritisierte es einerseits als Instrument fürstlicher Willkür, restituierte es andrerseits als unbewußtes oder bewußtes Mittel der Tarnung, das jedoch dazu bestimmt war, sich selbst überflüssig zu machen. In letzterer Funktion kommt es auch bei Meyern vor. Der Umsturz wird im geheimen vorbereitet. Theoretisch gewendet:

> (Die Wahrheit) schämt sich nicht des Geheimnisses, so wenig es auch ihrem reinen Glanze entspricht, wenn Hülle ihr nothwendig wird in entarteten Zeiten.[276]

Das Geheimnis entspringt politischem Pragmatismus und darf – gut freimaurerisch – nicht über dessen Notwendigkeit hinaus verlängert werden. Die meisten Verbesserer schneiden lieber durch, als daß sie heilen, und müssen eben deswegen scheitern. Jedoch wird dieses reformistische Plädoyer selbst wiederum durch das Scheitern der Reform, die zur Revolution eskaliert, desavouiert. Dieser Aporie entspringt die potenzierte Gestalt des Geheimnisses. Das politische Geheimnis wird zum geschichtsphilosophischen Geheimnis. Das Geheimnis ist der, mit Hegel zu sprechen, alles durchdringende Äther, in den auch die Utopie schließlich verfliegt. Seinen Grund bzw. sein Pendant hat dies in der Verselbständigung der Aktion, deren letztliche Zweckfreiheit sich, gewissermaßen um die Inhaltslosigkeit zu verdecken, ersatzweise ihre eigene Aura des Geheimnisses schafft. Eben diese Doppelheit des Geheimnisses schlägt sich auch in den geschichtsphilosophischen Anschauungen Meyerns nieder.

[275] Meyern: Dya-Na-Sore, Bd. 5, S. 179. – Vgl. auch Bd. 2, S. 197, wo dieses Volk als der geheime Manipulator der geschichtlichen Entwicklung der anderen Völker erscheint.
[276] Ebd., Bd. 3, S. 76

2. Natur und Geschichte

Kernbegriff der Meyernschen Geschichtsphilosophie ist weder der Mensch noch der Staat, sondern quasi ihr Fluchtpunkt, die Menschheit. Der Mensch ist, gut Kantisch, nur deren empirischer Teil. Der Tugendhafte bezieht seine „Kraft zu allen Thaten der *Menschheit*" aus seiner „Unabhängigkeit von dem Vorübergehenden der *Menschen*."[277] Indem so der Mensch von der Menschheit getrennt wird, kann dieser einerseits, wie gezeigt, zum Gegenstand pädagogischer Manipulation werden, andrerseits, wenn er nicht so will wie die Pädagogen, durchaus auch geopfert werden. Die Achtung für die Menschheit kann zur Verachtung des Menschen führen:

> Um gut zu sein, muß man *Menschheit* ehren, und nicht immer Menschen.[278]

Und es ist eine „falsche Menschlichkeit . . ., nirgend den Einzelnen für das Ganze hingeben" zu wollen.[279] Auch um des Glückes willen darf man sich an keinen einzelnen Menschen heften. Weder – negativ – die Zufriedenheit, Ruhe, wie in der Utopie der Frühaufklärung, noch – positiv – das Glück, wie im aufklärerischen Staatsroman, nicht Zuständliches ist das Ideal, sondern ewiges Streben und heroisches Aushalten im Dienste der Menschheit.[280]

Der Handelnde sieht sich von vornherein als geschichtliche Figur:

> Er ist *Glied* einer Kette; aber er knüpft sich an das nächste nur um des Zusammenhanges willen.[281]

Abstraktes Tugendideal, Entwertung der unmittelbaren Beziehung und Unendlichkeit der geschichtlichen Bewegung entsprechen einander. Wie moralisch, ebenfalls Kantisch, die absolute Autonomie zugleich die absolute Heteronomie ist – „nie bin ich mir Gesetz, sondern eine von mir selbst unabhängige Wahrheit leitet mich"[282] –, so entwertet geschichtsphilosophisch die unendliche Entfernung des Ziels virtuell jegliches Mittel zu seiner Erreichung. Dieses Ziel der vollkommenen Menschheit ist wie dem einzelnen Menschen so auch der einzelnen Gesellschaft übergeordnet:

> Jede Gesellschaft ist Form, jede Form ein Behelf der Zeit und der Vorstellung; in ihrem Zwecke liegt ihr Werth, in ihrer Zweckmäßigkeit zur Veredlung der Menschheit.[283]

Oder, noch pointierter:

> Gesellschaft ist *Mittel* zum *Zweck* der Menschheit.[284]

[277] Meyern: Dya-Na-Sore, Bd. 5, S. 84
[278] Ebd., Bd. 3, S. 5
[279] Ebd.
[280] Dabei könnte man an Goethes „Faust" denken. Jedoch: während in Fausts Schlußmonolog Utopie und Tätigkeit in der visionär geschauten freien (und unmittelbar praktischen) Tätigkeit konkret zusammenkommen, klafft bei Meyern beides zugleich auseinander und wird quasi hinter dem Rücken des Autors wiederum identisch. Die entleerte Utopie zieht Bestimmungen der abstrakten Aktion an, und umgekehrt tendiert die unendliche Aktion selbst zur Utopie.
[281] Meyern: Dya-Na-Sore, Bd. 2, S. 68
[282] Ebd., S. 69
[283] Ebd., Bd. 3, S. 36
[284] Ebd., S. 67

Wie der empirische Mensch im Bürger aufgehen muß, so der Bürger im idealen Menschen.

Positiv wird dieses Ideal der Menschheit bestimmt als vollständige Entwicklung der menschlichen Anlagen und Fähigkeiten. Der weiteren Konkretisierung entzieht es sich, da der Standpunkt des Erkennenden notwendig historisch beschränkt ist. Die „Erhabenheit“ des Zweckes, seine „Größe“ können „wir nicht übersehen, da wir uns selbst nur in stufenweiser Entwicklung erkennen.“[285] Daher ist denn auch plötzlich davon die Rede, daß die einzelnen Momente der Geschichte sich wechselseitig Mittel und Zweck seien. Insofern das Ziel der Historie nur noch abstrakt bestimmbar ist, ist die Konzeption einer fortschreitenden geschichtlichen Entwicklung stets in Gefahr, historistisch zu entgleisen. Daß kein „Staat“, keine „Verfassung *sich selbst* oder ein einzelnes Bedürfen zum fortdauernden Zweck“ machen darf, d. h. die prinzipielle Offenheit der Zukunft, verabsolutiert sich.[286]

Das heißt natürlich nicht, daß der Totalitarismus der Gesellschaft hier wiederum relativiert würde, im Gegenteil. Wer „dem großen Gange der Wahrheit entgegen tritt“, muß „unschädlich“ gemacht werden.[287] Die Entwicklung der Menschheit realisiert sich nur in den und durch die „Kämpfe der Völker“.[288] Daher auch die Ausfälle gegen den Kosmopolitismus, dieses „feindliche Gespenst entarteter Zeiten.“[289] Da das Ziel der Geschichte nicht mehr, wie etwa in der Kantischen Geschichtsphilosophie, in Kategorien des Rechts angegeben werden kann, das Band zwischen Moral und Recht gerissen, das Recht nur ein verschwindendes Moment eines abstrakten Ideals ist, kann sich in dem entstandenen Zwischenraum die Ideologie von der Geschichte als ewigem Kampf ausbreiten. Haß und Liebe werden aus ihrer Bindung an bestimmte Inhalte gelöst und zu Grundprinzipien stilisiert. Die verabsolutierte Geschichte übernimmt die moralische Verantwortung. Die Menschen sollen nicht das Gute lieben und das Böse hassen, um durch ihr Zusammenwirken ein moralisches Weltbürgerreich herzustellen, sondern die durch Liebe und Haß schlechthin vorwärts getriebene Auseinandersetzung der Völker macht den geschichtlichen Prozeß aus:

> Aus Haß und Liebe geht alle Bewegung des Lebendigen hervor. Der erste ist dem Menschen so nothwendig als die letzte. ... Laßt Völker sich hassen. Was sind ihre Kämpfe? Ringen nach Wahrheit und Ausbildung unter den verschiedenen Formen, in denen jedes das Gute erkennt. Der Krieg ist die Schule der Menschheit.[290]

Hatte Kant, wie im einzelnen noch zu sehen sein wird, die Geschichtsphilosophie aus der Moralphilosophie heraus entwickelt, so kehrt sich dieses Verhältnis hier um. Das Ziel der Menschheit ist so entfernt und abstrakt, daß es zum Bestimmungsgrund konkreten geschichtlichen Handelns nicht mehr taugt. Indem es so

[285] Meyern: Dya-Na-Sore, Bd. 3, S. 66
[286] Ebd., S. 67
[287] Ebd., S. 38
[288] Ebd., S. 104
[289] Ebd., S. 105

auch der menschlichen Einsicht virtuell nicht mehr zugänglich ist, realisiert es sich in der verselbständigten Geschichte. Die Hegelsche List der Vernunft klingt an:

> Ein höheres Ziel, in unser Wesen gegründet, zieht uns unwillkürlich fort, daß wir der Menschheit dienen, auch wenn wir sie bestreiten.[291]

Die „Wahrheit, die nach unveränderten Gesetzen regiert", wird zum „Schicksal".[292]

Diesem Oszillieren zwischen Autonomie und Heteronomie entspricht es, wenn an anderen Stellen durchaus gegen die landläufige Vorstellung vom Schicksal polemisiert wird. Besonders Oglar und seine Anhänger führen dieses andauernd im Munde, wenn es gilt, den eigenen privatistischen Quietismus geschichtsphilosophisch zu rechtfertigen. In solchem Zusammenhang heißt es dann in einer Fußnote des Erzählers gut aufklärerisch:

> Und wer ist denn die Hand des Schicksals – die man so gerne zur dunklen Macht unerkannter Kräfte machen möchte – als Menschen, die sich erheben ... auf andere gut oder schlimm, menschlich oder eigensüchtig zu wirken?[293]

Oder, noch schärfer und jegliche transzendente Instanz mit einbegreifend, in einer Polemik des Helden Tibar gegen politische Resignation:

> Vorsehung oder Schicksal, ein Name statt des anderen (als ob er Wezel gelesen hätte: vgl. das 4. Kapitel) – hält ein furchtsamer, Jahrtausende alter Glaube – Menschen gefangen. Wie Höflinge einem Tirannen schmeicheln sie der Gottheit, die sie zum Götzen ihrer trotzigen Verzagtheit umschaffen, mit selbstsüchtiger Unterwerfung geben sie dem Untergange von Millionen einen tiefweisen Grund im Grimme des Allmächtigen, und nennen Gerechtigkeit, wenn Völker unter unerklärbaren Leiden, und Menschen unter Verzweiflung versinken.[294]

Statt aus der „Natur des Unbegreiflichen" soll man das geschichtliche Geschehen besser aus der „Natur des Menschen, aus dem Innern ihrer Ursachen und Wirkungen" erklären.[295] Der Mensch darf sich nicht niederbeugen lassen „unter das Bild einer Gottheit, die nach Gesetzen – zu hoch für unser Urtheil, unerklärbar für unseren Verstand uns richtet."[296] Der Widerspruch zu der oben festgestellten Stilisierung der Wahrheit zum Schicksal, der besonders aus dem letzten Zitat deutlich wird, gründet zunächst in dem unterschiedlichen politischen Stellenwert beider Aussagen. Denjenigen, die das Schicksal, in welcher Gestalt auch immer, verabsolutieren, wird unpolitische Resignation, ja schlimmer noch ideologische Überhöhung des Despotismus vorgeworfen. Das Verhältnis des Menschen zu einer solcherart aufgefaßten Gottheit ist das Verhältnis des Untertanen zum Tyrannen. Da jedoch die so geübte aufklärerische Ideologiekritik, für die sich die Beispiele belie-

[290] Meyern, Dya-Na-Sore, Bd. 3, S. 109
[291] Ebd., S. 110
[292] Ebd.
[293] Ebd., S. 19
[294] Ebd., Bd. 4, S. 66
[296] Ebd., S. 67

big vermehren ließen, lediglich in einen abstrakten Menschheitsmoralismus mündet, der das Ziel in eine unendliche Entfernung rückt und die Stufen zu seiner Errichtung eben deshalb nicht konkret anzugeben vermag, löst sich die Geschichte wiederum von ihrem Ziel ab.

Vorbereitet wird dieser Umschlag bereits dadurch, daß die Entlarvung der Religion, jedenfalls einer bestimmten Gestalt der Religion, als Ideologie des Absolutismus weder objektiv gerichtet ist, indem sie die religiöse Anschauung aus dem historischen Prozeß erklärt, noch auch im Sinne der Ideologiekritik der französischen Materialisten, etwa Holbachs, die Religion aus obrigkeitlicher Manipulation herleitet, sondern einzig und allein aus der apriorischen Schwäche der menschlichen Natur, an der auch die Helden des Romans letztlich scheitern. Daher kann auch die zitierte Invektive Tibars unversehens zur immanenten Apologie geraten. Der „Scharfsinn", die „fromme Thorheit" und das „vernünftelnde Laster" rücken unter dem Aspekt, der „Eitelkeit Richter zu sein", zusammen.[297] Denn „der Stolz auf jede Frage eine Antwort zu haben (leitet) uns zum Hochmuth unwissender Urtheile."[298] In solcher Subsumtion von Religion und Aufklärung, die qua philosophische Aussage überhaupt unversehens ins Spiel kommt, unter den Obergriff der subjektiven Willkür meldet sich der irrationalistische Umschlag der Religionskritik bereits an.

An anderer Stelle werden „Heilige und alles Heiligen Spötter, Schwärmer und Zweifler" ineins gesetzt.[299] Der Gegensatz des Glaubens ist für Meyern nicht die Aufklärung, sondern der Heroismus, der sich letztlich jeder sprachlichen Äußerung entzieht bzw. diese überflüssig macht. Arno Schmidts Erzähler A zitiert in diesem Zusammenhang eine besonders markige Äußerung:

> Bild und Glaube sind für Schwache! Denke des Himmels nie! Handle, als ob der Tod Dein Ende wäre: Widerspruch wäre Beleidigung. Belehrung Pein. Worte sind unnütz: Schweigen allein geziemt sich![300]

Und sein Dialogpartner antwortet ironisch, aber zutreffend: „wohl, Herr Hauptmann!!"[301] Der Abstraktheit des Zieles entspricht die Abstraktheit des Subjekts, dessen Wesen sich im Schweigen erfüllt und zu sich selbst kommt.

Seinen Grund hat ein solches Verfahren im bereits oben analysierten Radikalismus der Kritik, der die sozusagen systemimmanente Kritik des aufklärerischen Staatsromans am Absolutismus überholt und eben deshalb Freund und Feind seinerseits zusammenfaßt. Bezahlt wird das jedoch mit der Ontologisierung und Irrationalisierung der Geschichte. „Am Abgrund stand der Weichling und der Mann, dem Schicksal an der Hand", heißt es an einer besonders emphatischen Stelle.[302] Weder wird hier das Schicksal, wie bei Barclay, politisch noch, wie im aufklärerischen Staatsroman und auch an anderen Stellen des Meyernschen Ro-

[297] Meyern: Dya-Na-Sore, Bd. 4, S. 67
[298] Ebd.
[299] Ebd., Bd. 3, S. 70
[300] Schmidt: Dya Na Sore, S. 44
[301] Ebd.
[302] Meyern: Dya-Na-Sore, Bd. 1, S. 138

mans, ideologiekritisch aufgelöst, sondern durch die sprachliche Formulierung sowohl dem „Weichling" wie dem „Mann" übergeordnet. Wo heroisch stilisiert wird, ist das Schicksal schnell bei der Hand.

Der harmonische Kosmos Wielands, der der staatlichen Konstruktion zum Vorbild dient, wird zur „ewig thätigen Kraft".[303] Der Hegelschen Geschichtsdialektik, seiner Entäußerung der Gottheit in die Geschichte, präludiert die Annahme einer „wechselseitigen Nothwendigkeit", Reziprozität von Gott und Welt.[304] Die Kraft bedarf ebenso der Gegenstände, an denen sie sich äußert, wie die Gegenstände der Kraft, durch die sie sich äußern. Jedoch bleibt Meyern bei dieser Wechselbeziehung stehen, entfaltet diese nicht als geschichtlichen Prozeß, sondern macht sie zu einer Seinsbeziehung, die nicht die historische Entwicklung, sondern lediglich Geschichte überhaupt begründet. Zudem ist auch der vorher postulierte Bezug von Gott und Welt nur eine Vermutung. Überhaupt ist es nur möglich, „Annäherungen, *nie* das erreichte Bild der Menschheit" zu sehen.[305] Die Formel von der Bestimmung des Menschen wird zur Leerformel. Zwar wird formal am Naturrecht festgehalten – „ein Gesetz ist *kein bloßer Ausdruck eines Willens;* sondern ein in der *ewigen Natur des Menschen fest stehender Satz der Erkenntniß* auf allgemeine und besondre Zwecke angewandt"[306] – sowie der von Oglar und noch mehr vom Weichling Hamor vertretene rechtliche und ethische Nominalismus befehdet – der „Name Tugend" wechsle „mit jedem Volke, mit jedem Zeitalter", meinen diese, „darum sei die Geschichte so ungewiß, die Gesetze der Menschheit so vorübergehend, Beifall ein Ungefähr, Haß und Liebe die nothwendige Folge voraus bedingter Empfindung, oder der Wahn selbstgeschaffener Bedürfnisse"[307] –, und insofern die Tradition der naturrechtlichen Argumentation der Aufklärung gegen den dezisionistischen Absolutismus beibehalten, zugleich jedoch wird das formalisierte Naturrecht aus einem Arsenal inhaltlicher Polemik zu einer geschichtsphilosophischen Zielvorstellung gemacht, deren unendliche Entfernung jegliche artikulierbare zeitliche Abfolge unmöglich macht. Gegen die Hobbessche naturwissenschaftliche Deduktion von Haß und Liebe, an die das obige Zitat anklingt, wird polemisiert. Die Polemik führt jedoch nicht zu einer moralischen Begründung. Die Zwischeninstanz wird vielmehr überschlagen, und Haß und Liebe werden, wie oben angedeutet, aus subjektiv naturwissenschaftlichen unmittelbar zu objektiv geschichtsphilosophischen Kategorien.

Unermeßlichkeit, Endlosigkeit sind häufige Attribute der Geschichte. Da inhaltliche Bestimmungen des geschichtlichen Ablaufs fehlen, ist es durchaus konsequent, wenn dieser rein formal als Abfolge von Ursache und Wirkung beschrieben wird. In der Geschichte der Menschheit wird „keine That ... vernichtet, jede in der le-

[303] Meyern: Dya-Na-Sore, Bd. 2, S. 75
[304] Ebd.
[305] Ebd., S. 203
[306] Ebd., Bd. 4, S. 156
[307] Ebd., Bd. 3, S. 245

bendigen Kraft des Universums, in der Reihe des unendlichen Fortschritts durch Verknüpfung mit anderen zur fortdauernden Wirksamkeit" geführt.[308] Die verabsolutierte Geschichte wird wieder zur Natur.

Das, was an konkreter geschichtlicher Entwicklung berichtet oder vorgeführt wird, ist geschichtsphilosophisch irrelevant. Wenn etwa Jerma den Verfall seines Volkes beklagt und sich die Restituierung der schönen Vergangenheit erhofft, so wird das als geschichtliches Faktum bzw. Zukunftshoffnung vorgetragen, ohne daß daraus, wie etwa in der frühromantischen Geschichtsphilosophie, spekulativ Gesetzmäßigkeiten abgeleitet würden. Ähnlich verhält es sich mit der Darstellung der Menschheitsgeschichte, die einer der geheimen Bünde gibt. Die Betrachtung ist von vornherein historisch, ja historistisch. Hatten die Vertragstheorien des 17. und 18. Jahrhunderts einen theoretischen oder historischen vorstaatlichen Urzustand der Menschheit konstruiert, um dann aus der Art der Staatsgründung die Rechte von Souverän und Bürger abzuleiten, zumeist im Sinne des letzteren, so ist bei Meyern die Menschheit von vornherein in verschiedene Völker gegliedert, die analoge Entwicklungen durchlaufen. Das goldene Zeitalter ist kein geschichtsphilosophischer Urzustand, sondern eine bestimmte, wenn auch frühe, Phase der Entwicklung eines Volkes. Zudem wird davor gewarnt, ein solches goldenes Zeitalter zu idolisieren. Man kann „bei wenig Wollen so gut als vielem unglücklich, lasterhaft und entartet sein".[309] Es kommt allein auf die „*Art* des Wollens" an.[310]

Auch das „Urvolk", das von seiner Insel im Ozean aus Gesandte in alle Länder geschickt hat, „um einst den Bund der edleren Menschheit zu schließen", ist ein geschichtliches Volk, das als solches keinen geschichts*philosophischen* Prozeß exponiert, sondern lediglich ein Reservoir hoher Menschen ist, die die Geschichte *praktisch* beeinflussen sollen.[311] Im Roman scheitert diese Beeinflussung, obwohl die Umstände günstig sind. Da das Mißlingen der Revolution seinerseits weder politisch noch geschichtsphilosophisch begründet wird, sondern ausschließlich ethisch, aus der zur Invariante tendierenden Verderbtheit der Menschen, weshalb denn auch die überlebenden Heroen sich von der Geschichte verabschieden, die Utopie wiederum von der Geschichte getrennt wird, nimmt es nicht wunder, daß neben der Auffassung von der Geschichte als ewigem Fortschritt auch die des ewigen Kreislaufes eine Rolle spielt, ja, da die erstere nur abstrakt postuliert, nicht konkret ausgeführt wird, das Übergewicht erhält. Zwar wird der „Fortschritt" der „Wahrheit" zugeordnet, die „Meinungen" dem Kreislauf, aber das erstere ist nur Postulat, das letztere Realität.[312] In der Geschichte geschieht immer das gleiche, jedenfalls gilt das für die Geschichte nach dem goldenen Zeitalter. „Die Geschichte entriß sich der Dichtkunst" – später wird man sagen: der Poesie – und „ward ... nur ein Gewirre."[313] Diese Entartung ist notwendig, jedoch – und das macht den entscheidenden Unterschied weniger zur frühromantischen als zur Hegelschen Geschichtsphilosophie aus

[308] Meyern: Dya-Na-Sore, Bd. 1, S. 175 f.
[309] Ebd., Bd. 2, S. 192
[310] Ebd.
[311] Ebd., S. 198
[312] Ebd., S. 194
[313] Ebd., S. 193

– diese Notwendigkeit entspringt keinem geschichtsphilosophischen Schematismus, sondern ist einerseits pragmatisch-psychologisch – die Menschen vermehren sich, und ihre Interessen kollidieren –, andrerseits natürlich – der Mensch des goldenen Zeitalters war „Kind" und „*mußte* wachsen", denn „die Natur kennt keinen Stillstand."[314] Vor allem die Protagonisten sind stets in Gefahr, die Geschichte als ewige und sinnlose Bewegung zu erfahren, und es bedarf einer ganzen Reihe von edlen Greisen, um sie davon zu überzeugen, daß sie gleichwohl ein Ziel hat. Da dieses jedoch selbst wiederum in unendlicher Entfernung liegt, verselbständigen sich sowohl heroische Aktion wie geschichtliche Bewegung.

Analog wird das Theodizeeproblem sowohl mit der Unendlichkeit der Geschichte als auch mit der Mannhaftigkeit des Handelns beantwortet. Wenn das „Übel ... nichts Wirkliches, sondern nur Bedingung; negatives Dasein in unendlichen Reihen zur Gleichung ungekannter Kräfte und ihrer fortschreitenden Erweiterung" ist, so spart sich diese Begründung durch die unendliche Herausrückung des Zieles die geschichtsphilosophische Konkretion.[315] Zudem schleicht sich in die Bestimmung des Zweckes, für den das Übel notwendiges Mittel ist, selbst ein Moment inhaltlicher Entleerung ein. Der Zweck ist die Schaffung und Erweiterung von Kräften, die ja ihrerseits wohl zunächst der Bindung an einen Zweck bedürften. Obendrein sind diese Kräfte noch „ungekannt". Die Tendenz zur Verselbständigung der Mittel zeigt sich so auch in der geschichtsphilosophischen Auflösung der Theodizeeproblematik. Analog verfährt die heroische Begründung. Kurz und apodiktisch, in heldischem Hackstil sagt Tibar:

> Die Gottheit *wollte* Männer, darum Übel.[316]

Das Übel ist ausschließlich Anlaß heroischer Bewährung. Heldentum ist nicht ein notwendiges *Übel,* um das Übel zu beseitigen, sondern das Übel ist ein *notwendiges* Übel, um das Heldentum allererst zu erzeugen.

Ihren deutlichsten Ausdruck findet die Auffassung von der Endlosigkeit der Geschichte in der melancholischen Rahmenhandlung, die der Resignation des Schlusses entspricht. Der edle junge Mann, der die Handschrift des Chronisten Altai findet, meditiert über Natur und Geschichte:

> „Tritt an die Ufer des Meers, wenn nicht im Wogen seiner Wasser dir die Frage seiner Entstehung beifällt; wenn der Strom dir nur die Erscheinung eines glänzenden Spiegels ist, wenn du nicht zurückgehest über alle zum Dunkel des ersten, der aus dem Chaos entsprang; wenn diese Erde dir nicht das Bild allschaffender Macht, diese Berge nicht ihre Geschichte, dieses Dämmern des Hains nicht Erinnerung vorübergegangener Helden ist, so bist du nur ein armer Mann bei den Schätzen einer Welt. –"
> „Ich habe Berge bestiegen, und von ihren Gipfeln über die Ruinen der Vorzeit hinab gesehen: im Innern der Erde sah ich die Zerstörung voriger Fluten, das ewig wandelbare Gemälde des Daseins und des Vergehens; keine Einsamkeit ist so groß, daß nicht Gestalten der Vorwelt zu Tausenden uns begleiteten. –"

[314] Meyern: Dya-Na-Sore, Bd. 2, S. 195
[315] Ebd., S. 88
[316] Ebd., S. 243

„Viel sind der Kräfte! Viel ist geschehen, Nationen gingen vorüber, das stille Erwachen der Zukunft ruhet über Gräbern. Was dich umgiebt, trat aus Ruinen hervor. Jahrtausende sind ein kleines Maß, und der Geist des Menschen kann Größe erkennen, aber der Umfang der Größe verbirgt sich in eine unendliche Welt, in den gränzenlosen Raum und eine ewige Zukunft.“[317]

Die Passage geht aus von einer fiktiven erhabenen Situation, die jedoch sofort naturgeschichtlich vertieft wird. Die erhabene Empfindung bleibt nicht am Eindruck des Naturgegenstandes haften, sondern faßt diesen sogleich geschichtlich auf, ja das eigentliche erhabene Gefühl resultiert aus der Erfahrung der Geschichtlichkeit der Natur. Dieser Begriff der Naturgeschichte zieht dann via Erhabenheit zwanglos heroische Reminiszensen der Menschengeschichte an. Die „allschaffende Macht“ umgreift sowohl die Geschichte der Meere, Ströme, Berge usw. als auch die Taten der Heroen.

Pointierter noch wird diese Entsprechung im zweiten Absatz ausgeführt. Der Höhe des Berges, von dem der Betrachter Überschau hält, korrespondiert die Tiefe des Erdinnern, in das er eindringt. Aber gesehen wird jeweils Verschiedenes, im ersten Fall das Vergehen der geschichtlichen Erscheinungen, im zweiten Fall das der natürlichen. Unter der unendlichen Perspektive des Werdens und Vergehens rücken Natur und Geschichte zusammen.

Daß es vor allem auf die letztere ankommt, zeigt der dritte Absatz, in dem nur noch von ihr die Rede ist. Der Historisierung der Natur entspricht hier die Naturalisierung der Geschichte. Der Kosmos des aufklärerischen Staatsromans wird ebenso dynamisiert, wie die daraus abgeleitete harmonische Ordnung des Staates in den unendlichen Prozeß der Geschichte aufgelöst wird. Dieser begreift sogar noch die „Größe“ selbst ein, die keiner konkreten teleologischen Bestimmung mehr unterliegt, sondern zum erhabenen und heroischen Reizwort tendiert.

Im sprachlichen Detail schlägt sich die Identifikation von Natur und Geschichte in der permanenten und manchmal außerordentlich gewaltsamen Vermischung von Konkreta und Abstrakta nieder, die auf ihren empfindsamen oder heroischen Stimmungsgehalt und die entsprechenden Assoziationsfelder hin ausgebeutet werden:

Wo des Abends Strahl in dämmernder Erinnerung verleuchtete, fern im Meere, schwebten Inseln mit ihren Gebirgen am Lichtkreise des Himmels.[318]

Die Häufung der sinnlichen Details läßt diese keineswegs plastisch werden, verwischt vielmehr die Differenz von Bild und Metapher. Ob die „Inseln mit ihren Gebirgen“ tatsächliche Inseln sind oder eine Metapher für tiefliegende Wolkenfelder, bleibt zum mindesten zweifelhaft. Aus der Unklarheit des Zusammenhangs heraus tendieren die einzelnen Konkreta dazu, zu bloßen isolierten Assoziationsauslösern zu werden. Unmittelbar assoziativ verfahren wird in der Einbeziehung der abstrakten „Erinnerung“. Die Dämmerung, die sowohl vom Abend wie von der Erinnerung prädiziert werden kann, ist beider sprachlogisches Scharnier. Die

317 Meyern: Dya-Na-Sore, Bd. 1, S. 4 f.
318 Ebd., Bd. 3, S. 3

Erinnerung selbst entbehrt jeglicher weiteren Bestimmung. Wer sich an was erinnert, wird nicht gesagt und ist auch nicht zu erschließen. Die Lösung der Worte aus ihrem anschaulichen und logischen Kontext führt zu einer Reihung von assoziativ aufgeladenen Reizwörtern.

„Das Licht, das auf einer beweglichen Fläche, wie ein strahlender Gedanke über eine dunkle Ewigkeit, wegeilt", heißt es an einer anderen Stelle.[319] Nicht Abstraktes wird durch Konkretes erläutert und plastisch gemacht, sondern Konkretes durch Abstraktes assoziativ angereichert. Durch die Bedeutsamkeit evozierenden Attribute „strahlend" und „dunkel", die sich zueinander antithetisch verhalten, bekommt der Vergleich ein eigenes Gewicht. Hinter der sinnlichen Anschauung eröffnet sich eine geschichtsphilosophische Scheinperspektive.

Der umstandslosen oder vergleichenden Ineinsarbeitung von sinnlichem und abstraktem Sprachmaterial – als etwas anderes läßt es sich bei dem gewalttätigen Zugriff Meyerns, für den sich die Beispiele beliebig vermehren ließen, kaum bezeichnen – entspricht die Identifikation von Natur und Geschichte. Daß dieses Ineinander auf Kosten des anschaulichen und logischen Zusammenhangs geht, ja nur durch dessen Vernachlässigung möglich wird, daß die einzelnen Worte sich verselbständigen, ist das sprachliche Korrelat der isolierten Aktion auf dem Hintergrund einer unendlichen Geschichte. Die einzelnen Worte erhalten gegenüber der Syntax ebenso das Übergewicht wie die heroischen Taten gegenüber ihrem politischen und geschichtlichen Stellenwert. Die Geschichte ist die Geschichte von Einzelnen:

> Wer eine Lobrede der Menschheit halten will, spricht immer mehr von dem, was *Einzelne waren* und Einzelne vermochten, als von dem, was *Alle sind*.[320]

Indem das Mittelglied der geschichtsphilosophischen Konstruktion fehlt, der Einzelne sich unmittelbar der unendlichen Geschichte konfrontiert sieht, um nicht zu sagen, in sie hineingeworfen ist, stellt sich diese als Abfolge heroischer Taten dar. Daß diesen ihr Scheitern von vornherein einbeschrieben ist, zeigt die prononcierte Art, in der der Erzähler – willkürlich oder unwillkürlich – von den Einzelnen in der Vergangenheit, von den „Allen" in der Gegenwart spricht. Die angedeutete Beziehung von Heroismus und Scheitern und ihre wechselseitige Bedingtheit ist im nächsten Abschnitt auszuführen.

3. Melancholie und Aktion

Die Gegenwart ist die Stunde der Bewährung, kein Ort der Ruhe:

> Vergangenheit und Zukunft, der Wechsel der Scenen macht die Gegenwart zu Etwas, den Menschen zum Menschen.[321]

[319] Meyern: Dya-Na-Sore, Bd. 3, S. 111
[320] Ebd., S. 183
[321] Ebd., Bd. 1, S. 27

An sich hat sie keine zeitliche Konsistenz, und der Mensch darf nicht versuchen, ihr durch eigenen einförmigen Stillstand eine solche zu verleihen. Im ewigen Fluß der Zeit kommt Gegenwart allein dadurch zustande, daß der Mensch sich im Kampf selbständig erhält. Gegenwärtigkeit und selbständiges, pflichtgemäßes Verhalten fallen zusammen. Daher wird in diesem Zusammenhang auch jegliche religiöse oder geschichtsphilosophische Konstruktion, die die reine Gegenwärtigkeit des pflichtgemäßen Handelns zugunsten utopischer oder auch pessimistischer Vorstellungen vernachlässigte, abgelehnt. Die Lehre vom Zufall, der Manichäismus, die Lehre vom Sündenfall, die Vorstellung des goldenen Zeitalters, Jenseitserwartungen dienen lediglich dazu, „zwischen Träumen der Vergangenheit und der Zukunft jeder reinen Betrachtung der Gegenwart" zu entsagen.[322] Die Gegenwart ist kein Ort des glücklichen Verweilens, sondern der Aktion. Durch die Vorstellung von der Geschichte als ewigem Kampf wird sie zugleich zeitlich entwertet und ethisch restituiert. Ersteres ist Voraussetzung des letzteren. Die Gegenwärtigkeit der Aktion entspringt dem ewigen Fluß der Geschichte.

Das Prinzip Hoffnung, das charakteristischerweise nur als transzendente Hoffnung vorkommt, hat in dieser Vorstellung keinen Platz und resultiert aus menschlicher Schwäche und obrigkeitlicher Manipulation. Der skizzierte Sachverhalt ist nicht mißzuverstehen. *Theoretisch* wird die Aktion um der Aktion willen keineswegs gepriesen; daß dies allerdings dennoch in der immanenten Logik der gedanklichen Struktur liegt, wie bereits angedeutet, steht auf einem anderen Blatt. Bereits der weise Athor warnt seine Söhne vor unüberlegten Handlungen und fordert sie auf, „sparsam *auch* in Thaten" zu sein und sich das eitle Vergnügen zu versagen, „immer wirken zu wollen."[323] Denn:

> Das Gute wird ein Gut durch seine Stelle, und die edelste That, zur Unzeit gethan, ein Streich, der besserungslos erschüttert, und dem Hohne alles Guten neue Scheinwaffen leihet.[324]

An anderer Stelle heißt es in einer der vielen Reden Tibars in unmittelbarem Widerspruch zu einer im ersten Abschnitt erwähnten Passage:

> (Der Jüngling) verlernt ... so leicht den Menschen im Menschen. ... Sein Stolz auf Menschenwürde wird Verachtung seiner Zeit. Er lebt für ein Ganzes; aber eben darum behandelt er Menschen wie Sachen, und fühllos gegen seufzende Unfähigkeit, ist ihre Schwäche sein Hohn.[325]

Zwar ist auch hier der Mensch im Menschen der schlechtere Mensch, aber immerhin ist es geboten, auch diesen den höheren Zwecken nicht rücksichtslos aufzuopfern. Oder, noch deutlicher:

> „Der unbedingte Gebrauch des Guten hat von jeher mehr Übels gestiftet als das Übel selbst; und die Tugend des Staatsmanns besteht nicht halb so sehr „in dem Willen das Beste zu suchen, als in der Klugheit, es mit Mäßigung zu finden."[326]

[322] Meyern: Dya-Na-Sore, Bd. 1, S. 25
[323] Ebd., S. 28
[324] Ebd., S. 28 f.
[325] Ebd., Bd. 3, S. 139
[326] Ebd., Bd. 4, S. 178 f.

Daraus resultiert eine reformistische Strategie von außerordentlicher Vorsicht:

> „Verbesserungen entspringen aus dem Geiste ihrer Zeit, so wie der Geist kommender Zeiten aus ihnen. ... Jedes Gesetz muß – *wie* die Frucht die Folge einer Blüte – *so* lange schon im Geiste vorhanden sein, ehe es in seinem Dasein sichtbar wird; es muß erscheinen wie ein *erfüllter* Wunsch. Den Wunsch *erregen* ... (Punkte von Meyern) ist des Gesetzgebers schönste Weisheit."[327]

Im letzten Zitat scheint sogar so etwas wie ein objektiver, ja organischer Geschichtsprozeß angedeutet zu sein. In diesen darf der Handelnde, in diesem Fall der Gesetzgeber, nicht abrupt eingreifen, sondern muß Veränderungen in seinen Objekten, in diesem Falle dem Volk, durch subtile pädagogische Einwirkung vorbereiten. Die Gesetze dürfen nicht das Volk zwingen, sondern müssen aus ihm hervorgehen. Zwar wird auch hier die Geschichte letztlich von Einzelnen beherrscht, aber diese Herrschaft ist genötigt, so vorsichtig zu verfahren, daß die Entwicklung den Schein der Selbständigkeit erhält, aber eben nur den Schein. Verbesserungen entspringen dem Geist der Zeit, der Geist der Zeit aber unterliegt der geheimen Beeinflussung durch den oder die großen Einzelnen. Werden deren Entscheidungen hier schon taktisch an die jeweilige geschichtliche Situation gebunden, so wird rigoroses Vorgehen im vorhergehenden Zitat auch ethisch disqualifiziert; man wird an neuere Polemiken gegen den linken Radikalismus erinnert. Die Aufgabe des Staatsmanns ist politisch. Sein Handeln muß klug, mäßig sein und ein Resultat zeitigen. Demgegenüber wird der bloße Wille, das bloße Suchen abgewertet. In Umkehrung zuvor analysierter Strukturen rangiert hier das Ergebnis vor dem Weg. Terminologisch und dem Gehalt nach scheint sich die Formulierung, besonders in ihrem ersten Teil, den im 1. Kapitel entwickelten Anschauungen des Absolutismus zu nähern. Der abstrakte Utopismus und seine unmittelbare Umsetzung in Aktion sind fataler als das, was bekämpft werden soll. Jedoch handelt es sich hierbei lediglich um das Problem des taktischen Vorgehens. Das Gute bzw. das Beste soll realisiert werden, wenn auch notwendig auf Umwegen. Zwischen dem abstrakten Moralismus und der allzu konkreten politischen Intrige bildet sich ein Zwischenbereich moralisch motivierten, aber politisch taktierenden Vorgehens, das die Autonomie beider Bereiche relativiert. In diesem Sinne ist auch der vor allem von Athor angesprochene ethische Nominalismus zu verstehen. Dieser ist nicht prinzipiell, wie der oben skizzierte Skeptizismus, sondern taktisch. Auch die zur Unzeit getane edle Tat bleibt edel. Die utopische Intention auf politische Veränderung ist in all diesen Variationen letzter Bestimmungsgrund des Agierens.

Gleichwohl bleibt die Frage, wie sich solche nicht nur ethische, sondern auch taktische Rückbindung der Aktion an die Umstände mit deren oben bereits konstatierter und noch näher auszuführender Verselbständigung verträgt. Zunächst hat beides einen unterschiedlichen Stellenwert sowohl im gedanklichen Gerüst des Romans wie auch in seiner Handlung. Es wurde oben bereits beschrieben, in welcher

[327] Meyern: Dya-Na-Sore, Bd. 4, S. 179

Art und Weise der Egoismus der privaten Interessen, wenn auch mit schlechtem Gewissen, benutzt wird, um über diese so etwas wie Staatsbewußtsein zu schaffen, und wie dieses dann gleichwohl nur ein Durchgangsstadium darstellt und die eigentliche Intention auf den Rousseauschen Zusammenfall von Privatmann und Bürger, einzelnem und allgemeinem Willen geht. Analog fungiert das Königtum, das, weil das Volk noch unreif ist, zunächst akzeptiert, im Verlauf der Revolution jedoch faktisch abgeschafft wird und in den utopischen Völkern jenseits der Geschichte keine Rolle mehr spielt. Die Emanzipation der Aktion vom taktischen Kompromiß, ihre letztlich nur noch utopische und heroische Funktion, wobei, wie gezeigt, letzteres durch ersteres bedingt ist, ist so im Verlauf des Romans begründet.

Der vermeintliche Widerspruch läßt sich jedoch nicht nur strukturell auflösen, sondern zugleich gedanklich relativieren. Das wird deutlich, wenn man sich etwa an Hand von Heinses „Ardinghello" vergegenwärtigt, wie reine Aktion auch aussehen kann. Gegenüber dem dort praktizierten hedonistischen Sichausleben eignet dem Meyernschen Aktionismus ein restriktives Moment, das er mit dem taktisch modifizierten Vorgehen gemeinsam hat. In der heroischen Attitüde unterliegt die Person ebenso einem Schrumpfungsprozeß, in dem ihre abstrakte Selbständigkeit mit dem Verlust der inhaltlichen Dimension bezahlt wird, wie in der politischen Konzession an die Umstände, die die unmittelbare Aktion in äußerliche Banden zwingt. Unter der Perspektive des Verlustes bzw. der Modifikation der Zielvorstellungen rücken abstrakte Autonomie und konkrete Heteronomie zusammen. Das Kostüm wechselt, der sozialpsychologische Subjektivismus bleibt. Aus einem Aufsatz von Monika Steffen und Klaus Funken „Die einfache Kaderproduktion. Thesen zur Studentenbewegung als kleinbürgerlicher Massenbewegung" in Kursbuch 25 kann man die These folgern, daß exzessiver Aktionismus und entsagungsvolle Parteiarbeit nur zwei Seiten derselben Medaille des subjektivistisch befangenen kleinbürgerlichen Intellektuellen darstellen. Mag dies für den Zusammenhang der Studentenbewegung dahingestellt bleiben, für Meyern trifft diese Konstellation jedenfalls zu. Mit einer psychologischen Metapher: heroischer Sadismus und heroischer Masochismus entsprechen einander. Daher ziehen sich zum Schluß, als beides mißlungen ist, diejenigen, die keinen Heldentod gefunden haben, ins schlechthinnige Privatleben zurück.

Wie sehr die zielbewußte Aktion dazu tendiert, zur abstrakten Selbstbehauptung zu werden, mag ein Beispiel verdeutlichen. Im Verlaufe der Wanderung der Brüder werden Tibar und Mioldaa, ohne daß sie es wissen, von dem Geheimbund einem Initiationsritus unterzogen. Sie kommen auf eine Burg und werden, nachdem sie ein paar Tage in Freude und Spiel verbracht haben, plötzlich in den Kerker geworfen. Die Gefangenen vermuten dahinter Machenschaften der Orayas. Nun wäre es ihren Zielen gewiß förderlich, wenn sie wenigstens versuchen würden, ihrem Gefängnis zu entkommen. Es entspinnt sich jedoch folgender Dialog:

Tibar. Thu's! Ich. Und du? Tibar. Ich bleibe. Ich. Warum? Tibar. Weil ich nur will,

> was ich kann. Ich. Der Wille erhöht das Vermögen. Tibar. Oft ist Wollen – Schwäche.[328]

Die Argumentation des Erzählers ist durchaus sinnvoll. Mag der Versuch zu fliehen auch durch Angst motiviert sein, so ist die Flucht doch zugleich objektiv die Voraussetzung, die Pläne zur Befreiung des Volkes weiter betreiben zu können. Indem nun vor allem das erstere akzentuiert wird, der Gesichtspunkt des zielorientierten Handelns, der vernünftigen Wahl der Mittel dagegen sukzessiv zurücktritt, wird die Selbstbehauptung aus einem politisch sinnvollen zu einem abstrakt moralischen Akt. Die auch in dieser Lage noch erhoffte Veränderung vollzieht sich nicht über den situationsgerechten Kompromiß, sondern allein durch die absolute Beispielhaftigkeit des In-sich-Verharrens:

> Die Hand – stark genug gegen ihr eigenes Herz, ist stark gegen alle Ketten der Erde.[329]

So sollen auch die Bedrücker denken und sich quasi ergeben. Gott oder gar der Gesellschaft ist man sein Leben nicht schuldig, und dem „Geiste der Menschheit" darf, ja muß man es opfern.[330] Der Mechanismus der Gedankenführung ist deutlich. Wenn das Ziel unendlich weit entfernt ist, ja seine Qualität als Ziel selbst sich geisterhaft verflüchtigt, kann sich auch das Handeln nicht mehr politisch vermitteln, sondern muß zur abstrakten stoischen Gebärde schrumpfen. Es bleibt die Hoffnung auf den unmittelbaren utopischen Umschlag, aber auch dieser ist sekundär und kein Motiv, sondern allenfalls eine erwogene Konsequenz des Handelns.

An anderer Stelle wird das Ziel niedriger gesteckt, ohne jedoch dadurch weniger abstrakt zu werden. Die Brüder wandern unter den Denkmalen der Vergangenheit umher. Unter diesen befindet sich auch eine Laokoonvariante, zwei Helden, die ihren „letzten Kampf gegen vielverwundene Schlangen" kämpfen.[331] Eine Quelle stürzt von oben herab, eine blaue Flamme hüpft wechselweise vom Boden auf und verlischt. Plastik und Szenerie werden in der Folge ausgelegt. Die Helden blicken keineswegs nach Hilfe aus, sondern schauen auf ihren eigenen Nachruhm, der in Gestalt eines Kranzes auf Säulen ruht. Wenn „unglückliche Größe in der Majestät ihres Falles – das erhabenste Meisterwerk der Kunst ist", ist es verständlich, daß auch die Helden zu einem solchen Meisterwerk werden wollen.[332] Die eigene Ästhetisierung im heroischen Denkmal wird zur Motivation des Handelns, dessen Bestimmung am besten „in einem edlen Tode erreicht wird."[333] Die Quelle ist das Bild der Zeit, die Flamme das des Nachruhms. Entsprechend der im vorigen Abschnitt entwickelten Geschichtskonzeption erscheint die Zeit als ewiges Rinnen, über dem sich der Ruhm als Fanal erhebt. Geschichtliche Kontinuität kommt nicht durch die Verschränkung politischen Handelns zustande, sondern durch Wiedererweckung heroischer Aktion, heroischen Opfers in der die Denkmale der Vergangenheit betrachtenden Nachwelt.

[328] Meyern: Dya-Na-Sore, Bd. 2, S. 241
[329] Ebd., S. 243
[330] Ebd., S. 245
[331] Ebd., S. 148
[332] Ebd.
[333] Ebd., S. 149

Eben dieses unterschiedet die Anschauungen des Republikaners Meyern auch von denen des Absolutisten Barclay, mit denen sie sich ja zunächst paradox genug zu berühren scheinen. Geschichte bleibt dort immer politische Geschichte, und der Genius der Geschichte, der den Nachruhm verbürgt, überliefert der Nachwelt nicht das heroische Opfer, sondern das geschichtlich sinnvolle Wirken. Die Ausgliederung des Aktionsraums, die die Voraussetzung der Verewigung im Ruhm ist, funktioniert selbst politisch. Daher begreift dieser sowohl kluges, ja intrigantes wie heldenhaftes Handeln ein. Ob man klug oder heldenhaft handeln muß, bemißt sich allein nach den Umständen. Die Moral bleibt dabei aus dem Spiel. Wird die Aktion bei Barclay von der politischen Vernunft diktiert, so bei Meyern von der absoluten Moralität. Der strikten politischen Rückbindung und moralischen Exkulpierung des Handelns bei Barclay entspricht dessen politische Entsubstantialisierung und moralische Exemplarizität bei Meyern.

Der Umschlag der absoluten und abstrakten Moralität in reine Aktion jedoch tendiert dazu, auch die erstere unter sich zu lassen und durch Variablen zu ersetzen, an deren Substantialität ihre Propagandisten dann selbst nicht mehr glauben, eine Entwicklung, die im Faschismus virulent und in der SS-Ideologie manifest ist. Die masochistische Komponente dieses Aktionismus zeigt sich sowohl in der oben beschriebenen stoischen Attitüde als auch vor allem in der Todeslust, der die Meyernschen Helden frönen. Diese ist nur die Konsequenz aus der ersteren. Der Schrumpfung der Seele auf die alles Äußere von sich ausschließende Selbstbehauptung, ihre Ataraxie, Unbeweglichkeit, die sich äußerlich in der letztlich zum Nicht-Handeln führenden Trennung von Wille und Handlung ausdrückt, schließt sich die Reduktion des Menschen auf das abstrakte „Eins" des Leichnams würdig an. Gegen den Tod kann das Leben in doppeltem Sinn nicht ankommen:

> „Die Ruhe, das Behagen, das freudige ernste Gefühl eines Augenblicks, da ich den Tod wie den Genuß einer langsam eingeschlürften Kühlung über mein Wesen in ganzer Fülle sich verbreiten sah, bleiben mir ewig theuer." „Ich habe das Leben wieder erlangt; aber – um es in Vergleich jenes Moments für ein weit minderes Gut zu halten."[334]

So Terglud mit fast Novalisschen Formulierungen, die die „Utopie" des Sterbens durch rhythmische Dehnung nachzuzeichnen versuchen. Wo die Zukunft anvisiert wird, wird sogleich auch der eigene Tod ins Auge gefaßt: „Endlose Zeit! Ich sinke hinweg in deine Wogen. Jede Sternennacht zeigt mir eine weit offene Zukunft, und die Stille meines Grabes", heißt es in einer Unterredung zwischen zwei führenden Mitgliedern des Geheimbundes.[335] Diese Konstellation von Unendlichkeit der Zeit und Mystik des Todes ist durchgängig. Vom „Mann" wird prädiziert:

> Ihm ist der Tod eine schöne Nacht. ... Er ist todt, der *Einzelne* ist untergegangen; aber *sein Dasein* schwebt über den Fortschritten einer endlosen Zeit.[336]

Und solche Stellen ließen sich vermehren.

[334] Meyern: Dya-Na-Sore, Bd. 5, S. 126 [335] Ebd., Bd. 3, S. 119

Aber auch des hier apostrophierten Ruhms kann man entraten. Wenn man sich für das Vaterland opfert, ist die „Unsterblichkeit des Ruhms" überflüssig und der Name kann getrost vergehen.[337] Wie der Einzelne in der Totalität der militanten Gesellschaft aufgehen kann, so auch im ewigen Verlauf der Geschichte. Deren Höherentwicklung braucht dabei noch nicht einmal vorausgesetzt zu werden. „‚Die That ist unser Gewinn'", sagt Terglud, und die Tugend kann durchaus „ohne Hoffnung der Zukunft" bestehen.[338] Im Extremfall führt das sogar zur Indifferenz gegenüber der Qualität der Tat selbst:

> Der nimmt ein Weib, der geht in's Feld, der erzieht Kinder, der opfert sich für ein undankbares Vaterland auf. Was jeder suchte, war die Folge seiner dunkleren oder helleren Erkenntniß.[339]

Die bloße Quantifizierung der Erkenntnis, die, ohne daß dies natürlich in der Absicht des Sprechers oder Autors läge, auch die Differenz zwischen heroischem Opfer und häuslichem Leben letztendlich zu verwischen droht, sowie die strikt kausale Herleitung der Tat aus dieser führen zu einer zugleich naturwissenschaftlichen und irrationalen Lehre von der Interdependenz menschlichen Handelns. Dessen Kausalität führt letzten Endes nicht zu einem erkennbaren Zweck. Sind bei Barclay privates und öffentliches Verhalten in der *politischen* Sphäre a priori integriert, so soll bei Meyern in der endlosen Geschichte die reine Tathandlung, abstrakter Individualismus unmittelbar in öffentliche Relevanz umschlagen. Insofern ist es nur konsequent, wenn privates und öffentliches Verhalten bei Meyern letztlich sogar den gleichen Rang behaupten. Dies jedoch liegt, wie festzuhalten ist, natürlich nur in der immanenten Logik der Gedankenführung, die hier und da sichtbar wird, nicht in der Intention des Autors.

Der Dualismus von Moral und Politik, den Meyern gerade aufheben will, stellt sich so hinter seinem Rücken als Dualismus von Tat und Geschichte wieder her. Die Tat ist letzten Endes ebensowenig mehr kommunikabel, wie sich über ihre Voraussetzungen diskutieren läßt. Terglud rechnet nicht auf den Dank der Menschen:

> Ich finde ihn in meinen Handlungen, nicht in ihrem Beifalle! Doch – es ist genug. Man muß sich verstehn, aber nicht erklären; sonst gehts uns wie allen Erklärern ... Man vergreift sich bei jeder That in der Auslegung.[340]

Es folgt ein Appell an die Freunde, in der wechselseitigen Hilfe die Überzeugung zu finden, „daß, so lange wir gemeinschaftlich handeln, die Übereinstimmung unseres Willens der Genius ist, der keinen von uns dem Guten entweichen läßt."[341] Vorgeführt wird ein impliziter Prozeß zunehmender Abstraktion und Tautologisie-

[336] Meyern: Dya-Na-Sore, Bd. 1, S. 139
[337] Ebd., Bd. 3, S. 59
[338] Ebd., S. 169 f.
[339] Ebd.
[340] Ebd., Bd. 5, S. 42
[341] Ebd.

rung. Der Abstraktion von dem politischen Stellenwert der Handlung folgt die von ihrer rationalen Qualität. Daher begründet sich folgerecht auch die ethische Qualität der Handlung lediglich aus ihrer Gemeinschaftlichkeit, der Übereinstimmung der Willen. Lieferte im Staatsroman der Aufklärung das inhaltliche Naturrecht die Argumentationsbasis gegen den absolutistischen Staat, so ist dieses bei Meyern bereits in den allgemeinen Willen aufgelöst. Im Unterschied zu Rousseau zudem (obgleich in dessen Konsequenz) hat der allgemeine Wille nicht einmal mehr die Rechtsgrundlage des Freiheits- und Gleichheitspostulats, sondern gründet allein in der apriorischen Übereinstimmung der Mitglieder einer elitären Kadertruppe, die sich als Agent der unendlichen Geschichte fühlt. Die fatalen Konsequenzen des Rousseauismus sind bei Meyern voll entfaltet.

Der „Mann", wie ihn die Natur verlangt, ist „der Genius, der ... unerklärbar wie das Schicksal, *Wahrheit rettet,* und die Hand *verbirgt,* die es that. ... Die Stimme der Alltäglichkeit und ihre Leiden – sind Wehen der Kinder für ihn. Er geht seine Bahn, unbekümmert um ihre einzelnen Klagen. Sein Gang ist der Gang der Sonne – Wohlthat, aber nicht gleiche Wohlthat für alle. Menschen können nie ihn beurtheilen. Ein Gott nur kann sein Richter sein."[342] Die Wahrheit, die er vertritt, ist von Menschen nicht mehr zu fassen. Um die unendliche Distanz zu verdeutlichen, ist es daher durchaus konsequent, wiederum zur absolutistischen Sonnenmetapher zu greifen. Allerdings handelt es sich hier wohl weniger um eine wohltuende als um eine verzehrende Sonne. War die Legitimationsgrundlage des Absolutismus seine Schutzfunktion, so bedarf der große Einzelne Meyerns einer solchen Rechtfertigung nicht mehr. Die in der Unendlichkeit der Geschichte und der einzelnen Tathandlung sich ereignende Wahrheit legitimiert sich durch sich selbst und braucht daher auf anderes keine Rücksicht zu nehmen. Im „Getümmel des Todes" findet der Heros den „Genuß seiner selbst".[343] Dem Empfindsamen, der in Gestalt des aus der Art geschlagenen Bruders Hamor permanent desavouiert wird, ist solches natürlich unzugänglich. Romantisch und sentimentalitätslos hat Goebbels in einer programmatischen kulturpolitischen Rede den Nationalsozialismus genannt und damit eben den Zusammenhang von Mystizismus des Ganzen und Negation des Privaten bezeichnet, der für die Anschauungen Meyerns charakteristisch ist.

Der, psychoanalytisch gewendet, Narzißmus der Helden hat zur Folge, daß ihr Aktivismus stets in Gefahr ist, in Melancholie umzuschlagen. Ja, die ganze Fabel des Romans ist nur von diesem letzten Endes sozialpsychologischen Bedürfnis her zu verstehen. Es wurde oben bereits angedeutet, wie dürftig der schließliche gegenrevolutionäre Putsch motiviert und wie hastig er heruntererzählt wird. Es kommt Meyern eben nicht auf den politischen Vorgang als solchen an, sondern dieser ist lediglich Mittel, den melancholischen Rückzug auf sich selbst, den die

342 Meyern: Dya-Na-Sore, Bd. 1, S. 176
343 Ebd.

Helden vollziehen, zu initiieren. Aktionismus und Melancholie haben die Abstraktion von dem sachlichen Horizont des Handelns gemeinsam. Unter der Perspektive der Unendlichkeit sind der Weg nach außen und der Weg nach innen derselbe.

Von daher ist auch die seltsame Wandlung zu verstehen, die mit Tibar vor sich geht. Ist dieser zunächst „kalt-heroisch"[344] und wird er als solcher Terglud kontrastiert – „Seine Strenge machte ihn furchtbar. Man liebte ihn nicht, aber man that, was er wollte. Unterschieden von Terglud, den sein heftiger Sinn – an Menschen und ihre Vertraulichkeit leidenschaftlich hingab, entfernte die Furcht ihres wandelbaren Sinnes ihn von Menschen. Darum wurde jener von *vielen* geliebt, er nur von *wenigen*, weil wenige ihn verstanden, und rascher Muth lockender ist als verschlossener" –, so wandelt ihn ein kurzer Aufenthalt im Gefängnis, in das ihn der Tyrann Ilwend hat werfen lassen, zum Schwermütigen um.[345] Das Verhältnis zu Terglud kehrt sich um:

> Man *sah* Terglud, man *suchte* Tibar, (den) sanften, guten Mann.[346]

Verständlich, daß die „schwermüthige Überzeugung eines nahen Endes" bereits auf Tibars Gesicht liegt, als sein und der Revolution Schicksal noch keineswegs entschieden sind.[347] Wie ist eine solche Wandlung bzw. Umpolung zu erklären? Gewiß nicht durch die Handlung, durch die Gefangennahme bzw. den konterrevolutionären Gegenschlag. Denn mit solchen Querelen ist Tibar in seiner heroischen Phase durchaus fertig geworden. Zudem sagt er selbst, daß die „Einsamkeit des Kerkers" die schlafende Trauer in ihm nur erweckt habe.[348] Der Grund liegt vielmehr in dem Leerlauf der heroischen Aktion selber, dessen Pendant die Irrationalität der das „Herz mit einer unerklärlichen Weichheit" erfüllenden Trauer ist.[349]

Lepenies hat auf den Ursprung der bürgerlichen Melancholie in der Handlungshemmung hingewiesen.[350] Der Soldat Meyern zeigt dagegen, daß exzessiver Aktionismus und melancholische Resignation sich nicht ausschließen müssen, ja einander entsprechen. Indem die politische Vermittlung der Aktion zwar an manchen Stellen postuliert, letztlich jedoch durch das unendliche Hinausrücken des Zweckes und den entsprechenden pessimistischen Heroismus der Protagonisten „überflüssig" gemacht wird, kann sich die Erzählung nur noch resignativ umwenden. Heroismus und Todessehnsucht, Vernichtung des Feindes und Selbstvernichtung gehen Hand in Hand. Ja, in gewisser Hinsicht scheint letzteres sogar das Primäre zu sein. Die gesamte Rahmenhandlung ist von Melancholie durchtränkt und gibt insofern den Leitton an, auf den der Roman gestimmt ist. Die Revolution überholt die politische Reform, die unendliche Geschichte die geschichtliche Revolution, die heroische Tat die Geschichte, die Melancholie den Heroismus.

Der Rapidität dieser Bewegung sucht die Sprache sich entgegenzustemmen und

[344] Schmidt: Dya Na Sore, S. 33
[345] Meyern: Dya-Na-Sore, Bd. 3, S. 179
[346] Ebd., Bd. 5, S. 242 f.
[347] Ebd., S. 277
[348] Ebd., Bd. 4, S. 257
[349] Ebd.
[350] Vgl. Wolf Lepenies: Melancholie und Gesellschaft, Frankfurt/Main 1969, S. 79 ff.

spiegelt sie zugleich wieder. In ihrer Exzentrik tobt sich ein abstraker Wirkungswille gewissermaßen aus. Auf vieles wurde oben bereits verwiesen. Dazu noch einige Ergänzungen. Auffällig ist die Fülle der expressiven und gewaltsamen Neuschöpfungen von Worten, die an Sprachübungen des Sturm und Drang erinnern: Irrtrost, Einton, hellwollend, Eitlinge, Nebelirre usw. Die Zeichensetzung zerreißt planvoll die syntaktische Kontinuität, deren Konventionalität die notwendige Bedeutsamkeit nicht mehr zugetraut wird. Diese wird vom Satz gleichsam an die Worte delegiert. Auch dies der äußerste Gegenpol zu den durch die lateinische Tradition geprägten virtuosen Perioden Wielands. Die „fast durchweg metrische Prose", die durch solche Praktiken erzielt wird und der Schiller, damit einen dem angestrebten gegenteiligen Effekt konstatierend, eine ermüdende Wirkung attestiert hat, erhält so etwas Abruptes, Abgehacktes, das das rhythmische Gleichmaß immer wieder absichtsvoll durchbricht.[351] Die Gequältheit dieser Pausen, die den Enthusiasmus begrifflich festmachen und heroisch aufladen, jedenfalls verhindern wollen, daß er sich in bloßer Empfindung ergießt, unterscheidet die Prosa Meyerns auch von der Hölderlins im „Hyperion", mit dessen Form und Gehalt den Roman, wie schon Görres festgestellt hat, sonst manches verbindet.[352] Zugleich jedoch sind solche Durchbrechungen inhaltlich kaum je strikt motiviert und werden solcherart zum Selbstzweck. Der reinen Tathandlung auf dem leeren Hintergrund einer endlosen Geschichte entspricht sprachlich die zwangshafte Evokation von Sinn auf der Basis einer destruierten logischen und anschaulichen Kontinuität.

Vielleicht hängt diese Relation mit der Herauslösung Meyerns aus jeglicher klassenmäßig definierbaren gesellschaftlichen Verankerung zusammen. Arno Schmidt hat auf Meyerns planvolle Verschleierung seiner Biographie hingewiesen. Laut Schmidt hieß er, 1759 in Ansbach geboren, zunächst „schlichtweg Meyer mit Ypsilon."[353] Nach nicht vollendeten Studien in Erlangen und Altdorf wird Meyern Kanonier im österreichischen Heer, jedenfalls gemeiner Soldat. Aus diesem verschwindet er dann und unternimmt angeblich weite Reisen. „Als er wieder auftaucht, ist er ‚Herr von Meyern'" und organisiert, außerplanmäßig zum Leutnant und Hauptmann befördert, den österreichischen Landsturm.[354] Jedoch ist die militärische Karriere nicht kontinuierlich, nach Aufenthalten bei verschiedenen hohen Protektoren lebt er in Wien in dürftigen Verhältnissen, um schließlich als

[351] Friedrich Schiller: Sämtliche Werke, München 1959, Bd. 5, S. 925

[352] „Abkömmlinge aus dem Heldenvolke Dya-na-sore sind Hyperion und Alabanda, große eingekerkerte Götter, wie die Elephanten eingekerkerte Menschen sind; mächtige Heroen, die zürnend über die Erde gehen, um sie von Drachen und reißenden Tieren zu reinigen, kühn und brav, nur etwas zu metaphysisch gehalten, wie meistens alle besseren Menschen und selbst die Ideale dieser Zeit es sind, weil die Gymnastik von der Erde sich verloren hat. Darum scheitert ihr Unternehmen so schnell, und ihre That verliert sich wie im Sande in der unberechneten Schlechtigkeit ihrer Helfer", heißt es bei Görres (Joseph Görres: Hyperion. In: Dichter über Hölderlin, Frankfurt/Main 1969, S. 58 f.).

[353] Schmidt: Dya Na Sore, S. 31

[354] Ebd.

Mitglied der österreichischen Militärkommission beim Bundestag in Frankfurt wohl eine Art Gnadenbrot zu verzehren. Dort stirbt er 1829. Das Diskontinuierliche, Abenteuerliche, zugleich offensichtlich Abhängige und Gedrückte dieses Lebens erinnert auffällig an die oben skizzierten Biographien der Robinsonadenutopisten. Ein extremes Gegenbeispiel bietet etwa der erwähnte Fürstenspiegelverfasser Sintenis, der sein ganzes Leben als Pfarrer in seiner Heimatstadt Zerbst verbracht hat.

Dieser generelle „Exotismus" der Meyernschen Biographie, der das Hochstaplerische streift, liefert gewissermaßen die sozialpsychologische Basis für das Ineins von hypertrophem Aktionismus und hypertropher Resignation. Der private und literarische Reflexionsraum, der die Wielandsche Skepsis grundiert und aus dem sie schöpft, ist hier zur gleichzeitigen exzessiven Behauptung und Negation jeglichen individuellen Anspruchs geworden. Sein Herausgeber Feuchtersleben stilisiert Meyern zu einem eben solchen Wanderer, wie dieser seine Helden. Dem Wanderer ohne Vergangenheit und ohne Zukunft korrespondiert ein ernstes, denkendes, kleines und würdiges Publikum, jedenfalls ein esoterisches, das von der sonstigen literarischen Öffentlichkeit abweicht. Man vergleiche damit das implizite Verhältnis zum Publikum, wie es sich etwa in Wielands „Goldenem Spiegel", aber auch bei Loen, darstellt. Der Wielandsche Roman ist ja in seinem ironisch relativierenden Sprachduktus auf ein zugleich distanziertes und einverstandenes, jedenfalls auf ein entsprechend ironisch gestimmtes Publikum angewiesen, nicht auf eine (nicht existente) Sekte oder Gemeinde, wie der Roman Meyerns. Die Causerie der Konversation, die die Unterhaltungen des Romans prägt, gründet in der Gesellschaft und zielt auf Gesellschaft. Zudem ist der primäre Adressat des Fürstenspiegels eo ipso der Fürst. (Daß sich diese doppelte Adressierung in gewisser Weise widerspricht, die programmatische Absicht durch die geschichtliche Einrahmung sowie die strukturelle und sprachliche Ironie relativiert wird, erhellt aus dem in dem Abschnitt über Wieland Gesagten.) Beides, gesellige Verankerung und unmittelbares Zielen auf bestimmte Einzelpersonen, fehlt dem Roman Meyerns. An ihre Stelle tritt eine fiktive Elite, die der des Romans entsprechen soll. Die Differenz von Fiktion und Wirklichkeit verwischt sich.

Das Schreiben selbst qualifiziert Meyern in einem Brief gegenüber der Tätigkeit eines „Feldherrn, Baumeisters, Großkaufmanns" ab. [355] Fast sei es *„das Merkzeichen, mit dem die Natur von jedem hohen Anspruche ausschließt."*[356] Will der Verfasser des Fürstenspiegels durch Schreiben die Welt in einer bestimmten Richtung verändern, so ist hier das Verändern allein Sache der Praktiker, und wohin es hinauslaufen soll, wird nicht gesagt. Nicht nur der Heros muß schweigen, sondern letztendlich auch sein Barde. Der Reflexionsraum der literarischen Öffentlichkeit, die zugleich auch eine politische Öffentlichkeit ist, wird eingezogen. Theorie und Praxis fallen abstrakt auseinander bzw. die Theorie spielt gegenüber der Praxis gar keine Rolle.

[355] Meyern: Dya-Na-Sore, Bd. 1, S. VII [356] Ebd., S. VIII

Dem entspricht es, daß Meyern von sich selbst, obgleich er sich (auch) unter die Handelnden zählt, ebenfalls abschätzig spricht. Er habe sich selbst überlebt, er gehe mehr an der Zeit vorüber, als daß er in sie eindringe, er finde sich auf dieser Welt unnütz und sei überhaupt ein sehr unbedeutendes Geschöpf. Allerdings bleibt dabei ein Hintertürchen offen: nicht nur er selbst ist unbedeutend, sondern auch seine Zeit. Aber auch ohne dies: der Narzißmus des Melancholikers lugt überall durch. Mit dem Gehalt seines Romans zudem ist Meyern derjenigen Art von Praxis, die er apostrophiert und die allein formal, nicht inhaltlich definiert ist, zum mindesten nahe gekommen. Indem jedoch die revolutionäre Radikalisierung des Staatsromans in die Fluchtutopie mündet, zeigt sich zugleich die Problematik dieses Praxisbegriffs, der in einer abstrakten Moralität gründet und durch seine Verselbständigung stets in Gefahr ist, in Melancholie umzuschlagen. Am Einzelnen und gerade am Einzelnen hält Meyern fest, auch wenn dieser sich zu einer revolutionären Elite vervielfältigt. Ja, indem er den institutionellen Rahmen des traditionellen Staatsromans sprengt, bestätigt er zugleich dessen individualistischen Ausgangspunkt, den er zum abstrakten Heroismus radikalisiert. So ist der politische Gehalt dieser den großbürgerlichen Staatsroman transzendierenden „kleinbürgerlichen Unteroffiziersutopie" zutiefst zweideutig – und daher auch die gegensätzlichen Interpretationen, von denen ausgegangen wurde. Je nach der Betrachtung der subjektiven Intention oder des objektiven Gehalts ist der Roman Meyerns der revolutionärste oder der reaktionärste der Staatsromane.

Das subjektive Verhältnis Meyerns zur Französischen Revolution ist nicht recht greifbar, bei Knigge ist es eindeutig. Er hat sie begrüßt und auch dann noch an ihr festgehalten, als man sich ansonsten unter dem Eindruck des revolutionären Terrors von der Revolution zu distanzieren begann. Ob und wie sich diese subjektive Stellungnahme in den utopischen Konzeptionen Knigges niederschlägt, ist in einem abschließenden Abschnitt zu untersuchen.

IV. Adolf Freiherr von Knigge

In diesem Abschnitt erörtere ich zunächst die zunehmende Problematik der sozusagen systemimmanenten Reform, wie sie sich in den Kniggeschen Familienromanen darstellt. Im zweiten Unterabschnitt sind sodann an Hand des „Benjamin Noldmann" die den Rahmen des aufgeklärten Despotismus sprengenden institutionellen Konsequenzen zu demonstrieren, die Knigge aus dem Scheitern seiner Familienromanhelden zieht.

1. Reform

Neben seinem berühmten „Umgang mit Menschen", seinen politischen und freimaurerischen Schriften hat Knigge auch eine Reihe von „Familienromanen" geschrieben, in denen er ebenfalls politische Themen behandelt hat. Während diese im trivialisierten und schon weitgehend industrialisierten Familienroman der Lafontaine, Cramer und anderer nur noch ein topisches Schattendasein fristen, etwa in Gestalt des intriganten Höflings, der dort lediglich als Motor privater Konflikte fungiert und denn auch am Schluß durchweg seiner verdienten Strafe zugeführt wird, dient bei Knigge umgekehrt die Motivik des Familienromans als Einkleidung politischer Problemstellungen. Deren Lösungen jedoch werden durch die Form des Familienromans, der durchweg private Schicksale zum Gegenstand hat, in bestimmter Weise präjudiziert.

Das gilt sogar für den letzten Roman Knigges, die 1794, zwei Jahre vor seinem Tode, erschienene „Geschichte des Amtsraths Gutmann". Dort kommt man während einer Postkutschenfahrt unter anderem auch auf das Problem der besten Regierungsform zu sprechen. Ein Augsburger Lichterzieher und ein Offizier engagieren sich jeweils für die Republik bzw. für die Monarchie, das letzte Wort jedoch behält der Ich-Erzähler, der die Art der Regierung für unwichtig erklärt und behauptet, daß man unter jeder „ruhig und glücklich leben" könne.[357] Dazu seien lediglich „bestimmte, unveränderliche Gesetze" und die „Aufrechterhaltung guter, einfacher Sitten" erforderlich.[358] Vor jeder plötzlichen Änderung der Regierungsform, also vor jeder Revolution, wird gewarnt, da eine solche immer „viel Unglück und Verwirrung" stifte.[359] Daher sei eine „durch weise Gesetze in gewisse Schranken gehaltene monarchische Verfassung der republicanischen fast ohne Ausnahme vorzuziehen".[360] Ursache des Verfalls sind niemals bestimmte Regierungsformen, sondern lediglich das Einreißen von „Luxus und Corruption".[361] Daher muß man, wenn einen „der Reformations-Geist anwandelt", bei sich selbst den Anfang machen.[362] Es wurde oben bereits darauf hingewiesen, daß die prononcierte Gleichgültigkeit gegenüber der Art der Regierung Ausdruck der indirekten moralischen Kritik ist, die ihre politischen Konsequenzen verdrängt, und insofern politisch mit dem in sich selbst widersprüchlichen aufgeklärten Absolutismus konvergiert. Dieser Zusammenhang ist auch in der zitierten Passage evident. Zwar ist die Regierungsform sekundär, jedoch ist die durch Gesetze eingeschränkte Monarchie eben doch die beste. Der Widerspruch ist nicht immanent, sondern nur historisch, durch

[357] Adolf Freiherr von Knigge: Geschichte des Amtsraths Gutmann, von ihm selbst geschrieben, Hannover 1794, S. 93
[358] Ebd., S. 94
[359] Ebd., S. 95
[360] Ebd.
[361] Ebd., S. 97
[362] Ebd.

den beschriebenen Mechanismus der indirekten Kritik, auflösbar. Daher wird auch die Freiheit nicht politisch, sondern privat definiert. Wie in der Theorie des monarchischen Absolutismus wird die Freiheit nicht offensiv, sondern defensiv verstanden. Man ist frei, wenn man tugendhaft und durch Gesetze geschützt ist, alles übrige, nämlich die im eigentlichen Sinn politische Freiheit, ist „chimärisch".[363]

Jedoch wird – und hier künden sich politische Weiterungen bereits an – ein solcher Privatismus zugleich implizit kritisiert, mag diese Kritik auch, vor allem wenn man die übrigen Romane beizieht, isoliert sein. Dem abschließenden Satz des Amtsrats Gutmann („Die Fesseln sind wahrlich die stärksten, die wir uns selbst anlegen") pflichtet nämlich ein mitfahrender Rosenkreuzer lebhaft bei und fängt seinerseits an, von der Befreiung des Geistmenschen zu reden.[364] Der Privatismus schlägt in degoutiert geschilderten Mystizismus um. In den achtziger Jahren hatte Knigge selbst dem Illuminatenorden angehört und diesem als Agitator eine große Zahl von Proselyten geworben. Nach dem Zerwürfnis mit diesem hat er dann besonders dessen Geheimnistuerei kritisiert, ohne sich zugleich von seinen politischen Zielen zu distanzieren, die er im Gegenteil gerade durch das mystische Rankenwerk, mit denen sie umgeben wurden, gefährdet gesehen hat. Ob die geheimnisvollen Rituale der Maurer dabei nur auf die individuelle Läuterung zielen oder umgekehrt, unter Überspringung des privaten Wohls, unmittelbar auf das allgemeine Beste, ist von sekundärer Bedeutung. Im „Amtsrath Gutmann" wird das erstere moniert, in „Des seligen Herrn Etatsraths Samuel Conrad von Schaafskopf hinterlassene Papiere" das letztere. Maßstab ist in beiden Fällen die gesunde Vernunft, die weder individuellen noch allgemeinen Mystizismus zuläßt. So vermag Knigge denn auch in der letztgenannten Schrift dem schon erwähnten Freiherrn von Goechhausen, dessen politische Ansichten den seinen im übrigen diametral entgegen standen, nur Beifall zu spenden, wenn er das System der Weltbürgerrepublik enthüllt. Auch dieser politische Gegner ist ein „Vernunftmensch" und als solcher einem weltbürgerlichen Mystiker vorzuziehen.[365] Die implizite Kritik an einer ausschließlich individualistischen Betrachtungsweise, wie sie sich in der Darstellung des Rosenkreuzers äußert, bleibt von solchen Abwandlungen des Arguments jedoch unberührt. Die gesunde Vernunft vermittelt zwischen privatem Glück und dessen öffentlicher Garantie und wendet sich daher nach beiden Seiten gegen Entgleisungen.

Gleichwohl steht im Roman, der ein individuelles Schicksal darstellt, naturgemäß die private Perspektive im Vordergrund. Der Zwang zum Positiven zudem, den das gewählte Genre mit sich brachte und dem sich Knigge bewußt unterwarf, nötigt ihn, auch dem Scheitern der öffentlichen Ambitionen seiner Protagonisten

[363] Knigge: Amtsrath Gutmann, S. 96
[364] Ebd., S. 97
[365] Adolf Freiherr von Knigge: Des seligen Etatsraths Samuel Conrad von Schaafskopf hinterlassene Papiere; von seinen Erben herausgegeben, Frankfurt/Main 1965, S. 67

noch eine versöhnliche philosophische Seite abzugewinnen. Der Herr von Fürstenruf ist allerlei Hofkabalen zum Opfer gefallen und hat sich auf einen stoisch getönten Kantianismus zurückgezogen. Er begnügt sich damit, in kleinem Umkreise pflichtgemäß zu wirken, zieht seine Befriedigung allein aus dem Bewußtsein des guten Willens „ohne alle Rücksicht auf Würkung, Nutzen, Erfolg" und schaut im übrigen auf das Possenspiel der Welt herab.[366] Dieser Rückzug auf die eigene ethische Innerlichkeit wird nun vom erzählenden Amtsrat zwar nicht ganz gebilligt, jedoch lediglich empirisch und hedonistisch kritisiert, nicht durch Berufung auf eine wie auch immer geartete öffentliche Verantwortung. Jede Tugend ist relativ, ihr Wert besteht nicht allein im guten Willen, sondern auch in der verständigen Berechnung ihrer Folgen. Motivation und Ziel des tugendhaften Handelns ist die Glückseligkeit, die jedoch nicht nur die eigene, sondern auch die der anderen meint, da die eine ohne die andere nicht denkbar ist. Sowohl in dem Versuch, Tugend und Klugheit zu verbinden, als auch in der Akzentuierung der Glückseligkeit bezieht Knigge hier durchaus den Standpunkt des aufklärerischen Staatsromans. Jedoch, und das macht die Differenz aus, ist dessen Position hier quasi privatisiert. Die Kriterien des Staatsromans werden letztlich des politischen Anspruchs entkleidet und am Schluß des Romans auf die private, wenn auch modellhafte, Idylle reduziert. Der Herr von Fürstenruf, dessen durch sein Schicksal ad absurdum geführter Name den Hofdienst bereits ironisch distanziert, verwaltet seine Güter im Stile eines aufgeklärten Monarchen.

Dieser Patriarchalismus, wie der Privatismus überhaupt, hat einen doppelten Aspekt. Einerseits bezeichnet er den Rückzug aus der öffentlichen Verantwortung, den er gewissermaßen verklärt; widrige Umstände vermögen die „Gemüthsruhe" eines solchen Privatmanns „selten auf lange Zeit" zu stören.[367] Andrerseits ist dieser Rückzug erzwungen. Die Privatisierung der Wertvorstellungen und Modelle des aufgeklärten Absolutismus bezeichnet im Gegensatz zum Staatsroman des Freiherrn von Loen zugleich die Unmöglichkeit, diese politisch zu realisieren, ohne daß jedoch an ihrem Wahrheitsgehalt vorerst gezweifelt würde. Der explizit aufrecht erhaltene Reformismus wird zugleich immanent problematisch.

Diese Konstellation zeigen in unterschiedlicher Schärfe auch die anderen Familienromane Knigges. Der Roman „Das Zauberschloß, oder Geschichte des Grafen Tunger" beschreibt die Schwierigkeiten von Ministern und Prinzenerziehern. Der Baron von Lerchenhayn will seinen Zögling nicht zum Fürsten, sondern zunächst zum Menschen erziehen. Natürlich scheitert der Plan, und dieses Scheitern wird durchaus ambivalent begründet:

> Wenn sichs auch nicht beweisen liesse, daß, so lange unsre Staats=Verfassungen so bleiben, wie sie sind, der Sohn eines Fürsten und überhaupt eines vornehmern, oder reichern Mannes, gar nicht, ohne Rücksicht auf seinen künftigen Stand zu nehmen,

[366] Knigge: Amtsrath Gutmann, S. 265
[367] Ebd., S. 291

> erzogen werden kann und darf; so war doch bey Lerchenhayns Zöglinge, unter den Umständen, daran durchaus nicht zu denken.[368]

Zwar werden diese Umstände, besonders die Tatsache, daß der Knabe schon zu lange Zeit unter dem Einfluß der Hofschranzen gelebt habe, um noch zum Menschen gebildet werden zu können, ausführlich dargestellt, und insofern wird das Scheitern der Erziehung zum spezifischen und nicht ohne weiteres generalisierbaren Fall gemacht, zugleich jedoch hebt der zitierte Satz eine solche Spezifikation zum mindesten teilweise wieder auf. Es läßt sich nicht beweisen, ist aber jedenfalls erwägenswert, daß ein pädagogisches Überspringen nicht nur des Unterschiedes von Fürst und Mensch, sondern auch der Standesgrenzen überhaupt unter bestimmten sozialen und verfassungsrechtlichen Bedingungen unmöglich ist. In zwei Richtungen werden hier die Grenzen des aufklärerischen Staatsromans, wenn auch vorsichtig (nicht nur „kann", sondern auch „darf"!), überschritten. Zunächst wird der Blick nicht nur auf den politischen, sondern auch auf den sozialen Bereich gelenkt. Nicht nur der Fürst soll zum Menschen gebildet werden, wie im Staatsroman, sondern auch der vornehme und reiche Mann ist dessen durchaus bedürftig. Neben den politischen sollen auch die Klassenschranken eingeebnet werden. Ferner – und für die Konsequenzen, die Knigge wenig später in seiner Utopie ziehen wird, bedeutungsvoller – wird eine solche Einebnung von den objektiven Umständen abhängig gemacht. Der Staatsroman des Freiherrn von Loen ging ja von der Voraussetzung aus, daß die moralische Läuterung des Herrschers jederzeit möglich ist und nur von der absoluten Tugendhaftigkeit und auch einem bestimmten Maß an politischer Klugheit des Ratgebers abhängt. Dagegen führt Knigge in eine derartige ausschließlich moralische Betrachtungsweise eine objektive Dimension ein. Die moralische Läuterung ist abhängig von der politischen Reform, nicht umgekehrt. Obwohl diese Ansicht hier nur als Hypothese formuliert wird, ist ihre Tendenz deutlich.

Analog wird an Hand eines sogenannten guten Fürsten der aufgeklärte Absolutismus, wenn nicht ad absurdum geführt, so doch intensiv zur Diskussion gestellt. Von dem „einsichtsvollen Fürsten", bei dem der Graf Tunger in Dienste tritt und Minister wird, entwirft Knigge ein Porträt, das in manchen Zügen an das Muster eines aufgeklärten Monarchen, Friedrich den Großen, erinnert: Menschenverachtung bei gleichzeitiger Fürsorglichkeit, Egozentrizität, mangelnde Delegation von Verantwortlichkeiten, schließlich der Anspruch, der „erste Diener des Staats" sein zu wollen.[369] Besonders dem letzteren Satz hilft Knigge auf die Sprünge:

> Man hört ihn oft sagen: er sei der erste Diener des Staats; allein der Staat, das war ihm eine metaphysische Person, an deren Stelle er sich gelegentlich wieder selbst setzte, und in seinem Herzen dachte er nie daran, daß die ganze Summe seiner Mitbürger eigentlich diesen Staat ausmachte.[370]

[368] Adolf Freiherr von Knigge: Das Zauberschloß, oder Geschichte des Grafen Tunger, o. O. u. J. (Hannover 1791), S. 165

[369] Ebd., S. 178

[370] Ebd.

So wird dem berühmtesten Satz des aufgeklärten Absolutismus wiederum die etatistische Schelle angehängt. Die beiden scheinbar konträren Sätze des aufgeklärten und des monarchischen Absolutismus – „je suis le premier serviteur de l'état" und „l'état c'est moi" – nähern sich einander an. Der Staat als Gemeinschaft von Menschen bedarf keiner ersten Diener, sondern mündiger und sich politisch artikulierender Bürger. Auch wenn der Fürst, wie der hier geschilderte, den Anspruch seiner Superiorität nicht aus seiner Geburt, sondern aus seiner moralischen Vollkommenheit bezieht, ist sein Vorrang um nichts gerechtfertigter.

Die demokratische Tendenz dieser Darlegungen ist evident. Zum Nachteil ihrer Sinnfälligkeit gelingt es Knigge jedoch nicht, solche Einsichten erzählerisch umzusetzen. Ja sogar theoretisch revoziert er sie teilweise, wenn er gegen den wohltätigen, gerechten und hilfreichen, aber kalten Staatslenker den Patriarchen, den Vater, Freund und Bruder, ausspielt, also ein Ideal aufnimmt, wie es etwa Sintenis in seinem oben skizzierten Fürstenspiegel aufgestellt hatte. Zudem wird das Scheitern des Grafen am Hofe zwar in seinen einzelnen Etappen psychologisch präzise dargestellt, aber nicht eigentlich politisch motiviert. Ja, es kommt gar nicht erst zu prinzipiellen politischen Kontroversen, diese verbleiben vielmehr im Bereich der Hofkabale, an der sich der Graf im übrigen nach Kräften beteiligt. Die Kritik am Handlungsschema des aufklärerischen Staatsromans bleibt solcherart theoretisch bzw. beschränkt sich auf das nackte Geschehen. *Daß* der gute Minister auch bei einem guten Fürsten scheitert, wird vorgeführt, aber nicht, aus welchen Ursachen heraus.

Es ist daher nur konsequent, daß der Roman eine dem „Amtsrath Gutmann" ähnliche Wendung nimmt. Der Graf lebt nach seinem Abschied als Privatmann. Psychologisch sehr anschaulich schildert Knigge die Genese der Melancholie aus der Handlungshemmung. Das edle Herz des Grafen hat keinen Gegenstand mehr, und dieser verfällt in „Apathie", fühlt eine „unerträgliche Leere", eine „Seelen-Erschlaffung", wird von „tödtender Langerweile" geplagt, glaubt, er sei zu nichts mehr zu gebrauchen, und beschäftigt sich bald mit den „elendesten Kleinigkeiten", indem er „Pettschafte" sammelt und auf Pappbogen klebt, ein „Blumist" wird und das politische Journal liest, bald entwirft er einen Plan zu einer „geheimen Verbindung", die das Böse aus der Welt schaffen soll, schließlich will er sogar einen „polnischen Orden" kaufen.[371] Diese Depression löst sich nun, wie im vorher besprochenen Roman, nicht politisch auf, sondern privat, allenfalls indirekt politisch. Ohnehin ist sie zum Teil physisch bedingt, und daher kehren im Frühling mit den körperlichen Kräften auch die seelischen zurück. Schließlich zwingen den Grafen „oeconomische Geschäfte" zu angespannter Tätigkeit, über der er seine Leiden vergißt.[372] Die Erklärung für dieses Phänomen liefert der Oberbergrat von Seebach, der den Grafen des Schwärmertums bezichtigt und die spezialisierte, genau geregelte und nützliche Tätigkeit preist.

[371] Knigge: Zauberschloß, S. 253 f. [372] Ebd., S. 255

Ähnlich zieht in der „Geschichte Ludwigs von Seelberg" der von diesem und seinem Freund Alwerth gegründete Freimaurerorden lediglich „geschäftige Müßiggänger" und „Menschen von unbestimmter Tätigkeit" an, wogegen diejenigen, die „einen nützlichen Wirkungskreis haben", sich auf derartige abenteuerliche Unternehmungen natürlich nicht einlassen.[373] In einer Anmerkung stimmt Knigge Zimmermann zu, der an Stelle der Verfolgung großer Pläne empfiehlt, zunächst in seinem eigenen Fache etwas mehr als seine Pflicht zu tun. Im Gegensatz zur oben zitierten Priorität sozialer Bindungen stützt der historische Objektivismus hier lediglich den individualistischen Rückzug aufs private Wirken ab:

> Die Zeit bringt zu Reife, was wir uns vergebens bemühen würden mit unseren Operationen zu beschleunigen.[374]

Was jedoch die Zeit zur Reife bringt, ist immer dasselbe. Die Welt hat sich seit Salomos Zeiten nicht geändert. Derartige Expektorationen des älteren Mentors, des Herrn von Oberschirm, behalten nun im Kontext des Romans zwar nicht das letzte Wort, jedoch werden sie durch die eine Art Gegenposition artikulierende Gräfin von Storrmann in ihrem politischen Gehalt eher bestätigt als widerlegt. Diese wendet sich lediglich gegen die asketische Komponente dieses Privatismus und plädiert für „Liebe, Freundschaft, Mitleiden, Enthusiasmus, Vaterlandsliebe, warme Gottesverehrung, Dankbarkeit und alle kleinen Freuden des Lebens, alle unschuldigen Ergötzlichkeiten, die keinen ernsthaften Zweck haben".[375] Wie die Zusammenstellung von Vaterlandsliebe und unschuldigen Ergötzlichkeiten zeigt, kommt es hier nicht auf den *Inhalt* eines umfassenden Engagements, sondern lediglich auf das warme Herz an, das hinter jedem Engagement stehen muß. Scheint die Gräfin gegenüber dem Herrn von Oberschirm zunächst eine Art Utopismus zu vertreten, so wird dieser sehr rasch wieder individualpsychologisch umgebogen; der inhaltliche Utopismus wird zum psychologischen Enthusiasmus. Auch nach Ansicht der Gräfin muß man alle Stände ehren, „ohne ihre Nutzbarkeit strenge gegen einander abzuwiegen".[376] Die allgemeine Aufklärung muß man der Zeit überlassen, und große Vorsicht ist zudem geboten, da der aufgeklärte Elende sein Elend weit härter empfindet als der unaufgeklärte. So wird letzten Endes sogar die Ideologie gerechtfertigt. Derartige Konsequenzen sind nun zwar extrem, entwickeln sich jedoch folgerecht aus der Logik des aufoktroyierten Privatismus. Zumeist jedoch wird ihnen durch gegenläufige Intentionen die Balance gehalten, wie sie ja zugleich auch selbst Ausdruck der praktischen Ohnmacht sind und nur auf diesem Hintergrund verstanden werden können.

Auch in der „Geschichte des Grafen Tunger" reduziert sich der politische Konflikt zwischen Reformwillen und Beharrung, den Knigge allerdings mehr andeutet

[373] Adolf Freiherr von Knigge: Die Verirrungen des Philosophen oder Geschichte Ludwigs von Seelberg, Frankfurt 1787, Bd. 2, S. 254 f.
[374] Ebd., S. 268
[375] Ebd., S. 301
[376] Ebd., S. 308

als ausführt, auf den privaten Konflikt von hohem Anspruch und Realität nicht des Hofes, sondern „des Menschengeschlechts".[377] Dieses muß man mit allen seinen Schwächen akzeptieren, denn nur der ist, wie Knigge, offenbar als Quintessenz, gesperrt drucken läßt, *„ein wahrhaftig weiser, guter, nützlicher, glücklicher und großer Mann ..., der nicht mehr und nicht weniger thut, noch thun will, als was er, nach den Umständen, jedesmal thun darf, soll, kann, und muß"*.[378] Zwar bedarf es der „Feuerköpfe, Umwälzer und Stürmer", um die ganze „Maschine" zu beleben und „neue Ideen" in Umlauf zu bringen, „die vielleicht erst nach Jahrhunderten den Werth practischer Wahrheiten bekommen", aber ihr Los ist „Undank, Wiederstand (sic!), Verdruß."[379] Diese erneute Umwendung des Gedankens bleibt allerdings wie die oben referierte Kritik am aufgeklärten Absolutismus theoretisch und zeitigt keine Konsequenzen für die weitere Handlung. Für einen vernünftigen Menschen ist eine solche Existenz nicht praktikabel. Wie in der „Geschichte des Amtsraths Gutmann" steht am Ende das ländliche Patriarchat, das Züge einer bürgerlichen Tätigkeit annimmt. Zwar wird der Staatsroman transzendiert, doch bleibt dies theoretisch bzw. abstrakt und wird zudem teilweise auch ideologisch zurückgenommen. Die politisch bedingte Resignation wird zum individual-psychologischen Problem, das letztlich in der Schwäche der menschlichen Kreatur gründet. Gleichwohl bezeichnet auch hier der Rückzug ins Privatleben gegenüber dem Staatsroman zugleich ein Zurückweichen vor dessen Problemen und ein Überschreiten seiner Grenzen. Der Privatismus funktioniert selbst politisch.

Auch Peter Clausen ist am Hofe gescheitert. Wie die anderen Helden Knigges zieht er sich am Schluß aufs Land zurück und schreibt seinem Fürsten einen mit allerlei moralischen Ermahnungen angefüllten Rechtfertigungsbrief. Jedoch: auf den Rat eines älteren Freundes hin schickt er diesen nicht ab, aus der Einsicht heraus, daß dem Fürsten ohnehin nicht zu helfen sei und man Verbesserung allenfalls von der „Zeit" zu erwarten habe, nicht aber von moralischen Vorhaltungen.[380] Statt dessen fügt er den Brief seiner Lebensbeschreibung bei und ersetzt damit die individuelle Beeinflussung durch die allgemeine Publizität. So hebt die Veröffentlichung des Scheiterns dieses auf eine politische Ebene.

Die Vorrede zur „Geschichte des armen Herrn von Mildenburg" exponiert die Loensche Problemstellung. Lassen und wie lassen sich Redlichkeit und Klugheit vereinigen? Im Gegensatz zum Staatsroman Loens beantwortet die Handlung des Romans die Frage negativ. Zugleich jedoch wird in der Vorrede der negative Befund aus einem individuellen Versagen begründet. Zwar hat der Held des Romans nicht die Fähigkeit, zugleich redlich und klug zu handeln, fällt vielmehr stets von einem Extrem ins andere, daß dies jedoch immer so sein müßte oder gar an den Umständen läge, wird damit nicht gesagt. Im Gegenteil versucht Knigge sogar, an

[377] Knigge: Zauberschloß, S. 261
[378] Ebd., S. 263
[379] Ebd., S. 265
[380] Adolf Freiherr von Knigge: Geschichte Peter Clausens, Frankfurt ²1794, Bd. 3, S. 218

den fatalen Schicksalen des Helden eine Art Theodizee zu entwickeln. Der weise Schöpfer hat alles so geordnet, daß das Fehlschlagen von Plänen „mehrentheils Vereitlung frivoler Wünsche" ist, „Entbehrung von Vortheilen, auf welche wir gar kein Recht haben, oder die eigentlich gar nicht glücklich machen", und was solcher Begründungen mehr sind.[381] Ähnlich wie in den vorher besprochenen Romanen gibt es daher „für den wahrhaft weisen, guten, freyen und mäßigen Mann eine innere Seligkeit . . ., die ihm nichts rauben kann, und die unabhängig von Menschen und Schiksalen bleibt."[382] Einerseits wird der Freistaat Hamburg ausführlich beschrieben und gepriesen und besonders die Nivellierung der Standesunterschiede hervorgehoben, wenngleich sich letztere vor allem auf die Differenz von Adel und gehobenem Bürgertum bezieht (immerhin erfolgt die Wahl der obrigkeitlichen Personen ausdrücklich ohne Ansehen der Geburt, und Familienprivilegien, d. h. aristokratische Entartungen, gibt es nicht). Auch werden die Fürsten angesichts der „zunehmenden Aufklärung und Denkfreyheit", welch beide in Gestalt einer uneingeschränkten Publizität an verschiedenen Stellen gefordert werden, gar nicht umhin können, sich lediglich als „Verwalter des Ganzen" zu betrachten, wenn sie nicht „eine sehr mißliche Existenz" haben wollen.[383] Solchen versteckten Umsturzdrohungen stehen jedoch andere Passagen gegenüber, in denen vor einem „zu feurigen Reformations=Geiste" gewarnt wird und ein zwar „fehlerhaftes", aber funktionierendes System einem moralisch vollkommeneren, aber nicht ineinander greifenden vorgezogen wird.[384] Auch die Forderung nach rückhaltloser Öffentlichkeit hat vor allem die Funktion, das „Unwesen" der „Freiheits-Prediger" zu bekämpfen.[385] Wenn die Obrigkeit ihre Pflicht tut und dieses pflichtgemäße Handeln publik ist, hat das Volk keinen Grund und kein Recht, seine „Bevollmächtigten" abzusetzen.[386] Das gute moralische Beispiel, d. h. vor allem die Abkehr von allzu luxuriösen Gewohnheiten, vermag jeden Geist des Aufruhrs im Keim zu ersticken.

Aus dieser Doppelheit von hintergründigen Drohungen und moralischen Ermahnungen wird der strategische Sinn der letzteren deutlich. Knigge nimmt die aktuellen Zeitereignisse – der Roman erschien 1789/90 – zum Anlaß, um die Fürsten zur Umkehr aufzurufen. Eine prinzipielle Ablehnung des radikalen Umsturzes ist daraus nicht ableitbar, eher die Einsicht in den Sachverhalt, daß dieser in Deutschland unmöglich ist. Daher münzt Knigge das Geschehen in Frankreich in einen moralischen Druck um. Daß dabei die Taktik auch den Gehalt affiziert, ist evident.

Allgemein läßt Knigge in seinen Romanen den sich an die Person des Fürsten

[381] Adolf Freiherr von Knigge: Geschichte des armen Herrn von Mildenburg, in Briefen herausgegeben, o. O. u. J. (Hannover 1789/90), unpaginierte Vorrede.
[382] Ebd.
[383] Ebd., Bd. 2, S. 148 f.
[384] Ebd., S. 149
[385] Ebd., Bd. 3, S. 98
[386] Ebd., S. 98 f.

heftenden Reformoptimismus der Staatsromane als problematisch erscheinen. Diese Skepsis bleibt jedoch einerseits theoretisch, andrerseits drückt sie sich in den jeweiligen Schicksalen nur negativ aus. Der in manchen, wenn auch verstreuten, Äußerungen anklingende geschichtsphilosophische Objektivismus setzt sich nicht in Handlung um. Indem Knigge zwar den Optimismus der Staatsromane anzweifelt, ihren inhaltlichen Idealen jedoch treu bleibt, vermag er aus dem Scheitern seiner Helden keine radikalen Konsequenzen zu ziehen. Vielmehr reproduziert deren ländlicher Patriarchalismus, mit dem die Romane fast durchweg enden, den ideologischen Gehalt des Staatsromans auf privater Ebene. Die Reform scheitert, mündet jedoch nicht in die utopische Kontrafaktur, sondern in die private Idylle, die ihr als Spielfeld allein übrig bleibt. Die Überwindung des Staatsromans bleibt in den Familienromanen Knigges bei der Negation stehen. Anders in seiner Utopie sowie seinen politischen Traktaten.

2. Utopie

In Knigges „Benjamin Noldmann's Geschichte der Aufklärung in Abyssinien" wird der reformistische Staatsroman parodiert und durch eine utopische Kontrafaktur ersetzt. Die Kritik am Staatsroman löst sich nicht mehr, wie in Knigges Romanen, in der privaten Idylle auf, sondern führt zu einer utopischen Konstruktion, die die Aporien des Staatsromans aufzufangen und zu lösen versucht.

Der Titel des Romans ist zugleich ernst gemeint und ironisch. Tatsächlich findet in Abyssinien unter dem alten Negus, von Wurmbrand und seinem Vetter Noldmann initiiert, eine Art Aufklärung statt, und zumal von dem üblen Nachfolger des alten Königs aus betrachtet, stellt sich diese durchaus als Fortschritt dar. Andrerseits jedoch unterliegt sie von vornherein bestimmten Einschränkungen. Bekanntlich hat Kant, wie bereits erwähnt, in seiner berühmten Schrift „Beantwortung der Frage: Was ist Aufklärung?" die Möglichkeit der Ausbreitung der Aufklärung, die für ihn vor allem vom uneingeschränkten öffentlichen Gebrauch der Vernunft abhing, in der Monarchie besser gesichert gesehen als in der Republik:

> Nur derjenige, der, selbst aufgeklärt, sich nicht vor Schatten fürchtet, zugleich aber ein wohldiszipliniertes zahlreiches Heer zum Bürgen der öffentlichen Ruhe zur Hand hat, – kann das sagen, was ein Freistaat nicht wagen darf: *räsonniert, so viel ihr wollt, und worüber ihr wollt; nur gehorcht.*[387]

Dahinter steht das Mißtrauen in die Fähigkeit des Volkes, unmittelbar nicht nur frei zu denken, sondern auch frei zu handeln, ohne daß jedoch das Ziel auch der politischen und verfassungsrechtlichen Realisierung der universellen Aufklärung dabei aus den Augen verloren würde. Die Furcht vor der Anarchie ist noch so virulent, daß Kant die Entfaltung des Keims der Aufklärung nur unter der harten

[387] Immanuel Kant: Beantwortung der Frage: Was ist Aufklärung? In: I. K.: Werke, Darmstadt 1960, Bd. 6, S. 61

Hülle des starken Staates gewährleistet sieht. Die Abstreifung dieser Hülle ist eine utopische Perspektive, nicht mehr, aber auch nicht weniger. Knigge löst die Problematik aus ihrer historischen Dialektik heraus. Das starke Heer ist ihm schlicht eine Depravation der Aufklärung. „‚Ew. Majestät (brauchen) sich vor dem Raisonnieren nicht zu fürchten, so lange Sie hundert tausend Soldaten auf den Beinen haben'", sagt Wurmbrand zu seinem König, als dieser gegen die angepriesene Aufklärung Bedenken erhebt, und führt dieses dann im Detail aus.[388] Während Kant die Schwierigkeit, in einem Klima allgemeiner Aufklärung etatistische Enklaven zu erhalten, dadurch zu lösen versucht, daß er zwischen privatem und öffentlichem Gebrauch der Vernunft unterscheidet, welch letztere er auch dem Offizier konzediert[389], soll das Heer nach den Vorschlägen des Ministers Wurmbrand ausschließlich ein Hort der Unterdrückung sein und man in ihm „nicht selbst denken und handeln ... dürfen."[390] Der Widerspruch wird von Knigge nicht in eine historische Perspektive gestellt, sondern läßt diese Art von Aufklärung von vornherein als fragwürdig erscheinen. Seine Auflösung wird nicht der Geschichte überantwortet, sondern der Utopie.

Überhaupt ist die Aufklärung in Abyssinien kaum eine zu nennen. Denn neben dem Heer wacht auch ein Zensurkollegium darüber, daß die Aufklärung nicht ausufert, so daß das „Raisonnieren" von vornherein außerordentlich eingeschränkt wird. Auf diese Art und Weise soll offenbar die Unmöglichkeit von Aufklärung unter den Bedingungen des Absolutismus dargetan werden. Die aufgeklärten Monarchen, auf die Knigge anspielt, werden zwar gewürdigt, aber zugleich kritisiert. So wird dem König von Agazon, in dem unschwer Joseph II. zu erkennen ist, einerseits guter Wille attestiert, andrerseits wird ihm vorgeworfen, daß er alles „mit der eisernen Hand des Despotismus" habe durchsetzen wollen.[391] Am Hofe Friedrichs des Großen achtet der abyssinische Thronfolger, der sich, von Noldmann begleitet, auf einer Studienreise durch Deutschland befindet, um weitere Anregungen für die Aufklärung in Abyssinien zu schöpfen, nicht auf dessen landesväterliche Fürsorglichkeit, sondern nur auf seinen autoritären Habitus, den er sich zum Vorbild nimmt. Ebenso lernt er am kaiserlichen Hof allein das rücksichtslose Um-

[388] Adolf Freiherr von Knigge: Benjamin Noldmann's Geschichte der Aufklärung in Abyssinien, oder Nachricht von seinem und seines Herrn Vetters Aufenthalte an dem Hofe des großen Negus, oder Priester Johannes, Göttingen 1791, Bd. 1, S. 187

[389] In gewissem Gegensatz zum heutigen Sprachgebrauch versteht Kant unter privatem Gebrauch der Vernunft denjenigen Gebrauch, den jemand von ihr als Amtsperson macht, unter öffentlichem Gebrauch die „gelehrte" Teilnahme an der universitas litterarum. – Im übrigen ist es bezeichnend für den Verfall der bürgerlichen Öffentlichkeit, daß im heutigen Sprachgebrauch der Begriff des Gelehrten eher an den der privaten Existenz gebunden ist, während für Kant der Gelehrte nicht nur öffentlich wirkt, sondern diesem Wirken auch von vornherein eine öffentliche Relevanz zugestanden wird. Aufgeklärter, gelehrter und öffentlicher Gebrauch der Vernunft sind für Kant synonym.

[390] Knigge: Noldmann, Bd. 1, S. 187

[391] Ebd., S. 66

springen mit den Ständen. Daß diese Monarchen auch Gutes wirken, wird durchaus anerkannt und auch weniger das Gute gegen das Schlechte abgewogen als vielmehr prinzipiell Vorbehalt erhoben. Nicht das Was ihres Tuns wird kritisiert, sondern das Wie, nämlich daß sie auch das Gute als, wenn auch aufgeklärte, Despoten tun. So wird der ausschließlich moralische Standpunkt des traditionellen Staatsromans durch eine institutionelle Perspektive wenn nicht überwunden, so doch ergänzt. In dem in viele Fürstentümer und Königreiche zerfallenden Nubien wird das Heilige Römische Reich porträtiert. Die durchweg satirische Behandlung dieser Reiche und ihrer Fürsten wird durch den Hinweis ergänzt, daß es auch dort natürlich „edle, weise Könige und Königinnen" gebe.[392] Wahre Größe, wie auch die der europäischen Adolph, August usw. (es folgt eine alphabetische Liste von zwanzig Namen), könne jedoch nur bewundert und angestaunt werden und bedürfe nicht des Lobes durch einen unbedeutenden Schriftsteller. Die ironische Funktion dieses Schlenkers ist evident. Auch die guten Despoten sind nicht besser als die schlechten, eben weil auch sie Despoten sind.

Welche Schwierigkeiten es Knigge machte, solche Konsequenzen zu ziehen, zeigt seine Schrift „Josephs von Wurmbrand politisches Glaubensbekenntniß, mit Hinsicht auf die französische Revolution und deren Folgen". Dort steht neben der naturrechtlichen und geschichtsphilosophischen Rechtfertigung der Revolution ein enthusiastischer Preis Friedrichs des „Einzigen", dessen Regierungspraxis, seine Zulassung der Pressefreiheit und seine Orientierung an den Gesetzen, alle „Volks-Aufklärer und Freiheits-Apostel" zur Unwirksamkeit verurteilt habe.[393] Für solche Widersprüche bieten sich zunächst zwei Erklärungen an, die untereinander zusammenhängen, eine theoretisch-historische und eine taktisch-publizistische. Zunächst sah Knigge durchaus, daß eine Revolution wie die französische in Deutschland nicht stattfinden konnte und zog infolgedessen aus pragmatischen Erwägungen den Spatz des aufgeklärten Despotismus in der Hand der Taube der Demokratie auf dem Dach vor, wie er ja stets die Orientierung an den jeweiligen Umständen empfohlen und auf die objektive Dynamik des Geschehens vertraut hat. Sodann hätte er sich durch einen unverhüllten Aufruf zur Revolution eines großen Teils der publizistischen Wirkung beraubt, ganz abgesehen von der Gefährdung der eigenen Person. Gerade die Doppeldeutigkeit des „Wurmbrand" machte es möglich, daß ihm sowohl radikale Demokraten wie vorsichtige „Liberale" zustimmten, die in ihm eine Art Fürstenspiegel zur Vermeidung von Revolutionen sahen.[394] Die Widersprüchlichkeit gründet jedoch zugleich auch in Knigges Basierung des Staates auf den Herrschaftsvertrag. Diese bürgerliche Konzeption, die, wie oben beschrieben, den größten Teil der staatsrechtlichen Literatur des 17. und 18. Jahr-

392 Knigge: Noldmann, Bd. 1, S. 77

393 Adolf Freiherr von Knigge: Josephs von Wurmbrand politisches Glaubensbekenntniß, mit Hinsicht auf die französische Revolution und deren Folgen, Frankfurt/Main 1968, S. 101 ff.

394 Vgl. das Nachwort von Gerhard Steiner, ebd., S. 140 ff.

hunderts prägt, hat ja einen doppelten Aspekt. Sie kann sowohl die Revolution, früher Tyrannenmord, rechtfertigen als auch ihre Überflüssigkeit begründen; denn wenn der Herrscher sich an den Vertrag hält, besteht kein Grund, ihn abzusetzen. Die Schwierigkeiten Knigges sind die Schwierigkeiten des radikalen Intellektuellen im Deutschland der Zeit der Französischen Revolution, der die Tradition der bürgerlichen Kritik zu überwinden versucht und ihr zugleich verhaftet bleibt. Subjektive und objektive Faktoren sind dabei kaum genau gegeneinander abzuwägen. Immerhin ist es aufschlußreich, daß Knigge in seiner anonym erschienenen Utopie die wohl radikalste Position bezieht.

Die Aufklärung in Abyssinien bleibt, da sie sich ausschließlich auf dem kulturellen Sektor abspielt, zunächst politisch irrelevant. Von den „erwerbenden Classen der Bürger" werden der unverbindliche Raisonneur, der Gelehrte, besonders der Literat abgesetzt.[395] Die literarischen Moden der Empfindsamkeit und des Sturm und Drang werden als bloß private Protesthaltungen kritisiert. Weder „das Winseln über die erbärmliche Alltagswelt" noch die Ansicht, „daß alles gut und groß sei, wozu Kraft gehörte", können politisch vernünftige Folgen zeitigen.[396] Diese sind vielmehr nur möglich durch konsequentes Handeln auf „reine verständige Zwecke" hin.[397] Die zu Luxus und Korruption führende abyssinische Aufklärung ist eine „halbe Aufklärung".[398] In diesem Zusammenhang wird auch die bloß satirische Religionskritik moniert, die das Kind der Moral mit dem Bade der Orthodoxie ausschüttet, und dies obendrein nicht philosophisch verbindlich, sondern nur spielerisch.

Gleichwohl hat die Aufklärung auch noch einen anderen Aspekt, und an dieser Stelle kommt zugleich Knigges geschichtsphilosophischer Objektivismus ins Spiel. Die „Gährung", zu der die halbe und übereilte Aufklärung führt, ist auch „nützlich".[399] Solange die Aufklärung eine Sache der Korruption des Despotismus bleibt, wird sie kritisiert, sobald sie auch in den vom verderbten Hofleben noch nicht affizierten „Mittelständen" Platz greift, wird sie positiv qualifiziert.[400] Die Aufklärung hat den doppelten Aspekt der Ablenkung und der Aktivierung revolutionären Potentials und unterliegt daher einer ambivalenten Bewertung. Ebenso die Freimaurerei als ihre hauptsächliche Agentur. Einerseits lenkt das Rituelle, Unverständliche, bloß Nervenkitzelnde der geheimen Verbindungen die Menschen von nützlicher Tätigkeit ab, andrerseits erfüllen sie in einem vorgeschrittenen Stadium der Aufklärung ihre Mitglieder „mit Wärme und Enthusiasmus für Freyheit".[401]

[395] Knigge: Noldmann, Bd. 2, S. 115
[396] Ebd., S. 118 ff.
[397] Ebd., S. 120
[398] Ebd., Bd. 1, S. 245
[399] Ebd., Bd. 2, S. 145
[400] Ebd.
[401] Ebd., S. 147

Der Übergang von der Aufklärung zur Revolution wird genau geschildert, nicht ohne daß Knigge im Spiegel der abyssinischen Ereignisse den europäischen Monarchen mit dem Übergreifen der Französischen Revolution drohte, falls sie versuchen sollten, diese niederzuschlagen. Denn die abyssinische Revolution kommt erst dann recht eigentlich in Gang, als der König ein Heer entsendet, um die Revolution im benachbarten Nubien zu ersticken. Das anarchische Moment der Revolution wird im Gegensatz etwa zum „Goldenen Spiegel", dessen Inaugurierung des neuen Herrschers durch das Heer Knigge ansonsten imitiert, kurz abgetan. Dem entspricht die demokratische Konzeption der abschließenden Utopie.

Im „Wurmbrand" haben Knigge bzw. sein Sprecher die Notwendigkeit und Gesetzmäßigkeit der Genese der abyssinischen Revolution betont. Offenkundig hat er französische Verhältnisse im Auge, wenn er die Aufklärung aus dem Luxus und der Sittenlosigkeit des Despotismus herleitet, der sich mit ihr das eigene Grab schaufelt, und aus der Aufklärung wiederum die Revolution. Ist diese Rechtfertigung der Revolution noch historisch-kausal, so versucht Knigge im „Wurmbrand" darüber hinaus, diesen Begründungszusammenhang in einen allgemeinen geschichtsphilosophischen Rahmen zu stellen. Er nimmt eine Objektivität der historischen Entwicklung an, die Revolutionen zu bestimmten Zeiten, nämlich wenn die „bisherige Regierungsform ... nicht in die jetzigen Zeiten, nicht zu dem gegenwärtigen Grade der Cultur" paßt, geradezu erzwingt.[402] Was Knigge hier „Cultur" nennt, damit das in der Sphäre des Überbaus beheimatete Selbstbewußtsein der Revolutionäre als Philosophen durchaus adäquat wiedergebend, wird Marx später an der ökonomischen Basis ansiedeln und aus deren Widerspruch zum gesellschaftlichen und politischen Überbau revolutionäre Umwälzungen ableiten. Wie für Meyern ist auch für Knigge die Revolution ein Naturereignis. Zwar ist ihm die Natur auch Regulativ des Rechts. „Von der Natur sind nun einmal die Menschen nicht in Classen getheilt, nicht einige zum Gehorchen, andre zum Herrschen bestimmt", heißt es im oben erwähnten geschichtsphilosophischen Zusammenhang, diesen abrupt unterbrechend.[403] Zugleich jedoch herrscht in der Natur das Recht des Stärkeren, das sich in Revolutionen realisiert. Gegen diese, durch die Ebben und Fluten der Kultur herbeigeführt, ist Widerstand vergebens. Historisch-pragmatische, in Naturkategorien gefaßte geschichtsphilosophische und naturrechtliche Begründungen der Revolution stehen nebeneinander. Die Nähe zur revolutionären Praxis, die für derartiges wohl vor allem verantwortlich zu machen ist, läßt Knigge die Rechtstitel nehmen, wo er sie findet. Vor allem kommt es ihm darauf an, die Zwangsläufigkeit der Entstehung und des Ablaufs von Revolutionen und speziell der französischen zu erweisen, und zu diesem Zweck sind ihm etwa Naturkategorien gerade gelegen. Diese haben hier also, im Gegensatz zum Roman Meyerns, durchaus auch einen taktisch-publizistischen Sinn. Der revolutionäre Terror ließ sich nicht mehr moralisch, sondern nur noch durch die Berufung auf die naturhafte

[402] Knigge: Wurmbrand, S. 29
[403] Ebd., S. 32

Dialektik der Revolution rechtfertigen. Den Fatalismus der Naturzyklen durchbrechende chiliastische Endzeiterwartungen jedoch, wie sie wenig später die Geschichtsphilosophie des Novalis prägen werden, gibt Knigge zwar, Lessing zitierend, zu erwägen, bezeichnet sie aber aus anthropologischer Skepsis heraus zugleich als schönen Traum. Erst wenn jeder Einzelne die ganze Reihe der historischen Erfahrungen an sich selbst gemacht habe, sei dessen Realisierung möglich. Da aber fremde Erfahrungen die Leidenschaften nicht zu dämpfen vermöchten, werde der größere Teil der Menschen immer unmündig bleiben. Folgerecht führt das zur Rechtfertigung, ja Forderung der Monarchie, des obrigkeitlichen, wenn auch an den gesellschaftlichen Grundvertrag und die positiven Gesetze gebundenen, Polizeistaats, ja des „Priestertrugs". Auch die Geschichte als Naturgeschichte ist doppeldeutig. Wie sie in ihrer dem Gesetz des Stärkeren folgenden Zwangsläufigkeit sowohl den Despotismus wie aktuell vor allem die Revolution legitimiert, begründet die ihr zugrunde liegende skeptische Anthropologie die auf Grund naturrechtlicher Argumentation gesetzlich eingeschränkte Monarchie.

Solche, wie oben bereits erörtert, vor allem wohl taktisch zu erklärenden Widersprüche der politischen Streitschrift sind in der Utopie reduziert. Zwar wird die Kontinuität der Regierung, wie bei Wieland, über die Phase der Revolution hinübergerettet, jedoch ist der, ebenfalls wie dort, auf dem Lande, fern vom Hofe erzogene Prinz, der jüngere Bruder des gestürzten Monarchen, lediglich Interimsregent. Sein Werk, die Ausarbeitung einer neuen Organisation der Gesellschaft und des Staates, bedarf der Zustimmung der gesetzgebenden Versammlung. Das formal aufrecht erhaltene Schema des Staatsromans wird inhaltlich unterhöhlt. Die Diskrepanz von Revolution und Reorganisation, wie sie sich etwa im „Goldenen Spiegel" findet, hebt Knigge auf. Die Pöbelanarchie spielt er herunter. Die revolutionären Forderungen der „Nation", „Abschaffung der monarchischen Regierung, ... Vernichtung des Adels, ... Abdankung des stehenden Heeres", werden in der Verfassung ihrem Sinn nach erfüllt.[404] Das hedonistische Glückseligkeitspostulat des Staatsromans wird ersetzt durch das politische der Freiheit, ja Glückseligkeit ist nur in und durch Freiheit möglich. Im einzelnen sind die Parallelen zur Französischen Revolution deutlich: indirektes Wahlrecht, Einschränkung der königlichen Rechte durch die Nationalversammlung, Beamtenwahl, Trennung von Staat und Kirche usw. Die Monarchie wird formal aufrecht erhalten, ist jedoch eigentlich eine Präsidialdemokratie nach amerikanischem Vorbild. Der König wird alle sechs Jahre gewählt. Er ist Bürger.

Ergänzt wird die Verfassungsreform durch die gänzliche Neuordnung des gesellschaftlichen Lebens, die auf eine Abschaffung aller Standesunterschiede hinausläuft, und darin vor allem geht Knigge, an die alte Sozialutopie anknüpfend, über den traditionellen Staatsroman hinaus:

> Alle Ämter, Stände und Gewerbe im Staate ... sehen wir für gleich wichtig und vor-

[404] Knigge: Noldmann, Bd. 2, S. 161

> nehm an. Das Wort Rang wird bey uns gänzlich unbekannt werden. Der Staat bedarf eben so nothwendig eines Nachtwächters, als eines Beamten, eben so nothwendig eines Schusters, als eines Gelehrten.[405]

Entsprechend ist das Wahlrecht sozial nicht differenziert. Zwar ist das Eigentum nicht, wie bei Morus, sozialisiert, doch ist durch genaue Regelungen dafür gesorgt, daß, sofern nicht eigenes Verschulden vorliegt, große Vermögensunterschiede nicht einreißen können. Die „radikale Demokratisierung (ist) in der ökonomischen Basis verankert."[406] Sind bei Meyern die sozialutopischen Momente lediglich Voraussetzung heroischen Sichentfaltens, weshalb zwar der Pöbel abgeschafft, Sklaven jedoch eingeführt werden, so prägt bei Knigge die egalitäre Tendenz die gesamte Utopie. Daß Knigge seine Utopie nicht als konkreten Reformvorschlag, sondern als regulatives Ideal verstanden hat, berührt diese nicht.

Die Geschichte der Aufklärung in Abyssinien demonstriert die Aporien des moralisierenden Staatsromans, dessen Ziele sich erst in der sozialen Utopie erfüllen können. Wenn Knigge im „Wurmbrand" diesen schreiben läßt: „Von der Natur sind nun einmal die Menschen nicht in Classen getheilt, nicht einige zum Gehorchen, andre zum Herrschen bestimmt", so rücken hier soziale und politische Herrschaftsverhältnisse unmittelbar nebeneinander; wenn Knigge eben dort das englische Verfassungsrecht und vor allem die englische Verfassungswirklichkeit scharf kritisiert, so geschieht das aus eben dem egalitaristischen Impuls heraus, der ihn die von England bekämpfte Französische Revolution so vehement verteidigen läßt. Die bloß negativen, privaten Lösungen der Romane, deren fatale Erfahrungen die Helden der Utopie in deren erster Hälfte, wenn auch weniger ernsthaft, wiederholen, werden dort zu positiven, politischen. Die theoretischen und taktisch bedingten Widersprüche, die die politische Konzeption Knigges kennzeichnen, reflektieren deren Übergangscharakter einerseits, ihre zeitgenössische Aktualität, die zu Kompromissen nötigte, andrerseits.[407]

[405] Knigge: Noldmann, Bd. 2, S. 193

[406] Jürgen Walter: Adolph Freiherrn Knigges Roman „Benjamin Noldmanns Geschichte der Aufklärung in Abyssinien". In: GRM 21 (N. F.), 1971, S. 174

[407] Ähnlich widersprüchlich stellt sich ja, wie bereits angedeutet, Kants Verhältnis zur Revolution bzw. zur Republik dar. Nur daß Kant versucht, Befürwortung einerseits, Phobie andrerseits in einen systematischen Konnex zu bringen. Der aufgeklärte Despotismus ist als Garant einer uneingeschränkten Freiheit der öffentlichen Meinung notwendiges Durchgangsstadium zur Republik. Dabei unterliegt die Kantische Einstellung selbst einer historischen Wandlung. Im „Streit der Fakultäten" von 1798 wird die moralische Zustimmung zur stattgehabten Revolution als das „Phänomen ... der Evolution einer naturrechtlichen Verfassung" interpretiert, die nur eine republikanische sein kann, ob diese sich nun in der Regierungsform selbst ausprägt oder ob eine monarchische Spitze als Exekutor der vom Volk nach allgemeinen Rechtsprinzipien gegebenen Gesetze (wie in der Utopie Knigges) beibehalten wird (Immanuel Kant: Der Streit der Fakultäten, Hamburg 1959, S. 87). Vom déspotisme éclairé ist nicht mehr die Rede.

4. Kapitel

Utopie und Kritik der Utopie

(Johann Carl Wezels „Belphegor")

Ging es in den beiden letzten Abschnitten des vorigen Kapitels darum, die zunehmende Radikalisierung des aufklärerischen Staatsromans darzustellen, so soll nun an Hand von Wezels „Belphegor" untersucht werden, wie sich eine radikale Kritik ausnimmt, die sich im Gegensatz zu diesem den utopischen Ausweg verbietet. Ich gehe zu diesem Zweck von dem allgemeinen weltanschaulichen Pessimismus des Romans aus, um dann die Kritik verschiedener utopischer Modelle, die in dem Roman implizit und explizit geübt wird, darzustellen.

I. Pessimismus

In der Vorrede zu „Herrmann und Ulrike", seinem neben „Belphegor" bedeutendsten Roman, bestimmt Wezel die Gattung des Romans als „bürgerliche Epopöe".[1] Als solche kontrastiert er ihn dem Epos, in dem alles „poetisch", „zum Ideale hinaufgeschraubt" sei, während im Roman alles „menschlich", „in der Stimmung des wirklichen Lebens" sein müsse.[2] Dieses Postulat des Realismus, in der Terminologie der poetologischen Tradition: der Wahrscheinlichkeit, wird jedoch in der folgenden Ausführung des exponierten Gedankens sukzessiv zurückgenommen bzw. zu einem ausschließlich immanenten, ja technischen Kriterium. Nur die einzelnen Begebenheiten, die die Bausteine des Romangeschehens bilden, müssen wahrscheinlich sein, nicht aber „ihre Verknüpfung und Wirkung zu *einem* Zwecke".[3] Aber auch diese Forderung reduziert Wezel. Die poetische Wahrscheinlichkeit besteht nach ihm nicht in der Übereinstimmung mit der alltäglichen Erfahrung, sondern „allein in der Hinlänglichkeit der Ursachen zu den Wirkungen".[4] Das „Ungewöhnliche wird poetisch wahrscheinlich, wenn die Leidenschaften durch

[1] Johann Carl Wezel: Herrmann und Ulrike. Ein Roman. Herausgegeben und eingeleitet von Carl Georg Maaßen, München 1919, Bd. 1, S. XLIV

[2] Ebd., S. XLV

[3] Ebd.

[4] Ebd.

hinlänglich starke Ursachen zu einem solchen Grade angespannt werden, wenn die vorhergehende Begebenheit hinlänglich stark ist, die folgende hervorzubringen, oder die Summe aller hinlänglich stark ist, den Zweck zu bewirken, auf welchen sie gerichtet sind".[5] Motivation, Leidenschaft, Begebenheit, Gesamtziel werden kausalmechanisch verknüpft. Wenn der Mechanismus dieser Verknüpfung funktioniert, ist das Postulat der poetischen Wahrscheinlichkeit hinlänglich erfüllt, ohne daß es noch der Absicherung des Romangeschehens in der Alltagsrealität bedürfte. Der Roman tendiert zum autonomen Funktionszusammenhang.[6]

Daher kann Wezel auch den Titel seines „Belphegor" ergänzen: „oder die wahrscheinlichste Geschichte unter der Sonne." Die Wahrscheinlichkeit des „Belphegor" ist, gemessen an dem täglich Begegnenden, höchst unwahrscheinlich. Insofern parodiert der Superlativ des zweiten Teils des Titels eine Auffassung der Wahrscheinlichkeit, die sie am eigenen beschränkten Erfahrungshorizont mißt. In anderem Betracht jedoch ist die Handlung des „Belphegor" auch wahrscheinlich. Zunächst genügt sie durchaus den Kriterien der poetischen Wahrscheinlichkeit, die Wezel im Vorwort zu „Herrmann und Ulrike" nennt und die auf eine geschlossene Motivationskette hinauslaufen. Zumal in bezug auf den „Zweck" des Romanganzen erfüllt die Handlung ein Übersoll. Das Mechanistische, Additive der poetologischen Konstruktion scheint auf Tendenzromane von der Art des „Belphegor" zugeschnitten. Ferner ist die dort erzählte Geschichte zwar vielleicht nicht wahrscheinlich im Sinn der Alltagsrealität, aber nichtsdestoweniger im höheren Sinne wahr. Denn sie illustriert anthropologische und historische Grundeinsichten, die dem befangenen Blick auf die eigene nächste Umgebung verschlossen sind. Dieser Objektivität der Weltsicht, die Wezel für sich reklamiert und die er der eigenen persönlichen Erfahrung ausdrücklich kontrastiert – „denn der Pfad seines Lebens ist bisher mehr eben als holpricht gewesen" –, entspricht die parabolische Form der Erzählung, die ihre „Theorie" an Hand von verschiedenen experimentellen Situationen durchspielt.[7]

[5] Wezel: Herrmann und Ulrike, S. XLV f.

[6] In der poetologischen Gegenüberstellung von idealischem Epos und realistischem Roman kehrt Wezel die spätere geschichtsphilosophische Antithetik von naiver und sentimentalischer Dichtung, wie sie im Gefolge Schillers der deutsche Idealismus mannigfach modifiziert, in gewisser Weise um. Die auf den blinden kausalmechanischen Zusammenhang reduzierte Wirklichkeit, die sich hier poetologisch spiegelt, läßt die epische Dichtung in abstrakter Antithetik als schlechthin poetisch, idealisch, unwirklich erscheinen. Gegenüber diesem Dualismus, dessen einer Teil ohnehin nicht recht ernst genommen wird, ist die idealistische Antithetik utopisch motiviert. Dualistisch ist sie nicht an sich, sondern nur insofern zugleich ein dritter Zustand der Versöhnung ins Auge gefaßt wird, der die geschichtsphilosophisch-poetologische Konstruktion erst inauguriert. Demgegenüber ist die Wezelsche Poetik nicht horizontal, sondern vertikal gegliedert, wobei allerdings der idealistische Überbau des Epos allenfalls als Folie in Betracht kommt und die eigentliche poetologische Intention allein auf den poetischen Funktionszusammenhang, der in seiner Mechanik dem der Natur entspricht, abzielt.

[7] Johann Carl Wezel: Belphegor oder die wahrscheinlichste Geschichte unter der Sonne, Frankfurt/Main 1965, S. 9

Der mechanistischen Poetik entspricht die im Roman ausgebreitete mechanistische Anthropologie und Geschichtsphilosphie. Diese „Theorie", das Resultat von „Beobachtungen", besagt, daß „Neid und Vorzugssucht" überall und jederzeit „die Urheberinnen alles Guten und Bösen auf unserm Erdballe" seien.[8] Als Motto des 1. Bandes hat Wezel Hobbes' Wort vom „bellum omnium contra omnes" gewählt, und Hobbes ist er auch in seiner Theorie verpflichtet. Zwar hat Hobbes zwischen Naturzustand und staatlichem Zustand unterschieden, aber nur der Rechtssicherheit, nicht der anthropologischen Substanz nach. Die mechanistische Psychologie Wezels – der Mensch ist ihm „eine Maschine des Neides und der Vorzugssucht" – ist auch Hobbes eigen.[9] Die Streitursachen „Konkurrenz, Mißtrauen und Ruhmsucht, weit davon entfernt, nur für den rohen Naturzustand charakteristisch zu sein, sind die Faktoren der gegenwärtigen bürgerlichen Gesellschaft, die sie in den Zustand der Roheit zurückwerfen würden, gäbe es keine allgemein anerkannte Autorität".[10] Die anthropologische Nivellierung des Unterschiedes zwischen Naturzustand und staatlichem Zustand, die Hobbes vornimmt, vollzieht Wezel nach. Die absolutistische Pointe des Hobesschen hypothetischen Naturzustandes jedoch, die zugleich der Grund seiner Konstruktion ist, nämlich dessen Überführung in den staatlichen Zustand, der die Anarchie des Naturzustandes wenn nicht beseitigt so doch normiert, verbietet sich für Wezel. Er konstruiert weder wie Rousseau gegen die verderbte Zivilisation einen utopischen Naturzustand, worauf ich unten zurückkomme, noch zieht er die Hobbesschen Konsequenzen. Der Wezelsche Naturzustand entbehrt sowohl der positiv wie der negativ kontrastierenden Qualität. Vom staatlichen Zustand unterscheidet er sich nicht qualitativ, sondern allenfalls quantitativ. Nicht nur die Existenz, wie bei Hobbes, sondern auch die Herrschaft von Neid und Vorzugssucht ist ein universelles Gesetz. Im Vorwort ist davon die Rede, daß demjenigen, der die Geschichte und die eigene Gegenwart aufmerksam betrachte, „die blumichten Thäler" usw. „zurückfahren" und „statt ihrer Wälder und Gebirge mit zusammengerotteten, auflauernden Haufen hervorspringen" würden, „worunter jeder des andern Feind ist und nur durch Besorgniß für sein Interesse abgehalten wird, es öffentlich zu seyn" usw.[11] Die Art, wie hier das Bild der dem Reisenden auflauernden Räuberbande unvermerkt in die gesellschaftliche Realität der allgemeinen verdeckten Feindschaft übergeht, ist zwar ästhetisch inkonsequent, aber gehaltlich durchaus folgerichtig. Unmittelbare Ausplünderung und verschleierte Konkurrenz sind für Wezel dasselbe, und daher verwischt sich ihm auch die ästhetische Differenz von Bild und Realität.

Zwar unterliegt das obige Gesetz sowohl im Vorwort wie in theoretischen Exkursen des Romans selbst allerlei Modifikationen, die es jedoch in ihrer Widersprüchlichkeit eher bestätigen als abschwächen. So sollen Neid und Vorzugssucht

[8] Wezel: Belphegor, S. 9
[9] Ebd., S. 7
[10] Macpherson: Besitzindividualismus, S. 38
[11] Wezel: Belphegor, S. 7

als die hauptsächlichen und zunächst einzig erwähnten anthropologischen Konstanten neben allem Bösen auch alles Gute hervorbringen, dies aber nur deshalb, weil es nun einmal auch Gutes gibt, das der Erklärung bedarf; und da Neid und Vorzugssucht nun einmal die Haupttriebfedern sind, müssen sie auch zur Erklärung des Guten herhalten. Dieses sogenannte Gute jedoch ist durch seine Genese von vornherein fragwürdig. Daher fühlt sich Wezel denn auch bewogen, wenig später vom Janusköpfigen des Menschen zu sprechen, „dessen Masse aus lauter Widersprüchen bereitet ist und durch diese Widersprüche besteht", und er hat vor, in einem anderen Werk ausschließlich die guten Seiten des Menschen vorzustellen.[12] Daß sich solche den Pessimismus des Romans als bloße Denkalternative hinstellenden Aufweichungen kaum mit dem sonst erhobenen Anspruch vertragen, die Welt darzustellen, wie sie ist, wobei Wezel gegen utopische Träumereien seinen Realismus ausspielt, ist evident. Sie liegen außerhalb des pessimistischen Systems, das sich Wezel konstruiert, und sollen dieses weniger korrigieren, als daß sie – taktisch – eventuellen Anfeindungen wegen allzu großer Kraßheit das Wasser abzugraben bestimmt sind. Daß im übrigen solche prophylaktischen Maßnahmen nicht viel genutzt haben, zeigt die ablehnende Reaktion der literarischen Öffentlichkeit, die als bürgerliche Öffentlichkeit hier mit Recht Unrat witterte. Wezels Manichäismus tendiert immer wieder zur ausschließlichen Herrschaft des Bösen.

In einer der großen Unterredungen zwischen den drei Protagonisten Belphegor, Fromal und Medardus, in denen diese jeweils ihre Erfahrungen oder Nichterfahrungen resümieren, gibt Fromal einen Überblick über die Geschichte der Menschheit, in der neben Neid und Vorzugssucht auch das Rousseausche Mitleid eine gewisse Rolle spielt. Nach seiner Ansicht sind die ursprünglichen Triebe des Menschen Eigenliebe und Mitleid, die für Aktivität einerseits, soziales Verhalten andrerseits sorgen sollen. „Aus dem Kopfe" der Eigenliebe jedoch entsprangen „zwey Kinder – Neid und Vorzugssucht", die hinfort die Geschichte der Menschheit bestimmten und das Mitleid verdrängten.[13] Bei dieser pessimistischen Aussage beläßt es Fromal jedoch nicht, sondern läßt das Mitleid und ihre Widersacher einen Vertrag schließen, in dem sie den Menschen gut manichäisch zum „Fechtplatz" ihres Streites machen.[14] Dieser Streit wird als noch immer unentschieden ausgegeben. Andrerseits jedoch wird der obige „Vertrag" sogleich wieder relativiert. Der positiv namhaft gemachte Erfolg des Mitleids ist lediglich, daß Neid und Vorzugssucht sich maskieren müssen, „und diese Masken sind – unsre Tugenden".[15] Sowohl Laster wie Tugenden sind legitime bzw. illegitime Kinder des Neides und der Vorzugssucht. Indem solcherart auch die Tugend ideologiekritisch als Verschleierung von Interessen entlarvt wird, wird dem Mitleid jegliche Äußerungsform genommen, und es verschwindet vollends im Hintergrund. Insofern wird es seines

[12] Wezel: Belphegor, S. 10
[13] Ebd., S. 115
[14] Ebd.
[15] Ebd.

utopischen Potentials, das es etwa bei Rousseau hat, entkleidet. Der Unterschied zwischen der Zeit vor und der nach Vertragsschluß reduziert sich auf den der jeweiligen Klugheit, mit der man den „Krieg der Natur" führt.[16] Daß als Geltungsraum des Vertrages vor allem Europa genannt wird, macht diesen angesichts der vorhergehenden Ereignisse vollends zur Farce. So dient auch die scheinbare Einschränkung des universellen Pessimismus letzten Endes dazu, diesen weiter auszudehnen und das, was ihm entgegengehalten werden könnte, etwa die Tugend, selbst als Ausfluß des Egoismus darzustellen. Zwar hatte auch Hobbes die Tugend nicht im Natur*recht*, sondern lediglich im Natur*gesetz* verankert, dessen Gebot der Selbsterhaltung zu Kompromissen zwingt, aus denen dann die Tugenden entspringen, und insofern die Tugend, über die es im vorstaatlichen Zustand „soviel Köpfe, soviel Meinungen" gibt, an die positive Gesetzgebung des durch den Grundvertrag konstituierten Staates gebunden, doch nimmt ihre genetische Mediatisierung der Tugend nicht ihre Autorität.[17] Anders bei Wezel. Zwar ist auch seine Tugend Ausdruck eines Kompromisses, aber dieser Kompromiß desavouiert, im Gegensatz zu seinem Anspruch, zugleich sein Ergebnis. Tugend ist Ideologie und verfeinert den Krieg aller gegen alle lediglich, ohne ihn jedoch zu beseitigen.

Indem Wezels Pessimismus jegliche Gegeninstanz aufsaugt, Neid und Vorzugssucht – trotz der obigen, wie gezeigt, sofort wieder ad absurdum geführten Genealogie – zu universellen Prinzipien werden, verschwindet aus seiner Geschichtsbetrachtung alle Differenz. Der Vertrag, das hauptsächliche Vehikel der Staatstheorien des 17. und 18. Jahrhunderts, kommt bei Wezel nur in der farcenhaften und dazu allegorisch gemeinten Form des Vertrages zwischen Neid und Vorzugssucht einerseits, dem Mitleid andrerseits vor. Wenn der Mensch nur eine „Marionette" seiner „Neigungen und Triebe" ist, kann sich in der Tat nie etwas ändern.[18] So kommt Wezel implizit dazu, als das humanste Stadium in der Geschichte der Menschheit dasjenige zu bezeichnen, in dem es nur wenige Menschen auf der Erde gab, diese sich infolgedessen nicht in die Quere kommen und sich so auch nicht totschlagen konnten. Sobald ihre Zahl größer wird, setzt der Unterdrückungsmechanismus ein, der die gesamte Geschichte prägt. Weder die Familie, die etwa in der Geschichtsphilosophie des Republikaners Knigge und überhaupt in der bürgerlichen Oppositionsliteratur als Basis und daher mögliches Korrektiv des absolutistischen Staates fungiert, noch ein Grundvertrag, der den Staat konstituierte und daher ebenfalls als dessen Maßstab dienen könnte, spielen in der Fromal-Wezelschen Geschichtsauffassung eine Rolle. Weder Eigentum noch politische Herrschaft werden in irgendeiner Weise vertraglich fixiert. Eigentum ist das Ergebnis von Raub (hier noch nicht einmal am gemeinsamen Eigentum, wie bei Rousseau und an anderer Stelle auch bei Wezel, sondern sofort an dem des jeweils Schwächeren),

[16] Wezel: Belphegor, S. 115
[17] Hobbes: Vom Menschen. Vom Bürger, S. 41
[18] Wezel: Belphegor, S. 205

Herrschaft das von List und Betrug. Der Krieg aller gegen alle wird zum Krieg der Staaten gegeneinander, der um nichts besser ist. Keine Rede etwa von der scharfen Trennung, die Hobbes vornimmt, der den ersteren als Signum des Naturzustandes durch den letzteren als Ausdruck der Konkurrenz souveräner Staaten neutralisieren will. Das Mitleid taugt lediglich dazu, dem Morden einen anderen Namen zu geben, unter dem sich dann mit ruhigerem Gewissen weiter morden läßt. Ein solcher Name ist etwa der Begriff der Ehre, die ja bekanntlich Montesquieu (in durchaus positivem Sinn) für Monarchien als Haupttriebfeder des Handelns herausgearbeitet hatte. Durch solche Anspielungstechnik, über deren Grad an Bewußtheit schwer etwas auszumachen sein dürfte, macht Wezel auch oppositionelle Theorien zum Spielball seiner universellen Skepsis.

Verständlich, daß angesichts dessen seine Helden, zumal Fromal, aber auch Belphegor, sich ähnlich verhalten wie die Menschen, deren Opfer sie immer wieder werden, also auch den Prinzipien des Neides und der Vorzugssucht folgen. Einerseits werden Belphegor, Fromal und Medardus als Reflexionsmedien gebraucht, die ihre fatalen Erfahrungen resümieren und entsprechende philosophische Konsequenzen aus ihnen ziehen müssen, und insofern werden sie von dem allgemeinen Chaos, in dem sie umhertreiben, auch moralisch abgehoben, andrerseits dürfen sie, um die durchgängige Gültigkeit ihrer Einsichten zu sichern, diesen in ihrem Verhalten nicht geradezu widersprechen. Daher baut Wezel immer wieder Ereignisse ein, in denen die drei Freunde ihren Versuchungen erliegen. Am Schluß der oben zitierten Darlegungen Fromals schwören sich alle drei ewige Freundschaft, deren Ewigkeit Fromal jedoch sofort begrenzt: Ausnahmen vom anthropologischen Grundgesetz sind nur möglich, solange nichts da ist, um das man sich streiten kann; und damals befindet man sich gerade in der Wüste. Und Fromal behält insofern recht, als er selbst wenig später das Opfer einer von Belphegor unterstützten Intrige wird, der auf den erfolgreicheren Tributarkönig, zu welchem Rang sie inzwischen beide aufgestiegen sind, neidisch ist.

Derartiges findet sich des öfteren. In einer Notsituation entern die drei Freunde ein Boot, das ihnen gar nicht gehört, töten die Besatzung und entkommen. Den moralischen Katzenjammer, dem Belphegor nach erfolgter Rettung verfällt, bekämpft Fromal mit Argumenten, die sich später auch in seinen anthropologischen und geschichtsphilosophischen Darlegungen niederschlagen. Man muß sich sein Recht nehmen, denn „jedes Recht ist eine verjährte Unterdrückung“.[19] Das wird dann im Gefolge Rousseaus am ersten Bodenraub exemplifiziert. Recht ist eine Folge der Gewalt. Wenn ein Despot, ein Monarch oder eine Republik das Leben ihrer Untertanen bzw. Bürger fordern, so können sie das kraft ihrer „Obermacht“, die allererst Recht schafft.[20] Das Nebeneinanderrücken von Despotismus, Monarchie und Republik, welche Einteilung Wezel von Montesquieu übernimmt, nivel-

[19] Wezel: Belphegor, S. 100
[20] Ebd., S. 101

liert jegliche politische Differenz. Allerdings: die implizite Gleichgültigkeit gegenüber der Staatsform ist hier nicht mehr wie im aufklärerischen Staatsroman dadurch bedingt, daß jede fähig ist, moralisch geläutert zu werden, sondern die Perspektive ist die des Unterdrückten, dem die Art seiner Unterdrückung gleichgültig sein kann.

Der allgemeine Unterdrückungszusammenhang läßt sich allenfalls temporär in einer Art instabiler Balance aufheben. „‚Alle Menschen lieben sich, so lange sie in *gleicher* Linie stehen, sind mitleidig, wohlthätig, ohne alle Grausamkeit gegeneinander'", sagt Fromal.[21] Dieser Versuch jedoch, auch angesichts der Herrschaft von Neid und Vorzugssucht einen befriedigenden Zustand des Lebens zu formulieren, widerspricht einerseits dem Vorhergehenden – denn warum die Vorzugssucht sich nur an Höheren, nicht an Gleichen entzünden soll, ist nicht recht einzusehen –, andrerseits ist der so erreichte Zustand jedem Windstoß ausgesetzt. Daß in dieser Konzeption gleichwohl ein egalitäres Ideal durchscheint, die Gleichheit als die einzig mögliche, wenn auch stets gefährdete, Grundlage des gesellschaftlichen Zusammenlebens erscheint, bleibt davon unberührt. – Auf dieses Verhältnis von radikaler Skepsis und dennoch festgehaltenen republikanischen Vorstellungen komme ich im nächsten Abschnitt noch zurück. – Der Vorgang zudem, an dem diese Balance zunächst exemplifiziert wird, zeigt, daß es sich dabei weniger um ein Gleichgewicht handeln kann als um ein Schaukeln, ein permanentes Auf und Ab. Die Freundschaft Belphegors zu Fromal erwacht nämlich erst in dem Augenblick, als letzterer kurz vor der Hinrichtung steht; der Moment des Gleichgewichts wird verpaßt bzw. gar nicht erst angestrebt. Insofern schränkt diese Konzeption den Krieg aller gegen alle zwar hinsichtlich seiner Motivation durch Neid und Vorzugssucht ein, bestätigt ihn jedoch in seinem niemals endenden Auf und Ab. Zu verwirklichen ist sie nur in einer extremen Schwundform aller materiellen und seelischen Bedürfnisse, worauf ich im nächsten Abschnitt näher eingehen werde.

Philosophiegeschichtlich besteht ein enger Zusammenhang zwischen materialistischer Naturauffassung und mechanistischer Deutung jeglichen Geschehens aus dem Zwang der Notwendigkeit, wie etwa die Philosophie Demokrits zeigt. Nun können

[21] Wezel: Belphegor, S. 120. – Psychologisch gewendet: „So lange Lobenstein gegen Anton hart und unbillig verfahren war, genoß er des Mitleids und der Freundschaft aller übrigen Hausgenossen; sobald es aber schien, als ob dieser ihm seine Freundschaft und Vertrauen zuwenden würde, nahmen in eben dem Maße ihre Feindschaft und Mißtrauen gegen ihn zu. Und sobald es ihnen nur gelungen war, ihn wieder zu sich herunterzubringen, und man es so weit gebracht hatte, daß der Klaviermeister wieder abgedankt war, hatte man auch weiter nichts mehr gegen Anton: man war sein Freund wie zuvor" (Karl Philipp Moritz: Anton Reiser. Ein psychologischer Roman, Leipzig 1959, S. 59 f.). Zwar sind hier weniger Neid und Vorzugssucht als die geforderte Solidarität der Unterdrückten für das Auf und Ab maßgebend, doch ist die Ähnlichkeit der Struktur überraschend. Möglicherweise liegen hier und bei anderen Parallelen analoge soziale Erfahrungen dieser der Unterschicht entstammenden „Schreckensmänner", als welche Arno Schmidt Wezel, Moritz und andere bezeichnet hat, vor.

die Darlegungen Wezels für sich genommen kaum philosophische Verbindlichkeit beanspruchen, wollen dies auch gar nicht, da sie primär negatorisch gemeint sind und kein geschlossenes System zu konstruieren beanspruchen, gleichwohl stellt sich auch in ihnen der Zusammenhang von Materialismus und Notwendigkeitslehre her. Daß der Mensch analog der Hobbesschen Auffassung nur ein Stück belebter Materie ist, illustriert Wezel an einer alten Parabel, die „die Theilchen Materie, die ehemals den Alexander ausmachten", schließlich als Tuch ein Mäuseloch verstopfen läßt.[22] Dem triebgebundenen Handeln des Menschen, dieser „Maschine des Neides und der Vorzugssucht", entspricht die Notwendigkeit alles Geschehens, die der Freiheit keinen Raum läßt. Wenn der Mensch nur ein „Tummelplatz" von Leidenschaften ist, unterliegt sein Agieren der „Fatalität", ist „nothwendig".[23]

Schicksal und Vorsehung, über deren Maßgeblichkeit sich Fromal und Medardus als Anhänger des ersteren bzw. der letzteren streiten, sind nur zwei Begriffe für denselben Sachverhalt. Ob die Welt nur ein „Spiel der natürlichen Kräfte" oder eine „künstlich (d. h. mit Verstand und Absicht) ausgesonnene Maschine" ist, eine Maschine, die dem strikten Gesetz von Ursache und Wirkung, der Kausalität unterliegt, ist sie in jedem Fall.[24] Göttlicher wie menschlicher Voluntarismus sind ausgeschlossen. Der Streit um Schicksal oder Vorsehung ist nur ein Streit um die Vorstellungsart, deren Ausprägung selbst wieder jeweils aus einer bestimmten Kausalkette resultiert. Ob Fromal oder Medardus das Schicksal oder die Vorsehung bevorzugen, hängt von ihren jeweiligen persönlichen Erfahrungen ab. Der Streit um die „Wahrheit", den die Philosophen führen, ist selbst nur ein Ausfluß der von Neid und Vorzugssucht ausgehenden Kausalketten.[25] Die Wahrheit selbst existiert gar nicht, sondern ist lediglich eine Erfindung der Philosophen, die sich nur auf diese Weise an dem allgemeinen Krieg beteiligen können: „es ist alles eins".[26]

Indem so das entsprechend den Triebvoraussetzungen wirkende Gesetz der Kausalität als einziges Gesetz übrigbleibt, kann der Roman nur aus einer Folge von Demonstrationen seiner Wirksamkeit bestehen. Die manische Form, in der

[22] Wezel: Belphegor, S. 217

[23] Ebd., S. 302

[24] Ebd., S. 297. – Die sozialpsychologische Komponente der Genese dieser fatalistischen Spielart stellt wiederum Moritz dar. Die Lektüre der griechischen Götter- und Heldensagen sowie des Fénélonschen „Telemach" führt bei Reiser nicht zu heldischer Mimikry, wie bei Bürgersöhnen üblich, sondern zum Glauben an ein blindes Schicksal, das Reiser dann in verschiedenen Variationen vorstellt. Die masochistische Zerstörungssucht, erklärbar zunächst aus einer Art Objektivierung des subjektiven Leids, entsteht jedoch zugleich „aus einer dunklen Ahndung von großen Veränderungen, Auswanderungen und Revolutionen, wo alle Dinge eine ganz andere Gestalt bekommen und die bisherige Einförmigkeit aufhören würde" (Moritz: Reiser, S. 27). Für den Unterdrückten werden Fatalismus und Chiliasmus identisch. Die Vorstellung von der blinden und totalen Zerstörung wird zu der von der ebenso blinden und totalen Revolution, die als Naturgesetz außerhalb jeder möglichen Beeinflussung steht und daher nur erwartet, nicht herbeigeführt werden kann.

[25] Ebd., S. 116

[26] Ebd., S. 117

dies geschieht, schlägt sich nieder einerseits in der Hektik der Geschehnisabfolge, andererseits in den grotesken Ausuferungen einzelner Ereignisse. So muß etwa Belphegor auf den Seiten achtzehn bis dreiundzwanzig nicht weniger als sechs schwere Schicksalsschläge hinnehmen, und, als ob alles noch nicht deutlich genug wäre, erfindet Wezel zur Demonstration des Krieges aller gegen alle auch noch eine Allegorie von Zwergen auf verschieden hohen Stelzen, von denen sie sich wechselseitig herabzustoßen versuchen.

Die Flexibilität und Beweglichkeit des Voltaireschen „Candide", des Vorbildes des „Belphegor", läßt Wezels Rigorismus nicht zu. Die Irrfahrten der Helden etwa beginnen in beiden Romanen ähnlich. Sowohl Candide wie Belphegor werden mit Fußtritten vor die Tür befördert. „Im selben Augenblick (in dem nämlich, in dem Kunigundes und Candides Lippen sich berühren, Augen auflodern, Kniee beben und wanken und Hände sich verirren) ging der Herr Baron Thunderdentronckh an dem Wandschirm vorbei und sah diese Ursache nebst ihrer Wirkung, und da jagte er Candide mit ein paar derben Fußtritten in den Hintern aus dem Schloß. Kunigunde fiel in Ohnmacht, und kaum war sie wieder bei Sinnen, so verabreichte ihr die Frau Baronin eine Tracht Maulschellen. Und es herrschte große Bestürzung im schönsten und anmutigsten aller Schlösser", heißt es bei Voltaire.[27] Und bei Wezel:

> „Geh zum Fegefeuer mit deinen Predigten, Wahnwitziger!" rief die schöne Akante mit dem jachzornigsten Tone und warf den erstaunten, halb sinnlosen Belphegor nach zween wohl abgezielten Stößen mit dem rechten Fuße zur Thüre hinaus.[28]

Belphegor trägt einen Schaden am linken Hüftbein davon, stimmt aber gleichwohl eine wohlgesetzte Klage an, in der er seiner Enttäuschung Luft macht. Der vorbei reitende Freund Fromal tröstet ihn mit dem Fatalismus:

> „Was machst du mit der Empfindung in *dieser* Welt? . . . Ich habe mich in mich selbst zusammengerollt und lasse mich vom Schicksal durch die Welt durchwälzen."[29]

Zunächst bedient sich Voltaire für seine Parabel eines biographischen Rahmens. Insofern exponieren die Fußtritte, die Candide in die Welt schicken, zwar die Parabel, nicht aber die gesamte Handlung. Sie stehen am Ende, nicht am Anfang des ersten Kapitels. Dagegen ist der biographische Rahmen bei Wezel getilgt. Wer Belphegor ist, woher er kommt und, wie zu zeigen sein wird, schließlich auch, wohin er geht, wird nicht erwähnt bzw. offen gelassen. Die Fixierung Wezels auf sein thematisches Anliegen läßt ihn gleich in medias res springen. Das Ereignis des Anfangs ist nur eines aus einer Reihe immer gleicher Erlebnisse. Daher hat es auch sogleich in mannigfacher Hinsicht exemplarische Bedeutung. Wenn Fromal Belphegor auffordert, „eine kleine Reise durch die Welt" zu tun und dort zu er-

[27] Voltaire: Candide oder Der Glaube an die beste der Welten. In: Voltaire: Sämtliche Romane und Erzählungen, München 1969, S. 179
[28] Wezel: Belphegor, S. 11
[29] Ebd., S. 13

proben, ob seine „Empfindung sich ausdehnen oder zusammenschrumpfen wird", so exponiert das die Fußtritte, ihre Voraussetzungen und ihre Folgen als Ereignis, dessen Verifizierung oder Falsifizierung als typisch, dessen Qualifizierung als exemplarisch oder nicht-exemplarisch das Folgende dienen soll.[30] Daß dabei das erstere herauskommen wird, bedarf nach dem Vorwort keiner Frage mehr. Insofern stellt der Anfang des Romans nicht nur das Problem, sondern ist bereits die erste in einer Reihe von stets gleich lautenden Antworten, und zwar, wie sich später herausstellen wird, sogar eine besonders charakteristische; denn der Freund Fromal ist zugleich als Nachfolger Belphegors bei Akante für dessen Hinauswurf verantwortlich. Auch der einzig mögliche Ausweg, Fatalismus und Schrumpfung, wird schon angedeutet. Während die Motivation des Hinauswurfs bei Wezel moralisch schlechthin verwerflich ist, ist sie bei Voltaire immerhin noch psychologisch verständlich. Die parabolische Kraßheit des Vorgangs im „Belphegor" soll die große Anzahl der charakterisierenden Adjektivattribute unterstreichen, die im „Candide" fast völlig fehlen. Auch genügt es nicht, daß Belphegor hinausgeworfen wird, er muß dazu noch eine schmerzhafte Verletzung davontragen, die erste in einer langen Reihe von physischen Beeinträchtigungen, die ihn, wie auch Akante, bis zur Unkenntlichkeit entstellen, weshalb sie sich schließlich gar nicht mehr wiedererkennen. Das hypertrophe Engagement führt zu übersteigertem Ausdruckswillen, der Distanz nur noch als Sarkasmus zuläßt.[31] Der Sarkasmus zudem bleibt dabei auf die Figuren beschränkt, die mit der Ausnahme Fromals im Netz des beschriebenen mechanistischen Gespinstes herumzappeln, keineswegs wird das letztere selbst einbezogen. Die philosophische Auseinandersetzung findet statt in Rede und Gegenrede. Dagegen macht Voltaire seinen philosophischen Vorwurf zugleich zum Vehikel sozusagen zweckfreier ironischer Formulierungen. Wenn der Baron „diese Ursache nebst ihrer Wirkung" sieht, so parodiert das lediglich allgemein die Art und Weise, in der Pangloß das Theodizeeproblem löst, bezieht dieses nicht unmittelbar ein. Die Ironie bezieht sich mehr auf die Formulierung als auf ihren Inhalt. Denn gemeint ist ja die Ursache der Liebe und die Wirkung des Küssens usw., eine philosophisch unverdächtige Verkettung, nicht etwa die Ursache des Küssens und die Wirkung des Hinauswurfs, deren Verknüpfung in der Tat die Leibniz-Pangloßsche Teleologie zum ersten Mal hätte attackieren können. Ebenso ist die Diskrepanz zwischen dem „schönsten und anmutigsten aller Schlösser" und der Bestürzung seiner Einwohner philosophisch nicht allzu gravierend. In solchem freien Schalten mit thematischen Formulierungen, die ihrer bündigen Verifizierung gar nicht bedürfen, in solcher ironischen Überlegenheit spiegelt sich der Sachverhalt, daß Voltaire primär ein Philosophem ad absurdum führt, seine Haltung also

[30] Wezel: Belphegor, S. 15

[31] Bezeichnenderweise sind die eindrucksvollsten Bilder des Romans solche Hyperbeln. Der allegorische Sensenmann genügt nicht mehr: wenn wir „gelernt haben, daß wir Narren Zeitlebens gewesen sind, so schlägt uns der große, mächtige Tod mit der Keule auf den Kopf – und weg sind wir" (ebd., S. 253).

von vornherein kritisch ist. Das Fehlen einer entschiedenen Gegenkonzeption – die empirische Position Martins wird nicht philosophisch vertieft; daß er sich als Manichäer bezeichnet, ist lediglich selbstironische Deklaration, führt nicht zu philosophischen Konsequenzen – läßt Voltaire Raum für eine ironisch relativierende Darstellung. Daher gibt es bei ihm auch gute Menschen, und die Unglücksfälle, die über die Helden hereinbrechen, sind gewissermaßen objektiver als die durchweg anthropologisch begründeten Schicksalsschläge Wezels. Daß dieser ein Philosophem nicht widerlegen, sondern beweisen will, macht die beschriebene Hektik und Kumulierung aus. Diese Differenz spiegelt sich auch im beiderseitigen Verhältnis zur Utopie.

II. Kritik der Utopie

Paradoxerweise ist bei Wezel die untergründige utopische Intention weit stärker als bei Voltaire. Das läßt sich zunächst an Voltaires Eldoradoutopie demonstrieren. Einerseits nimmt diese Motive der traditionellen Utopie auf, vor allem die der Abgeschlossenheit und der staatlichen Organisation des Lebens. Andrerseits ist etwa das letztere eher aus Andeutungen zu erschließen, als daß es von der utopischen Idee her detailliert ausgeführt würde. Die Unterhaltung mit dem Weisen dreht sich unter anderem um „die Regierungsform, die Lebensweise der Einwohner, die Frauen, die öffentlichen Schauspiele, die Künste".[32] Was hier jedoch gesagt wird, wird nicht wiedergegeben. Erst als es um die Religion geht, wird das Gespräch wieder ausführlich. Natürlich kennen die Einwohner von Eldorado keine religiösen Institutionen, „keine Mönche, die unterweisen und krakeelen und disputieren" usw., sondern nur eine Art natürlicher Religion.[33] Es geht Voltaire nicht um ein geschlossenes utopisches Gegenbild, sondern lediglich um die selektive Unterstreichung bestimmter kritischer Intentionen. Daher greift er allein die Religion als Hauptangriffspunkt der Kritik heraus. Die Eldoradoutopie ist allein kritisch, nicht utopisch verbindlich. In Eldorado ist es Brauch, den König bei der Begrüßung zu umarmen und auf beide Wangen zu küssen. Diese familiäre Entzeremonialisierung hindert jedoch nicht die Existenz eines Hofstaats von gigantischen Ausmaßen, wie sich auch die Tischgespräche, und besonders die Beiträge des Königs, vor allem durch „Witz und Geist" und nicht, wie man erwarten könnte, durch Biedersinn auszeichnen.[34] Geprägt ist die Darstellung von Eldorado vornehmlich durch dessen ungeheuren Reichtum, der Gelegenheit zu allerlei Verblüffungseffekten gibt. Im ersten Dorf, das Candide und Cacambo betreten, treffen sie ein paar Bettelbuben. Daß es solche in einer Utopie eigentlich gar nicht geben dürfte, stört

[32] Voltaire: Candide, S. 230
[33] Ebd.
[34] Ebd., S. 232

Voltaire nicht weiter. Er benutzt sie lediglich, um an diesen in zerschlissenen Goldbrokat gekleideten Kindern, die mit Goldklumpen und Edelsteinen spielen, die ganz anderen Maßstäbe zu demonstrieren, mit denen hier Reichtum gemessen wird. Ähnlich bei der Schilderung der bescheidenen Wohnung des würdigen Greises, den Candide und Cacambo besuchen. Daß Gold, Silber und Edelsteine in Eldorado nichts wert sind und die Kinder, und auch nur die armen, damit spielen, resultiert nicht aus utopischen Prinzipien, wie etwa in Morus' Utopia, sondern beruht allein darauf, daß es noch weit wertvollere Materialien gibt. So läuft die Eldoradoutopie, wie Voltaires „Mikromegas", auf einen weitgehend formalisierten und abstrakten Relativismus hinaus, der weniger die Nichtigkeit als die Relativität irdischen Besitzstrebens demonstrieren soll. Die Positivität des Gegenbildes ist demgegenüber unwichtig. Daß man so wie in Eldorado leben könnte, wird durch die Phantastik dieser Utopie von vornherein ausgeschlossen. Voltaire legt dar, wie die Welt nun einmal ist, und nicht, wie und in welcher Richtung sie zu ändern wäre.

Demgegenüber ist der Impuls zur Durchbrechung des allgemeinen Vernichtungsmechanismus bei Wezel nicht nur in der Titelfigur Belphegor inkarniert, sondern kristallisiert sich auch in einer Reihe von utopisch motivierten Schilderungen und Debatten aus, die verschiedene Möglichkeiten, dem Kreislauf zu entkommen, darstellen bzw. diskutieren; daß diese fehlschlagen bzw. zu keinem Resultat führen, steht auf einem späteren Blatt. Zunächst jedenfalls ist gegenüber Voltaire der Reichtum an utopischen Varianten vom Fürstenspiegel über die Naturutopie bis zur Idylle hervorzuheben.

Daß Wezel dem Absolutismus in seiner zeitgenössischen Erscheinungsform nicht wohlgesonnen war, ist selbstverständlich, und der direkten und allegorisch verkleideten Invektiven sind denn auch viele. „Es wurden Monarchen", sagt Fromal in seinem geschichtsphilosophischen Abriß und ironisiert damit, durch die Parodie des Bibelstils, zugleich das sich auf die Bibel berufende Gottesgnadentum.[35] Auf die Allegorie der Stelzenzwerge wurde oben bereits hingewiesen. Die Tätigkeit des Medardus als König von Niemeamaye parodiert die Staatsschatzideologie des zeitgenössischen Merkantilsystems. Aus Gier nach Gold und in dem Bestreben, einen möglichst großen Schatz aufzuhäufen, unterbindet der König Medardus jeglichen Gold kostenden Import, und um ganz sicher zu gehen, daß kein Gold abfließt, umgibt er das Land schließlich sogar mit einer Mauer.

Der von Europa enttäuschte Herrnhuter, mit dem Belphegor am Schluß des Romans resümierende Gespräche führt, reitet eine vehemente Attacke gegen die damals aktuelle „Industrie".[36] Die Verwendung dieses erst unlängst (1754) als „Kunstwort der Staatswissenschaften" aus dem Französischen entlehnten Begriffs zeigt eben das Oszillieren zwischen subjektiver und objektiver Bedeutung, Gewerbefleiß und Großgewerbe, wie im Französischen, das als Ursprungssprache ohnehin

[35] Wezel: Belphegor, S. 118

[36] Ebd., S. 282

noch längere Zeit bewußt bleibt.[37] Kein Zweifel daher, daß Wezel mit dieser Invektive gegen die unter dem Terminus der „Industrie" proklamierte Intensivierung des Manufakturwesens im späteren 18. Jahrhundert angeht. Die Industrie schiebt „einigen wenigen das Kopfküssen der Bequemlichkeit unter, macht alle, mehr oder weniger, zu habsüchtigen Wölfen und listigen Füchsen und wirft den größten Haufen auf den harten Pfühl der Arbeit, der Beschwerlichkeit, der Kümmerniß, des Mangels".[38] Mit dem ökonomischen Fortschritt, den die beginnende Industrialisierung bringen soll, hat Wezel nichts im Sinn. Statt dessen legt er den Finger gleich auf die Schattenseiten der Entwicklung. Inwieweit diese, besonders die ersten beiden Punkte, der zeitgenössischen Wirklichkeit entsprachen – das Argument der Bequemlichkeit der Wenigen und der Mühsal der Vielen entstammt der bürgerlichen Polemik gegen den parasitären Adel; die rücksichtslose Konkurrenz, auf die Wezel den Finger legt, konnte es angesichts der staatlichen Aufsicht gar nicht geben, und sie ist an dieser Stelle denn auch kaum ökonomisch, sondern, wie sonst, anthropologisch begründet; die letzte Bestimmung trifft mit der an Zahl zunehmenden, aus den Zunftbindungen gelösten Lohnarbeiterschaft zwar auf ein historisches Korrelat, charakterisiert dieses jedoch mit Kategorien, in denen Loen und andere etwa die Lage der Bauern beschrieben hatten, wie ja die „Industrie" überhaupt weniger einen historisch-ökonomischen Umbruch bedeutet als eine neue und nur quantitative, nicht qualitative Variante in der allgemeinen Ausbeutung, im Krieg aller gegen alle –, wie weit also die Wezelsche Darstellung der historischen Realität korrespondiert, ist weniger wichtig als die Tatsache der utopisch motivierten vorwegnehmenden Kritik an zunächst durchaus fortschrittlich erscheinenden Sachverhalten, eine ähnliche Konstellation, wie sie Horkheimer an der Utopie des Morus analysiert hat. Wenn die Förderung der Industrie nur ein neuer Anlaß zur Unterdrückung und von dieser her überhaupt erst motiviert ist, kann man durch sie allenfalls ein Übel gegen ein anderes eintauschen. Die Steigerung der Wohlfahrt jedenfalls, wie sie der aufklärerische Staatsroman, oder gar die Beförderung des politischen Umsturzes, wie sie etwa Meyern von solchen ökonomischen Reformen sich versprachen, zieht Wezel gar nicht erst in Betracht.

Daher steht er auch allen politischen Reformversuchen mit größter Skepsis gegenüber. In der Geschichte hat es, wie bereits dargelegt, niemals einen Fortschritt gegeben. Dieser hat allein in der Verfeinerung und zunehmenden Verschleierung der Ausbeutung stattgefunden, und insofern ist die unverhüllte Unterdrückung der subtilen sogar noch vorzuziehen, denn die erstere ermöglicht wenigstens ihre Erkenntnis, wie Wezel eine ihre schrecklichen Schicksale erzählende „Markisinn" auf einen Einwand des naiven Medardus erwidern läßt.[39] Der Fortschritt wird daher auch für die Zukunft nicht ohne weiteres erwartet.

[37] Friedrich Kluge: Etymologisches Wörterbuch der deutschen Sprache, 18. Auflage, bearbeitet von Walther Mitzka, Berlin 1960, S. 326

[38] Wezel: Belphegor, S. 283

[39] Ebd., S. 77

Zwar ist Wezel einerseits noch dem „Leitbild eines ‚aufgeklärten' Monarchen" verhaftet, dieses jedoch wird andrerseits permanent durchlöchert.[40] Die erstere Auffassung argumentiert vor allem von einer bereits zitierten Anmerkung her, in der Reformen von oben gefordert, ja in den Maßnahmen Josephs II. bereits als verwirklicht dargestellt werden. Wenn Belphegor heute leben würde, so würde ihn „bey einem so guten Anschein ... die gute Hoffnung vor der Misanthropie bewahren".[41] Dabei ist die Durchbrechung des immer Gleichen noch nicht einmal allzu einschneidend. Der Grad der Wiederherstellung der „ursprünglichen Freiheit" der Bauern – in dem Rekurs auf einen früheren Idealzustand ebenfalls eine der vorher skizzierten Geschichtsauffassung widersprechende Vorstellung – muß sorgfältig abgewogen werden, damit der Staat keinen Nachteil hat.[42] Auch darf die Verbesserung der Lage der Bauern keine „Revolution" beinhalten, womit mit Revolution noch nicht einmal ein gewaltsamer Umsturz von unten, sondern nur eine radikale Änderung von oben gemeint ist, und die wegen ihrer Konzessionsbereitschaft gepriesenen Feudalherren nicht schmerzen.[43] Auf der anderen Seite jedoch unterläuft Wezel – bewußt oder unbewußt – seine eigene Argumentation. Wenn von den „Unglücklichen" die Rede ist, „die das Schicksal dem Besten des Ganzen gewissermaßen aufopfert und sie arbeiten läßt, damit andre sich pflegen können", so ist eine solche umstandslose Gleichsetzung des Ganzen mit seinem (kleineren) Teil entweder ironisch gemeint, oder sie indiziert wider Willen ein besseres Wissen.[44] Denn, wie Wezel vielfach analysiert: die sich pflegenden Andren schieben das Beste des Ganzen im allgemeinen nur vor, um ihre egoistischen Interessen zu bemänteln. Ferner ist es charakteristisch, daß dieses Loblied auf den aufgeklärten Despotismus nicht, wie der aufklärerische Staatsroman, von bürgerlichen Interessen her motiviert ist, sondern allein auf die Verbesserung der Lage der „niederen, verachteten Klasse der Menschheit" abhebt.[45] Schließlich handelt es sich um eine Anmerkung des Autors, in der Wezel sich nicht auf die Romanfiktion hinausreden konnte und daher, auch um der appellativen Funktion willen, zu einer gewissen Kompromißbereitschaft angehalten war.

Die einzelnen Episoden des Romans jedenfalls demonstrieren auch und gerade an den Hauptpersonen die Erfolglosigkeit von Versuchen, Monarchen moralisch bessern zu wollen. Als Belphegor und Fromal selbst Tributarkönige des Königs von Segelmesse sind, heißt es über ihre guten Absichten kurz und bündig:

[40] Walter Dietze: Elend und Glanz eines „Deutschen Candide". Vorläufige Bemerkungen zu Johann Karl Wezels Roman „Belphegor oder die wahrscheinlichste Geschichte unter der Sonne". In: Wissenschaftliche Zeitschrift der Karl-Marx-Universität Leipzig, 14, 1965, S. 782

[41] Wezel: Belphegor, S. 35

[42] Ebd., S. 34

[43] Ebd., S. 35

[44] Ebd., S. 34

[45] Ebd., S. 35

> Das Projekt war etwas weitläufig und ungemein schwer; auch blieb es nur bey dem Entwurfe.[46]

Zudem wirkt das Königtum in besonderem Maße moralisch korrumpierend, wie der auf die (eher auf zufällige Umstände als auf Maßregeln des Herrschers zurückgehenden) Erfolge Fromals eifersüchtige Belphegor exemplarisch vorführt.

Von solcher Korruption sind auch die Danischmende nicht ausgenommen, wie Wezel an zwei ähnlich verlaufenden Episoden zeigt. Belphegor hält dem König von Niemeamaye gewordenen Medardus in einer vehementen Rede seine Sünden vor, erzielt damit zwar eine momentane Reue, aber keine dauernde Wirkung. Der einzige Erfolg besteht darin, daß die Untertanen jetzt wieder statt einer täglichen Mahlzeit deren zwei verzehren dürfen. Ansonsten klaffen Theorie und Praxis auseinander. Der Ratgeber Belphegor wird selbst korrumpiert. Zwar vermehrt er nicht das Gold, sondern die Ehrenbezeugungen, aber moralisch läuft beides auf dasselbe hinaus:

> Der weise Moralist wurde zum Unterdrücker.[47]

Ebenso wird Belphegor im Endergebnis seiner Bemühungen um den zum Befehlshaber der Insel New Wight avancierten Fromal zwar nicht zum Unterdrücker, aber zum Nutznießer von dessen ungerechten Amtspraktiken. Fromal hat den Herrnhuter, einen neuen Freund Belphegors, um einen Teil seiner Erbschaft gebracht, und Belphegor macht sich auf, um Fromal ins Gewissen zu reden. Nach mehrfachem Hin und Her, bei dem Fromal, die Praxis des Wielandschen Schach Gebal befolgend, teils sich beeindruckt zeigt, teils Einwände macht, sublimiert man die politischen Fragen zu solchen der Philosophie, in der Zerknirschung und Selbstrechtfertigung nahe benachbart sind. Schließlich macht Fromal kurzen Prozeß, indem er Belphegor eben das Landgut schenkt, das er dessen Klienten abgepreßt hat. Dieser weigert sich zunächst, macht sich jedoch allmählich mit der Idee vertraut und hält die Annahme des Geschenks schließlich nicht mehr für einen Diebstahl. Entsprechend indizieren die vorhergehenden mehrfachen Sinneswandlungen Fromals weniger eine ambivalente Haltung zum Problem der moralischen Einwirkung auf Herrscher, als daß sie scheinbare Erfolge als praktisch folgenlos entlarven und insofern den mündlichen oder schriftlichen Fürstenspiegel ad absurdum führen. Das patriarchalische Staatsideal verzerrt Wezel ins Groteske. Unter der Herrschaft des Medardus ist ganz Niemeamaye „eine große Familie".[48] Denn der König ernährt alle – nachdem er vorher alle enteignet hat.

Auch theoretisch wird das Problem des Fürstenspiegels abgehandelt. Mit dem Herrnhuter, der in Europa „Königreiche, Herzogthümer und Fürstenthümer, Aristokratien und Republiken" durchreist und in allen den gleichen Despotismus gefunden hat, unterhält sich Belphegor über die Möglichkeit von Veränderungen.[49] Ohnehin will letzterer eine solche Möglichkeit nur für den Teil der Menschheit

[46] Wezel: Belphegor, S. 139
[47] Ebd., S. 178
[48] Ebd., S. 161
[49] Ebd., S. 281

gelten lassen, der vorerst noch mit „*groben* Fesseln", noch nicht mit „*feinen*, gewohnten Banden" gefesselt ist[50] – eine deutsche Variante der radikalen Position der späten französischen Aufklärung.[51] Wie dort ein guter Monarch schlimmer ist als ein böser, „weil er die getretene Kreatur daran hindert, den Unfug des absolutistischen Prinzips zu durchschauen",[52] so ermöglicht es hier allein der fühlbare „Druck auf dem Halse", daß man versucht, das Joch abzuschütteln.[53] Indem so eine Veränderung von vornherein nur als Revolution, ja blutiger Rachefeldzug ins Auge gefaßt wird, werden Pläne zu einzelnen Verbesserungen zu leerer Projektemacherei. Als der Herrnhuter gerade im besten Zuge ist, bricht denn auch Feuer aus, und die Rede bleibt unvollendet. Nachdem obendrein der Autor die Unterhaltung durch einen Bucheinschnitt zerteilt hat, geht es vollends ironisch weiter. Das Ausdenken von Reformplänen, „künstlichen Spinneweben", wird zum Selbstzweck.[54] Die beiden Freunde erzählen sich gegenseitig das jeweils neu Projektierte und finden dabei ein freudiges Genügen. Die „Verfasser politischer Systeme ..., die Fürsten und Königen vorschreiben, was sie thun sollen", taugen überhaupt nur, „uns zu lehren, was sie nicht thun".[55] Der Fürstenspiegel wird so aus einer sich an Herrscher richtenden Handlungsanweisung zu einer ein allgemeines Publikum ergreifenden Fundgrube der Kritik, aus einer antirevolutionären Prophylaxe zu einem potentiellen revolutionären Agitationsinstrument, er wandert sozusagen von oben nach unten. Die Linie der indirekten Kritik zieht Wezel revolutionär aus.

Daß ihre Konsequenz, der Bürgerkrieg, jedoch nicht uneingeschränkt begrüßt werden kann, versteht sich nach dem im ersten Abschnitt Ausgeführten von selbst. Der allgemeine Pessimismus tangiert sowohl den Reformismus des Staatsromans als auch die Revolution von unten. Die Ambivalenz seines Verhältnisses zum Umsturz drückt Wezel dadurch aus, daß er seine Protagonisten zu dem Problem gegensätzliche Positionen beziehen läßt. Der Zyniker Fromal vermag auch in der Revolution nur eine neue Variante des ewigen Krieges aller gegen alle zu sehen. Er berichtet von seinem Aufenthalt in England:

> In England bringt nun einmal der Eifer für die Freiheit empor wie in verschiedenen andern Reichen der Eifer für die Unterdrückung; ein jeder, der empor will, wählt sich *den* Weg, der ihn unter *seinem* Himmel am nächsten dahin führt; schlachtet, wenn er kann, dort die Großen und hier die Kleinen.[56]

Der Eifer für die Freiheit ist nur, wie wenig später von Fromal auch theoretisch dargelegt wird, eine weitere Maske des Neides und der Vorzugssucht. Ein konservativer Topos wird hier sozusagen hyperrevolutionär umgebogen. Denn Hobbes-

[50] Wezel: Belphegor, S. 284
[51] Vgl. Koselleck: Kritik und Krise, S. 99
[52] Ebd.
[53] Wezel: Belphegor, S. 284
[54] Ebd., S. 286
[55] Ebd.
[56] Ebd., S. 95

sche Konsequenzen zieht Wezel ja gerade nicht. Vielmehr führt das drängende Verlangen nach einem radikalen Umsturz einerseits, die Einsicht in dessen anthropologische und faktische Unmöglichkeit andrerseits dazu, die Revolution quasi aus der Geschichte auszugliedern. Höchster Anspruch und radikale Skepsis, die sich wechselseitig bedingen, schließen – bis auf den noch zu interpretierenden Schluß – jeglichen geschichtlichen Anknüpfungspunkt aus. Bezeichnenderweise jedoch differenziert auch Fromal zwischen Verführern und Verführten. Die durch die Parole der Freiheit aufgehetzte Masse ist zwar blind, aber gutgläubig und wird von einem machtgierigen Politiker lediglich mißbraucht. So bleibt im Hinter- und Untergrund immer noch ein revolutionäres Potential, das jedoch nicht positiv, sondern nur negativ definiert ist. Daher ist auch die durch den Bericht Fromals ungetrübte Begeisterung Belphegors für die – und sei es auch illusionäre – Freiheit, der er gleich darauf emphatischen Ausdruck gibt, nicht nur komisch, sondern hat auch ein Moment von Recht.

Die aufrührerischen Bauern, denen Belphegor am Anfang des Romans begegnet, geben ihm zwar zunächst hundert Schläge auf die Fußsohlen, um herauszubringen, ob er nicht etwa zur Gegenpartei gehöre, und wollen ihn, als er nicht sogleich für die Freiheit kämpfen will, am nächsten Baum aufhängen. Daß sie jedoch mit ihrem Kampf recht haben, daran bleibt kein Zweifel, und die oben zitierte die Josephinischen Reformen preisende Anmerkung dient zum Teil auch der indirekten Bestätigung dieses Rechts. Die Legitimität des Aufruhrs, die Belphegor gegenüber einem der Richter behauptet, die die gefangenen Bauern ohne weitere Umstände aufknüpfen lassen, wird durch die Anmerkung nicht in Frage gestellt, sondern ähnlich wie in Knigges Verteidigung der Französischen Revolution wird die Revolution durch die versäumte Reform gerechtfertigt. Wenn der Richter in dieser Unterhaltung den Krieg aller gegen alle als Rechtfertigungsgrund der Unterdrückung anführt, so fängt auch diese sogar als Motto benutzte Hobbessche Voraussetzung an, zweideutig zu werden. Zwar ist dieser Krieg eine Tatsache, aber die, die in ihm von unten kommen, haben allemal mehr recht, allerdings, und das ist die Voraussetzung dieses Rechts, müssen sie auch ganz unten gewesen sein, wie zumal die Bauernkriegepisode, aber auch die Erlebnisse mit den Indianern, an denen Belphegor im Gespräch mit dem Herrnhuter seine Revolutionsemphase entzündet, demonstrieren.

Selbstverständlich vermag der Naturzustand, wie im ersten Abschnitt beschrieben, keine utopische Folie der verderbten Gegenwart abzugeben, und die Wilden sind nicht bessere Menschen. Zu essen erhalten Belphegor, der sich solchen Illusionen hingibt, und Akante von ihnen nur, um hinterher desto profitabler geschlachtet werden zu können. Aber ein Vorwurf ist den Indianern daraus nicht zu machen. Zunächst sind sie „viele tausend Jahre ... Sklaven ihrer Tyrannen und ihrer Götter" gewesen, dann sind sie „in das Joch der Europäer" gesteckt worden.[57] Der

[57] Wezel: Belphegor, S. 277

Naturzustand ist ebenso revolutionsbedürftig wie der sogenannte zivilisierte. Die Legitimität der Revolution begründet sich nicht aus einem idealen Naturzustand, ja noch nicht einmal aus einem Naturrecht. Generell fehlt ihr in Begründung und Zielsetzung jegliche positive Qualität. Von der auf gesellschaftliche Änderung zielenden Utopie bleibt allein die Revolte übrig, allerdings immerhin die Revolte, und nicht die pure Aktion, wie bei Meyern. Insofern bezieht Wezel die äußerste Gegenposition zum aufklärerischen Staatsroman, dessen Moralutopismus die Revolution gerade überflüssig machen sollte.

So scheint als „Utopie" allein der Rückzug ins Privatleben übrig zu bleiben. Dieser wird vor allem in zwei Episoden vorgeführt, der Einsiedlerepisode und der Schlußidylle. Für den in einem abgelegenen Tal lebenden Derwisch, der eigentlich ein französischer Hugenotte ist, gibt es nur zwei Möglichkeiten des Lebens, entweder sich im „Wirbel des Taumels herumdrehen" zu lassen, „ohne zu denken, ohne anders als über die Oberfläche der Dinge zu reflektiren", jedenfalls ohne in sie einzudringen, kurz: „ein menschliches Thier" zu sein, oder sich von den Menschen zurückzuziehen, nur in seiner Seele zu existieren und sich an den „Schauspielen der Imagination und der Empfindung" zu weiden, kurz: reiner „Geist" zu sein.[58] Der im Staatsroman der Aufklärung unternommene Versuch, die Sphäre der Politik von dem in der absolutistischen Theorie von dieser abgespaltenen privaten Innenraum her zu reformieren, wird hier von vornherein ausgeschlossen. Und es besteht auch nicht mehr die Möglichkeit, im Großen, d. h. am Hofe, nicht durchsetzbare Reformen in einem kleineren Rahmen, d. h. auf dem Landgut, zu realisieren und dadurch den öffentlichen Anspruch zwar zu verlagern, aber nicht fallen zu lassen, wie in den Romanen Knigges. Es bleiben die konträren „Utopien" absoluter Äußerlichkeit und absoluter Innerlichkeit, von denen letztere ein Reflex der ersteren ist und zwischen denen jede, in der Aufklärung sonst intendierte, Vermittlung unmöglich ist. Daß es sich bei der Niederlassung des Derwischs um eine „ganze kleine Kolonie" handelt, erfährt man erst im Augenblick ihrer Zerstörung, vorher ist nur vom Derwisch und seinen Töchtern die Rede.[59] Für die utopische Konzeption ist die Existenz dieser Kolonie ohne Belang. Das Landleben dient hier nicht der Aufhebung der „entfremdeten Arbeit", wie bei Knigge, sondern allein der Absicherung der eigenen Innerlichkeit. Wie brüchig im übrigen dieses Idyll ist, zeigt seine schließliche Zerstörung durch Nachbarn, die in der Kolonie große Reichtümer vermuten. Auch die Utopie der reinen Innerlichkeit zerbricht an der feindseligen Außenwelt.

Ein etwas robusteres Idyll richten in Analogie zu Voltaires „Candide" die drei endlich wiedervereinigten Freunde auf. Die „Positivität" des Voltaireschen Schlusses, der die „Arbeit" der am Ende versammelten Kommune sowohl gegen die Welthändel selbst als auch das Philosophieren über sie ausspielt und insofern dem

[58] Wezel: Belphegor, S. 208 f.
[59] Ebd., S. 212

Rückzug ins Private einen positiven Gegensinn verleiht, ist dabei weiter reduziert.[60] Das Schlußidyll entspringt der Resignation und zieht die konkreten Folgerungen aus der bereits zu Anfang ausgesprochenen Einsicht Fromals, daß man sich zusammenrollen müsse, um im Leben bestehen zu können. Auf der in drei gleiche Teile geteilten Besitzung in Virginien planen die drei Freunde, „in stiller Ruhe dem Tode langsam entgegenzuwandeln".[61] Ihre Bedürfnisse wollen sie nicht über ihr „thierisches Selbst hinausreichen" lassen.[62] Die utopische Natur der Idylle wird zur physiologischen Bedürfnislosigkeit. Entsprechend wollen sie auch das „Auge" ihres „Geistes ... stümpfen" und sich so „von innen und von außen" verschanzen.[63] Die beiden Varianten des Derwischs werden hier zu einer zusammengezogen und die Utopie damit doppelt gepanzert. Das Mißtrauen gegen sich selbst macht es nötig, nicht nur die Kommunikation mit der Welt abzubrechen, sondern auch die eigenen Ansprüche quasi institutionell zu reduzieren, um jeglicher möglichen Eifersucht vorzubeugen. Auf die zwangsweise Reduktion der Physis, der die Helden des Romans und besonders Belphegor, Medardus und Akante ausgesetzt waren, antwortet die freiwillige Reduktion der Utopie. Daß man sich, um nicht unfreiwillig verkürzt zu werden, von sich aus physisch und psychisch klein macht, ist die leitende Idee dieses Idylls. Zu diesem Zweck beschließt man auch, die Zadig-Medardussche Philosophie, daß letztlich doch alles gut sei, zur Staatsphilosophie zu machen, also bewußt eine Ideologie zu restituieren. Die Senkung der Imagination, die Verengung des Horizonts stiftet die „vollkommenste Vereinigung" zwischen den Freunden.[64] Auf ein positives Gegenbild verzichtet man. Wer die „Abwesenheit wirklicher Leiden" errungen hat, der ist *„menschlich glücklich"*.[65] Die „Freiheit, dieses hauptsächlichste Ingredienz einer *positiven* Glückseligkeit", ist kaum zu realisieren.[66] Daher scheut man sich auch nicht, Sklaven zu haben. Die Utopie oszilliert zwischen Idyll und dessen eigener Parodie:

> Ein jeder machte mit seinen Sklaven eine Familie aus, wovon er der Vater war, der seine Kinder nur so lange in leichten Einschränkungen erhielt, bis sie erkannt hatten, wie liebreich ihr Vater war.[67]

Ironie und Ernst lassen sich kaum mehr auseinanderhalten. Einerseits werden die patriarchalischen Ideale des aufklärerischen Staatsromans, auf die diese Stelle anspielt, hier ad absurdum geführt, und die Ersetzung der zwangsweisen Unterwerfung durch die freiwillige Unterordnung erscheint als besonders abgefeimte Perfidie

[60] Zu dieser „Positivität" vgl. Dietze: „Deutscher Candide", S. 783 f.
[61] Wezel: Belphegor, S. 294
[62] Ebd., S. 304
[63] Ebd., S. 307
[64] Ebd., S. 310
[65] Ebd., S. 305
[66] Ebd.
[67] Ebd., S. 308. – Im übrigen ist dies eine bei Wezels Lockekenntnis möglicherweise sogar bewußte Umkehrung der Lockeschen Familienfunktion. Dort nämlich sind Einschränkungen nur erlaubt, solange die Kinder unmündig sind.

dieser Familienideologie. Wer sich zudem dieses Glücks unwert zeigt, wird „an einen Herrn verkauft, der ihn den Unterschied zwischen hartem und leichtem Joche" lehrt.[68] Andrerseits jedoch hat die Familiarität zwischen Herren und Sklaven durchaus auch Realität. Zwar nur „beynahe" ist man doch „in dem Stande der Gleichheit, wie er nie war und Philosophen ihn träumten, in der bloßen Familienunterwürfigkeit der Natur".[69] So kommt zum Schluß auch noch die in Fromals geschichtsphilosophischen Darlegungen ausgesparte Familie zu ihrem Recht, aber auch nur, um den Stand der Gleichheit durch den der Unterwürfigkeit, wenn auch der der Familie, zu modifizieren. Der Familie als utopischem Korrektiv ist die Unterordnung einbeschrieben. So bleibt diese Schwundform der Utopie, ohnehin nur als Absicherung äußerer und innerer Schrumpfung konzipiert, auch in ihrer organisatorischen Ausprägung zutiefst zweideutig.[70]

Sie ist denn auch nicht von Dauer. Am Schluß nimmt der Roman eine letzte Wendung, von deren Interpretation die Deutung des Ganzen weitgehend abhängt:

> Kaum drang zu Anfange des gegenwärtigen Krieges das Gerücht bis in die Kolonie, daß jeder Kolonist für die Freyheit wider ein unterdrückendes Vaterland fechten müsse, als Belphegorn sein Enthusiasmus von neuem ergriff; er riß sich, ungeachtet aller Vorstellungen seines Freundes Fromals, der ihn mit Gewalt und mit List zurückhalten wollte, aus seinen Armen und ward unter einem andern Namen einer von den Vorfechtern der kolonistischen Armee. – *Er* war es, der einige der kernhaftesten Reden in einigen Versammlungen hielt; *er* erlangte etliche ansehnliche Vortheile über die Engländer; der Auszug des Krieges wird lehren, wer von beyden Theilen Recht behalten und ob Belphegor als Patriot und Menschenfreund allgemein bekannt werden oder im Streite für die Freyheit ungerühmt umkommen soll.[71]

Der parabolische Raum, in den schon vorher Momente der realen Geschichte eingedrungen waren, öffnet sich am Schluß vollends auf die Zeitgeschichte. Der Roman ist 1776, ein Jahr nach Ausbruch des amerikanischen Unabhängigkeitskrieges, erschienen. Und vor allem durch den Trick, Belphegor einen anderen Namen annehmen zu lassen, erhebt der Erzähler einen indirekten Wahrheitsanspruch, somit auch die Erzählperspektive verändernd. Der Leser braucht sich jetzt nicht daran zu stören, daß er dem Namen Belphegor in den Kriegsberichten noch nicht begegnet ist, und kann sich damit vergnügen, Belphegor unter den Helden des Unabhängigkeitskrieges zu identifizieren. Wie ironisch gebrochen dieser abrupte Übergang von

[68] Wezel: Belphegor, S. 309

[69] Ebd.

[70] Eine ähnliche Zweideutigkeit, nur in entgegengesetzter Funktion, zeigt der Schluß von „Herrmann und Ulrike". Dort begnügt sich Wezel nicht mit dem konventionellen Happy End, sondern überhöht dieses noch. Ihre Vorliebe für die Schäferei behält Ulrike auch als Hausfrau und Mutter bei und pendelt zwischen Küche und Arkadien hin und her. Zuweilen vergnügen sich die Ehegatten damit, Szenen, und gerade fatale, ihres vorigen Lebens zu spielen, und zwar mit so viel Verve, daß die Bedienten irritiert herbeilaufen. Durch solche spielerischen Arabesken, die sozusagen noch das Tüpfelchen auf das I setzen, wird die sonstige Eindimensionalität des Familienromanendes wieder aufgelöst. Das Glück wird zugleich schauspielerisch zelebriert und besteht geradezu in solchen Zelebrationen.

[71] Wezel: Belphegor, S. 312

der stilisierten Fiktion zur insinuierten Realität auch sein mag, so signalisiert er doch die Bedeutsamkeit der Schlußwendung. Gleichwohl fragt es sich, ob man, vom bloßen Faktum ausgehend, ohne weiteres von einer letzten „Wandlung (Belphegors) ... zur gesellschaftlich-politischen Entscheidung" zu sprechen berechtigt ist.[72] Denn allzu sehr erinnert das Verhalten Belphegors an das Vorhergehende. An Engagement für die Unterdrückten hatte es ihm ja nie gefehlt, Enthusiasmus hatte ihn oft ergriffen, und kernhafte Reden hatte er im Übermaß gehalten. Auch wird der Ruhm Belphegors allein vom Ausgang des Krieges abhängig gemacht und insofern der zuvor des öfteren beschriebene Mechanismus noch einmal bestätigt. Berühmtheit ist eine Funktion der siegenden Partei, der Macht, nicht des Rechts. Daher könnte man folgern, daß am Schluß des Romans nicht die reale geschichtliche Veränderung anvisiert, die pessimistische Parabel zur optimistischen Prognose wird, sondern vielmehr umgekehrt auch die aktuelle Geschichte in den parabolischen Raum einbezogen und insofern die Heillosigkeit des vorhergehenden fiktiven Geschehens in die zeitgenössische Gegenwart verlängert wird.

Dies ist jedoch nur die halbe Wahrheit. Der offene Schluß des Romans demonstriert den prinzipiellen Widerspruch zwischen anthropologisch und empirisch motivierter radikaler Skepsis einerseits und der verzweifelten Erwartung einer Umwälzung andrerseits. Die Integration der Zeitgeschichte in den immer gleichen Kreislauf wird zugleich von der Hoffnung auf dessen Durchbrechung durchschlagen. Insofern faßt der Schluß des Romans dessen ambivalente Haltung zur geschichtlichen Veränderung noch einmal wie in einem Brennpunkt zusammen. Die vom traditionellen Staatsroman gegen die absolutistische Trennung von Moral und Politik propagierte moralische Okkupation der politischen Sphäre ist im „Belphegor" wiederum zur radikalen Dichotomie geworden, in der die Moral zudem selbst anthropologisch und ideologiekritisch untergraben wird und auch in den Helden des Romans ein höchst unsicheres Dasein fristet. Die radikale Skepsis des „Schreckensmannes" Johann Carl Wezel, Sohnes eines fürstlichen Reisemundkochs und der Tochter eines Lakaien, vermag die Einsicht in die stets gleichen geschichtlichen Abläufe und die Hoffnung auf deren evolutionäre oder revolutionäre Durchbrechung nur noch gegeneinanderzuarbeiten. Die utopische Auskristallisierung verbietet er sich.

[72] Dietze: „Deutscher Candide", S. 784

5. Kapitel

Utopie und Natur

Kurz hintereinander sind Ende der achtziger Jahre zwei Romane erschienen, die das Problem der Utopie, abseits von aktuellem Engagement und insofern in Antithese sowohl zum aufklärerischen Staatsroman wie zu dessen radikaler Kritik, von einem neuen empfindsam-ästhetischen Naturbegriff her angehen: Heinses „Ardinghello" und Stolbergs „Die Insel". Die Einheit von Natur und Kunst, als Lieferant bestimmter Muster, wie gezeigt, auch den Utopien Wielands und Meyerns inhärent, wird in diesen Romanen zum Konstitutionsgrund der utopischen Modelle. Das letztere, d. h. daß der Ästhetizismus der Stolbergschen und Heinseschen Utopien politisch motiviert ist bzw. politische Konsequenzen zeitigt, unterscheidet diese Konzeptionen auch von den Entwürfen von Gelehrtenrepubliken, etwa dem Klopstocks. Die letztere, aus aktuellen Diskussionen um eine nationale Akademie entstanden, erweitert das überkommene Genre des 17. Jahrhunderts (Saavedra Fajardo) zwar in Richtung auf eine allgemeine Ästhetik, doch bleibt diese innerhalb des Bereichs der Kunst (Qualitäten der deutschen Sprache gegenüber den ausländischen, Genie gegen Nachahmer usw.) und wird nicht zum Vehikel einer generellen Gesellschaftskritik. Die Utopie ist lediglich ein Kostüm der literarischen Szene. Literarisch stehen die Utopien Stolbergs und Heinses – und das gilt vor allem für die erstere – in der Tradition der empfindsamen Inselidyllen der Geßner und Zachariä, die sich später vor allem an die großen Südsee-Expeditionen Ansons, Bougainvilles und Cooks heften.[1] Ein Überschuß an Privatismus und entsprechend an ästhetischer Reflexion ist diesen von vornherein eigen. Das gute Leben der Sozialutopie wird zum schönen Leben. Dessen spezifische Gestalt ist im folgenden zu beschreiben.

I. Friedrich Leopold Graf zu Stolbergs „Die Insel"

In dem Abschnitt über Stolberg erörtere ich, der Struktur und dem Gehalt des Romans entsprechend, zunächst die utopischen Vorstellungen im engeren, vergleichsweise manifesten Sinne, sodann die durchgängige Poetisierung, denen jene unterliegen.

[1] Vgl. Brunner: Poetische Insel, S. 113 ff.

1. Utopie

Die Utopie der Stolbergschen „Insel" entwickelt sich wie die klassischen Sozialutopien aus einem Gespräch. Sophron und sein Freund La Riviere leben mit ihren Familien am Ufer der Donau. Ihr liebster Aufenthalt ist eine Donauinsel, die sie gemeinschaftlich besitzen. Dort liegt Sophron auch der Bildung einiger Jünglinge ob, die ihn über das Wochenende zu besuchen pflegen. Diese Donauinsel ist nun auch der Ort, an dem in einer Unterhaltung zwischen Sophron, La Riviere und den Jünglingen die Vorstellung einer utopischen Insel entwickelt wird.

Das Gespräch geht bezeichnenderweise aus von Literaturreminiszenzen, von der gemeinsamen Lektüre des Sophokleischen „Philoktet" und Sophrons Erinnerung an sein liebstes Kinderbuch, Defoes „Robinson Crusoe". Beiden Werken wird vor allem der Genuß der Einsamkeit entnommen, von dem deren Helden zwar nichts verspüren, der für die Gesprächspartner des Stolbergschen Romans jedoch das hauptsächliche Faszinosum ausmacht. Der Ausgangspunkt des utopischen Entwurfs ist privat. Mag dieser sich auch später, wie noch zu beschreiben sein wird, in genauen Schilderungen des gesellschaftlichen Zusammenlebens ergehen, so zielt jedenfalls die utopische Intention primär auf die Absonderung von der Gesellschaft überhaupt, nicht auf deren utopische Kontrafaktur. Und die radikalste Form solcher Absonderung ist die Einsiedelei. Nun wird dieser Ausgangspunkt insofern modifiziert, als man zu bedenken gibt, daß eine Amanda und ein Hüonet usw. die Einsamkeit doch beträchtlich zu bereichern vermöchten. Gleichwohl geht diese Modifikation über die Familie zunächst nicht hinaus. Der Begriff der „Gesellschaft", ja der Geselligkeit wird tabuisiert: „‚Das Wort *gesellig* ist mir verhaßt geworden, denn jede Menschenherde, die einer Geißel gehorcht, nennen unsre modernen Weltweisen, (ja wohl *Welt*weisen) eine Gesellschaft'", sagt Sophron.[2] Die Identifikation von absolutistischem Staat und Gesellschaft schlechthin läßt nur noch die Flucht in die Einsamkeit zu. Die Familie ist in dieser Exposition weder Metapher für die dann patriarchalische Ordnung des Staates, wie im Staatsroman der Aufklärung, noch Organisationsform der Gesellschaft selbst, wie in Schnabels „Insel Felsenburg", vielmehr ist sie allein Hort der Intimität. Ist bei Schnabel die Familie gesellschaftlich, so ist sie hier zunächst einzig und allein privat. Daß sogar sie nicht unproblematisch ist und zugleich ein gesellschaftliches Moment enthält, läßt La Riviere anklingen:

> (Der Mensch) möchte in diesen Verhältnissen (d. h. der Familie bzw. der Freundschaft) nicht die reinen Freuden der Einfalt und der Freiheit verscherzen.[3]

In solchen sukzessiven Rückzügen vom Staat auf die Gesellschaft, von der Gesellschaft auf die Familie, von der Familie auf die reine Intimität, von dieser auf die „Einfalt" und „Freiheit" deutet sich an, daß Orientierungspunkt stets die eigene

[2] Friedrich Leopold Graf zu Stolberg: Die Insel, Heidelberg 1966, S. 26
[3] Ebd.

natürliche und naturhafte Existenz ist. Zu dieser steht sogar die Familie in einem zwar zu lösenden, aber doch in einem „Widerspruch".[4]

Im Radikalismus der Antithetik erinnert das an Wezels Derwischepisode, nur daß hier die Gesellschaft, die ohnehin nur am Anfang des Romans überhaupt vorkommt, denn doch nicht mit so grellen Farben gemalt wird. Zwar beendet der Vater des Sophron, Eubulos (der gute Ratgeber), seine Hofkarriere im Gefängnis. Aber dieses Gefängnis, obgleich nicht so komfortabel wie Loens Festung Rozzomonte, läßt gleichwohl Natur- und Kunstgenuß zu und vermag den Empfindsamen zum „Tempel der Musen" zu werden.[5] Das Schicksal des Vaters indiziert sowohl die Verschärfung der Antithetik wie ihre leichtere Lösbarkeit. Der gute Ratgeber beschließt sein Leben im Gefängnis, aber Natur und Kunst sind fähig, auch ein solches Leben noch empfindsam zu erheben. Voraussetzung dafür ist, wie noch genauer auszuführen sein wird, beider Herauslösung aus der Sphäre der Gesellschaft, der Geselligkeit, auf die sie etwa bei Loen durchaus bezogen bleiben.

Daß das Wohl der Gesellschaft umgekehrt auch kein drängendes Anliegen ist und den weiteren Verlauf des Romans nicht initiiert, erhellt bereits daraus, daß der Vater sich freut, als er bei seinem Sohn „dichterische Anlagen bemerkt", und sich diesen als „menschenfreundlichen Philosophen in den Alpen" vorstellt.[6] Derartige naturhafte Begründungen machen sowohl die Resignation des Vaters wie auch seine Folgerungen daraus unproblematisch. Die poetischen Intentionen des Sohnes sind weniger anti- als außergesellschaftlich und führen denn auch später zu entsprechenden Konsequenzen. Die psychologische Entwicklung von den fatalen Erfahrungen über die Resignation zur Kunst wird nicht klar artikuliert und bleibt unterschwellig. – Inwieweit nur durch solches zwar nicht Verschweigen, aber Überspielen gesellschaftlicher Bedingungen der Nachdruck, der auf der Kunst liegt, möglich wird, ist im nächsten Abschnitt zu erörtern. – An Stelle einer diskursiven Entwicklung wird eine Reihe von Erschütterungen vorgeführt, die den exemplarischen zu einem individualpsychologischen Fall machen. Die Verwirrung nach dem Tod des Vaters löst sich in das Engagement für den korsischen Freiheitskampf gegen die Franzosen auf; als Sophron in Livorno, wo er sich gerade einschiffen will, die endgültige Unterjochung Korsikas erfährt, verfällt er in Trübsinn, von dem er sich durch eine Italienreise zu heilen versucht, welche Heilung aber erst durch den Anblick des Wasserfalls von Terni möglich wird; daraufhin ist er für eine ausgedehnte Bildungsreise durch die Mittelmeerländer gestärkt. Die individuelle Seelendiätetik drängt den sozialpsychologischen Begründungszusammenhang, wie ihn etwa Wezel im Schicksal des Derwischs vorführt, in den Hintergrund. Die Negation der Gesellschaft ist von vornherein privat, ja unverbindlich.

Bereits in der Vorrede deklariert Stolberg seine Utopie, deren Materialisierung er mit empfindsamem Understatement als „wenige Blätter" einführt und damit ihr

[4] Stolberg: Die Insel, S. 26
[5] Ebd., S. 5
[6] Ebd., S. 7

Gewicht herunterspielt – denn Blätter können ja jederzeit vom Wind verweht werden –, als eine Ausgeburt von „Träumen", und diese Charakterisierung wird später, zu Beginn der eigentlichen Darstellung der utopischen Insel, noch einmal aufgenommen.[7] Autor und Leser stellen eine Gemeinschaft von Träumenden dar, die mit der Wirklichkeit programmatisch nichts zu schaffen haben will. Dabei handelt es sich keineswegs um eine Dichotomie von Theorie und Praxis, wie etwa in Kants Vorrede zu seinem Traktat „Zum ewigen Frieden". Wenn Kant dort den ewigen Frieden als einen „süßen Traum" der „Philosophen" bezeichnet, so geht das von eben jener Trennung aus.[8] Allerdings – und insofern wird die apriorische Dichotomie von Theorie und Praxis als von den interessierten Staatsmännern vorgeschützt entlarvt – ist es dann das Ziel des Traktats, nachzuweisen, daß der ewige Friede kein Traum, „keine leere Idee, sondern eine Aufgabe" ist, die „nach und nach aufgelöst" werden kann.[9] Nichts von dem bei Stolberg. Die unfreiwillige und gleichwohl überbrückbare Dichotomie von Theorie und Praxis bei Kant wird bei ihm zur freiwilligen und unüberbrückbaren Trennung von Traum und Wirklichkeit. Die Wirklichkeit ist, wie dann weiter ausgeführt wird, sowohl die der Staatsmänner wie die der Philosophen. Die Utopie ist ein poetisches Spiel, das neben der faktischen und gedanklichen Wirklichkeit einherläuft, diese nicht „stören" will und von dieser auch nicht gestört zu werden demütig bittet: „Sehet uns an wie Nachtwandler, die man in ihrem Wahnsinn nicht stören muß", wie es mit einer Anspielung auf den poetologischen Wahnsinnstopos heißt.[10] Die esoterische Gemeinde der utopischen Träumer setzt sich außerhalb der Gesellschaft, wobei der Schluß der Vorrede die Problematik dieses Eskapismus – bewußt oder unbewußt – einbekennt:

> Seid milde, wie andre Frohnvögte, die den fremden Wandrer ruhen lassen, wenn auch dem Landmann, welcher euch zu fröhnen die Ehre hat, kein Mittagsschlummer gegönnt wird.[11]

Die Fremdlinge sind sicher auf Kosten der Einheimischen, die Träumer auf Kosten der Unterdrückten. Dem Eskapismus entspricht die Ausweitung der Antithetik:

> Die mächtige Zeit reißet Geschlechte der Menschen und Reiche mit sich dahin; wir würden die alte goldne Zeit aus der Höle der Vergangenheit hervorrufen, und mit Blumenbändern an unsre Hütten binden.[12]

Die Negation wird über den Staat und die Gesellschaft hinaus auf die der reißenden Zeit unterworfene Geschichte schlechthin ausgedehnt. So ist es nur folgerichtig, daß als Gegenbild der Topos der goldenen Zeit verwendet wird, der von Hesiod über Ovid bis zu Hölderlin die geschichtslose bzw. vorgeschichtliche Welt

[7] Stolberg: Die Insel, unpaginierte Vorrede.
[8] Kant: Zum ewigen Frieden, S. 117
[9] Ebd., S. 169
[10] Stolberg: Die Insel, unpaginierte Vorrede.
[11] Ebd.
[12] Ebd., S. 35

bezeichnet. Zugleich weist er als literarische Reminiszenz auf die durchgängige Poetisierung der Utopie hin.[13]

Die Schlechtigkeit der Gesellschaft schließt nicht aus, daß man in ihr gleichwohl angenehm leben kann. Mit der hinter dem aufklärerischen Staatsroman stehenden Kompromißhaltung allerdings hat solche Unverbindlichkeit, auf deren weitere Konsequenzen ich im nächsten Abschnitt zurückkomme, nichts zu tun. Im Gegenteil wird gegen Reformillusionen implizit und explizit polemisiert. In Antithese zum mißlungenen Staatsroman, den sein Vater Eubulos zu praktizieren versucht hat, entwirft Sophron seine Utopie. Daß ein König „Vater und König seiner Untertanen zugleich" sein kann, ist ein Widerspruch in sich.[14] Zwar kann der König Mensch sein, wie Heinrich IV. von Frankreich, Friedrich V. von Dänemark oder Maria Theresia, aber diese seine Menschlichkeit auch als *Herrscher* auszuüben, ist ihm verwehrt. Der Riß zwischen Innenwelt und Außenwelt, den die Staatsromane der Aufklärung zu kitten versuchen, geht durch den Herrscher selbst hindurch. Auch und gerade der gute Herrscher ist ein Opfer des Herrschertums — die negative und empfindsame Entsprechung zur radikalen antiabsolutistischen Polemik der französischen Spätaufklärung, die den Herrscher als Herrscher und das heißt auch und gerade den guten Herrscher perhorresziert. Und der gute Herrscher, so könnte man folgern, müßte daher, um diesem Widerspruch zu entgehen, nichts lieber wollen, als seiner Herrschaft zu entsagen und sich in die Einsamkeit oder auf eine utopische Insel wie die Stolbergsche zurückzuziehen. Die Kritik verlagert sich von der Person auf die Institution, die solche Widersprüchlichkeit bedingt. Allerdings bleibt die Kritik und vor allem die Folgerungen, die aus ihr zu ziehen wären, unterschwellig, und der Tenor, der diese Passage beherrscht, ist eher der des Mitleids. Der Radikalismus der institutionellen Kritik schlägt in einen unpolitischen Moralismus um: es gibt nicht mehr Herrscher und Untertanen, unabhängig von ihrer moralischen Beschaffenheit, sondern nur noch gute und schlechte Menschen. Die Universalisierung der Antithetik schießt über das Ziel hinaus und verkehrt sich so in ihr Gegenteil. Nicht nur das Schicksal der Untertanen, sondern auch das der Könige treibt zur Utopie.

Außer der politischen wird auch die gesellschaftliche Repression attackiert. Gegen die „Anlegung von Fabriken", das „Manufakturwesen" überhaupt wird im Namen der Natur protestiert.[15] Neben der direkten wird so auch die indirekte

[13] Die gleichen Komponenten weist Zachariäs „Tayti, oder Die glückliche Insel" auf. Der Musenanruf, der das lyrisch-epische Ich in der idyllischen Einsamkeit trifft und es später aus seinem Trübsinn erlöst, deklariert das Gedicht von vornherein als poetische Träumerei. Das Ineinander von schöner und erhabener Natur, das die Landschaft Taytis wie die der Stolbergschen Insel auszeichnet, kennzeichnet die Utopie als Projektion des sich sehnenden Subjekts, das die Momente seines ästhetischen Naturverhältnisses in der Insellandschaft versammelt. Wiewohl der Gegensatz breit ausgemalt wird, kann man, wie bei Stolberg, letzten Endes auch in Europa so leben wie auf Tayti, nur bedarf es dabei eines größeren Aufwandes an Phantasie.

[14] Stolberg: Die Insel, S. 100

[15] Ebd., S. 123

Unterdrückung, die „Menschen zu leblosen Rädern einer Maschine werden“ läßt, angeprangert.[16] Solche Weiterungen hindern nun zwar nicht, daß, im Gegensatz etwa zu Wezel, die republikanischen Tendenzen sich an bestimmte Länder heften; die Schweiz, und besonders ihre demokratischen Kantone, wird mehrfach gefeiert, und auf der utopischen Insel ankommende Engländer behandelt man besonders zuvorkommend. Wie wenig politisch dies jedoch gemeint ist und welche Folgerungen aus der Ausweitung der Kritik gezogen werden, zeigt Stolbergs Bestimmung des Verhältnisses von Mensch und Bürger. In diametralem Gegensatz etwa zu hypertrophen Republikanern wie Meyern gilt für Stolberg:

> Der Mensch ist Mensch eh' er Bürger wird. Diese lezte Bestimmung ist der erstern tief untergeordnet.[17]

Im Gegensatz zum Spartaner habe der Israelit Bürgertum und Menschlichkeit vereinigt. Jedoch läuft die Beschreibung der Glückseligkeit des letzteren auf ein Familienidyll, also sein Dasein als Mensch, nicht als Bürger, hinaus, entsprechend der zitierten zugespitzten Formulierung. Die Utopie dient der Absicherung dieser Relation. Sie soll das Leben der Menschen als Menschen sichern, sie nicht zu Bürgern machen, wie noch die vagsten der Meyernschen Utopien. Die Trennung von Mensch und Untertan, die die absolutistische Theorie postuliert hatte und gegen die der Staatsroman der Aufklärung in mannigfachen Vermittlungsversuchen ebenso angegangen war wie gegen die von Mensch und König, führt hier zur Absorption des Bürgers durch den Menschen und dehnt insofern die Herrschaft der Privatsphäre auf das gesamte Dasein aus.

Das Ideal eines solchen „vorbürgerlichen“ Lebens indizieren auch die anderen Antithesen, die Stolberg an einer Stelle aneinanderreihen läßt: „Weisheit – Wissenschaften; reine Sitte – Geseze; Christenthum – Theologie; Poesie – Poetik; Philosophie – Weltweisheit; Heldenmuth – Taktik; lebendiger Geist – tödtender Buchstabe; diese Dinge stehen, däucht mich, in gleichen Verhältnissen“, sagt La Riviere.[18] Um bei der ersten Antithese zu beginnen, so wird den Wissenschaften, deren Verdienste durchaus anerkannt werden, vor allem vorgeworfen, daß sie „vom Geiste der Jahrhunderte“ nicht hätten „unbefleckt“ bleiben können, also ihre Geschichtlichkeit.[19] Die Geschichte tingiert a priori alles in ihr sich Ereignende. Vor allem die Positivität der Wissenschaften verfällt dem Verdikt:

> Weisheit ward entartend Wissenschaft; Wissenschaft wird entartend Wisserei; diese bedarf nicht mehr zu entarten, um Aberwitz zu werden.[20]

In dieser Weise wird auch die Weltweisheit der Philosophie entgegengesetzt. Der Weltweise ist seßhaft und verkauft Wahrheit, der Philosoph ist ein „Pilger“ und

[16] Stolberg: Die Insel, S. 123
[17] Ebd., S. 85
[18] Ebd., S. 118
[19] Ebd., S. 46
[20] Ebd., S. 46 f.

sucht sie.[21] Generell laufen die Antithesen auf die Ablehnung jeglicher begrifflichen Fixierung hinaus, ob es sich nun um die der Sitte durch die Gesetze, des Christentums durch die Theologie, der Poesie durch die Poetik, des Heldenmuts durch die Taktik oder, quasi als, in der Wortwahl Novalis präludierende, Oberantithese, allgemein die des lebendigen Geistes durch den tötenden Buchstaben handelt.

Aus solcher Abqualifizierung von Abstraktion und Institutionalisierung ergibt sich bereits der Charakter der Utopie als Ideal eines unmittelbaren Lebens, das im Gegensatz zum Technizismus der Sozialutopie seinen Zusammenhalt weniger durch gesetzliche Regelungen als durch die apriorische Sittlichkeit der Inselbewohner sichert. Der Gesetze braucht es nur wenige, denn „alles kommt auf die Bildung, auf die Sitten an".[22] Insofern sind die Gesetze der Insel von den Gesetzen großer Gesetzgeber qualitativ verschieden, denn diese mußten auf die Zeitumstände Rücksicht nehmen und waren daher in ihrer Gesetzgebung außerordentlich eingeschränkt. „‚Könnten menschliche Dinge vollkommen sein, so würde ich sie einem Pepetuum=mobile (sic!) vergleichen'", sagt La Riviere.[23] Das heißt: die ideale Gesellschaft muß automatisch, aus sich selbst heraus funktionieren und jedes zwangsweise Eingreifen in ihren Mechanismus überflüssig machen. Das unmittelbarste, naturhafteste Leben ist durch die vollständige Internalisierung und Selbstverständlichkeit der moralischen Normen zugleich das reibungsloseste. Wenn andrerseits in der Kritik des Manufakturwesens moniert wird, daß durch dieses die „Menschen zu leblosen Rädern einer Maschine werden", so widerspricht das dem Ideal des Perpetuum mobile keineswegs.[24] Denn ihre totale Funktionalisierung in der Industrie verdanken die Menschen einem Maschinisten, den das Perpetuum mobile gerade überflüssig machen soll. „Völlige Gleichheit des Standes und des Vermögens" ist daher selbstverständlich.[25] Denn jede Differenzierung würde umfänglichere organisatorische Regelungen voraussetzen als der Zustand der Gleichheit, der der Gesetze tendenziell sogar soll entbehren können.

Daher ist der technische Teil der Utopie außerordentlich knapp gehalten. Die Darstellung der Verwaltungsstruktur etwa, ein wichtiger Teil der Sozialutopie, (Familie als kleinste Einheit, dann Dorf, Bezirk, Landgemeinde, Wahl der Richter von unten nach oben usw.) ist wesentlich kürzer geraten als die Darlegung der Rolle der Frau, die Gelegenheit zu allerlei empfindsamen Exkursen gibt. Während die klassische Sozialutopie der Morus und Campanella auch in der berufsständischen Gliederung die zeitgenössische Vielfalt des gesellschaftlichen Lebens ausschreitet, dominiert in Stolbergs Inselutopie wie in der antiken Bukolik, mit der sie auch den Topos vom goldenen Zeitalter gemeinsam hat, die Landwirtschaft. Ist etwa bei Morus das primäre Ziel der utopischen Konstruktion die Lebenssicherung, so geht

[21] Stolberg: Die Insel, S. 26
[22] Ebd., S. 43
[23] Ebd., S. 40
[24] Ebd., S. 123
[25] Ebd., S. 43

es Stolberg darüber hinaus um die Beseitigung jeglicher Entfremdung der Arbeit. Wenn bei Morus jeder Bürger von Utopia eine bestimmte Zeit der Landwirtschaft widmet, so, weil diese Art von Tätigkeit die schwerste ist und daher ihre Last gerecht verteilt werden muß. Dagegen werden bei Stolberg die Handwerke nicht nur als anstrengender, sondern vor allem als „freudenloser" betrachtet als die Landwirtschaft, da ihnen die unmittelbare Berührung mit der Natur mangelt.[26] Jeder muß nicht nur seine Arbeit tun, wie in den Sozialutopien, sondern sie auch „bloß zum Vergnügen" tun.[27] Ein solch hoher Anspruch wirft natürlich schwierige Probleme auf, die denn auch weniger gelöst als überspielt werden. Zunächst schließt Sophron im Gegensatz zum vorher Gesagten nicht aus, daß auch Handwerker Freude an ihrer Arbeit haben könnten; gleichwohl genießen sie dann als Ausgleich für die Schwere des Berufs eine Reihe von Privilegien; und schließlich werden solche Berufe, wo von Vergnügen wohl kaum mehr die Rede sein kann, wie der des Bergmanns, in den allgemeinen Körperertüchtigungsplan für Jünglinge eingebaut. Durch solche Universalisierung hebt sich der letztgenannte Beruf als Beruf auf und wird zu einem Ingrediens naturhaften Lebens.

Natürlich ist das nicht als Aufgehen in oder gar Einswerden mit der Natur mißzuverstehen. Denn das sentimentalische Verhältnis zur Natur, ohnehin Konstitutionsgrund der Utopie, wird auch auf der Insel nicht zu einem naiven. Das wird schon aus deren Darstellung deutlich. Während sich die klassischen Sozialutopien auf die Topographie beschränken und auch die „Insel Felsenburg" den Eindruck, den die Insel auf den Betrachter macht, zwar konstatiert, ansonsten jedoch über eine kartographische Aufnahme kaum hinausgeht, stilisiert der träumende Sophron die Szenerie seiner Insel sogleich ins Heroische: „Ich stelle sie mir Eiförmig vor, etwa wie Sardinien. In der Mitte hohe Gebirge", setzt die Beschreibung topographisch ein, bald jedoch ist von Strömen die Rede, „die reißend stürzen, Felsen und Tannen wälzend".[28] Die Sehnsucht nach dem „weißen blendenden Schneegebirge, welche(s) der Morgen und der Abend in einen rosichten Schleier hüllen" wird den Knaben geradezu anerzogen (wenn auch nicht ohne Hintergedanken; denn als Jünglinge sollen sie dort das Eisen aus der Erde holen, welche beschwerliche Tätigkeit somit, wie oben beschrieben, zu einem Bestandteil des sentimentalischen Naturverhältnisses wird).[29] Die utopische Insel gewährleistet das empfindsame Leben in der schönen und das heroische (allerdings nur das sportlich heroische) in der erhabenen Natur. Insofern wird das Leben, das die sich unterhaltenden Privatleute auf ihren Gütern und ihrer Donauinsel ohnehin führen, lediglich noch einmal überhöht. „‚Daß wir keinen, den die Verzweiflung, Armuth, Mangel an irgend einem Gut oder Scheingut zu uns führten, mit uns nähmen, versteht sich von selbst'", sagt Sophron, als es um die Auswahl der künftigen Mitglieder der utopi-

[26] Stolberg: Die Insel, S. 79
[27] Ebd., S. 81
[28] Ebd., S. 30
[29] Ebd., S. 83

schen Gesellschaft geht.[30] Indem so der objektive Grund des sozialutopischen Entwurfs als subjektive Motivation abgelehnt wird, wobei ohnehin unterstellt wird, daß das Gut auch ein Scheingut sein könne, wird die soziale Komponente der Differenz zwischen Europa und utopischer Insel nivelliert. Die empfindsame Veranlagung, die durch soziale Zwischenfälle nur beeinträchtigt werden kann, bleibt das hauptsächliche Kriterium.

Die Schachtelung der idyllischen und der utopischen Insel spiegelt den nahtlosen Übergang der empfindsam aufgeladenen Privatsphäre in den utopischen Raum, der sich solcherart ebenfalls als „Innenraum" darstellt. Einen ähnlichen Zweck verfolgt auch die dialogische Form dieser Utopie. Dient diese, bei utopischen Schilderungen ohnehin selten, etwa im ersten Teil der Morusschen Utopie der Abklärung der unterschiedlichen reformistischen bzw. utopischen Positionen und hebt sie im „Goldenen Spiegel" Wielands die Utopie in einen ironischen Spielraum, ist sie also in beiden Fällen Ausdruck gedanklicher Antagonismen bzw. Problematik, so fungiert sie bei Stolberg lediglich als Vehikel wechselseitiger Steigerung der Empfindung. Einwürfe artikulieren kaum gegensätzliche Positionen, und auch wo sie dies gelegentlich tun, wie etwa bei der allzu provokanten Verbannung der tradierten Dichtung, werden sie doch nicht durchgehalten und wirken nur als Stimulantien. So setzen die Gedichte des zweiten Buches die Utopie des ersten auch formal konsequent fort.

2. Naturpoesie

Zu Europa brechen die Emigranten alle Brücken ab. Feuerwaffen läßt man zurück und begibt sich auch waffentechnisch zurück zur Natur. Allein Pfeil und Bogen, Wurfspieß, Schleuder usw. sind zugelassen. Von den Wissenschaften übernimmt man nur die großen Resultate. Ja sogar die eigene Sprache spricht man nicht mehr. Denn die „Ideen", die sie ausdrückt, sollen dem Inselbewohner fremd werden.[31] Daher kann die Wahl der neuen Sprache auch nicht auf die griechische oder lateinische fallen, obwohl die erstere als die schönste Sprache überhaupt bezeichnet wird. Die Wahl des Italienischen ist vor allem dadurch motiviert, daß man es nur halb beherrscht. Die zivilisierte Sprache soll wieder zur Natursprache werden.

Dabei wird der dichterische Ausdruck von vornherein ins Auge gefaßt. Der „künftige Inseldichter" soll nicht „unter der üppichen Pracht seiner Sprache ... schmachten".[32] Die „geweiheten Männer" des Völkchens sollen zugleich „wahre Kinder der Natur" bleiben und „Originale" werden.[33] Wie das Prinzip der naturhaften Identität in ein sentimentalisches Verhältnis zur Natur verkehrt wird, so wird analog der Sturm-und-Drang-Poetik über die Naturpoesie hinaus die Origina-

[30] Stolberg: Die Insel, S. 57
[31] Ebd., S. 52
[32] Ebd., S. 54
[33] Ebd., S. 55

lität der Dichtung proklamiert, sofern hier Originalität mehr bezeichnet als die Differenz zur europäischen Dichtung. Die Natur selbst wird poetisiert. Zwar wird die Natur der Poesie und der Kunst überhaupt übergeordnet, aber von vornherein als ästhetischer Eindruck. Als Sophron den Wasserfall von Terni sieht, erlebt er eine Erschütterung, die die Wunder der Kunst in ihm nicht hatten auslösen können. Das hindert Stolberg nicht, von diesem Wasserfall als erstes mitzuteilen, daß ihn Vergil so schön beschrieben habe, die Verse samt deutscher Übersetzung zu zitieren und obendrein noch eine gelehrte Anmerkung zum Zitat zu machen.

Überhaupt enthält keine Utopie, auch nicht die Heinses, eine derartige Fülle von Literaturreminiszenzen, Zitaten und Meditationen über einzelne Lieblingsautoren. Erwähnt und zitiert werden: Vergil, Addison, Theokrit, Homer, Klopstock, Plutarch, Defoe, Sophokles, Platon, Sokrates, Lavater, Wieland, Horaz, Orpheus (!), Montesquieu, Xenophon, Simonides, Cicero, Luther, Ariost, „Vater" Gleim, Livius, Tacitus, Thukydides, Milton, Voss, Pope, Anaxagoras, Herder, Ossian, Shakespeare, Herodot, Ovid, Boileau, Thomson, Seneca, Thales, Timaios, Tausend und eine Nacht und natürlich die Bibel. Unter diesen sind Verfasser von Staatstheorien allein Montesquieu, Platon und Xenophon. Montesquieu wird zweimal zitiert, beide Male in einem peripheren Zusammenhang (Wanderung der Minoischen bzw. Lykurgischen Gesetzgebung nach Rom bzw. Mazedonien, reine Sitte der Frauen). Platon qualifiziert Stolberg gegenüber Xenophon ab, erspart sich aber auch dabei eine theoretische Kritik, bettet den Gegensatz vielmehr in den allgemeinen von Weisheit und Wissenschaft ein. Dem spekulierenden Grillenfänger Platon, der oft mit einem falschen Licht blendet, wird der „sanfte, reine, edle Geist" Xenophons gegenübergestellt.[34] Luther kommt nicht als Theologe, sondern ausschließlich als Sprachschöpfer und Übersetzer vor. So wird jegliche theoretische Auseinandersetzung, wie sie angesichts des Gegenstandes, des Entwurfs einer utopischen Gesellschaft, zu erwarten gewesen wäre, vermieden.

Die Zitate stützen entweder historisch ab oder entspringen einer poetischen Begeisterung. Die letztere ist in der Utopie Stolbergs omnipräsent. Oft identifiziert man sich mit literarischen Figuren, von Robinson Crusoe bis zu Orlando. Daher ist es nur folgerecht, daß Kunstmetaphorik auch die Naturbeschreibungen prägt. An der oben erwähnten Stelle „mahlt" die Sonne „Regenbogen im stürzenden Strom".[35] Im Anschluß an die Beschreibung der Siedlungen und ihrer Lage heißt es verräterisch:

> Diejenigen, denen die Kunst immer das Medium sein muß, durch welches sie zur Empfindung des Schönen in der Natur gelangen, würden ... die Gegend malerisch finden, die Wirkungen des Lichts, Schattens, des Clair-obscür u. s. w. in eine Rechnung bringen, deren Summa pittoreske Schönheit wäre; ... und bekennen, daß diese Landschaft eines kühnen Salvator Rosa werth sei.[36]

[34] Stolberg: Die Insel, S. 119
[35] Ebd., S. 10
[36] Ebd., S. 68

Zwar wird anschließend gesagt, ähnlich wie bei der Beschreibung des Wasserfalls von Terni, daß für das Gefühl der Wonne, das die Einwohner bei diesem Anblick überströmte, der Dichter keinen Ausdruck hätte, aber dieser Unsagbarkeitstopos ist aufgesetzt und wird durch die Emphase und die Breite der vorhergehenden Schilderung sozusagen widerlegt – wie es der topischen Tradition entspricht.

In diesen Zusammenhang von Kunst und Natur wird auch die Religion einbegriffen. Der Tempel der ersten Inselgemeinschaft, die (im Gegensatz zu den ersten Felsenburgern) auf einem Vorgebirge siedelt, steht daher nicht im Zentrum der Insel (im Gegensatz wiederum zu der auf Felsenburg erbauten Kirche, die, am Fuße von Albertsburg gelegen, dieses zusammen mit dem auf der anderen Seite liegenden Friedhof begrenzt und so kirchlich-institutionell einrahmt); vielmehr erhebt sich der Tempel auch noch am äußersten Ende des Vorgebirges. Seine Offenheit nach allen Seiten ermöglicht den Blick sowohl auf die Weite des Meeres wie auch auf die Insel als ganze. Man sieht die Insel stets so, als ob man gerade angekommen wäre, nicht als Besitzer, wie bei einem Rundblick vom erhöhten Mittelpunkt der Insel aus. In dieser Totale von unten drückt sich das Sentimentalische der Betrachter aus, die die Insel lieber in ihrer unbestimmten Totalität halb sehen, halb erahnen als sie in ihrer bestimmten Gliederung und allseitigen Begrenzung überschauen wollen. Auch die Kultstätte ist ein Naturtempel, dessen Anlage ausschließlich ästhetischen Gründen gehorcht.

Oft wird die Bibel als Poesie zitiert oder dient zur Erläuterung besonders nachhaltiger künstlerischer Eindrücke. Als Sophron den Wasserfall von Terni sieht, ist ihm zumute wie dem Pilger Kanaans, und der Augenblick seiner Genesung ist „heilig".[37] Zwar werden auf die Insel nur Christen mitgenommen, und insofern scheint ein dogmatisches Moment in die Konzeption der Utopie hineinzuspielen. Der Gottesdienst jedoch ist höchst vereinfacht. Die Predigt beschränkt sich auf eine „kurze christliche Rede", und kann obendrein gerade an hohen Festtagen wegfallen.[38] Sowohl am Ostertage wie am im Herbst gefeierten Schöpfungsfest, einer Art Erntedankfest, bedarf es keiner Predigt:

> Die Sonne selber ist der Prediger; feurig und erhaben ist ihr Wort.[39]

Auf beide Feste wird im Gegensatz zum als Kinderfest abgetanen Weihnachtsfest ein besonderer Nachdruck gelegt, weniger aus dogmatischen Gründen als weil sie Frühlings- und Herbstfeste sind und Frühling und Herbst, die Sophron die liebsten Jahreszeiten sind, auf Grund ihres Übergangscharakters, des Werdens und Vergehens, dem sentimentalischen Verhältnis zur Natur die gemäßeste Nahrung bieten. Man vergleiche damit die orthodoxe Pedanterie, mit der auf Felsenburg die kirchlichen Rituale zelebriert werden oder gar das steife Christentum auf Faramunds „Insel der Zufriedenheit". Daß, wie dort nur Lutheraner, hier nur Christen die

[37] Stolberg: Die Insel, S. 11
[38] Ebd., S. 103
[39] Ebd., S. 109

Insel bewohnen dürfen, entspringt denn auch weniger dogmatischen Motiven als dem Bestreben, einen gemeinsamen Fundus religiösen Sentiments zu sichern. Gott und Natur bilden eine Einheit. Die Gotteshäuser sind keine geschlossenen Kirchen, sondern nach allen Seiten hin offene Tempel, deren Säulen bereits von Efeu und Weinranken umschlungen werden.

Die religiöse Sphäre ist säkularisiert, was allgemein für die durchweg die Paradiesmetapher benutzenden „Fluchtutopien" des späten 18. Jahrhunderts gilt.[40] Gegenüber der ebenfalls häufig mit der Paradiesmetapher operierenden „Insel Felsenburg", bei der allerdings von einer generellen Identifikation der religiösen Sphäre mit der natürlichen noch keine Rede sein kann, ist hier die utopische Intention zugleich entmaterialisiert und in ihrem Anspruch gesteigert. Daß die Insel paradiesisch ist, bezeichnet nicht mehr nur, daß man auf ihr ohne Nahrungssorgen leben kann, sondern auch und vor allem, daß dieses Leben unmittelbar, naturhaft ist. Der Säkularisierung der Religion entspricht die religiöse Aufladung der Naturverehrung bzw. sind beide Sachverhalte nur zwei Seiten derselben Medaille.

Diese ist letzten Endes das sentimentalische Weltverhalten, das in der Kunst seinen, Religion und Natur synthetisierenden, Ausdruck findet. Zwar verbannt man wie die Wissenschaften (bis auf die Resultate) so auch die überkommene Dichtung von der Insel, aber keineswegs aus prinzipiellen Vorbehalten, wie bei Platon, sondern um das Entstehen einer neuen Poesie aus der natürlichen Einfalt nicht durch die literarische Tradition zu belasten. Der Dichter wird geboren, und insofern braucht man auch wegen eines eventuellen Mangels an Vorbildern keine Bedenken zu haben. Was die Poesie eigentlich ausmacht, ist ein Rätsel, entzünden tut sie sich jedoch am leichtesten an der schönen und erhabenen Natur. In der „schönsten Darstellung des Sinnlichen" erhebt sich die am 19. Psalm exemplifizierten Poesie „zu dem höchsten Begriff der Gottheit".[41] Die Kunst stellt die Einheit von Gott und Natur dar. Insofern ist sie selbst Schöpfung, und zwar Schöpfung in einem doppelten Sinn. Zunächst in dem topologischen Sinn, daß der Dichter nicht die reale Natur nachahmt, sondern aus sich heraus eine neue Natur bildet, dann aber auch in dem darüber hinausgehenden Sinn, daß er „jede Erscheinung in Handlung und That *verwandeln*" kann.[42] In solcher magischen Aktivierung der Erscheinungen, die auf die Ariongeschichte am Anfang des „Heinrich von Ofterdingen" vorausdeutet, realisiert sich auf der Ebene der Dichtkunst die in Europa versagte Verbindung von Theorie und Praxis. Die die Alleinheit von Gott und Natur nicht nur ausdrückende, sondern an dieser teilhabende Kunst überwindet jegliche Trennung. Insofern ist die utopische Poesie folgerichtig die höchste Erscheinungsform der politischen Utopie, die in jener daher auch, via poetische Utopie, ihren, wenngleich etwas abrupten, Abschluß findet.

Das erste Buch des Romans beschreibt eine sukzessive Entrealisierung der Uto-

[40] Vgl. Brunner: Poetische Insel, S. 125
[41] Stolberg: Die Insel, S. 141
[42] Ebd., S. 140

pie: reale Insel – fiktive Insel – fiktive Poesie. Die Utopie läuft gewissermaßen in sich selbst zurück. Von vornherein als Traum, „Poesie" angelegt, erfüllt sie sich in der Kunst. Der private Innenraum, dem sie entspringt und in den sie in ihrer höchsten Form, der Poesie, wieder einmündet, ist tautologisch strukturiert. Die an hellenistische Vorbilder anknüpfenden Gedichte, Gesänge, Elegien und Epyllien des zweiten Bandes sind Erzeugnisse des träumenden Sophron und sollen zugleich die auf der Insel zu erwartende Naturpoesie symbolisieren. Insofern zeigen die Dichtungen die Selbstgenügsamkeit der Utopie an, deren zugleich auf die Spitze getriebene und privatisierte Antithetik sich hier endgültig lyrisch verflüchtigt. Das legt den Verdacht nahe, daß nicht die Utopie die Poesie bedingt, sondern die Poesie die Utopie, daß nicht die Naturutopie zur Naturdichtung führt, vielmehr umgekehrt die beschriebene Vorstellung von Poesie sich lediglich utopisch materialisiert. Solcher Privatismus macht zugleich die weiter bestehende Abspaltung und die innere Konsolidierung der bürgerlichen Privatsphäre deutlich, eine Konsolidierung, von der etwa Schnabel noch nicht ausgehen konnte und sich daher zu einem partiellen Technizismus und Dogmatismus gedrängt sah. Wenn man so schön träumen kann, braucht man sich um die Realisierung des Traums nicht mehr zu scheren.

Mit der Stolbergschen Utopie hat die Heinses, abgesehen von der zentralen Bedeutung der Kunst, eine gewisse Unverbindlichkeit gemeinsam, nur daß diese weniger privat als anarchisch und insofern mittelbar wiederum politischer ist.

II. Wilhelm Heinses „Ardinghello und die glückseligen Inseln"

In dem Roman Heinses sind reformistische und utopische Partien voneinander getrennt, sind also auch gesondert abzuhandeln. Dazwischen geschaltet habe ich eine kurze Skizze der Heinseschen Naturphilosophie, die den weltanschaulichen Hintergrund der Utopie von den glückseligen Inseln darlegen soll.

1. Reform

Dem Umfang nach machen die politischen und utopischen Partien des Heinseschen Romans nur einen Bruchteil des Ganzen aus. Steht die den Roman beschließende Inselutopie wenigstens noch an exponierter Stelle, so wird der Ansatz zu einem Staatsroman, den Ardinghellos Tätigkeit am florentinischen Hof darstellt, durch die erotischen Abenteuer und kunsttheoretischen Betrachtungen nahezu verdeckt. Die Plazierung weist bereits auf die jeweilige Bedeutung der staatstheoretischen Überlegungen bzw. utopischen Konzeption hin. Ähnlich wie bei Stolberg die

Deklarierung der Utopie als Traum einen gleitenden Übergang zum idyllischen Privatleben der Träumenden schafft, so entwachsen auch bei Heinse Staatstheorie und Utopie übergreifenden Zusammenhängen. Ihre stilisierte Unverbindlichkeit, ja Flüchtigkeit, was die theoretischen oder organisatorischen Details angeht, entspricht der den Zusammenhang lockernden dialogischen Auflösung der Utopie Stolbergs. Zudem macht die jeweilige Einfügung von staatstheoretischen Reflexionen und utopischem Entwurf deren unterschiedlichen Stellenwert deutlich. Die politischen Intrigen am Mediceerhof sind in weit größerem Maße Durchgangsstadium als die den Roman (bis auf den letzten weiterführenden Satz) abschließende Utopie.

Diese Rollenverteilung deutet bereits Heinses Stellung zum Problem des reformistischen Staatsromans an. Zu Beginn der Episode setzen sich der Erzähler und Ardinghello mit der Frage auseinander, ob es überhaupt möglich sei, am Hofe eines schlechten Herrschers sinnvoll zu wirken. Loens „Redlicher Mann am Hofe", dessen Titel bereits implizit mit der Antithetik von Moral und Hofleben operiert, stellt zwar die Schwierigkeiten eines solchen Wirkens dar, spielt sie aber, wie gezeigt, zugleich herunter und löst sie letztlich auf. In Knigges Romanen verschärfen sich die Schwierigkeiten zur Ausweglosigkeit, und der Held von Knigges „Zauberschloß" scheitert sogar als Minister eines relativ guten Fürsten. Bei aller Unterschiedlichkeit des faktischen Erfolgs der Protagonisten haben diese Romane gleichwohl das Gemeinsame, daß sie bei den jeweiligen Ministern eine intakte und durch den verderbten Hof auch nicht substantiell tangierbare Moralität voraussetzen, im Gegensatz etwa zu den einschlägigen Episoden des „Belphegor". Von dieser Voraussetzung gehen bei Heinse weder der warnende Erzähler noch Ardinghello selbst aus: „‚Bei einem schlechten Fürsten kann keiner ausdauern, ohne schlechte Streiche zu begehn'", sagt der erstere, und der letztere antwortet: „‚Bei einem trefflichen Fürsten kann keiner ausdauern, ohne schlechte Streiche zu begehn'."[43] Die Verführbarkeit wird von Ardinghello nicht moralisch geleugnet, wie dies an entsprechender Stelle im Staatsroman geschehen wäre, sondern paradox überboten. Da Politik, wie das Folgende zeigt, a priori als Sphäre von Machtausübung definiert wird, ist die Versuchung zur skrupellosen Wahrnehmung eigener Interessen bei einem guten Herrscher dann natürlich viel größer als bei einem schlechten. Das nützliche Wirken für den Staat ist so die paradoxe Folge der Existenz eines schlechten Fürsten, vor dessen Hintergrund sich auch machtpolitisch motivierte Bestrebungen als sinnvoll und letztlich sogar moralisch abheben. Die ohnehin nur in der Logik des Gedankens erscheinende „Moral" ist eine Konsequenz der Politik.[44]

[43] Wilhelm Heinse: Ardinghello und die glückseligen Inseln, Leipzig o. J., S. 135

[44] Allenfalls wird die Moral in einen ästhetischen oder geschichtsphilosophischen Kontext eingebaut, beides zugleich in einer Stelle aus der „Hildegard von Hohenthal": „So war die Erziehung der Griechen ein immerwährendes Gefühl von Harmonie: Gymnastik für den Körper, Musik für Herz und Geist. Wie die Musik, so beruht die ganze Moral und endlich jede Kunst auf Verhältnissen. Glücklich ist der Mensch, dessen moralischer Sinn die Harmonie der Tugend so leicht erkennen kann, wie unser göttlich Ohr die Reinheit der Konsonanzen" (Wilhelm Heinse: Sämmtliche Werke, Leipzig 1902 ff., Bd. 6, S. 41 f.).

Damit scheint bereits die Voraussetzung des aufklärerischen Staatsromans in ihr Gegenteil verkehrt. Mit den Topoi des aufgeklärten Absolutismus wird denn auch ein ironisches Spiel getrieben. Der Herrscher ist nicht ein Hirt, der für seine Herde sorgt, sondern „ein Hirt, weil doch dies das beliebte Gleichnis ist, der seine Schafe schiert und melkt und die jungen Lämmer schlachtet und die fetten Alten, wahrlich nicht zu ihrem Besten, sondern zu seinem Besten".[45] Daß die Fürsten sich als „erste Diener" ausgeben, kann nicht darüber hinwegtäuschen, daß niemand ein Diener sein kann, „dem niemand befiehlt, der keinen Herrn über sich erkennt".[46] Moral ist, wie bei Wezel, Ideologie:

> Alle unsre Moral ist gemacht und steht nur in Büchern: lehrt es nicht alle Geschichte?[47]

Solche Skepsis hindert jedoch nicht, daß positive Zielvorstellungen nicht nur immanent vorhanden sind, wie bei Wezel, sondern auch artikuliert werden und sogar die Reform in gewissem Sinn gegen die Utopie ausgespielt wird.

Um zunächst beim letzteren zu beginnen, so entbehrt die politische Reform allerdings des moralischen Fundaments und insofern einer Voraussetzung, auf die man jederzeit rekurrieren kann. Nicht die Reform an sich wird kritisiert, sondern das Naive der Realisierungsvorstellungen. Statt dessen werden ihre negativen Aspekte hervorgekehrt, daß nämlich Natur und Geschichte nur sehr beschränkte Verbesserungen zulassen. Demgegenüber hatten Staatsromane wie die von Loen und Wieland Reform und Utopie zwar nicht miteinander identifiziert, aber nahe aneinandergerückt. Auch dort war die Realisierung idealer Vorstellungen nicht unproblematisch, aber doch in der moralischen Disposition des Menschen letztendlich abgesichert. Indem Heinse von der letzteren absieht, akzentuiert er das Moment der Einschränkung, das der konkreten politischen Reform anhaftet:

> Mit der Idee von einem vollkommenen Staate kann man leider geschwinder fertig werden als der Wirklichkeit; da legen Grund und Boden, Ursprung und Geschichte des Volks, gegenwärtige Stärke an Leib und Seele, dessen Glauben, Meinungen und Sitten und Nachbarn unüberwindliche Schwierigkeiten in den Weg und kommen lauter borstige Ungeheuer zum Vorschein.[48]

Die Konsequenz aus solcher Konstatierung historischer Einschränkung ist ein gewisser geschichtsphilosophischer Objektivismus:

> Einem Tyrannen den Dolch ins Herz: ändert allein noch keinen Staat um, wenn er nicht reif zu einer bessern Verfassung ist.[49]

Bevor ich die politischen Konsequenzen dieser „Geschichtsphilosophie" erörtere, ist zuvor noch der weitere Aspekt der naturgesetzlichen Einschränkung der Utopie kurz zu skizzieren. Wie bei Wezel ist das Machtstreben dem Menschen angeboren:

[45] Heinse: Ardinghello, S. 137
[46] Ebd., S. 139
[47] Ebd., S. 138
[48] Ebd., S. 136
[49] Ebd., S. 141

> Dies ist in der Natur; so elend ist der Mensch.[50]

Allerdings ist das nicht Ausgangspunkt eines generellen Pessimismus, vielmehr steht neben dem Verdikt und dieses letztlich überlagernd die Faszination:

> Nach der Meinung des alten Patrioten (d. h. des Sokrates), der doch den Schierlingsbecher zu seinem eigenen Besten ausleerte, wäre nur der Löwe gut und schön, der seinen Atheniensern Hasen fing. Nero, der zwar immer im Taumel lebte und selten klar sah und bei Überlegung, hat wenigstens damit der wahren Politik ein Ziel gesteckt, daß er sagte: keiner habe so wie er vor ihm verstanden zu herrschen.[51]

Solche Sätze sind zwar zunächst als empirischer Befund gemeint, der vor allem, wie das Folgende zeigt, utopische Vorstellungen korrigieren soll, doch von der Diagnose bis zum Einverständnis ist es bei Heinse, wie noch auszuführen sein wird, nur ein Schritt. In den Handlungen des Romanhelden ist dieser Schritt ohnehin getan, aber auch die reflektierenden Passagen des Romans, wobei es sich zudem meist um Betrachtungen oder Diskussionsbeiträge Ardinghellos handelt, legen ihn nahe. Die Faszination durch die Architektur des alten Rom läßt Ardinghello die Gladiatorenspiele verteidigen, ja über die attische Tragödie stellen. Das „ungeheure Leben", die „Ausschweifung" solcher Veranstaltungen, die sinnliche Präsenz vor allem auch des Politischen fungieren als Stimulantien eines gesteigerten Lebens.[52] Wer Jugurtha in einem öffentlichen Gefängnis hat verhungern sehen, bedarf nicht der griechischen Tragödie, um sich von „Furcht und Schrecken zu reinigen."[53] Dieser Ästhetizismus, dem das Leben zum angeschauten und gelebten Kunstwerk wird und umgekehrt das Kunstwerk zur Lebenssteigerung dient, läßt einen moralischen Rückbezug des Lebensbegriffs natürlich nicht zu: „ästhetischer Immoralismus", wie der Titel des Heinsebuchs von Walther Brecht lautet. Was bei Meyern nur unterschwellig angelegt ist, wird bei Heinse artikuliert.

Allerdings schließt das Postulat eines zugleich schönen und heroischen Lebens eine gewissermaßen objektive Moralität nicht aus. Insofern Moral als subjektive Motivation ausgegeben wird, ist sie Ideologie, doch kann der große Einzelne gleichwohl moralisch handeln, Innenwelt und Außenwelt klaffen auseinander bzw. kommt die erstere gar nicht mehr in Betracht. In der Antike ging es „nach dem großen paradoxen, unsrer empfindelnden Welt unbegreiflichen Grundsatz der Stoiker: der Weise erbarmt sich, hat aber kein Mitleiden".[54] Damit nimmt Heinse einen zugleich alt- und neustoischen Gedanken wieder auf. Allerdings: sollte etwa bei Lipsius die Trennung von Affektivität und Handeln dessen politische Sachgerechtigkeit sichern, so abstrahiert Heinse von dieser und macht die reine Aktion, heroische Attitüde zu einem Selbstzweck, der keine transsubjektiven Inhalte mehr kennt. Moral bleibt in jedem Fall aus dem Spiel, und insofern wäre auch die obige Konstatierung der

[50] Heinse: Ardinghello, S. 138
[51] Ebd., S. 136
[52] Ebd., S. 151
[53] Ebd.
[54] Ebd., S. 152

objektiven Moralität zu modifizieren. Die objektive Moralität schlägt in Amoralismus, ja Immoralismus um. Indem Innenwelt und Außenwelt auseinanderreißen, fallen abstrakte Subjektivität und ebenso abstrakte Objektivität zusammen. Gegen den Sultan, der sich auf den Kampf aller gegen alle beruft und daher ein moralisches Verdikt von sich weist, kann infolgedessen nicht moralisch, sondern nur hedonistisch argumentiert werden: der Sultan ist, da er seine Rolle nicht ausfüllen kann, im Grunde unglücklich.

Dieses Ideal eines vollen Lebens schlägt sich nun auch in der von Ardinghello vorgetragenen Staatskonzeption nieder:

> Ein Staat von Menschen, die des Namens würdig sind, vollkommen für alle und jeden, muß im Grunde immer eine Demokratie sein; oder mit andern Worten: das Wohl des Ganzen muß allem andern vorgehen, jeder Teil gesund leben, Vergnügen empfinden, Nutzen von der Gesellschaft und Freude haben; der allgemeine Verstand der Gesellschaft muß herrschen, nie bloß der einzelne Mensch.[55]

In dem Postulat der Priorität des Gemeinwohls (das gleichwohl das Wohl der Einzelnen voraussetzt) sowie in der Formulierung vom „allgemeinen Verstand" nehmen diese Sätze (liberal korrigierte) Rousseausche Vorstellungen auf. Der Aristokratismus Heinses[56] ist tendenziell egalitär. Zwar kann nicht jeder dem Ideal eines gesteigerten Lebens nachkommen, aber dies wird keineswegs wie in späteren Elitetheorien zum Naturgesetz verfestigt oder zieht gar politische oder verfassungsrechtliche Konsequenzen nach sich (die Aristokratie als Regierungsform wird verworfen), vielmehr soll jeder wenigstens die Möglichkeit haben, ein Leben in diesem Sinne zu führen. Führt im Staatsroman der Aufklärung die moralische Fundierung zu politischen Kompromissen, so bei Heinse die Aussparung der moralischen Basis, die Betonung des Genusses an Stelle der Tugend zu radikalen politischen Folgerungen.

Der Egalitarismus hat seine Grenze nur an der Kraft des Einzelnen. Zwangsweise herbeigeführt werden darf er nicht, und so gelangt Heinse zu einer auf Novalis vorausweisenden synthetisierenden Staatskonzeption, die auch der natürlichen Ungleichheit der Menschen gerecht werden soll: Derjenige Staat ist der beste, „wo *alle* überhaupt und *die Bessern* und *der ausbündig Vortreffliche* bei den Vorfallenheiten ihre Rechte genießen".[57] Solche Modifikationen unterstreichen die ausschließliche Bedeutung, die das ungehinderte Sichausleben als Konstitutionsgrund des Staates hat. Dieser Impuls transzendiert jegliche Logik. Sogar die Platonische

[55] Heinse: Ardinghello, S. 137

[56] So etwa Max L. Bäumer: Die Insel-Utopie bei Heinse. In: M. L. B.: Heinse-Studien, Stuttgart 1966, S. 37. Von einer Vereinigung „demokratischer und aristokratischer Züge" spricht Pierre Grappin (Ardinghello und Hyperion. In: Weimarer Beiträge 2, 1956, S. 173). Wenn Heinse später, unter dem Schock der Revolution, von Völkern spricht, die zum Arbeiten und Gehorchen geboren seien, so wird das zugleich historisch und geographisch relativiert, keineswegs als Absolutum ausgegeben (vgl. Harold von Hofe: Heinse, America and Utopianism. In: PMLA 72, 1957, S. 400).

[57] Heinse: Ardinghello, S. 141

Republik, in der es Ardinghello wohl nicht sehr gut gefallen hätte, wünscht sich dieser herbei, da in ihr im Gegensatz zur „bürgerlichen Ordnung" „wenigstens Mann und Weib mit ihrer Liebe heilig und frei sind".[58]

Insofern wechselt auch der Akzent, je nachdem ob der Gesichtspunkt innenpolitisch oder außenpolitisch ist. Die „Demokratie und Anarchie" der Athener war „der höchste Gipfel der Menschheit", da sie den „großen Geistern" ein Höchstmaß an Freiheit gewährt hat.[59] Umgekehrt wird, wie in der oben zitierten Demokratiedefinition und auch sonst mannigfach, unter dem Aspekt der Außenpolitik vor allem die Geschlossenheit des Staates gefordert. Der Staat bedarf eines „durchgearbeiteten Volks", das „seine Kräfte und sein Interesse kennt und sich in einen Punkt vereinigen kann".[60] Er ist ein Tier, das „Stärke, Erfahrung und Klugheit" haben muß, um sich gegen Feinde verteidigen zu können.[61] So wird in diesem Zusammenhang das athenische Vorbild durch das von Rom und Sparta ersetzt, offenkundig wegen (neben ihrer Qualität als Demokratien) deren außenpolitischer Aktivität. Das individuelle Sichausleben wird zur staatlichen Expansion, die demokratische und anarchische Verfassung zur anarchischen Staatenkonkurrenz, der innenpolitische Rousseauismus zum außenpolitischen „Hobbesismus". Im Gegensatz zur außenpolitischen Friedfertigkeit des idealen aufgeklärten Absolutismus, wie ihn etwa Loen und Wieland propagiert haben, eignet der Heinseschen Demokratie eine nicht nur defensive Militanz.

Aufgehoben wird das in der von Heinse entwickelten Lebensphilosophie, die ohnehin politische Verfassungen als nur momentane Kristallisationen im ewigen Lebensstrom begreift. Durchaus ironisch und nur, um den eigenen Historismus davon abzuheben, referiert Ardinghello die Lehre von Ciceros „De re publica", und die Idealität der Griechen reduziert sich an anderer Stelle darauf, daß dort der Mensch erscheine, „wie er sei, mit allen seinen natürlichen Herrlichkeiten und Schlechtigkeiten"; dort „entsprängen und rännen die lautersten Lebensbäche".[62] Das Ungenügen daran, daß dieser Lebensbach im Staat, wie auch immer dieser aussehen mag, jedenfalls kanalisiert wird, sowie der Versuch, dieser Kanalisierung zu entrinnen, führt, wie erläutert, zu dem Widerspruch zwischen Demokratiepostulat einerseits, der Propagierung einer „mystischen Komposition von Weltmonarchie, Aristokratie und Demokratie", wie es in anderem (philosophisch-theologischem) Zusammenhang heißt, andrerseits, ferner zur unbefragten Voraussetzung außenpolitischer Abreaktion sowie generell zu einem Historismus, der jegliche theoretische Systematik verdammt.[63]

Entsprechend stellt sich Ardinghellos Tätigkeit am florentinischen Hof dar. Zu-

[58] Heinse: Ardinghello, S. 100
[59] Ebd., S. 205
[60] Ebd., S. 137
[61] Ebd., S. 136
[62] Ebd., S. 35
[63] Ebd., S. 294

sammen mit einigen Verbündeten zettelt er eine Hofintrige an, als deren Ergebnis der bisherige Minister schließlich in Pension geschickt und durch einen anderen ersetzt wird, der zwar auch ein rechter Höfling, aber Einflüsterungen besser zugänglich ist. Die im aufklärerischen Staatsroman allenfalls außenpolitisch erlaubte Intrige ist hier selbstverständliches Instrument der Politik, und analog ist der schließliche Minister keineswegs ein moralisches Vorbild, sondern stellt nur die den Umständen nach beste politische Lösung dar. Für sich selbst lehnt Ardinghello den Posten aus persönlichen Gründen ab und dokumentiert damit zugleich die Beiläufigkeit der ganzen Episode. Über die einzelnen Reformmaßnahmen werden nur wenige Sätze verloren. Im wesentlichen beschränken sie sich auf Änderungen im Schulunterricht. Die Unterrichtsstunden werden entsprechend dem anarchistischen Ideal reduziert, das scholastische Geschwätz entsprechend dem demokratischen durch politisch-historischen (unter anderem lehrt man die Geschichte von Florenz, vermutlich an Hand Macchiavellis) sowie geographischen Unterricht, Körperertüchtigung und Kunsterziehung ersetzt. Die Episode endet mit Ardinghellos Reise nach Rom. Gegen Ende des Romans wird sie noch einmal aufgenommen. Aber inzwischen ist das bürgerlich-geschäftige Florenz Ardinghello durch das „Stille, Große und Schöne der Römer" verleidet, zudem ist der Minister ein „Chamäleon" geworden, und von den Reformen ist nicht mehr viel übrig geblieben.[64] Daher die Folgerung: „Alle Heilungsmittel eines Hippokrates sind vergeblich, wo die Natur sich nicht selbst hilft", und Ardinghello zieht sich ins Privatleben zurück, aus dem er im Grunde nie herausgetreten war.[65]

Die Konstituierung der Inselutopie am Schluß des Romans geht jedenfalls nicht unmittelbar aus dem Scheitern der Reformmaßnahmen hervor. Vielmehr wird die Emigration durch private Querelen, die Tötung eines Papstverwandten, erzwungen. Der unterschwellige Konnex zwischen Mißerfolg der Reform und Errichtung der Utopie wird so durch die Zwischenschaltung anderer Episoden verdeckt. Der Lebensstrom, der Ardinghello mit sich reißt, überspült die diskursiven Zusammenhänge. In der Utopie der glückseligen Inseln versucht Heinse, das im Staat immer noch restringierte Leben von solchen Fesseln zu befreien. Bevor ich jedoch darauf eingehe, scheint es nötig, die Implikate dieser Lebensphilosophie zunächst im Zusammenhang darzustellen.

2. Natur

Der oben skizzierte Umriß des Heinseschen Staatsideals ist kosmologisch verankert. Demetris naturphilosophische Darlegungen ziehen explizite Parallelen zwischen Natur und Staat, wie sie auch permanent Assoziationen staatlicher Organisationsformen hervorrufen. Die oben zitierte Metapher von der mystischen Komposition transponiert die Vereinigung monarchischer, aristokratischer und demo-

[64] Heinse: Ardinghello, S. 313
[65] Ebd.

kratischer Elemente ins Kosmologische. Der Monotheismus ist eine Weltmonarchie, der Polytheismus eine Weltaristokratie, der Atomismus eine Weltdemokratie, und in einem idealen Staat wird man daher alle drei Vorstellungen vereinigen. Aufschlußreicher noch sind die untergründigen Parallelen, die den oben entwickelten Staatsbegriff liberal modifizieren:

> Überhaupt sagt uns alles, daß da die höchste Vollkommenheit und Glückseligkeit ist, wo die höchste Fülle. Wenn die Zusammensetzung so harmonisch, so proportioniert ist, daß jedes Element sich regen kann nach seinen Kräften, entsteht der höchste Verstand.[66]

Letzteres vor allem klingt an den oben zitierten Rousseauschen „allgemeinen Verstand" an. Doch sind die hier herrschenden Vorstellungen nicht mehr Rousseauisch, sondern liberal. Das freie Spiel der Kräfte erzeugt durch sich selbst seinen „Überbau". Die Rousseausche Trennung von allgemeinem Willen und Willen der Einzelnen, in den theoretischen Darlegungen schon modifiziert, ist aufgehoben. Der höchste Verstand geht unmittelbar aus den in sich bereits harmonischen Regungen der Elemente hervor.

Voraussetzung solcher ins Politische übertragbaren Kosmologie ist die Unendlichkeit des Raumes, die die hierarchische Struktur des Kosmos sprengt und erst die „höchste Fülle" ermöglicht. Die Voraussetzungen des aufklärerischen Staatsromans werden damit umgekehrt. Die widersprüchliche Position Wielands, der einerseits aus der Unendlichkeit des Raumes, die er als naturwissenschaftliches Faktum natürlich akzeptierte, absolutistische Konsequenzen erwachsen läßt, andrerseits aus der Hierarchie der Seinsordnung die vertikal-harmonische Gliederung des Staatskörpers ableitet, vereinseitigt Heinse und interpretiert ihre politischen Implikate um. Die Unendlichkeit des Raumes und die Vielzahl der Sonnen lassen „einen helleren Morgen in unseren Kerker einbrechen, bis wir uns endlich alle Bande abstreifen und des ewigen Daseins, unsers Eigentums, als echte Kinder Gottes genießen, in unaussprechlicher Wonne, sonder Grausen vor den armseligen Schreckwörtern Tod und Zerstörung".[67] Für Wieland noch war die Konsequenz aus der kosmischen Anarchie der politische Despotismus, wie er es am Beispiel des Philosophen Eblis vorführt. Für Heinse ist das unendliche Universum Voraussetzung der menschlichen Freiheit, Voraussetzung und zugleich Fluchtpunkt:

> „Ach, ihr Götter", rief Ardinghello, „warum so einen kleinen Punkt uns zum Genuß zu geben und nach den unendlichen Welten uns schmachten zu lassen! Wir sind wie lebendig begraben."[68]

Wie an anderen Stellen die bürgerliche Gesellschaft wird hier die Erde selbst zum Gefängnis. Das unendliche Leben will sich auch im unendlichen Raum realisieren.

Anarchie des individuellen Lebens, Anarchie der Verfassung bzw. des Staates

[66] Heinse: Ardinghello, S. 267
[67] Ebd., S. 253
[68] Ebd., S. 31

und Anarchie des Kosmos korrespondieren. Meerszenerien sind häufig, und das Meer ist eine durchgängige Metapher:

> Nichts auf der Welt füllt so stark und mächtig die Seele; das Meer ist doch das Schönste, was wir hienieden haben. Sonn und Mond und Sterne sind dagegen nur glänzende Punkte und samt dem blauen Mantel des Äthers darüberher nur Zierde der Wirklichkeit.[69]

Sobald man gegenüber dem Himmel die Perspektive des Aufblickenden annimmt, der Kosmos nur Fläche, nicht unendliche Bewegung im unendlichen Raum zu sein scheint, wie in der antiken und mittelalterlichen Anschauung von den Himmelssphären, erscheint das ewig bewegte Meer als das Höhere. Beim Anschauen des Meeres ergreift „die Natur ... mit ihrer Musik" das Wesen.[70] Aus beiden Zitaten erhellt der Zusammenhang von Natur und Kunst, negativ bzw. positiv. Das Gemälde des Himmelsgewölbes ist bloß eine „Zierde der Wirklichkeit", wogegen umgekehrt die großartige Wirklichkeit des Meeres selbst Musik ist.

Erich Hock hat auf den Vorrang von Poesie und (vor allem) Musik in Heinses Hierarchie der Künste hingewiesen.[71] Und Entsprechendes äußert auch Demetri im „Ardinghello", obwohl es im Roman durchweg um die bildende Kunst geht. Musik und Poesie seien allein in der Lage, „Leben, Bewegung" darzustellen und das „Unsterbliche" im Menschen zu ergreifen.[72] Analog meint denn auch Wirklichkeit im obigen Zitat nicht die Oberfläche der Erscheinungen, sondern den Inbegriff des Lebens. Dieses ist der Kunst, jedenfalls der bildenden Kunst, immer überlegen. Allenfalls die Poesie und noch mehr die Musik vermögen als quasi innerliche, von der Außenwelt unabhängige Künste die unendliche Bewegung der Natur aufzufangen.[73] Naturphilosophische und ästhetische Kategorien verschränken sich ebenso wie naturphilosophische und politische.

Dies alles weist bereits auf einen im Vergleich zum Kosmos der Aufklärung differenzlosen und zugleich dynamisierten Totalitätsbegriff hin, der zu dem anders intendierten der Frühromantik überleitet. Gott und Natur werden identisch. „Eins und Alles" ist eine mannigfach variierte Formel. In dem Gespräch zwischen Demetri und Ardinghello wird ihr Verhältnis ausführlich diskutiert. Der erstere betont

[69] Heinse: Ardinghello, S. 83 f.
[70] Ebd., S. 96
[71] Vgl. das Nachwort von Erich Hock ebd., S. 361
[72] Ebd., S. 163
[73] Der Übergangscharakter der Heinseschen Ästhetik, ihre Zwischenstellung zwischen Sturm und Drang und Klassik, erhellt aus Heinses Definition des Klassischen selbst: „Das Klassische überall ist das gedrängt Volle, wenn einer alles Wesentliche und Bezeichnende von einem Gegenstande herausfühlt und nachahmt" (Heinse: Ardinghello, S. 165). Zwar ist hier auch von der Abstraktion des Wesentlichen die Rede, und insofern scheint die Bestimmung auf den klassischen Typus vorauszudeuten, zugleich aber ist dieses Wesentliche eine Vielfalt von Einzelnem. Die Herausfühlung und Nachahmung (eine Verschränkung von Termini der Genie- und der traditionellen Ästhetik) des Wesentlichen dient der Fülle des Gegenständlichen, das *als* Fülle (daher „gedrängt") in Erscheinung treten muß. Insofern korrespondiert das der oben zitierten „höchsten Fülle" der Kosmologie.

die Einheit des Wesens, das die Vielheit der Formen aus Lust aus sich heraus erzeuge, wieder in sich zurücknehme usw. und damit einen Prozeß ewigen Werdens und Vergehens begründe. Dagegen macht Ardinghello geltend, daß die Ableitung des Vielen au dem Einen doch wohl ihre philosophischen Schwierigkeiten habe und man ebenso gut eine Vielheit ursprünglicher Qualitäten annehmen könne. Diese Antithetik von Theismus und Naturreligion erweist sich jedoch als scheinhaft. Auch der Gott Demetris ist an sich unbegreiflich und nur in der Natur faßbar, ebenso wie umgekehrt Ardinghello die Naturverehrung zur Religion stilisiert. Des weiteren eignet dem Gott Demetris dieselbe tautologische Struktur wie der Natur selbst. Konnte Wieland noch von einem Zweck der Schöpfung und jeder einzelnen Gattung sprechen, Ursprung und Ziel qualitativ unterscheiden, so wird sowohl in der Vorstellung Demetris wie in der Ardinghellos beides identisch. Der hedonistische Gott des ersteren reproduziert nur den hedonistischen Menschen des letzteren. Theoretisch wird der Konflikt nicht gelöst. Zwar behält Demetri das letzte Wort, das aber auch nur vorher bereits Gesagtes wiederholt. Die letzten Sätze zudem zerreißen den das Gespräch beherrschenden zugleich ekstatischen und diskursiven Stil in Satz- und Wortfetzen („Abgrund, wir versinken, und Abgrund! Ewigkeiten! Ewigkeiten!"), die die Aporie nochmals unterstreichen.[74] Am Ende steht die Freundschaft und das Vorhaben, weitere selige Stunden miteinander zu verbringen. So ist das „Eins und Alles" zwar nicht unproblematisch, tendiert jedoch zu wechselseitiger Aufhebung. Gott und Natur treffen sich in der göttlichen Natur und werden denn auch sonst umstandslos gleichgesetzt. Zwar wird der Satz, daß *„Eins Alles und Alles Eins sei"*, als Gleichheit des Grundstoffs und Verschiedenheit der Formen interpretiert, aber vorbereitet und erläutert wird er dadurch, daß „die Gestirne in Flammen sich wälzen, die Winde rasen, die Meere toben, die Erden fest halten und daß der Strahl in einen Pulverturm glücklicher sein kann als Herkules bei allen seinen Liebeshändeln", also durch orgiastische Naturbilder, gipfelnd in Zerstörung und Selbstzerstörung.[75]

Dem ekstatischen Pantheismus entspricht auf der subjektiven Seite ein schrankenloser Individualismus. Wenn man sich „das Weltall als himmelunendliche Menge" von „Substanzen mit ewigem Streben nach neuem Genuß" denken kann, so ist das oben demonstrierte Ideal des Sichauslebens, das dann schon von selbst eine „Ordnung" herstellt, nur folgerichtig.[76] Dieser Individualismus wird auf alle Lebensbereiche angewandt. Jedes Kunstwerk ist absolut individuell, ebenso wie jede Kunst und überhaupt jegliche historische Manifestation. „In jedem Menschen wohnt ein Gott", und Kindererziehung kann daher nur heißen, daß man den Kindern die Freiheit läßt, sich selbst zu bilden.[77] Die Individualität, Identität mit sich selbst ist als Natur von vornherein gerechtfertigt.

[74] Heinse: Ardinghello, S. 296
[75] Ebd., S. 283
[76] Ebd., S. 282
[77] Ebd., S. 52

Dies drückt Heinse bereits in der den Vorbericht zur ersten Auflage beschließenden Fabel aus:

> Ein wächserner Hausgötze, den man außer acht gelassen hatte, stand neben einem Feuer, worin edle campanische Gefäße gehärtet wurden, und fing an zu schmelzen. Er beklagte sich bitterlich bei dem Elemente. „Sieh", sprach er, „wie grausam du gegen mich verfährst! Jenen gibst du Dauer, und mich zerstörst du!" Das Feuer aber antwortete: „Beklage dich vielmehr über deine Natur; denn ich, was mich betrifft, bin überall Feuer."[78]

Erzählt, „um sinnlich zu machen, daß auch das Nützlichste unschuldigerweise schädlich sein kann", sollte diese Fabel an Ort und Stelle gewiß den erwarteten Angriffen aus der literarischen und sonstigen Öffentlichkeit vorbeugen und dieser die Verantwortung aufbürden.[79] Jedoch ist ein Autor kein Feuer, und insofern weist die Fabel über den unmittelbaren Zweck hinaus auf den Gehalt des Romans. Wie das Feuer sich auf seine Identität mit sich, seine Natur beruft, so auch die Helden und Heldinnen des Romans. Die unendliche Natur zerlegt sich sozusagen in eine Vielzahl individueller Naturen, die nach ihrem eigenen Gesetz verfahren und verfahren dürfen und müssen. Denn sowohl Zeugung wie Zerstörung sind in der unendlichen Natur aufgehoben. Gleichwohl nun stellen sich solcher Realisierung in der Wirklichkeit Widerstände entgegen, in Gestalt der bürgerlichen Gesellschaft sowie in Gestalt des Schicksals überhaupt:

> Die Vollkommenheit erscheint hienieden nur in Augenblicken, und diese allein sind unser Genuß.[80]

Die Utopie des Schlusses stellt den Versuch dar, eine solche Punktualisierung des Lebens zu überwinden und den Augenblick sozusagen zu verewigen. Die Konstellation von Utopie und Schicksal sowie von Schicksal und Leben, welch letztere vor allem problematisch ist, ist im folgenden zu erörtern.

3. Utopie

Die Utopie der glückseligen Inseln weist widersprüchliche Züge auf. Einerseits ist sie sowohl als Antithese zur bürgerlichen Konvention wie auch als positive Konsequenz realpolitischen Scheiterns konzipiert, weshalb sie gemeinhin als „Fluchtutopie", d. h. „Flucht aus dem ‚Draußen' in den Innenraum", gilt.[81] Andererseits behindern die Normen der Gesellschaft die Helden und Heldinnen auch vorher nicht in dem Grade, daß daraus die Utopie mit Notwendigkeit entspränge, und die utopische Gesellschaft ist politisch durchaus aktiv und kapselt sich keines-

[78] Heinse: Ardinghello, S. 7
[79] Ebd.
[80] Ebd., S. 20
[81] Brunner: Poetische Insel, S. 151

wegs von der Außenwelt ab, wie etwa die Stolbergsche Inselgesellschaft. Wie sind solche Differenzen aufzulösen bzw. zu erklären?

Um zunächst beim zweiten Punkt zu beginnen, so bedarf bereits die Konstituierung der Utopie einer kleinen Intrige. Man beredet den türkischen Sultan, die Inseln Paros und Naxos zur Verfügung zu stellen, unter dem Vorwand, daß die christliche Sekte der „Todesleugner", die „glaubten, daß die Natur ein ewiger Quell von Leben und der Trieb alles Daseins Freude sei", einen guten Verbündeten im Kampf gegen die „Orthodoxen" abgäbe.[82] Tatsächlich jedoch ist es das geheime Ziel der utopischen Gesellschaft, der Türkenherrschaft über diese Region ein Ende zu bereiten. Daher expandiert man auch außenpolitisch und bringt in kurzer Zeit alle Kykladen in seinen Besitz. Die Inselgesellschaft verhält sich nicht anders, als es zuvor, wie oben analysiert, als das selbstverständliche Vorgehen von Staaten theoretisch entworfen worden war. Der Naturzustand, in dem sie sich befindet, artikuliert sich, was die äußeren Beziehungen angeht, durchaus politisch. Einzelheiten des gesellschaftlichen Lebens (Religion und Beziehung der Geschlechter) werden geheim gehalten, da sie Anstoß erregen und so das (natürlich ebenfalls geheim gehaltene) außenpolitische Ziel gefährden könnten. Wie bei den Freimaurern (von Politikern wie Gracian ganz abgesehen) dient das beschränkte Geheimnis bestimmten politischen Zielsetzungen, wogegen es etwa Utopien wie die Stolbergsche darauf anlegen, schlechthin vergessen zu werden.

Dieser politischen Praxis entspricht auch die Theorie. „Der Stand der Natur (ist) ein Stand des Krieges", heißt es wie bei Hobbes.[83] Und da die Natur gut ist, ist auch der Krieg gut. Das Recht des Stärkeren, in der Inselgesellschaft selbst in harmonischen Zusammenklang aufgelöst, gilt jedenfalls außenpolitisch. Der starke Staat hat „weitre Bedürfnisse" und daher auch „zu mehrerm Recht".[84] Allerdings – und insofern besteht die Konstatierung des unpolitischen Charakters dieser Utopie durchaus zu Recht – ist die außenpolitische Aktivität nur quasi abstrakt politisch. Sie demonstriert eher ein Naturgesetz, als daß sie präzis artikulierte sinnvolle Ziele verfolgte. Der Bestimmtheit des Details entspricht die Unbestimmtheit des Ganzen. Insofern unterscheidet sich die Außenpolitik der Inselgesellschaft sowohl von der absolutistischen wie von der der Staatsromane. Sie dient weder der Neutralisierung innerer Gegensätze durch außenpolitische Aktivität noch ist sie gar moralisch inspiriert. Daß es gegen die Türken geht, hat mit dem „Christentum" ihrer Bewohner nichts zu tun. Bevor er die Inselgesellschaft begründet, ist Ardinghello Seeräuber in türkischen Diensten, was keineswegs, wie man annehmen könnte, eine Tarnung ist, und der Sultan Amurath ist ihm, wie ausdrücklich betont wird, im Naturell ähnlich. Zwar ist der Despotismus ein Stein des Anstoßes, und insofern soll der Krieg gegen die Türken „in diesem heitern Klima ... die

[82] Heinse: Ardinghello, S. 343
[83] Ebd., S. 349
[84] Ebd., S. 350

Menschheit wieder zu ihrer Würde . . . erheben".[85] Aber diese Zielsetzung erwächst nicht aus einem universellen moralischen Gesetz, sondern intendiert lediglich die beschränkte räumliche Ausweitung der Utopie. Die Vertreibung der Türken bleibt auf die Region des heiteren Klimas begrenzt, für die sich der Despotismus nicht schickt, ist kein generelles Postulat, wie etwa die Ausbreitung der Inquiranerutopie auf Europa bei Bachstrom. Die politische Intention verbleibt im Kontinuum der Utopie, ist selbst utopisch.

Gehorcht die Utopie der Aufklärung dem (idealtypischen) Gesetz: moralisches Fundament – utopischer Entwurf – politische Realisierung, so ebnet Heinse diese Stufenfolge durch seine Lebensphilosophie ein. Der Begriff des Lebens ist dabei doppeldeutig. Einerseits meint er das anarchische Leben nach dem jeweils eigenen Gesetz, andererseits weitet er sich zu einem Totalitätsbegriff aus, der jegliche Differenz einbegreift. Ersteres soll in der und durch die utopische Gesellschaft gewährleistet sein. Eher widerwillig werden organisatorische Einzelheiten namhaft gemacht, und insofern spiegelt die Flüchtigkeit der Darstellung die anarchistische Konzeption der Utopie. Die Verfassung ist synkretistisch. Rom und Griechenland, Lykurg, Platon und Aristoteles sind Vorbilder, aber keine zwingenden. Die Einteilung der Bürger in Klassen, wie bei Platon, und privates Eigentum, wie bei Aristoteles, vermeidet man zwar, aber nimmt es auch damit nicht allzu ernst. Die Klassen werden durch die natürliche Ungleichheit ersetzt, öffentliche Belohnungen differenzieren das Eigentum, und ohnehin darf jeder behalten, was er mitgebracht hat. Alles, auch der erotische Libertinismus, unterliegt gewissen Einschränkungen, was sich in entsprechenden Redewendungen („gewissermaßen" usw.) ausdrückt. An sich sind die Frauen gleichberechtigt, sie dürfen mit abstimmen und rüsten eigene Schiffe aus, auf denen sie umherstreifen, de facto jedoch ist es mit der Gleichberechtigung nicht allzu weit her. Ihre Stimmen dürfen nur zehn Prozent der Männerstimmen ausmachen, ihre Insel (denn Männer und Frauen sind auf verschiedene Inseln verteilt) hat keine Häfen, und überhaupt erwerben die Männer, und die Frauen bewahren. So setzt sich die bürgerliche Rollenverteilung auch in der antibürgerlichen Utopie durch, wie übrigens ähnlich in dem zweiten großen Skandalbuch des ausgehenden 18. Jahrhunderts, Friedrich Schlegels „Lucinde", in der zwar mit ästhetischer Pedanterie die absolute Synthesis bis zum Rollentausch beim Geschlechtsverkehr vorgetrieben wird, gleichwohl aber die gleichbleibende Wärme der Frau und die Heftigkeit und zugleich Trägheit des Mannes sich als Invarianten gegenüberstehen, wobei die Praxis die vorgeblich höhere Dignität der ersteren desavouiert: der Autor der „Lucinde" hat keine bedingungslosere Anhängerin gehabt als seine spätere Frau. Die Kinder gehören zwar dem Staat, leben aber auf der Fraueninsel. So nimmt es nicht wunder, daß man auch Sklaven und Sklavinnen hat. Die Egalität ist kein moralisch begründetes universelles Prinzip, sondern lediglich Bedingung des Sichauslebens einer utopischen Elite.

[85] Heinse: Ardinghello, S. 351

Die im vorigen Abschnitt analysierte dialektische Einheit von Gott und Natur schlägt sich in der Religion der Inselgesellschaft nieder. Der Natur wird ein Pantheon aufgeführt, den einzelnen Elementen jeweils ein Tempel sowie dem unbekannten Gott ein Labyrinth, letzteres für Zweifler. Die halb ironische Behandlung dieses Labyrinths macht die Prioritäten deutlich.

> Der beste Staat ist, wo alle vollkommne Menschen und Bürger sind.[86]

Verständlich, daß bei dieser doppelten Vollkommenheit sich alle Reibungsflächen eliminieren lassen und die Gesetze allgemein beliebt sind. Man vergleiche mit dieser kumulierenden Parataxe, die die Differenz nur noch verbal erscheinen läßt, die diskursiven „Hypotaxen" des aufklärerischen Staatsromans, die den vollkommenen Menschen und den vollkommenen Bürger nicht gleichberechtigt nebeneinander stellen, sondern den einen aus dem andern folgern. Im ewigen Lebensstrom dagegen wird die Differenz unwichtig und beides identisch.

Mensch und Bürger heben sich auf im Künstler. Unter den männlichen Bewohnern der Insel dominieren die Architekten, Bildhauer, Maler. Das perikleische Athen scheint aufzuerstehen, aber nicht als Polis, sondern als Kunstwerk. Religion, Natur und Kunst vermischen sich. Für die religiösen Feierlichkeiten entwerfen Demetri, Ardinghello und Fiordimona Gesänge „aus dem Moses, Hiob, den Psalmen, dem Hohenlied und dem göttlichen Prediger; und aus dem Homer, dem Plato und den Chören der tragischen Dichter und ihrer eignen Begeistrung", und zudem ergreifen die Zeremonien „noch mit den starken Bildern aus wirklicher Natur den ganzen Menschen, daß alle Nerven harmonisch dröhnten wie Saiten, von Meistern gespielt, auf wohlklingenden Instrumenten".[87] Der Mensch wird nicht nur zum Künstler, sondern auch zum Instrument eines Gesamtkunstwerks. „Wir wandelten in lauter Leben", das alles in sich auflöst.[88]

Dieses anarchische Leben jedoch beschließt nicht den Roman. Der letzte Satz lautet, abrupt und änigmatisch:

> Doch vereitelte dies nach seligem Zeitraum das unerbittliche Schicksal.[89]

Damit scheint der Roman eine unaufhebbare Antithetik von Utopie und Wirklichkeit zu postulieren, wie sie etwa der Utopie Stolbergs zugrunde liegt und diese nur noch als private Träumerei zuläßt (an der man allerdings vollauf sein Genügen findet und darüber hinaus nichts verlangt). Doch sind, wie bereits oben angedeu-

[86] Heinse: Ardinghello, S. 349

[87] Ebd., S. 346. – Daß es Heinse nicht auf den privaten Genuß von Kunst, sondern auf deren öffentliche Präsenz ankommt, ist evident. Daher begründet er den Vorrang der Musik nicht nur ästhetisch, sondern auch „politisch". Musik sei die allgemeinste unter den Künsten, da sie am meisten auf das Volk wirke und bei jeder Feierlichkeit und Freude obenan stehe; sie sei sowohl die vorzüglichste wie die wohlfeilste der Künste, wie es in anderem Zusammenhang heißt (vgl. Erich Hock: Wilhelm Heinse und der Mainzer Kurstaat. In: Aschaffenburger Jahrbuch 1, 1952, S. 178).

[88] Ebd.

[89] Ebd., S. 351

tet, sowohl Schicksal wie Leben mehrdeutige, schillernde Begriffe. Das erhellt bereits aus ihrem metaphorischen Kontext. „So wälzen die Schicksale den Menschen fort wie die Fluten des Meers einen schwachen Trümmer", heißt es, als Ardinghello von Venedig Abschied nimmt,[90] und der Erzähler beklagt sich beim Scheiden Ardinghellos: „Aber ach! was ist der Mensch? ein Punkt, zerfetzt und zerrissen vom Schicksal auf allen Seiten, und unaufhaltbar fortgetragen in den wilden Fluten der Dinge, wo er weder Anfang noch Ende sieht"[91], und auch sonst bedient man sich bei Schicksalsschlägen gern der Meermetapher. Indem derart das Meer, die Flut sowohl, wie oben gezeigt, das Leben als auch das Schicksal zu symbolisieren vermögen, relativiert sich die absolute Antithetik von Leben und Schicksal bereits durch den beiderseitigen metaphorischen Kontext. Das Schicksal ist sowohl Verhängnis – und insofern dem umgebenden Leben entgegengesetzt – wie Moment der Totalität des Lebens selbst, das gewissermaßen als sein eigener Oberbegriff das, was hier anarchisches, ungebundenes Leben genannt wird, und Schicksal unter sich befaßt.

„Das göttliche Wesen, und wenn es sich auch lauter und rein erkennt, als es von seinem Ursprung gekommen ist, muß sich überall nach der Materie bequemen, wohinein es vom unerbittlichen Schicksal getrieben fuhr", heißt es im Zusammenhang der Verteidigung partikularer Reformen gegen radikale Lösungen.[92] Diesen neuplatonischen Gedankengang wendet Demetri später ins Positive. Nicht mehr das Schicksal treibt das Wesen in die Materie, sondern die Lust. Der Prozeß des ewigen Werdens und Vergehens ist zugleich schicksalhaft und lustvoll. Beständige Dauer wäre langweilig. Daher hat die Natur sich „aus eignen Grundtrieben das Spiel von Werden und Auflösen so zubereitet, um immer in neuen Gefühlen selig fortzuschweben".[93] Die Welt ist nicht nur die Einheit der Gegensätze, sondern diese Einheit ist da auch am höchsten, wo die Gegensätze am schärfsten sind. Mit ästhetisierender Metaphorik heißt es:

> Die Welt ist eine Musik! Wo die Gewalt der Konsonanzen und Dissonanzen am verflochtensten ist, da ist ihr höchstes Leben; und der Trost aller Unglücklichen muß sein, daß keine Dissonanz in der Natur kann liegen bleiben.[94]

Aber, so wäre zu ergänzen, auch keine Konsonanz, und insofern ist auch das Ende der Utopie im höchsten Leben aufgehoben.

Am Ende des Romans wird die Feuermetapher des Vorberichts wieder aufgenommen:

[90] Heinse: Ardinghello, S. 24
[91] Ebd., S. 80
[92] Ebd., S. 141
[93] Ebd., S. 256. – Bei diesem Naturkreislauf handelt es sich natürlich nicht etwa um regelmäßige Zyklen: „Alles geht im Kreis und Taumel" (ebd., S. 148). Der Kreislauf löst sich auf in die Omnipräsenz der Totalität.
[94] Ebd. – Das sprachliche Korrelat dieser Philosophie sind etwa Oxymora wie „furchtbar lieblich schroff über den Abgründen" (ebd., S. 85).

> Der Krieg richtet greuliche Verwüstungen an, es ist wahr; bringt aber auch die wohltätigsten Früchte hervor. Er gleicht dem Elemente des Feuers.[95]

Analog ist „Ruh und Friede ... ein herrlicher Stand, zu genießen und sich zu sammeln; aber der Mensch, ohne gereizt zu werden, träge, versinkt dabei in Untätigkeit".[96] Die Ambiguität der Lebenstotalität setzt sich fort in der Ambiguität einzelner Zustände. Die Natur will das Mannigfaltige und deswegen „zu jeder Zeit ... rund um die Erdkugel Skythen, Perser, Athen und Sparta", Despotien und Demokratien.[97] „Warum wollen wir die Welt nicht nehmen, wie sie ist?" heißt es in naturphilosophischem Zusammenhang, und das ließe sich, wie das vorhergehende Zitat zeigt, aus diesem ohne weiteres in den politischen übertragen. Die Negation der Utopie ist in dieser selbst beschlossen. Indem der oppositionelle anarchische Impetus (unvermerkt) in eine Naturphilosophie von der Einheit der Gegensätze übergeht, hebt er sich selbst in der Totalität der Natur auf. Das schöne Leben, das seine eigene Antithese in sich hineinnimmt und sich zum heroisch-schönen Leben steigert, betreibt damit sozusagen seinen eigenen Untergang. Die utopische Gesellschaft führt zugleich Krieg um des Krieges willen und stellt somit in ihrer eigenen Praxis die paradoxe Einheit der Natur gewissermaßen dar. Wenn diese Paradoxie dann ihr Ende herbeiführt, so realisiert sich darin ihr eigenes, vorher verkündetes Prinzip:

> Sterben ist nur ein scheinbares Aufhören und kömmt beim Ganzen wenig in Betrachtung.[98]

Es spricht daher für das philosophisch-ästhetische Sensorium Heinses, daß sowohl der Ansatz einer politischen Tätigkeit wie die Utopie der glückseligen Inseln nur Durchgangsstadien sind und er die Utopie durch das Schicksal beenden läßt. – Die Entschuldigung Heinses in einem Vorspruch zur zweiten Auflage – provoziert durch eine anonym erschienene „Darstellung der Mainzer Revolution" von Anton Hoffmann, die den „Ardinghello" als deren Ahnherrn dargestellt hatte[99] –, in dem er den Leser bittet, das Buch nicht unter dem „verrückten Gesichtspunkte" der neuen Ereignisse, nämlich der Französischen Revolution, zu betrachten, ist also der objektiven Tendenz des Romans nach eigentlich überflüssig, und man wundert sich jedenfalls nicht darüber, daß der Bibliothekar und Vorleser am Hof des Mainzer Erzbischofs politisch durchaus nicht revolutionär gesonnen war.[100]

[95] Heinse: Ardinghello, S. 350
[96] Ebd., S. 351
[97] Ebd.
[98] Ebd.
[99] Vgl. Hock: Heinse und der Mainzer Kurstaat, S. 169
[100] Heinse: Ardinghello, S. 8. – Für die amerikanische Unabhängigkeitsbewegung etwa hat Heinse im Gegensatz zu Schubart, Klopstock oder Stolberg keinerlei Sympathien gehegt, da seiner Ansicht nach die Briten das erste Volk der Erde waren, was er sowohl mit dem inneren Liberalismus als auch mit der außenpolitischen Stärke Englands begründet (vgl. von Hofe: Heinse, America, and Utopianism, S. 394 ff.). Der Heinsesche Anarchismus ist zudem, was Heinses direkte politische Äußerungen angeht, nicht an eine demokratische

In diesem Punkt der Aufhebung der Utopie berührt sich die Heinsesche Utopie mit der Stolbergs, der im übrigen das „böse" Buch „mit Ärger und mit wahrer Betrübnis über den Genius unserer Zeit" gelesen hat.[101] Wie die Utopie Stolbergs nur die Träumerei einiger empfindsamer Privatleute ist und insofern in ihrer Verbindlichkeit bewußt reduziert wird, stellen sich im „Ardinghello" sowohl der „Fürstenspiegel" wie die Utopie nur als Episoden dar. Wie die Stolbergsche Utopie sich sukzessive entrealisiert und schließlich in die Naturpoesie einmündet, hebt sich die Heinsesche am Schluß in die widersprüchliche Totalität der Natur auf. Die utopische Kontrafaktur wird im einen Fall radikal privatisiert, im anderen darüber hinaus naturphilosophisch relativiert. Beides, Aufhebung der Utopie im subjektiven empfindsamen Gefühl wie ihr Eingehen in die objektive orgiastische Natur, wird bezahlt mit einer Entkonkretisierung der politischen Intention. Die ästhetische Naturreligion ist einerseits das ganz Andere, dessen empfindsame Präsenz die Realisierung des Ideals überflüssig erscheinen läßt, andrerseits das alles in sich Begreifende, dessen Totalität jegliches Ideal bereits zu ihrem Moment gemacht hat. Sowohl die radikale Antithetik von Utopie und Realität wie ihre letztlich apriorische Einheit, die selbst utopische Züge annimmt, lassen die wirkliche Geschichte unter sich. Weder kann im Falle Stolbergs die reale geschichtliche Entwicklung die Utopie einholen noch ist dies im Falle Heinses notwendig; denn die Natur ist der Utopie allemal überlegen.

Die idealistische und frühromantische Geschichtsphilosophie nun versucht, den Natur, Kunst und Religion synthetisierenden Impetus dieser Utopien auf den Boden der Geschichte herabzuzwingen. Dies vor allem ist im folgenden letzten Kapitel zu untersuchen.

Verfassung gebunden. Anarchismus und Historismus, welch beide auch wesentliche Komponenten der Ardinghelloschen Politik sind, lassen Heinse sogar den deutschen Partikularismus gleich nach der englischen Verfassung nennen (vgl. Hock: Heinse und der Mainzer Kurstaat, S. 167 f.). Für den französischen Despotismus der Freiheit hatte er jedenfalls nichts übrig. Allenfalls ließ er die antiklerikalen Maßnahmen der Revolutionsregierungen gelten. Das Problem der Vereinigung von Freiheit und Gleichheit erschien Heinse (in späteren Jahren) als unlösbar, und er nahm daher zur vagen Kompromißformel einer Synthese von Demokratie und Aristokratie seine Zuflucht, die im Gegensatz zum „Ardinghello" durchaus politisch intendiert war. Mag man bei solchen Modifikationen auch einen gehörigen Schuß von (angesichts der beruflichen Situation Heinses durchaus unverdächtigem) Opportunismus veranschlagen, so sind sie doch zugleich in der im „Ardinghello" entwickelten alles einbegreifenden Lebensphilosophie aufgehoben.

101 Vgl. das Nachwort von Erich Hock, S. 353

6. Kapitel

Utopie und Geschichtsphilosophie

Das folgende letzte Kapitel bietet Anlaß, die in den vorhergehenden Kapiteln dargestellte Entwicklung zunächst noch einmal an Hand der Gegenüberstellung von expliziten oder impliziten Geschichtskonzeptionen des 17. Jahrhunderts und solchen des 18. Jahrhunderts gewissermaßen zu rekapitulieren. Sodann untersuche ich die geschichtsphilosophische Überholung der moralischen Kritik in der Frühromantik und im Idealismus und gebe abschließend einen Ausblick auf den historischen Materialismus.

I. Geschichtsphilosophie und Absolutismus (Bossuet, Lipsius, Hobbes)

In diesem Abschnitt gehe ich, im Anschluß an einen Vergleich zweier signifikanter Stellen aus Mouchembergs Fortsetzung der „Argenis" sowie aus dem Roman des Freiherrn von Loen, der das Problem exponieren soll, auf drei Geschichtskonzeptionen des ausgehenden 16. und des 17. Jahrhunderts näher ein: auf Bossuets Universalgeschichte, auf die problematische Teleologie in Justus Lipsius' De Constantia-Traktat sowie auf die der Hobbesschen Anthropologie und Staatstheorie immanente Vorstellung von Geschichte. Ziel ist es, in den drei Konzeptionen des französischen Bischofs, des niederländischen Neustoikers und des englischen Atheisten übergreifende Strukturanalogien aufzuweisen, die in ihrer inhaltlichen Ausformulierung der Geschichtsphilosophie der Aufklärung sozusagen das Thema stellen.

In Mouchembergs Fortsetzung der „Argenis" geht der Prinz Arcocedon mit Aneroestus im Wald spazieren. Man kommt an der Statue eines Satyrs vorüber, aus dessen Mund Wasser in ein Marmorbecken springt:

> Umb sein Haupt stunden diese Wort: Es laufft alles fürüber. Der Fürst fragte den Aneroest nach der Bedeutung / welcher ihm also zur Antwort gab: Die Flucht der Zeit ist unendlich: wie dann die jenigen solches am allerbesten erkennen können / die jhre Augen auff das vergangene wenden. Dann sie betreuget die / welche nur auff das gegenwertige Achtung geben / So plötzlich pflegt die Geschwindigkeit der Zeit fürbey zu fliegen. Die Gantze verwichene Zeit ist in eben einen Ort kommen / da

> alles beysammen vnd vber einem hauffen ist. Von dannen wird alles in eine vnergründliche Tieffe gestürtzet. Die Abtheilungen der Zeit können in einer Sachen / die so kurtz ist / nicht lang seyn. Es ist nur ein Punct den wir leben / vnd noch weniger als ein Punct.[1]

Eine ähnliche, bereits oben kurz untersuchte, Stelle – ähnlich jedenfalls, was die faktische und allegorische Exposition angeht – findet sich in Loens „Redlichem Mann am Hofe". Der Graf von Rivera deutet dem König einige Gemälde, „ein springendes Wasser, dessen in die Luft schießender Strahl eine Crone in der Höhe erhält" sowie „einen von einem Felsen sich herab=stürzenden Bach, welcher ein Mühl=Rad treibet".[2] Aus verwandten allegorischen Vorwürfen wird jedoch Gegensätzliches herausinterpretiert. Um beim zweiten Bild zu beginnen, so spielt der Autor des frühaufklärerischen Staatsromans das Fließen des Wassers gegen jegliche Statik aus. Aktuell auf die Therapie des kranken Königs, dem der Graf Spazierengehen verordnet, zielend, wird es darüber hinaus auf das menschliche Leben überhaupt angewandt, das „in einer fortdaurenden Bewegung" besteht oder doch bestehen soll.[3] Allerdings muß die Bewegung mäßig sein und darf nicht in Rennen ausarten. Überraschend vor allem ist das erste Bild und seine Auslegung. Denn das springende Wasser wird mit der göttlichen Vorsehung identifiziert, die somit selbst als ewige Bewegung erscheint, als ewige Bewegung, die die Krone keineswegs mit sich reißt, sondern im Gegenteil in der Höhe hält. Das Fließen bezeichnet nicht Vergänglichkeit, sondern Dauer. Daß das Wasser immer ein anderes ist, spielt für die Auslegung keine Rolle. Dieser gleichmäßigen Bewegung steht bei Mouchemberg die hektische Flucht der Zeit gegenüber, dem Prinzip der Erhaltung das des Verschwindens. Die Bewegung spendet kein kontinuierliches Leben, vielmehr zerschlägt die Zeit die Vergangenheit in Bruchstücke und sammelt sie auf einen ungeordneten Haufen, um sie dann in die Tiefe zu stürzen. Die Bewegung ist kein Daseinsprinzip, sondern etwas, das alles Dasein unter und hinter sich läßt. Wenn das menschliche Leben hyperbolisch weniger als ein Punkt ist, so ist es gar nichts. Die solcherart entleerte Zeit ist unfähig, irgend etwas positiv zu strukturieren oder auch nur in sich zu befassen, sie ist an sich sinnlos. Sinn erhält sie erst auf dem Hintergrund des religiösen Horizonts, der zwar an Ort und Stelle aus dem Spiel bleibt, jedoch stets mitzudenken ist. Der absoluten Vergänglichkeit des Diesseitigen entspricht die absolute Transzendenz Gottes, die bei Loen in der als ewige Bewegung allegorisierten Vorsehung gewissermaßen auf die Erde oder doch auf die Könige herabgezwungen wird. Auf politischem Gebiet korrespondiert dem der absolutistische Dezisionismus, der die chaotische Wirklichkeit nur ad hoc zu ordnen vermag. Die sinnlose Zeit bedarf der negativen oder positiven Sinngebung von außen, von Gott oder vom König, dem himmlischen oder dem irdischen Gott.[4]

[1] Mouchemberg: Joh. Barclaii Argenis, Ander Theil. Durch Martin Opitzen, nach dem Lateinischen Exemplar eigentlich ins Teutsche übersetzt, Amsterdam 1644, S. 255 f.

[2] Loen: Der redliche Mann, S. 249

[3] Ebd.

[4] Insofern verhalten sich zwar areligiöse Politik und antipolitische Theologie antithetisch,

Entsprechend ist das Geschichtsbild, das die absolutistischen Theoretiker entwerfen. Das läßt sich verdeutlichen, wenn man die Geschichtsauffassung dreier auf den ersten Blick so gegensätzlicher Autoren wie Hobbes, Lipsius und Bossuet betrachtet.

Bossuet hat seine „Einleitung in die allgemeine Geschichte", neben einer Reihe anderer Schriften, an den Dauphin gerichtet und mit ihr pädagogische Intentionen verbunden. Zunächst hat die Geschichtsschreibung den unmittelbaren Zweck, die vergangene Zeit zu gliedern und so eine differenzierende Übersicht zu ermöglichen; denn für jeden „rechtschaffenen Mann" und wie gar für einen Prinzen wäre es eine „Schande, von dem menschlichen Geschlechte, und denen merkwürdigen Veränderungen nichts zu wissen, welche die Folge der Zeiten in der Welt hervorgebracht hat".[5] Die in dieser Absicht konzipierte Universalgeschichte nun, die eine Vermengung der einzelnen Geschichten der verschiedenen Völker und Staaten verhindern soll, entfaltet zwar deren Werden und Vergehen, stellt also eine historische Entwicklung dar, ohne jedoch damit eine innergeschichtliche Teleologie zu verbinden. Man soll „die Menschen, welche unter dem Gesetz der Natur oder unter dem geschriebenen Gesetze gelebt haben" von den „Menschen unter dem evangelischen Gesetze" unterscheiden lernen.[6] Das klingt an die joachitische Unterscheidung zwischen dem vergangenen Reich des Vaters, dem bestehenden Reich des Sohnes und dem zukünftigen Reich des Heiligen Geistes an. Doch will Bossuet im Gegensatz zu Joachim damit keinerlei zielgerichtete Entwicklung behaupten, sondern lediglich auf den fundamentalen Einschnitt der Erlösungstat Jesu Christi hinweisen. So fügt er denn auch eine Reihe von gleichrangigen Beispielen aus der Weltgeschichte an, die mit dem ersten in der Betonung eines Gegensatzes und untereinander zudem darin übereinstimmen, daß jeweils Größe und Elend verschiedener Völker und Staaten einander konfrontiert werden und so die Wechselfälle der Geschichte illustrieren sollen. Die Universalgeschichte ist gegenüber den einzelnen Geschichten „nichts anders, als was eine allgemeine Landkarte gegen Specialkarten ist".[7] Das solcherart in ein statisches Bild gefaßte geschichtliche Panorama nun soll vor allem die Prinzen unterhalten und belehren.[8] Die Geschichte fungiert wie die Poesie, deren Horazische Charakteristica Bossuet für die Geschichtsschreibung adaptiert, als „moralische Lehrkunst".[9] Im Gegensatz allerdings

zeigen jedoch in sich eine ähnliche dichotomische Struktur. Der Entwertung der Wirklichkeit durch die absolute Transzendenz Gottes, durchweg am König exemplifiziert, entspricht die Distanzierung der Untertanen durch die absolute Souveränität des Monarchen.

[5] Jacob Benignus Bossuet: Einleitung in die allgemeine Geschichte der Welt, bis auf den Kaiser Carln den Großen, Leipzig 1757, S. 2

[6] Ebd.

[7] Ebd., S. 4

[8] Vgl. ebd., S. 1

[9] Reinhart Koselleck: Historia Magistra Vitae. Über die Auflösung des Topos im Horizont neuzeitlich bewegter Geschichte. In: Natur und Geschichte. Karl Löwith zum 70. Geburtstag, Stuttgart/Berlin/Köln/Mainz 1967, S. 204

zum aufklärerischen Fürstenspiegel wirkt die Geschichte vor allem durch abschreckende Beispiele. Und auch insgesamt hat die Folge der Reiche vornehmlich für die Mächtigen der Welt ihren großen Nutzen, „weil der Stolz, ein gewöhnlicher Gefährte einer so erhabnen Würde, durch dieses Schauspiel sehr niedergeschlagen wird. Denn wenn die Menschen sich mäßigen lernen, indem sie Könige sterben sehen, wie viel mehr werden sie gerührt werden, wenn sie den Tod ganzer Königreiche erblicken, und wo kann man die Lehre von der Eitelkeit der menschlichen Hoheit besser, als hier, kennen lernen? Wenn Sie also, Monseigneur, gleichsam in einem Augenblicke, ich will nicht sagen, Könige und Kaiser, sondern die großen Reiche, vor denen der Erdkreis zitterte, die alten und neuen Assyrier, die Meder, die Perser, die Griechen und die Römer nach und nach untergehen, und, so zu sagen, über einander einstürzen sehen: So lehrt diese Zertrümmerung der Reiche, daß unter den Menschen nicht beständiges, und die Ungewißheit und beständige Abwechslung das Schicksal aller menschlichen Dinge ist".[10] Die Ähnlichkeit vor allem des letzten Teils der Passage mit dem obigen Zitat aus Mouchembergs Argenis-Fortsetzung ist offenkundig. Die gesamte Vergangenheit, die dort, auf einen Haufen versammelt, in die unergründliche Tiefe stürzt, wird hier zu Völkern und Staaten, die der gegenwärtige Betrachter der Geschichte gleichsam in einem Augenblick übereinander einstürzen sieht. In beiden Fällen ist eine reißende Zeit am Werk, die die Vergangenheit lediglich als „Trümmerhaufen" in den Blick kommen läßt.[11]

Die Demut, die die Betrachtung der Geschichte solcherart empfiehlt, wird theologisch mit dem Sachverhalt der Erbsünde begründet. Um der Erbsünde willen müssen wir Gott lieben und „uns selbst hassen".[12] Dabei steht das letztere durchaus im Vordergrund. Die Nächstenliebe, die aus der Gottesliebe folgen soll, ist weniger ein positives Postulat, das etwa den Rahmen für eine Reihe von Verhaltensnormen gegenüber den Mitmenschen abgäbe, als die Folie der Selbsterniedrigung. Das, was uns im liebsten ist, sollen wir abhauen und von uns werfen. Wir sollen uns selbst in den Leiden erfreuen, die Gott uns zuschickt. Denn keine Schmach kann uns unter den Menschen so tief erniedrigen, als uns unsere Sünden vor Gott erniedrigen. In dem Abgrund, der zwischen Gott und Welt klafft, wird das Leiden nicht nur zum Adiaphoron, sondern als Ausdruck dieses Abgrunds durchaus positiv bewertet. Der Tugendhafteste, so habe es Sokrates (in typologischer Verweisung auf Jesus Christus) ausgeführt, sei ohne Zweifel der, „dem die Vollkommenheit seiner Tugend den Neid aller Mitmenschen zuzöge, so, daß er weiter nichts, als sein Gewissen für sich hätte, und sich aller Schmach ausgesetzt sehen müßte, und sogar deswegen an das Kreuz geschlagen würde, ohne daß ihm seine Tugend helfen, und ihn von einem so grausamen Tode befreyen könnte".[13] Diesem in Christus

[10] Bossuet: Universalgeschichte, S. 469

[11] Karl Löwith: Weltgeschichte und Heilsgeschichte. Die theologischen Voraussetzungen der Geschichtsphilosophie, Stuttgart/Berlin/Köln/Mainz 1967, S. 133

[12] Bossuet: Universalgeschichte, S. 310 [13] Ebd., S. 313

Gestalt gewordenen Ideal habe der Mensch nachzustreben. Indem so die Konsequenz der Erniedrigung zur Bestimmung der vollkommenen Tugend gemacht wird, wird diese aus einem moralischen Ideal zu einer theologischen Analogie. Zwar sollen die Herrscher lernen, daß sie Diener der Untertanen sind, allein diese müssen „die Einrichtung und Ordnung Gottes in den rechtmäßigen Obrigkeiten" auch alsdann anerkennen, wenn die letzteren ihre Gewalt mißbrauchen, angesichts der oben gegebenen Tugenddefinition eine durchaus konsequente Folgerung.[14] Analog wird die auf die Nächstenliebe sich gründende „Verbesserung aller Stände unter den Menschen" durch das unauflösliche Sakrament der Ehe bzw. die das Leben der Engel nachahmende Ehelosigkeit illustriert, also durch den Triebverzicht.

Diese Konzeption nun, daß nicht, wie später, die Natur, sondern ausschließlich die Nachfolge Christi Maßstab der Tugend sein soll, schlägt sich auch in der Bestimmung des Verhältnisses von Gott und Natur nieder. Zwar hat Gott die Teile des Weltgebäudes „verwunderswürdig" zusammengekettet, aber diese göttliche Verknüpfung von Ursache und Wirkung bedeutet nicht, daß Gott an sie gebunden wäre.[15] Die Welt ist Schöpfung, und daraus folgt, daß es keine autonome oder partiell autonome Naturgesetzlichkeit gibt, wie sie in der Antike postuliert worden war. Gott ist „unumschränkter Herr der Natur" und kann ihre Gesetze daher jederzeit durchbrechen.[16] Diese Durchbrechungen nun verfolgen keinerlei innergeschichtlich begründbaren Plan im Sinne einer Teleologie, sondern dienen sozusagen der göttlichen Selbstbegründung. Denn Gebrauch gemacht hat Gott von seiner Superiorität vor allem dann, wenn die Menschen sich durch die Dauer einer so schönen Ordnung überredet hatten, daß diese Ordnung von je her bestanden habe, und damit Gott untreu geworden waren. Wie später aus der deistischen Auflösung Gottes in einen harmonischen Kosmos naturrechtliche Konsequenzen abgeleitet werden oder, wenn man will, die erstere um der letzteren willen postuliert wird, so schließt bei Bossuet der göttliche Voluntarismus jegliche Natur- und Geschichtsteleologie sowie daraus eventuell zu ziehende moralisierende Folgerungen aus. Die Weltgeschichte ist nur Medium der Heilsgeschichte.

Auch wenn man die Geschichte nicht nur „menschlich" als einen Trümmerhaufen betrachtet, wie in dem obigen Zitat, sondern in ihr das Walten einer göttlichen Vorsehung sieht, kann eine solche Annahme in keiner Weise dazu dienen, daraus etwa die Notwendigkeit einer innergeschichtlichen Entwicklung abzuleiten. Vielmehr soll die Vorstellung einer providentiellen Lenkung der Geschichte die Menschen, vor allem die Prinzen und speziell den Dauphin zu einem beständigen Gehorsam gegen Gott anhalten und sie „allemal auf die Befehle Gottes aufmerksam machen, dasjenige zu befördern, was er zu seiner Ehre thun will".[17] In solcher Rückbeziehung auf die Ehre Gottes schließt sich ebenso der Zirkel theologischer

[14] Bossuet: Universalgeschichte, S. 311
[15] Ebd., S. 188
[16] Ebd., S. 202
[17] Ebd., S. 468

Argumentation wie in der oben erwähnten Bestimmung der vollkommenen Tugend als der Nachfolge Christi. Zwar geht in der Geschichte, auch wenn die in ihr Handelnden ihres Sinnes nicht teilhaftig sind und „wider ihren Willen andre Anschläge, als die ihrigen sind, befördern" müssen (wofür Bossuet eine ganze Reihe von Beispielen aufzählt), „alles in einer ordentlichen Folge fort" (die Hegelsche List der Vernunft), zwar breitet sich nach Christi Geburt die ecclesia triumphans kontinuierlich aus, doch demonstriert gerade das letztere den absoluten Vorrang der Heilsgeschichte.[18] Wenn gegenüber der Gebrechlichkeit der irdischen Dinge allein die Religion beständig bleibt, so lassen sich die Ereignisse der Weltgeschichte nur verstehen, wenn man sie als Belohnungs- und Strafaktionen Gottes gegenüber seinem auserwählten Volk bzw. als Wegbereitung für seine Kirche versteht und sie solcherart innergeschichtlich zugleich mediatisiert und gewissermaßen punktualisiert. Das Ziel sowohl der Weltgeschichte als auch der Heilsgeschichte ist allein das Jüngste Gericht. So „endigen sich also die Rathschlüsse Gottes durch einen unwandelbaren Zustand; seine Verheißungen und seine Drohungen sind gleich gewiß, und was er in der Zeit ausführt, versichert uns von demjenigen, was wir, nach seinem Befehle, in der Ewigkeit entweder hoffen oder befürchten sollen".[19] Wie hier das Geschehen der Zeitlichkeit lediglich auf die Ewigkeit hindeutet, so zerfällt es auch selbst in eine Reihe voluntativer göttlicher Akte, die nicht prognostiziert, sondern allein prophezeit werden können. Indem sich so der Sinn der geschichtlichen Ereignisse nicht in einer ihnen immanenten Gesetzlichkeit dokumentiert, sondern vor allem im Eintreffen von Prophezeiungen, hebt sich die Geschichte im göttlichen Willen auf.[20] Die Geschichtsphilosophie bleibt in theologischen Tautologien befangen.

Eine ähnliche Struktur zeigt die Geschichtsvorstellung des niederländischen Neustoikers Justus Lipsius. Lipsius will die in dem Traktat „De Constantia" aufgezeichneten Gespräche mit dem Stoiker Langius geführt haben, als er vor dem Bürgerkrieg in den Niederlanden nach Wien floh. Sinn der Ausführungen des Langius ist es, den Lipsius zur „Beständigkeit", constantia, d. h. der Unterwerfung der Affekte (aktuell des Leidens unter dem Bürgerkrieg) unter die Vernunft zu erziehen. Zu diesem Zweck entwickelt er zwei Strategien. Zunächst wird die Notwendigkeit der Affektbeherrschung anthropologisch begründet, sodann entwickelt Langius vor allem im zweiten Buch eine Theodizee, die die natürlichen und geschichtlichen Katastrophen als letztlich vernünftig rechtfertigen und so jede Beziehung auf die Affektivität abschneiden soll.

Die Psychologie des Lipsius geht aus von einem strikten Gegensatz zwischen Affektivität und Vernunft, der die Seele seit dem Sündenfall entzweit. Allein in der Vernunft ist ein Funke des göttlichen Feuers aufbewahrt, und so muß denn auch der „Ballast der Vernunfft" in der Form der Beständigkeit, der „unbewegli-

[18] Bossuet: Universalgeschichte, S. 591
[19] Ebd., S. 460
[20] Vgl. Löwith: Weltgeschichte, S. 132 f.

chen stercke des gemüts", das Schiff des Menschen gegen die Winde der Affekte beschweren.[21] Der Dualismus von Innenwelt und Außenwelt setzt sich in die Innenwelt hinein fort und wird dort zur Dichotomie von Vernunft und Emotionalität. Die Vernunft ist ein Schloß oder Wall, durch die man sich vor den Affekten bewahren muß, wie es an anderer Stelle heißt.[22] Nun hat jedoch die gegen den Affektensturm immune neustoische Apathie trotz der scheinbaren Passivität durchaus auch aktive Implikate. Zwar geht Lipsius nicht so weit, aus einer a priori beglaubigten Vernunft eine Reihe von positiven Verhaltensnormen abzuleiten, wie später vor allem die aufklärerische Popularphilosophie, er bleibt jedoch auch nicht, wie Bossuet, bei der Tugend des Leidens stehen, vielmehr schafft die Panzerung der Vernunft gegen die Affekte gerade den Freiraum, der für eine sachgerechte praktische Hilfe nötig ist. Aufschlußreich dafür ist vor allem die oben bereits erwähnte Unterscheidung von Erbarmung und Barmherzigkeit. Die Bedingung der „Barmhertzigkeit / ... damit wir vns befleissen ander Leut armut / Dürfftigkeit vnd Trawren zu vermindern" ist der Verzicht auf die „Erbarmung", das affektive Betroffensein durch anderer Leute Unglück.[23] Indem Lipsius die Beziehung der Innenwelt zur Außenwelt bzw. der Vernunft zu den Affekten zunächst negativ definiert, wird das Handeln gewissermaßen „entmoralisiert". Wird Kant später, von einer analogen Trennung ausgehend, die Sphäre der praktischen Vernunft als solche reflektieren, so ist Lipsius ausschließlich an der Abwehr der Affektivität interessiert. So liegt es in der Logik der an keine apriorischen Inhalte gebundenen autonomen Vernunft, daß sie allein als Regulativ für ein situationsadäquates Handeln dient. Die „entmoralisierte" Barmherzigkeit hat einzig damit zu tun, geeignete Mittel für eine möglichst wirkungsvolle Hilfe zu erwägen.

Borkenau hat diese in der *Logik* des Lipsiusschen Vernunftbegriffs liegende Instrumentalisierung der Vernunft auf die rationale Mittelwahl, die Hobbes später radikalisieren wird (s. u.), durch den Rekurs auf die politische und soziale Verankerung des Neustoizismus zu erklären versucht.[24] Lipsius, der im übrigen selbst einer großbürgerlichen Familie von Magistratspersonen und Gelehrten entstammte, habe in den von Spanien sich lösenden Niederlanden, die damals die führende europäische Handelsmacht waren, den Anspruch einer herrschenden Klasse auf die politisch-rationale Regulierung des kapitalistischen Fatums angemeldet. Von daher erklärt sich auch das distanzierte Verhältnis zum Begriff des Vaterlandes. Das Vaterland ist vor allem eine konventionelle Rechtsgemeinschaft, die den gemeinen Nutzen befördern soll, und dieser besteht hauptsächlich in der Sicherung des Eigentums. Dem solcherart auf seine Funktionen reduzierten Vaterland, das ohnehin nur ein Vaterland des Leibes ist, kommt daher keine pietas zu, sondern allenfalls caritas,

[21] Justus Lipsius: Von der Bestendigkeit (De Constantia), hrsg. von Leonard Forster, Stuttgart 1965, S. 10 ff.
[22] Vgl. ebd., S. 9
[23] Ebd., S. 34 ff.
[24] Vgl. Borkenau: Übergang, S. 189 f.

d. h. eine Liebe, die allein aus der Einsicht in die Zweckmäßigkeit gesellschaftlicher und staatlicher Organisation resultiert. Insofern ist auch ein übermäßiges Leiden unter dem Schicksal des Vaterlandes unangebracht, und wer ein solches unter Berufung auf seine pietas zur Schau trägt, spiegelt das Leiden unter dem allgemeinen Unglück nur vor und tut tatsächlich nur sich selbst leid.

Die in solcher „Ideologiekritik" sich dokumentierende Versachlichung der Tugend, die in ihrer Exposition als Akzeptieren des Fatums zwar mit der Bossuetschen Konzeption konvergiert, in der Konsequenz des Umschlagens in pragmatisches Handeln jedoch weit über diese hinausgeht, wird nun zusätzlich durch eine Geschichtsphilosophie abgestützt, die analog den Vorstellungen Bossuets zwar einen letzten Sinn der Geschichte postuliert, diesen jedoch in einer Weise begründet, die das Postulat in gewisser Weise ad absurdum führt. Vor allem im zweiten Buch versucht Lipsius die göttliche Vorsehung auch und gerade in bezug auf die Übel der Welt zu rechtfertigen. Er nennt vier Endursachen der sogenannten Landschäden: Übung, Züchtigung, Strafe sowie Erhaltung und Besserung. Dabei beziehen sich die ersten drei Endursachen vor allem auf den Einzelnen, die letzte auf das Ganze. Vor allem der individuelle Rückbezug der ersteren, der Übung des Tugendhaften, der Züchtigung des Sündigen sowie der Bestrafung des Bösen, macht deutlich, daß es hier von vornherein gar nicht auf eine innergeschichtliche Teleologie abgesehen ist, sondern es allein auf die positive oder negative Akzentuierung der individuellen Autonomie ankommt.

Anders scheint es sich zunächst mit der vierten Endursache, und vor allem deren zweiter Komponente, der Erhaltung und *Verbesserung* des Ganzen, zu verhalten. Um zunächst beim letzteren zu beginnen, so sind etwa die Schrecknisse von Kriegen und Revolutionen dadurch gerechtfertigt, daß diese zu Innovationen und Verbesserungen führen. Die Römer zum Beispiel und in der Neuzeit die Spanier haben den von ihnen unterworfenen Völkern, die sonst noch heute wild, grausam und scheußlich wären, die abendländische Gesittung gebracht, haben diesen also zu ihrem eigenen Besten ihr Joch auferlegt. Und überhaupt verfährt Gott mit der Welt nicht anders als „die jenigen / welche grosse Bawmgärten haben / etliche Bäwme versetzen / etliche propffen / etliche aushawen / vnd doch dieses alles gar geschicklich / zu einem guten und nützlichen ende verrichten".[25] Dieses Bild jedoch ist der Ausgangspunkt einer charakteristischen Akzentverschiebung. Indem Lipsius in der folgenden Parallelisierung der gärtnerischen Tätigkeiten, des Pfropfens, Versetzens und Abhauens, mit historischen Ereignissen Nachdruck vor allem auf das Abhauen bzw. den Untergang von Völkern und Staaten legt, gerät die Verbesserung des *Ganzen* im Sinne eines Fortschritts sukzessiv aus dem Blickfeld. Der Schaden, den wir leiden, dient jetzt nicht mehr der Verbesserung des Ganzen, sondern „einem andern dinge".[26] Nichts geht unter, sondern alles wird nur verwandelt. Der Fortschritt schrumpft auf den permanenten Ausgleich, der, negativ

[25] Lipsius: Bestendigkeit, S. 103
[26] Ebd.

bewertet, durchaus auch Unbeständigkeit genannt werden könnte. So ist denn in konsequenter Fortführung dieser Uminterpretation am Schluß dieses Kapitels auch nur noch von der „Erhaltung dieser Welt", nicht mehr von ihrer Verbesserung die Rede.[27] Und auch vorher bereits wird die Verbesserung in einer Weise begründet, die ein statisches Verständnis von vornherein nahelegt. Zur „Zierheit" des großen Gebäudes der Welt gehören auch Abwechslungen und Veränderungen.[28] Zwar ist die Sonne auch an sich das „allerschönste ding", aber die „tunckele und nasse Nacht" macht sie noch um vieles angenehmer; und ebenso verhält es sich mit Sommer und Winter, Berg und Tal, Krieg und Frieden; denn „wer wolte wuntschen und begeren / das diese welt gleichsam ein todt Meer / ohn allen Wind / ohn alle bewegung sein solte / so / das gantz vnd gar keine Verenderunge sich darinnen zutrüge".[29] Vor allem die Bezugnahme auf den Wechsel von „Eben vnd Berge / Thal und Felsen" usw. macht deutlich, daß unter der universellen Perspektive der wohltätigen Veränderung die Differenz von Angenehmem und Unangenehmem verschwindet; denn der Gegensatz von Ebene und Bergen, Wiesen und Wäldern etc. läßt sich ja gar nicht mehr nach diesem Schema interpretieren; daß er gleichwohl umstandslos in die anderen Gegensatzpaare, vor allem Krieg und Frieden, eingereiht wird, demonstriert, daß es auf eine Bewertung nach dem Raster von Gut und Übel gar nicht mehr ankommt.[30] Die Unbeständigkeit der irdischen Dinge, bei Bossuet Anlaß demütigen In-sich-Gehens, wird von Lipsius, der im übrigen wie Mouchemberg und Bossuet die Rapidität der Veränderungen betont, gleichwohl positiv uminterpretiert. Wie für Hobbes die Genesung von einer Krankheit angenehmer ist als permanente Gesundheit und dies die Notwendigkeit auch des Übels dartun soll, so genießt man auch bei Lipsius die Sonne erst durch den Kontrast der Nacht usw.[31] Beides resultiert aus bzw. gründet in einer Verabsolutierung der Bewegung. Allerdings: wie diese Bewegung bei Hobbes zu permanenten Kollisionen führt und insofern ihre staatliche Regulierung notwendig macht, auf daß sie in einen (möglichst) statischen Zustand des Ausgleichs bzw. der Neutralisierung einmünde, so hebt auch Lispius das immerwährende Auf und Ab in einen kosmischen Zustand auf. Die „Summa aller summen" muß „ewig vnnd bestendig" sein, die Natur erfordert ein durch dauernde Abwechslung stets wiederhergestelltes Gleichgewicht.[32] Es kommt eben gar nicht auf irgendwelche Verbesserungen oder gar einen geschichtlichen Fortschritt an, sondern vor allem darauf, daß „die Welt nicht schaden leide" – auch dies in ihrem defensiven Charakter (wenn auch nicht in dem Postulat kosmischer Harmonie) eine Hobbessche Begründung.[33]

[27] Lipsius: Bestendigkeit, S. 104 [28] Ebd., S. 101 [29] Ebd., S. 102
[30] Ebd., S. 102
[31] Daß Lipsius auch hier, wie bei den drei zuvor genannten Endursachen, auf das Befinden des Menschen abhebt, macht das Übergewicht der subjektiven Begründungen über die objektiven, das sich schon in der Anzahl der namhaft gemachten causae finales andeutet, evident.
[32] Lipsius: Bestendigkeit, S. 101
[33] Ebd.

Die im vorigen Satz angedeutete Vorstellung von der Welt als einem allerschönsten Werk darf nun nicht dazu verführen, daraus umstandslos Analogien zur Renaissance- oder gar zur Aufklärungskosmologie zu ziehen. Während etwa die Aufklärungskosmologie ein Regulativ der Veränderung schlechter Wirklichkeit an die Hand geben soll und insofern im positiven moralischen Postulat kulminiert, soll die Kosmologie des Lipsius gerade lehren, sich mit der Wirklichkeit, so wie sie ist, jedenfalls was das affektive Betroffensein angeht, abzufinden, erhebt also keinerlei indirekten normativen Anspruch. Zudem ist auch bei Lipsius, wie bei Bossuet, der Kosmos letztlich rätselhaft, und Gott hat „nichts bestendiges oder gewieses verordnet / als sich selbsten".[34] Dieser göttliche Voluntarismus macht letztlich auch, wie Lipsius selbst einbekennt, die von ihm angestellten Spekulationen über die Ursachen des Übels widersinnig, überflüssig und hybrid. Denn der Versuch, eine Ursache der höchsten Ursache namhaft zu machen – um nichts anderes handelt es sich ja bei dem Unternehmen, Begründungen für göttliche Ratschlüsse zu suchen –, ist sowohl unsinnig als auch lästerlich. Der Mensch darf nach den Ursachen göttlicher Handlungen so wenig fragen, wie der Knecht von dem Hausherrn oder der Untertan von dem König Rechenschaft fordern darf.[35] Ausdrücklich auch polemisiert Lipsius gegen eine zu enge Version des Fatums, die, wie die Theophrastische, das Fatum mit der „Natur eines jedern dinges" identifiziere und so etwa, wenn ein Mensch eines natürlichen Todes sterbe, dies dem Fatum zuschreibe, nicht jedoch, wenn er hingerichtet werde.[36] Die Absicht dieser Invektive ist es, durch solche Disjunktionen ermöglichte Sinnfragen an das irdische Geschehen von vornherein zu erschweren. Und aus demselben Grund rückt Lipsius das universalisierte Fatum als zwar in den Dingen existierend, aber von Gott kommend an dessen unerforschliche Vorsehung nahe heran.

Wie die Dichotomie von Innenwelt und Außenwelt, Vernunft und Affekten, so legitimiert auch das Ineins von absoluter Sinnhaftigkeit und absoluter Unerkennbarkeit sozusagen eine Orientierung an den Forderungen des Tages. Mag nun diese Konsequenz den Lipsianischen Neustoizismus von dem Amtskirchenkatholizismus Bossuets unterscheiden, so bleiben gleichwohl genug Konvergenzen sowohl im beiderseitigen Tugendbegriff als auch in der Geschichtsauffassung. Sowohl der Leidensergebenheit des Nachfolgers Christi als auch der Beständigkeit, Apathie des neustoischen Weisen eignet eine Abstraktheit, die sie von dem aus einer positiven Beziehung zur Außenwelt resultierenden und in eine solche mündenden moralischen Handeln des Aufklärers unterscheidet. Anthropologischer Pessimismus (auch bei Lipsius ist der Mensch von Natur aus boshaft) und theologischer Voluntarismus, die in einem korrelativen Verhältnis stehen, lassen die Ansätze zu einer Geschichtsphilosophie im Sinne eines geschichtsimmanenten Fortschrittspostulats in den Hintergrund treten. Letzteres nun demonstriert, um die göttliche Vorsehung

[34] Lipsius: Bestendigkeit, S. 44
[35] Vgl. ebd., S. 106
[36] Ebd., S. 53

gekappt, auch die von gänzlich anderen Voraussetzungen ausgehende Philosophie des Thomas Hobbes.

Dem göttlichen Voluntarismus des katholischen Bischofs und des neustoischen Gelehrten entspricht der herrscherliche Dezisionismus des atheistischen Philosophen. Wie bei diesen die Geschichte erst sinnvoll wird durch die göttliche Providenz, in die dem Menschen jedoch die Einsicht verwehrt ist, so gibt es bei Hobbes einen Fortschritt nur in der durch die absolute Souveränität des Herrschers, der der Bürger sich zu unterwerfen hat, gekennzeichneten staatlichen Sphäre. Die Geschichte als ganze ist Naturgeschichte im strengen Sinn:

> Die philologischen und historischen Wissenschaften ... sind ebenfalls nützlich, besonders Geschichte; denn diese liefert uns die Erfahrungen, auf die sich die Kenntnis der Ursachen stützt, und zwar als Naturgeschichte der Physik, als Staatengeschichte der Staats- und Moralwissenschaft, und das, gleichviel ob sie wahr oder falsch ist, wenn sie nur nicht unmöglich ist. Denn in der Wissenschaft sucht man nicht so sehr die Ursache dessen, was gewesen ist, als die Ursachen dessen, was sein könnte.[37]

Verbal werden hier zwar Natur- und Staatengeschichte getrennt, jedoch werden beide durch die gleiche Methode erschlossen, nämlich die naturwissenschaftliche. Hobbes betrachtet die Geschichte nach Analogie eines Naturprozesses. In der Geschichtswissenschaft kommt es nicht auf die Konstatierung sozusagen historizistischer Gesetzmäßigkeiten an, sondern auf die Bereitstellung eines Gesetzeswissens, das bedingte Prognosen erlaubt. Sollte bei Lipsius die richtige Interpretation natürlicher und geschichtlicher Abläufe, insbesondere der katastrophalen, lediglich den Freiraum für ein von den Affekten unabhängiges sachgerechtes Handeln sichern, so soll bei Hobbes die wissenschaftliche Analyse der Geschichte darüber hinaus ein technisches Verfügungswissen bereitstellen, das die aktuellen Probleme zu bewältigen erlaubt. In beiden Fällen wird die Betrachtung der Geschichte auf das praktische Handeln bzw. die systematischen Wissenschaften ausgerichtet.

„Die Geschichte ist nichts anderes als die Erzählung einer Folge von Begebenheiten in der menschlichen Natur, so wie die übrige Naturgeschichte Begebenheiten aus anderen Naturreichen beschreibt."[38] Die allgemeinen Gesetze der Geschichte nun resultieren aus der ihrerseits naturwissenschaftlich deduzierten anthropologischen Konstante des Verlangens nach ungehinderter Bewegung. Wenn das „größte der Güter ... ein ungehindertes Fortschreiten zu immer weiteren Zielen" ist, „weiter" nicht im qualitativen Sinn, sondern nur im quantitativen, ist der Prozeß von Begehren und Erfüllung unendlich.[39] Denn jede endgültige Erfüllung, „das höchste Gut oder, wie man es nennt, die Glückseligkeit", würde die ungehinderte Bewegung, in der doch das Glück bestehen soll, gerade sistieren.[40] Auch die sozusagen ideale Geschichte bestünde in einer unendlichen einlinigen Bewegung. Nun trifft aber diese

[37] Hobbes: Vom Menschen. Vom Bürger, S. 26
[38] Horkheimer: Bürgerliche Geschichtsphilosophie, S. 45
[39] Hobbes: Vom Menschen. Vom Bürger, S. 29
[40] Ebd.

Bewegung permanent auf Hindernisse und kreist dann in sich selbst, „wenn sie geraden Weges nicht fortschreiten kann."[41] Diese kreisförmige Bewegung kennzeichnet auch die Geschichte, die ja ihrerseits der Ausdruck antagonistischer Kräfte ist. Eine übergreifende Teleologie waltet weder im Leben des einzelnen Individuums noch in der Geschichte als ganzer. Eine partielle Höherentwicklung ist nur innerhalb des Staates möglich, nicht in der Geschichte. Der „aus der Vernunft abgeleitete Auftrag des Menschen zum Fortschritt ist ... nicht die Bestimmung einer vernünftigen Geschichte, sondern eine Bestimmung des Staates ... Der Staat aber ist endlich und bleibt bedroht so sehr von dem Naturzustand seiner Herkunft, wie er sich von ihm abgelöst hat".[42] Zwar nimmt Hobbes im „Leviathan" an, daß ein Staat auch ewig dauern könnte. Aber diese ewige Dauer kann er nur erreichen, wenn sein Souverän bestimmte Regeln befolgt, eben die im „Leviathan" entwickelten. Die ewige Dauer ist lediglich ein Propagandainstrument der eigenen Lehre und geschichts*philosophisch* irrelevant. Aber auch ohne dies ist die „Utopie" eines Staates, der den Fortschritt der (instrumentell, nicht naturrechtlich verstandenen) Vernunft sicherte, paradoxerweise gebunden an die absolute Souveränität des Herrschers, dessen Autorität die Gesetze macht, nicht die Wahrheit, also an eine nach Voraussetzung und Resultat radikal antiutopische Konzeption. Sinnvoll ist nicht die Geschichte, sondern allein der Staat, und auch dies eher im genetischen als im teleologischen Sinne. Der letztlichen Dichotomie von Weltgeschichte und Heilsgeschichte bei Bossuet, von Außenwelt und Innenwelt bei Lipsius entspricht bei Hobbes die Dichotomie von Geschichte und Staat. Allein die Heilsgeschichte verleiht der Weltgeschichte einen Sinn (Bossuet), allein das sachgerechte Handeln der Außenwelt (Lipsius)[43], allein der Staat der Geschichte (Hobbes). Von einem geschichtsimmanenten Fortschritt ist bei allen dreien nicht die Rede. Geschichtsphilosophie in diesem Sinne, der auch erst ihren Begriff gebiert, ist ein Produkt der Aufklärung.

II. Geschichtsphilosophie und Aufklärung

(Vico, Voltaire, Condorcet, Iselin, Kant, Lessing, Herder)

Der zweite Abschnitt dieses Kapitels soll einige Grundpositionen aufklärerischer Geschichtsphilosophie beschreiben. Nach einer überleitenden Skizze der Vicoschen „Neuen Wissenschaft" stelle ich eine Reihe geschichtsphilosophischer Konzeptionen dar, die von unterschiedlichen Voraussetzungen her und mit unterschiedlichen Fol-

[41] Hobbes: Vom Menschen. Vom Bürger, S. 29

[42] Koselleck: Kritik und Krise, S. 165

[43] Das bezieht sich natürlich nur auf letzte Konsequenzen, insofern sich auch die Theodizee des zweiten Buches vor allem als Abstützung des Beständigkeitspostulats und damit der Vernunftautonomie interpretieren läßt.

gerungen die Idee des historischen Fortschritts artikulieren. Dabei stecke ich mit der Untersuchung des Voltaireschen „Essai“ sowie Condorcets „Equisse“ zunächst den Rahmen ab, in dem sich auch die deutsche Geschichtsphilosophie der Aufklärung bewegt (Iselin), für dessen „utopische“ Transzendierung in der romantisch-idealistischen Geschichtsphilosophie sie jedoch zugleich die Voraussetzungen schafft. Das gilt sowohl für Kants unendliche Approximation an ein Menschen-, Staats- und Völkerrechtsideal als auch für Lessings virtuelles Absterben des Staates. Der Herdersche Historismus schließlich vereinigt konservative und „progressive“ Tendenzen und leitet insofern zur Problematik der romantisch-idealistischen Geschichtsphilosophie über.

Eine Zwischenstellung zwischen absolutistischer und aufklärerischer Geschichtsphilosophie, wobei erstere, wie gezeigt, nahezu ein Widerspruch in sich ist, nimmt Vico ein. Zwar geht auch Vico noch von der göttlichen Providenz aus, läßt diese aber im Gegensatz zu Bossuet in der immanenten Bewegung der Geschichte aufgehen. Entsprechend ist die Geburt Christi kein fundamentaler Einschnitt mehr. In der Reihe der kreisförmigen geschichtlichen Abläufe, die Vico konstruiert, markiert sie lediglich den Beginn eines neuen Zyklus. Ähnlich zwiespältig wie das Verhältnis von providentieller Lenkung und geschichtlicher Autonomie stellt sich die Relation von zyklischer und progressiver Geschichtsauffassung dar:

> Nur die Menschen selbst haben diese Welt der Völker geschaffen – dies war das erste unbestrittene Prinzip dieser Wissenschaft –, aber sie ist, ohne Zweifel, hervorgegangen aus einem Geist, der von den besonderen Zielen der Menschen oft verschieden, manchmal ihnen entgegengesetzt und immer ihnen überlegen ist; jene beschränkten Ziele hat er seinen höheren dienstbar gemacht und sie stets verwandt, um das menschliche Geschlecht auf dieser Erde zu erhalten.[44]

Auch die Heteronomie der Geschichte akzentuiert im Grunde ihre Autonomie. Selbst wenn die menschlicher Einsicht überlegene Vorsehung, die List der Vernunft, wie sie Hegel später nennen wird, andere Ziele verfolgt als die Menschen selbst, so sind diese doch geschichtsimmanent, nicht geschichtstranszendent, wie in der christlichen Geschichtsauffassung. Das Werk der Vorsehung, das Überleben der menschlichen Gattung zu sichern, also etwa aus dem Zustand der Barbarei einen der „ursprünglichen Einfachheit“ hervorgehen zu lassen und damit einen neuen Zyklus zu eröffnen, ist zugleich das Werk einer immanenten geschichtlichen Dialektik.[45] Der progressive Anspruch wird zwar einerseits zurückgeschraubt. Denn die Vorsehung intendiert keine Höherentwicklung, sondern lediglich die Erhaltung des menschlichen Geschlechts. Andrerseits jedoch scheint Vico gegen Schluß seines Werks einen sich zum Kreis zusammenschließenden Gesamtverlauf der Geschichte ins Auge zu fassen, der die sich wiederholenden Zyklen von corso und ricorso sprengt. Als Telos der Geschichte visiert er einen Staatenbund souveräner Staaten

[44] Giambattista Vico: Die neue Wissenschaft über die gemeinschaftliche Natur der Völker. Nach der Ausgabe von 1744 übersetzt von Erich Auerbach, Hamburg 1966, S. 225 f.

[45] Ebd., S. 225

an, der von sich aus zur Aristokratie tendiere und insofern „die Aristokratie der vereinigten Väter" erneuere, aber jetzt als Reich der „vollkommenen Humanität".[46] Diese Widersprüche zwischen Autonomie und Heteronomie der Geschichte, Kreislauf und Fortschritt kennzeichnen den Übergangscharakter der Vicoschen Geschichtsphilosophie.[47]

> Sie ist eine „vernünftig erschlossene zivile Theologie", halben Wegs zwischen Bossuet und Voltaire.[48]

Der Begriff der Geschichtsphilosophie, „philosophie de l'histoire", selbst ist eine, 1765 zum ersten Mal benutzte, Prägung des letzteren.[49] Die schnelle Verbreitung dieses Terminus fällt zeitlich zusammen mit der Wandlung des Begriffs „Geschichte" selbst. Der Plural „die Geschichte" (von den Singularen „das Geschichte" oder „die Geschicht") wird zum Kollektivsingular.[50] Analog wird der Begriff der „Historie" durch den der „Geschichte" verdrängt. Beide Vorgänge zeigen denselben Sachverhalt an. Die bloße Reihung von Ereignissen, die die Historie (in welchem Terminus das Moment der Geschichts*schreibung* vorwiegt[51]) um der moralischen Wirkung willen exemplarisch darbietet, wird zum einheitlichen Prozeß der Geschichte (deren Begriff das Geschehen selbst betont).[52] Damit verschwindet deren Exemplarizität:

[46] Vico: Neue Wissenschaft, S. 221 f.

[47] Das ist selbstverständlich nicht pejorativ gemeint. Abgesehen von der Fülle inhaltlicher Einsichten, besonders in frühgeschichtliche Epochen, die zum Teil erst durch die neuere Ethnologie und Mythenforschung eingeholt worden sind, ist Vico der erste, der die Selbständigkeit historischer Abläufe sowohl gegenüber anthropologischer, ja letztlich physikalischer Verankerung wie auch gegenüber einer heilsgeschichtlichen Einbettung herausgearbeitet hat. Voraussetzung dafür ist seine erkenntnistheoretische Fundierung der Geschichtsphilosophie, die – im Gegensatz zu Descartes' „cogito, ergo sum" – die Geschichte als „von den Menschen gemacht" bestimmt und darum „ihr Wesen in den Modifikationen unseres eigenen Geistes" beheimatet sein läßt (Vico: Neue Wissenschaft, S. 59).

[48] Löwith: Weltgeschichte, S. 128. – Rezeptionsgeschichtlich drückt sich die beschriebene Widersprüchlichkeit etwa darin aus, daß Vico einerseits als katholischer Apologet, als Jesuit attackiert, andrerseits von konservativen Katholiken verketzert wurde (ebd., S. 128).

[49] Vico hatte mit dem Begriff der „neuen Wissenschaft" seinen Anspruch sozusagen nur der Sache nach, nicht terminologisch angemeldet.

[50] Vgl. dazu wie auch zum folgenden Reinhart Koselleck: Historia Magistra Vitae, S. 196 ff.

[51] Wenn etwa in Leibniz' „Theodizee" von Geschichte, histoire die Rede ist, so ist die Geschichtsschreibung gemeint: „Das vornehmste Ziel der Geschichte sollte, wie das der Poesie, darin bestehen, Klugheit und Tugend an Hand von Beispielen zu lehren und das Laster in einer Gestalt zu zeigen, die Abscheu hervorruft und dazu nötigt oder dient, es zu meiden" (Gottfried Wilhelm Leibniz: Die Theodizee, Hamburg 1968, S. 211). Das Zitat macht zudem den Zusammenhang von szientifischer Bedeutung und exemplarischer Zielsetzung der „Geschichte" deutlich, die als „moralische Lehrkunst" (Koselleck: Historia Magistra Vitae, S. 204) an die Seite der Poesie tritt. Beides ändert sich in der späteren Aufklärung.

[52] Der griechische Begriff der ἱστορία umreißt in seinen Varianten lediglich einen Forschungsprozeß: Forschung – Kenntnis – Erzählung, besonders geschichtliche Darstellung. Das lateinische Lehnwort erweitert die Wortbedeutung auch auf die Ereignisreihe selbst,

Wird die Geschichte zu einer Veranstaltung der Erziehung des Menschengeschlechtes, dann verliert natürlicherweise jedes vergangene Beispiel an Kraft. Die je einzelne Belehrung geht in der pädagogischen Gesamtveranstaltung auf.[53]

Der Begriff der Geschichtsphilosophie ist zunächst gebunden an die Auffassung der Geschichte als eines autonomen Prozesses. Voltaires historiographisches Hauptwerk „Über den Geist und die Sitten der Nationen", dem er seinen Traktat „Zur Philosophie der Geschichte" als Einleitung voranstellte, ist zu einem nicht geringen Teil der impliziten und expliziten Auseinandersetzung mit Bossuets Beziehung der Weltgeschichte auf die Heilsgeschichte gewidmet. Das „Heilige in der Geschichte der Juden" will Voltaire so wenig als möglich berühren und sich allein an das Historische halten, weshalb er über das jüdische Volk mit derselben Unbefangenheit werde reden können wie etwa über die Skythen.[54] In der Auswahl der Parallele bereits ist dies ein Affront, der über eine bloße Ausklammerung der Heilsgeschichte hinausgeht. Denn die Skythen sind ja geradezu der Inbegriff eines barbarischen Volkes, und so heißt es denn auch über die Juden:

„Fast alles Menschliche in der Geschichte der Juden ist abscheulich, das Göttliche entzieht sich unserem schwachen Verständniß und das Eine wie das Andere verurtheilt uns zum Schweigen."[55]

Auch diese Kapitulation vor den unerforschlichen Ratschlüssen Gottes jedoch ist durch und durch ironisch. Voltaire wirft eine Reihe von aporetischen Fragen auf, die die göttliche Providenz ad absurdum führen, ohne daß dies jedoch, wie noch bei Lipsius, letztlich positiv interpretiert würde. Die Ausklammerung der Heilsgeschichte führt dazu, daß für sie nur die Ungereimtheiten und Abscheulichkeiten der Weltgeschichte übrig bleiben. Allein die Grausamkeiten und Fehler, die Moses auf dem Gewissen hat, begeht er als Werkzeug der Gottheit. Der theologische Rückbezug, bei Bossuet noch der Gipfel der Beglaubigung, wird zum Mittel ironischer Invektive. Voltaire wirft die Frage auf, warum Moses die Seinen nicht mit der Unsterblichkeit der Seele geschreckt habe wie die anderen zeitgenössischen Gesetzgeber und später Christus. Ein solches Versäumnis wäre für jeden gewöhnlichen Gesetzgeber ein niederschmetternder Vorwurf, aber er „verliert, wie sich von selbst versteht, jedes Gewicht, wenn es sich um eine Gesetzgebung handelt, die Gott der Herr selbst gegeben".[56] Dieser Verweis auf den göttlichen Erlaß, bei Bossuet ein a priori beglaubigter Rechtstitel, ist für Voltaire lediglich ein Mittel, jeglichen heilsgeschichtlichen Anspruch auszuschließen.

wobei jedoch, wie dann in den verschiedenen europäischen Sprachen, die Verwendung im alten Sinne überwiegt. Dagegen ist dem Wort „Geschichte" die Bedeutung der Geschichtsschreibung erst später zugewachsen – in Analogie zu „Historie" –, während etwa im Mittelhochdeutschen „geschiht", „geschihte" ausschließlich das Ereignis selbst bedeuten. Das Aufkommen der Geschichtsphilosophie macht diesen Prozeß rückgängig.

[53] Koselleck: Historia Magistra Vitae, S. 207

[54] Voltaire: Ueber den Geist und die Sitten der Nationen, Leipzig 1867, Bd. 1, S. 126

[55] Ebd., Bd. 1, S. 131

[56] Ebd.

Daher wendet er das Prinzip der kausalen Erklärung auch auf die Religionen an. Aus der Tatsache, daß der Koran wie alle anderen Religionen das Almosen-Geben empfohlen, ja über diese hinaus es zum Gesetze gemacht habe, wird gefolgert, „daß alle Religionen ihre Dogmen sowohl wie ihre Riten voneinander entlehnt haben".[57] Indem so das Christentum nur eine Religion unter anderen ist, kann es auch mit diesen verglichen werden, und solche Vergleiche schlagen des öfteren zu seinem Nachteil aus. Die Religion der Chinesen etwa, mit welchem Lieblingsvolk des 18. Jahrhunderts Voltaire im übrigen seine Darstellung beginnt und sie damit von der die Schicksale des jüdischen Volkes ins Zentrum stellenden heilsgeschichtlich motivierten Universalgeschichte abhebt, hat zwei Vorzüge, die sie über das Christentum erheben:

> „Die Lehre des Confutse ist nie, weder durch Wundersagen entehrt, noch durch Zänkereien und Blutvergießen besudelt worden."[58]

Die Abwendung von der Offenbarung in Richtung auf eine ausschließlich moralisch verstandene Religion ermöglicht es, letzten Endes auch die Moral von der Religion abzutrennen. Viele chinesische Gelehrte und Gebildete haben sich dem Materialismus in die Arme geworfen, aber ihre Moralität hat darunter nicht gelitten. Sie sind der Ansicht, daß der Glaube an einen Gott gar nicht erforderlich sei, um den Geboten der Tugend zu folgen. Überhaupt wissen wir im Grunde gar nicht, was Materie oder gar das Immaterielle ist, und so mag es genügen, überhaupt nur an ein höchstes Wesen zu glauben. So wird die Beziehung von Materialismus und Atheismus zwar nicht in der Schwebe gehalten – denn der erstere impliziert nicht notwendig den letzteren, schließt ihn aber natürlich auch nicht aus –, jedoch ist die Tendenz offenbar. Der Agnostizismus in bezug auf die Begriffe der Materie bzw. des Immateriellen verdünnt den deistischen Gott zu einer regulativen Idee der Moral.

Mit solcher Entpersönlichung wird natürlich auch dem theologischen Voluntarismus der Boden entzogen. Zwar versteht es sich von selbst, daß wir „an die wahren Wunder unsrer heiligen Kirche glauben ... und ebenso an die der Juden", denn schließlich sind es nur die Wunder anderer Völker, „die wir der Prüfung unsrer Vernunft unterwerfen; in allem was das Christenthum betrifft, beugt sich der Verstand der Offenbarung".[59] Jedoch: nicht nur der Erfahrung widerstreitet der Wunderglaube, sondern einem vernünftigen Gottesbegriff selbst. Denn wenn Gott die von ihm selbst gegebenen Naturgesetze umstieße, würde das natürlich nur zum besten der Natur geschehen, was implizierte, daß die Natur vorher eben nicht zum besten eingerichtet gewesen sei, was aber wiederum die göttliche Schöpfung ins Zwielicht brächte. Entweder hat Gott die Bedürfnisse seiner Welt von Anfang an erkannt, oder er hat sie nicht erkannt. „Im ersten Fall würde er von Anbeginn

[57] Voltaire: Ueber den Geist und die Sitten der Nationen, Bd. 1, S. 255
[58] Ebd., S. 206
[59] Ebd., S. 106 f.

darauf Rücksicht genommen haben, im zweiten Fall würde er aufhören, Gott zu sein."[60] So ist das verbale Bekenntnis zu den Wundern der Heilsgeschichte denn auch nur ironisch zu verstehen und hat vor allem die Funktion, die Geschichtsschreibung als einen autonomen Bereich der Wissenschaft gegen die Ansprüche der theologisch inspirierten Universalgeschichte abzusichern. Diese werden gewissermaßen zur Tür hinausgelobt. Die im Gegensatz zu denen Alexanders des Großen geringen Erfolge der Kreuzfahrer erklärt Voltaire kausal mit einem Mangel an militärischer Disziplin und diese mit dem „Geist der Unabhängigkeit", den das Feudalsystem in Europa hervorgebracht habe.[61] „Gleiche Verhältnisse bedingen gleiche Folgen", und ungleiche analog ungleiche.[62] Wie man in der Physik nur das glauben darf, was bewiesen ist, so „in der Geschichte nur, was die höchste Wahrscheinlichkeit für sich hat".[63] Die Differenzierung zwischen Physik und Geschichte drückt offenbar keinen fundamentalen wissenschaftstheoretischen Unterschied aus, etwa im Sinne der aristotelischen Trennung von theoretischen und praktischen Wissenschaften, sondern deutet, ohne den Wahrheitsanspruch aufzugeben, lediglich auf die Schwierigkeit von dessen Realisierung hin, insofern die kausale Erklärung geschichtlicher Ereignisse ja nicht experimentell überprüfbar ist und man infolgedessen meistens den gesunden Menschenverstand zu Hilfe nehmen muß.

Dieser szientifische Anspruch der Geschichtsphilosophie nun schließt Teleologie gleichwohl nicht aus. Diese jedoch ist bei Voltaire außerordentlich problematisch. Odo Marquard hat auf das komplizierte Verhältnis von aufklärerischer „Autonomiethese" und Theodizee hingewiesen.[64] Damit die Annahme einer autonomen Geschichte zur progressiven Geschichtsphilosophie werden kann, muß die Auffassung des Menschen als eines seinerseits autonomen Vernunftwesens (und entsprechend das Postulat einer offenen Zukunft) vorausgehen. Eine von transzendenten Bestimmungen unabhängige Geschichte hatten auch Macchiavelli und Hobbes postuliert, zugleich jedoch durch ihre anthropologische bzw. naturwissenschaftliche Verankerung die Möglichkeit des Fortschritts eliminiert. Und wenn die Leibnizsche Theodizee „die allgemeine Geschichte des Menschengeschlechtes", diesen „Roman des menschlichen Lebens", im göttlichen Verstande in toto enthalten sein läßt, so ist dieser frühaufklärerische Optimismus gewissermaßen vorgegeben.[65] Die Auseinandersetzung Voltaires mit der Leibnizschen Theodizee nun führt einerseits dazu, daß ihm die geschichtlichen Ereignisse in einem außerordentlich fatalen Licht erscheinen, andererseits dazu, daß sich gerade durch die Eskamotierung des heilsgeschichtlichen Aspekts, die Entlastung Gottes, jedenfalls die Möglichkeit eröffnet, die Geschichte als eine solche von moralisch autonom handelnden Menschen ver-

[60] Voltaire: Ueber den Geist und die Sitten der Nationen, Bd. 1, S. 108
[61] Ebd., Bd. 3, S. 16
[62] Ebd., S. 12
[63] Ebd., Bd. 1, S. 190
[64] Odo Marquard: Idealismus und Theodizee. In: Philosophisches Jahrbuch 73, 1965, S. 42
[65] Leibniz: Theodizee, S. 211

nünftig zu gestalten bzw. als eine solche aufzufassen. Die letztere Voraussetzung allerdings ist erforderlich. Die wissenschaftliche Fundierung der Geschichte auf eine invariante menschliche Psychologie, wie sie die Skeptiker Macchiavelli und Hobbes vorgenommen hatten, hatte ja auch Revolutionen zu stets wiederkehrenden Naturereignissen gemacht, nicht zu Momenten einer möglicherweise progredierenden historischen Entwicklung. Und umgekehrt hatte die Leibnizsche Theodizee jede Veränderung in den apriorischen göttlichen Verstand integriert. Für Voltaire nun ist die Welt schlimm, aber zum Guten veränderbar, nicht schlimm und letztlich unveränderlich wie bei Macchiavelli und Hobbes oder gut und unveränderlich wie bei Leibniz. Ist bei Bossuet gegenüber der Wandelbarkeit des irdischen Geschehens allein die Religion unveränderlich, so wird bei Voltaire das letztere gewissermaßen subjektiviert. Unveränderlich ist nicht mehr die Religion, sondern die Tugend:

> „Alles auf der Erde hat sich verändert – nur die Tugend bleibt immer dieselbe."[66]

Die menschliche Tugend, Vernunft bildet eine überhistorische Konstante, die sich, indem sie die Fesseln des Aberglaubens und des Despotismus allmählich abschüttelt, in der Geschichte sukzessiv ausbreiten soll.

Ob das letztere auch tatsächlich geschehen ist, dies beurteilt Voltaire sehr zurückhaltend. So kann denn auch keine Rede davon sein, daß die Idee der Höherentwicklung der Menschheit das die Voltairesche Geschichtsschreibung durchwaltende Prinzip sei. Die Hinweise auf den Fortschritt sind vielmehr punktuell und zumeist ambivalent. Daß diese Ambivalenz jedoch letztlich – und allerdings nur letztlich – doch zum Guten ausschlägt, dafür abschließend einige Beispiele. So zieht Voltaire etwa eine Linie fortschrittlicher Entwicklung, die man als das Frühstadium der Emanzipation des Bürgertums bezeichnen könnte. Die an sich beklagenswerte feudale Anarchie hat das unschätzbare Gut der Freiheit hervorgebracht, indem sie das Emporblühen der Städte ermöglichte (auch eine List der Vernunft), und dem Tyrannen Ludwig XI. „verdankt das Volk immerhin die erste Demüthigung der Großen".[67] Zwar sind die stehenden Heere ein bedauerliches Übel, aber immerhin haben sie dazu geführt, daß die Völker sich nicht mehr in die Kriege mischen und die Städte ihre Besitzer wechseln, ohne daß die Bürger in Mitleidenschaft gezogen würden, ein „Fortschritt", der Voltaires Option für den aufgeklärten Despotismus verständlich macht. Auch der ironische Fortschritt ist ein Fortschritt. Zwar: „mit welcher Langsamkeit, mit welcher Schwierigkeit civilisirt sich die Menschheit und vervollkommnet sich die Gesellschaft", aber immerhin tut sie es.[68] Und so resümiert Voltaire seinen „Essai":

> „Aus der vorliegenden Schilderung Europa's seit der Zeit Karls des Großen bis auf unsere Tage kann man leicht ersehen, daß dieser Welttheil jetzt weit volkreicher,

[66] Voltaire: Ueber den Geist und die Sitten der Nationen, Bd. 1, S. 158
[67] Ebd., Bd. 4, S. 19
[68] Ebd., Bd. 6, S. 193

> civilisirter, aufgeklärter und reicher ist, als damals, ja daß er selbst das alte Römerreich, wenn man Italien ausnimmt, bedeutend überragt."[69]

Bei der Entwicklung der Künste, Wissenschaften und Philosophie ist das ohnehin evident. Gleichwohl: trotz der Feststellung eines letztlichen Fortschritts ist die Voltairesche Geschichtsphilosophie vor allem kritisch-postulatorisch.

Dies wird deutlich, wenn man sie mit der späteren Konzeption Condorcets vergleicht.[70] Zwar steht dort vor allem der wissenschaftliche Fortschritt, wie schon der Titel (Esquisse d'un Tableau Historique des Progrès de l'Esprit Humain) ausweist, im Zentrum des Interesses. Doch verläuft dieser mit dem moralisch-politischen in etwa synchron. Sowohl die fortschrittliche Entwicklung der bisherigen Geschichte als auch die weitere unbegrenzte Perfektibilität der Menschheit sind für Condorcet selbstverständlich. Der unendliche Fortschritt ist vor allem ein mathematisches Problem. Condorcet exemplifiziert dieses an der durchaus erwarteten Möglichkeit der unbegrenzten Lebensdauer. Diese kann sein 1. die ständige Annäherung an einen unbegrenzten Umfang, der gleichwohl nie erreicht werden kann, 2. ein größerer Umfang als irgendeine bestimmte Größe. Eine Entscheidung dieser Alternative ist noch (!) nicht möglich.

Auf der Basis dieser Fortschrittsidee nun interpretiert Condorcet den Topos von der Historia als Magistra Vitae um. Auch Voltaire hatte diesem Topos Tribut gezollt, indem er etwa die Geschichte und entsprechend die Geschichtsschreibung als eine „Niederlage" (i. e. Niederlegung) bezeichnete, aus der man sich das zu eigen machen müsse, was einem zum Gebrauch dienen könne.[71] Indem nun Condorcet gegenüber Voltaire das Moment des Fortschritts akzentuiert und diesen als in Vergangenheit und Zukunft notwendig ausgibt, wird ihm die individuelle moralische Handlungsorientierung zum virtuell kollektiven technischen Verfügungswissen, dessen Erfolg gewissermaßen doppelt, sowohl empirisch als auch teleologisch garantiert ist. Condorcet entwirft das Programm einer Wissenschaft, die es erlaubt, „die Fortschritte des Menschengeschlechts vorauszusehen, zu lenken und zu beschleunigen".[72] Historizistische und sozialtechnische Momente verschränken sich. Condorcet konzipiert die Geschichtsphilosophie als Erfahrungswissenschaft, die die Aufgabe hat, „die Tatsachen zu sammeln und zu ordnen", und grenzt sie scharf von der spekulativen Philosophie der Griechen ab.[73] Die Sammlung und Ordnung

[69] Voltaire, Ueber den Geist und die Sitten der Nationen, Bd. 6, S. 273

[70] Den Prozeß, der zu solchen extremen Ausformulierungen des Fortschrittsgedankens führt, wie sie die Condorcetsche Geschichtsphilosophie darstellt, beschreibt Koselleck: Kritik und Krise, S. 105 ff. Dort wird vor allem der verschleiernde Charakter, die „Hypokrisie" der späteren Geschichtsphilosophie herausgearbeitet, die ihre objektiv revolutionäre Intention, indem sie sie als Entwicklungstendenz der Geschichte darstellt, zugleich legitimiert und verdeckt.

[71] Voltaire: Ueber den Geist und die Sitten der Nationen, Bd. 1, S. 183

[72] Jean Antoine Nicolas de Caritat Marquis de Condorcet: Entwurf einer historischen Darstellung der Fortschritte des menschlichen Geistes, Frankfurt 1963, S. 43

[73] Ebd., S. 39

der Tatsachen führt dann dazu, daß man das solcherart induktiv gewonnene Fortschrittsgesetz auch in die Zukunft projizieren kann. Daher kann Condorcet in dem obigen Zitat auch von „Voraussehen" sprechen. Mit diesem Historizismus jedoch verbindet Condorcet das Programm einer Sozialtechnik, die die zukünftige Entwicklung zu „lenken" vermag.[74] Diese Wissenschaft nun besteht in implizitem Gegensatz zur skizzierten historizistischen Geschichtsphilosophie darin, daß sie gesetzmäßige Ursache-Folge-Beziehungen zwischen Ereignissen beschreibt, daher die Folgen bestimmter Maßnahmen vorauszusehen erlaubt und insofern unter der Voraussetzung normativer Dezisionen ihre Selektierung ermöglicht. Wenn es etwa um die „natürlichen Rechte" des Menschen geht, so müssen die eventuellen Folgen bestimmter Gesetze exakt geprüft werden, damit dann diejenigen ausgewählt werden können, die die Menschenrechte optimal sichern.[75]

Dabei geht es auch um die Ausschaltung der später so genannten unbeabsichtigten Nebenfolgen. So muß man etwa bei der Beseitigung der faktischen Ungleichheit außerordentlich vorsichtig zu Werke gehen, denn allzu rigorose Versuche, sie zu beseitigen, würden nur zu noch größerer Ungleichheit führen. Die Ungleichheit hat nämlich natürliche Ursachen, die bei der Minderung ihrer Wirkungen auf jeden Fall in die Kalkulation einzubeziehen sind, um fatale Nebenfolgen zu vermeiden. Condorcet nennt Morus, Hobbes und Macchiavelli als Vertreter einer politischen Wissenschaft, die „in der Beobachtung und Voraussicht der Wirkungen besteht, welche Verfassung, Gesetze, öffentliche Einrichtungen auf die Freiheit der Völker, das Gedeihen und die Stärke der Staaten, die Bewahrung ihrer Unabhängigkeit und ihrer Regierungsform haben können".[76] Man vergleiche mit dieser unbefangenen Zusammenstellung von ihren Zielvorstellungen bzw. ihren staatstheoretischen Folgerungen nach extrem unterschiedlichen Autoren die Perhorreszierung besonders Macchiavellis durch Fürsten und Fürstenspiegel. Unter der Perspektive eines universellen Wissenschaftsanspruchs wird es offenbar unwichtig, wie sich die einzelnen Staatskonzeptionen inhaltlich ausformulieren, ebenso wie es offenbar unwichtig wird, ob die Festlegung von Kausalbeziehungen von den Institutionen ausgeht und deren Einfluß auf den Menschen darlegt, wie bei Morus, oder umgekehrt, wie bei Macchiavelli und Hobbes.[77] Die verwissenschaftlichte Ge-

[74] Daß sich diese beiden Programme, die Condorcet auf der Basis einer sensualistischen Ethik miteinander identifiziert – die Prognosen der Geschichtswissenschaft beruhen ebenso auf allgemeinen Gesetzen wie die der Naturwissenschaften (vgl. Condorcet: Entwurf, S. 345) –, widersprechen, ist evident. Denn die historizistische Gesetzmäßigkeit schließt, wenn sie ernst genommen wird und nicht etwa durch das Operieren mit einer unverbindlichen und nicht quantifizierbaren Wahrscheinlichkeit aufgeweicht wird, die Anwendung der Sozialtechnik, deren Gesetze ja lediglich bedingte Prognosen erlauben und die auf eine prinzipiell offene Zukunft angewiesen ist, aus. Zu diesem wissenschaftstheoretischen Problem vgl. vor allem Karl R. Popper: Das Elend des Historizismus, Tübingen 1973

[75] Condorcet: Entwurf, S. 377

[76] Ebd., S. 231

[77] Unter diesem Aspekt faßt im übrigen auch Habermas die genannten drei Autoren zusammen! (Vgl. dazu Habermas: Die klassische Lehre, S. 22 ff.)

schichtsphilosophie nimmt sowohl radikal utopische wie radikal antiutopische Konzeptionen in sich hinein.

Daß Condorcet vor allem auch auf die Wissenschaft als Instrument des Fortschritts abhebt, hat zur Folge, daß an diese besondere Ansprüche gestellt werden. An Forderungen nach ihrer Exaktheit kann er sich nicht genug tun. Ihre Sprache muß universell und unzweideutig sein und jedes Mißverständnis ausschließen, das Ideal ist die Sprache der Algebra, die Gesetzeshypothesen über die Auswirkungen von Institutionen sind tunlich unter Benutzung von Wahrscheinlichkeitskalkülen zu formulieren usw. Bei Condorcet geht – widersprüchlich genug – die Geschichtsphilosophie bereits über in Wissenschaftstheorie. In beidem überbietet er den Anspruch Voltaires. Wie dieser die Teleologie der Ausbreitung der Zivilisation nur sehr zurückhaltend artikuliert, so sind ihm auch Moral und Vernunft vor allem ein Organon der Kritik und entbehren durchaus des aktivistischen Pathos. Indem Condorcet beides verwissenschaftlicht, die Teleologie erfahrungswissenschaftlich absichert und die moralische Kritik in instrumentelles Handeln überführt, radikalisiert er sowohl den prophetischen als auch den aktivistischen Aspekt der Geschichtsphilosophie.

Entsprechend gehen auch seine staatstheoretischen Vorstellungen über die Voltaires weit hinaus. Durchaus im Sinne Rousseaus entwickelt er eine Theorie der unbeschränkten Volkssouveränität und spricht sich gegen die Staatsvertragstheorien aus. Denn diese Theorien von einem Pakt zwischen Herrscher und Untertanen hätten immer nur den Fürsten genutzt und zielten zudem nur auf Personen, nicht auf die öffentlichen Einrichtungen. Die bloß moralische Kritik geht über in das Postulat einer wissenschaftlich fundierten Transformation von Institutionen. Die Wendung zur „Wissenschaftstheorie" wird so auch von der Staatstheorie her erforderlich. Condorcet polemisiert gegen die amerikanische Verfassung, die „die Gleichheit der Rechte durch die Identität der Interessen ersetzt" habe.[78] Mag Condorcet auch an anderer Stelle, als es um die Sicherung bürgerlicher Interessen nach unten geht, die Einebnung der Ungleichheit im Sinne des Liberalismus von der „Freiheit des Handels und der Industrie" erwarten, dann nämlich, wenn die diversen Einschränkungen wegfallen, die „den ... Armen an seinen Geschäften hindern und seine geringen Kapitalien verschlingen", so entsprach es doch den Erfordernissen der revolutionären Entwicklung in Frankreich, zunächst einmal bestimmte Verfassungsinstitutionen gegen das absolutistische Willkürregiment gewaltsam durchsetzen und den Staat in diesem Sinne konstruieren zu helfen.[79] Die gesellschaftliche und staatliche Evolution im angelsächsischen Raum hatte demgegenüber einen nahtlosen Übergang der Gesellschaft in den Staat und entsprechend der Interessen in die Rechte postulieren lassen können. Diesen von Habermas beschriebenen Unterschied zwischen den englisch-amerikanischen und den französischen Naturrechtskonstruktionen deutet Condorcet in seiner Kritik an, und auch seine

[78] Condorcet: Entwurf, S. 295
[79] Ebd., S. 357

Parteinahme ist von daher verständlich.[80] Insgesamt stößt Condorcet sowohl mit seinen staatstheoretischen Vorstellungen als auch mit seiner geschichtsphilosophischen Prophetie wie auch mit seiner wissenschaftlichen Prognostik an Grenzen, die die Geschichtsphilosophie der deutschen Aufklärung, jedenfalls was die Kombination der verschiedenen Aspekte betrifft, nicht erreicht hat.

Schon gar nicht ist dies der Fall in Isaac Iselins „Philosophischen Muthmaßungen über die Geschichte der Menschheit", die hier für eine ganze Reihe von eher „populären" geschichtsphilosophischen Konzeptionen stehen mögen. Herders historistische Kritik an der Fortschrittsphilosophie nennt Iselin mit Voltaire in einem Atem, aber auch, wenn man die Iselinsche Konzeption von der utopischen Geschichtsphilosophie, also sozusagen von links, her betrachtet, rückt sie neben die Voltaires, wie ja auch beide Werke zeitlich nahe beieinander liegen. Wie Voltaire postuliert auch Iselin einen Fortschritt in der Geschichte, aber ebenso wie dieser formuliert er dies nur sehr vorsichtig. Zwar ist dem Menschen im Gegensatz zu dem Tier die Höherentwicklung naturgesetzlich vorgezeichnet und der Endzweck des Menschen ist die mit der Tugend einhergehende Glückseligkeit, aber die Realisierung dieses Endzwecks ist permanenten Rückschlägen unterworfen, und auch heute noch „werden wir bey den gesitteten Völkern von Europa noch gar zu vile Ueberbleibsel von Barbarey finden".[81] Zumal das gemeine Volk ist heute noch genauso barbarisch wie im Mittelalter. Der Fortschritt stellt sich dar als ein Prozeß permanenter Aufhellung der Seele zu Tugend und Glückseligkeit hin. Diese Konzeption der moralischen Läuterung der einzelnen Menschen hat mit einem wissenschaftlichen Institutionalismus etwa im Sinne Condorcets natürlich nichts zu schaffen. Wenn Iselin ebenso wie Condorcet vor allem auf den Fortschritt in den Bereichen der Wissenschaften und der Kultur abhebt und der politische Fortschritt darüber aus dem Blickfeld gerät, so hat dies gleichwohl einen ganz anderen Stellenwert. Während bei Condorcet die Wissenschaft ein Mittel institutioneller Änderungen ist, also unmittelbar in den Dienst politischer Zielsetzung tritt, dient sie bei Iselin vor allem der Bildung von Herz und Geist der Einzelnen. Verständlich daher, daß Iselin gegen die neueren Franzosen polemisiert und den institutionellen Rahmen des aufgeklärten Despotismus in keiner Weise sprengt. Ohnehin sind die treibenden Kräfte des Fortschritts die großen Menschen, und am Schluß des Werks wendet sich Iselin in direkter Anrede an die Fürsten:

> „Könige! Fürsten! Vorsteher der Völker! Euch hat der Himmel mit Ansehen und Ehre versehen, um die euch anvertrauten Völker zu dem Genuße der wahren Glückseligkeit zu führen" usw.[82]

Zwar ist diese Adresse nicht das letzte Wort, und Iselin erwägt durchaus, daß diese schmeichelnden Aussichten bloße Träume sein könnten und seine „bescheid-

[80] Vgl. Jürgen Habermas: Naturrecht und Revolution. In: J. H.: Theorie und Praxis, Neuwied und Berlin 1969, S. 52 ff.

[81] Isaac Iselin: Ueber die Geschichte der Menschheit, Frankfurt und Leipzig 1764, Bd. 2, S. 268

[82] Ebd., S. 291

ne Philosophie in den Cabinetern und in den Rahtsäälen (nicht) triumphierte".[83] Und so wendet er sich denn an die der Politik entsagenden „standhafte(n) Verehrer und Lieblinge der Wahrheit", die die eigentlichen Werkzeuge der Aufklärung seien.[84] Diese Aufklärung führt jedoch nicht, wie in der anschließend zu erörternden Kantischen Konzeption, zu institutionellen Transformationen, sondern lediglich dazu, daß die „Grossen, die Minister, die Demagogen (!)" angesichts der breiten moralischen Kritik „erröthen".[85] Und wenn sie erst einmal erröten, dann ist der Triumph der Wahrheitsfreunde nicht mehr weit. So stellt sich die ausschließlich personale Vermittlung von Moral und Politik, wie sie den aufklärerischen Staatsroman kennzeichnet, auch am Schluß dieser Geschichtsphilosophie wieder her. Erubescit, salva res est, zitiert Iselin Terenz und bezeichnet damit den unmittelbaren Umschlag des moralischen Betroffenseins des Herrschers in das Heil der Untertanen.

Von diesem Erbe des Staatsromans nun hat sich die Kantische Geschichtsphilosophie freigemacht, ohne jedoch dabei so radikale institutionelle Konsequenzen ins Auge zu fassen wie Condorcet. Diese Ambivalenz der Kantischen Geschichtsphilosophie ist im folgenden darzustellen. Wie in der Aufklärung überhaupt besteht bei Kant, jedenfalls was die Vorstellung des *letzten* Ziels der Geschichte betrifft – diese Einschränkung ist, wie im folgenden zu begründen sein wird, wichtig –, ein systematischer Zusammenhang zwischen Moralphilosophie und Geschichtsphilosophie. Die Nahtstelle zwischen beiden ist die Vorstellung einer (nur) unendlich approximativ zu verwirklichenden *„völlige(n) Angemessenheit* der Gesinnung zum moralischen Gesetze", die ihrerseits die oberste Bedingung des höchsten Gutes, der Übereinstimmung von Tugend und Glückseligkeit, ist.[86] Diese Konzeption einer sukzessiven, jedoch niemals ganz erreichbaren Durchdringung von Trieb und Vernunft, Natur und Freiheit (natürlich unter dem Primat der letzteren), die in der Moralphilosophie nur in bezug auf das Einzelwesen gefordert wird (daher neben den Postulaten der Freiheit und des Daseins Gottes auch das der Unsterblichkeit, da nur unter dieser Voraussetzung sich der einzelne Mensch der vollkommenen Glückswürdigkeit bzw. dem höchsten Gut unendlich nähern kann), wird nun in der Geschichtsphilosophie auf die Gattungsgeschichte des Menschen übertragen. Die solcherart resultierende, um einen Ausdruck von Habermas zu verwenden, inoffizielle Version der Kantischen Geschichtsphilosophie, die in ihrer Vermittlungskonzeption bereits auf die Identitätsphilosophie vorausweist, erleidet nun allerdings, sowohl, was die staats- und völkerrechtliche Ausformulierung der Zielvorstellung, als auch, was die Fundierung der Legalität auf die Moralität selbst angeht, mannigfaltige Brechungen.

Zwar sind die Wendungen gegen den Eudämonismus der Staatsromane sowie

[83] Iselin: Ueber die Geschichte der Menschheit, Bd. 2, S. 293
[84] Ebd.
[85] Ebd., S. 294
[86] Immanuel Kant: Kritik der praktischen Vernunft, Hamburg 1959, S. 140

deren Vorbild, den aufgeklärten Absolutismus, zahlreich. Das „imperium paternale", die *„väterliche Regierung"*, in der alles von der Gütigkeit des Monarchen abhängt, ist für Kant der „größte denkbare Despotismus".[87] Und gegen Mallet du Pan, einen Gegner der Französischen Revolution, der Popes Satz „Laß über die beste Regierung Narren streiten; die bestgeführte ist die beste" zustimmend zitiert hatte, bietet Kant seinen ganzen Sarkasmus auf. Ferner: gegenüber der „Achtung fürs *Recht* der Menschen", die eine unbedingte Pflicht ist, ist die „Menschenliebe" nur eine bedingte, denn mit der Moral im letzteren Sinne „(als Ethik) ist die Politik leicht einverstanden, um das Recht der Menschen ihren Oberen preiszugeben".[88] Überhaupt ist die Glückseligkeit als lediglich empirisch bestimmbar untauglich, einen Konstitutionsgrund der bürgerlichen Gesellschaft abzugeben. Wenn nun allerdings gegen derartige „ideologische" Motivationen die Freiheit als ein Prinzip der a priori gesetzgebenden Vernunft ausgespielt wird, so ist diese rechtliche Freiheit als „die Befugnis, keinen äußeren Gesetzen zu gehorchen, als zu denen ich meine Beistimmung habe geben können", nicht deckungsgleich mit dem Freiheitsgesetz der reinen praktischen Vernunft, für das die erstere allenfalls die Voraussetzung bildet.[89] Diese bezeichnet ein Recht der empirischen Person, der kategorische Imperativ eine Pflicht des intelligiblen Subjekts. Indem nun für die Staatstheorie allein die rechtliche Freiheit relevant ist, wird der geschichtsphilosophische Utopismus in einem solchen Maße restringiert, daß das letzte Ziel der Geschichte nur noch in einzelnen Hinweisen bzw. indirekt sichtbar wird.

Der Zweck der Natur, wie er in dem Aufsatz „Idee zu einer allgemeinen Geschichte in weltbürgerlicher Absicht" entwickelt wird, ist die vollständige Entwicklung der Naturanlagen ihrer Geschöpfe, also beim Menschen der Vernunft.[90] In-

[87] Kant: Theorie und Praxis, S. 88

[88] Kant: Zum ewigen Frieden, S. 168

[89] Ebd., S. 126. – Da die hier vorliegende Skizze der Kantischen Geschichtsphilosophie nur ein ideengeschichtliches Interesse verfolgt, konstatiere ich hier und im folgenden die Bruchstellen lediglich, um sie dann in einen historischen Bezugsrahmen zu stellen, ohne sie in ihren systematischen Implikaten weiter zu verfolgen.

[90] Hier sind zwei Naturbegriffe zu unterscheiden, Natur als Gegenstand empirischer Erkenntnis, deren apriorische Bedingungen die „Kritik der reinen Vernunft" darlegt, und Natur als Gegenstand der reflektierenden Urteilskraft, wie sie im zweiten Teil der „Kritik der Urteilskraft" diskutiert wird. Allein im letzteren Sinn ist hier von Natur die Rede. Die Geschichte ist weder Naturgeschichte im Sinne von Hobbes, der zwischen Geschichtserkenntnis und Naturerkenntnis keinen erkenntnistheoretischen Unterschied macht, noch in einer objektiven, womöglich providentiellen, Teleologie aufgehoben wie bei Leibniz. Zwar ist zu Anfang des Aufsatzes von „Naturgesetzen" die Rede, später jedoch nur noch von „Naturabsichten". Die Kausalität wird durch die (subjektive) Teleologie ersetzt. Daher scheint es mir auch nicht erlaubt, in diesem Zusammenhang von „Naturzwang" zu sprechen (Habermas: Strukturwandel, S. 125). Die (subjektive) Teleologie ist das Prinzip, das zwischen Kausalität der Freiheit und Kausalität der Natur vermittelt. Die Geschichtsphilosophie ist daher nicht Sache der theoretischen Vernunft, die sich in der Tat in die in der „Kritik der reinen Vernunft" aufgezeigten Antinomien verstricken würde, sondern Sache der reflektierenden Urteilskraft (vgl. Kant: Kritik der Urteilskraft, S. 11).

dem nun jedoch diese Vernunft analog dem Begriff der Freiheit den doppelten Sinn der Fähigkeit zu autonomer Tätigkeit und zu vollkommener Denkungsart hat, also sowohl konventionell anthropologisch als auch weitergehend moralisch interpretiert wird, ist es nur konsequent, daß sich diese Doppelheit auch in der staatsrechtlichen Ausformulierung der Zielvorstellung niederschlägt. Zudem vollzieht sich diese Entwicklung durch den Antagonismus der menschlichen Anlagen hindurch. Der Mensch ist weder von Natur aus allein gesellig, wie beim „Optimisten" Locke, der darin an die aristotelisch-scholastische Tradition anknüpft, noch allein ungesellig, wie beim „Pessimisten" Hobbes, vielmehr eignet ihm eine „ungesellige Geselligkeit".[91] Der Antagonismus dieser widerstreitenden Elemente erst bringt den Fortschritt, die Entfaltung der natürlichen Anlagen des Menschen hervor, jedes für sich würde zum Stillstand bzw. zum Chaos führen. Insofern stellt die Ungeselligkeit des Menschen die treibende, seine Geselligkeit die bewahrende Kraft dar.

Diesem, wie Habermas es überpointierend (vgl. Anm. 90) nennt, Naturzwang entspricht es nun, daß das von Kant formulierte staatstheoretische Ideal, an den späteren Synthesen gemessen, jeglichen Utopismus zurücknimmt. Zwar spricht Kant im Zusammenhang mit seiner Geschichtsphilosophie von „Chiliasmus", meint, daß erst die spätesten Generationen in dem Gebäude wohnen könnten, an dem alle vorhergehenden gebaut hätten, und bezeichnet schließlich den idealen Zustand des Staatensystems als einen Automaten, der sich selbst erhält, markiert also in allen diesen Bestimmungen eine Differenz zwischen Geschichte und Endzustand.[92] Zugleich jedoch ist dieser durchaus noch innergeschichtlich. Im Gegensatz zu späteren Konzeptionen, wie etwa denen des mittleren Hölderlin und Novalis', die das Prinzip der Ungeselligkeit, das identisch ist mit dem der Freiheit, in einer objektiven Harmonie aufheben, die jegliche Differenz in sich auflöst, hält Kant an dem Antagonismus von Bürger und Bürger wie auch von Bürger und Staat fest. Der vollkommene Staat ist derjenige, in welchem „*Freiheit unter äußeren Gesetzen* im größtmöglichen Grade mit unwiderstehlicher Gewalt verbunden angetroffen wird".[93] Das Gesetz bedarf also auch im vollkommenen Staat durchaus noch einer Instanz, die ihm auch Geltung verschafft. Denn „der Mensch ist ein *Tier, das,* wenn es unter anderen seiner Gattung lebt, *einen Herrn nötig hat*".[94] Dieser Herr nun „soll aber gerecht *für sich selbst,* und doch ein *Mensch* sein."[95] Die Vereinigung von absoluter Gerechtigkeit und Menschheit jedoch ist selbst Sache einer unendlichen und niemals abschließbaren Entwicklung. Und in der Tat: wenn sie abschließbar wäre, dann wäre mit der Möglichkeit eines idealen Herrschers, der zugleich ein vollkommener Mensch wäre, quasi ein Präzedenzfall für alle Bürger

[91] Kant: Idee zur einer allgemeinen Geschichte, S. 9
[92] Ebd., S. 16
[93] Ebd., S. 10
[94] Ebd., S. 11
[95] Ebd., S. 12

geschaffen, der die Existenz des Staates tendenziell überflüssig machen würde. Die absolute Synthesis von Gesetz und Freiheit würde, konsequent weitergedacht, beide abstrakt aufheben. Jedoch fällt Kant in gewissem Sinne auch hinter die Approximationsvorstellung zurück, die die Synthese immerhin noch anvisiert. Wenn er an dem prozessualen, antagonistischen Charakter auch des Ideals festhält, so demonstriert dies, daß sich die Dichotomie von Geselligkeit und Ungeselligkeit auch des Ideals selbst bemächtigt. So erscheint die zu Anfang des Kantabschnitts angesprochene unendlich approximative Synthese von Natur und Freiheit hier zugleich qua Synthese als Fluchtpunkt der Geschichte, wenn auch charakteristischerweise nicht der der Menschengattung schlechthin, sondern des Staatsoberhaupts, und qua unendlich approximativ als ein Argument zugunsten einer Sanktionsinstanz, die den Gesetzen allererst Geltung zu verschaffen geeignet ist. Die moralisch-geschichtsphilosophische Utopie wird abgebogen zugunsten einer Staatskonzeption, die in ihrer gesetzlichen Garantie der wechselseitigen Beschränkung der individuellen Freiheitsrechte sogar, ja gerade mit „einer Schar von keiner moralischen Motivation zugänglichen radikalen Egoisten" zu operieren vermag.[95a] Und ganz analog soll der moralische Enthusiasmus der die Französische Revolution publizistisch unterstützenden öffentlichen Meinung, der im „Streit der Fakultäten" als das hauptsächliche Indiz eines durchaus *moralischen* Fortschritts pointiert und vom Eigennutz der Reaktion ausdrücklich abgehoben wird (Kant spricht explizit davon, daß diese „Begebenheit unserer Zeit" die *„moralische* Tendenz der Menschengeschichte" beweise[95b]), gleichwohl kein „wachsendes Quantum der *Moralität* in der Gesinnung", sondern nur eine Vermehrung der Produkte der *„Legalität* in pflichtmäßigen Handlungen, durch welche Triebfeder sie auch veranlaßt sein mögen"(!), anzeigen und erzeugen.[95c]

Das Ideal ist selbst ein bloßes Mittel zur Entfaltung der menschlichen Anlagen. Das Zusammenwirken von Freiheit und Zwang faßt Kant in ein Bild: die Neigungen der Menschen tun in einer bürgerlichen Vereinigung die beste Wirkung, „so wie Bäume in einem Walde eben dadurch, daß ein jeder dem anderen Luft und Sonne zu benehmen sucht, einander nötigen, beides über sich zu suchen und dadurch einen schönen geraden Wuchs zu bekommen; statt daß die, welche in Freiheit und voneinander abgesondert ihre Äste nach Wohlgefallen treiben, krüppelig, schief und krumm wachsen."[96] So ist das Kantische Ideal einer *„allgemein das Recht verwaltenden bürgerlichen Gesellschaft"* der die private Konkurrenz zugleich

[95a] Karl-Heinz Ilting: Die Struktur der Hegelschen Rechtsphilosophie. In: Manfred Riedel (Hrsg.): Materialien zu Hegels Rechtsphilosophie, Frankfurt 1975, Bd. 2, S. 59

[95b] Kant: Streit der Fakultäten, S. 84. – Kursivierung von mir.

[95c] Ebd., S. 91. – Im Anschluß an die zitierte Stelle spricht Kant explizit vom „wohlverstandenen eigenen Vorteil", ja von der (ansonsten feudalen) Ehrliebe als solchen Bestimmungsgründen des Handelns, die trotz ihrer zweifelhaften moralischen Beschaffenheit den Bestand an Legalität erhöhen werden, weshalb auch „die moralische Grundlage im Menschengeschlechte (nicht) im mindesten vergrößert" zu werden braucht (ebd., S. 92).

[96] Ebd., S. 11

befördernde und gesetzlich regelnde liberale Rechtsstaat, eine durch und durch bürgerliche Utopie auch im historischen Sinn, die keine abschließenden Charakter hat, sondern auf die Zukunft hin offen ist.[97]

Ein derartiger Rechtszustand bereits ist für Kant ein lediglich annäherungsweise zu erreichendes Ideal. Im Gegensatz zu dem die Kantischen Restriktionen auflösenden Utopismus der Frühromantik, für die ein solches Ideal nur eine zu überwindende Verfallserscheinung ist, hat Kant offenbar weniger die Utopie als solche interessiert als die Möglichkeit ihrer Realisierung. Der Endzustand ist ohnehin nur perspektivisch interessant. Eher beiläufig etwa ist in dem Aufsatz „Mutmaßlicher Anfang der Menschengeschichte" davon die Rede, daß es „das letzte Ziel der sittlichen Bestimmung der Menschengattung sei", daß „vollkommene Kunst wieder Natur" werde, ein Gedanke, den dann Kleist später in seinem Marionettentheateraufsatz zu einem zugleich anthropologischen und geschichtsphilosophischen triadischen Schema ausbauen wird.[98] Aber auch in der staatsrechtlichen Auskristallisierung wird die indirekte Verwandlung der despotischen in eine republikanische Verfassung am Schluß des Aufsatzes „Was ist Aufklärung?" nur sehr vorsichtig anvisiert. Natürlich ist nach den Prinzipien der Moralität und des Rechts die republikanische Ordnung die einzig mögliche. Die „reine Republik", realisiert „als ein *repräsentatives System* des Volks", ist allein der Idee der Vernunft angemessen, wie es in der „Metaphysik der Sitten" und ähnlich in „Zum ewigen Frieden" heißt.[99] Die republikanische Verfassung jedoch bezieht sich allein auf die Regierungsart, nicht auf die Beherrschungsart, wie Kant weiter differenziert. Den drei Beherrschungsarten Monarchie, Aristokratie und Demokratie stellt er nämlich die zwei durch die Vereinigung bzw. Trennung von Legislative und Exekutive definierten Regierungsarten des Despotismus und der Republik gegenüber, so daß sich etwa eine republikanische Verfassung mit einer Monarchie durchaus vereinbaren läßt. Nun sind solche Disjunktionen gewiß fragwürdig, und eine republikanische Verfassung im Kantischen Sinn hätte die Monarchie des zeitgenössischen aufgeklärten Absolutismus gesprengt, gleichwohl zeigen sie, wie auch Kants Auslassungen zum Widerstandsrecht, das Bestreben an, zwischen Ideal und Wirklichkeit nicht nur praktisch, sondern auch theoretisch zu vermitteln.[100]

[97] Kant: Idee zu einer allgemeinen Geschichte, S. 10

[98] Immanuel Kant: Mutmaßlicher Anfang der Menschengeschichte. In: I. K.: Kleinere Schriften zur Geschichtsphilosophie, Ethik und Politik, Hamburg 1964, S. 58

[99] Kant: Metaphysik der Sitten, S. 170 bzw. Kant: Zum ewigen Frieden, S. 126 ff.

[100] In der Schrift „Zum ewigen Frieden" tritt denn auch nomenklatorische Verwirrung ein: „Ein Staat kann sich auch schon republikanisch *regieren*, wenn er gleich noch der vorliegenden Konstitution nach despotische *Herrschermacht* besitzt (Kant: Zum ewigen Frieden, S. 154). Statt „despotisch" müßte es den anderwärts getroffenen Unterscheidungen nach natürlich „monarchisch" heißen. Der Realisierungsanspruch jedoch stellt die ansonsten getroffenen staatsrechtlichen Disjunktionen beiseite, und der durch eine funktionierende gelehrte Öffentlichkeit kontrollierte Staat des aufgeklärten Absolutismus kann dann bereits republikanisch heißen. Der Schein der republikanischen Regierungsart ersetzt sozusagen ihr Wesen, um ihre (spätere) *Er*scheinung nicht zu gefährden.

Historische Agentur dieses Vermittlungsprozesses ist das von Kant prononciert vertretene Prinzip der Öffentlichkeit, des öffentlichen Raisonnements, der öffentlichen Diskussion. Ihm wird zugetraut, daß es das Volk schließlich auch zur republikanischen Verfassung reif macht, wenngleich das Abstreifen der Hülle des entfalteten Keims Sache der Regierung, nicht des Volkes, der Reform von oben, nicht der Revolution von unten ist. Die Regierung findet es zuträglich, „den Menschen, der nun *mehr als Maschine* ist, seiner Würde gemäß zu behandeln".[101] So wird auch hier die geschichtsphilosophische Zukunftsprognose sehr vorsichtig dosiert.

Diese Vorsicht schlägt sich auch in Kants Stellung zur Revolution nieder. Bekanntlich hat Kant die Französische Revolution begrüßt und sich im Gegensatz zu vielen anderen deutschen Intellektuellen auch niemals prinzipiell von ihr distanziert. Dies war ihm jedoch nur dadurch möglich, daß er die Revolution nicht als Revolution betrachtete. Indem nach Kants Ansicht Ludwig XVI. seine Gesetzgebungskompetenzen an die Ständeversammlung zedierte, stellte er selbst quasi den Naturzustand wieder her, auf dem diese dann rechtmäßig neu aufbauen konnte.[102] Solche „Kasuistik" prägt auch das bereits oben skizzierte Verhältnis Kants zum Widerstandsrecht. Durch den äquivoken Gebrauch von Herrscher und Souverän ist es ihm etwa in der „Metaphysik der Sitten" möglich, einerseits die Absetzbarkeit des Herrschers als bloßen Exekutors durch das gesetzgebende Volk als Souverän zu postulieren, andrerseits den Widerstand des Volks als Inbegriffs der Untertanen gegen den Herrscher als Souverän zu verbieten. Das hindert Kant jedoch nicht, gegen eine mögliche Beseitigung der revolutionären Institutionen durch die französische und europäische Konterrevolution heftig zu polemisieren. Die vollzogene Revolution ist sakrosankt. Indem sich der Fortschritt der Geschichte durch Revolutionen hindurch vollzieht, wird der staatstheoretisch bekämpfte Umsturz zugleich geschichtsphilosophisch eingeplant. Die Revolutionen jedoch sind beschränkt auf die quantitative Ausdehnung des Rechtszustands.

Es wurde oben bereits auf den restriktiven Charakter des Kantischen Ideals hingewiesen. Im Sinne des Liberalismus läßt es Kant mit der Rechtsgleichheit, mit der sich eine materielle Ungleichheit durchaus vereinbaren läßt, genug sein. Die Forderung der materiellen Gleichheit wird ersetzt durch die der Chancengleichheit.[103] Demgegenüber wird das Ideal des Rechtszustands quantitativ auf die ganze Erde ausgeweitet. Hatte das voluntative Völkerrecht des Absolutismus den äußeren Krieg als legitimes Mittel der Neutralisierung innerer Gegensätze betrachtet, so will Kant die Prinzipien einer republikanischen Staatsverfassung als gesetzliche (nicht dezisionistische) Regelung der Konkurrenz auf das Völkerrecht ausdehnen. Der Primat der Außenpolitik wird zur Weltinnenpolitik. Hatte Hobbes für das Verhältnis der Staaten untereinander ausdrücklich den Naturzustand proklamiert,

[101] Kant: Was ist Aufklärung?, S. 61

[102] Vgl. die Einleitung von Dieter Henrich zu Kant – Gentz – Rehberg: Über Theorie und Praxis, Frankfurt/Main 1967, S. 32

[103] Vgl. Kant: Theorie und Praxis, S. 89 f.

so soll bei Kant der Rechtszustand planetarischen Maßstab gewinnen. Moralphilosophie und Völkerrecht werden verknüpft. Wenn die Staaten, um ihre Kriege (sophistisch) zu rechtfertigen, gezwungen sind, auf das Recht zu rekurrieren, so beweist das „eine noch größere, obzwar zurzeit schlummernde, moralische Anlage im Menschen."[104] Das Ideal des zwischenstaatlichen Rechtszustandes ist wie das des innerstaatlichen die Republik, die Weltrepublik, in der das Recht der bürgerlichen Gesellschaft zum Weltbürgerrecht wird. Die Parallelität geht bis ins Detail. Wie die zunächst anarchische Konkurrenz der bürgerlichen Warenbesitzer der Entwicklung der menschlichen Naturanlagen und damit des Rechts förderlicher war als das idyllische Schäferdasein, so ist auch der Staatenkrieg der Vernunftidee zunächst gemäßer als etwa der unmittelbare Zusammenfall der Staaten in einer Universalmonarchie. Da die Weltrepublik jedoch ebenso wie die einzelstaatliche Republik ein Ideal bleiben muß, ist die Forderung des Tages der Friedensbund. So erfährt auch hier die Utopie politische Einschränkungen. Keineswegs dürfen die Philosophen Könige und die Könige Philosophen werden, wie Kant in einem zweiten Zusatz zum „Ewigen Frieden", betitelt „Geheimer Artikel zum ewigen Frieden", erklärt. Die Philosophen sollen danach eine Gesellschaft innerhalb des Staates bilden, aber, im Gegensatz zu den Freimaurerlogen, mit dessen Einverständnis. Ihre Maximen sollen sie dem Staat öffentlich zur Verfügung stellen, gewissermaßen als staatlich legitimierte Öffentlichkeit. Das Geheimnis ist nicht erzwungen, sondern legitim, aber eben noch Geheimnis. Die Selbständigkeit der politischen Sphäre bleibt als Schein erhalten.

Stets hält Kant im Gegensatz sowohl zur frühromantischen wie zur Hegelschen Geschichtsphilosophie an der Dialektik von subjektivem Bewußtsein und objektiver Entwicklung fest. In die Kantische Teleologie ist der subjektive Faktor eingeplant:

> Ein philosophischer Versuch, die allgemeine Weltgeschichte nach einem Plane der Natur, der auf die vollkommene bürgerliche Vereinigung in der Menschengattung abziele, zu bearbeiten, muß als möglich und selbst für diese Naturabsicht beförderlich angesehen werden.[105]

Die Geschichtsphilosophie wird selbst als ein Instrument der bürgerlichen Öffentlichkeit reflektiert. Sie beginnt nicht, wie Hegels Eule der Minerva, ihren Flug erst bei einbrechender Dämmerung, sondern ist die Künderin und zugleich Beförderin der Morgenröte zwar nicht der Revolution, aber der permanenten Reform.

Diese Dialektik hat die Kantische Geschichtsphilosophie mit der Lessings gemeinsam, die dann jedoch eine radikale utopische Richtung nimmt. Beide großen geschichtsphilosophischen Abhandlungen Lessings gelten der Ausbreitung und dem Fortschritt von Vernunft und Glückseligkeit, wobei beider Verhältnis im Gegensatz zu Kant durchaus noch unproblematisch ist. Die „Ernst und Falk" betitelten „Gespräche für Freimäurer" betonen bereits in dem „für" (statt etwa „über") des Untertitels ihren zugleich esoterischen und aktivistischen Charakter. Die Freimau-

[104] Kant: Zum ewigen Frieden, S. 132
[105] Kant: Idee zu einer allgemeinen Geschichte, S. 18

rerei ist nicht primär Gegenstand einer an ein allgemeines Publikum sich richtenden Untersuchung, vielmehr dienen die Dialoge zunächst der Selbstverständigung einer geheimen und politisch aktiven Vereinigung. Dabei jedoch wird das maurerische Geheimnis selbst zum Diskussionsgegenstand. Nachdem es zunächst in den zuerst entstandenden ersten drei Gesprächen verteidigt worden ist – die Freimaurer lassen einen Teil der Wahrheit sehen, gerade um die ganze zu verbergen; denn die Menschen vermuten immer etwas anderes, als sie sehen –, wird es vor allem im vierten Gespräch zum Problem. Lessing wendet sich scharf gegen die Verselbständigung des Geheimnisses, das nicht mehr politische Zielsetzungen verbergen, sondern private vertuschen soll. Gegenüber der Freimauerei als Selbstzweck hält er an der Universalität und Ubiquität der Aufklärung fest. Die Loge verhält sich zur Freimauerei „wie die Kirche zum Glauben".[106]

Der Grund für diesen Verfall ist (scheinbar paradox) das Eindringen der Freimaurerei in den Staat, die Okkupation stattlicher Machtpositionen durch Freimaurer:

> (Wenn die Freimaurer selbst) Gesetze machen oder handhaben ..., wenn sie also ... von dem Staate nichts zu befürchten haben, was, denkst Du, wird eine solche Verfassung für Einfluß auf sie selbst haben? Gerathen sie dadurch nicht offenbar wieder dahin, wovon sie sich losreißen wollten?[107]

Die Freimaurerei wird von ihrer vergänglichen historischen Erscheinungsform getrennt und aus ihrem gegenwärtigen Verfall auf ihre Transsubstantiation geschlossen. Analog bleibt in der „Erziehung des Menschengeschlechts" die Vernunft, Moralität in den verschiedenen Formen ihrer Realisierung identisch. Sie unterliegt bis zu ihrer schließlichen Autonomie im neuen und ewigen Evangelium lediglich einem pädagogischen Entfaltungsprozeß. In den ersten Zeiten des Christentums ist die Vernunft als „facit", Resultat einer Rechenaufgabe, gegenwärtig, deren rückwärtige Explikation den Schülern aufgegeben ist.[108] Die Freimaurerei ist gleich ursprünglich mit der bürgerlichen Gesellschaft.

Damit kommt Lessing zum sozusagen ewigen und bis zur Entstehung des Staates selbst zurückverfolgten Dualismus von Moral und Politik. Dieser wird nun gegenüber Kant utopisch verschärft. Wie oben ausgeführt, wird die weitestgehende utopische Konzeption Kants, nämlich die des Übergangs der vollkommenen Kunst in eine neue Natur, nur en passant erwähnt, ist kein tragendes Motiv, ansonsten seine Ideale in der Sphäre des Rechts angesiedelt sind. Das Recht vermittelt gewissermaßen zwischen Moral und Politik. Dagegen ist bei Lessing der Staat auch und vor allem ein Herd der Infektion. Daher die obige Warnung, sich, jedenfalls unter den gegenwärtigen Bedingungen, mit ihm einzulassen. Zwischen Freimaurer und Bürger unterscheidet Lessing:

> (Mit den unvermeidlichen Übeln des Staates) gibt sich der Freimäurer niemals ab,

[106] Gotthold Ephraim Lessing: Werke, Berlin o. J. (Hempelsche Ausgabe), Bd. 18, S. 174
[107] Ebd., S. 174 f.
[108] Ebd., S. 214

> wenigstens nicht als Freimäurer. Die Linderung und Heilung dieser überläßt er dem Bürger.[109]

Das Ziel der Freimaurerei ist nicht die – durchaus als notwendig anerkannte – Reform des Staates, sondern seine Abschaffung. Im zweiten Gespräch werden die prinzipiellen Nachteile auch eines noch so vollkommen gedachten Staates namhaft gemacht, die sich mit den „Vorzügen" des in der politischen Theorie Kants aufgestellten Staatsmodells berühren. Die „bürgerliche Gesellschaft ... kann die Menschen nicht vereinigen, ohne sie zu trennen", was Kant selbst zum idealen Prinzip gemacht hatte.[110] Die Teilung in verschiedene Staaten und Religionen sowie die ständische Gliederung des Staates in sich haften der staatlichen Organisation als Geburtsfehler an. Daher muß der hierarchisch gegliederte Bienenstaat durch die egalitäre „Gesellschaft" der Ameisen ersetzt werden, in der keine der anderen übergeordnet, keine der anderen hinderlich ist und jede der anderen hilft. Wie zwischen Freimaurer und Bürger wird zwischen wahren und guten Taten unterschieden. Die wahren Taten sollen die guten Taten, d. h. die Aufhebung des Staates seine Reform überflüssig machen. Das ist natürlich gebunden an die subjektive Moralität. Nur wenn jeder sich selbst regiert, braucht er nicht mehr regiert zu werden.

Nun bleibt diese Vorstellung jedoch, analog der Kantischen und im Gegensatz zur frühromantischen Geschichtsphilosophie, ein niemals ganz zu realisierendes Ideal. Die Arbeit an diesem Ideal, seine sukzessive, obgleich niemals vollendbare, Realisierung, ist die Aufgabe der Freimaurer, und insofern lenkt Lessing in seinen praktischen Folgerungen zu reformistischen Vorstellungen zurück. Allerdings ist die „Reform" eben Sache der Internationale der Freimaurer, einer von den Staaten dualistisch abgespaltenen Sondergesellschaft, die in sich die Utopie quasi vorwegnehmen soll. Auch im Postulat der partiellen Reform hält Lessing noch am Dualismus von Moral und Politik fest. Gegen den Verdacht einer aktivistischen Machtergreifung verwahrt er sich:

> Der Freimäurer erwartet ruhig den Aufgang der Sonne und läßt die Lichter brennen, so lange sie wollen und können – Die Lichter auslöschen und, wenn sie ausgelöscht sind, erst wahrnehmen, daß man die Stümpfe doch wieder anzünden oder wol gar andre Lichter wieder aufstecken muß, das ist der Freimäurer Sache nicht.[111]

Wie die Kantische hebt die Lessingsche Geschichtsphilosophie auf eine langsame Höherentwicklung ab, im Unterschied zur ersteren jedoch behält sie den Zeitpunkt und Zielpunkt des Absterbens des Staates, seine Ablösung durch eine „freie Assoziation", wie man es später nennen wird, fest im Auge und ist von daher motiviert. Chiliastische Konzeptionen, wie die des neuen und ewigen Evangeliums in der „Erziehung des Menschengeschlechts", bleiben an den unendlichen Progreß gebunden, denn bei der Abfolge der Stufen handelt es sich ja nicht, wie später in der

[109] Lessing: Werke, Bd. 18, S. 162
[110] Ebd., S. 158
[111] Ebd., S. 176

frühromantischen Geschichtsphilosophie, um Umschläge der Extreme ineinander, sondern um eine sukzessive Entfaltung der mit sich identischen Vernunft, um eine stetige Höherentwicklung. In der Betonung des subjektiven Faktors, der identisch ist mit Moralität und Vernunft, sowie des allmählichen Fortschritts ist die Geschichtsphilosophie Lessings der Kants verwandt, in der Akzentuierung der Utopie der frühromantischen. Strukturell ist sie also gewissermaßen auf halbem Wege.

Faßt man allein das Moment der utopischen Intention ins Auge, so scheint die Herdersche Geschichtsphilosophie mit der frühromantischen noch weniger gemein zu haben als die Kantische oder Lessingsche. Das hieße jedoch die komplizierte Struktur der frühromantischen Utopie verkennen. Davon aber später. Zu Lessings „Ernst und Falk" hat Herder eine „Fortsetzung" geschrieben, die die Voraussetzungen der Lessingschen Gespräche großenteils wörtlich wiederholt, in ihren Folgerungen jedoch charakteristisch abweicht.[112] Die Freimaurergesellschaft wird ersetzt durch „die Gesellschaft aller denkenden Menschen in allen Welttheilen", die Gelehrtenrepublik.[113] Esoterik und Aktivismus werden weiter zurückgeschraubt, die indirekte Wirkung betont. Zudem geht es nicht um die Abschaffung des Staates, sondern um den „großen, edlen Bau der Humanität", der sich verselbständigt.[114] Zunächst ist die Humanität nur „Antrieb", schließlich Selbstzweck.[115] Damit geht einher die Objektivierung des Geschichtsprozesses. Die Beförderer der Humanität brauchen, ja sollen sich nicht kennen, geschweige denn daß sie untereinander konspirierten. Die Realisierung des Zieles wird so der im objektiven Geschichtsprozeß sich quasi von selbst akkumulierenden Summe einzelner Bestrebungen überlassen.

Was im übrigen die Aufweichung utopischer Zielvorstellungen angeht, so ist das Verhältnis Schillers zu Kant dem Herders zu Lessing strukturell ähnlich, jedenfalls gilt dies für den Schiller der „Ästhetischen Briefe", nicht für den der „Schaubühne". Spricht Schiller in dem letzteren Aufsatz, von einem scharfen Dualismus von Moral und Politik ausgehend, dem Theater unmittelbare politische Gerichtsbarkeit zu, so gehen die „Ästhetischen Briefe" den umgekehrten Weg vom Reich der Vernunft zum Reich der Kunst. Dazwischen liegt die Erfahrung der Französischen Revolution. Daher soll der „Naturstaat" nicht, wie dort postuliert, unmittelbar in einen „sittlichen" verwandelt werden, sondern auf dem Umweg über die ästhetische Erziehung des Menschen.[116] Im Verlaufe der Briefe jedoch verschiebt sich bekanntlich diese Exposition. Der „ästhetische Staat" löst sich aus seiner vermittelnden Funktion und wird zum Selbstzweck.[117] Das Problem der Di-

[112] Die verschiedenen anderen Freimaurergespräche Herders haben keine geschichtsphilosophische, sondern nur historische Thematik.

[113] Johann Gottfried Herder: Werke, Berlin o. J. (Hempelsche Ausgabe), Bd. 13, S. 117

[114] Ebd., S. 119 [115] Ebd.

[116] Schiller: Sämtliche Werke, Bd. 5, S. 574 ff.

[117] Ebd., S. 667. – Vgl. dazu Richard Kroner: Von Kant bis Hegel, Tübingen 1961, Bd. 2, S. 50. Zum Schaubühnenaufsatz vgl. im übrigen Koselleck: Kritik und Krise, S. 82 ff.

chotomie von Natur und Freiheit, das Kant lediglich zur Postulierung des Rechtsstaats kommen ließ, glaubt Schiller im ästhetischen Staat aufgelöst zu haben. Dieser jedoch enthüllt sich (mit Recht) als Fiktion. Der ästhetische Staat wird zur bloßen Metapher und verwandelt sich unvermerkt in das „Reich des schönen Scheins".[118] In diesem allein „wird das Ideal der Gleichheit erfüllt, welches der Schwärmer so gern auch dem Wesen nach realisiert sehen möchte."[119] Ästhetischer Schein wird zur Draperie politischer Versagung. So ist es nur folgerichtig, wenn er vor allem in „auserlesenen Zirkeln" und „in der Nähe des Thrones" reift.[120] Der Idealstaat wird zur privaten Beschäftigung ästhetisierender Eliten. Die politische Sphäre wird von der Kunstsphäre aufgesogen. Vom sittlichen Staat ist nicht mehr die Rede. Insofern präfiguriert Schiller bereits den frühromantischen Utopismus.

Gegenüber diesem Abgleiten der ursprünglichen utopischen Konzeption erscheint die Position Herders durchaus konsequent. Der Dissoziation der Bestrebungen und Objektivierung des Prozesses in dem Freimaurergespräch entspricht der Historismus seiner geschichtsphilosophischen Schriften. Herders Traktat „Auch eine Philosophie der Geschichte zur Bildung der Menschheit" richtet sich implizit und explizit gegen den geschichtsphilosophischen Fortschrittsgedanken, speziell französischer Provenienz, was jedoch nicht ausschließt, daß sich die Idee der allmählichen Höherentwicklung auch in der Herderschen Geschichtsphilosophie in eigentümlich modifizierter Form findet. Generell durchkreuzen sich die Tendenz, die Gegenwart als Niedergang zu begreifen, und der Gedanke des Fortschritts, die sich schließlich in der historistischen Relativierung jedes Ereignisses begegnen. Deutlich wird diese Struktur etwa aus der kritischen Konfrontation von Gegenwart und Patriarchenzeit zu Beginn des Traktats. Die Gegenwart ist nicht ein Durchgangsstadium zu einer höheren Entwicklungsstufe, sondern ein „Jahrhundert des Verfalls", und wird als solches dem Zeitalter der Patriarchen gegenübergestellt.[121] Aufschlußreich besonders die Metakritik der Ideologiekritik, die Herder von seiner historistischen Position aus übt. Hatte Voltaire vom Standpunkt der *einen* Vernunft her[122] deren Ausbreitung besonders durch die betrügerische und heuchlerische Priesterschaft behindert gesehen, so wird dies von Herder historisch relativiert. Gegen Voltaire und Helvétius, die er in einer Fußnote nennt, schreibt er der Religion als dem *„‚Element,* in *dem das Alles lebt' und webte'"* einen bestimmten

[118] Schiller, Sämtliche Werke, Bd. 5, S. 668
[119] Ebd., S. 669
[120] Ebd.
[121] Herder: Werke, Bd. 21, S. 136
[122] Die abstrakte Allgemeinheit, in die sich die vielfachen historischen Abschattierungen der der Begriffe (jedenfalls in Frankreich) zusammenzogen, war, wie schon Hegel gesehen hat, sozusagen die sprachliche und philosophische Vorbedingung der bürgerlichen Revolution: „Es war die große Zeit der Singularisierungen, der Vereinfachungen, die sich sozial und politisch gegen die ständische Gesellschaft richteten: aus den Freiheiten wurde die Freiheit, aus den Gerechtigkeiten die eine Gerechtigkeit, aus dem Fortschreiten (les progrès im Plural) der Fortschritt, aus der Vielzahl der Revolutionen „La Révolution"" (Koselleck: Historia Magistra Vitae, S. 205).

historischen Stellenwert zu.[123] Die Theologie hat notwendig „die älteste Philosophie und Regierungsform" sein müssen, denn „der Mensch *staunt* Alles an, ehe er sieht, kommt nur durch *Verwunderung* zur *hellen Idee* des Wahren und Schönen, nur durch *Ergebung* und *Gehorsam* zum ersten Besitz des Guten."[124] Für „*unsern philosophischen Welttheil,* für unsere gebildete Zeit, für unsere freidenkende Verfassung" allerdings mag derlei Religionsgefühl schändlich und schädlich sein, aber sein Aufkommen ist ja eo ipso „*gar unmöglich.*"[125] Das moralisch motivierte ideologiekritische Verdikt wird ersetzt durch die historische Argumentation, die die Ideologiekritik ihrerseits als unhistorisch kritisiert. Aber auch die mit an Stolberg erinnernden Antithesen arbeitende Verfallstheorie („*Weisheit* statt Wissenschaft, *Gottesfurcht* statt Weisheit, *Eltern-*, *Gatten-*, *Kindesliebe* statt Artigkeit und Ausschweifung" usw.) wird historistisch abgebogen.[126]

Dabei jedoch entfalten sich Motive, die dann später in der frühromantischen Geschichtsphilosophie zwar nicht ihrem geschichtsphilosophischen Stellenwert, aber ihrem Inhalt nach eine gewichtige Rolle spielen werden. Die Neuzeit wird inauguriert durch mechanische Erfindungen und ist selbst mechanisch. Der durch die zunehmende Mechanisierung des Lebens verursachten Entfremdung des Menschen von seiner Umwelt entspricht die maschinelle Organisation des Staates:

> Es ward *Maschine,* und die Maschine regiert nur *Einer.*[127]

Politische Kritik am absolutistischen Staat und „konservative" Kulturkitik verschränken sich, wie später in der Frühromantik. Umgekehrt wird der Extensität der internationalen rechtlichen (nicht Aufhebung, sondern) Regelung des Dualismus von Moral und Politik, wie sie Kant als Ideal aufstellt, die Intensität ihrer nationalen Synthesis entgegengesetzt. Die Frühromantik wird dann auch die nationale Beschränkung, die bei Herder Bedingung der Durchdringung von Moral und Politik in einer objektiven Sittlichkeit ist, utopisch aufheben.

Dem historischen Blick rücken Politik und Zivilisation, die etwa Voltaire antithetisch gegeneinander ausgespielt hatte, zusammen. Absolutismus und Aufklärung werden miteinander identifiziert. Dabei gelingen Herder erstaunliche Einsichten. Er spottet über das europäische Gleichgewicht und die „*leidenschaftslosen* Kriege" und kennzeichnet damit präzise die Funktion der absolutistischen Außenpolitik;[128] bei Barclay ist nur der äußere Krieg nüchtern, sobrius, und das ist gegenüber dem leidenschaftlich geführten „trunkenen" Bürgerkrieg durchaus ein Positivum. Der letztlich „identitätsphilosophische" Impuls Herders läßt ihn zu einer Umwertung kommen. Der Ausgrenzung einer außenpolitischen Sondersphäre politisch-rationaler Entscheidungskompetenz, die ihre Maximen ausschließlich aus sich selbst be-

[123] Herder: Werke, Bd. 21, S. 142
[124] Ebd.
[125] Ebd.
[126] Ebd., S. 137
[127] Ebd., S. 185
[128] Ebd., S. 198

zieht, entspricht im Inneren die ausschließlich Kriterien der Zweckrationalität gehorchende „mechanische" Verwaltung des Staates. Beides ist für Herder ein Zeichen der Entfremdung. Indem er diese jedoch totalisiert, trifft er mit dem absolutistischen Staat zugleich die bürgerliche Gesellschaft. Die aufklärerische Kritik ist ihm selbst nur ein Indiz des neuzeitlichen Sündenfalls der Trennung von Theorie und Praxis:

> Statt daß in den alten Zeiten der philosophische Geist nie *für sich allein* bestand, von *Geschäften* ausging und zu *Geschäften eilte*, also auch nur Zweck hatte, *volle, gesunde, wirkende Seelen* zu schaffen, seit er *allein* steht und *Handwerk* geworden – ist er *Handwerk.*[129]

Ob sich daher die von der Praxis abgespaltene Theorie in jener wiederum durchzusetzen vermag, wird füglich bezweifelt. Die durch den Absolutismus erzwungene Trennung von Theorie und Praxis wird auf das Schuldkonto der gesamten Neuzeit geschrieben – und damit auch der Aufklärung, die, aus jener entstanden, sie zugleich zu überwinden sucht. Dieses jedoch ist ihr nach Herder gerade auf Grund ihrer abstrakten Allgemeinheit nicht möglich. Scharfsichtig kritisiert er die aufklärerischen Singularisierungen: Menschheit, Vernunft, Humanität. Die zugleich allgemeinen und dualistischen Begriffsbildungen der Aufklärung, die etwa die Kantische und Lessingsche Geschichtsphilosophie prägen, werden historisch und pragmatisch relativiert. Mögen die aufklärerischen Allgemeinheiten für alle Völker und alle Zeiten gelten und taugen, in einem Volk jedenfalls lassen sie sich schwerlich in die Praxis umsetzen.

Daher entspricht dem geschichtsphilosophischen Historismus Herders ein politischer Empirismus. Bei den Alten herrschten „lauter *Erfahrung, That, Anwendung des Lebens* in dem *bestimmtesten* Kreise."[130] Die antithetischen Begriffsbildungen der Aufklärung, in denen der eine Begriff den anderen ausschließt (Politik und Moral usw.), verschieben sich zu Dualismen, in denen der eine Begriff den anderen und dessen Gegenteil unter sich befaßt. Wenn Herder etwa Verstand und Leben einander entgegensetzt, so hebt der Begriff des Lebens die Allgemeinheit des Verstandes und die Einzelheit der Wirklichkeit in sich auf.

Herders Historismus ist das Produkt der Dialektik von utopischer Sehnsucht nach Überwindung jeglicher Entfremdung einerseits, gleichwohl festgehaltenem Fortschrittsgedanken andrerseits. Dabei ist der letztere eher ein Postulat, als daß er am Gang der Geschichte selbst verifiziert würde. Zwar heißt es gut Lessingsch, daß „*Verfeinerung* und *läuternder Fortgang* der *Tugendbegriffe* aus den *sinnlichsten Kindeszeiten hinauf durch alle Geschichte*" offenbar sei.[131] Wo das jedoch konkretisiert wird, bekommt die Darstellung zugleich einen ironischen, ja bitteren Klang:

> Wir werden Alle – durch *einerlei Erziehung, Philosophie, Irreligion, Aufklärung, Laster* und endlich, zur Zugabe, durch *Unterdrückung, Blutdurst* und *unersättliche*

129 Herder: Werke, Bd. 21, S. 186
130 Ebd., S. 194
131 Ebd., S. 222

> *Habsucht,* die schon die Gemüther *weckt* und zum Selbstgefühl *bringt,* werden wir Alle – Heil uns, und nach vielen Unordnungen und Elende, *Heil uns!* was unsre Philosophie so rühmt und anstrebt – *Herr* und *Knecht, Vater* und *Kind, Jüngling* und die fremdeste *Jungfrau,* wir Alle werden *Brüder.*[132]

Indem die Menschheitsphilosophie der Aufklärung mit der politischen Abhängigkeit zugleich die familiare Intimität und damit offenbar auch die Sitte überhaupt zerstört, eignet ihr eine spezifische Ambivalenz. Die Idee des Fortschritts nimmt Züge des Trotzes und der Verzweiflung an. Herder wendet sich sowohl gegen naiven Optimismus wie gegen radikale Skepsis. In der Geschichte soll Fortschritt herrschen und auch wiederum nicht. Verständlich, daß hier nur das Durchhauen des Knotens hilft. Herder bedient sich dabei eines verselbständigten Begriffs von Entwicklung, den er in Naturmetaphern ausdrückt. Er vergleicht die Geschichte dem Lauf eines Stroms von der Quelle bis zur Mündung, einem wachsenden Baum, schließlich dem Leben des einzelnen Menschen. Die Geschichte hat keinen ihr äußerlichen Inhalt, Vernunft, Moral, Humanität, sondern der Sinn der Geschichte ist die Geschichte selbst. Mit der Analogie der Geschichte zur Natur wird zugleich die Theodizee restituiert, wenngleich die Vorsehung – wie bei Vico – hier und auch in den späteren „Ideen zur Philosophie der Geschichte der Menschheit" zu einem der Geschichte immanenten Prinzip wird. Die subjektive Teleologie Kants wird durch eine objektive ersetzt, die sich über die Köpfe der handelnden Menschen hinweg durchsetzt. Der *„größere Plan Gottes im Ganzen"* ist diesen nicht durchschaubar, allenfalls dem *„Zuschauer* im *rechten Gesichtspunkte* und in *ruhiger Abwartung des Folgeganzen."*[133] Die Geschichte ist sinnvoll, aber nicht verständig. So werden auch Revolutionen nicht herbeigeführt, sondern sind, entsprechend dem älteren Sprachgebrauch, Naturereignisse. Wie in der Natur ist in der Geschichte alles zugleich Mittel und Zweck. Wie diese ist sie das All-Lebendige, das in seiner Totalität allein Gott offen liegt, ein Drama, eine Epopöe Gottes. Man vergleiche damit die Deduktion aus dem Sittengesetz, wie sie Kant vornimmt.

In den späteren „Ideen zur Philosophie der Geschichte der Menschheit" sind die Akzente zwar verlagert, die Struktur jedoch ist die gleiche. „Der Mensch allein ist im Widerspruch mit sich und mit der Erde", sagt Herder dort, in Kants Worten: ein Bürger zweier Welten.[134] Insofern ist ihm das teleologische Prinzip immanent. In der Geschichte, deren Gesetze mit der Stringenz der Naturerkenntnis erkannt werden können und aus deren Entwicklung, wie in dem früheren Traktat, göttlicher Voluntarismus dezidiert ausgeschlossen wird, realisiert sich die Humanität. Vernunft und Billigkeit sind die Prinzipien, die sich im Staatsrecht allmählich durchsetzen. Der Mensch lernt aus seinen vergangenen Fehlern und macht es in Zukunft besser. Mit dem allen, besonders mit der Akzentuierung des subjektiven Faktors, scheint der Fortschrittsgedanke restituiert zu werden. Nun wird dieser

[132] Herder: Werke, Bd. 21, S. 224
[133] Ebd., S. 207
[134] Ebd., Bd. 9, S. 194

gewiß in der späteren Schrift, die weniger negativ als positiv orientiert ist, nicht gegen naiven und hypertrophen Fortschrittsglauben polemisiert, sondern das Material der natur- und menschheitsgeschichtlichen Entwicklung selbst ausbreitet, schärfer herausgearbeitet als in der früheren. Zugleich jedoch wird er auch hier statisch uminterpretiert. Das Naturgesetz intendiert als Ideal einen Zustand der Beharrung, in dem „das zusammengesetzte Ganze seine sparsam-schönste Form und mit derselben innern Bestand, Güte und Wahrheit gewinnt".[135] So wird die Idee des Fortschritts durchkreuzt durch das permanente Oszillieren der Menschheit zwischen dem Zustand der Beharrung und dem der Verrückung. Fortschrittsphilosophie und Historismus, der solche Beharrungszustände überall und jederzeit zu entdecken vermag, verschränken sich. Herder faßt beides ins Bild des durch die Geschichte zwar fortschreitenden, aber zugleich permanent nach links und rechts abweichenden Menschen. Das Ideal ist zugleich Telos der Geschichte und dieser immanent.

In der früheren Schrift nun ist Herder zwar noch nicht bis zu diesem Grade der Reflexion sich widersprechender Implikate vorgedrungen, um so deutlicher aber liegen ihre kritischen Motive zutage. Der Herdersche Historismus hat nämlich zwei Seiten. Besonders deutlich wird das aus der Auseinandersetzung mit Macchiavelli und Friedrichs des Großen „Anti-Macchiavell". Natürlich ist jener zunächst ein Ungeheuer und dieser „welch ein Prinz".[136] Zugleich jedoch werden diese Qualifizierungen historistisch relativiert. Macchiavelli hätte in unserem Jahrhundert anders geschrieben und Cesare Borgia anders gehandelt. So lenkt die historistische Argumentation zwanglos auf den Verdacht, daß der heutige Macchiavell der Anti-Macchiavell ist und der heutige Cesare Borgia Friedrich der Große. Dann wären die ersteren sogar noch vorzuziehen, da bei ihnen die Krankheit wenigstens offen zutage läge, während sie durch die letzteren nur verdeckt würde und sich daher um so tiefer einfressen könnte – eine Diderot-Wezelsche Argumentation. Der Anti-Macchiavell ist Ideologie:

> Das *allgemeine* Kleid von *Philosophie* und *Menschenliebe* kann *Unterdrückungen* verbergen.[137]

Insofern stößt Herders Historismus über den Priestertrug der Aufklärung hinaus zu einem objektiven Ideologiebegriff vor, der dem Marxschen präludiert. Indem Macchiavelli verteidigt und der „Anti-Macchiavell" kritisiert wird, wird die Polemik der Aufklärung gegen den absolutistischen Staat zugleich moniert und überboten. Die kritische Ineinssetzung von Aufklärung und Absolutismus klammert diesen virtuell aus und ersetzt ihn durch die bürgerliche Gesellschaft. Die historistische Liquidierung der durch die bürgerliche Gesellschaft initiierten Aufklärungsutopie legt ihrerseits Motive frei, die die bürgerliche Gesellschaft selbst utopisch transzendieren. Daran knüpft der frühromantische Utopismus an.

135 Herder: Werke, Bd. 9, S. 186
136 Ebd., Bd. 21, S. 224
137 Ebd.

III. Autonomie und Peripetie der Geschichtsphilosophie

In diesem letzten Abschnitt geht es darum, an Hand der geschichtsphilosophischen Konzeptionen Hardenbergs und Hegels sozusagen die Peripetie der bürgerlichen Geschichtsphilosophie darzustellen. Dabei kommt es mir darauf an, zu zeigen, daß die kontroversen Interpretationen, die vor allem die politischen Implikate sowohl der Hardenbergschen als auch der Hegelschen Geschichtsphilosophie gefunden haben, in der Struktur dieser Entwürfe selbst begründet sind. Der kurze Hinweis auf den historischen Materialismus soll ausschließlich dazu dienen, die historische Darstellung abschließend in einen systematischen Problemhorizont zu stellen.

1. Novalis

„Zweifellos muß man auf das Werk des Novalis als glänzendste Synthese aller . . . (gegenrevolutionären) Strömungen hinweisen. Pietistisch erzogen, im Okkultismus und der deutschen Geschichte zu Hause und Leser Burkes, legt er 1798/1799 eine neue politische Philosophie vor, die die absolute Autorität des Staates, den hierarchischen Aufbau der Gesellschaft, die Kraft der religiösen Bindung und die kulturelle Sendung Deutschlands rühmt. Um 1800 ist der ganze Ideenvorrat vorhanden, aus dem wenig später die Doktrinäre und Poeten des konservativen und romantischen Nationalismus schöpfen", heißt es in Bergeron / Furet / Kosellecks „Das Zeitalter der europäischen Revolution 1780–1848".[138] Andrerseits ist in Richard Fabers „Novalis: Die Phantasie an die Macht" dieser jüngst als Ahnherr der „Neuen Linken" reklamiert worden.[139] Wie ist eine solche Antithetik der Urteile, für die hier nur zwei Zeugnisse aus jüngster Zeit beigebracht wurden, die jedoch die Rezeption der frühromantischen Geschichtsphilosophie und Staatstheorie durchweg prägt, zu erklären?[140] Zur Klärung dieses Problems gehe ich aus von der Novalisschen Geschichtsphilosophie, wie sie sich in dem Christenheitaufsatz darstellt. Sodann sollen die sozusagen materialen Konsequenzen der geschichtsphilosophischen Struktur an Hand der Staatsauffassung des Novalis dargestellt werden. Die Ausführungen über den „Heinrich von Ofterdingen" haben

[138] Louis Bergeron, Francois Furet, Reinhart Koselleck: Das Zeitalter der europäischen Revolution 1780–1847 (=Fischer Weltgeschichte, Bd. 26), Frankfurt/Main 1969, S. 112

[139] Vgl. Richard Faber: Novalis: Die Phantasie an die Macht, Stuttgart 1970

[140] Vgl. dazu Wilfried Malsch: „Europa". Poetische Rede des Novalis. Deutung der Französischen Revolution und Reflexion auf die Poesie in der Geschichte, Stuttgart 1965, S. 1 ff. – Die folgende Darstellung kann nicht beanspruchen, die Novalissche Philosophie in allen ihren Aspekten auszubreiten. Sie beschränkt sich vielmehr auf bestimmte Grundlinien und prinzipielle Probleme. Dabei sind gewisse Einseitigkeiten und Überzeichnungen nicht zu vermeiden.

Exkurscharakter und sollen lediglich auf die auch poetische Relevanz der analysierten Struktur hinweisen.

a) Aufklärung, Revolution und Utopie

In Novalis' Kulturmorphologie werden wie bei Herder Absolutismus und Aufklärung miteinander identifiziert. Der Zerfall der mittelalterlichen Hierarchie hat sowohl die Emanzipation des Staates als auch die der Wissenschaften von der Religion zur Folge. Wie die einzelnen Staaten nach innen die Suprematie über die jeweiligen Kirchen anstreben und zugleich nach außen den Universalitätsanspruch der mittelalterlichen Kirche usurpieren, so lösen sich die Einzelwissenschaften aus der gemeinsamen Heimat der Religion und beanspruchen zugleich in ihrem höchsten Gipfel, der Philosophie, universelle Gültigkeit. Die Neuzeit stellt sich dar als ein einheitlicher Prozeß, der Politik und Wissenschaften umgreift. Die im 18. Jahrhundert einsetzende und schließlich in der Revolution kulminierende kritische Konfrontation von Politik und Philosophie spielt Novalis herunter. Die Entpoetisierung der Wirklichkeit, die „neuere Politik" und „Philosophie" gemeinsam haben und die durch eine „zweite Reformation" aufgehoben werden soll, läßt die historische Dialektik von Absolutismus und Aufklärung, gegenüber deren Anspruch auf inhaltliche Rationalität die operationelle Rationalität des Absolutismus selbst als blinde Natur erscheint, gar nicht erst ins Blickfeld kommen.[141] Die utopische Konfrontation von entfremdetem und nicht-entfremdetem Weltzustand drängt die differenzierte Darstellung historischer Abläufe in den Hintergrund. – Daher im übrigen auch die Schwierigkeit, in den triadischen Schemata des Novalis zwischen dem ersten und dem dritten Zustand nicht nur formal, sondern auch inhaltlich zu unterscheiden, worauf ich unten zurückkomme.

Aus der Identifikation von Absolutismus und Aufklärung resultiert notwendig ein ambivalentes Verhältnis zur Revolution. Zunächst wird es für Novalis schwierig, die Genese der Französischen Revolution überhaupt zu erklären. Denn indem politisches System und philosophische Kritik unter den Oberbegriff der Neuzeit subsumiert werden, wird die Revolution aus dem historischen Antagonismus herausgelöst. Wenn die Revolution dazu taugen soll, einen neuen, dritten Weltzustand herbeizuführen, kann und darf sich ihre Rolle in der politischen Realisierung der „Philosophie" nicht erschöpfen. Der Revolution inauguriert nicht einen politischen Umsturz, dessen gesellschaftliche Basis sich ihrerseits historisch entwickelt hätte, vielmehr fungiert sie lediglich als Umschlagspunkt zur Utopie. Nicht daß die Revolution in Genese und Verlauf einen neuen Zustand bereits positiv herausbildet, ist von Belang, sondern allein, daß sie durch die Herstellung der Anarchie dafür die negativen Voraussetzungen schafft. Die Revolution realisiert nicht die

[141] Novalis: Werke, Briefe, Dokumente. Hrsg. von Ewald Wasmuth, Heidelberg 1953 ff., Bd. 1, S. 287 ff.

Utopie, wie in den radikalen Aufklärungsutopien, sondern beide sind qualitativ unterschieden. Die Revolution „mußte das Land zuerst treffen, das am meisten modernisiert war und am längsten aus Mangel an Freiheit in asthenischem Zustande gelegen hatte. Längst hätte sich das überirdische Feuer Luft gemacht und die klugen Aufklärungspläne vereitelt, wenn nicht weltlicher Druck und Einfluß denselben zustatten gekommen wären. In dem Augenblick aber, wo ein Zwiespalt unter den Gelehrten und Regierungen, unter den Feinden der Religion und ihrer ganzen Genossenschaft entstand, mußte sie wieder als drittes tonangebendes vermittelndes Glied hervortreten, und diesen Hervortritt muß nun jeder Freund derselben anerkennen und verkündigen, wenn er noch nicht merklich genug sein sollte".[142] Die Darlegung der immanenten geschichtlichen Dialektik wird durch die Einführung einer transzendenten Ursache durchbrochen. Die Antagonismen, die Novalis erwähnt, sind nur scheinbar und werden ihrerseits nicht erklärt. „Modernisierung", die sich, wie der Kontext ausweist, nicht etwa auf die Entwicklung einer gesellschaftlichen Basis der Revolution bezieht, sondern allgemein auf aufklärerische Entpoetisierung der Natur, und „Mangel an Freiheit" rücken nebeneinander, ohne daß ihr problematisches Verhältnis auch nur angedeutet würde. Die Revolution resultiert nicht aus dem auf die Spitze getriebenen Antagonismus von Aufklärung und Politik, sondern aus der Überspitzung beider. Die Hypertrophie der von der „weltlichen" Macht geschützten Aufklärung schlägt auf irrationale Art und Weise in die Revolution um. Denn der „Zwiespalt" bricht ja nicht *zwischen* „Gelehrten" und „Regierungen" und auch nicht *zwischen* den „Feinden der Religion" und ihren Anhängern aus, sondern erhebt sich *„unter"* ihnen, wobei im letzteren Fall ohnehin nur von den „Feinden der Religion und ihrer ganzen Genossenschaft" die Rede ist. Indem Gelehrte, Regierungen und Feinde der Religion miteinander identifiziert werden, kann der Zwiespalt nicht mehr genetisch erklärt werden, sondern wird auf das Konto des „überirdischen Feuers" oder, wie es vorher heißt, der wunderbaren und unbegreiflichen, poetischen und unendlichen Natur geschrieben. Diese ist das immer Gegenwärtige, das zwar temporär in den Hintergrund gedrängt werden, aber niemals erstickt werden kann.

Daher ist die Religion ein „drittes", das „wieder" hervortritt. Die List der Vernunft wird zur List der Religion, die sich der Revolution wider den Willen der Revolutionäre zu ihrer eigenen Regeneration bedient. Während die Kantische und auch die Lessingsche Geschichtsphilosophie die Dialektik von subjektiver Einwirkung und objektiver Entwicklung herausarbeiten, hebt Novalis vor allem auf die Autonomie des geschichtlichen Prozesses selbst ab. Ebenso wie die Aufklärung kraft eines geschichtsphilosophischen Automatismus in die Revolution umschlägt, ohne daß dieser Umschlag erklärt würde, erhebt sich aus der Revolution die Religion, wobei die Brücke zwischen beiden allein die abstrakte und absolute Negativität, die tabula rasa der Anarchie bildet:

[142] Novalis: Werke, Bd. 1, S. 293

> Wahrhafte Anarchie ist das Zeugungselement der Religion. Aus der Vernichtung alles Positiven hebt sie ihr glorreiches Haupt als neue Weltstifterin empor. Wie von selbst steigt der Mensch gen Himmel auf, wenn ihn nichts mehr bindet.[143]

Auf die gleiche Antithetik von Revolution und Utopie läuft es hinaus, wenn Novalis an anderer Stelle zwischen Revolution und revolutionär unterscheidet:

> Es sind viele antirevolutionäre Bücher für die Revolution geschrieben worden. Burke hat aber ein revolutionäres Buch gegen die Revolution geschrieben.[144]

Durch solche Disjunktionen wird es möglich, daß die eigentliche Revolution die Gegenrevolution ist, und die Klassifizierung der Novalisschen politischen Philosophie als Inbegriff der Konterrevolution wird von daher verständlich. Gleichwohl ist festzuhalten, daß, wie Novalis hier gegen die Revolution das Revolutionäre (nicht unmittelbar das Organische) ausspielt, er diese im Christenheitaufsatz als notwendig postuliert.

Mit dieser bloß negativen Beziehung von Revolution und Religion hängt der eigentümliche Historismus zusammen, den Novalis proklamiert. Er weist auf die Gefahr hin, daß, wie beim Protestantismus, die Revolution permanent werde, und sieht in dieser Permanenz der Revolution vor allem den Anspruch am Werke, die Geschichte nach den Prinzipien der eigenen Vernunft zu gestalten. Man solle den Keim des Verderbens nicht in der alten Einrichtung, in dem alten Geiste suchen und nicht glauben, sich auf eine bessere Einrichtung, einen besseren Geist zu verstehen:

> O! daß der Geist der Geister euch erfüllte, und ihr abließet von diesem törichten Bestreben, die Geschichte und die Menschheit zu modeln, und eure Richtung ihr zu geben. Ist sie nicht selbständig, nicht eigenmächtig, so gut wie unendlich liebenswert und weissagend? Sie zu studieren, ihr nachzugehen, von ihr zu lernen, mit ihr gleichen Schritt zu halten, gläubig ihren Verheißungen und Winken zu folgen – daran denkt keiner.[145]

Oder, wie es kurz zuvor heißt:

> An die Geschichte verweise ich euch, forscht in ihrem belehrenden Zusammenhang nach ähnlichen Zeitpunkten, und lernt den Zauberstab der Analogie zu gebrauchen.[146]

Die subjektive Teleologie der aufklärerischen und insbesondere der Kantischen Geschichtsphilosophie wird objektiv zurückgebogen. Aus der Geschichte lernen heißt weder, sie als Arsenal moralischer Exempel zu betrachten, noch, in ihr die Realisierung der menschlichen Vernunft zu sehen und solcherart die eigene moralisch-politische Praxis geschichtsphilosophisch abzustützen, sondern allein, sich der Geschichte zu überantworten. Man studiert die Geschichte nicht, um ihren Gang zu beschleunigen, sondern allenfalls, um mit ihr gleichen Schritt zu halten. Die analogische Betrachtungsweise läßt die Geschichte virtuell zu einer Wiederholung stets

[143] Novalis: Werke, Bd. 1, S. 293
[144] Ebd., S. 340
[145] Ebd., S. 294 f.
[146] Ebd., S. 294

gleicher Abläufe schrumpfen. Weissagend ist die Geschichte nicht als Prozeß der Entfaltung der menschlichen Vernunft, sondern als naturhafte poetische und religiöse Totalität.

Daher wird sie der Offenbarung ähnlich. Das ist zugleich der geschichtsphilosophische Grund für die religiöse Terminologie, die Novalis in diesem Zusammenhang anwendet. In der Geschichte offenbart sich der Mechanismus von Tod und Auferstehung. Diese religiöse Aufladung der Geschichte ist jedoch nicht etwa als Rückkehr zur oben skizzierten Geschichtstheologie mißzuverstehen. Der Vorgang der Säkularisierung, deren Höhepunkt (in dem hier betrachteten Zeitraum) die Kantische Geschichtsphilosophie darstellt, ist irreversibel, und auf ihm baut auch Novalis auf. Die Darstellung geschichtlicher Abläufe mittels religiöser Termini und Bilder ist nicht theologisch, sondern utopisch motiviert. Hatte die Geschichtstheologie an einer letztlichen Dichotomie von Weltgeschichte und Heilsgeschichte festgehalten, hatte dann die aufklärerische Geschichtsphilosophie den Sinn der Geschichte in die Entwicklung der menschlichen Gattung selbst verlegt und die Geschichte insofern zugleich verselbständigt und mediatisiert, so macht die frühromantische letzteres gewissermaßen rückgängig. Der Geschichte als in sich selbst sinnvoller Totalität darf und braucht man nur noch zu folgen.[147]

Die Dominanz dieses utopischen Historismus demonstriert etwa an der oben zitierten Stelle das Verdikt über alle Betrachtungsweisen, die den Keim des Verderbens in der Vergangenheit suchen, wozu, sollte man meinen, angesichts des Sündenfalls der Neuzeit doch aller Anlaß bestünde. Doch „auch in jenen wunderlichen Torheiten (sind) merkwürdige Kristallisationen des historischen Stoffs zu erkennen".[148] Daher werden auch die Gelehrten und Philosophen, die Philanthropen und Enzyklopädisten aufgefordert, in die friedenstiftende Loge zu kommen, den Bruderkuß zu empfangen und „mit junger Liebe die Wunderherrlichkeit der Natur, der Geschichte und der Menschheit" anzuschauen.[149] Die Neuzeit wird einerseits als permanente Revolution kritisiert, andrerseits ist sie notwendig:

> Denn dieser Wahn mußte zum Besten der Nachkommen erschöpft und die wissenschaftliche Ansicht der Dinge geltend gemacht werden. Reizender und farbiger steht die Poesie wie ein geschmücktes Indien dem kalten, toten Spitzbergen jenes Stubenverstandes gegenüber. Damit Indien in der Mitte des Erdballs so warm und herrlich sei, muß ein kaltes starres Meer, tote Klippen, Nebel statt des gestirnvollen Himmels und eine lange Nacht die beiden Enden unwirtbar machen.[150]

147 Darin unterscheidet sich die Geschichtsphilosophie des Novalis auch vom Chiliasmus des Pietismus, dem jener im übrigen in seiner Terminologie, in der sich die pietistische Erziehung geltend macht, durchaus verpflichtet ist. Der pietistische Chiliasmus ist nicht innerweltlich, sondern transzendent orientiert (vgl. dazu Hans-Joachim Mähl: Die Idee des goldenen Zeitalters im Werk des Novalis. Studien zur Wesensbestimmung der frühromantischen Utopie und zu ihren ideengeschichtlichen Voraussetzungen, Heidelberg 1965, S. 232 ff.).

148 Novalis: Werke, Bd. 1, S. 297

149 Ebd., S. 298

150 Ebd., S. 297

Zwar gibt es eine Reihe von Äußerungen, in denen Novalis die Notwendigkeit des Abfalls nicht nur historistisch begründet, sondern diesen als für die Herstellung des Endzustandes nicht nur formal, sondern auch inhaltlich unerläßlich darstellt. So soll etwa der Naturgeist zum Vernunftgeist werden, was jedenfalls die Subjekt-Objekt-Spaltung voraussetzt, oder aus der ursprünglichen Monotonie soll über die Disharmonie schließlich Harmonie werden, oder das Chaos soll sich mittels der Vernunft zum vernünftigen Chaos gliedern. Am bekanntesten ist wohl das 101. Blütenstaubfragment:

> Vor der Abstraktion ist alles eins, aber eins wie das Chaos; nach der Abstraktion ist wieder alles vereinigt, aber diese Vereinigung ist eine freie Verbindung selbständiger, selbstbestimmter Wesen. Aus einem Haufen ist eine Gesellschaft geworden, das Chaos ist in eine mannigfaltige Welt verwandelt.[151]

In allen diesen Variationen desselben Gedankens jedenfalls ist die Zwischenstufe des zweiten Zustandes die qualitative Voraussetzung des dritten, wie auch der Anlage nach bei Schiller und explizit in Kleists Marionettentheateraufsatz. Um so erstaunlicher ist die Tatsache, daß Novalis in seiner geschichtsphilosophischen Hauptschrift, dem Christenheitaufsatz, diesen Gedanken, dessen Blütenstaubversion terminologisch Marxens Charakterisierung einer befreiten Gesellschaft präludiert, herunterspielt und verwässert. Die wissenschaftliche Ansicht der Dinge muß nur noch geltend gemacht werden, um sich zu erschöpfen und in ihrer Wahnhaftigkeit offenbar zu werden. Und in dem erläuternden Bild bleibt die Dialektik bei der Wechselbeziehung stehen und gelangt nicht, wie in den erwähnten Fragmenten, zu einer Synthese.

Zwar erreicht in der „neuen Zeit" auch die Wissenschaft eine höhere Stufe, aber ihr Wissenschaftsbegriff hat mit dem tradierten nichts mehr zu tun.[152] Die „Anachoreten in den Wüsten des Verstandes" entdecken daher mit der „Heiligkeit der Natur" zugleich die „Unendlichkeit der Kunst" und „die Allgegenwart des wahrhaft Geschichtlichen."[153] Die Wissenschaft der neuen Zeit transzendiert die Einzelwissenschaften des Verstandes nicht nur in Richtung auf ihre Synthese in einer Universalwissenschaft, sondern diese nimmt im Begriff der intellektuellen Anschauung zugleich einen Charakter an, der jegliche Wissenschaft unter sich läßt. Die intellektuelle Anschauung kann nur noch benannt, nicht mehr inhaltlich gefüllt werden. Die absolute Synthesis hebt die Differenz nicht auf, sondern begräbt sie in sich. Die „neue Geschichte" (auch ein Marx-Präludium), die „neue Menschheit", die „große Versöhnungszeit", der „Heiland" haben „zahllose Gestalten", die „nur geglaubt, nicht gesehen" und daher auch nicht mehr erklärt, sondern nur noch enthusiastisch gefeiert werden können.[154] Das Neue ist zugleich innerweltlich und irrational. In beidem drückt sich die Verselbständigung der utopischen Inten-

[151] Novalis: Werke, Bd. 1, S. 337
[152] Ebd., S. 298
[153] Ebd., S. 297 f
[154] Ebd., S. 296 f.

tion aus. Je emphatischer das Neue herbeigesehnt wird – und dies ist vom Thema her in dem geschichtsphilosophischen Traktat, der zugleich auch einen agitatorischen Zweck verfolgt, naturgemäß mehr der Fall als in den zumeist auch Erkenntnistheoretisches implizierenden philosophischen Fragmenten –, um so abstrakter wird sein Inhalt. – Auf die politischen Konsequenzen dieses Absolutheitsanspruches gehe ich im nächsten Abschnitt näher ein, hier kommt es zunächst nur auf den geschichtsphilosophischen Mechanismus an. – Daher geht in dem Christenheitaufsatz im Unterschied zu den erwähnten Fragmenten die utopische Intention auf Kosten der geschichtsphilosophischen Dialektik. Das Neue kann der Geschichte nicht aus ihr selbst, sondern nur von oben zuwachsen. Daher auch der latente und explizite Historismus des Traktats. Denn das Neue entspringt ja nicht aus der Geschichte, sondern bildet als unendliche Natur ihren ständigen Unter- und Hintergrund. Die Transzendenz ist virtuell omnipräsent.

Daher gehen Geschichte und Natur ineinander über. Wie in den naturphilosophischen „Lehrlingen zu Sais" der „Naturhistoriker" es ist, der die Natur in ihrem Innersten versteht, nicht der Naturwissenschaftler, vom Techniker ganz zu schweigen; denn wie alles Göttliche hat auch die Natur eine Geschichte, und „die Natur wäre nicht die Natur, wenn sie keinen Geist hätte"[155] – so wird in dem geschichtsphilosophischen Christenheitaufsatz die menschliche Geschichte in die Natur eingebettet, und das „historische Gemüt" erkennt den Zeitpunkt, an dem sich Natur, Poesie und Religion innerhalb der Geschichte regenerieren.[156] Weder werden, wie in der Frühaufklärung bis hin zu Wieland, Natur und Geschichte im kritischen Sinn statisch und exemplarisch aufeinander bezogen, noch fungiert, wie in den geschichtsphilosophischen Abhandlungen Kants, die Natur, die in der Erkenntnistheorie lediglich Inbegriff der Erscheinungen ist, als den geschichtlichen Fortschritt ermöglichendes (subjektiv) teleologisches Prinzip, noch auch begreift sie, wie bei Heinse, als das All-Lebendige jegliche Geschichte abstrakt in sich ein, vielmehr wird sie ebenso historisiert, wie umgekehrt die Geschichte ontologisiert wird. Daß die Geschichte „weissagend" ist, ist quasi eine ontologische Qualität, nicht eine apriorisch aus der Moralphilosophie, empirisch aus der bisherigen Geschichte ableitbare, Maximen einer künftigen Praxis an die Hand gebende regulative Idee, wie bei Kant.

Die unendliche Natur begreift auch das Subjekt ein. Insofern läßt sich das Verhältnis von Subjekt und Objekt auch umkehren. Wie sich das historische Subjekt der Geschichte überlassen muß, so wird umgekehrt die Natur subjektiviert. Diese Reziprozität gründet in der frühromantischen Erkenntnistheorie.[157] Indem diese über Fichte hinaus Subjekt und Objekt als analoge Reflexionsmedien des Absoluten bestimmt, fallen beide zusammen:

155 Novalis: Werke, Bd. 1, S. 261 156 Ebd., S. 293

157 Zur Beziehung von Erkenntnistheorie, Ästhetik und Geschichtsphilosophie vgl. Hugo Kuhn: Poetische Synthesis. Ein kritischer Versuch über romantische Philosophie und Poesie aus Novalis' Fragmenten. In: Zeitschrift für philosophische Forschungen 5, 1950/51

> Es gibt also in der Tat keine Erkenntnis eines Objekts durch ein Subjekt. Jede Erkenntnis ist ein immanenter Zusammenhang im Absoluten, oder wenn man will, im Subjekt. Der Terminus Objekt bezeichnet nicht eine Beziehung in der Erkenntnis, sondern eine Beziehungslosigkeit und verliert seinen Sinn, wo immer eine Erkenntnisrelation an den Tag tritt.[158]

Diese Reontologisierung der Erkenntnistheorie hat Konsequenzen für die Kunsttheorie wie für die Geschichtsphilosophie. Wenn die unendliche Reflexion nicht leer sein soll, muß sie einerseits bereits absolut sinnvoll *sein*, andrerseits erst den Sinn unendlich *erzeugen*. So setzt die Reflexion des einzelnen Kunstwerks in der Kunstkritik, die auf das absolute Kunstwerk *zielt*, zugleich voraus, daß das einzelne Kunstwerk bereits das absolute *ist*. Analog wird die Geschichte einerseits als Prozeß beschrieben, der das Absolute erst hervorbringt, andrerseits ist dieses immer schon vorhanden. Daher das Ineinander von Utopismus und Historismus in dem Christenheitaufsatz.

Ähnlich verhält es sich mit dem „Heinrich von Ofterdingen". Schon durch die Ansiedlung der Handlung in einem idealen Mittelalter wird der Gegensatz von zu erlösendem und erlöstem Weltzustand nivelliert. Die Erlösungsbedürftigkeit wird nur noch abstrakt postuliert, nicht konkret gestaltet. Der geschichtsphilosophische Utopismus läßt die seine eigene Voraussetzung bildende Antithetik in der Ontologie verschwinden. Die Welt soll erlöst werden und ist doch bereits erlöst.

Der Formalismus des ersteren Postulats wirkt sich etwa dahingehend aus, daß der Held des Romans die verschiedensten Lebensbereiche durchschreitet, ohne daß weder diese selbst antithetisch aufeinander bezogen würden noch auch er selbst sich mit ihnen auseinandersetzte. Wenn alles sich in alles verwandeln kann und soll, werden Vorfälle wie der Tod der Geliebten zu Adiaphora. Darüber hinaus ist ja in dem Christenheitaufsatz der Tod ohnehin nur eine Erscheinungsform des Heilands, und in den „Hymnen an die Nacht" ist die Nacht das zugleich geschichtsphilosophische und ontologische Prinzip, das einerseits zu einem Moment der geschichtlichen Bewegung wird, andrerseits diese omnipräsent grundiert. So soll auch der Krieg einerseits im ewigen Frieden überwunden werden, andrerseits ist er selbst bereits poetisch. Wenn es Heinrich bei seiner Abreise so scheint, als komme er eigentlich zurück, wenn er in dem Buche des Einsiedlers sein eigenes Leben verzeichnet sieht, wenn er permanent Dingen begegnet, die ihm bekannt vorkommen, wenn alles schon einmal geschehen ist, so verwischt sich die Zeitenfolge zur Allgegenwart des Wunderbaren. „‚Das große Geheimnis ist allen offenbar und bleibt ewig unergründlich'", sagt Sophie in Klingsohrs Märchen.[159] Das Ineinander von Geheimnis und Offenbarung versetzt Dinge und Vorgänge in den intrikaten Stand der Ähnlichkeit.[160] Diese ist quasi der Kompromiß, den Geschichtsphilosophie und Ontologie eingehen.[161]

158 Walter Benjamin: Der Begriff der Kunstkritik in der deutschen Romantik. In: W. B.: Schriften, Bd. 2, S. 465

159 Novalis: Werke, Bd. 1, S. 171

160 Vgl. etwa: „Was man liebt, findet man überall und sieht überall Ähnlichkeiten. Je

Die lineare Abfolge wird stets wieder ins immer Gleiche zurückgebogen, aber auch umgekehrt dem immer Gleichen gleichwohl eine Entwicklung aufgesetzt. In dem Buch des Einsiedlers, in dem Heinrich seine eigene Geschichte erahnt, fehlt der Schluß bzw. genauer: scheint er zu fehlen, und insofern soll offenbar die Zukunft, zum mindesten die schließliche Erlösung, offen gehalten werden. Andrerseits jedoch bleibt es unklar, ob dieses Fehlen des Schlusses nicht nur ein bloßer Zufall der handschriftlichen Überlieferung ist. Die Erlösung ist zugleich vollbracht und bevorstehend. Dem entspricht das Prinzip der quantitativen Dehnung, dem die Abfolge der verschiedenen Variationen des Themas gehorcht. In den Sagen und Märchen des ersten Teils wird der gesamte Roman bereits präfiguriert.

Poetisiert wird nicht eine widerstrebende Wirklichkeit, sondern die Poesie. Daher auch die scharfe Kritik am „Wilhelm Meister", die Novalis übt. Dessen Poesie scheint ihm prosaisch, bloßer Effekt. Indem Novalis das „Wunderbare" als ontologische Qualität, als inhaltliches Faktum den „*menschlichen* Dingen" entgegensetzt, negiert er implizit die Möglichkeit von deren Poetisierung.[162] Die Poetisierung, die der „Wilhelm Meister" vornimmt, ist daher bloß ein ästhetischer Dekor. Im eigentlichen Sinn poetisiert werden kann nur die Poesie selbst.

Sowohl Utopismus wie Ontologie lassen den Roman notwendig zum Fragment werden. Die Aufhebung jeglicher Differenz in einer absoluten Synthesis entzieht sich ebenso der Darstellbarkeit, wie die Omnipräsenz des Wunderbaren kontinuierlichen Abschluß verbietet. Dem theoretisch formulierten offenbaren Geheimnis entspricht die Offenheit des Fragments. Dieses oktroyiert ästhetisch dieselbe Haltung der Ahnung, die den Roman erkenntnistheoretisch prägt; sein Abschluß hätte ihr widersprochen. Der Anspruch der absoluten Synthesis einerseits, das Postu-

größer die Liebe, desto weiter und mannigfaltiger diese ähnliche Welt" (Novalis: Werke, Bd. 1, S. 350). – Man vergleiche in diesem Zusammenhang Tiecks „Franz Sternbald", in dem der Held in allen Mädchen zunächst seine Geliebte zu sehen vermeint und diese selbst doch nie erreichen darf. Daher die merkwürdige Tatsache, daß der Roman Fragment geblieben ist, obwohl ein Abschluß der Handlung bereits erreicht war. Die ewige Sehnsucht darf nicht erfüllt werden. Es macht einen Teil der geistesgeschichtlichen Bedeutung E. T. A. Hoffmanns aus, daß er solche frühromantischen Implikate ins Absurde verlängert und dadurch immanent kritisiert hat. Das Faszinosum der Ähnlichkeit wird zum Grauen des Doppelgängertums, und Analoges ließe sich auch in anderen Fällen, etwa der Hoffmannschen Uminterpretation des frühromantischen Ästhetizismus, zeigen.

161 Später wird diese Spannung nicht mehr durchgehalten. Ein besonders klägliches Dokument der Positivierung des frühromantischen „Geheimnisses" ist Friedrich Schlegels „Ernst und Falk. Bruchstück eines dritten Gesprächs über Freimaurerei", zuerst erschienen 1804. Die Philosophie ist qua Philosophie mystisch und kann als Geheimnis auch nur geheimnisvoll mitgeteilt werden. So weit, so gut. Des weiteren jedoch wird diese notwendige Esoterik zur willkürlichen einer philosophierenden Elite positiviert. War das revolutionäre Geheimnis der Freimaurer auf künftige Offenbarung angelegt, hielt der Novalissche Utopismus an der Spannung von Geheimnis und Offenbarung fest, so schneidet Schlegel die letztere vollends ab. Die geheime Philosophie wird zur Arkanpraxis fürstlicher Kabinette.

162 Novalis: Werke, Bd. 3, S. 183

lat apriorischer Sinnhaftigkeit andrerseits hätten den Roman gewissermaßen zu einer unendlichen Allegorie werden lassen – welche ein ästhetisches Unding ist. Diese Dialektik von Geschichtsphilosophie und Ontologie prägt nun auch die politische Theorie des Novalis, wie er sie vor allem in den „Glauben und Liebe" betitelten Fragmenten entwickelt.[163]

b) Monarchie, Republik und Synthesis

Von vornherein ist der Anspruch außerordentlich hoch geschraubt. Der Schluß des Christenheitaufsatzes entwirft eine Vision des ewigen Friedens, die die Kantische Konzeption, von den bescheidenen Vorstellungen des Freiherrn von Loen ganz zu schweigen, utopisch transzendiert.[164] Während bei Kant der ewige Friede auch in der ohnehin nur unendlich approximativ realisierbaren Form der Weltrepublik ein Rechtszustand ist, also die Staatenkonkurrenz nur regelt, nicht aufhebt, identifiziert Novalis den „Staat der Staaten", den „Staatenverein" als „intellektuale Anschauung des politischen Ichs".[165] Die intellektuelle Anschauung, bei Kant eine bloße Idee, wird zum Prinzip zwischenstaatlicher Beziehungen. Daher ist der Friede, den die Staaten untereinander schließen, der Kompromiß der Kabinette, nur Illusion.

Das der intellektuellen Anschauung teilhaftige Ich inkarniert sich in einer neuen Kirche, die den Antagonismus von Konservatismus und Revolution nicht abschneidet, sondern zugleich sich austragen läßt und synthetisiert. Damit wird die Religion notwendigerweise entpositiviert. Von den drei Gestalten des Christentums ist eine „das Mittlertum überhaupt als Glaube an die Allfähigkeit alles Irdi-

[163] Eine systematische Darstellung der politischen Philosophie des Novalis gibt Hans Wolfgang Kuhn: Der Apokalyptiker und die Politik. Studien zur Staatsphilosophie des Novalis, Freiburg 1961

[164] Zwar sieht Novalis in der Gegenwart nur Zeichen und verlegt die eigentliche Realisierung des ewigen Friedens in die Zukunft. Den entscheidenden Umschlag der Geschichte jedoch markiert die Revolution. Der Geschichtsverlauf nach der Revolution ist von dem vor ihr qualitativ verschieden. Die neue Geschichte der neuen Zeit, die sich aus dem Krieg erhebt, unterliegt nicht mehr den dialektischen Umschwüngen der Vorgeschichte, sondern in ihr realisiert sich das Ideal des ewigen Friedens kontinuierlich und approximativ. (Die Bestimmung der Approximation im 105. Blütenstaubfragment als aus zunehmenden Progressen und Regressen zusammengesetzt wird dort poetologisch, an Hand des Romans, exemplifiziert; geschichtsphilosophisch kann sie sich nur auf die „alte Geschichte" beziehen). Die Unterscheidung von zweierlei Geschichte ermöglicht es Novalis, das hic et nunc des utopischen Anspruchs zu retten, ohne diesen bereits als erfüllt auszugeben – eine dem Utopismus des „Heinrich von Ofterdingen" analoge Denkstruktur. Dem entspricht die „geduldige Ungeduld" (Faber: Novalis, S. 77) bzw. genauer: ungeduldige Geduld der Schlußwendung des Christenheitaufsatzes. Die Zeit des ewigen Friedens „muß kommen", und das „göttliche Evangelium" braucht daher nur „verkündigt" zu werden, aber immerhin mit „Wort und Tat" (Novalis: Werke, Bd. 1, S. 303).

[165] Novalis: Werke, Bd. 1, S. 300

schen, Wein und Brot des ewigen Lebens zu sein".[166] Das Christentum ist das utopische Prinzip schlechthin, das alle positiven Auskristallisierungen in sich einbegreift.

Dem ewigen Frieden entspricht innenpolitisch die Synthese von Monarchie und Republik, wie sie Novalis in einigen Blütenstaubfragmenten sowie in „Glauben und Liebe" entwirft. Das 117. Blütenstaubfragment wirft den theoretischen Politikern mangelnde Kühnheit vor, da es noch keinem eingefallen sei, „ob nicht Monarchie und Demokratie schlechterdings als Elemente eines wahren Universalstaats vereinigt werden müßten und könnten".[167] Wie in der Geschichtsphilosophie der Gegensatz von Absolutismus und Aufklärung nivelliert wird, so in der Staatstheorie der Gegensatz von Monarchie und Demokratie. „Im gewöhnlichen Sinn" sind beide voneinander nicht verschieden, denn in diesem unterscheidet sich die Demokratie von der Monarchie nur dadurch, „daß hier der Monarch eine Masse von Köpfen ist".[168] Um spekulativen Raum für eine Synthese zu gewinnen, konstruiert Novalis daher Idealtypen. So ist die wahre Demokratie ein „absoluter Minus-Staat", womit Novalis auf den Grenzbegriff der Anarchie zu zielen scheint, und die wahre Monarchie ein „absoluter Plus-Staat", was offenbar die Hypertrophie der staatlichen Organisation meint, und entsprechend ist echte Demokratie „politischer Naturzustand", und, so könnte man ergänzen, echte Monarchie politischer Kunstzustand (Kunst im Sinne von Künstlichkeit).[169] Mit der Synthesis oder genauer: Summation beider in der „gemäßigten Regierungsform" (im Sinne Montesquieus) ist es jedoch nicht getan.[170] Diese ist ebenso nur „*Maschine*" wie die Teile, aus denen sie sich zusammensetzt.[171] Es geht nicht um diese oder jene Organisationsform des Staates, wie etwa in der Staatstheorie Kants, sondern darum, den Staat als Herrschaftsform überhaupt überflüssig zu machen.

Wie die neue Kirche als dritte und vermittelnde Macht sich über die politischen Antagonismen der Zeit erhebt, so ist die Selbstüberhöhung des Staates in der absoluten Synthesis von seinen säkularen Erscheinungsformen unendlich verschieden. Es ist gewiß nicht zufällig, daß sich in diesem Zusammenhang die später zentrale idealistische Kategorie des Geistes einstellt, deren säkularisierter theologischer Horizont bei Novalis noch stark fühlbar ist. Die Maschine, die Kant um ihres reibungslosen Funktionierens willen noch zum staatstheoretischen Ideal erhoben hatte, soll zum „lebendigen, autonomen Wesen" werden:[172]

> Naturwillkür und Kunstzwang durchdringen sich, wenn man sie in Geist auflöst. Der Geist macht beides flüssig. Der Geist ist jederzeit poetisch. Der poetische Staat ist der wahrhafte, vollkommene Staat.[173]

[166] Novalis: Werke, Bd. 1, S. 302
[167] Ebd., S. 341
[168] Ebd.
[169] Ebd.
[170] Ebd.
[171] Ebd., S. 342
[172] Ebd.
[173] Ebd.

Hatte Kant die Konkurrenz der Egoismen als vorwärtstreibendes Prinzip der Geschichte diagnostiziert und sie auch in einem idealen Staat nur geregelt, nicht abgeschafft wissen wollen, so moniert Novalis umgekehrt die fabrikmäßige Verwaltung des preußischen Staates, die den Bürger durch seinen Eigennutz an den Staat habe binden wollen. Nicht der Egoismus soll die Bürger untereinander und mit dem Staat verknüpfen, sondern die Liebe. Die Staatsverbindung soll zur Ehe werden.

Die vom Staatsroman der Aufklärung gegenüber dem Monarchen erhobenen Postulate werden universalisiert. Im poetischen Staat wird die Moral zur Natur und daher der Staat als Rechtsinstitut belanglos:

> Eine vollkommne Konstitution ... macht alle ausdrückliche Gesetze überflüssig. Sind die Glieder genau bestimmt, so verstehen sich die Gesetze von selbst.[174]

Die absolute Kunst wird wieder zur Natur. Der Gegensatz von Staat und Bürger verschwindet:

> Je mehr Geist ... im Staate ist ..., desto ähnlicher wird der Geist des Staats dem Geiste eines einzelnen musterhaften Menschen sein.[175]

Aus der moralischen Kritik des aufklärerischen Staatsromans, der sich gegenüber der Organisationsform des Staates weitgehend indifferent verhalten hatte, zieht Novalis utopische Konsequenzen. Die moralische Kritik wird zum Postulat der absoluten Moralität, denn:

> Mit vollständiger Selbstkenntnis – und Weltkenntnis – vollständiger Selbst- und Weltbestimmung verschwindet das Moralgesetz.[176]

Wie die absolute Künstlichkeit wird auch die absolute Moralität wieder zur Natur. Die staatsrechtliche Indifferenz des moralisierenden Staatsromans verwandelt Novalis in die Utopie der absoluten Synthesis.

In dieser jedoch wird der latente Rousseauismus gewissermaßen ästhetisiert. Wie der Staat in sich selbst poetisch sein soll, so wird er auch mit ästhetischen Kategorien betrachtet:

> Im Staat ist alles Schauhandlung, das Leben des Volks ist Schauspiel.[177]

Daher darf man „den Anführer, den ersten Beamten des Staats, mit dem Repräsentanten des Genius der Menschheit ..., der zur Einheit der Gesellschaft oder des Volks gehört", nicht vermengen.[178] Die politische Funktion der Rousseauschen volonté générale wird ins Ästhetische umgebogen. Der im Fürsten personifizierte sichtbare Geist „wird einstimmig durch ein lautes oder stilles Einverständnis gewählt."[179] Allerdings, und das macht den entscheidenden Unterschied zu Rous-

[174] Novalis: Werke, Bd. 2, S. 416
[175] Ebd., Bd. 1, S. 342
[176] Ebd., Bd. 2, S. 428
[177] Ebd., Bd. 1, S. 329 f.
[178] Ebd., S. 329
[179] Ebd., S. 330

seau aus: diese Wahl hat keinen politischen Sinn. Denn die Regierung befindet sich in subalternen Händen, und diese sind der Wahl entzogen. So wird die Sphäre der absoluten Repräsentanz als Bereich des im Fürsten inkarnierten allgemeinen Willens aus der Politik herausgehoben. Diese letztliche Äußerlichkeit von Ästhetizismus und Politik läßt auch die utopische Funktion des ersteren fragwürdig erscheinen. Wenn davon die Rede ist, „daß die meisten Fürsten nicht eigentlich Fürsten, sondern gewöhnlich mehr oder minder eine Art von Repräsentanten des Genius ihrer Zeit waren", so wird das utopische Postulat zum historischen Tatbestand, und die oben beschriebene Relation von Ontologie und Geschichtsphilosophie kehrt auf der Ebene der politischen Theorie wieder.[180] Die qualitative wird zur quantitativen Differenz.

Diese historistische Durchkreuzung der Utopie wird besonders deutlich in der „Glauben und Liebe" betitelten Fragmentsammlung. Der in dem oben zitierten Fragment anklingende allgemeine Wille wird dort nicht nur entpolitisiert, sondern sogar seine Qualität als Wille verflüssigt. Ein geborener König ist besser als ein gemachter:

> Und ist denn am Ende nicht die Geburt die primitive Wahl?[181]

Unter der ontologischen Voraussetzung des universellen Analogismus bzw. der universellen Fungibilität kann in der Tat auch das zufällige Faktum der Geburt zu einem freien Akt der Wahl werden. An die Stelle der politischen Bewegung tritt das ruhige Bild der Vollkommenheit. Der König kann Symbol nur sein, wenn er die gesellschaftliche Vertikale selbst nicht durchläuft, also nicht gewählt, sondern als König geboren wird. Die utopische Synthetisierung der gesellschaftlichen Widersprüche ist so stets in Gefahr, in einen statischen Analogismus zurückzufallen.

Bezeichnend für den beschriebenen Zwiespalt ist auch das gegenüber dem Christenheitaufsatz vereinseitigte Verhältnis zur Französischen Revolution. Wenn die Berge fallen, so hinterlassen sie ein totes Meer, und:

> Macht nur die Berge gleich, das Meer wird es euch Dank wissen. Das Meer ist das Element von Freiheit und Gleichheit. Indes warnt es, auf Lager von Schwefelkies zu treten; sonst ist der Vulkan da und mit ihm der Keim eines neuen Kontinents.[182]

Die Dialektik von Revolution und Utopie, von Anarchie und neuer Kirche, die in dem geschichtsphilosophischen Christenheitaufsatz ein zentrales theoretisches Motiv ist, wird in der staatstheoretischen Fragmentsammlung modifiziert. Das bereits dort wirksame historistische Moment tritt hier vollends in den Vordergrund. Die vollständige Anarchie ist nicht mehr das Zeugungselement des Neuen, sondern eine zu vermeidende Gefahr. Die geschichtsphilosophisch notwendige Krisis wird staatstheoretisch abgewiegelt. „Ein Kern, an den die neue Masse anschieße und in

[180] Novalis: Werke, Bd. 1, S. 330
[181] Ebd., S. 353
[182] Ebd., S. 351

neuen schönen Formen sich um ihn her bilde", muß auch während der Revolution erhalten bleiben.[183] Die Tendenz zur Positivierung, bereits in dem geschichtsphilosophischen Aufsatz virulent, verstärkt sich in den politischen Fragmenten. Mit ihr wird gewissermaßen der Preis der Aktualität entrichtet.

Daher vermag Novalis auch Motive des seinem Selbstbewußtsein nach systemimmanenten aufklärerischen Staatsromans aufzugreifen, um sie dann allerdings zu totalisieren. Wie in diesem soll der Staat letztlich eine Familie sein. Jedoch bleibt Novalis nicht bei der kritischen Funktion dieser Anschauung stehen. Der Fürst soll sich zu seinen Untertanen nicht wie ein Vater zu seinen Kindern *verhalten*, sondern er soll zunächst mit Frau und Kindern eine Familie *vorstellen* und dieses Ideal dann auch auf den Hof und letztlich auf den Staat übertragen. Das 166. Fragment hebt an mit dem Satz:

> Ein König muß wie ein Vater keine Vorliebe zeigen.[184]

Das bezieht sich jedoch nur darauf, daß der König neben den militärischen auch zivile Adjutanten haben sollte, und wird nicht weiter ausgeführt. Keineswegs soll sich der König seinen Adjutanten gegenüber wie ein Vater zu seinen Kindern verhalten, sondern umgekehrt soll „die edle Simplizität des königlichen Privatlebens" über die doppelte militärische und praktisch-politische Akademie der Adjutanten den gesamten Staat sittlich infiltrieren.[185] Während in Sintenis' „Theodors glücklicher Morgen" das ideale Familienleben des Fürsten lediglich die Kritik exponiert, macht sich in der stufenweisen Ausbreitung der Familiendarstellung, wie sie Novalis vorschlägt, ein objektives und ästhetisierendes Moment geltend. Ohnehin hebt Novalis vor allem auf die abgerückte Sphäre des Hofes ab. Daß dieser „das klassische Privatleben im großen" sein soll, ist ein Gedanke, der dem Staatsroman der Aufklärung fremd ist.[186] Im Gegenteil ging dieser von der unaufhebbaren Antithetik von Hof und Familie aus, und die Familiarisierung der Politik mußte stets gegen den Hof durchgesetzt werden. Die Einwände, die Novalis gegen den Hof erhebt, sind dagegen nicht moralisch, sondern ästhetisch. Das Hofleben ist nicht unmoralisch, sondern geschmacklos. Wie die Moralität, so muß auch das Hofleben wieder natürlich werden, natürlich jedoch nicht in dem Sinne einer totalen Intimisierung, sondern in dem synthetischen Sinn einer „natürlichen Etikette".[187] Nur diese ist schön und vermag daher auch Metaphern der Utopie anzuziehen: der Hof soll ein „irdisches Paradies" sein.[188].

So macht sich der synthetisierende und ästhetisierende Anspruch auf allen Stufen geltend. Jeder Mensch soll als Bürger charakterisiert werden, jeder Staatsbürger ist Staatsbeamter, und um dies sinnfällig und sichtbar zu machen, schlägt Novalis

[183] Novalis: Werke, Bd. 1, S. 356
[184] Ebd., S. 364
[185] Ebd., S. 365
[186] Ebd., S. 360
[187] Ebd., S. 354
[188] Ebd., S. 360

gar vor, Abzeichen und Uniformen einzuführen. Dies scheint auf den ersten Blick auf eine totale Politisierung der Gesellschaft hinauszulaufen, wie sie im Gefolge Rousseaus radikale Staatsromanautoren, wie der Kanonier Meyern, intendiert hatten. Jedoch ist das Gegenteil der Fall. Indem Novalis an der Antithese von Staat und Menschheit festhält und den König als Repräsentanten der Menschheit aus dem Staat ausgliedert, andrerseits jedoch postuliert, daß alle Menschen thronfähig werden sollen, geht der Bürger wieder in den Menschen über. Wenn alle Menschen Könige sind, löst sich der Staat in der Menschheit auf.

Analog werden König und Republik identisch. Der hypertrophe Utopismus des Novalis läßt beide indifferent zusammenfallen. Das 151. Fragment geht aus von dem wechselseitigen Aufeinanderangewiesensein von König und Republik, verschärft dieses dann zur Unteilbarkeit beider und endet mit der Vorstellung ihrer absoluten Identität:

> Der echte König wird Republik, die echte Republik König sein.[189]

Damit jedoch wird zugleich die politische Problematik dieses Utopismus deutlich. Indem sich der politische Gehalt in der wahrhaft absoluten Synthesis verflüchtigt, kann er sich nur noch als abgerücktes Symbol realisieren. (Daher auch im übrigen der Perspektivismus der obigen Schauspielmetapher.) Die öffentliche Meinung konstituiert sich weder durch die rationale Diskussion der bürgerlichen Privatleute, wie bei Locke und Kant, noch besteht sie in der apriorischen Übereinstimmung der Herzen, wie bei Rousseau, vielmehr inkarniert sie sich in dem König:

> Der König und die Königin können und müssen als solche das Prinzip der öffentlichen Gesinnung sein.[190]

Der Begriff der Gesinnung bereits macht die Differenz deutlich. Weder handelt es sich um die diskursive Abklärung politischer Ansichten noch um eine allgemeine *politische* Sittlichkeit. Vielmehr soll die absolute Moralität der königlichen Familie das Beispiel für die Gesinnung der Bürger abgeben. Der symbolischen Inkarnation kann diese Staatsphilosophie nicht entraten. Hatte bei Kant die intendierte universelle und absolute Herrschaft des Gesetzes, die mit einer lediglich approximativen Perfektibilität rechnet, egalitäre Konsequenzen, so konkretisiert sich bei Novalis die absolute Synthese stets wieder im klassischen Menschenpaar des Königs und der Königin. „Jeder Mensch sollte Künstler sein", aber der König ist „der Künstler der Künstler".[191] Zwar sind in dem unendlich mannigfaltigen Schauspiel des idealen Staatslebens Bühne und Parterre, Schauspieler und Zuschauer eins, aber zu überschauen vermag sie nur der Direktor. Dieser virtuelle Umschlag der absoluten Synthesis in positive Hierarchie, die in der Geschichtsphilosophie dem Ineinander von Utopismus und Historismus entspricht, macht die Zweideutigkeit der Novalis-

[189] Novalis: Werke, Bd. 1, S. 357
[190] Ebd., S. 359
[191] Ebd., S. 367
[192] Vgl. dazu Kuhn: Apokalyptiker, S. 149

schen Staatstheorie aus. Daher auch in der Folgezeit die wechselnden konservativen und demokratischen Interpretationen.

Wie sehr im übrigen die staatsphilosophische Fragmentsammlung des Novalis an der zeitgenössischen Realität, auf die sie doch – in grotesker Verkennung ihres objektiven Gehalts – gemünzt war, vorbeizielte, zeigt die Reaktion Friedrich Wilhelms III.[192] Mit Recht war dieser der Ansicht, daß hier von einem König zu viel verlangt würde, und nach einer anderen Version hat er den Text gar nicht verstanden, weshalb er ihn dem Obristlieutenant Köckeritz gab, der ihn aber auch nicht verstand und ihn dem Konsistorialrat Niemeyer weiterreichte, der jedoch ebenso ratlos war, weshalb man sich schließlich darauf einigte, daß der Verfasser einer der beiden Schlegels sein müsse. Mag diese von Friedrich Schlegel herrührende Geschichte nun wahr sein oder nicht, so zeigt das Zusammenwirken von intellektueller Insuffizienz auf Seiten der Adressaten und genußvoller Selbstgefälligkeit, mit der Friedrich Schlegel die Unverständlichkeit ausspielt, das letztlich unverbindliche, literarische Klima an, in dem sich solche politischen Debatten abspielten. Aus der Diskussion der gelehrten Öffentlichkeit, wie sie Kant vorschwebte, ist die Esoterik literarischer Cliquen geworden.

Die Geschichtsphilosophie des Novalis bildet einen Höhe- und Umschlagspunkt der utopisch motivierten bürgerlichen Geschichtsphilosophie. Die Staatsromane der Aufklärung hatten den aus der absolutistischen Theorie überkommenen Gegensatz von Politik und Moral dadurch zu überwinden versucht, daß sie die letztere aus dem privaten Innenraum, in den sie der Absolutismus verbannt hatte, erlösten und zum Regulativ politischen Handelns machten. Die Statik dieser naturrechtlichen Argumentationen hatte die Geschichtsphilosophie in die Dynamik des historischen Prozesses aufgelöst. Die moralische Politik war nicht mehr nur eine individuelle Aufgabe des Herrschers, sondern die objektive Tendenz der Geschichte. Dem entsprach es, daß die Revolution, der die in den Staatsromanen proklamierte moralische Praxis des aufgeklärten Despoten gerade zuvorkommen sollte, jetzt als notwendiger Umschlagspunkt am Horizont der Zukunft erschien. Die Revolution war zugleich staatsrechtlich fragwürdig und geschichtsphilosophisch notwendig. An dieser Notwendigkeit hält auch die frühromantische Geschichtsphilosophie fest. Während jedoch die aufklärerische Geschichtsphilosophie den dualistischen Begriffsbildungen verhaftet blieb und aus diesen ihre polemische Kraft bezog, wie vor allem die Revolutionsrhetorik etwa Robespierres zeigt, versucht die frühromantische Geschichtsphilosophie, die verschiedenen Antithesen in einer absoluten Synthesis zusammenfallen zu lassen. Die Utopie, in der Geschichtsphilosophie der Aufklärung unendliches Ziel (implizit) revolutionären Handelns, wird von der Revolution losgelöst. Diese Übersteigerung des Aufklärungsutopismus hat seine Abstraktion zur Folge. Die hypertrophe Utopie der absoluten Synthesis von allem und jedem, die jegliche Genese unter sich läßt, nimmt Züge dessen an, was Hegel später als abstrakte Negation bezeichnen wird. Diese Abstraktheit, in die die bürgerliche Geschichtsphilosophie in ihrer höchsten Aufgipfelung zurückfällt, drängt dann notwendigerweise zur Positivierung. Bei Novalis ist diese Tendenz nur erst angelegt. Utopie und Historismus, Geschichtsphilosophie und Ontologie, Synthesis und Hierarchie verbleiben in einem labilen Gleichgewicht. Dieses ließ sich naturgemäß nicht lange durchhalten, wie die späteren romantischen Konversionen, die einem Rückfall in Empirie gleichkommen, demonstrieren.[193] Die utopische Intention verschwindet in Historismus und Staatsorganologie.

2. Hegel

Kaum eine Philosophie hat eine solche Fülle unterschiedlicher, kontroverser, ja sich gegenseitig ausschließender Deutungen provoziert wie die Hegelsche. In besonderem Maße gilt dies für die Hegelsche Staatstheorie und Geschichtsphilosophie. Bekanntlich hat sich ja bereits kurz nach Hegels Tod der Hegelianismus in einen rechten und einen linken Flügel gespalten, deren einer die Hegelsche Geschichtsphilosophie ihres teleologischen Anspruchs überhaupt entkleidete und in den Historismus sowie zur Theorie der Geisteswissenschaften führte, während der andere gerade umgekehrt die geschichtsphilosophische Teleologie akzentuierte, allerdings unter Preisgabe ihres affirmativen Charakters. Später haben dann faschistische Theoretiker – allerdings nicht einhellig – das etatistische Moment der Hegelschen Staatstheorie sowie die von Hegel betonte Notwendigkeit des geschichtlichen Geschehens benutzt, um sich auch in der idealistischen Tradition abzusichern, und daß dies eine rechtmäßige Adaptation war, ist ihnen von der liberalistischen Kritik am vermeintlichen Hegelschen Totalitarismus (Russell, Popper, Topitsch) wiederum bestätigt worden. Gegenüber solchen positiv oder negativ bewerteten Parallelisierungen hat im Gefolge der Hegelrezeption des frühen Lukács die Kritische Theorie vor allem das kritische Moment der dialektischen Methode hervorgehoben und im Anschluß an die Marxsche Entfremdungskritik für die Analyse der Gegenwartsgesellschaft fruchtbar zu machen gesucht. Nun haben solche gegensätzlichen Deutungen und Wertungen durchaus ihren Grund in den Ambivalenzen der Hegelschen Staats- und Geschichtsphilosophie selbst, und vor allem die kritische Theorie hat dies herausgearbeitet, Marcuse in der unmittelbar politischen Absicht, die Usurpation Hegels durch den Faschismus bzw. die Anerkennung dieser Usurpation vor allem durch angelsächsische Theoretiker zugleich zu erklären und ihr entgegenzuwirken, Adorno aus dem Bemühen heraus, seine „negative Dialektik" von der affirmativen Hegels abzugrenzen, ohne den wie auch immer gebrochenen systematischen Anspruch selbst preiszugeben, Habermas aus einem erkenntnistheoretischen Interesse heraus, das vor allem auf die Hegelsche Historisierung der Kantischen Erkenntniskritik abhebt. Im folgenden nun geht es darum, die Zweideutigkeit der Hegelschen Staats- und Geschichtsphilosophie noch einmal zu ak-

[193] Vgl. dazu Kuhn: Poetische Synthesis, S. 375 f.

zentuieren und nach ihrem systematischen Grund bzw. ihren Konsequenzen zu fragen.[194] Dabei gehe ich aus von Hegels Auseinandersetzung mit den Problemen der Utopie bzw. der Revolution, indem ich als Exempel dafür Hegels Darstellung der Platonischen Staatsutopie bzw. der Französischen Revolution jeweils mit der Kantischen Behandlung dieser Themen vergleiche. Im zweiten Abschnitt soll sodann die Art der Hegelschen Argumentation aus übergreifenden Strukturen der Geschichts- und Staatsphilosophie erklärt werden, ebenfalls in Abhebung von Kant.

a) Utopie und Revolution

In der „Kritik der reinen Vernunft" erwähnt Kant im Rahmen der Behandlung der „Ideen überhaupt" auch „die platonische Republik".[195] Ganz im Sinne des späteren Aufsatzes über Theorie und Praxis wendet sich Kant gegen leichtfertige Verdikte über den platonischen Entwurf, die etwa mit dessen „Untunlichkeit" operieren.[196] Demgegenüber sei „eine Verfassung von der *größten menschlichen Freiheit* nach Gesetzen, welche machen, *daß jedes Freiheit mit der anderen ihrer zusammen bestehen kann* ... wenigstens eine notwendige Idee, die man nicht bloß im ersten Entwurfe einer Staatsverfassung, sondern auch bei allen Gesetzen zum Grunde legen muß".[197] Nun ist Kants Identifikation des platonischen Verfassungsideals mit dem eigenen gewiß kurios, immerhin ist es aufschlußreich, daß eine politische Zweckmäßigkeitserwägungen ins Feld führende Kritik an Konzeptionen idealer Verfassungen sogleich eine Solidarisierung der „Utopisten" auf den Plan ruft, die unter dem Zeichen des Primats der Theorie gegenüber der Praxis die inhaltlichen Differenzen unwichtig werden läßt. Wie vorsichtig sich auch Kant über die überhaupt mögliche Realisierung utopischer Vorstellungen äußert, die ohnehin nur in unendlicher Annäherung möglich ist, und wie ablehnend er gar dem utopisch motivierten Umsturz bestehender Verfassungen gegenübersteht – „Es ist doch *süß*, sich Staatsverfassungen auszudenken, die den Forderungen der Vernunft (vornehmlich in rechtlicher Absicht) entsprechen: aber *vermessen*, sie vorzuschlagen, und *strafbar*, das Volk zur Abschaffung der jetzt bestehenden aufzuwiegeln", heißt es im „Streit der Fakultäten" –, so bieten solche Konzeptionen (Kant nennt an der zuletzt zitierten Stelle neben Platon auch Morus, Harrington und Vairasse) gleichwohl unverzichtbare regulative Ideen einer möglichen Praxis, und diesen sich zu nähern ist nicht nur „denkbar", sondern sogar „Pflicht", wenn auch nicht der Staats-

[194] Wie bei der Analyse der Geschichts- und Staatsphilosophie des Novalis kommt es auch hier auf die Herauspräparierung einer bestimmten Argumentationsstruktur an, so daß gewisse Vernachlässigungen einerseits, Überbetonungen andrerseits kaum zu vermeiden sind.

[195] Immanuel Kant: Kritik der reinen Vernunft, Hamburg 1956, 3. 348 ff.

[196] Ebd., S. 351

[197] Ebd.

bürger, sondern nur des Staatsoberhaupts.[198] Die Utopie ist eine Funktion der Moralphilosophie und als solche das Ziel einer möglichen und zu befördernden künftigen Entwicklung.

In der Vorrede zur „Rechtsphilosophie" beiläufig und ausführlich in der „Geschichte der Philosophie" kommt auch Hegel auf die „platonische Republik" zu sprechen.[199] Diese gelte „als das Sprichtwort eines *leeren Ideals*", und gegen derartige abschätzige Urteile nimmt Hegel sie dann im folgenden in Schutz.[200] Soweit die Analogie zur Kantischen Zurückweisung der Utopiekritik. Der Rahmen der Hegelschen Erörterung jedoch sowie die Durchführung der Verteidigung markieren einen diametralen Gegensatz. Während Kant die Ideen als Regulative eines künftigen Handelns gegen den Konservativismus des Alltagsverstandes in Schutz nehmen will, polemisiert Hegel gegen ein leeres Räsonnieren, dem „die *Idee* für das gilt, was nur so eine Idee, eine Vorstellung in einem Meinen ist" und das daher nicht das „*Gegenwärtige* und *Wirkliche*" als das „*Vernünftige*" ergründet, sondern ein „*Jenseitiges*" aufstellt, „das Gott weiß wo sein sollte".[201] Wenn eine Idee für die Existenz zu gut sein soll, wie es der Kantische Ideebegriff, der nur eine unendliche Annäherung zuläßt, impliziert, so ist dies ein „Fehler des Ideals selbst."[202] Das Ideal ist nicht zu gut für die Wirklichkeit, sondern zu schlecht, oder umgekehrt: „Die Wirklichkeit ist zu gut; was wirklich ist, ist vernünftig."[203] Daher kann es Hegel bei der Verteidigung des Platonischen Staates also gar nicht darum gehen, diesen als *Ideal* zu rechtfertigen, sondern nur darum, nachzuweisen, daß die Platonische Republik den geforderten Wirklichkeitsbezug aufweist. Von der Voraussetzung her, daß niemand seine Zeit überspringen könne, daß die Philosophie nur „ihre Zeit in Gedanken erfaßt" sei, daß sie, wenn sie ihr „Grau in Grau" male, eine alt gewordene Gestalt des Lebens „nicht verjüngen, sondern nur erkennen" könne – „die Eule der Minerva beginnt erst mit der einbrechenden Dämmerung ihren Flug", wie es in dem berühmten Bild heißt –, von dieser Voraussetzung her ist die Platonische Republik also dann legitimiert, wenn sie als adäquater Ausdruck der griechischen Wirklichkeit gelten kann.[204] Und in der Tat ist sie nach Hegel eine Darstellung der „griechischen Sittlichkeit":

> Das griechische Staatsleben ist das, was den wahrhaften Inhalt der Platonischen Republik ausmacht.[205]

Nun ist mit diesem Argument jedoch eben nur der Inhalt der Platonischen Darstellung gerechtfertigt, nicht ihre Form. Für diese, nämlich die Form der Utopie, bietet

[198] Immanuel Kant: Der Streit der Fakultäten, Hamburg 1959, S. 92 f.

[199] Georg Wilhelm Friedrich Hegel: Grundlinien der Philosophie des Rechts, Hamburg 1955, S. 14

[200] Ebd.

[201] Ebd., S. 14 f.

[202] Georg Wilhelm Friedrich Hegel: Werke, Frankfurt 1971, Bd. 19, S. 110

[203] Ebd.

[204] Hegel: Rechtsphilosophie, S. 16 f.

[205] Hegel: Werke, Bd. 19, S. 111

Hegel zunächst eine sozusagen subjektivistische Erklärung an. Daß die Verfassung des „Staates" die Gestalt eines Ideals annimmt, hat nämlich allein darin seinen Grund, daß die Darstellung Platons die griechische Sittlichkeit nicht nur spiegelt, sondern sie zugleich gegen das Hereinbrechen der in Sokrates personifizierten modernen Subjektivität verteidigen will, also in ihrer spezifisch konservativen Absicht. Nun würde auch diese Erklärung aus der individuellen Absicht Platons allein noch nicht hinreichen, um die Konzeption des „Staates" als *ideale* zu rechtfertigen, wenn die subjektive Position nicht zugleich in der objektiven historischen Entwicklung verankert wäre, und für eine solche Verankerung bietet die referierte Erklärung Hegel eine Handhabe. Wie nämlich die Platonische Republik ihrem Inhalt nach das Prinzip der griechischen Sittlichkeit darstellt, so stellt sie ihrer Form nach zugleich das Prinzip des modernen Subjektivismus dar. Die konservative Position Platons reflektiert qua konservativ das Hereinbrechen des Subjektivismus. Der Zerfall der griechischen Polis erklärt so sowohl den Inhalt der Platonischen Darstellung, die die alt gewordene Gestalt des griechischen Lebens auf den philosophischen Begriff bringt, als auch ihre Form, die das Prinzip dieses Verfalls, die Subjektivität, sich selbst zu eigen macht. Die Antagonismen des historischen Prozesses schlagen sich in dem Widerspruch von Form und Inhalt des Platonischen „Staats" nieder, und eben dadurch ist dieser gerechtfertigt.

An die Stelle einer normativen Begründung der Utopie aus der Moral, wie sie Kant vornimmt, tritt ihre Rechtfertigung durch historische Erklärung. Zwar spricht Hegel in den „Vorlesungen über die Geschichte der Philosophie" auch von einer „vollkommenen Konstitution", diese ist jedoch nicht – jedenfalls an dieser Stelle nicht; wie es sich mit dem in der „Rechtsphilosophie" entworfenen Staat verhält, ist später zu untersuchen – der Zielpunkt einer universellen Entwicklung, sondern wird an das einzelne Volk gebunden.[206] Das Telos der wahren Konstitution ist jedem einzelnen Volk immanent. Das normative Ideal löst sich auf in der historischen Abfolge der Volksgeister.[207] Hegel konstatiert die sich auch in der Platoni-

[206] Hegel: Werke, Bd. 19, S. 111

[207] Insofern erscheint mir Odo Marquards Interpretation der Hegelschen Sollenskritik, daß diese sich nämlich auf die Weigerung der Transzendentalphilosophie beziehe, „die allgemeinen Zwecke, die freiheitsbetreffenden also, an den Realisierungsprozeß ihrer Vermittlung und damit das Sollen an Wirklichkeit zu binden", mißverständlich (Odo Marquard: Hegel und das Sollen. In: O. M.: Schwierigkeiten mit der Geschichtsphilosophie, Frankfurt 1973, S. 44). Soweit damit die Forderung gemeint ist, die Bedingungen der Realisierung bestimmter Normen und vor allem die eventuellen Widerstände möglichst genau zu analysieren, um deren optimale Verwirklichung ohne die sogenannten unbeabsichtigten Nebenfolgen zu gewährleisten, so ist nicht zu sehen, daß die Transzendentalphilosophie dem widerspräche. Vielmehr bietet sie durch ihre Trennung von praktischer und theoretischer Vernunft, normativen Dezisionen und Aussagen über empirische Zusammenhänge trotz der „naturalistischen" Begründung des Sollens für eine vorsichtige Praxis geradezu die Voraussetzungen. Und wenn man die Hegelsche Sollenskritik, wie sie sich etwa in der angezogenen Vorrede zur „Rechtsphilosophie" äußert, streng interpretiert, so richtet sie sich gegen eine verändernde Vermittlungs*praxis* überhaupt. Wie

schen Republik niederschlagende Beschränktheit der griechischen Sittlichkeit, insofern nämlich in ihr „das Sittliche das Verhältnis des Substantiellen habe, ... so daß jedes einzelne Subjekt den Geist, das Allgemeine zu seinem Zwecke, zu seinem Geiste und Sitte habe".[208] In der unmittelbaren Einheit von Individuellem und Allgemeinem, im „politischen Kunstwerk", wie es in den „Vorlesungen über die Philosophie der Geschichte" heißt, ist die innere Unendlichkeit der Subjektivität noch nicht vorhanden.[209] Die letztere ist jedoch kein moralphilosophisches Postulat – und insofern läßt sich daraus auch in keiner Weise ein Verdikt über die griechische Sittlichkeit ableiten –, sondern lediglich die nächste Stufe in der geschichtlichen Auseinanderlegung des Weltgeistes, deren höheres Recht nicht die Ethik, sondern allein die die Geschichte als vernünftig und notwendig darstellende Geschichtsphilosophie begründen kann. Basierte die oben dargestellte Autonomie der aufklärerischen Geschichtsphilosophie auf ihrer moralphilosophischen Grundlage, die die göttliche Providenz entweder eskamotierte (Voltaire, Condorcet) oder allenfalls als Idee zuließ (Kant), so vollendet Hegel diesen Prozeß der Autonomisierung, indem er auch noch die Moralphilosophie in die Geschichtsphilosophie (bzw. die Rechtsphilosophie) auflöst. Dadurch daß die Geschichte zu einem Prozeß des sich *in* ihr und *durch* sie verwirklichenden Weltgeistes wird, verschwindet sowohl der Dualismus von Gott und Welt, der die Geschichte lediglich zu einem Feld voluntativer göttlicher Akte machte, als auch der Dualismus von moralischem Gesetz und Wirklichkeit, der den geschichtlichen Verlauf zwar von den unerforschlichen Ratschlüssen Gottes befreite, ihn aber zugleich an die Realisierung des Sittengesetzes band.

Dies schlägt sich auch nieder in Hegels Verhältnis zur Französischen Revolution.[210] Für Kant ist diese vor allem ein moralisches und rechtliches Problem. Im 6. und 7. Unterabschnitt des 2. Abschnitts des „Streits der Fakultäten" („Der

eine solche Praxis zu Werke geht, ob vorsichtig oder nicht, ist systematisch ohne Belang. Wenn alles Wirkliche vernünftig ist, so ist die Vermittlung von Theorie und Realität immer schon geschehen und nicht Sache einer künftigen Praxis. Das Sollen wird also nur in dem Sinn an die Wirklichkeit gebunden, daß es je schon vollbracht ist. Die sich in der und durch die Weltgeschichte sukzessiv ausbreitende Freiheit ist keine apriorische Norm menschlichen Handelns, sondern sozusagen eine Eigenschaft des Weltgeistes, die sich notfalls auch hinter dem Rücken der Menschen und über deren Köpfe hinweg in der Geschichte durchsetzt.

208 Hegel: Werke, Bd. 19, S. 113

209 Ebd., Bd. 12, S. 306. – Die selbst in der Form der Besonderheit erscheinende unmittelbare Einheit von Individuellem und Allgemeinem kann geradezu als Definition der klassischen Kunstform und, insofern die Kunst in dieser ihre höchste Bestimmung verwirklicht, der Kunst überhaupt gelten, weshalb Hegel den Begriff des Kunstwerks auch auf den griechischen Staat – allerdings auch nur auf den griechischen – übertragen kann. Überhaupt ist ja die „Ästhetik" im Grunde eine Geschichtsphilosophie.

210 Ich halte mich im folgenden vor allem an die Interpretation von Jürgen Habermas (J. H.: Hegels Kritik der Französischen Revolution. In: J. H.: Theorie und Praxis, Neuwied und Berlin 1969, S. 89 ff.).

Streit der philosophischen Fakultät mit der juristischen") setzt sich Kant mit ihr auseinander, im übrigen ohne sie direkt beim Namen zu nennen. Die Überschrift des 6. Unterabschnitts lautet: „Von einer Begebenheit unserer Zeit, welche diese moralische Tendenz des Menschengeschlechtes beweist." Damit nun ist nicht, wie man zunächst meinen könnte, die Französische Revolution selbst gemeint, sondern lediglich die moralische „Denkungsart der Zuschauer", die sie sich mit den Zielen der Revolution identifizieren läßt.[211] Es geht Kant im gesamten zweiten Abschnitt um die Beantwortung der Frage, „ob das menschliche Geschlecht im beständigen Fortschreiten zum Besseren sei", um die Möglichkeit einer „wahrsagenden Geschichte der Menschheit".[212] Um dieses Problem zu klären, sucht er vergangene „Erfahrung(en) im Menschengeschlechte" auf, die in dieser Beziehung einen Hinweis geben können.[213] Dies jedoch meint nicht historische Ereignisse, sondern moralische Dispositionen, die zu diesen Ereignissen führen oder auf sie reagieren. Die Begebenheit soll lediglich auf ein Vermögen des Menschengeschlechts hinweisen, „*Ursache* von einem Fortrücken desselben zum Besseren und (da dieses die Tat eines mit Freiheit begabten Wesens sein soll) *Urheber* desselben zu sein".[214] Entsprechend hebt Kant auch nicht auf das Ereignis oder gar den historischen Verlauf der Französischen Revolution selbst ab, sondern allein auf den moralischen Enthusiasmus des (deutschen) Publikums, das sich sowohl gegen die Einmischung fremder Mächte in die inneren Angelegenheiten eines Volkes wende als auch mit dem staatsrechtlichen Ziel einer republikanischen Verfassung, die allein auf Dauer Kriege verhindern könne, sympathisiere. Das Phänomen der Französischen Revolution zeitigt nicht etwa als Vorgang historische Konsequenzen, die ihm dann seinen Standort und Stellenwert in der Ereigniskette der zum Besseren progredierenden historischen Entwicklung anwiesen, sondern es vergißt sich allein deshalb nicht mehr, „weil es eine Anlage und ein Vermögen in der menschlichen Natur zum Besseren aufgedeckt hat, dergleichen kein Politiker aus dem bisherigen Lauf der Dinge herausgeklügelt hätte".[215] Daher ist auch die Weiterwirkung der Revolution in keiner Weise an empirische Ereignisse gebunden. Selbst wenn die Gegenrevolution die Oberhand behielte, bliebe die Revolution als Quelle des moralischen Enthusiasmus gleichwohl unverloren und wäre insofern der Garant künftiger Verbesserungen. Diese sind nicht das Ergebnis einer immanenten historischen Entwicklung, sondern schöpfen aus dem Fundus eines jederzeit abrufbaren moralischen Potentials. Denn einen Fortschritt in der Moralität oder auch nur in der Legalität der menschlichen Handlungen weist Kant entgegen seiner Absicht ja gar nicht nach. Für ersteres wäre es erforderlich gewesen, den durch die Französische Revolution hervorgerufenen moralischen Enthusiasmus mit dem in frühere Revo-

[211] Kant: Streit der Fakultäten, S. 84
[212] Ebd., S. 77 ff.
[213] Ebd., S. 83
[214] Ebd.
[215] Ebd., S. 87

lutionen oder auch nur Reformen investierten zu vergleichen, für letzteres, den Zuwachs an objektivierter Moralität in eventuellen institutionellen Verbesserungen nachzuweisen. Daß Kant weder das eine noch das andere tut, weist auf den Vorrang der moralischen Begründung gegenüber der geschichtsphilosophischen Prognose hin, in deren Dienst jene doch stehen sollte. Dadurch erspart es sich Kant zugleich, zum Verlauf der Revolution selbst Stellung zu nehmen und diesen in sein Argument einzubeziehen. Indem er die moralischen und rechtlichen Prinzipien der Revolution von deren Realität ablöst, rettet er sie gewissermaßen für die Zukunft.

Bei Hegel dagegen ist die Französische Revolution ein Ereignis der Vergangenheit. Dies ist zunächst kurz an der Entwicklung der politischen Schriftstellerei Hegels zu demonstrieren. Hegel hat sich bekanntlich zweimal, 1798 und 1817, mit württembergischen Verfassungsproblemen auseinandergesetzt. Die erste Schrift nun („Über die neuesten innern Verhältnisse Württembergs, besonders über die Gebrechen der Magistratsverfassung") ist, was das Verhältnis des planenden und handelnden Menschen zur historischen Entwicklung angeht, durchaus noch den Kantischen Vorstellungen verpflichtet. Das „Bild besserer, gerechterer Zeiten ist lebhaft in die Seelen der Menschen gekommen" und hat sie „mit der Wirklichkeit entzweit".[216] Diese Entzweiung erfordert es, daß man „mit ruhigem Blick" prüft, was an der Verfassung noch haltbar, was unhaltbar geworden ist, und dann entsprechend handelt.[217] Denn: „Wenn eine Veränderung geschehen soll, so muß etwas verändert werden."[218] Ganz im Kantischen Sinne fordert Hegel Fürsten und Stände auf, möglichen unkontrollierbaren revolutionären Ausbrüchen durch Reformen von oben zuvorzukommen. Gleichwohl macht sich bereits in dieser frühen Schrift auch ein objektivistisches Moment geltend. In dem zuletzt zitierten Satz braucht man nur den Akzent von dem „verändert werden" auf das „muß", von dem Ausdruck der menschlichen Aktivität auf den Ausdruck der Zwangsläufigkeit zu verlagern, und schon wird die verändernde Praxis zu einer bloßen Funktion der historischen Stunde. Diese ist dann nicht mehr ein taktisches Instrument, um dem zuständigen Personenkreis die Dringlichkeit von Reformen vor Augen zu führen, sondern Moment einer autonomen geschichtlichen Dynamik. Und wenn vorher davon die Rede ist, daß aus den gegenwärtigen Einrichtungen, Verfassungen und Gesetzen „der Geist entflohen" sei, so setzt das ja voraus, daß er einmal darin war, hebt also ebenfalls auf den historischen Prozeß selbst ab. In der „Verfassungsschrift" zieht Hegel daraus die Folgerungen:

> Nicht das, was ist, macht uns ungestüm und leidend, sondern daß es nicht ist, wie es sein soll; erkennen wir aber, daß es ist, wie es sein muß, d. h. nicht nach Willkür und Zufall, so erkennen wir auch, daß es so sein soll.[219]

[216] Georg Wilhelm Friedrich Hegel: Politische Schriften, Frankfurt 1966, S. 11
[217] Ebd., S. 12
[218] Ebd., S. 13
[219] Ebd., S. 25

Hegel polemisiert gegen die „Menge von Begriffen und Zwecken", die die Dinge nur „als einzelne Begebenheiten, nicht als ein System derselben, das von einem Geist regiert wird, auffassen."[220] Hatte er aus der Geistverlassenheit der württembergischen Verfassung noch gefolgert, daß diese schleunigst geändert werden müßte, und seine Schrift in der Absicht konzipiert, eine solche Änderung herbeiführen zu helfen, so sollen die Gedanken der „Verfassungsschrift" „keinen andern Zweck noch Wirkung haben, als das Verstehen dessen, was ist, und damit die ruhigere Ansicht sowie ein in der wirklichen Berührung und in Worten gemäßigtes Ertragen derselben zu befördern".[221] Der Anspruch des kritischen Subjekts wird liquidiert zugunsten des objektiven historischen Prozesses. Wenn alles so ist, wie es sein soll, so löst sich der Dualismus von Norm und Wirklichkeit, aus dem die verändernde Praxis entspringt, auf in die theoretische Erkenntnis, die diesen Dualismus selbst als geschichtlichen reflektiert und so der praktischen Umsetzung überhoben bzw. selbst Praxis *ist.*

Nun kommt es jedoch darauf an, welche Vergangenheit jeweils als notwendig und vernünftig gerechtfertigt werden soll, und wenn die Vergangenheit ein Ereignis wie die Französische Revolution ist, so mögen sich aus dessen historischer Erklärung durchaus auch kritische Implikate in bezug auf die zeitgenössische Gegenwart in Deutschland ergeben, mag auch deren Explizierung dem eigenen Ansatz insofern widersprechen, als, wenn *alles* Wirkliche vernünftig ist, jegliche Normierung von Handlungen überflüssig wird bzw. man in bezug auf die letzteren jeder Entscheidung überhoben ist; wenn man sozusagen die Normen erst einmal vollständig in den Tatsachen aufgelöst hat, kann man sie hinterher auch nicht wieder herausdestillieren. Diese Problematik spiegelt Hegels Auseinandersetzung mit den württembergischen Landständen, wie er sie in der 1817 erschienenen Schrift „Verhandlungen in der Versammlung der Landstände des Königreichs Württemberg im Jahre 1815 und 1816" führt. Die Landstände hatten eine vom König offerierte Verfassung mit Argumenten abgelehnt, die vor allem mit dem Begriff der ständischen Freiheiten operiert hatten. Gegen solche Berufung auf traditionelle Privilegien nun macht Hegel das Erbe der Französischen Revolution geltend. Der Grundirrtum in der Ansicht der Stände liegt darin, „daß sie von einem *positiven Rechte* ausgehen".[222] Gegen dieses positive Recht nun spielt Hegel das „Recht der Vernunft" aus, das die Französische Revolution als Maßstab der Staatsverfassung aufgestellt habe.[223] Dies ist für ihn jedoch kein moralisch-rechtliches Argument, das etwa gegen die gewordenen Rechte die natürlichen Rechte der Menschheit ins Feld führte, sondern ausschließlich ein historisches. Wie er gegen die „abstrakte Theorie" der Revolutionäre polemisiert, so wendet er sich auch gegen das Beharren auf traditionellen Rechten, die einen längst entschwundenen

[220] Hegel: Politische Schriften, S. 25
[221] Ebd.
[222] Ebd., S. 184
[223] Ebd.

Zustand repräsentieren.[224] Das „Gericht", der „Mörser" der Französischen Revolution und ihrer Folgen haben den historisch gewachsenen Rechten die „Basis" entzogen.[225] Die Stände aber haben offenbar die letzten fünfundzwanzig Jahre verschlafen, „die reichsten, welche die Weltgeschichte wohl gehabt hat, und die für uns lehrreichsten, weil ihnen unsere Welt und unsere Vorstellungen angehören".[226] Hatte Kant das moralische Vermächtnis der Revolution bzw. ihrer Sympathisanten betont, so operiert Hegel vor allem mit ihrer historischen Erbschaft. Wenn Kant sich in der „Metaphysik der Sitten" dagegen wendet, daß man eine aus einer Revolution hervorgegangene neue Verfassung wieder umzustürzen versuche, so begründet er dies ausschließlich rechtlich, indem er nämlich einen aktiven Widerstand gegen die Obrigkeit generell verbietet. Dagegen ist für Hegel ein Nicht-zur-Kenntnis-Nehmen der revolutionären Erbschaft ein Unterbieten des geschichtlichen Augenblicks. Die Gegenwart *steht* in der Kontinuität der Revolution, *soll* dies nicht nur. Die letzten fünfundzwanzig Jahre sind nicht deswegen lehrreich, weil sie ein jederzeit und unabhängig von der historischen Stunde abrufbares moralisches Erbe repräsentieren, sondern „weil ihnen unsere Welt und unsere Vorstellungen angehören". Die Geschichte ist Lehrmeisterin *als Geschichte,* nicht weil sich *aus* einzelnen ihrer Ereignisse etwa Klugheitsregeln oder moralische Lehren ableiten ließen. Die Auflösung der Historia Magistra Vitae in der Geschichtsphilosophie, die Koselleck beschrieben hat, hat in der Hegelschen Geschichtsphilosophie ihren Abschluß gefunden.

> Hegel anerkennt die Revolution, soweit sie dem, was Kant als Rechtszustand begriffen hatte, zum äußeren Dasein verhilft. Zugleich kritisiert er aber die Revolutionäre, die die Verwirklichung des Rechtszustandes unmittelbar als Ziel in ihr Handeln aufnehmen.[227]

Bekanntlich hat Hegel in der „Phänomenologie des Geistes" die Dialektik des allgemeinen Willens vorgeführt und damit vor allem den rousseauistischen Jakobinismus gemeint. Die absolute Freiheit verzehrt sowohl das gegliederte Leben der Gesellschaft und des Staates wie auch letztlich ihre eigene Positivität. Sie ist das rein „*negative Tun*", die „Furie des Verschwindens".[228] Nicht das Ziel der Revolution, eine vernünftige Wirklichkeit, an sich wird kritisiert, sondern nur die zum Selbstwiderspruch führende Unmittelbarkeit seiner Realisierung. Und schließlich ist ja auch in der „Phänomenologie des Geistes" die Dialektik der absoluten Freiheit ein notwendiges Durchgangsstadium auf dem Wege zum absoluten Wissen. Mit der beschriebenen Rechtfertigung des rationalen Naturrechts allein aus dem Tatbestand seiner historischen Durchsetzung jedoch scheint Hegel selbst sozusagen einem Rechtspositivismus zweiter Natur zu verfallen. Denn als historisches unter-

224 Hegel: Politische Schriften, S. 184
225 Ebd., S. 185 f.
226 Ebd., S. 185
227 Habermas: Hegels Kritik der Französischen Revolution, S. 93
228 Georg Wilhelm Friedrich Hegel: Phänomenologie des Geistes, Hamburg 1952, S. 418

scheidet sich das rationale Naturrecht in keiner Weise von den althergebrachten Rechten, auf die sich etwa die württembergischen Landstände berufen hatten. Hegel rechtfertigt die Geltung des rationalen Naturrechts aus seiner Genese, die er als Rechtstitel des positiven Rechts gerade ablehnt. Diesem Widerspruch kann er dann nur so entkommen, daß er die Genese des abstrakten Rechts selbst als vernünftig begreift, daß er dieser gewissermaßen eine Vernunft im Quadrat vindiziert, die sowohl die naturrechtlichen Postulate wie die historische Positivität einbegreift. Die Entfaltung dieses Gedankens bietet die Geschichtsphilosophie: „Dem subjektiv gerichteten Begriff der Revolution wird dadurch der Boden entzogen, daß ein objektiv revolutionäres Geschehen durch Interpolation eines Weltgeistes in Kategorien begriffen wird, die dem subjektiv revolutionären Bewußtsein entliehen sind, aber nur noch für das Subjekt der Geschichte im ganzen gelten sollen. Erst so läßt sich die Geschichte als die stufenweise Einlösung des Anspruchs der Revolution auf Verwirklichung des Rechts begreifen, ohne gleichzeitig auch eine revolutionäre Tätigkeit des subjektiven Bewußtseins legitimieren zu müssen."[229]

b) Geschichte und Staat

Die *Struktur* der Hegelschen Auseinandersetzung mit der Französischen Revolution ist der Hardenbergs durchaus analog.[230] Die Rettung bzw. Aufhebung (im bekannten Doppelsinn) des revolutionären Erbes, wie sie Hegel vornimmt, entspricht durchaus dem ambivalenten Verhältnis zur Revolution, wie es sich in Novalis' Geschichtskonzeption zeigt. Zwar ist in dem Christenheitaufsatz die Revolution als Vollstrecker der Aufklärung zugleich deren Liquidator und schafft durch die Herstellung der tabula rasa der Anarchie lediglich die Voraussetzung für die Heraufkunft des neuen Zeitalters, doch ist dieses auf die Revolution angewiesen und wird zudem in den Fragmenten auch qualitativ als deren doppelsinnige Aufhebung bestimmt (*Vernunft*geist, *vernünftiges* Chaos, *freie* Verbindung *selbständiger, selbstbestimmter* Wesen etc.). Ähnlich wird die Antithetik des revolutionären Zeitalters im preußischen Staat zugleich negiert und bewahrt. In beiden Fällen wird die Revolution, etwa im Unterschied zur Kantischen Einstellung, radikal historisiert. Und diese Historisierung hebt vor allen Dingen auf die Notwendigkeit des Geschehens ab. Nun ist allerdings der Standpunkt des absoluten Wissens, des „konkreten Begreifens der absoluten Wahrheit", das Hegel seiner Philosophie zuspricht und das er dem „abstrakten Denken" der Aufklärungsphilosophie entgegensetzt, etwas anderes als das ins Geheimnis mündende philosophische Heimweh

[229] Habermas: Hegels Kritik der Französischen Revolution, S. 104

[230] Das wäre gegenüber Joachim Ritter, der vor allem auf den Gegensatz zwischen der Hegelschen und der Hardenbergschen Revolutionstheorie abhebt, zu betonen (vgl. Joachim Ritter: Hegel und die Französische Revolution. In: J. R.: Metaphysik und Politik. Studien zu Aristoteles und Hegel, Frankfurt 1969, S. 210 f. bzw. 250 f.).

des Novalis.[231] Und entsprechend fällt Hegel auch nicht in ahnendes Analogisieren zurück, sondern konstruiert den Gang der Weltgeschichte als einen Prozeß, der für das „konkrete Begreifen der absoluten Wahrheit" die Voraussetzung schafft und in sie einmündet.

Hegel grenzt zunächst die philosophische Geschichtsschreibung von der sogenannten ursprünglichen und der reflektierenden ab. Kennzeichen der ursprünglichen Geschichtsschreibung ist die Einheit des Autors mit seinem Gegenstand, während in der reflektierenden Geschichtsschreibung diese Einheit aufbricht und die Vergangenheit zum Gegenstand einer distanzierenden Darstellung wird. Aufschlußreich im vorliegenden Zusammenhang ist Hegels Auseinandersetzung mit der sogenannten pragmatischen Geschichtsschreibung. Er verwahrt sich gegen die für diese Art von Geschichtsschreibung charakteristischen Reflexionen, die aus den berichteten Geschehnissen die politische und moralische Essenz herausdestillieren und derart die Leser belehren wollen. Denn „was die Erfahrung ... und die Geschichte lehren, ist dieses, daß Völker und Regierungen niemals etwas aus der Geschichte gelernt und nach Lehren, die aus derselben zu ziehen gewesen wären, gehandelt".[232] Jede Zeit ist ein individueller Zustand und kann daher nicht moralisch gefiltert, sondern nur denkend begriffen werden. Dieses ist die Aufgabe der philosophischen Geschichtsschreibung, die somit die naiv-empirische Einheit der ursprünglichen Geschichtsschreibung und die verständige Distanzierung der reflektierenden in der höheren Einheit des konkreten Wissens aufhebt; das dialektische Schema von ursprünglicher Einheit, Entzweiung und höherer Einheit ist auch hier evident.

Daher kann es auch nicht darum gehen, etwa zu *beweisen*, daß es in der Weltgeschichte vernünftig zugegangen sei, wie es noch Kant skrupulös genug unternimmt, denn dies würde eine Äußerlichkeit von philosophischer Betrachtung und Gegenstand voraussetzen, die zwar dem Standpunkt des Verstandes entspricht, aber nicht dem der Vernunft. „Daß die Vernunft die Welt beherrsche, daß es also auch in der Weltgeschichte vernünftig zugegangen sei", ist vielmehr ein Gedanke, den die Philosophie bereits mitbringt.[233] Während bei Kant die Einheit von Natur und Freiheit kein Gegenstand theoretischer Erkenntnis, sondern nur eine aus praktischen Gründen erforderliche Idee der reflektierenden Urteilskraft ist, ihr Dualismus also nur in der Idee aufgehoben wird, geht Hegel von vornherein davon aus, daß die Vernunft keines äußerlichen Materials bedürfe, sondern aus sich selbst zehre, sich selbst das Material sei, das sie verarbeite. Insofern restituiert er die Geschichtsschreibung als eine „Theodizee, eine Rechtfertigung Gottes".[234] Nun muß natürlich Hegel in der Identität der Vernunft mit sich selbst zugleich ihre Nichtidentität setzen, ansonsten es zu keiner Entwicklung und also auch zu keiner

[231] Hegel: Werke, Bd. 12, S. 528
[232] Ebd., S. 17
[233] Ebd., S. 20
[234] Ebd., S. 28

Geschichte kommen könnte. Daher ist die Weltgeschichte „die Darstellung des Geistes ..., wie er sich das Wissen dessen, was er an sich ist, erarbeitet", oder, mit einer berühmten Definition, „der Fortschritt im Bewußtsein der Freiheit – ein Fortschritt, den wir in seiner Notwendigkeit zu erkennen haben".[235] Während für Kant allein das Freiheitsgesetz selbst als Gesetz der reinen praktischen Vernunft unmittelbar notwendig ist, nicht jedoch seine mögliche Realisierung, die nur eine Idee ist, definiert Hegel geradezu die Freiheit durch ihre vollständige Verwirklichung.[236]

Kants Begriff der weltbürgerlichen Absicht ist bekanntlich doppeldeutig. Er meint einerseits den der Geschichte immanenten Plan und entsprechend die Perspektive der Geschichtsschreibung, andererseits deren Zweck in bezug auf eine zukünftige Praxis. Wenn man das erste Moment einmal außer Betracht läßt, so könnte man sagen, daß Hegel die Kantische Idee einer allgemeinen Geschichte realisiere unter Abzug ihrer weltbürgerlichen Absicht. Indem er andererseits das Sittengesetz, aus dem Staats-, Völker- und Weltbürgerrecht ja abgeleitet werden, zur in sich dialektischen Idee macht, wird auch die Geschichte, die bei Kant ein einliniger, von Rückschritten lediglich unterbrochener Fortschritt war, zum qualitativ gegliederten dialektischen Prozeß. Hatte Kant es noch bei der Idee bewenden lassen und von einer Ausführung absehen können – die Ausführung wäre gewissermaßen aus dem Kantischen System herausgefallen; denn sie hätte weder Sache der theoretischen noch der praktischen Vernunft, sondern allein der reflektierenden Urteilskraft sein können, und „in Ansehnung derselben" dient „die Kritik statt der Theorie" – und hätte er zudem selbst bei einer Durchführung des Entwurfs die historischen Ereignisse gemäß dem obersten Prinzip des Fortschritts zum Weltbürgertum selegieren können und wollen, so ist Hegel genötigt, den Gesamtprozeß der Geschichte als Zu-sich-selbst-Kommen des Geistes nicht nur zu postulieren, sondern auch darzustellen; denn das Postulat erfüllt sich erst in der Darstellung.[237]

Nun gibt es jedoch ein Motiv in der Kantischen Geschichtsphilosophie, das einem Hegelschen durchaus analog zu sein scheint, das der ungeselligen Geselligkeit. Wie ja bereits in dem Abschnitt über Kant erörtert, ist die ungesellige Geselligkeit, der Antagonismus der Menschen das hauptsächliche Mittel der Naturabsicht, um die Naturanlage des Menschen, den Gebrauch der Vernunft, vollständig zu entwickeln; der Begriff der Vernunft deckt dabei sowohl moralische als auch intellektuelle Qualitäten. Die Natur verfährt daher planmäßig, auch wenn ihre

[235] Hegel: Werke, Bd. 12, S. 31 f.

[236] Den Akt dieser Verwirklichung, den Gang des Geistes von der orientalischen Welt über die griechische und römische bis zur germanischen, im einzelnen darzustellen, würde den Zusammenhang dieser Darlegung, der es vor allem auf die kritisch-utopische Relevanz der geschichtsphilosophischen Argumentation ankommt, sprengen. Ich gehe daher im folgenden lediglich auf die grundsätzlichen Aspekte der Hegelschen Geschichtsphilosophie ein.

[237] Kant: Kritik der Urteilskraft, S. 5

Geschöpfe „ohne eigenen Plan verfahren".[238] Diese List der Natur nun, deren sie sich über die Absichten der handelnden Menschen hinweg bedient, scheint der Hegelschen List der Vernunft verwandt zu sein. Bekanntlich sind ja in der Geschichtsphilosophie Hegels die „Lebendigkeiten der Individuen und der Völker, indem sie das Ihrige suchen und befriedigen, zugleich die Mittel und Werkzeuge eines Höheren und Weiteren ..., von dem sie nichts wissen, das sie bewußtlos vollbringen."[239] Das ist auch in bezug auf die sogenannten welthistorischen Individuen nur insoweit zu modifizieren, als diese zwar das, was an der Zeit ist, zum Zweck ihres Handelns machen, aber eben nur als faktisches Ziel, ohne Einsicht in seine weltgeschichtliche Funktion. Insofern verfolgen auch die welthistorischen Individuen nur „partikuläre Zwecke", die „das Substantielle ..., welches Wille des Weltgeistes ist", lediglich objektiv enthalten.[240] In diesem Dualismus von Gesamtplan und Partikularität menschlicher Aktivitäten, deren Antagonismen jenen doch verwirklichen, nun scheint die Kantische Konzeption einer Naturabsicht mit der Hegelschen des Weltgeistes übereinzustimmen. Jedoch wird bei Kant die Naturabsicht, abgesehen davon, daß sie selbst nur eine regulative Idee ist, zugleich moralisch funktionalisiert. Inhalt der Naturabsicht nämlich ist die Autonomie der menschlichen Vernunft, und das impliziert für die Gesellschaft, daß die durch die ungesellige Geselligkeit „*pathologisch*-abgedrungene Zusammenstimmung zu einer Gesellschaft endlich in ein *moralisches* Ganze" verwandelt werde.[241] Fundament und letztes Ziel der Legalität ist die Moralität, mag sich die Natur mit der ungeselligen Geselligkeit auch eines Instruments bedienen, mittels dessen sie die Voraussetzungen zur moralischen Vervollkommnung vor allem indirekt realisiert. Politisch hat die Einführung der ungeselligen Geselligkeit den strategischen Sinn, die Sanktionskraft des rechtlichen Systems zu begründen. Gegenüber solcher moralischer und politischer Mediatisierung der Naturabsicht legt sich die Hegelsche Idee in der Geschichte *selbst* auseinander.

Nun ist das, wie bereits kurz angesprochen, nicht so zu verstehen, als ob in dem An-sich-Sein des Weltgeistes ein unveränderlicher Plan vorläge, der in die Wirklichkeit lediglich transponiert würde. Andrerseits darf aber auch nicht eine vom Weltgeist unabhängige Instanz postuliert werden, da die Annahme eines solchen

[238] Kant: Idee zu einer allgemeinen Geschichte, S. 6

[239] Hegel: Werke, Bd. 12, S. 40

[240] Ebd., S. 45. – Wenn Hegel an anderer Stelle davon spricht, daß es Sache der welthistorischen Individuen sei, „dies Allgemeine, die notwendige, nächste Stufe ihrer Welt zu wissen", so ist dies mißverständlich (ebd., S. 46). Denn vom Standpunkt des Weltgeistes aus dürfen die welthistorischen Individuen schon aus systematischen Gründen gar nicht handeln können. Die Selbstreflexion der Weltgeschichte und damit des in ihr sich verwirklichenden Weltgeistes ist ja erst die Hegelsche Geschichtsphilosophie, die die Geschichte ihrerseits systematisch voraussetzt. Das aus Einsicht in den Gang des Weltgeistes handelnde Individuum müßte infolgedessen die Geschichte gewissermaßen überholt haben.

[241] Kant: Idee zu einer allgemeinen Geschichte, S. 9. – Vgl. im übrigen zu diesem Problem Jürgen Habermas: Strukturwandel der Öffentlichkeit, Neuwied und Berlin 1968, S. 117 ff.

zweiten Prinzips der Einheit der Vernunft und damit der Notwendigkeit des geschichtlichen Ablaufs widerspräche. Daher konzipiert Hegel den Weltgeist offenbar so, daß er sowohl er selbst wie das andere seiner selbst, die Identität der Identität und der Nichtidentität ist und insofern die Geschichte sozusagen aus sich entlassen kann, ohne sich selbst als die unendliche Macht und den unendlichen Inhalt der Geschichte preiszugeben. Die eine Alternative wäre die Auflösung der Realität in die Idee, und das würde bedeuten, daß Hegel die Notwendigkeit einer Entäußerung in die Geschichte nicht mehr begründen, ja streng genommen, wenn man Realität und Idee als Wechselbegriffe versteht, von beidem gar nicht mehr sprechen könnte, die andere Alternative die Annahme zweier gleichberechtigter Prinzipien, und das würde heißen, daß Hegel *neben* der Vernunft auch noch ein Unvernünftiges akzeptieren müßte, über das sich wegen seiner sozusagen absolut absoluten Getrenntheit von der Vernunft ebenfalls gar nicht sprechen ließe, sofern Sprechen vernünftiges Sprechen ist.[242] Hegel vermeidet solche Alternativen um den Preis der Affirmierung von Widersprüchen.[243] Denn die Identität, die einerseits im Gegensatz zur Nichtidentität steht, ist andrerseits die Einheit dieses ihres ersten Begriffs und dessen Gegenteils, und umgekehrt behauptet die Nichtidentität zugleich absolute Selbständigkeit gegen die Identität und wird doch (gerade dadurch) zu deren Moment.

Die Konzeption der Identität von Identität und Nichtidentität hat Konsequenzen für die Hegelsche Staatstheorie, und zwar sowohl in Beziehung auf das Verhältnis von Staat und Bürger als auch in Beziehung auf das Verhältnis von Geschichte und Staat. Wie der subjektive Wille das Werkzeug des Weltgeistes ist, so ist sein realer Zweck der Staat. Dieser ist „die Einheit des allgemeinen, wesentlichen Wollens und des subjektiven".[244] Das heißt natürlich nicht, daß die subjektiven Willen *als* besondere, partikulare sich zum allgemeinen Willen zusammenfänden – diese Rousseauistische Konzeption kritisiert Hegel explizit in der „Rechtsphilosophie". Vielmehr verschwindet der Gegensatz von Freiheit und Notwendigkeit in der Art, daß sich der subjektive Wille der Menschen dem allgemeinen Willen der Gesetze unterwirft:

> Notwendig ist das Vernünftige als das Substantielle, und frei sind wir, indem wir es als Gesetz anerkennen und ihm als der Substanz unseres eigenen Wesens folgen.[245]

Dann erst sind der objektive und der subjektive Wille „ausgesöhnt und ein und dasselbe ungetrübte Ganze".[246] In dieser dialektischen Totalität des Staates soll allerdings der Widerspruch zwischen Allgemeinem und Besonderem ebenso aufbewahrt

[242] Ein analoges Problem hat Dieter Henrich untersucht in: Hegels Theorie über den Zufall. In: D. H.: Hegel im Kontext, Frankfurt 1971, S. 157 ff.

[243] Insofern akzentuiert die Adornosche negative Dialektik, die auf dem Nichtidentischen insistiert, nur ein Moment der Hegelschen Dialektik selbst. Zu deren Kritik vgl. Werner Becker: Idealistische und materialistische Dialektik, Stuttgart/Berlin/Köln/Mainz 1970.

[244] Hegel: Werke, Bd. 12, S. 56

[245] Ebd., S. 57

[246] Ebd.

wie negiert sein. Denn andernfalls könnte Hegel auch nicht von *Unterwerfung* des subjektiven Willens unter den objektiven sprechen, da nämlich unter der Voraussetzung einer widerspruchslosen Einheit jener mit diesem unmittelbar identisch wäre. Das dialektische Schema der Identität von Identität und Nichtidentität, das letztlich die theologische bzw. metaphysische Problematik des Verhältnisses von Gott und Welt, dessen Bestimmung ja auch zwischen der Skylla des Pantheismus und der Charybdis des Manichäismus hindurch muß, spiegelt, kehrt so wie in der Geschichtsphilosophie auch in der Staatstheorie wieder.

Das gilt nun nicht nur für das Verhältnis von besonderem und allgemeinem Willen, sondern auch für das Verhältnis von allgemeinem Willen und Geschichte. Denn insofern der allgemeine Wille sich im Staat inkarniert, ist dieser jeweils wieder ein besonderer. Die der Abstraktion der absoluten Synthesis inhärente Konsequenz des Umschlags in die Konkretheit positiver Hierarchie, wie sie in der Geschichts- und Staatsphilosophie des Novalis angelegt ist, erhält bei Hegel ein systematisches Fundament. Bekanntlich entwirft ja Hegel in der „Rechtsphilosophie" den Staat als eine in sich gegliederte organische Einheit von Familie, bürgerlicher Gesellschaft und Staat im engeren Sinne, d. h. der Staat ist „die Vereinigung des Prinzips der Familie und der bürgerlichen Gesellschaft", er hebt die Entzweiung der bürgerlichen Gesellschaft, in die die unmittelbare Einheit der Familie auseinandergetreten ist, in sich als der dann „*selbstbewußten*" Einheit auf.[247] Dabei jedoch ist die Sphäre des Staates gegenüber den Sphären der Familie und der bürgerlichen Gesellschaft, die sie zu ihren Momenten hat, durchaus selbständig, und in gewisser Weise wird ihre notwendige Selbständigkeit aus den Aporien der bürgerlichen Gesellschaft, wie sie in den berühmten Paragraphen 243 ff. der „Rechtsphilosophie" dargestellt werden, geradezu deduziert. Analog ist die Struktur der Staatssphäre im engeren Sinne. Sowohl der Rousseauistische als auch der Kantische Republikanismus entspringen nach Hegel den Vorstellungen einer bloß abstrakten Freiheit. Demgegenüber entwirft Hegel eine Form der „Gewaltenteilung", die sogar hinter die Montesquieus „zurückfällt". Hegel polemisiert gegen die Trennung von gesetzgebender und ausübender Gewalt, die dann doch die letztere von der ersteren abhängig mache. Demgegenüber gilt:

> Nur durch die Regierungsgewalt und dadurch, daß sie die besonderen Geschäfte, wozu auch das selbst besondere, *für sich abstrakte* Gesetzgebungs-Geschäft gehört, in sich begreift, ist der Staat *Einer*.[248]

Die Regierung als organische Totalität teilt sich gewissermaßen selbst in die Momente der fürstlichen, besonderen (Administration, Rechtsprechung etc.) und ständischen Gewalt. Die Rechtsprechung wird ohnehin als Teil der Exekutive begriffen, und diese greift auch in dem Maße auf die Gesetzgebung über, als letztere den

247 Georg Wilhelm Friedrich Hegel: Enzyklopädie der philosophischen Wissenschaften im Grundrisse, Hamburg 1959, S. 413

248 Ebd., S. 419

Staat als Individuum betrifft. So bleibt für die sogenannte ständische Behörde nur noch der Brocken vom Tische des Herrn übrig, der jene bei Laune halten soll:

> Vermöge dieser Teilnahme kann die subjektive Freiheit und Einbildung und deren allgemeine Meinung sich in einer existierenden Wirksamkeit zeigen und die Befriedigung, etwas zu gelten, genießen.[249]

Man vergleiche mit dieser institutionellen Kanalisierung der öffentlichen Meinung, und dazu der Kanalisierung in eine ohnehin abschätzig behandelte Institution, die utopische Funktion, die Kant der öffentlichen Meinung zumißt (s. o.).

Der Staat als Individuum der Geschichte macht die Individuen der bürgerlichen Gesellschaft zu seinem Moment. So setzt sich in der Dialektik der Identität von Identität und Nichtidentität auf allen Stufen das Moment der Identität durch.[250] Die Hegelsche Staatstheorie macht gewissermaßen den Anspruch, Hobbes und Bentham, absolutistische Souveränitätslehre und bürgerlichen Liberalismus zu vereinigen bzw. deren Inhalte, staatliche Souveränität und bürgerliche Freiheit, als Momente der dialektischen Totalität des eigenen Staatsbegriffs zu fassen. Weder soll der Staat die Gesellschaft vollständig beherrschen noch umgekehrt sich in der Gesellschaft auflösen, vielmehr konstruiert Hegel gewissermaßen einen absoluten Staat, der den Antagonismus von Staat und Gesellschaft zugleich negieren und bewahren soll. Damit löst sich auch der überkommene und noch die Kantische Geschichts- und Staatsphilosophie motivierende Dualismus von Moral und Politik auf. Das kritische Instrumentarium der bürgerlichen Moralphilosophie wird, indem es sozusagen objektiviert wird, zugleich entschärft.

Aus dieser Relation von naturrechtlichen Inhalten einerseits, deren „historistischer" Auflösung in eine objektivistische Geschichtsphilosophie andrerseits resultieren hauptsächlich die gegensätzlichen Interpretationen, die die Hegelsche Geschichts- und Staatsphilosophie in der Folge gefunden haben. Wenn Hegel die Weltgeschichte als notwendigen „Fortschritt im Bewußtsein der Freiheit" auffaßte, dem eine zunehmende „Durchbildung und Durchdringung des weltlichen Zustandes durch dasselbe" entspricht bzw. dessen Voraussetzung ist, so brauchte man in dieser Auflösung der Normativität in der Faktizität nur entweder das Moment der Notwendigkeit oder das Moment der Freiheit zu betonen und es aus dem Zusammenhang herauszulösen, um entweder beim Rechtspositivismus oder der Revolutionsforderung anzulangen.[251] Insofern sind Struktur und mögliche Konsequen-

[249] Hegel: Enzyklopädie, S. 421

[250] Dies ist auch der Stein des Anstoßes der Adornoschen negativen Dialektik (vgl. Anm. 243).

[251] Hegel: Werke, Bd. 12, S. 32. – Eine kurze historische Darstellung des Problems der Auflösung von Normen in Fakten, wie sie die praktische Philosophie der Neuzeit auf der Suche nach Letztbegründungen vollzieht, gibt Wolfgang Röd in: Rationalistisches Naturrecht und praktische Philosophie der Neuzeit (in: M. Riedel [Hrsg.]: Die Rehabilitierung der praktischen Vernunft, Bd. 1, Freiburg 1972). In bezug auf die rechtspositivistischen Konsequenzen der Hegelschen Konzeption heißt es dort: „Sobald diese Art von „Lösung" des naturrechtlichen Grundproblems (nämlich die Hegelsche Variante des Postulats der

zen der Hegelschen Geschichts- und Staatsphilosophie den Implikaten des frühromantischen Utopismus durchaus analog.

Um das Auseinanderfallen der dialektisch vermittelten Momente zu vermeiden, muß Hegel nun eine Annahme machen, die jenes zugleich präjudiziert. Der Prozeß der Herstellung der Identität von Identität und Nichtidentität als Selbstentfaltungsprozeß der Vernunft läßt sich nämlich nur von seinem Abschluß her begreifen. Wenn das Absolute sich erst durch den Prozeß seines Werdens als sozusagen absolut Absolutes konstituiert, setzt seine Erkenntnis das Ende dieses Prozesses voraus. Eine offene Zukunft zuzulassen, hätte bedeutet, das Nichtidentische aus der dialektischen Vermittlung mit dem Identischen herauszulösen und das letztere vom ersteren *absolut* abhängig zu machen. Insofern nun die Philosophie als höchste Sphäre des absoluten Geistes die Selbstreflexion des objektiven Geistes ist, wäre eine Philosophie, die nicht am Ende der Geschichte stünde, nur sozusagen historisch wahr und hätte damit etwa den Status, den Hegel der Kantischen Philosophie in ihrer Eigenschaft als Revolutionsphilosophie zuerkennt. Die Auflösung des Geltungsanspruchs vergangener philosophischer Systeme als eines normativen in ihre historische Erklärung ist nur dann erlaubt, wenn ihre Genese zugleich als im normativen Sinne absolut geltend postuliert wird. Die Einsicht aber in einen solchen Prozeß der Selbstverwirklichung der Vernunft ist nur vom Ende der Geschichte aus möglich, da erst von diesem Standpunkt aus dem normativen Anspruch etwa einer philosophischen Ethik, um den hier relevanten Spezialfall zu nennen, sein Stellenwert im welt- und geistesgeschichtlichen Prozeß absolut wahr zugeschrieben werden kann.

Daher postuliert Hegel denn auch am Ende der „Geschichtsphilosophie" implizit ein Ende der Geschichte. Zwar ist die Erbschaft der Revolution ein Problem, das die Geschichte erst in künftigen Zeiten wird lösen können. Aber die Art dieser Lösung ist durch den preußischen Staat bereits präjudiziert. Denn die Hypertrophie des „Liberalismus", daß nämlich der empirische subjektive Wille auch der empirisch allgemeine Wille sein will, ist selbst eine Erbschaft des „Katholizismus", der den subjektiven Willen geknebelt und so dessen sozusagen abstrakte Reaktion provoziert hatte. Insofern beschränken sich die durch die Revolution inaugurierten zukünftigen Veränderungen auf die katholischen Länder, die gewissermaßen die Reformation nachholen müssen, um so den Anschluß an das Vorbild des preußischen Staates zu gewinnen. Auch Amerika ist zwar ein Land der Zukunft, jedoch nur in dem Sinne, daß sich in diesem Land, das den Staat vorerst nur als Institut des Privatrechts kennt, durch weitere Besiedelung „ein kompaktes System bürgerlicher Gesellschaft" und ein „organischer Staat" erst bilden müssen.[252] Die Richtung

Einheit von Sein und Sollen) nicht mehr akzeptiert wurde, konnte als Aufgabe der praktischen Philosophie nicht mehr die apriorische Begründung von Sittlichkeit und Recht angesehen werden, sondern nur noch die Beschreibung des geltenden Rechts beziehungsweise der geltenden Moral und die Darstellung ihrer Geschichte" (ebd., S. 292).

[252] Hegel: Werke, Bd. 12, S. 114

der Entwicklung ist also bereits vorgezeichnet. Zwar geht ferner am Schluß der Rechtsphilosophie diese in die Geschichtsphilosophie über und die Sphäre des objektiven Geistes wird von der Weltgeschichte beschlossen, doch ist das so zu verstehen, daß sich der in der Rechtsphilosophie auf einer logischen Ebene entworfene Naturrechtsstaat in der Auseinandersetzung der realen Staaten historisch verwirklicht und schließlich im preußischen Staat sein positives Gegenbild findet.

Wie sich im preußischen Staat die Geschichte vollendet, so die Geschichte der Philosophie im Hegelschen System. Wie die Geschichtsphilosophie die ursprüngliche und die reflektierende Geschichtsschreibung als ihre notwendigen Momente in sich enthält, so die „letzte Philosophie" überhaupt alle vorhergehenden.[253] Wenn die Philosophie ihre Zeit in Gedanken erfaßt ist, so entspricht der absoluten Wahrheit der Hegelschen Philosophie die Vollendung der Geschichte. Nur unter dieser Voraussetzung konnte die Geschichte, wie zirkulär und dogmatisch auch immer – denn die Darstellung der Selbstverwirklichung der Vernunft setzt diese, die sie ihrerseits begründet, zur Begründung der eigenen Möglichkeit ja zugleich voraus, wodurch sich die letzte Philosophie als die höchste Vermittlungsstufe des Geistes mit sich selbst letztlich nur noch dogmatisch setzen kann –, als im emphatischen Sinne vernünftiges Geschehen konzipiert werden. Sobald diese Voraussetzung wegfiel und das Ende der Geschichte in die Zukunft verlegt wurde, mußten die in der Hegelschen Geschichtsphilosophie dem eigenen Anspruch nach vermittelten Dualismen erneut auftreten. Wenn die Vernunft sich erst in der *Zukunft* verwirklichen sollte, *sollte* sie sich in der Zukunft auch verwirklichen.

Daher tritt dann in der Marxschen Philosophie der geschichtsmetaphysischen die aktivistische Komponente wieder gegenüber.[254] Das wiederum hat zur Folge, daß innerhalb der ersteren weniger das Moment der Vernunft als das der Notwendigkeit akzentuiert wird. Ein Indiz dieses Auseinanderbrechens ist etwa Marxens Behandlung der sogenannten ursprünglichen Akkumulation des Kapitals. Die Empörung, die Marx über die Vorgänge im England des 16. Jahrhunderts mit Recht an den Tag legt, wäre Hegel, der gegen ein solches privates Moralisieren die List der Vernunft ausgespielt hätte, niemals beigefallen. Wenn die Realisierung der Vernunft, obwohl notwendig, ein Postulat für die Zukunft ist, infiziert dieses postulatorische Moment zugleich die Interpretation der Vergangenheit. Die Einheit der Vernunft, die sich in der Weltgeschichte entfaltet und in der Geschichtsphilosophie zu ihrem Selbstbewußtsein gelangt, zerbricht wieder in die szientifische Begründung der historischen Zwangsläufigkeit einerseits, das Bewerten dieser „Notwendigkeit" auf Grund von Normen, deren Realisierung erst für die Zukunft erwartet wird, andrerseits. Daher auch der Widerspruch zwischen einem projektiven und einem naturalistischen Ideologiebegriff. Bei Hegel fallen Ideologie und Utopie in der Einheit der Vernunft gewissermaßen zusammen. Wenn die Utopie jedoch ein,

253 Hegel, Werke, Bd. 20, S. 461

254 Vgl. hierzu Thomas Meyer: Der Zwiespalt in der Marx'schen Emanzipationstheorie. Studie zur Rolle des proletarischen Subjekts, Kronberg 1973

wenngleich notwendiges, Postulat ist, sind die Spuren dieses Postulats in den Ideologien der Vergangenheit aufzusuchen, die somit selbst zu noch nicht eingelösten bzw. noch nicht einlösbaren Versprechen werden. Der Normativismus durchschlägt die Deskription.[255] Die zirkuläre Selbstbegründung der Marxschen Theorie als Theorie des Proletariats – zirkulär insofern, als die behauptete realgeschichtliche Dependenz ja selbst ein theoretisches Konstrukt, die Legitimation der Theorie aus der Realität also eine Legitimation der Theorie aus ihrem eigenen Inhalt ist – wird so, da empirisch nicht verifiziert und nicht verifizierbar, selbst wieder zum Postulat. Das führt zu dem weiteren Widerspruch zwischen einem historizistischen und einem kritischen Wissenschaftsbegriff.[256] Wenn das Ende der Geschichte bzw. der Vorgeschichte noch bevorsteht, wird die Wissenschaft wieder zur Handlungsanweisung.

Gegenüber solchen widersprüchlichen Verschränkungen wäre an der Trennung von, wie auch immer argumentativ zu rechtfertigenden, normativen Setzungen und, wie auch immer hypothetischen, wissenschaftlichen Beschreibungen festzuhalten. Generell ist die in diesem letzten Abschnitt beschriebene Geschichtsphilosophie, indem sie normative Vorentscheidungen verschleiert, in Gefahr, als Rechtfertigungsideologie wechselnder politischer Zielsetzungen zu fungieren, denen sie auf Grund der Auflösung von Normen in Fakten eine scheinobjektivistische Aura verleiht. Die geschichtsphilosophische Überholung der Kritik droht – und das gilt sowohl für die idealistische wie für die materialistische Variante – die Möglichkeit von Kritik selbst zu eliminieren.[257] Gegenüber solcher Wissenschaft wäre an das kritische Erbe der projektiven Utopie zu erinnern, und dieser Erinnerung sollten die vorhergehenden Analysen dienen.

[255] Ein großer Teil der innermarxistischen Diskussion resultiert aus dem skizzierten Auseinanderbrechen, indem jeweils die eine oder die andere Komponente hervorgehoben wird.

[256] Vgl. Meyer: Emanzipationstheorie, S. 210 ff.

[257] Zu den methodologischen Konsequenzen vgl. Christof Helberger: Marxismus als Methode. Wissenschaftstheoretische Untersuchungen zur Methode der marxistischen politischen Ökonomie, Frankfurt 1974.

LITERATURVERZEICHNIS

1. Quellen

André, Christian Karl: Felsenburg. Ein sittlichunterhaltendes Lesebuch, 3 Bde., Gotha 1788/89

Andreae, Johann Valentin: Rei Publicae Christianopolitanae Descriptio, Straßburg 1621

– Reise nach der Insul Caphar Salama, Und Beschreibung der darauf gelegenen Republik Christiansburg, Eßlingen 1741

Anton Ulrich, Herzog von Braunschweig-Wolfenbüttel: Die Durchleuchtige Syrerinn Aramena, 5 Bde., Nürnberg 1678/80

Aristoteles: Nikomachische Ethik. Übersetzt, eingeleitet und kommentiert von Franz Dirlmeier, Frankfurt/Main und Hamburg 1957

– Poetik. Übersetzung, Einleitung und Anmerkungen von Olof Gigon, Stuttgart 1969

Bachstrom, Johann Friedrich: Das Bey zwey hundert Jahr lang unbekannte, nunmehro aber entdeckte vortreffliche Land Der Inquiraner, 2 Bde., Frankfurt und Leipzig (Breslau) 1736/37

Bacon, Francis: Neu Atlantis. In: Klaus J. Heinisch (Hrsg.): Der utopische Staat, Hamburg 1968

Bahrdt, Karl Friedrich: Ala Lama oder der König unter den Schäfern, auch ein goldner Spiegel, 2 Bde., Frankfurt und Leipzig 1790

– Geschichte des Prinzen Yhakanpol, lustig und zugleich orthodox erbaulich geschrieben von dem Magister Wromschewsky, mit einer Vorrede von D. Hofstede, Adrianopel (Halle) 1790

– Zamor oder der Mann aus dem Monde. Kein bloßer Roman, Berlin 1787

Barclay, John: Argenis, Frankfurt 1626

– Argenis. Übersetzt von Gustav Waltz, München 1891

– Euphormio. Satirischer Roman. Übersetzt von Gustav Waltz, Heidelberg 1902

Basedow, Johann Bernhard: Agathokrator: oder von der Erziehung künftiger Regenten usw., Leipzig 1771

Beer, Johann: Die Andere Ausfertigung Neu-gefangener Politischer Maul-Affen usw., o. O. 1689

– Der Politische Bratenwender usw., Leipzig 1682

– Der Politische Feuermäuer-Kehrer usw., Straßburg 1682

– Die Politische Narren-Kappe usw., o. O. 1683

– Der verkehrte Staats-Mann / Oder Nasen-weise Secretarius usw., Cölln 1700

Bloch, Ernst: Geist der Utopie, Frankfurt/Main 1964

– Das Prinzip Hoffnung, 2 Bde., Frankfurt/Main 1959

Bossuet, Jacob Benignus: Einleitung in die allgemeine Geschichte der Welt, bis auf den Kaiser Carln den Großen, Leipzig 1757

Brockes, Barthold Heinrich: Auszug der vornehmsten Gedichte aus dem Irdischen Vergnügen in Gott. Faksimiledruck nach der Ausgabe von 1738. Mit einem Nachwort von Dietrich Bode, Stuttgart 1965

Campanella, Tommaso: Der Sonnenstaat. In: Klaus J. Heinisch (Hrsg.): Der utopische Staat, Hamburg 1968

Clarke, Arthur C.: 2001. Odyssee im Weltraum. Science-Fiction-Roman, München 1971

Condorcet, Jean Antoine Nicolas de Caritat Marquis de: Entwurf einer historischen Darstellung der Fortschritte des menschlichen Geistes, Frankfurt 1963

Cyrano de Bergerac, Savinien: Die Reise zu den Mondstaaten und Sonnenreichen. Mit einer Einleitung von Hans Eckart Rübesamen, München o. J.
Defoe, Daniel: Das Leben und die unerhörten Abenteuer des Robinson Crusoe. In: D. D.: Romane. Herausgegeben von Norbert Miller, 2 Bde., München 1968
Diderot, Denis: Nachtrag zu ‚Bougainvilles Reise'. Nachwort von Herbert Dieckmann, Frankfurt/Main 1965
Der Englische Einsiedler. Oder: Die wundervolle Begebenheiten und seltene Unglücks-Fälle eines Engländers, Philipp Quarll usw., Hamburg 1728
Engel, Johann Jakob: Fürstenspiegel, Berlin 1798
Fénélon, François de Salignac de la Mothe–: Die Erlebnisse des Telemach, Sohn des Ulysses, Leipzig o. J.
Foigny, Gabriel: Sehr curiöse Reise-Beschreibung durch das neu-entdeckte Südland usw., Dresden 1704
Fourier, Charles: Theorie der vier Bewegungen und der allgemeinen Bestimmungen. Herausgegeben von Theodor W. Adorno. Eingeleitet von Elisabeth Lenk, Frankfurt/Main und Wien 1966
Geiger, Carl Ignaz: Reise eines Erdbewohners in den Mars. Faksimiledruck der Ausgabe von 1790. Mit einem Nachwort von Jost Hermand, Stuttgart 1967
Godwin, Francis: Ein Spanier im Mond. In: Phantastische Raumfahrt. Erzählungen der Weltliteratur. Herausgegeben von Heinar Köhl, München o. J.
Goechhausen, Ernst August Anton von: Enthüllung des Systems der Weltbürgerrepublik, Rom (Leipzig) 1786
– Freymaurerische Wanderungen des weisen Junkers Don Quixote von Mancha und des großen Schildknappen Herrn Sancho Panso, Deutschland (Leipzig) 1787
Görres, Joseph: Hyperion. In: Jochen Schmidt (Hrsg.): Dichter über Hölderlin, Frankfurt/Main 1969
Goethe, Johann Wolfgang von: Sämtliche Werke, 45 Bde., München 1909/32 (Propyläen-Ausgabe).
– Werke. Herausgegeben von Erich Trunz und anderen, 14 Bde., Hamburg 1948/60 (Hamburger Ausgabe).
Gracian, Balthasar: Handorakel und Kunst der Weltklugheit. Übersetzt von Arthur Schopenhauer. Mit einem Nachwort herausgegeben von Arthur Hübscher, Stuttgart 1968
Grimmelshausen, Johann Jakob Christoph von: Dietwalts und Amelinden anmuthige Lieb- und Leids-Beschreibung. Herausgegeben von Rolf Tarot, Tübingen 1967
– Des Vortrefflich Keuschen Josephs in Egypten Lebensbeschreibung samt des Musai Lebens-Lauff. Herausgegeben von Wolfgang Bender, Tübingen 1968
– Des Durchleuchtigen Printzen Proximi und Seiner ohnvergleichlichen Lympidae Liebs-Geschicht-Erzehlung. Herausgegeben von Franz Günter Sieveke, Tübingen 1967
– Simplicianischer Zweyköpffiger Ratio Status. Herausgegeben von Rolf Tarot, Tübingen 1968
– Der Abentheurliche Simplicissimus Teutsch und Continuatio des abentheurlichen Simplicissimi. Herausgegeben von Rolf Tarot, Tübingen 1967
Haller, Albrecht von: Alfred König der Angelsachsen, Wien 1783
– Fabius und Cato. Ein Stück der Römischen Geschichte, Bern und Göttingen 1774
– Usong. Eine Morgenländische Geschichte, Bern 1771
Hegel, Georg Wilhelm Friedrich: Eine Einleitung zur Verfassungsschrift (1799/1800). In: G. W. F. H.: Politische Schriften. Nachwort von Jürgen Habermas, Frankfurt/Main 1966
– Enzyklopädie der philosophischen Wissenschaften im Grundrisse, Hamburg 1959
– Grundlinien der Philosophie des Rechts. Herausgegeben von Johannes Hoffmeister, Hamburg 1955
– Phänomenologie des Geistes. Herausgegeben von Johannes Hoffmeister, Hamburg 1952

– Sämtliche Werke. Herausgegeben von Hermann Glockner, 26 Bde., Stuttgart 1949/59 (Jubiläums-Ausgabe).
– Über die neuesten innern Verhältnisse Württembergs, besonders über die Gebrechen der Magistratsverfassung (1798). In: G. W. F. H.: Politische Schriften. Nachwort von Jürgen Habermas, Frankfurt/Main 1966
– Die Verfassung Deutschlands (1802). In: G. W. F. H.: Politische Schriften. Nachwort von Jürgen Habermas, Frankfurt/Main 1966
– Werke, 20 Bde., Frankfurt 1971
Heinse, Wilhelm: Ardinghello und die glückseligen Inseln. Mit einem Nachwort von Erich Hock, Leipzig o. J.
– Sämtliche Werke. Herausgegeben von Carl Schüddekopf, 10 Bde., Leipzig 1902/25
Herder, Johann Gottfried: Werke. Herausgegeben von Heinrich Düntzer, 24 Bde., Berlin o. J. (Hempelsche Ausgabe).
Hiltebrandt, Johann Ludwig: Irrländische Preiss-Schrift, Auf welche Weise Alle Armen, Wittwen und Waysen in jedem Land versorget / dem Umlauf der Bettlern gesteuret, und das Land von allem liederlichen Gesindel gereinigt werde, Saarbrücken 1765
Hobbes, Thomas: Leviathan oder Wesen, Form und Gewalt des kirchlichen und bürgerlichen Staates. I. Der Mensch. II. Der Staat. Übersetzt von Dorothee Tidow. Herausgegeben von Peter Cornelius Mayer-Tasch, Hamburg 1969
– Vom Menschen. Vom Bürger. Eingeleitet und herausgegeben von Günter Gawlick, Hamburg 1959
Hunold, Christian Friedrich: Die liebenswürdige Adalie. Faksimiledruck nach der Ausgabe von 1702. Mit einem Nachwort von Herbert Singer, Stuttgart 1967
– Der Europäischen Höfe / Liebes- Und Helden-Geschichte, Hamburg 1715
Iselin, Isaac: Ueber die Geschichte der Menschheit, 2 Bde., Frankfurt und Leipzig 1764
Justi, Johann Heinrich Gottlob von: Die Wirkungen und Folgen sowohl der wahren, als der falschen Staatskunst in der Geschichte des Psammitichus Königes von Egypten und der damaligen Zeiten, 2 Bde., Frankfurt und Leipzig 1759/60
Kant, Immanuel: Beantwortung der Frage: Was ist Aufklärung? In: I. K.: Werke. Herausgegeben von Wilhelm Weischedel, 6 Bde., Darmstadt 1966/70
– Zum ewigen Frieden. In: I. K.: Kleinere Schriften zur Geschichtsphilosophie, Ethik und Politik. Herausgegeben von Karl Vorländer, Hamburg 1964
– Über den Gemeinspruch: Das mag in der Theorie richtig sein, taugt aber nicht für die Praxis. In: I. K.: Kleinere Schriften zur Geschichtsphilosophie, Ethik und Politik. Herausgegeben von Karl Vorländer, Hamburg 1964
– Idee zu einer allgemeinen Geschichte in weltbürgerlicher Absicht. In: I. K.: Kleinere Schriften zur Geschichtsphilosophie, Ethik und Politik. Herausgegeben von Karl Vorländer, Hamburg 1964
– Kritik der praktischen Vernunft. Herausgegeben von Karl Vorländer, Hamburg 1959
– Kritik der reinen Vernunft. Herausgegeben von Raymund Schmidt, Hamburg 1956
– Kritik der Urteilskraft. Herausgegeben von Karl Vorländer, Hamburg 1954
– Metaphysik der Sitten. Herausgegeben von Karl Vorländer, Hamburg 1959
– Mutmaßlicher Anfang der Menschengeschichte. In: I. K.: Kleinere Schriften zur Geschichtsphilosophie, Ethik und Politik. Herausgegeben von Karl Vorländer, Hamburg 1964
– Der Streit der Fakultäten. Herausgegeben von Klaus Reich, Hamburg 1959
Kant/Gentz/Rehberg: Über Theorie und Praxis. Einleitung von Dieter Henrich, Frankfurt/Main 1967
Kindermann, Eberhard Christian: Die Geschwinde Reise auf dem Lufft-Schiff nach der obern Welt, o. O. 1744
Klopstock, Friedrich Gottlieb: Ausgewählte Werke, München 1962
Knigge, Adolf Freiherr von: Benjamin Noldmann's Geschichte der Aufklärung in Abyssinien

oder Nachricht von seinem und seines Herrn Vetters Aufenthalte an dem Hofe des großen Negus, oder Priester Johannes, 2 Bde., Göttingen 1791
– Des seligen Etatsraths Samuel Conrad von Schaafskopf hinterlassene Papiere; von seinen Erben herausgegeben. Mit einem Nachwort von Iring Fetscher, Frankfurt/Main 1965
– Geschichte des Amtsraths Gutmann, von ihm selbst geschrieben, Hannover 1794
– Geschichte des armen Herrn von Mildenburg, in Briefen herausgegeben, 3 Bde., o. O. u. J. (Hannover 1789/90)
– Geschichte Peter Clausens, 3 Bde., Frankfurt 1794
– Josephs von Wurmbrand politisches Glaubensbekenntniß mit Hinsicht auf die französische Revolution und deren Folgen. Herausgegeben von Gerhard Steiner, Frankfurt/Main 1968
– Die Verirrungen des Philosophen oder Geschichte Ludwigs von Seelberg, 2 Bde., Frankfurt 1787
– Das Zauberschloß, oder Geschichte des Grafen Tunger, o. O. u. J. (Hannover 1791)
Krauss, Werner (Hrsg.): Reise nach Utopia. Französische Utopien aus drei Jahrhunderten, Berlin 1964
Leibniz, Gottfried Wilhelm: Die Theodizee. Übersetzung von Artur Buchenau. Einführender Essay von Morris Stockhammer, Hamburg 1968
Lessing, Gotthold Ephraim: Werke, 20 Bde., Berlin o. J. (Hempelsche Ausgabe).
– Ernst und Falk. Mit den Fortsetzungen Johann Gottfried Herders und Friedrich Schlegels. Herausgegeben und mit einem Nachwort versehen von Ion Contiades, Frankfurt/Main 1968
Lipsius, Justus: Von der Bestendigkeit (De Constantia). Faksimiledruck der deutschen Übersetzung des Andreas Viritius nach der zweiten Auflage von c. 1601. Herausgegeben von Leonard Forster, Stuttgart 1965
Locke, John: Über die Regierung. Übersetzt von Dorothee Tidow. Herausgegeben von Peter Cornelius Mayer-Tasch, Hamburg 1966
– Über den menschlichen Verstand, 2 Bde., Hamburg 1962
Loen, Johann Michael von: Entwurff einer Staats-Kunst, worinn die natürlichsten Mittel entdecket werden, ein Land mächtig, reich und glücklich zu machen, Frankfurt 1747
– Freye Gedancken zur Verbesserung der Menschlichen Gesellschaft, Franckfurt u. Leipzig 1750
– Moralische Gedichte. Herausgegeben von Naumann, Franckfurt und Leipzig 1751
– Der redliche Mann am Hofe; Oder die Begebenheiten des Grafens von Rivera. In einer auf den Zustand der heutigen Welt gerichteten Lehr- und Staats-Geschichte. Faksimiledruck nach der Ausgabe von 1742. Mit einem Nachwort von Karl Reichert, Stuttgart 1966
– Die einzige wahre Religion, allgemein in ihren Grund-Sätzen, verwirrt durch die Zänkereyen der Schriftgelehrten, zertheilet in allerhand Secten, vereiniget in Christo, 2 Bde., Frankfurt und Leipzig 1750
– Gesammlete Kleine Schriften, 4 Bde., Frankfurt und Leipzig 1749/52
– Sylvanders von Edel-Leben Zufällige Betrachtungen, Von Der Glückseeligkeit der Tugend, Frankfurt am Mayn 1726
Lukács, Georg: Geschichte und Klassenbewußtsein, Studien über Marxistische Dialektik, Berlin 1923
Luther, Martin: Werke, 3 Bde., Leipzig und Wien o. J.
Mandeville, Bernard: Die Bienenfabel oder Private Laster, öffentliche Vorteile. Einleitung von Walter Euchner, Frankfurt/Main 1968
Marperger, Paul Jacob: Abbildung einer vollkommenen Republik ... In: P. J. M.: Auserlesene kleine Schriften, 1733
Meyern: Wilhelm Friedrich: Dya-Na-Sore, oder: Die Wanderer, 5 Bde., Wien 1840
– Hinterlassene kleine Schriften, 3 Bde., Wien 1842
Montesquieu, Charles-Louis de Secondat, Baron de la Brède et de M.: Vom Geist der Gesetze. Eingeleitet, ausgewählt und übersetzt von Kurt Weigand, Stuttgart 1965

Morelly: Gesetzbuch der natürlichen Gesellschaft oder Der wahre Geist ihrer Gesetze zu jeder Zeit übersehen oder verkannt, Berlin 1964

Moritz, Karl Philipp: Anton Reiser. Ein psychologischer Roman, Leipzig 1959

Morus, Thomas: Utopia. In: Klaus J. Heinisch (Hrsg.): Der utopische Staat, Hamburg 1968

– The Complete Works, Bd. 4, New Haven and London 1965

Mouchemberg: Joh. Barclaii Argenis, Ander Theil. Durch Martin Opitzen, nach dem Lateinischen Exemplar eigentlich ins Teutsche übersetzt, Amsterdam 1644

Novalis: Werke, Briefe, Dokumente. Herausgegeben von Ewald Wasmuth, 4 Bde., Heidelberg 1953/57

Pfeil, Johann Gottlob Benjamin: Die glückliche Insel oder Beytrag zu des Capitain Cooks neuesten Entdeckungen in der Südsee aus dem verlohrnen Tagebuch eines Reisenden, Leipzig 1781

Des maldivischen Philosophen Robine und dessen Sohns und Nachfolgers Robinson Leben, Reisen, Thaten und Beherrschung der Philosophen-Insul, 2 Bde., Erfurt 1753/54

Ramsay, Andrew Michael: Des Ritters Ramsay Reisender Cyrus usw., Aus dem Englischen verteutschet durch Matthesen, Hamburg 1728

Rebmann, Andreas Georg Friedrich: Hans Kiekindiewelts Reisen in alle vier Welttheile und den Mond, Leipzig und Gera 1794

– Empfindsame Reise nach Schilda, Leipzig 1793

Riemer, Johannes: Die Politische Colica usw., Leipzig 1681

Der deutsche Robinson. Bearbeitet und herausgegeben von Maximilian Lehnert, Charlottenburg 1916

Der Sächsische Robinson, Oder Wilhelm Retchirs, Eines Gebohrnen Sachsens, Wahrhafftige Beschreibung seiner Anno 1691 . . . gethanen Reisen usw., Leipzig 1722

Rousseau, Jean-Jacques: Discours über den Ursprung und die Grundlagen der Ungleichheit unter den Menschen. In: J.-J. R.: Die Krise der Kultur. Die Werke ausgewählt von Paul Sakmann. In zweiter Auflage durchgesehen und erweitert von Raymund Schmidt, Stuttgart 1956

– Der Gesellschaftsvertrag oder Die Grundsätze des Staatsrechts. In der verbesserten Übersetzung von H. Denhardt. Herausgegeben und eingeleitet von Heinrich Weinstock, Stuttgart 1968

Ruh, K. A.: Guirlanden um die Urnen der Zukunft, Leipzig 1800

Schiller, Friedrich: Sämtliche Werke. Herausgegeben von Gerhard Fricke und Herbert G. Göpfert, 5 Bde., München 1958/60

Schnabel, Johann Gottfried: Wunderliche Fata einiger See-Fahrer, absonderlich Alberti Julii, eines gebohrnen Sachsens usw., 4 Bde., Nordhausen 1740/43

Der wegen besonderer Schönheit und seltener Tugenden liebenswürdigen Mariana merkwürdige Begebenheiten und Reisebeschreibung usw., 2 Bde., Frankfurt und Leipzig 1752

Seckendorff, Veit Ludwig von: Christenstaat. In: Georg Lenz (Hrsg.): Deutsches Staatsdenken im 18. Jahrhundert, Neuwied und Berlin 1965

Sinold-Schütz, Philipp Balthasar: Die glückseeligste Insul auf der gantzen Welt, oder Das Land der Zufriedenheit usw., Franckfurt und Leipzig 1728

– Kurtze und erbauliche Lebens-Regeln, Wie ein Mensch an allen Orten, zu allen Zeiten und bey allen Begebenheiten in der vollkommensten Glückseligkeit leben könne, Nebst dem Bildniß eines Christlichen Regenten, o. O. 1734

– Das Reich der Eitelkeit und Thorheit nach seinen äusserlichen und innerlichen Eigenschafften usw., Franckfurt und Leipzig 1733

Sintenis, Christian Friedrich: Theodor's Glücklicher Morgen. Vom Verfasser des – Hallo's Glücklicher Abend, 2 Bde., Frankfurt und Leipzig 1789

Spinoza, Baruch de: Theologisch-politischer Traktat. Übertragen und eingeleitet nebst Anmerkungen und Registern von Carl Gebhardt, Hamburg 1965

Der wohleingerichtete Staat des bishero von vielen gesuchten / aber nicht gefundenen Königreichs Ophir usw., Leipzig 1699
Stolberg, Friedrich Leopold Graf zu: Die Insel. Faksimiledruck nach der Ausgabe von 1788. Mit einem Nachwort von Siegfried Sudhof, Heidelberg 1966
Thomas von Aquin: Die Herkunft der Herrschaft. In: Gerhard Möbus (Hrsg.): Die politischen Theorien von der Antike bis zur Renaissance, Köln und Opladen 1964
Uranie. Königin von Sardanapalien im Planeten Sirius, 2 Bde., o. O. 1790
Vairasse d'Alais, Denis: Geschichte der Sevaramben, aus dem Französischen übersetzt vom Verfasser des Siegfried von Lindenberg, 2 Bde., Itzehoe 1783
Vico, Gian Battista: De nostri temporis studiorum ratione. Vom Wesen und Weg der geistigen Bildung. Aus dem Lateinischen übersetzt von Walter F. Otto. Mit einem Nachwort von C. Fr. von Weizsäcker und einem erläuternden Anhang von Fritz Schalk, Darmstadt 1963
– Die neue Wissenschaft über die gemeinschaftliche Natur der Völker. Nach der Ausgabe von 1744 übersetzt von Erich Auerbach, Hamburg 1966
Voltaire: Candide oder Der Glaube an die beste der Welten. In: Voltaire: Sämtliche Romane und Erzählungen, München 1969
– Ueber den Geist und die Sitten der Nationen, 6 Bde., Leipzig 1867
Weise, Christian: Kurtzer Bericht vom Politischen Näscher / wie nehmlich Dergleichen Bücher sollen gelesen / und Von andern aus gewissen Kunst-Regeln nachgemachet werden, Leipzig 1680
– Die drey ärgsten Ertz-Narren In der gantzen Welt, o. O. 1679
– Die drey Haupt-Verderber in Teutschland, o. O. 1673
– Die Drey Klügsten Leute in der ganzen Welt, Leipzig 1707
– Der politische Näscher, Leipzig 1678
Wezel, Johann Carl: Belphegor oder die wahrscheinlichste Geschichte unter der Sonne. Herausgegeben von Hubert Gersch, Frankfurt/Main 1965
– Herrmann und Ulrike. Ein Roman. Herausgegeben und eingeleitet von Carl Georg Maaßen, 2 Bde., München 1919
Wieland, Christoph Martin: Werke, 40 Bde., Berlin o. J. (Hempelsche Ausgabe).
Zachariä, Friedrich Wilhelm: Tayti, oder Die glückliche Insel, Braunschweig 1777

2. Sekundärliteratur

Adel, Kurt: Johann Karl Wezel. Ein Beitrag zur Geistesgeschichte der Goethezeit, Wien 1968
Adorno, Theodor W.: Negative Dialektik, Frankfurt/Main 1966
– Drei Studien zu Hegel, Frankfurt 1963
Alewyn, Richard: Johann Beer. Studien zum Roman des 17. Jahrhunderts, Leipzig 1932
– Das große Welttheater. In: Richard Alewyn / Karl Sälzle: Das große Welttheater. Die Epoche der höfischen Feste in Dokument und Deutung, Hamburg 1959
Allemann, Beda: Ironie und Dichtung, Pfullingen 1956
Bäumer, Max L.: Das Dionysische in den Werken Wilhelm Heinses, Bonn 1964
– Die Insel-Utopie bei Heinse. In: M. L. B.: Heinse-Studien, Stuttgart 1966
Baumgartner, Hans Michael: Kontinuität und Geschichte. Zur Kritik und Metakritik der historischen Vernunft, Frankfurt 1972
Becker, Carl L.: Der Gottesstaat der Philosophen des 18. Jahrhunderts, Würzburg 1946
Becker, Werner: Idealistische und materialistische Dialektik, Stuttgart/Berlin/Köln/Mainz 1970
Becker, Philipp August: Johann Barclay 1582–1621. In: Zeitschrift für vergleichende Literaturgeschichte, N. F. 15, 1904

Benjamin, Walter: Der Begriff der Kunstkritik in der deutschen Romantik. In: W. B.: Schriften. Herausgegeben von Th. W. Adorno und Gretel Adorno unter Mitwirkung von Friedrich Podszus, 2 Bde., Frankfurt/Main 1955
– Das Kunstwerk im Zeitalter seiner technischen Reproduzierbarkeit. In: W. B.: Schriften. Herausgegeben von Theodor W. Adorno und Gretel Adorno unter Mitwirkung von Friedrich Podszus, 2 Bde., Frankfurt/Main 1955
– Ursprung des deutschen Trauerspiels, Frankfurt/Main 1969
Bergeron, Louis / Furet, François / Koselleck, Reinhart: Das Zeitalter der europäischen Revolution 1780–1848 (=Fischer Weltgeschichte, Bd. 26), Frankfurt/Main 1969
Biesterfeld, Wolfgang: Ein früher Beitrag zu Begriff und Geschichte der Utopie. Heinrich von Ahlefeldts „Disputatio philosophica de fictis rebuspublicis". In: Archiv für Begriffsgeschichte 16, 1972
– Die literarische Utopie, Stuttgart 1974
Bloch, Ernst: Naturrecht und menschliche Würde, Frankfurt/Main 1961
Böhler, Dietrich: Metakritik der Marxschen Ideologiekritik. Prolegomenon zu einer reflektierten Ideologiekritik und ‚Theorie-Praxis-Vermittlung', Frankfurt/Main 1971
Boehn, Max von: Deutschland im achtzehnten Jahrhundert, 2 Bde., Berlin 1921/22
– England im achtzehnten Jahrhundert, Berlin 1920
Borkenau, Franz: Der Übergang vom feudalen zum bürgerlichen Weltbild. Studien zur Geschichte der Philosophie der Manufakturperiode, Paris 1934
Brecht, Walther: Heinse und der ästhetische Immoralismus. Zur Geschichte der italienischen Renaissance in Deutschland, Berlin 1911
Brüggemann, Fritz: Utopie und Robinsonade. Untersuchungen zu Schnabels Insel Felsenburg, Weimar 1914 (=Forschungen zur neueren deutschen Literaturgeschichte Bd. 46).
Brunner, Horst: Die poetische Insel. Inseln und Inselvorstellungen in der deutschen Literatur, Stuttgart 1967
Brunner, Otto: Vom Gottesgnadentum zum monarchischen Prinzip. In: Hanns Hubert Hofmann (Hrsg.): Die Entstehung des modernen souveränen Staates, Köln und Berlin 1967
Bubner, Rüdiger: ‚Philosophie ist ihre Zeit, in Gedanken erfaßt'. In: Hermeneutik und Ideologiekritik, Frankfurt/Main 1971
Burger, Heinz Otto: Europäisches Adelsideal und deutsche Klassik. In: H. O. B.: ‚Dasein heißt eine Rolle spielen', München 1963
– (Hrsg.): Annalen der deutschen Literatur, Stuttgart 1962
– Deutsche Aufklärung im Widerspiel zu Barock und ‚Neubarock'. In: H. O. B.: ‚Dasein heißt eine Rolle spielen', München 1963
– Renaissance, Humanismus, Reformation. Deutsche Literatur im Europäischen Kontext, Bad Homburg/Berlin/Zürich 1969
Cassirer, Ernst: Die Philosophie der Aufklärung, Tübingen 1932
Cholevius, Leo: Die bedeutsamsten deutschen Romane des siebzehnten Jahrhunderts. Ein Beitrag zur Geschichte der deutschen Literatur, Leipzig 1866
Cohn, Egon: Gesellschaftsideale und Gesellschaftsroman im 17. Jahrhundert, Berlin 1921
Dietze, Walter: Elend und Glanz eines ‚Deutschen Candide'. Vorläufige Bemerkungen zu Johann Karl Wezels Roman ‚Belphegor oder die wahrscheinlichste Geschichte unter der Sonne'. In: Wissenschaftliche Zeitschrift der Karl-Marx-Universität Leipzig 14, 1965
Doren, Alfred: Wunschräume und Wunschzeiten. In: Vorträge der Bibliothek Warburg 1924/25, Berlin 1927
Faber, Richard: Novalis: Die Phantasie an die Macht, Stuttgart 1970
Fetscher, Iring: Rousseaus Politische Philosophie, Neuwied und Berlin 1968
Freyer, Hans: Die politische Insel. Eine Geschichte der Utopien von Platon bis zur Gegenwart, Leipzig 1936
Furet, François / Richet, Denis: Die Französische Revolution, Frankfurt/Main 1968

Gadamer, Hans-Georg: Wahrheit und Methode. Grundzüge einer philosophischen Hermeneutik, Tübingen 1965
Girsberger, Hans: Der utopische Sozialismus des 18. Jahrhunderts in Frankreich und seine philosophischen und materiellen Grundlagen, Zürich 1924
Grappin, Pierre: Ardinghello und Hyperion. In: Weimarer Beiträge 2, 1956
Haas, Rosemarie: Die Landschaft auf der Insel Felsenburg. In: ZfdA 91, 1961/62
Habermas, Jürgen: Hegels Kritik der Französischen Revolution. In: J. H.: Theorie und Praxis. Sozialphilosophische Studien, Neuwied und Berlin 1969
– Die klassische Lehre von der Politik in ihrem Verhältnis zur Sozialphilosophie. In: J. H.: Theorie und Praxis. Sozialphilosophische Studien, Neuwied und Berlin 1969
– Naturrecht und Revolution. In: J. H.: Theorie und Praxis. Sozialphilosophische Studien, Neuwied und Berlin 1969
– Ein marxistischer Schelling – Zu Ernst Blochs spekulativem Materialismus. In: J. H.: Theorie und Praxis. Sozialphilosophische Studien, Neuwied und Berlin 1969
– Strukturwandel der Öffentlichkeit. Untersuchungen zu einer Kategorie der bürgerlichen Gesellschaft, Neuwied und Berlin 1968
– Technik und Wissenschaft als ‚Ideologie'. In: J. H.: Technik und Wissenschaft als ‚Ideologie', Frankfurt/Main 1968
– Analytische Wissenschaftstheorie und Dialektik. In: Ernst Topitsch (Hrsg.): Logik der Sozialwissenschaften, Köln und Berlin 1968
Haeckel, Heinrich: Johann Michael von Loen und die deutsche Aufklärung. In: Zeitschrift für Religions- und Geistesgeschichte 6, 1954
Haering, Theodor: Novalis als Philosoph, Stuttgart 1954
Hartung, Fritz: Der Aufgeklärte Absolutismus. In: Hanns Hubert Hofmann (Hrsg.): Die Entstehung des modernen souveränen Staates, Köln und Berlin 1967
Hazard, Paul: Die Herrschaft der Vernunft. Das europäische Denken im 18. Jahrhundert, Hamburg 1949
– Die Krise des europäischen Geistes, Hamburg 1939
Heftrich, Eckhard: Novalis. Vom Logos der Poesie, Frankfurt/Main 1969
Helberger, Christof: Marxismus als Methode. Wissenschaftstheoretische Untersuchungen zur Methode der marxistischen politischen Ökonomie, Frankfurt 1974
Hennis, Wilhelm: Politik und praktische Philosophie, Neuwied und Berlin 1963
Henrich, Dieter: Hegels Theorie über den Zufall. In: D. H.: Hegel im Kontext, Frankfurt 1971
Hermand, Jost: In Tyrannos. Über den politischen Radikalismus der sogenannten ‚Spätaufklärung'. In: J. H.: Von Mainz nach Weimar (1739–1919), Stuttgart 1969
Herrmann, Hans Peter: Naturnachahmung und Einbildungskraft. Zur Entwicklung der deutschen Poetik von 1670 bis 1740, Bad Homburg/Berlin/Zürich 1970
Hirsch, Arnold: Bürgertum und Barock im deutschen Roman, Frankfurt 1934
Hock, Erich: Wilhelm Heinse und der Mainzer Kurstaat. In: Aschaffenburger Jahrbuch 1, 1952
Hofe, Harold von: Heinse, America and Utopianism. In: PMLA 72, 1957
Hohendahl, Peter Uwe: Zum Erzählproblem des utopischen Romans im 18. Jahrhundert. In: Käte Hamburger / Helmut Kreuzer (Hrsgg.): Gestaltungsgeschichte und Gesellschaftsgeschichte. Festschrift für Fritz Martini, Stuttgart 1969
Horkheimer, Max: Anfänge der bürgerlichen Geschichtsphilosophie. In: M. H.: Anfänge der bürgerlichen Geschichtsphilosophie. Hegel und das Problem der Metaphysik. Montaigne und die Funktion der Skepsis, Frankfurt/Main und Hamburg 1971
– Montaigne und die Funktion der Skepsis. In: M. H.: Anfänge der bürgerlichen Geschichtsphilosophie. Hegel und das Problem der Metaphysik. Montaigne und die Funktion der Skepsis, Frankfurt/Main und Hamburg 1971
Huth, Carl: Zur Dichtung Friedrich Leopold Stolbergs. Untersuchungen zu dem utopischen Mischwerk „Die Insel", Diss. Greifswald 1931

Ilting, Karl-Heinz: Die Struktur der Hegelschen Rechtsphilosophie. In: Manfred Riedel (Hrsg.): Materialien zu Hegels Rechtsphilosophie, Frankfurt 1975, Bd. 2
Jacobs, Jürgen: Wielands Romane, Bern und München 1969
Jäger, Georg: Empfindsamkeit und Roman, Stuttgart/Berlin/Köln/Mainz 1969
Jäger, Hans-Wolf: Politische Kategorien in Poetik und Rhetorik der zweiten Hälfte des 18. Jahrhunderts, Stuttgart 1970
Jürgens, Martin: Der Staat als Kunstwerk. Bemerkungen zur ‚Ästhetisierung der Politik'. In: Kursbuch 20, 1970
Kamlah, Wilhelm: Utopie, Eschatologie, Geschichtsteleologie, Mannheim/Wien/Zürich 1969
Kaufmann, Emil: Von Ledoux bis Le Corbusier. Ursprung und Entwicklung der Autonomen Architektur, Wien und Leipzig 1933
Kettelhoit, Paula: Formanalyse der Barclay-Opitzschen „Argenis", Bottrop 1934
Kimpel, Dieter: Der Roman der Aufklärung, Stuttgart 1967
Kleinwächter, Friedrich: Die Staatsromane. Ein Beitrag zur Lehre vom Communismus und Socialismus, Wien 1891
Kluge, Friedrich: Etymologisches Wörterbuch der deutschen Sprache, 18. Auflage, bearbeitet von Walther Mitzka, Berlin 1960
Kofler, Leo: Zur Geschichte der bürgerlichen Gesellschaft. Versuch einer verstehenden Deutung der Neuzeit, Neuwied und Berlin 1966
Koselleck, Reinhart: Historia Magistra Vitae. Über die Auflösung des Topos im Horizont neuzeitlich bewegter Geschichte. In: Natur und Geschichte. Karl Löwith zum 70. Geburtstag, Stuttgart/Berlin/Köln/Mainz 1967
– Kritik und Krise, München 1959
Koselleck, Reinhart / Stempel, Wolf-Dieter (Hrsgg.): Geschichte – Ereignis und Erzählung, München 1973 (=Poetik und Hermeneutik, Bd. 5).
Krauss, Werner: Geist und Widergeist der Utopien. In: Sinn und Form 14, 1962
Kroner, Richard: Von Kant bis Hegel, 2 Bde., Tübingen 1961
Kuhn, Hans Wolfgang: Der Apokalyptiker und die Politik. Studien zur Staatsphilosophie des Novalis, Freiburg 1961
Kuhn, Hugo: Poetische Synthesis. Ein kritischer Versuch über romantische Philosophie und Poesie aus Novalis' Fragmenten. In: Zeitschrift für philosophische Forschungen 5, 1950/51
Lamport, F. J.: Utopia and ‚Robinsonade': Schnabels' ‚Insel Felsenburg' and Bachstrom's ‚Land der Inquiraner'. In: Oxford German Studies 1, 1966
Lenk, Kurt: Problemgeschichtliche Einleitung. In: K. L. (Hrsg.): Ideologie, Neuwied und Berlin 1970
Lepenies, Wolf: Melancholie und Gesellschaft, Frankfurt/Main 1969
Löwith, Karl: Weltgeschichte und Heilsgeschehen. Die theologischen Voraussetzungen der Geschichtsphilosophie, Stuttgart/Berlin/Köln/Mainz 1967
Lugowski, Clemens: Die märchenhafte Enträtselung der Wirklichkeit im heroisch-galanten Roman. In: Richard Alewyn (Hrsg.): Deutsche Barockforschung, Köln und Berlin 1965
Lypp, Bernhard: Ästhetischer Absolutismus und politische Vernunft. Zum Widerstreit von Reflexion und Sittlichkeit im deutschen Idealismus, Frankfurt/Main 1972
Macpherson, C. B.: Die politische Theorie des Besitzindividualismus. Von Hobbes bis Locke, Frankfurt/Main 1967
Mähl, Hans-Joachim: Die Idee des goldenen Zeitalters im Werk des Novalis. Studien zur Wesensbestimmung der frühromantischen Utopie und zu ihren ideengeschichtlichen Voraussetzungen, Heidelberg 1965
Malsch, Wilfried: ‚Europa'. Poetische Rede des Novalis. Deutung der Französischen Revolution und Reflexion auf die Poesie in der Geschichte, Stuttgart 1965.
Marcuse, Herbert: Triebstruktur und Gesellschaft. Ein philosophischer Beitrag zu Sigmund Freud, Frankfurt/Main 1970

Marquard, Odo: Hegel und das Sollen. In: O. M.: Schwierigkeiten mit der Geschichtsphilosophie, Frankfurt 1973
– Idealismus und Theodizee. In: Philosophisches Jahrbuch 73, 1965
Martens, Wolfgang: Die Botschaft der Tugend. Die Aufklärung im Spiegel der deutschen Moralischen Wochenschriften, Stuttgart 1968
Mc Neely, James A.: Historical Relativism in Wieland's Concept of the Ideal State. In: MLQ 22, 1961
Meinecke, Friedrich: Die Idee der Staatsraison in der neueren Geschichte, München und Berlin 1924
Meyer, Thomas: Der Zwiespalt in der Marx'schen Emanzipationstheorie. Studie zur Rolle des proletarischen Subjekts, Kronberg 1973
Mielert, Harry: Der paracelsische Anteil an der Mummelsee-Allegorie in Grimmelshausens „Simplicissimus". In: DVjS 20, 1942
Miller, Norbert: Der empfindsame Erzähler. Untersuchungen zu Romananfängen des 18. Jahrhunderts, München 1968
Mittelstraß, Jürgen: Neuzeit und Aufklärung. Studien zur Entstehung der neuzeitlichen Wissenschaft und Philosophie, Berlin und New York 1970
Mohl, Robert von: Die Geschichte und Literatur der Staatswissenschaften, Erlangen 1855
Müller, Günther: Höfische Kultur. In: Richard Alewyn (Hrsg.): Deutsche Barockforschung, Köln und Berlin 1965
Müller, Wolf-Dietrich: Geschichte der Utopia-Romane der Weltliteratur, Bochum-Langendreer 1938
Müller-Seidel, Walter: Die Allegorie des Paradieses in Grimmelshausens „Simplicissimus". In: Medium Aevum Vivum. Festschrift für Walter Bulst, Heidelberg 1960
Münch, Wilhelm: Gedanken über Fürstenerziehung aus alter und neuer Zeit, München 1909
Neusüss, Arnhelm: Schwierigkeiten einer Soziologie des utopischen Denkens. In: A. N. (Hrsg.): Utopie, Neuwied und Berlin 1968
Östreich, Gerhart: Justus Lipsius als Theoretiker des neuzeitlichen Machtstaates. In: G. Ö.: Geist und Gestalt des frühmodernen Staates, Berlin 1969
Pauscher, Josef: Dya-Na-Sore. Im Selbstverlage des Verfassers 1911
Petersen, Julius: Grimmelshausen als Politiker. Sonderdruck aus ‚Ekhart-Jahrbuch' 1939
– Grimmelshausens „Teutscher Held". In: Euphorion. Ergänzungsheft 17, 1924
Petsch, Robert: Wilhelm Heinse und der ästhetische Immoralismus. In: R. P.: Gehalt und Form, Dortmund 1923
Philipp, Wolfgang: Das Bild des Menschen im 17. Jahrhundert des Barock. In: Studium Generale 14, 1961
Popper, Karl R.: Das Elend des Historizismus, Tübingen 1973
– Utopie und Gewalt. In: Arnhelm Neusüss (Hrsg.): Utopie, Neuwied und Berlin 1968
Prys, Joseph: Der Staatsroman des 16. und 17. Jahrhunderts und sein Erziehungsideal, Diss. Würzburg 1913
Reichert, Karl: Utopie und Satire in J. M. von Loens Roman „Der redliche Mann am Hofe" (1740). In: GRM 15, 1965
– Utopie und Staatsroman. In: DVjS 30, 1965
Riedel, Manfred (Hrsg.): Die Rehabilitierung der praktischen Vernunft, Bd. 1, Freiburg 1972
– System und Geschichte. Studien zum historischen Standort von Hegels Philosophie, Frankfurt 1973
Ritter, Gerhard: Die Dämonie der Macht. Betrachtungen über Geschichte und Wesen des Machtproblems im politischen Denken der Neuzeit, Stuttgart o. J.
Ritter, Joachim: Hegel und die Französischen Revolution. In: J. R.: Metaphysik und Politik. Studien zu Aristoteles und Hegel, Frankfurt 1969
Rötteken, Hubert: Weltflucht und Idylle in Deutschland von 1720 bis zur ‚Insel Felsenburg'.

Ein Beitrag zur Geschichte des deutschen Gefühlslebens. In: Zeitschrift für vergleichende Literaturgeschichte, N. F. 9, 1896
Rohde, Erwin: Der griechische Roman und seine Vorläufer, Darmstadt 1960
Romain, Lothar: Rebellion bis in den Kitsch hinein. In: Frankfurter Rundschau vom 16. 10. 1971
Rosenstock, Eugen: Revolution als politischer Begriff in der Neuzeit. In: Abhandlungen der Schlesischen Gesellschaft für vaterländische Cultur, H. 5 (Festgabe für Paul Heilborn), Breslau 1931
Samuel, Richard: Die poetische Staats- und Geschichtsauffassung Friedrich von Hardenbergs (Novalis). Studien zur romantischen Geschichtsphilosophie, Frankfurt/Main 1925
Sandkühler, Hans Jörg: Praxis und Geschichtsbewußtsein, Frankfurt 1973
Schanze, Helmut: Romantik und Aufklärung. Untersuchungen zu Friedrich Schlegel und Novalis, Nürnberg 1966
Schmid, Karl Friedrich: John Barclays ‚Argenis'. Eine literarhistorische Untersuchung, Berlin und Leipzig 1904 (=Literarhistorische Forschungen Bd. 31).
Schmidt, Arno: Dya Na Sore. Blondeste der Bestien. In: A. S.: Tina / oder über die Unsterblichkeit, Frankfurt/Main und Hamburg 1966
Schmitt, Eugen Heinrich: Der Idealstaat, Berlin 1904 (= Kulturprobleme der Gegenwart, Bd. 8)
Schönert, Jörg: Roman und Satire im 18. Jahrhundert. Ein Beitrag zur Poetik, Stuttgart 1969
Schulte-Herbrüggen, Hubertus: Utopie und Anti-Utopie, Bochum-Langendreer 1960
Schwonke, Martin: Vom Staatsroman zur Science Fiction, Stuttgart 1957
Seibt, Ferdinand: Utopica. Modelle totaler Sozialplanung, Düsseldorf 1972
Servier, Jean: Der Traum von der großen Harmonie, München 1971
Singer, Herbert: Der galante Roman, Stuttgart 1961
Spiegel, Marianne: Der Roman und sein Publikum im früheren 18. Jahrhundert. 1700–1767, Bonn 1967
Steffen, Hans: J. G. Schnabels ‚Insel Felsenburg' und ihre formengeschichtliche Einordnung. In: GRM 11, 1961
Steffen, Monika / Funken, Klaus: Die einfache Kaderproduktion. Thesen zur Studentenbewegung als kleinbürgerlicher Massenbewegung. In: Kursbuch 25, 1971
Sternberg, Fritz: Grimmelshausen und die deutsche satirisch-politsche Literatur seiner Zeit, Triest 1913
Strauß, Leo: Naturrecht und Geschichte, Stuttgart 1956
Swoboda, Helmut: Utopia. Geschichte der Sehnsucht nach einer besseren Welt, Wien 1972
Veit, Walter: Studien zur Geschichte des Topos der Goldenen Zeit von der Antike bis zum 18. Jahrhundert, Diss. Köln 1961
Vogt, Oskar: ‚Der goldene Spiegel' und Wielands politische Ansichten, Berlin 1904
Voigt, Andreas: Die sozialen Utopien, Leipzig o. J.
Vorländer, Karl: Von Macchiavelli bis Lenin, Leipzig 1926
Vosskamp, Wilhelm: Theorie und Praxis der literarischen Fiktion in Johann Gottfried Schnabels Roman „Die Insel Felsenburg". In: GRM 18, 1968
Walter, Jürgen: Adolph Freiherrn Knigges Roman „Benjamin Noldmanns Geschichte der Aufklärung in Abyssinien". In: GRM 21, 1971
Wellmer, Albrecht: Der heimliche Positivismus der Marxschen Geschichtsphilosophie. In: A. W.: Kritische Gesellschaftstheorie und Positivismus, Frankfurt/Main 1969
Widmann, Max: Albrecht von Hallers Staatsromane und Hallers Bedeutung als politischer Schriftsteller. Eine litterargeschichtliche Studie, Biel 1894
Wieser, Max: Der sentimentale Mensch, Gotha 1924
Wolff, Hans M.: Die Weltanschauung der deutschen Aufklärung in geschichtlicher Entwicklung, Bern und München 1963
Woodtli, Otto: Die Staatsraison im Roman des deutschen Barock, Frauenfeld/Leipzig 1943